연구시리즈 75

말씀으로 기도하기 11
예레미야

한국기독교교육교역연구원 편

배정훈 오방식 임창복 집필

사단법인 한국기독교교육교역연구원
www.kcemi.org

● 본 교재 집필자 소개 ●

배정훈 / Ph. D.. 장로회신학대학교 교수, 구약학

오방식 / Ph. D.. 장로회신학대학교 교수, 영성신학

임창복 / Ph. D.. 장로회신학대학교 명예교수, 기독교교육학

발간사

「말씀으로 기도하기 11-예레미야」는 사단법인 한국기독교교육교역연구원 주관으로 2006년 7월부터 1년간 장로회신학대학교의 교수 여덟 분(강사문, 배희숙, 김문경, 최재덕, 유해룡, 오방식, 김영동, 임창복)이 함께 뜻을 모아 연구하였던 결과물입니다. '말씀으로 기도하기' 위원회의 목적은 성경에 나타난 기도의 원문과 그 내용을 성서적으로 연구한 후, 그 성경내용을 거룩한 읽기 등의 기도방법으로 훈련하여 일상생활에서 말씀으로 기도하는 운동을 범 교회적으로 펼치는 데 있습니다. 본 연구원은 2007년 평양 부흥 100 주년을 맞이하면서 '말씀으로 기도하기'를 통하여 성령의 역사로 한국교회와 우리들이 새 로운 소명으로 이 시대를 향하신 하나님의 교역에 동참하고자 구성되었습니다. '말씀으로 기도하기'의 기획 및 편집방침은 두 가지인데, 하나는 가능하면 신구약 성경 전체를 다룬다는 것이고 다른 하나는 복음서와 바울서신, 그리고 시편을 우선으로 연구 한다는 것입니다. 본 위원회의 연구 활동을 세 단계로 나누기로 했습니다. 첫 번째 단계 에서 성서학 분야에서 원문 분석, 본문의 배경 및 주요내용을 연구하면, 두 번째 단계에서는 '말씀으로 기도하기' 전문가들이 첫 단계에서 연구한 내용을 중심으로 거룩한 읽기 방법으로 구체적인 '말씀으로 기도하기' 프로그램을 기도문까지 오늘날 상황에 적용토록 하였습니다. 세 번째 단계에서는 선교현장과 삶의 현장에 적용시키려고 했습니다. 그런데 본 위원회에서는 '말씀으로 기도하기'의 구조와 내용이 형성되어 가는 과정에서 세 번째 단계는 첨기히지 않는 것이 더 좋겠다고 결의 하였습니다. 그 이유는 선교현장과 삶의 현장은 매우 다양할 뿐만 아니라 본 자료를 접하는 사람들도 매우 다양할 수 있기 때문에 구체적인 선교와 삶의 적용은 성령께서 친히 인도하시도록 자리를 비어 놓는 것이 더 효율적이라고 생각되었기 때문이었습니다. 이에

'말씀으로 기도하기'의 구조는 다섯 단계입니다. '기도에 임하기'(하나님의 임재를 기원, 찬송, 성경본문 읽기, 본문배경). '기도'(은총기도, 말씀읽기, 말씀묵상, 응답기도, 하나님의 임재 안에 머물기). '반추 및 성찰'. '삶으로 나아가기'. '본문의 주요내용' 이를 근간으로 하여 「말씀으로 기도하기 1부터 9」는 모두 이 구조에 따라 실제 프로그램으로 구성되어 있습니다. 본 연구원의 '말씀으로 기도하기'의 뿌리와 그 의미를 명료하게 하기 위하여 '말씀으로 기도하기의 뿌리와 의미'가 「말씀으로 기도하기 3-시편 2」에 기재되어 있으니 참고하시기 바랍니다.

그런데 「말씀으로 기도하기 10-멘토로서의 교회지도자를 위한 말씀으로 기도하기」는 그 구조를 다음과 같이 수정하여 실제 프로그램에 적용했습니다 : 기도에 임하기(자신의 몸과 마음을 차분히 가라앉히고 성령의 인도하심 아래 하나님과의 관계 속으로 들어가는 기도에 임한다) ; 말씀읽기(마음의 문을 열고 하나님의 말씀을 집중해서 듣고 하나님의 말씀이 내 마음에 부딪혀 오든지 말씀에로 자신이 끌려들어 갈 수 있도록 하나님 현존 앞에서 말씀을 청종 하는 자세로 두세 번 반복해서 읽으면서 마음에 와닿은 말씀이나 혹은 자신에게 다가오는 말씀을 살핀다 ; 말씀으로 기도하기(● 본문배경 이해하기 ; ● 본문내용 이해하기 ; ● 능동적 묵상의 단계 - 침묵 가운데 말씀을 읽으면서 마음에 와닿은 말씀을 붙잡고 읊조리면서 그 말씀의 의미를 본문배경과 본문의 주석을 읽으면서 이해한다 ● 수동적 묵상의 단계 - 마음에 와닿은 말씀을 묵상하는 가운데 하나님께서 나를 그 말씀 속으로 초대하기도 하시며, 혹은 그 말씀을 통하여 내 자신이 하나님을 나의 삶 속으로 초대하면서 하나님을 향한 나의 마음이나 태도, 느낌, 그리고 타인과 나 자신에 대한 마음이나 태도, 느낌을 감지하면서 주님과 말씀으로 교제한다. 이때 성령의 인도하심에 따라 그 인도하심에 '예'라고 응답하기도 하고, 상황에 따라서 '왜요?'라고 질문하면서 묵상을 계속하여 갈 때 성령의 인도하심에 점차 순응해 들어가는 자신을 발견할 수 있다) ; 되돌아보기(하나님께서 자신에게 어떤 변화를 요구하고 계시며 그 변화에 내가 어떻게 응답하고 있는지를 살피면서 침묵으로 나의 지난 시간을 되돌아보고, 지금 내가 무엇을 원하고, 무엇을 하고 싶은지 또 무엇을 하고 싶지 않은지 자신의 내면을 살핀다) ; 마음 쏟아 놓기(내 자신과 하나님에 대한 새로운 인식을 경험하면서 하나님께서 내게 원하시는 변화와 나의 하나님을 향한 마음을 있는 그대로 쏟아 놓으면서 내 안에서 역사하시는 성령 하나님의 인도하심에 따라 침묵으로 하나님과 깊은 교제에로 나아간다) ; 하나님 음성 듣기 / 하나님 안에 머물기(마음을 쏟아 낸 후 하나님의 사랑 아래 고요히 머물면서 하나님께서 나에게 들려주시는 음성에 귀기울인다. 계속 은혜 안에 머물면서 하나님의 충만하신 임재를 느끼면서 하나님의 치유하심과 구속하시는 은총을 덧입는다) ; 응답의 기도(하나님의 은총 안에 머물면서 응답 기도를 한다) ; 삶으로 나아가기(묵상하는 가운데 받은 그 말씀에 붙잡힌 상태로 그 말씀과 동행하면서 내 삶이 영위 될 수 있도록 도움을 구한다)

이 구조에 따라 본서의 말씀으로 기도하기는 모두 3부로 구성되어 있다 :

1부. 예레미야의 예언 (1~25장) : 1. 1:1-19 예레미야의 소명 ; 2. 2:1-19 하나님을 배반한 백성들 ; 3. 2:20-37 유다의 죄악 ; 4. 3:1-25 내게로 돌아오라 ; 5. 4;1-31 북방의 적군이 땅을 황폐하게 하리라 ; 5:1-31 용서받을 수 없는 유다백성들 ; 7. 6:1-30 심판받아 마땅한 백성들 ; 8. 7:1-15 성전 예배 ; 9. 7:16-34 우상숭배와 거짓된 예배 ; 10. 8:1-22 백성들의 완강함과 예레미야의 탄식 ; 11. 9:1-26 백성들을 위한 예레미야의 탄식 ; 12. 10:1-25 살아있는 하나님과 죽어 있는 우상들 ; 13. 11:1-23 언약을 깨뜨린 백성들과 그 결과 ; 14. 12:1-17 예레미야의 탄식과 하나님의 응답 ; 15. 13:1-27 썩어서 못쓰게 된 허리띠와 재앙 선포 ; 16. 14:1-22 가뭄의 위기와 재앙의 선언 ; 17. 15:1-21 예레미야의 탄식과 하나님의 약속 ; 18. 16:1-21 예레미야의 독신생활 ; 19. 17:1-27 유다의 죄와 벌 ; 20. 18:1-23 토기장이의 비유 ; 21. 19:1-15 깨어진 옹기의 비유와 재앙 예고 ; 22. 20:1-18 예언자의 탄식 ; 23. 21:1-14 예루살렘 멸망의 예언 ; 24. 22:1-30 왕들을 위한 예언 ; 25. 23:1-22 악한 목자와 의로운 왕 ; 26. 23:23-40 거짓 예언자들에 대한 예언 ; 27. 24:1-10 무화과 두 광주리의 비유 ; 28. 25:1-14 바벨론 포로 칠십년 예언 ; 29. 25:15-38 이방 민족들에 대한 심판 예언

2부. 예레미야의 수난과 구원신탁 (26~45장) : 30. 26:1-24 성전설교와 백성들의 반응 ; 31. 27:1-22 느부갓네살의 멍에에 대한 예레미야의 설교 ; 32. 28:1-17 예레미야와 하나냐의 갈등 ; 33. 29:1-32 바벨론 포로들을 향한 예레미야의 편지 ; 34. 30:1-24 하나님 백성을 위한 새로운 시작의 약속 ; 35. 31:1-22 흩어진 자들의 귀향 ; 36. 31:23-40 새 언약 ; 37. 32:1-25 미래의 징표로 예레미야가 받을 사다 ; 38. 32:26-44 예레미야의 기도에 대한 하나님의 응답 ; 39. 33:1-26 예루살렘과 유다의 회복 ; 40. 34:1-22 갈림길에 선 시드기야 ; 41. 35:1-19 레갑 족속의 모범 ; 42. 36:1-32 바룩의 두루마리 책 ; 43. 37:1-21 시드기야 왕을 향한 예레미야의 경고 ; 44. 38:1-28 구덩이 속의 예레미야 ; 45. 39:1-18 예루살렘이 함락될 때 예레미야가 풀려

남 ; 46. 40:1-16 예레미야가 유다에 머물고 그다랴가 총독에 임명되다 ; 47. 41:1-18 그다랴가 이스마엘에게 암살되다 ; 48. 42:1-22 예레미야가 애굽으로 가지말라고 경고하다 ; 49. 43:1-13 예레미야가 애굽으로 끌려가다 ; 50. 44:1-30 예레미야가 하늘 여신 섬기는 것을 경고하다 ; 51. 45:1-5 바룩에 대한 말씀

3부. 이방 나라들에 대한 신탁과 결론 (46~52장) ; 52. 46:1-28 애굽에 대한 예언 ; 53. 47:1-7 블레셋에 대한 예언 ; 54. 48:1-28 모압에 대한 예언 1 ; 55. 48:29-47 모압에 대한 예언 2 ; 56. 49:1-22 암몬과 에돔에 대한 예언 ; 57. 49:23-39 다메섹, 아라비아 족속, 그리고 엘람에 대한 예언 ; 58. 50:1-20 바벨론의 멸망에 대한 예언 1 ; 59. 50:21-46 바벨론의 멸망에 대한 예언 2 ; 60. 51:1-33 바벨론의 멸망에 대한 예언 3 ; 61. 51:34-64 바벨론의 멸망에 대한 예언 4 ; 62. 52:1-34 예루살렘의 함락과 바벨론 포로

본서의 표지는 1400년경 러시아의 안드레이 루블료프가 그린 삼위일체 성화이다. 이 성화를 표지로 선택한 것은 예레미야 31장 31-32절에 보면 여호와께서 예레미야를 통하여 말씀하시기를 '보라 날이 이르리니 내가 이스라엘 집과 유다 집에 새 언약을 맺으리라 이 언약은 내가 그들의 조상들의 손을 잡고 애굽 땅에서 인도하여 내던 날에 맺은 것과 같지 아니할 것은 내가 그들의 남편이 되었어도 그들이 내 언약을 깨뜨렸음이라' 말씀하신다. 이처럼 예레미야를 통하여 여호와께서 말씀하신 새 언약이 아버지 하나님께서 그 아들을 이 땅에 보내신 예수님에 의하여 성취된다. 이에 관한 말씀이 누가복음 22장 14-20절에 나온다 : '때가 이르매 예수께서 사도들과 함께 앉으사 이르시되 내가 고난을 받기 전에 너희와 함께 이 유월절 먹기를 원하였노라 내가 너희에게 이르노니 이 유월절이 하나님의 나라에서 이루기까지 다시 먹지 아니하리라 하시고 이에 잔을 받으사 감사 기도하시고 이르시되 이것을 갖다가 너희끼리 나누라 내가 너희에게 이르노니 내가 이제부터 하나님의 나라가 임할 때까지 포도나무에서 난 것을 다시 마시지 아니하리라 하시고 또 떡을 가져 감사 기도하시고 떼어 그들에게 주시며 이르시되 이것은 너희를 위하여 주는 내 몸이라 너희가 이를 행하여 나를 기념하라 하시고 저녁 먹은 후에 잔도 그와 같이 하여 이르시되 이 잔은 내 피로 세우는 새 언약이니 곧 너희를 위하여 붓는 것이라' 하신다. 이처럼 아버지 하나님께서 예레미야를 통하여 예언하셨던 새 언약이 그 아들 예수 그리스도를 통하여 성취된다.

그리고 예레미야 31장 33절에 보면 여호와께서 말씀하시기를 '그러나 그 날 후에 내가 이스라엘 집과 맺을 언약은 이러하니 곧 내가 나의 법을 그들의 속에 두며 그들의 마음에 기록하여 나는 그들의 하나님이 되고 그들은 내 백성이 될 것이라' 하신다. 여기 여호와께서 그들의 마음에 그의 율법을 기록한다는 말씀은 하나님 백성의 내적 정결함을 주신다는 말씀으로서 이는 곧 성령의 역사로 말미암아 하나님 백성의 전인적인 변화가 있을 것을 의미한다. 우리로 하여금 새 언약의 백성이 되게 하신 예수께서도 요한복음 14장 26절에서 '보혜사 곧 아버지께서 내 이름으로 보내실 성령 그가 너희에게 모든 것을 가르치고 내가 너희에게 말한 모든 것을 생각나게 하리라' 말씀하셨고, 또한 16장 7절에서 예수께서 제자들에게 '그러나 내가 너희에게 실상을 말하노니 내가 떠나가는 것이 너희에게 유익이라 내가 떠나가지 아니하면 보혜사가 너희에게로 오시지 아니할 것이요 가면 내가 그를 너희에게로 보내리니… 그리고 요한복음 16장 13-15절에서 '그러나 진리의 성령이 오시면 그가 너희를 모든 진리 가운데로 인도하시리니 그가 스스로 말하지 않고 오직 들은 것을 말하며 장래 일을 너희에게 알리시리라 그가 내 영광을 나타내리니 내 것을 가지고 너희에게 알리시겠음이라 무릇 아버지께 있는 것은 다 내 것이라 그러므로 내가 말하기를 그가 내 것을 가지고 너희에게 알리시리라 하였노라'는 말씀에서 우리는 예레미야 33절의 말씀이 예수께서 십자가에서 우리 인간의 하나님을 떠난 죄로 인하여 하나님을 믿지 아니하고 사랑하지 아니하는 죄를 십자가 위에서 피 흘려 대속하사 죽으신 후 사흘 만에 부활하시어 40일 동안 제자들에게 친히 살아계심을 보이시며 하나님 나라의 일을 말씀하시고 사도와 함께 모이사 그들에게 분부하여 이르시되 예루살렘을 떠나지 말고 내게서 들은 바 아버지께서 약속하신 것을 기다리라 요한은 물로 세례를 베풀었으나 너희는 몇 날이 못 되어 성령으로 세례를 받으리라 하셨다(사도행전 1:2-5). 이 말씀대로 사도행전 2장에서 오순절 날이 이미 이르니 사도들이 다같이 한 곳에 모였는데, 홀연히 하늘로부터 급하고 강한 바람 같은 소리가 있어 그들이 앉은 온 집에 가득하며 마치 불의 혀처럼 갈라지는 것들이 그들에게 보여 각 사람 위에 하나씩 임하여 있더니 그들이 다 성령의 충만함을 받고 성령이 말하게 하심을 따라 다른 언어들로 말하기를 시작한다. 이와 같이하여 사도들의 그리스도 예수님의 복음사역이 시작되어 쓰여진 것이 사도행전이다.

본서의 집필은 본원의 원장인 저와 함께 배정훈 교수님과 오방식 교수께서 수고해 주셨습니다. 감사를 드립니다. 사실 '말씀으로 기도하기' 자료집의 모든 것은 하나님의 은혜로 말미암아 가능하였던 것을 고백합니다. 이후로도 계속 이어 출판 될 「말씀으로 기도하기」 책과의 만남을 통해 우리 삶이 늘 하나님의 말씀 안에 머무르는 복이 임하기를 기원합니다.

본 자료집의 시작부터 진행 과정 모두를 주관해 주시고 섭리해 주신 하나님께 온 마음으로 감사를 드리며, 동시에 본 연구원을 지난 20년 동안 후원해 주시고 기도해 주신 이사님들과 모든 교회와 담임목사님들, 그리고 개인후원자님들께 진심으로 감사를 올려드립니다. 하나님의 은혜가 귀 교회와 목사님들과 모든 후원님들 위에 늘 함께하시기를 기원합니다.

2024년 10월
사단법인 한국기독교교육교역연구원 원장
임창복 목사(장로회신학대학교 명예교수)

말씀으로 기도하기 11: 예레미야

The Book of Jeremiah

발간사 / 3

1부 예레미야의 예언 (1~25장)

1. 예레미야 1:1-19 - 예레미야의 소명 / 14
2. 예레미야 2:1-19 - 하나님을 배반한 백성들 / 21
3. 예레미야 2:20-37 - 유다의 죄악 / 27
4. 예레미야 3:1-25 - 내게로 돌아오라 / 33
5. 예레미야 4:1-31 - 북방의 적군이 땅을 황폐하게 하리라 / 40
6. 예레미야 5:1-31 - 용서받을 수 없는 유다백성들 / 47
7. 예레미야 6:1-30 - 심판받아 마땅한 백성들 / 54
8. 예레미야 7:1-15 - 성전 예배 / 61
9. 예레미야 7:16-34 - 우상숭배와 거짓된 예배 / 67
10. 예레미야 8:1-22 - 백성들의 완강함과 예레미야의 탄식 / 73
11. 예레미야 9:1-26 - 백성들을 위한 예레미야의 탄식 / 79
12. 예레미야 10:1-25 - 살아있는 하나님과 죽어 있는 우상들 / 86
13. 예레미야 11:1-23 - 언약을 깨뜨린 백성들과 그 결과 / 92
14. 예레미야 12:1-17 - 예레미야의 탄식과 하나님의 응답 / 99
15. 예레미야 13:1-27 - 썩어서 못쓰게 된 허리띠와 재앙 선포 / 105
16. 예레미야 14:1-22 - 가뭄의 위기와 재앙의 선언 / 111
17. 예레미야 15:1-21 - 예레미야의 탄식과 하나님의 약속 / 117
18. 예레미야 16:1-21 - 예레미야의 독신생활 / 123
19. 예레미야 17:1-27 - 유다의 죄와 벌 / 129
20. 예레미야 18:1-23 - 토기장이의 비유 / 136
21. 예레미야 19:1-15 - 깨어진 옹기의 비유와 재앙 예고 / 142

차 례

22. 예레미야 20:1-18 - 예언자의 탄식 / 147
23. 예레미야 21:1-14 - 예루살렘 멸망의 예언 / 153
24. 예레미야 22:1-30 - 왕들을 위한 예언 / 159
25. 예레미야 23:1-22 - 악한 목자와 의로운 왕 / 166
26. 예레미야 23:23-40 - 거짓 예언자들에 대한 예언 / 173
27. 예레미야 24:1-10 - 무화과 두 광주리의 비유 / 179
28. 예레미야 25:1-14 - 바벨론 포로 칠십년 예언 / 184
29. 예레미야 25:15-38 - 이방 민족들에 대한 심판 예언 / 190

2부 예레미야의 수난과 구원신탁 (26~45장)

30. 예레미야 26:1-24 - 성전설교와 백성들의 반응 / 197
31. 예레미야 27:1-22 - 느부갓네살의 멍에에 대한 예레미야의 설교 / 204
32. 예레미야 28:1-17 - 예레미야와 하나냐의 갈등 / 211
33. 예레미야 29:1-32 - 바벨론 포로들을 향한 예레미야의 편지 / 219
34. 예레미야 30:1-24 - 하나님 백성을 위한 새로운 시작의 약속 / 228
35. 예레미야 31:1-22 - 흩어진 자들의 귀향 / 236
36. 예레미야 31:23-40 - 새 언약 / 243
37. 예레미야 32:1-25 - 미래의 징표로 예레미야가 밭을 사다 / 250
38. 예레미야 32:26-44 - 예레미야의 기도에 대한 하나님의 응답 / 257
39. 예레미야 33:1-26 - 예루살렘과 유다의 회복 / 264
40. 예레미야 34:1-22 - 갈림길에 선 시드기야 / 272
41. 예레미야 35:1-19 - 레갑 족속의 모범 / 280
42. 예레미야 36:1-32 - 바룩의 두루마리 책 / 288
43. 예레미야 37:1-21 - 시드기야 왕을 향한 예레미야의 경고 / 298

44. 예레미야 38:1-28 - 구덩이 속의 예레미야 / 306
45. 예레미야 39:1-18 - 예루살렘이 함락될 때 예레미야가 풀려남 / 315
46. 예레미야 40:1-16 - 예레미야가 유다에 머물고 그다랴가 총독에 임명되다 / 322
47. 예레미야 41:1-18 - 그다랴가 이스마엘에게 암살되다 / 330
48. 예레미야 42:1-22 - 예레미야가 애굽으로 가지말라고 경고하다 / 337
49. 예레미야 43:1-13 - 예레미야가 애굽으로 끌려가다 / 345
50. 예레미야 44:1-30 - 예레미야가 하늘 여신 섬기는 것을 경고하다 / 352
51. 예레미야 45:1-5 - 바룩에 대한 말씀 / 362

3부 이방 나라들에 대한 신탁과 결론 (46~52장)

52. 예레미야 46:1-28 - 애굽에 대한 예언 / 368
53. 예레미야 47:1-7 - 블레셋에 대한 예언 / 378
54. 예레미야 48:1-28 - 모압에 대한 예언 1 / 384
55. 예레미야 48:29-47 - 모압에 대한 예언 2 / 393
56. 예레미야 49:1-22 - 암몬과 에돔에 대한 예언 / 401
57. 예레미야 49:23-39 - 다메섹, 아라비아 족속, 그리고 엘람에 대한 예언 / 410
58. 예레미야 50:1-20 - 바벨론의 멸망에 대한 예언 1 / 417
59. 예레미야 50:21-46 - 바벨론의 멸망에 대한 예언 2 / 425
60. 예레미야 51:1-33 - 바벨론의 멸망에 대한 예언 3 / 434
61. 예레미야 51:34-64 - 바벨론의 멸망에 대한 예언 4 / 445
62. 예레미야 52:1-34 - 예루살렘의 함락과 바벨론 포로 / 456

1부

예레미야의 예언 (1~25장)

1. 예레미야의 소명
(1:1-19)

Lectio divina Jeremiah

기도에 임하기

오늘 말씀의 묵상과 기도를 통하여 하나님의 부르심을 확인하고, 하나님의 뜻을 온몸으로 전하는 사명자의 삶을 살게 해 주소서. 특별히 오늘 본문에서 부르심의 주도권이 하나님께 있으며 그 부르심을 확인하고 맡겨진 사명을 잘 감당할 수 있도록 견고히 세워지는 시간되게 하소서.

말씀읽기

예레미야 1:1 - 19

1절 베냐민 땅 아나돗의 제사장들 중 힐기야의 아들 예레미야의 말이라
2절 아몬의 아들 유다 왕 요시야가 다스린 지 십삼 년에 여호와의 말씀이 예레미야에게 임하였고
3절 요시야의 아들 유다의 왕 여호야김 시대부터 요시야의 아들 유다의 왕 시드기야의 십일년 말까지 곧 오월에 예루살렘이 사로잡혀 가기까지 임하니라
4절 여호와의 말씀이 내게 임하니라 이르시되
5절 내가 너를 모태에 짓기 전에 너를 알았고 네가 배에서 나오기 전에 너를 성별하였고 너를 여러 나라의 선지자로 세웠노라 하시기로

6절 내가 이르되 슬프도소이다 주 여호와여 보소서 나는 아이라 말할 줄을 알지 못하나이다 하니

7절 여호와께서 내게 이르시되 너는 아이라 말하지 말고 내가 너를 누구에게 보내든지 너는 가며 내가 네게 무엇을 명령하든지 너는 말할지니라

8절 너는 그들 때문에 두려워하지 말라 내가 너와 함께 하여 너를 구원하리라 나 여호와의 말이니라 하시고

9절 여호와께서 그의 손을 내밀어 내 입에 대시며 여호와께서 내게 이르시되 보라 내가 내 말을 네 입에 두었노라

10절 보라 내가 오늘 너를 여러 나라와 여러 왕국 위에 세워 네가 그것들을 뽑고 파괴하며 파멸하고 넘어뜨리며 건설하고 심게 하였느니라 하시니라

11절 여호와의 말씀이 또 내게 임하니라 이르시되 예레미야야 네가 무엇을 보느냐 하시매 내가 대답하되 내가 살구나무 가지를 보나이다

12절 여호와께서 내게 이르시되 네가 잘 보았도다 이는 내가 내 말을 지켜 그대로 이루려 함이라 하시니라

13절 여호와의 말씀이 다시 내게 임하니라 이르시되 네가 무엇을 보느냐 대답하되 끓는 가마를 보나이다 그 윗면이 북에서부터 기울어졌나이다 하니

14절 여호와께서 내게 이르시되 재앙이 북방에서 일어나 이 땅의 모든 주민들에게 부어지리라

15절 내가 북방 왕국들의 모든 족속들을 부를 것인즉 그들이 와서 예루살렘 성문 어귀에 각기 자리를 정하고 그 사방 모든 성벽과 유다 모든 성읍들을 치리라 여호와의 말이니라

16절 무리가 나를 버리고 다른 신들에게 분향하며 자기 손으로 만든 것들에 절하였은즉 내가 나의 심판을 그들에게 선고하여 그들의 모든 죄악을 징계하리라

17절 그러므로 너는 네 허리를 동이고 일어나 내가 네게 명령한 바를 다 그들에게 말하라 그들 때문에 두려워하지 말라 네가 그들 앞에서 두려움을 당하지 않게 하리라

18절 보라 내가 오늘 너를 그 온 땅과 유다 왕들과 그 지도자들과 그 제사장들과 그 땅 백성 앞에 견고한 성읍, 쇠기둥, 놋성벽이 되게 하였은즉

19절 그들이 너를 치나 너를 이기지 못하리니 이는 내가 너와 함께 하여 너를 구원할 것임이니라 여호와의 말이니라

말씀으로 기도하기

본문배경 이해하기[1]

아나돗은 베냐민의 제사장들이 살던 성읍으로, 지리적으로 예루살렘 제사장들로부터 소외된 지역이다. 한때는 예루살렘의 제사장으로 있던 아비아달이 이곳으로 유배오면서 예루살렘 제사장들과는 이념적인 대립의 흔적을 보여준다. 예레미야는 아비아달을 추방한 솔로몬의 시대로부터 요시야의 개혁 이전까지를 부정적으로 본다. 아나돗은 이사야 10장 30절에 따르면 앗수르의 팔레스틴 침공 노선에 있었다. 예레미야의 사역은 요시야 재위 13년에 시작되었는데 이때는 요시야가 개혁을 시작한지 1년 후로써 요시야 개혁을 찬성하는 메시지를 전하였다. 예레미야의 사역은 시드기야 제 11년 예루살렘이 멸망될 때까지라고 말하고 있는데, 실제로 예레미야는 바벨론 멸망 이후에도 애굽에서 죽을 때까지 사역을 이어갔다. 요시야 왕은 8세에 왕위에 올라 즉위 18년에 성전에서 율법책을 발견하여 개혁을 시작하였다. 종교적인 개혁뿐 아니라 반-앗수르 전선에서 개혁하다가 주전 609년 므깃도 전투에서 전사하였다. 요시야 죽음 이후에 예레미야의 사역은 회개하지 않는 유다와 예루살렘에 대한 멸망 선언이었다.

예레미야는 여러 나라의 선지자로 불린다. 즉, 그의 사역은 유다 뿐 아니라, 적들과 동맹국에 이르기까지 넓게 적용되었다. 11절에서 예레미야가 본 살구나무는 4-9 미터까지 자라며, 1월 말에서 2월 초에 꽃이 피고, 분홍빛이 도는 흰색 꽃이 핀 후 10주가 지나면 꽃이 진 후에 열매가 맺힌다. 살구나무가 이른 봄에 맨 먼저 꽃을 피우기 때문에 지켜본다는 상징으로 사용된다. 살구나무(샤케드)라는 단어와 지켜본다(쇼케드)는 단어가 유사하기 때문에 지켜본다는 이미지를 강조한다. 유다의 적들 가운데 애굽은 남쪽에서, 앗수르와 바벨론의 제국은 북방에서 남쪽으로 내려오는 교통로를 가지고 있다. 예레미야가 예언한 북방에서 오는 세력은 주전 605년에 바벨론임이 입증되었다. 18절에서 견고한 성읍, 쇠 기둥, 놋 성벽 등의 비유는 예레미야가 온 유다의 왕들, 지도자들, 그리고 제사장을 비롯한 온 백성들의 강퍅함과 싸워야 하기 때문에 흔들리지 않고 이기도록 요구하는 이미지이다.

---

[1] 이 책에 나타나는 본문 배경에 대해서는 다음 책을 참조하였다. 『IVP 성경배경주석: 구약』(서울:한국기독학생회출판부, 2001). 앞으로 책의 특성상 따로 각주를 표기하지 않는다.

본문내용 이해하기

1장은 예레미야서 전체의 서론 역할을 하면서 예레미야 사역의 시기, 권위, 범위, 내용, 예언을 듣는 청중 등을 다루고 있다. 본문의 짜임새는 다음과 같다. A. 표제: 예레미야의 배경(1-3절); B. 예레미야의 소명(4-10절); C. 두가지 환상과 놋 성벽(11-19절). 표제 (1:1-3)는 예레미야서 전체의 표제 역할을 하면서 예레미야의 출신 지역과 사역의 시기를 보여준다. 1절에서 예레미야를 베냐민 땅 아나돗의 제사장으로 서술하는데, 지리적으로 아나돗은 예루살렘 제사장들로부터 소외된 지역이다. 한때 예루살렘의 제사장으로 있던 아비아달이 이곳으로 쫓겨 오면서 시작되어 역사적으로 존재한 이념적인 대립의 흔적을 보여준다. 2-3 절은 사역의 시기를 규정한다. "하나님의 말씀이 임하였다."고 두 번 표현한 것을 보면 예언자로서 예레미야의 사역을 둘로 나눌 수 있다. 첫 번째는 요시야 십삼 년이고 두 번째는 여호야김 시대부터 포로가 시작되는 시드기야까지이다. 예레미야는 요시야 왕의 시대에는 요시야 왕의 개혁에 맞추어 회개를 촉구하는 예언을 했다면, 바벨론의 멸망이 확정된 여호야김 시대부터 시드기야까지는 회개의 기회를 상실한 백성들에게 심판을 선언하고 바벨론의 통치를 받아들이라는 선포를 한다.

예레미야의 소명이야기(4-10절)는 "말을 못한다"는 주제와 "보냄"의 주제, 그리고 말씀의 강조라는 면에서 모세의 소명 이야기와 일치하는 부분이 있다. 따라서 예레미야의 소명 이야기에서 예레미야를 제2의 모세로 표현하려는 의도를 읽을 수 있다. 모세는 토라를 매개하는 중보자로서 말씀의 대언자를 강조한다. 하나님은 예레미야를 여러 나라의 예언자로 임명한다: "너를 열방의 선지자로 세웠노라." (렘 1:5). 여러 나라를 향한 사역은 심판의 행위인 "뽑으며, 파괴하며, 파멸하며, 넘어뜨리는 것"과 희망과 회복의 행위인 "건설하며 심는 것"이다(렘 1:10). 그가 목격한 두 가지 환상 중 살구나무 가지는 백성들이 하나님의 말씀을 지켜보는지에 초점이 있고, 끓는 가마는 유다와 이스라엘의 우상숭배에 대한 하나님의 심판으로써 하나님이 북쪽에서 오는 족속을 보내줄 것을 보여주신다(렘 1:11-16).

예레미야의 소명 이야기는 사역의 내용만이 아니라, 사역자가 어떻게 만들어져 가는지도 보여준다. 하나님의 부르심의 권위는 하나님의 일방적인 선택에서 온다: "내가 너를 모태에 짓기 전에 너를 알았고 네가 배에서 나오기 전에 너를 성별하였고 너를 열방의 선지자로 세웠노라." (렘 1:5). 소명이 확실함에도 불구하고 예언자는 끊임없이 이 확실성을 내면화시키기 위하여 노력한다. 그가 겪어야 할 부정적인 요소가 두 가지 있는데, 하나는 외부로부터의 끊임없는 도전이며, 다른 하나는 자신 안에서 발생하는 저항이다. 예레미야의 고백에서 나타난 탄식은 외적인 심각한 저항과 선포해도 변화되지 않는 백성들로 인한 절망과 관계있다. 예레미야가 예언을 전하기만 하면 회개가 일어나는 것이 아니라, 끊임없이 예레미야의 예언자로서의 진정성에 도전하는 강퍅한 왕과 족장들과 제사장들 앞에서 예레미야를 쇠기둥과 놋 성벽이 되게 하신다고 함으로 이에 대한 응답을 주신다(1:18-19). 이와 같이 예레미야의 소명 이야기는 한편으로는 자신의 능력의 한계 앞에 좌절하고 직책의 진정성에 대한 도전에 직면하며 내적인 소명을 다시금 재확인하고, 다른 한편으로는 심판을 눈앞에 직면하고도 자신들의 이익과 욕심에 눈 어두워 진리에서 멀어지는 회중들과의 계속적인 싸움의 형태로 나타나는 것이다.

능동적 묵상의 단계

본문은 선지자 예레미야의 배경과 소명체험, 이스라엘의 현실을 보여주는 두 가지 환상과 예레미야의 사명을 넉넉히 감당할 존재로 세워주실 것이라는 하나님의 약속으로 이루어져 있다.

예레미야가 활동하던 시대와 개인적인 배경은 어떠한가(1-3절)? 그는 어떻게 소명을 체험하였으며(5절), 부르심에 대한 예레미야의 반응은 어떠한가(6절)? 하나님이 예레미야에게 소명을 주시며 하신 말씀은 무엇이며(7-10절), 이 말을 듣는 예레미야의 경험은 어떠하였을지 헤아려 본다. 두 가지 환상 즉, 살구나무 가지 환상(11-12절)과 끓는 가마솥 환상(13-16절)은 무엇을 뜻하는가? 또한 이것과 함께 예레미야에게 주신 하나님의 사명이 무엇이고 사명자에게 주신 하나님의 약속은 무엇인가를 헤아리면서 어떻게 예레미야가 하나님의 부르심으로 나아가게 되는지를 묵상해 본다(17-19절).

수동적 묵상의 단계

하나님은 예레미야를 모태에서 지어지기 전부터 아셨으며, 배에서 나오기 전에 이미 성별하였고, 선지자로 그를 세우셨다(5절). 예레미야는 어떻게 그 하나님의 부르심을 받아들이는가? '나는 아이 같아 그 사명을 감당할 수 없다'고 응답하는 예레미야로 하여금 하나님은 어떻게 그 소명을 받아들이도록 일하시는가?

살구나무 가지 환상은 하나님이 항상 지켜보고 계시겠다는 것을 의미한다. 다시 말해, 하나님께서 예레미야와 함께 하시며 구원하시고, 할 말을 주신다는 약속이다(7-9절). 또한, 하나님께서는 유다의 지도자들과 백성들이 예레미야의 말을 듣지 않고 완고하게 대적하겠지만, 하나님께서 예레미야를 견고한 성읍, 쇠기둥, 놋성벽과 같이 굳건히 지키실 것이며 하나님께서 예레미야를 구원할 것이라 말씀하신다(17-19절).

예레미야가 기도 가운데 하나님과의 만남, 소명을 어떻게 받아들이게 되는지 묵상한다. 하나님이 어떻게 예레미야에게 해주시고, 소명이 어떻게 견고해지는지 주의 깊게 살핀다. 또한, 주님을 따르겠다는 나의 의지에 앞서 하나님의 부르심이 먼저 있었음을 바라본다.

되돌아보기

본문은 내가 처음에 소명을 받을 때 어떠했고, 어떻게 소명이 내 안에서 자라 확신에 이르게 되었는지, 그 때 주어졌던 하나님의 약속은 무엇이었는지 상기시켜준다. 나의 소명이 나의 성취에 있는 것이 아니라 세상을 구원하기 원하시는 하나님의 뜻에 있음을 말씀은 가르쳐준다.

또한 예레미야가 부름 받은 것도 하나님의 주권이며, 그의 사역을 이끄시는 분도 하나님이시고, 사역가운에 지키시며 구원하시는 분도 하나님이심을 말씀은 상기한다. 말씀을 통하여 하나님의 부르심 앞에 어린 아이와 같이 서있는 나 자신의 모습에 머물러 보고, 나의 소명의 어디에서 왔으며, 소명의 중점은 무엇이고, 어떻게 소명을 지켜나갈 것인지, 돌이켜본다.

마음 쏟아 놓기

오늘 본문은 나의 소명과 하나님이 맡기신 사명을 다시 한번 기억하게 해 주고, 하나님의 뜻을 진실로 이루는 삶을 살아가도록 도전을 줍니다. 내가 비록 부족하고 연약하더라고 능히 하나님께서 맡기신 일을 감당할 존재로 세우심을 깨우쳐 줍니다. 하나님, 저는 하나님의 부르심 앞에 어린아이와 같은 존재입니다. 하지만 이끌어주실 주님을 의지합니다.

하나님 음성 듣기 / 하나님 안에 머물기

하나님이 예레미야를 부르셨듯 하나님의 마음에서부터 나를 부르시고, 현재 나에게 주어진 사명을 능히 감당할 존재로 세우셨다는 하나님의 말씀을 들으며 그 말씀 안에 머무른다.

응답의 기도

하나님, 저의 소명을 새롭게 해 주시니 감사합니다. 오늘 내게 주어진 사명과 주어진 현실이 예레미야의 현실에도 비유할 수 있을 만큼 도전이 많습니다. 그러나 하나님께서 세상 가운데 계시고 나를 부르셨고 사명을 감당하는 자로 능히 견고케 해 주실 줄 믿습니다. 저는 연약하고 불안정하지만 저를 부르시고 견고하게 하시고 저를 구원하시는 하나님을 바라보며 하나님과 함께하는 부르심의 삶을 한걸음 한걸음 걷게 하소서.

삶으로 기도하기

하나님의 부르심을 받은 자로서 정체성을 분명히 하게 하옵소서. 세상을 두려워하거나 세상에 압도되는 것이 아니라 세상을 향하여 하나님의 말씀으로 놋성벽과 같은 존재가 되어서 세상의 풍파에 흔들리지 않고 하나님을 보여주는 존재로 살게 하소서. 전 삶으로 하나님을 전한 예레미야처럼 우리가 하나님을 전하는 사람이 되게 하소서.

2. 하나님을 배반한 백성들
(2:1-19)

Lectio divina Jeremiah

기도에 임하기

　오늘 주신 말씀을 통해 주님께서는 늘 우리를 보살펴주시고 함께 하시는 분이심과 이와는 반대로 늘 하나님을 거역하고 우상을 찾는 우리의 근본적인 죄를 깨닫고 회개하는 시간이 되게 하소서.

말씀읽기

예레미야 2:1 - 19

1절　여호와의 말씀이 내게 임하니라 이르시되
2절　가서 예루살렘의 귀에 외칠지니라 여호와께서 이와 같이 말씀하시기를 내가 너를 위하여 네 청년 때의 인애와 네 신혼 때의 사랑을 기억하노니 곧 씨 뿌리지 못하는 땅, 그 광야에서 나를 따랐음이니라
3절　이스라엘은 여호와를 위한 성물 곧 그의 소산 중 첫 열매이니 그를 삼키는 자면 모두 벌을 받아 재앙이 그들에게 닥치리라 여호와의 말씀이니라
4절　야곱의 집과 이스라엘의 집 모든 족속들아 여호와의 말씀을 들으라

5절 나 여호와가 이와 같이 말하노라 너희 조상들이 내게서 무슨 불의함을 보았기에 나를 멀리 하고 가서 헛된 것을 따라 헛되이 행하였느냐

6절 그들이 우리를 애굽 땅에서 인도하여 내시고 광야 곧 사막과 구덩이 땅, 건조하고 사망의 그늘진 땅, 사람이 그 곳으로 다니지 아니하고 그 곳에 사람이 거주하지 아니하는 땅을 우리가 통과하게 하시던 여호와께서 어디 계시냐 하고 말하지 아니하였도다

7절 내가 너희를 기름진 땅에 인도하여 그것의 열매와 그것의 아름다운 것을 먹게 하였거늘 너희가 이리로 들어와서는 내 땅을 더럽히고 내 기업을 역겨운 것으로 만들었으며

8절 제사장들은 여호와께서 어디 계시냐 말하지 아니하였으며 율법을 다루는 자들은 나를 알지 못하며 관리들도 나에게 반역하며 선지자들은 바알의 이름으로 예언하고 무익한 것들을 따랐느니라

9절 그러므로 내가 다시 싸우고 너희 자손들과도 싸우리라 여호와의 말씀이니라

10절 너희는 깃딤 섬들에 건너가 보며 게달에도 사람을 보내 이같은 일이 있었는지를 자세히 살펴보라

11절 어느 나라가 그들의 신들을 신 아닌 것과 바꾼 일이 있느냐 그러나 나의 백성은 그의 영광을 무익한 것과 바꾸었도다

12절 너 하늘아 이 일로 말미암아 놀랄지어다 심히 떨지어다 두려워할지어다 여호와의 말씀이니라

13절 내 백성이 두 가지 악을 행하였나니 곧 그들이 생수의 근원되는 나를 버린 것과 스스로 웅덩이를 판 것인데 그것은 그 물을 가두지 못할 터진 웅덩이들이니라

14절 이스라엘이 종이냐 씨종이냐 어찌하여 포로가 되었느냐

15절 어린 사자들이 그를 향하여 부르짖으며 소리를 질러 그의 땅을 황폐하게 하였으며 그의 성읍들은 불타서 주민이 없게 되었으며

16절 놉과 다바네스의 자손도 네 정수리를 상하였으니

17절 네 하나님 여호와가 너를 길로 인도할 때에 네가 그를 떠남으로 이를 자취함이 아니냐

18절 네가 시홀의 물을 마시려고 애굽으로 가는 길에 있음은 어찌 됨이며 또 네가 그 강물을 마시려고 앗수르로 가는 길에 있음은 어찌 됨이냐

19절 네 악이 너를 징계하겠고 네 반역이 너를 책망할 것이라 그런즉 네 하나님 여호와를 버림과 네 속에 나를 경외함이 없는 것이 악이요 고통인 줄 알라 주 만군의 여호와의 말씀이니라

말씀으로 기도하기

본문배경 이해하기

배경설명

이 본문은 예레미야의 초기 사역의 메시지로서 요시야의 개혁에 맞추어 돌아오라고 회개를 촉구하는 것이다. 3절에서 이스라엘을 여호와를 위한 성물로 표현한 것은 이스라엘을 맘대로 하실 권리는 오직 하나님께만 있다는 것이다. 하나님은 죄악을 촉구하기 전에 하나님과 이스라엘 백성의 첫 사랑을 출애굽 광야시대로 제시하신다. 출애굽 때의 신앙에 대하여 구약에서는 긍정적인 평가(호 2:14; 13:5)와 부정적인 평가(겔 20:13; 민 11-14장)가 있지만 본문은 이 시기를 긍정적으로 평가한다. 본문에서 바알 신앙을 언급하는 이유는 하나님께서 가나안 땅을 통해 복을 주셨지만, 이스라엘 백성들은 땅의 많은 소산을 바알과 우상이 주는 것으로 생각하였기 때문이다. 농경사회인 가나안 땅에서 살면서 이스라엘 백성들은 바알신앙에 영향을 받았다. 터진 웅덩이(13절)란 종종 석회암 언덕에 웅덩이를 파고 석회 반죽으로 내부를 발라 빗물이 고이도록 한 것이다. 이런 웅덩이에 금이 가면 물이 새서 생명을 공급하는 필수품을 잃게 되는 것이다.

본문에 근동의 지역들이 언급된다. 깃딤은 구브로 섬에 있는 깃디온을 말하는데 깃딤 섬(2:10)은 서쪽 민족들, 특히 그리스 또는 일반적으로 멀리 떨어진 민족들을 가리킨다. 게달(2:10)은 원래 이스마엘의 둘째 아들 이름인데 주전 8-4세기 동안 융성했던 이스마엘 후손의 한 부족, 동쪽의 아라비아 사막 주민들을 뜻한다. 14절에서 이스라엘이 종이 된 사건은 주전 722년 앗수르에 의한 이스라엘의 멸망을 가리킨다. 15절에서 그의 땅을 황폐하게 하였다는 것은 산헤립에 의한 유다 침입(주전 701년)을 가리킨다. 놉(멤피스)은 하부 애굽의 옛 수도였고(16절), 다바네스는 나일강 삼각주의 동부에 있으면서 시내반도와 경계를 이루는 변경의 성읍이다(16절, 렘 43:7). 놉과 다바네스의 자손이란 애굽의 자손을 말한다. 정수리를 상한다는 말은(16절) 머리를 빡빡 깎는다는 말이다. 시홀(18절)은 나일강을 대표하는 이름이다.

본문내용 이해하기

2:1-4:4의 주제는 백성을 향하여 "내게로 돌아오라"고 촉구하는 것이다. 2:1-19에서 다루는

주제는 크게 두 가지인데, 하나는 신앙의 모델이었던 과거를 회상하는 것과 이스라엘 백성들의 죄악에 관한 것이다. 첫째로 신앙의 모델이었던 과거에 대한 회상이다. 하나님은 회개를 촉구하기 전에 과거를 기억하게 하신다. 그 기억은 하나님의 무조건적인 선택과 사랑의 사건에 관한 것이다. 기억은 현재 그들을 돌이키게 만드는 가장 큰 힘이다. 호세아의 뒤를 따라 (호 2:14-15; 13:5), 예레미야도 이스라엘의 신앙이 가장 이상적이었던 시기는 바로 가나안에 들어오기 전에 광야에서 이스라엘이 하나님을 좇았을 때로 보고 있다 (2:2). 하나님은 이에 응답하여 이스라엘을 모든 악한 자들로부터 보호하였다 (2:3). 하나님은 애굽 땅에서 인도하시고 광야를 지나게 하신 분이며 (2:6), 기름진 땅과 아름다운 것을 먹게 하신 분이다 (2:7). 신앙의 처음에는 그들을 무조건적으로 사랑하시는 하나님이 계셨고, 또한 하나님을 향하여 순수한 순종으로 응답한 무리들이 있었다. 과거를 회상하게 하는 이유는 백성들이 자신들의 뿌리를 기억하게 하여 처음으로 돌아가게 만드는 것이다.

둘째로, 이스라엘 백성들이 범하는 죄악의 내용이다. 하나님이 노하셨던 이스라엘 백성들의 죄악은 생수의 근원되는 하나님을 버린 것과 물을 저축하지 못할 터진 웅덩이를 판 것이다 (2:13). 이 악으로 인하여 그들에게 심판이 선포된다 (2:19). 그들의 첫 번째 죄악은 더 이상 하나님을 기억하지 않는 것이다. 하나님의 첫 사랑을 기억하고 그분의 사랑에 응답하는 길은 하나님이 우리들을 위하여 과거 행하신 구원의 역사를 기억하며, 그 구원의 감격을 현재화하는 것이다. 하나님은 우리가 바로 그 첫사랑의 순간들을 기억하기 원하신다(2:6). 백성들은 그 하나님을 더 이상 의식하지 않음으로 자신들의 뿌리를 제거하였다. 본문에서 하나님을 기억하기 위하여 하나님이 어디 계시느냐 묻는 것과 하나님을 아는 것을 동일시한다. 이는 신명기에서 의를 행하거나 사랑을 실천할 때 하나님 앞에서 (하나님이 곁에 계신 것처럼) 행하라는 명령과 유사하다 (신 6:25; 12:7; 24:13). 하나님을 알지 못한다는 말(렘 2:8; 4:22)도 호세아에서 나타나는 단어로써(호 6:6) 하나님의 법을 행하지 않고 불의를 행할 때 사용한다. 하나님을 버린다는 말은 그분의 구원 행위를 기억하지 않고, 더 이상 하나님을 의식하지 않으며 응답으로써 그분의 계명을 실천하지 않는 것이다. 두 번째 죄악인 간음의 죄악에는 두 가지 부류가 있다. 첫째로, 다른 신들을 섬기는 것이다. 가나안 땅에서 다른 신이란 일차적으로 농경문화에 익숙한 바알신을 섬기는 것이다 (2:8). 다음으로, 간음은 열방을 의지하는 것이다. 즉, 하나님이 깨닫도록 하기 위하여 고난을 주신 위기를 정치적인 처세를 통하여 해결하려는 시도를 포함한다 (2:18).

능동적 묵상의 단계

본문은 하나님이 어떻게 이스라엘을 단계적으로 회개에 이끄시는지를 보여준다.

1-3절에서 하나님은 죄에 빠진 이스라엘을 돌이키기 위하여 조상들의 과거를 상기시키며, 출애굽한 이스라엘의 하나님에 대한 사랑과 순종을 말씀하신다. 또한 이스라엘이 여호와를 위한 성물 곧 하나님의 소산의 첫 열매로서 하나님의 소중한 존재임을 강조하신다.

이어서 하나님께서는 이스라엘이 하나님에게서 어떻게 멀어지는지를 구체적으로 말씀하신다(4-8절). 이스라엘 백성은 애굽에서 이끌어 내어 광야에서 인도하신 하나님을 더 이상 찾지 않으며 하나님이 허락하신 기름지고 아름다운 땅을 더럽혔다. 제사장들조차도 여호와께서 어디계시는가 묻지 않았고, 관리들은 반역하고 선지자들은 바알의 이름으로 예언하였다(8절).

종합적으로 하나님은 이스라엘이 행한 두 가지 근본적인 악을 지적한다. 첫째, 생수의 근원되신 하나님을 버린 것과 둘째, 스스로 웅덩이를 판 것이다(13절). 이는 이스라엘이 하나님의 처음 사랑을 버리고 하나님이 아닌 다른 우상을 섬기며 강대국을 의지한 것이다.

북이스라엘의 포로됨과 땅이 황폐하게 되고 수치스럽게 된 것은 결국, 북이스라엘이 하나님을 떠나 강대국을 의존하였기 때문이다. 하나님은 유다도 계속해서 반역하면 징계하고 심판하게 될 것임을 경고하신다. 누구에게서든지 근본적인 문제는 하나님을 버리고 경외하지 않기 때문에 악에 빠지고 고통의 삶을 살 수 밖에 없다는 것이다(14-19절). 과거의 역사에도 그러했고 현재도 그러하며 장래에도 그렇게 될 것임을 말씀하며 하나님께로 돌아올 것을 촉구한다.

수동적 묵상의 단계

말씀에 머물러 성령께서 깨우쳐 주시는대로 하나님이 어떻게 이스라엘과 함께 하셨고, 하나님과 동행하던 이스라엘이 어떻게 하나님을 떠나게 되었는지, 그리고 하나님이 허락해 주신 거룩하고 아름다운 땅을 버리게 되었는지 묵상해본다. 하나님을 떠나면서 경험한 이스라엘의 당혹스러움, 이방을 의존할 수밖에 없었던, 하나님을 떠난 이스라엘의 나약함을 헤아려본다. 그리고 이들에 대한 하나님의 혹독한 심판과 이로 인한 이스라엘의 고통을 묵상한다. 이렇게 하나님을 버린 북이스라엘에 대한 하나님의 심판과 그들의 고통을 묵상하며 여전히 죄와 우상 가운데 빠져 강대국을 의지하고 있는 유다일지라도 사랑으로 그들이 돌이키기를 원하시는 하나님의 마음을 헤아려 본다.

되돌아보기

이스라엘이 구원하시고 동행하시는 하나님을 떠난 것처럼 나는 언제 어떻게 나의 구원자되신 하나님을 떠나게 되었는가? 하나님은 나에게 어떠한 은총을 베푸셨는지, 하나님을 떠났을 때 나의 내면은 어떠하였는지, 그리고 나는 하나님을 떠나 무엇을 의존하였는지 헤아려본다.

마음 쏟아 놓기

구원의 하나님, 애굽과 같은 세상에서 나를 구원하시어 새로운 삶으로 인도하신 구원의 은총을 기억합니다. 구원의 은혜를 베풀어 주셨지만, 하나님의 임재 안에 머물지 못하고 여전히 세상을 여전히 찾고 구하는 저의 옛사람의 모습을 봅니다. 세상의 영광을 구하고 하나님 밖에서 무엇인가를 성취하려 노력합니다. 오늘 주님의 말씀은 다시 내가 어떻게 살아가고 있었는지를 보여주십니다. 진정으로 내가 어떠한 존재이고 어떻게 살아가야 하는지를 깨닫게 하셔서 오로지 하나님만 찾는 존재로 살아가도록 나를 이끌어주소서. 나의 죄를 깨닫게 하시고 죄인임을 고백하게 하시며 다시 한번 하나님만을 의지하는 삶을 살게 하소서.

하나님 음성 듣기 / 하나님 안에 머물기

2장 13절에 애타게 애정을 가지고 말씀하시는 주님의 말씀 안에 머물러서 이 말씀이 내게 무슨 말씀인지 말씀하시는 하나님의 마음을 헤아려본다. 말씀 안에 머물러서 말씀이 나를 회복시키고 회개에 이르고, 하나님만 구하는 존재로 변화되도록 머무른다.

응답의 기도

종이나 노예가 아닌 하나님의 사랑받는 자녀로 오로지 하나님만 찾는 사람이 되게 하소서.

삶으로 기도하기

나의 삶과 사역에서 하나님만을 찾고 구하는 자녀의 삶이 되게 하소서.

3. 유다의 죄악
(2:20-37)

기도에 임하기

하나님의 우리를 향한 사랑을 깨닫고 우리의 삶에 진정한 갱신이 주어지게 하소서.

말씀읽기

예레미야 2:20 - 37

20절 네가 옛적부터 네 멍에를 꺾고 네 결박을 끊으며 말하기를 나는 순종하지 아니하리라 하고 모든 높은 산 위에서와 모든 푸른 나무 아래에서 너는 몸을 굽혀 행음하도다
21절 내가 너를 순전한 참 종자 곧 귀한 포도나무로 심었거늘 내게 대하여 이방 포도나무의 악한 가지가 됨은 어찌 됨이냐
22절 주 여호와의 말씀이니라 네가 잿물로 스스로 씻으며 네가 많은 비누를 쓸지라도 네 죄악이 내 앞에 그대로 있으리니
23절 네가 어찌 말하기를 나는 더럽혀지지 아니하였다 바알들의 뒤를 따르지 아니하였다 하겠느냐 골짜기 속에 있는 네 길을 보라 네 행한 바를 알 것이니라 발이 빠른 암낙타가 그의 길을 어지러이 달리는 것과 같았으며
24절 너는 광야에 익숙한 들암나귀들이 그들의 성욕이 일어나므로 헐떡거림 같았도다 그 발정

기에 누가 그것을 막으리요 그것을 찾는 것들이 수고하지 아니하고 그 발정기에 만나리라

25절 내가 또 말하기를 네 발을 제어하여 벗은 발이 되게 하지 말며 목을 갈하게 하지 말라 하였으나 오직 너는 말하기를 아니라 이는 헛된 말이라 내가 이방 신들을 사랑하였은즉 그를 따라 가겠노라 하도다

26절 도둑이 붙들리면 수치를 당함 같이 이스라엘 집 곧 그들의 왕들과 지도자들과 제사장들과 선지자들이 수치를 당하였느니라

27절 그들이 나무를 향하여 너는 나의 아버지라 하며 돌을 향하여 너는 나를 낳았다 하고 그들의 등을 내게로 돌리고 그들의 얼굴은 내게로 향하지 아니하다가 그들이 환난을 당할 때에는 이르기를 일어나 우리를 구원하소서 하리라

28절 너를 위하여 네가 만든 네 신들이 어디 있느냐 그들이 네가 환난을 당할 때에 구원할 수 있으면 일어날 것이니라 유다여 너의 신들이 너의 성읍 수와 같도다

29절 너희가 나에게 대항함은 어찌 됨이냐 너희가 다 내게 잘못하였느니라 여호와의 말씀이니라

30절 내가 너희 자녀들을 때린 것이 무익함은 그들이 징계를 받아들이지 아니함이라 너희 칼이 사나운 사자 같이 너희 선지자들을 삼켰느니라

31절 너희 이 세대여 여호와의 말을 들어 보라 내가 이스라엘에게 광야가 되었었느냐 캄캄한 땅이 되었었느냐 무슨 이유로 내 백성이 말하기를 우리는 놓였으니 다시 주께로 가지 아니하겠다 하느냐

32절 처녀가 어찌 그의 패물을 잊겠느냐 신부가 어찌 그의 예복을 잊겠느냐 오직 내 백성은 나를 잊었나니 그 날 수는 셀 수 없거늘

33절 네가 어찌 사랑을 얻으려고 네 행위를 아름답게 꾸미느냐 그러므로 네 행위를 악한 여자들에게까지 가르쳤으며

34절 또 네 옷단에는 죄 없는 가난한 자를 죽인 피가 묻었나니 그들이 담 구멍을 뚫었기 때문이 아니라 오직 이 모든 일 때문이니라

35절 그러나 너는 말하기를 나는 무죄하니 그의 진노가 참으로 내게서 떠났다 하거니와 보라 네 말이 나는 죄를 범하지 아니하였다 하였으므로 내가 너를 심판하리라

36절 네가 어찌하여 네 길을 바꾸어 부지런히 돌아다니느냐 네가 앗수르로 말미암아 수치를 당함 같이 또한 애굽으로 말미암아 수치를 당할 것이라

37절 네가 두 손으로 네 머리를 싸고 거기서도 나가리니 이는 네가 의지하는 자들을 나 여호와가 버렸으므로 네가 그들로 말미암아 형통하지 못할 것임이라

말씀으로 기도하기

본문 배경 이해하기

두 종류의 간음이 나타나는데 다른 신들을 섬기는 간음과 하나님 대신 열방을 의지하는 간음이다. 특히 바알신과 관련된 용어가 많이 나온다. 바알들(23절)이라고 말함으로 성소가 여러 곳에 있음을 보여준다. 바알신은 폭풍의 신으로 불리고 죽었다가 살아난다고 전해진다. 바알 종교는 대표적인 가나안 종교로서, 농경사회에 필요한 풍요와 다산의 종교이며, 자손과 가축의 번영을 약속하는 종교이다. "높은 산과 푸른 나무"(20절)는 가나안 지방의 성소들에서 행해지던 다산 신앙 의식중에는 여러 종류의 나무들에게 행하는 것들이 있다: "그들이 산 꼭대기에서 제사를 드리며 작은 산 위에서 분향하되 참나무와 버드나무와 상수리나무 아래에서 하니 이는 그 나무 그늘이 좋음이라 이러므로 너희 딸들은 음행하며 너희 며느리들은 간음을 행하는도다."(호 4:13). 나무를 아비라고 말할 때 바알을 뜻하고, 돌을 어머니라고 말할 때 앗세라를 뜻한다(27절). "너의 신들이 성읍 수와 같도다"라고 말한 이유는 성읍마다 수호신들을 가지고 있기 때문이다.

바알을 열광적으로 섬기는 백성들을 암낙타와 들암나귀로 비유한다. 젊은 암낙타는 흥분하여 무질서하게 돌아다니고, 암나귀는 발정기가 되면 난폭해져서 숫나귀를 쫓아다닌다. 이스라엘도 들암나귀처럼 바알신을 쫓아다닌다는 말이다. 34절 담 구멍을 뚫었다는 말은 출애굽기의 인용이다: "도둑이 뚫고 들어오는 것을 보고 그를 쳐죽이면 피 흘린 죄가 없으나."(출 22:2). 즉, 고의적인 악한 행위에 대한 정당방위로써 사람을 죽인 것이 아니라, 고의적이고 악한 의도로 가난한 자를 죽인 행위를 말한다. 이 본문에서 죄없이 죽은 자는 아마도 백성들의 죄를 꾸짖은 예언자들을 말할 것이다. 35절에서 백성들은 자신들이 간음을 해도 아무 일도 일어나지 않으니 문제가 없을 것이라고 생각하였지만 하나님은 심판을 계획하신다. 열방을 의지하는 유다의 수치가 묘사된다. 앗수르를 의지하다가 수치를 당하고, 다시 애굽을 통하여 수치당할 것을 말한다. 급변하는 국제상황에서 나름대로 처세를 열심히 했지만 결국 열방에 의하여 버림받을 것을 말한다. 37절에서 "두 손으로 네 머리를 싸고"라는 말은 여인들이 절망이나 슬픔의 표시로 행하는 것이다(삼상 13:19).

본문내용 이해하기

본문은 두 단락으로 이루어져 있다: A. 이방 신들을 따라가는 이스라엘 (2:20-28); B. 유다에 대한 정죄 (2:29-37). 첫째 단락(2:20-28)에서 이방신을 따라가는 이스라엘의 모습이 나타난다. 출발은 하나님의 멍에를 끊는 것이다(20절). 하나님의 멍에란 하나님과의 언약에서 나오는 의무로써의 신실함을 깸으로써 관계를 유지하지 않겠다는 행동이다. 그 행동은 곧 푸른 나무 아래에서 행음하고(20절), 하나님의 포도나무 대신 이방 포도나무의 악한 가지가 되겠다는 것이다(21절). 그 죄는 잿물과 비누로 씻을 수 없는 죄악이다. 이방신을 사랑하는 이스라엘의 모습은 성욕과 발정으로 가득 찬 암낙타와 들 암나귀와 같다(23-25절). 그들이 섬기는 신들이 그들의 환란 때에 구원자가 될 것 같지만, 불가능하다.

둘째 단락(2:29-37)에서 유다에 대한 정죄가 나타난다. 그들의 죄악은 하나님을 향한 대항이다(29절). 하나님은 예언자들을 통하여 그들을 깨우치려고 했지만, 그들은 징계를 받아들이려 하지 않고 그들에게 보낸 선지자들을 죽였다(29-30 절). 이 세대의 백성들은 강퍅하여 다시는 주께로 돌아가지 않겠다고 말한다. 그들은 자신의 첫 사랑인 하나님을 버리고, 이방 신을 사랑하기 위하여 행위를 꾸미고 불의를 행하기까지 하였다. 이 현실에 대하여 하나님은 무고하며 책임은 오직 백성들에게 있다고 말씀하신다. 남은 것은 "나는 죄를 짓지 않았다"고 뻔뻔하게 말하는 백성을 향한 하나님의 심판뿐이다: "내가 너를 심판하리라."(2:35). 더구나 바알을 섬길 뿐 아니라 하나님을 의지하지 않고 열방인 앗수르와 애굽을 돌아가면서 의지하지만, 유다 백성들이 의지하는 열방들은 진정한 의지가 되지 않고 유다는 결국 버림을 받을 것이다.

능동적 묵상의 단계

이스라엘 백성의 죄는 무엇이며, 예레미야는 그 죄된 삶의 모습을 어떻게 이야기하는가? 바알을 섬김(20), 죄악된 삶의 모습(21, 23-25)을 생생하게 묘사한다. 죄를 범한 이스라엘에게 하나님께서 이스라엘을 위하여 해 주시는 일, 심판 그리고 이스라엘의 불행은 무엇인가? 하나님의 말씀과 심판에 대한 이스라엘 백성은 반응은 어떠한가, 그들은 어떻게 응답하는가(22, 26-35)? 하나님께서는 이스라엘을 귀한 포도나무로 심었거늘 이스라엘은 이방의 악한 포도나무가 되었다(21절). 하나님은 계속 회개를 촉구하였지만, 이스라엘은 이를 헛된말로 여긴다(25절). 하나님은 자녀들을 때리고 징계하였지만(30절) 회개하지 않았고 죄를 범하였다. 죄를 고백하지 않앉기에(35절) 하나님은 이스라엘을 심판하신다.

본문은 하나님의 예언과 심판에도 불구하고 완전한 회개로 돌이키지 않고 열방을 의지하는 이스라엘의 모습과 하나님의 영원한 심판으로 귀결된다(37절).

수동적 묵상의 단계

이스라엘에게서 어떻게 죄가 시작되고, 어떻게 죄 된 삶의 모습이 나타나 자라가는지 그 움직임 전체를 들여다본다. 하나님의 끊임없는 경고와 심판에도 불구하고 완전한 회개에 이르지 않고, 여전히 바알과 앗수르와 애굽을 의지하는 이스라엘의 모습 속에서 죄 가운데 있는 이스라엘의 모습을 기도 안에서 바라본다. 완전한 파멸에 이르기까지 끝까지 자기 자신을 의존하고 붙드는 이스라엘의 모습을 바라보는 하나님의 마음을 헤아려본다.

되돌아보기

나의 삶에서 하나님으로부터 멀어진 부분이 무엇이며 어디에 있는지 또 하나님으로부터 비롯되지 않은 일이 무엇인지 헤아려 본다. 오히려 멈추지 않는 나의 열망 속에 숨겨진 나를 위한 것들이 무엇이며 어떤 것인지를 살펴본다. 유다 백성과 같이 하나님이 아닌 다른 것으로 나의 만족을 채우려다 실망하고 이 실망감을 극복하려 또 다른 우상을 찾고 있는 것은 아닌지 자신을 되돌아본다. 그리고 오늘 본문이 나의 삶에 주시는 말씀이 무엇인지 들어본다.

마음 쏟아 놓기

하나님, 내가 행하는 당신의 일들 속에 당신의 사랑과 뜻만이 나를 주장하는 것이 아니라 나의 생각 나의 뜻, 나의 소원, 나의 성취를 이루고자 하는 마음도 큰 것을 보게 됩니다. 충분히 머물러 당신의 마음과 뜻과 열망이 나를 지배하고 그 열망이 나를 새롭게 할 수 있도록 해 주셔서 오로지 주님처럼 하나님만을 위하여 사는 당신의 제자로 당신의 일을 행하게 하소서.

하나님 음성 듣기 / 하나님 안에 머물기

하나님께서는 완전한 회개에 이르도록 선지자를 보내시고 여러 방법으로 말씀하시지만, 이스라엘은 오히려 선지자를 죽이고 스스로 죄가 없다고 한다. 이러한 이스라엘의 모습을 보며 안타까운 마음으로 이스라엘에게 심판을 경고하시는 하나님의 모습 안에 깊이 머물러 본다. 완전한 회개를 촉구하는 하나님 말씀에 머물러서 이 거룩한 하나님의 말씀이 나의 심령 가장 깊은 곳에서 들려질 수 있도록 충분히 머무른다.

응답의 기도

하나님, 오직 내 안에 하나님의 뜻과 마음만을 따르고자 하는 겸비한 심령을 허락해 주옵소서. 하나님의 마음과 연결된 마음으로 계명의 말씀을 따르고 순종하는 완전한 회개의 삶으로 나아가게 하소서.

삶으로 기도하기

오로지 하나님 말씀만을 듣고 따름으로 전 삶과 사역에서 하나님 사랑이 드러나게 하소서.

4. 내게로 돌아오라
(3:1-25)

Lectio divina Jeremiah

기도에 임하기

주의 말씀을 통해 죄를 깨닫고 통회하며 진정한 회개에 이르는 삶이 되게 하소서.

말씀읽기

예레미야 3:1 - 25

1절 그들이 말하기를 가령 사람이 그의 아내를 버리므로 그가 그에게서 떠나 타인의 아내가 된다 하자 남편이 그를 다시 받겠느냐 그리하면 그 땅이 크게 더러워지지 아니하겠느냐 하느니라 네가 많은 무리와 행음하고서도 내게로 돌아오려느냐 여호와의 말씀이니라

2절 네 눈을 들어 헐벗은 산을 보라 네가 행음하지 아니한 곳이 어디 있느냐 네가 길 가에 앉아 사람들을 기다린 것이 광야에 있는 아라바 사람 같아서 음란과 행악으로 이 땅을 더럽혔도다

3절 그러므로 단비가 그쳤고 늦은 비가 없어졌느니라 그럴지라도 네가 창녀의 낯을 가졌으므로 수치를 알지 못하느니라

4절 네가 이제부터는 내게 부르짖기를 나의 아버지여 아버지는 나의 청년 시절의 보호자이시오니

5절 노여움을 한없이 계속하시겠으며 끝까지 품으시겠나이까 하지 아니하겠느냐 보라 네가 이같이 말하여도 악을 행하여 네 욕심을 이루었느니라 하시니라

6절 요시야 왕 때에 여호와께서 또 내게 이르시되 너는 배역한 이스라엘이 행한 바를 보았느냐 그가 모든 높은 산에 오르며 모든 푸른 나무 아래로 가서 거기서 행음하였도다

7절 그가 이 모든 일들을 행한 후에 내가 말하기를 그가 내게로 돌아오리라 하였으나 아직도 내게로 돌아오지 아니하였고 그의 반역한 자매 유다는 그것을 보았느니라

8절 내게 배역한 이스라엘이 간음을 행하였으므로 내가 그를 내쫓고 그에게 이혼서까지 주었으되 그의 반역한 자매 유다가 두려워하지 아니하고 자기도 가서 행음함을 내가 보았노라

9절 그가 돌과 나무와 더불어 행음함을 가볍게 여기고 행음하여 이 땅을 더럽혔거늘

10절 이 모든 일이 있어도 그의 반역한 자매 유다가 진심으로 내게 돌아오지 아니하고 거짓으로 할 뿐이니라 여호와의 말씀이니라

11절 여호와께서 내게 이르시되 배역한 이스라엘은 반역한 유다보다 자신이 더 의로움이 나타났나니

12절 너는 가서 북을 향하여 이 말을 선포하여 이르라 여호와께서 이르시되 배역한 이스라엘아 돌아오라 나의 노한 얼굴을 너희에게로 향하지 아니하리라 나는 긍휼이 있는 자라 노를 한없이 품지 아니하느니라 여호와의 말씀이니라

13절 너는 오직 네 죄를 자복하라 이는 네 하나님 여호와를 배반하고 네 길로 달려 이방인들에게로 나아가 모든 푸른 나무 아래로 가서 내 목소리를 듣지 아니하였음이라 여호와의 말씀이니라

14절 여호와의 말씀이니라 배역한 자식들아 돌아오라 나는 너희 남편임이라 내가 너희를 성읍에서 하나와 족속 중에서 둘을 택하여 너희를 시온으로 데려오겠고

15절 내가 또 내 마음에 합한 목자들을 너희에게 주리니 그들이 지식과 명철로 너희를 양육하리라

16절 여호와의 말씀이니라 너희가 이 땅에서 번성하여 많아질 때에는 사람들이 여호와의 언약궤를 다시는 말하지 아니할 것이요 생각하지 아니할 것이요 기억하지 아니할 것이요 찾지 아니할 것이요 다시는 만들지 아니할 것이며

17절 그 때에 예루살렘이 그들에게 여호와의 보좌라 일컬음이 되며 모든 백성이 그리로 모이리니 곧 여호와의 이름으로 말미암아 예루살렘에 모이고 다시는 그들의 악한 마음의 완악한 대로 그들이 행하지 아니할 것이며

18절 그 때에 유다 족속이 이스라엘 족속과 동행하여 북에서부터 나와서 내가 너희 조상들에게 기업으로 준 땅에 그들이 함께 이르리라

19절 내가 말하기를 내가 어떻게 하든지 너를 자녀들 중에 두며 허다한 나라들 중에 아름다운 기업인 이 귀한 땅을 네게 주리라 하였고 내가 다시 말하기를 너희가 나를 나의 아버지라 하고 나를 떠나지 말 것이니라 하였노라

20절 그런데 이스라엘 족속아 마치 아내가 그의 남편을 속이고 떠나감 같이 너희가 확실히 나를 속였느니라 여호와의 말씀이니라

21절 소리가 헐벗은 산 위에서 들리니 곧 이스라엘 자손이 애곡하며 간구하는 것이라 그들이 그들의 길을 굽게 하며 자기 하나님 여호와를 잊어버렸음이로다

22절 배역한 자식들아 돌아오라 내가 너희의 배역함을 고치리라 하시니라 보소서 우리가 주께 왔사오니 주는 우리 하나님 여호와이심이니이다

23절 작은 산들과 큰 산 위에서 떠드는 것은 참으로 헛된 일이라 이스라엘의 구원은 진실로 우리 하나님 여호와께 있나이다

24절 부끄러운 그것이 우리가 청년의 때로부터 우리 조상들의 산업인 양 떼와 소 떼와 아들들과 딸들을 삼켰사온즉

25절 우리는 수치 중에 눕겠고 우리의 치욕이 우리를 덮을 것이니 이는 우리와 우리 조상들이 청년의 때로부터 오늘까지 우리 하나님 여호와께 범죄하여 우리 하나님 여호와의 목소리에 순종하지 아니하였음이니이다

말씀으로 기도하기

본문배경 이해하기

1절에서 인용된 신명기 24:1-4에 따르면 처음으로 결혼한 배우자와의 관계는 영원하기에 인간이 깰 수 없다. 신명기 24:1-4에서 만약 사람이 아내와 이혼한 후, 그 아내가 다른 사람의 아내가 된 다음에는 다시 처음 남편의 아내가 되는 것을 가증하다고 말한다. 겉으로 보기에는 처음 아내와의 재결합을 금지하는 규정이지만, 실제로는 이혼을 할 때 다시는 회복이 불가능하기 때문에 이혼을 심사숙고하라는 규정이다. 3절에서 3월에 내리는 단비와 4월에 내리는 늦은 비가 없어지면 곡식을 제때에 수확할 수 없는 상황이 된다. 6절 이하에서는 이미 주전 722년에 멸

망한 이스라엘의 예를 든다. 이방 신들을 섬김으로 영적 간음을 행한 이스라엘의 길을 따라가지 말라고 말씀하신다. 8절에서 말하는 이혼서는 고대 근동 지방에서 잘 알려져 있다. 신명기 24장에 따르면, 남자가 이혼한 여자에게 반드시 이혼 증서를 써 주어 여자에게 재혼할 수 있는 권리를 법적으로 주도록 되어 있다. 9절에서 돌과 나무로 행음하는 것은 아세라 상들(신성한 나무들)과 바알(돌)들을 따르는 영적 간음이다. 21절 이하에 회개하라는 명령과 회개의 목소리는 실제로 회개한 것인지 아니면 형식적인 회개인지 논란이 있다. 4장 4절까지를 읽어 보면 진정한 회개가 무엇인지를 가르친다. 가증한 것을 버리고 마음의 할례를 강조하는 것을 보면 21-22절에서 나오는 회개는 진정성 없는 회개라고 생각한 듯 하다.

본문내용 이해하기

본문은 다음과 같이 네 단락으로 되어 있다: A. 깨닫지 못하는 백성들 (1-5 절); B. 유다와 이스라엘 (6-11절); C. 통일된 백성에 대한 용서 약속 (12-18절); D. 회개하는 백성을 향한 축복 약속 (19-25 절)

첫째 단락(1-5절)은 깨닫지 못하는 백성들에 대하여 다룬다. 유다의 우상숭배로 인하여 백성들만이 아니라 땅도 더럽혀졌다(헐벗은 산, 2절). 백성들의 상태는 죄를 짓고도 깨닫지 못하는 것이다. 신명기 24:1-4에 의하면 이혼한 다음에 여자가 남의 아내가 된 후에는 다시 처음 남편에게 돌아갈 수 없다고 말한다. 여호와를 버리고 바알을 섬기는 유다 백성들이 사실은 여호와께 돌아올 자격이 없다는 말이다(1절). 그들은 창녀의 낯을 가지고 수치를 알지 못한다(2절). 그럼에도 불구하고 자신들의 죄를 깨닫지 못하고, 하나님이 보호자시며 모든 것을 용서하실 것이라고 생각하고 악을 행하고 욕심을 부리고 있다.

둘째 단락(6-11절)은 유다와 이스라엘 백성을 대조한다. 유다는 이스라엘의 실패로부터 교훈을 받지 않는다. 하나님은 행음한 이스라엘에게 내게 돌아오라고 말씀하셨지만, 그들이 돌아오지 않자, 배역한 이스라엘에게 이혼서를 주었다. 그러나 유다는 여전히 돌과 나무와 행음하여 땅을 더럽혔으며, 돌아왔지만 거짓으로 회개한 척 할 뿐이다. 그래서 유다의 죄가 이스라엘의 죄보다 더 무겁다.

셋째 단락(12-18절)은 통일된 백성에 대한 회복 약속이다. 이스라엘과 유다의 배역에도 불구하고 하나님은 그들이 돌아와 새로운 통일 왕국으로 회복할 것을 꿈꾸신다. 멸망한 북왕국 이스라엘 주민들에게 돌아오기를 촉구하고, 우상숭배했던 과거를 돌아보면서 죄를 자복하기를 요청한다(13절). 포로로 잡혀간 유다 백성들에게도 돌아오기를 촉구하며 (14절), 그들을 시온으로 데려올 것을 약속하신다. 그들이 돌아와서 회복 될 때면 잃어버린 언약궤를 다시 찾을 필요가 없다. 왜냐하면 예루살렘이 하나님의 보좌가 되기 때문이다.

넷째 단락(19-25절)은 회개하는 백성을 향한 축복 약속이다. 하나님은 이스라엘을 자녀 삼으시고 귀한 땅을 주셨지만 그들이 아내가 남편을 속이듯이 여호와를 속였다(19-20). 21-22절은 형식적으로는 회개의 촉구와 이에 대한 백성들의 응답으로 보인다. 하나님은 요시야 개혁의 정신에 맞추어 돌아오라고 외친다: "배역한 자식들아 돌아오라 내가 너희의 배역함을 고치리라 하시니라." (렘 3:22). 그들은 하나님 여호와를 잊은 자들이다(21 절). 자신들은 여호와의 목소리에 순종하지 않는 자들로서 구원을 위하여 하나님께 호소한다: "이스라엘의 구원은 진실로 우리 하나님 여호와께 있나이다." (23절) 그러나 이 회개는 겉으로만 하는 회개일 뿐이며, 참된 회개는 아니다. 백성들은 하나님의 목소리에 순종하지 않는 자들로서, 마음의 할례가 필요한 자들이다 (24-25절).

능동적 묵상의 단계

1-5절에서 성경은 유다 백성들의 행음하는 모습과 거짓 회개를 지적한다. 6-11절은 배역한 북이스라엘의 멸망을 보면서도 그들의 행음을 가볍게 여기고 배우지 않는 남유다의 죄가 드러난다. 12-18절까지는 북이스라엘(12, 13절)에 대해, 남유다(14절)에 대해 회개를 촉구하고 있다. 하나님께서는 북이스라엘과 남 유다 모두에게 돌아오라 말씀하시며 진정으로 회개하는 유다 백성과 이스라엘 백성이 연합하여 하나님께서 주신 기업을 얻게 될 것을 약속하신다. 전심으로 회개하는 하나님의 백성들에게 하나님은 노를 품지 않으시고(12절), 시온으로 모든 백성을 데려오신다(14절), 예루살렘이 여호와의 보좌가 되게 하시며 여호와의 언약궤가 머무는 어느 한 장소에 하나님이 현존하시는 것이 아니라 온 이스라엘에 하나님께서 함께 하신다고 약속하신다(16-17절).

19-25절은 하나님께로 돌아오라는 회개를 촉구하는 말씀이 나온다. 자녀로 택한 이스라엘은 여전히 아내가 남편을 속이고 떠남 같이 하나님을 속이고 산 위에서 우상을 섬기었지만, 하나님께서는 이런 이스라엘을 향하여 돌아오라고 계속해서 말씀하신다(22, 24절). 여호와의 목소리를 순종하지 아니하면 배역하였던 조상들과 같이 수치 중에 눕게 되고 치욕이 덮게 될 것이니 돌아올 것을 강조하신다.

수동적 묵상의 단계

북이스라엘이 멸망하는 것을 보았음에도 돌이키지 않고 여전히 패역한 유다가 돌아오길 원하시며, 돌아오면 용서해주겠다고 말씀하시는 하나님의 이스라엘을 향한 사랑을 본다. 그리고 무엇보다도 예루살렘이 여호와의 보좌가 되어서 영원히 그들 가운데 계실 것을 약속하시며, 더 이상 우상을 숭배하지 말고 여호와께 돌아오라는 말씀은 이스라엘을 애타게 기다리는 하나님의 마음을 보여준다.

이렇게 크신 하나님의 사랑에도 불구하고 돌아오지 않는 이스라엘 백성을 묵상한다. 북이스라엘은 남편을 속인 아내와 같이 우상을 섬기며 하나님을 배역하다 결국 패망하였고 유다는 이러한 북이스라엘 모습을 보면서도 돌이키지 않고 있다. 하나님께서는 이스라엘 백성을 향하여 끊임없이 돌아오라 말씀하시고 돌아오는 자들의 회복을 약속하신다.

되돌아보기

북이스라엘은 하나님께 범죄하고 거짓으로 회개하여 멸망을 경험한다. 유다는 이러한 북이스라엘의 멸망을 보면서도 진정으로 하나님께 돌아가지 않는다. 하나님께서는 이러한 유다와 이스라엘에게 돌이키라 말씀하시고 돌아오기를 기다리신다. 하나님은 여전히 당신의 백성을 버리지 않으시고 사랑하신다. 하나님과의 관계에서 계속해서 다른 곳을 찾고 있는 자신과 그럼에도 불구하고 여전히 나를 기다리시는 하나님의 사랑을 바라본다. 북이스라엘의 멸망을 목도 하고서도 여전히 돌아오지 않는 완악한 남 유다를 보면서 하나님 앞에서 완고한 마음으로 살아가는 나의 모습과 하나님 밖에서 나의 삶을 끊임없이 추구하는 나 자신의 모습을 바라본다. 내 마음의 중심에 무엇이 있는지, 무엇을 추구하는지, 하나님은 나의 삶의 어디에 계시는지 바라본다.

마음 쏟아 놓기

주님, 하나님의 백성임을 알면서도 또 돌아오라는 하나님의 부르심을 들으면서도 말로만 회개하고 돌이키지 못하는 유다와 이스라엘의 모습이 바로 저의 모습입니다. 이러한 저를 주님께서는 버리지 못하시고 돌아오라 말씀하시고 온전히 하나님과 함께할 예루살렘을 약속하십니다. 주님, 저의 힘으로 하지 못하오니 오직 주님께서 온전히 회개할 수 있는 마음을 주시고, 전심으로 주님께로 돌아갈 수 있는 의지를 주옵소서. 저를 부인하며 오직 주님의 사랑과 은총을 의지하여 기도드립니다.

하나님 음성 듣기 / 하나님 안에 머물기

돌아오라, 내가 너희를 고치리라는 주님의 말씀 안에 머문다.

응답의 기도

진정한 회개의 삶을 살게 하소서. 나를 죄에서 이기게 하시는 하나님의 사랑을 의지하며 살아가는 삶이 되게 하소서.

삶으로 나아가기

나의 전 삶과 사역이 여호와 앞에서 살며 이루어져 가게 하소서.

5. 북방의 적군이 땅을 황폐하게 하리라
(4:1-31)

Lectio divina Jeremiah

기도에 임하기

묵상을 통해 진정한 회개, 마음의 할례를 받아 하나님께만 속한 삶으로 나아가게 하소서.

말씀읽기

예레미야 4:1 - 31

1절 여호와께서 이르시되 이스라엘아 네가 돌아오려거든 내게로 돌아오라 네가 만일 나의 목전에서 가증한 것을 버리고 네가 흔들리지 아니하며

2절 진실과 정의와 공의로 여호와의 삶을 두고 맹세하면 나라들이 나로 말미암아 스스로 복을 빌며 나로 말미암아 자랑하리라

3절 여호와께서 유다와 예루살렘 사람에게 이와 같이 이르노라 너희 묵은 땅을 갈고 가시덤불에 파종하지 말라

4절 유다인과 예루살렘 주민들아 너희는 스스로 할례를 행하여 너희 마음 가죽을 베고 나 여호와께 속하라 그리하지 아니하면 너희 악행으로 말미암아 나의 분노가 불 같이 일어나 사르리니 그것을 끌 자가 없으리라

5절 너희는 유다에 선포하며 예루살렘에 공포하여 이르기를 이 땅에서 나팔을 불라 하며 또

크게 외쳐 이르기를 너희는 모이라 우리가 견고한 성으로 들어가자 하고

6절 시온을 향하여 깃발을 세우라, 도피하라, 지체하지 말라, 내가 북방에서 재난과 큰 멸망을 가져오리라

7절 사자가 그 수풀에서 올라왔으며 나라들을 멸하는 자가 나아 왔으되 네 땅을 황폐하게 하려고 이미 그의 처소를 떠났은즉 네 성읍들이 황폐하여 주민이 없게 되리니

8절 이로 말미암아 너희는 굵은 베를 두르고 애곡하라 이는 여호와의 맹렬한 노가 아직 너희에게서 돌이키지 아니하였음이라

9절 여호와의 말씀이니라 그 날에 왕과 지도자들은 낙심할 것이며 제사장들은 놀랄 것이며 선지자들은 깜짝 놀라리라

10절 내가 이르되 슬프도소이다 주 여호와여 주께서 진실로 이 백성과 예루살렘을 크게 속이셨나이다 이르시기를 너희에게 평강이 있으리라 하시더니 칼이 생명에 이르렀나이다
백성에게 심판을 행하리라

11절 그 때에 이 백성과 예루살렘에 전할 자가 있어서 뜨거운 바람이 광야에 있는 헐벗은 산에서 내 딸 백성에게 불어온다 하리라 이는 키질하기 위함도 아니요 정결하게 하려 함도 아니며

12절 이보다 더 강한 바람이 나를 위하여 오리니 이제 내가 그들에게 심판을 행할 것이라

13절 보라 그가 구름 같이 올라오나니 그의 병거는 회오리바람 같고 그의 말들은 독수리보다 빠르도다 우리에게 화 있도다 우리는 멸망하도다 하리라

14절 예루살렘아 네 마음의 악을 씻어 버리라 그리하면 구원을 얻으리라 네 악한 생각이 네 속에 얼마나 오래 머물겠느냐

15절 단에서 소리를 선포하며 에브라임 산에서 재앙을 공포하는도다

16절 너희는 여러 나라에 전하며 또 예루살렘에 알리기를 에워싸고 치는 자들이 먼 땅에서부터 와서 유다 성읍들을 향하여 소리를 지른다 하라

17절 그들이 밭을 지키는 자 같이 예루살렘을 에워싸나니 이는 그가 나를 거역했기 때문이니라 여호와의 말씀이니라

18절 네 길과 행위가 이 일들을 부르게 하였나니 이는 네가 악함이라 그 고통이 네 마음에까지 미치느니라

19절 슬프고 아프다 내 마음속이 아프고 내 마음이 답답하여 잠잠할 수 없으니 이는 나의 심령이 나팔 소리와 전쟁의 경보를 들음이로다

20절 패망에 패망이 연속하여 온 땅이 탈취를 당하니 나의 장막과 휘장은 갑자기 파멸되도다

21절 내가 저 깃발을 보며 나팔 소리 듣기를 어느 때까지 할꼬

22절 내 백성은 나를 알지 못하는 어리석은 자요 지각이 없는 미련한 자식이라 악을 행하기에는 지각이 있으나 선을 행하기에는 무지하도다

23절 보라 내가 땅을 본즉 혼돈하고 공허하며 하늘에는 빛이 없으며

24절 내가 산들을 본즉 다 진동하며 작은 산들도 요동하며

25절 내가 본즉 사람이 없으며 공중의 새가 다 날아갔으며

26절 보라 내가 본즉 좋은 땅이 황무지가 되었으며 그 모든 성읍이 여호와의 앞 그의 맹렬한 진노 앞에 무너졌으니

27절 여호와께서 이와 같이 말씀하시길 이 온 땅이 황폐할 것이나 내가 진멸하지는 아니할 것이며

28절 이로 말미암아 땅이 슬퍼할 것이며 위의 하늘이 어두울 것이라 내가 이미 말하였으며 작정하였고 후회하지 아니하였은즉 또한 거기서 돌이키지 아니하리라 하셨음이로다

29절 기병과 활 쏘는 자의 함성으로 말미암아 모든 성읍 사람들이 도망하여 수풀에 들어가고 바위에 기어오르며 각 성읍이 버림을 당하여 거기 사는 사람이 없나니

30절 멸망을 당한 자여 네가 어떻게 하려느냐 네가 붉은 옷을 입고 금장식으로 단장하고 눈을 그려 꾸밀지라도 네가 화장한 것이 헛된 일이라 연인들이 너를 멸시하여 네 생명을 찾느니라

31절 내가 소리를 들은즉 여인의 해산하는 소리 같고 초산하는 자의 고통하는 소리 같으니 이는 시온의 딸의 소리라 그가 헐떡이며 그의 손을 펴고 이르기를 내게 화가 있도다 죽이는 자로 말미암아 나의 심령이 피곤하도다 하는도다

말씀으로 기도하기

본문배경 이해하기

마음의 할례(4:4)는 육체의 할례와 대비된다. 육체의 할례는 율법을 문자적으로만 지키는 것이고, 마음의 할례는 율법을 법적인 것만이 아니라 마음으로 지키는 것이다. 마음의 할례는 율법지킴을 강조한 요사야 개혁보다 한 걸음 더 나아간 개혁으로 예레미야가 강조한다. 5절에서 유다의

견고한 성읍이란 유다가 앗수르를 비롯한 열방의 공격에 대비하여 세운 성읍들이다. 앗수르 왕 산헤립은 그가 46개의 견고한 성읍들을 침략했다고 했다. 유다에는 대단위 방어 시설을 갖춘 성들이 많았다고 전해진다. 북에서 오는 공격에 대하여 여러 번 언급된다(4:5-9, 11-17, 19-21, 29-31). 아직 실체가 드러나지 않았지만 주전 605년경에 이 제국이 바벨론임이 드러난다. 8절에서 굵은 베는 결이 거친 세마포로 만든 검은 색 의복으로 슬픔이나 재해를 당했을 때 애도하는 상주가 입는 옷이다. 15절에서 "단에서 소리를 선포하며"라는 말은 단이 이스라엘의 북단에 있었기 때문에 북쪽에서 오는 적들을 가장 먼저 확인하고 경고할 수 있는 성이기 때문이다. 에브라임 산은 북쪽에서 하룻 길도 안되는 곳에 있었다. 19절에서는 멸망이 눈 앞에 있는 유다를 슬퍼하며 고통스러워하는 장면이다. 23-26절에서 반복되는 "내가 본즉"이라는 말은 내용이 환상으로써, 바벨론의 군대가 지나간 후 유다의 모습을 그리는 것이다. 27절에서 "내가 진멸하지는 아니 할 것이며"라는 말에서 희미한 그루터기같은 희망을 보여준다. 30절에서 붉은 옷이란 여자가 차려 입을 수 있는 가장 아름답고 화려한 복장이었다. 눈에 바르는 화장품은 눈을 크게 보이게 하기 위하여 쓰였다. 그러나 죽음이 임박한 때엔 그러한 단장이 다 필요없을 것이다.

본문내용 이해하기

1-4절은 "내게로 돌아오라"고 하는 주제로 요시야 개혁의 정신을 드러내는 앞부분의 연속이다. 돌아오려면 가벼운 회개가 아니라 철저한 마음의 할례를 요구한다. 5-18절이 심판을 하나님의 입장에서 서술한다. 5절부터는 임박한 심판을 이유로 이전보다 더 급박한 회개를 요청한다. 그러면서 심판 선포의 사이사이에 백성들의 죄악의 실체를 세밀하게 그리고 있다. 5-18절은 북방의 족속을 불러서 이루어지는 심판의 속성을 원론적으로 그리고 있다. 세 번이나 연속적으로 북방의 적군으로 인하여 황폐하게 되는 심판의 실체를 서술하면서 (4:5-8; 11-14; 15-16), 사이사이에 유다의 죄악의 현실을 그려준다. 이 심판은 유다의 지도자라고 할 수 있는 왕과 방백들에게 큰 충격이 되는데(4:9-10), 그 이유는 백성들이 닥칠 심판이 절대로 일어나지 않으리라고 낙관하고 자만하였기 때문이다. 북이스라엘의 멸망과 뒤이은 앗수르의 침입에도 불구하고, 유다에는 안전하리라는 자기만족적인 과도한 영적 자만심이 존재하였다. 심판은 바로 이 자만심에 대한 공격이었다. 그들의 낙관적인 생각에 반하는 말은 심판의 목적이 키질이나 정화가 아니라 멸망이라는 역설적인 말이다(렘 4:11). 예레미야는 회복이 오직 철저한 심판 수행 이후에 온다고 본다. 철저하지 못한 심판 이후의 회복을 외치는 것은 모두 거짓 예언에 속한다. 북방으

로부터 오는 족속을 통하여 철저한 심판이 수행될 것인데, 이 심판의 목적이 키질이나 정화라고 선포한다면 자신을 심판을 거치지 않는 남은 자라고 안심하고 낙관하며 회개하지도 않을 것이다. 하나도 살아남지 않는 절박한 심판을 선포할 때 청중들이 회개의 길에 들어설 수 있다. 심판선고의 목표는 백성들의 회개이다. 예레미야는 반복하여 백성들의 악함을 설명한다(4:14, 18). 문제는 백성들 안에 존재하는 악이다. 이 악을 씻어야 하는 것은 백성의 책임이다.

4:5-18이 심판을 하나님의 입장에서 서술하였다면, 4:19-31은 예언자 예레미야의 입장에서 이 심판이 서술된다. 닥치는 멸망을 알리는 나팔소리와 전쟁의 경보를 듣고 아직도 기회가 있는 것처럼 탄식한다. 예레미야의 마음이 아프고 답답한 이유는 이대로 계속 가면 심판이 임하는 것이 기정사실인데, 백성들이 돌아오지 않기 때문이다. 그리하여 그는 탄식을 외친다(4:19-22). 백성의 운명이 결정되었다고 생각한다면 이러한 탄식이 나올 수 있을까? 심판은 선언되고 어두움의 그림자는 드리워져서 멸망의 날이 다가오는데, 정작 회개해야 할 백성들은 반응이 없으니 예언자는 절로 탄식이 나온다. 이스라엘의 전통에서 예언자의 탄식은 이스라엘이 고통 받을 때 외치는 탄식의 형식이다 (참조 시 74:10; 79:5; 90:13; 94:3). 예레미야의 탄식은 심판이 야웨의 마지막 말이 아니며, 악을 씻고 구원을 얻기를 간구하는 것임을 보여준다(4:14). 예레미야는 백성들이 하나님을 알지 못하기에 악을 행하는데 지각이 있으나 선을 행하기에 무지하다고 서술함으로 심판의 원인에 윤리적인 죄가 포함되었음을 보여준다. 예레미야는 심판의 결과의 참혹함을 질서를 창조하는 창조의 역전인 혼돈의 도래로 설명하고 (4:23-28), 적들의 추격으로 인하여 그동안 안전하다고 준비한 모든 것이 쓸데없고, 도망가다가 죽음에 이르는 비극임을 그리고 있다 (4:29-31).

능동적 묵상의 단계

본문 1-4절에서 하나님께서는 "이스라엘아 내게로 돌아오라, 마음의 할례를 받고 여호와께 속하라"고 말씀하신다. 5-18절에서는 북방에 의한 하나님의 심판이 세 번 반복하여 나타난다 (5-10절, 11-14절, 15-16절). 심판의 이유는 이스라엘이 하나님을 거역하고, 반복하여 악을 행하기 때문이다(14, 17, 18절). 선지자는 하나님의 심판이 임함을 기정사실로 받아들이고 마음 깊이 탄식한다(19-20절).

20-31절에서는 북방의 공격으로 인해 땅이 황폐해지고 철저하게 심판받는 이스라엘을 향한 하나님의 마음이 드러난다. 하나님께서는 이스라엘을 진멸하지는 않을 것이나 그 땅이 황폐할

것임을 강조하시며, 결코, 이스라엘을 향한 심판을 돌이키지 않겠다고 말씀하신다(27절, 28절). 죽음의 심판 앞에서 이스라엘은 죄에서 돌이키고 마음에 할례를 행하며 하나님을 향하는 것이 아니라, 화려한 붉은 옷을 입고, 금장식으로 단장하고, 눈을 그려 정복자들의 회유를 시도한다. 하나님이 보시기에 이러한 이스라엘의 모습이 얼마나 헛된가. 마침내 해산하는 여인의 소리와 같고 초산하는 자의 고통하는 소리와도 같은 시온의 딸의 소리가 온 땅에 울려 퍼진다(31절). 하나님은 그 가운데서도 회개하지 않고 위기만 모면하려는 이스라엘을 보시며, 그들의 반복적인 반역과 고통, 여전히 돌이킬 줄 모르는 완악함으로 인해 이스라엘이 황폐해질 것이라 말씀하신다. 하지만 이를 통해 하나님께서는 이스라엘을 완전히 새롭게 하실 것이다.

수동적 묵상의 단계

말씀의 조명을 받아 죄 가운데 빠진 유다의 모습을 묵상해본다. 죄에서 돌이키라는 반복된 말씀을 거절하고 죽음의 고통 가운데서도 돌이키지 않는 유다를 보며, 진정한 회개에 이르지 못하는 죄인 된 인간의 모습을 바라본다.

심판을 돌이키지 않으실 거라는 하나님의 아픈 마음과 심판을 통해 완전히 새로운 이스라엘을 건설하시려는 하나님의 마음을 바라본다.

패역함으로 인해 적에게 둘러싸이고 짓밟히는 유다의 모습을 미리 보는 선지자의 마음과 완악한 죄에서 돌아오라고 애원하시는 하나님과 끝까지 돌이키지 않아 결국 패망하는 이스라엘의 모습을 본다. 더 나아가 심판을 돌이키지 않을 것이라는 하나님의 아픈 마음과 심판을 통해 완전히 새로운 이스라엘을 건설하시려는 하나님의 마음이 내 마음에 충분히 스며들 수 있도록 말씀 가운데 머무른다.

되돌아보기

죄에 대한 반복적인 심판의 경고에도 불구하고 돌이키지 않는 이스라엘처럼 불순종에서 돌이키려 하시 않는 완악하고 완고한 내민의 모습과 하나님 아닌 것을 찾아 회피하며 의존하는 나의 삶을 돌아본다. 유다의 불순종이 바로 나의 불순종임을 바라보고, 민족의 패역과 패망을 아파하는 선지자의 마음에 머물러 본다.

마음 쏟아 놓기

나 중심적인 죄를 깨닫게 하시고, 죄에게 돌이키라는 하나님의 음성을 외면한 채 의존하는 내면의 우상을 하나님께 드림으로 진정한 회개에 이르게 하소서.

하나님 음성 듣기 / 하나님 안에 머물기

심판을 선포하기에 앞서 돌아오라 말씀하시는 하나님의 마음 안에 머물러 본다. 회개하지 않고 멸망에 이르는 이스라엘을 보며 심판하지만 이스라엘의 황폐를 통해서 새로운 이스라엘을 창조하려는 하나님의 마음을 말씀 가운데 머물러 들어본다.

응답의 기도

하나님의 말씀에 온전히 응답하고 하나님과 그분의 말씀에만 뿌리를 내린 삶이 되게 하소서. 하나님 앞에 개인의 죄, 인류의 죄, 우주의 죄를 모두 고백하오니 불쌍히 여기시어 주님께로 돌아가는 삶을 살게 하소서.

삶으로 기도하기
마음의 할례를 받아 하나님께만 속한 삶이 되어 어디에서나 하나님을 만나며 하나님의 음성을 듣고 그분만을 바라보며 하나님만 위해 사는 삶이 되게 하소서(4절).

6. 용서받을 수 없는 유다백성들
(5:1-31)

기도에 임하기

하나님, 오늘의 말씀을 통하여 죄를 깨닫고 진정한 회개에 이르는 삶으로 나아가게 하소서.

말씀읽기

예레미야 5:1 - 31

1절 너희는 예루살렘 거리로 빨리 다니며 그 넓은 거리에서 찾아보고 알라 너희가 만일 정의를 행하며 진리를 구하는 자를 한 사람이라도 찾으면 내가 이 성읍을 용서하리라
2절 그들이 여호와께서 살아 계심을 두고 맹세할지라도 실상은 거짓 맹세니라
3절 여호와여 주의 눈이 진리를 찾지 아니하시나이까 주께서 그들을 치셨을지라도 그들이 아픈 줄을 알지 못하며 그들을 멸하셨을지라도 그들이 징계를 받지 아니하고 그들의 얼굴을 바위보다 굳게 하여 돌아오기를 싫어하므로
4절 내가 말하기를 이 무리는 비천하고 어리석은 것뿐이라 여호와의 길, 자기 하나님의 법을 알지 못하니
5절 내가 지도자들에게 가서 그들에게 말하리라 그들은 여호와의 길, 자기 하나님의 법을 안다 하였더니 그들도 일제히 멍에를 꺾고 결박을 끊은지라

6절 그러므로 수풀에서 나오는 사자가 그들을 죽이며 사막의 이리가 그들을 멸하며 표범이 성읍들을 엿본즉 그리로 나오는 자마다 찢기리니 이는 그들의 허물이 많고 반역이 심함이니이다

7절 내가 어찌 너를 용서하겠느냐 네 자녀가 나를 버리고 신이 아닌 것들로 맹세하였으며 내가 그들을 배불리 먹인즉 그들이 간음하며 창기의 집에 허다히 모이며

8절 그들은 두루 다니는 살진 수말 같이 각기 이웃의 아내를 따르며 소리지르는도다

9절 여호와의 말씀이니라 내가 어찌 이 일들에 대하여 벌하지 아니하겠으며 내 마음이 이런 나라에 보복하지 않겠느냐

10절 너희는 그 성벽에 올라가 무너뜨리되 다 무너뜨리지 말고 그 가지만 꺾어 버리라 여호와의 것이 아님이니라

11절 여호와의 말씀이니라 이스라엘의 집과 유다의 집이 내게 심히 반역하였느니라

12절 그들이 여호와를 인정하지 아니하며 말하기를 여호와께서는 계시지 아니하니 재앙이 우리에게 임하지 아니할 것이요 우리가 칼과 기근을 보지 아니할 것이며

13절 선지자들은 바람이라 말씀이 그들의 속에 있지 아니한즉 그같이 그들이 당하리라 하느니라

14절 그러므로 만군의 하나님 여호와께서 이와 같이 말씀하시니라 너희가 이 말을 하였은즉 볼지어다 내가 네 입에 있는 나의 말을 불이 되게 하고 이 백성을 나무가 되게 하여 불사르리라

15절 여호와의 말씀이니라 이스라엘 집이여 보라 내가 한 나라를 먼 곳에서 너희에게로 오게 하리니 곧 강하고 오랜 민족이라 그 나라 말을 네가 알지 못하며 그 말을 네가 깨닫지 못하느니라

16절 그 화살통은 열린 무덤이요 그 사람들은 다 용사라

17절 그들이 네 자녀들이 먹을 추수 곡물과 양식을 먹으며 네 양 떼와 소 떼를 먹으며 네 포도나무와 무화과나무 열매를 먹으며 네가 믿는 견고한 성들을 칼로 파멸하리라

18절 여호와의 말씀이니라 그 때에도 내가 너희를 진멸하지는 아니하리라

19절 그들이 만일 이르기를 우리 하나님 여호와께서 어찌하여 이 모든 일을 우리에게 행하셨느냐 하거든 너는 그들에게 이르기를 너희가 여호와를 버리고 너희 땅에서 이방 신들을 섬겼은즉 이와 같이 너희 것이 아닌 땅에서 이방인들을 섬기리라 하라

20절 너는 이를 야곱 집에 선포하며 유다에 공포하여 이르기를

21절 어리석고 지각이 없으며 눈이 있어도 보지 못하며 귀가 있어도 듣지 못하는 백성이여 이를 들을지어다
22절 여호와의 말씀이니라 너희가 나를 두려워하지 아니하느냐 내 앞에서 떨지 아니하겠느냐 내가 모래를 두어 바다의 한계를 삼되 그것으로 영원한 한계를 삼고 지나치지 못하게 하였으므로 파도가 거세게 이나 그것을 이기지 못하며 뛰노나 그것을 넘지 못하느니라
23절 그러나 너희 백성은 배반하며 반역하는 마음이 있어서 이미 배반하고 갔으며
24절 또 너희 마음으로 우리에게 이른 비와 늦은 비를 때를 따라 주시며 우리를 위하여 추수 기한을 정하시는 우리 하나님 여호와를 경외하자 말하지도 아니하니
25절 너희 허물이 이러한 일들을 물리쳤고 너희 죄가 너희로부터 좋은 것을 막았느니라
26절 내 백성 가운데 악인이 있어서 새 사냥꾼이 매복함 같이 지키며 덫을 놓아 사람을 잡으며
27절 새장에 새들이 가득함 같이 너희 집들에 속임이 가득하도다 그러므로 너희가 번창하고 거부가 되어
28절 살지고 윤택하며 또 행위가 심히 악하여 자기 이익을 얻으려고 송사 곧 고아의 송사를 공정하게 하지 아니하며 빈민의 재판을 공정하게 판결하지 아니하니
29절 내가 이 일들에 대하여 벌하지 아니하겠으며 내 마음이 이같은 나라에 보복하지 아니하겠느냐 여호와의 말씀이니라
30절 이 땅에 무섭고 놀라운 일이 있도다
31절 선지자들은 거짓을 예언하며 제사장들은 자기 권력으로 다스리며 내 백성은 그것을 좋게 여기니 마지막에는 너희가 어찌하려느냐

말씀으로 기도하기

본문배경 이해하기

1절에서 성읍을 구원하기 위하여 한명의 의인을 찾는 것은 소돔과 고모라를 구원하기 위하여 찾았던 의인 열명보다 기준이 내려갔다. 3절에서 얼굴을 바위보다 굳게한다는 말은 딱딱한 표정에서 드러나는 완고함을 뜻한다. 5절에서 하나님이 자기 백성을 부리시고 이끄실 때 사용하는 멍에가 율법이다. 멍에를 꺾는다는 말은 곧 율법을 지키지 않고 버린다는 뜻이다. 10절에서 성벽이라는 말은 원래 히브리어로 포도나무를 뜻하는데 포도원의 비탈진 면에 계단 모양으로

만들어 둔 담을 말한다. 12-13절은 선지자들이 재앙에 대한 예언을 함에도 불구하고 백성들이 그 말씀을 받지 않고 심판을 당한다는 내용이다. 15절 이하에 등장하는 먼 곳에서 올 나라는 바벨론인데 아직 그 이름이 알려지지 않았다. 그 민족에 의하여 포로로 끌려가 이방 땅에서 포로살이 할 것을 예언한다. 16절에서 화살통이 열린 무덤이라는 말은 화살통에서 화살이 나와서 사람을 죽이고 멸망시키기 때문이다. 31절에서 선지자와 제사장과 백성들의 총체적인 죄악을 보여준다. 31절에서 모든 선지자들을 거짓 선지자라고 볼 수도 있지만, 12-13절에서 백성들이 하나님의 심판을 전하는 예언자의 말을 듣지 않는다는 서술에서 당시에 또는 그 이전에 바른 하나님의 말씀을 전하는 참된 선지자가 있었다고도 볼 수있을 것이다.

본문내용 이해하기

이 본문은 네 단락으로 이루어져 있다: A. 의인을 찾는 것이 헛되다 (1-6절); B. 하나님이 유다를 심판하는 것이 정당하다 (7-13 절); C. 유다를 심판할 한 나라가 오리라 (14-19절); D. 반역한 백성을 향한 경고 (20-31 절)

첫째 단락(1-5절)은 의인을 찾는 것이 헛되다는 것을 보여준다. 아브라함의 경우에는 의인 열 명을 심판 기준으로 삼았지만, 본문에는 심판을 멈추게 할 의인 한명이 없다(1절). 하나님이 회개를 위하여 치고 징계하셔도 그들은 아픈 줄도 모르고 돌아오기를 싫어한다(2절). 그들의 심판이 당연한 이유는 그들의 허물이 많고 반역이 심하기 때문이다(6절).

둘째 단락(7-13 절)은 하나님이 유다를 심판하는 것이 정당하다고 말한다. 하나님은 유다 백성들을 용서할 수 없다. 그들의 죄가 나열된다. 하나님을 버리고 다른 신을 섬기며, 간음하며 창기의 집에 모이고, 이웃의 아내를 따르기 때문에 벌이 불가피하다. 참된 선지자들이 재앙과, 칼과 기근을 전하지만, 백성들은 재앙도 없고 칼과 기근을 보지 않을 것이라고 낙관적으로 말한다(12절). 그러나 하나님은 단정한다: "그들이 당하리라."(13절)

셋째 단락(14-19절)은 유다를 심판할 한 나라가 올 것을 보여준다. 하나님은 이 백성을 심판하시기 위하여(14절) 아직 알려지지 않은 한 민족을 부를 것이다. 그들은 강하고 오랜 민족이며, 그 나라 말을 알지 못할 것이다. 그들이 이방 신들을 섬겼으므로 이방 땅에서 이방인들을 섬길 것이다.

넷째 단락(20-31절)은 반역한 백성을 향한 경고이다. 하나님 백성이 깨닫지 못한다는 주제가 등장하는데(21절), 이는 구약과 신약에서 반복되는 주제이다(사 6:9-10; 막 4:10-12; 8:18). 그들의 죄로 말미암아 수확 기간에 추수라는 좋은 것이 멈추었다(24절). 백성들이 행하는 악이 나열된다. 덫으로 사람을 잡고, 속임이 가득하고, 부유함에도 불구하고 악하여 자기 이익을 얻기 위하여 고아의 송사를 공정하게 하지 않고, 빈민의 재판을 공정하게 판결하지 않는다. 가장 무섭고 놀라운 일은 선지자들은 거짓을 예언하고, 제사장은 자기 권력으로 다스리고 백성들은 그것을 좋게 여기는 것이다. 그 결과는 돌이킬 수 없는 심판이다.

능동적 묵상의 단계

예레미야는 성읍을 구원하기 위하여 한 명의 의인을 찾는다. 그러나 마음이 완악한 이스라엘의 얼굴은 바위보다 굳어 하나님께 돌아오기를 싫어한다(3절). 그들이 비천하고 어리석어서 여호와의 길을 모르는 것이 아니라 그들은 율법을 아나 멍에를 꺾고 결박을 끊었다. 그래서 하나님은 여호와를 인정하지 않고 반역하는 이스라엘을 수풀의 사자와 사막의 이리, 표범을 사용하여 심판하실 것을 예언한다(6절). 이스라엘 백성은 하나님을 버리고 다른 신을 섬기며 간음하였고, 하나님과 하나님의 징계 또한 가볍게 여겼다. 그렇기에 이들에게 심판은 불가피하다(7-12절). 선지자들조차 거짓을 예언하고 제사장들은 권력으로 다스리며, 백성은 그것을 좋게 여겨 악행을 정당화한다(31절).

하나님은 한 나라를 먼 곳에서 오게 하여 이스라엘을 심판하실 것을 경고하며, 무너뜨리되 가지만 꺾으시고 진멸하지는 않으실 것을 말씀하신다(14-19절).

수동적 묵상의 단계

하나님은 정의를 행하며 진리를 구하는 자를 한 사람이라도 찾으면 성읍을 용서하겠다고 약속하신다. 그러나 예레미야는 한 사람도 찾을 수 없었다. 예루살렘에 의인이 한 사람도 없는 현실은 죄로 관영했던 노아 홍수 이전과 불심판 이전의 소돔과 고모라를 연상시킨다. 이스라엘을 완전히 새롭게 재창조하기 위하여 하나님은 이스라엘을 심판하실 수 밖에 없다. 임박한 심판에도 불구하고 유다 백성은 마음으로 배역하고 악행을 저지르며, 온갖 죄를 합리화하고 있다. 선지자들은 거짓 예언을 하고, 제사장들은 권력으로 다스리며 백성들은 양심의 거리낌없이 온갖 죄를 자행한다. 하나님은 이들을 무너뜨리시지만 진멸하지는 않으실 것이다. 이들의 모습 속에서 오늘의 나와 한국교회, 우리 사회의 모습을 들여다본다.

되돌아보기

선지자들은 거짓을 예언하며 제사장들은 권력으로 다스리고, 백성들은 그것을 좋게 여기며 악을 행하고 자신들의 악행을 정당화한다(31절). 진정 정의를 행하며 진리를 구하는 자가 오늘날 얼마나 존재할까? 선지자와 제사장과 같은 종교의 타락은 온 국가의 윤리의 타락으로 이어졌다. 하나님은 우리를 향해서도 정의를 행하는 자를 단 한 사람도 찾을 수 없다고 탄식하고 계실는지 모른다. 하나님의 말씀을 전하는 자로서 먼저 하나님의 말씀으로 새로워지고 마음이 변화받기를 사모하며 기도 안에 머무른다.

마음 쏟아 놓기

하나님, 하나님의 말씀을 전하는 자로 부름을 받았으나 하나님의 말씀을 마음에 두기 싫어하고, 말씀을 듣지만 순종하지 않으면서도 수치를 모르고 얼굴이 바위처럼(3.13) 굳어버렸습니다. 소명이 하나의 직업이 되고 권력의 수단이 되었습니다. 하나님의 말씀을 두렵고 떨림으로 전하지 못하고 그 말씀을 듣는 백성들도 하나님의 말씀으로 듣지를 못하는 현실이 두렵게 다가옵니다. 안타까운 마음으로 심판하시지만 새로운 출발을 준비하신 주님을 의지하오니 새롭게 하시고 이끌어 주옵소서. 그리스도 안에서 새로워진 존재로 하나님이 진정으로 원하시는 삶을 살기를 갈망합니다.

하나님 음성 듣기 / 하나님 안에 머물기

돌아오기를 바라지만 돌이키지 않는 백성을 심판하시지만 이는 진멸하기 위함이 아니라 새로운 출발을 위함이라고 안타까운 마음으로 의로운 이를 찾으시고 회개를 기다리시는 주님의 마음에 머물러 본다.

응답의 기도

말씀을 전하는 자로서 끊임없는 회개의 삶을 살게 하소서. 내 마음이 바위처럼 굳어지지 않고 상한 심정으로 살게 하소서. 하나님과의 실패는 신앙의 타락, 삶의 무너짐으로 이어짐을 고백합니다. 말씀을 전하는 자로서 스스로 먼저 회개의 삶을 살며 마음이 바위처럼 굳어지지 않게 하소서.

삶으로 기도하기

삶의 전 영역에서 마음이 변화되어 항상 하나님의 말씀을 듣고 말씀에 응답하는 삶을 살게 하소서.

7. 심판받아 마땅한 백성들
(6:1-30)

Lectio divina Jeremiah

기도에 임하기

죄로 인한 심판까지도 하나님의 은혜의 손길임을 깨닫는 은총을 허락해 주소서.

말씀읽기

예레미야 6:1 - 30

1절 베냐민 자손들아 예루살렘 가운데로부터 피난하라 드고아에서 나팔을 불고 벧학게렘에서 깃발을 들라 재앙과 큰 파멸이 북방에서 엿보아 옴이니라

2절 아름답고 우아한 시온의 딸을 내가 멸절하리니

3절 자들이 그 양 떼를 몰고 와서 주위에 자기 장막을 치고 각기 그 처소에서 먹이리로다

4절 너희는 그를 칠 준비를 하라 일어나라 우리가 정오에 올라가자 아하 아깝다 날이 기울어 저녁 그늘이 길었구나

5절 일어나라 우리가 밤에 올라가서 그 요새들을 헐자 하도다

6절 만군의 여호와께서 이와 같이 말하노라 너희는 나무를 베어서 예루살렘을 향하여 목책을 만들라 이는 벌 받을 성이라 그 중에는 오직 포학한 것뿐이니라

7절 샘이 그 물을 솟구쳐냄 같이 그가 그 악을 드러내니 폭력과 탈취가 거기에서 들리며 질병과 살상이 내 앞에 계속하느니라

8절 예루살렘아 너는 훈계를 받으라 그리하지 아니하면 내 마음이 너를 싫어하고 너를 황폐하게 하여 주민이 없는 땅으로 만들리라

9절 만군의 여호와께서 이와 같이 말씀하시되 포도를 따듯이 그들이 이스라엘의 남은 자를 말갛게 주우리라 너는 포도 따는 자처럼 네 손을 광주리에 자주자주 놀리라 하시나니

10절 내가 누구에게 말하며 누구에게 경책하여 듣게 할꼬 보라 그 귀가 할례를 받지 못하였으므로 듣지 못하는도다 보라 여호와의 말씀을 그들이 자신들에게 욕으로 여기고 이를 즐겨 하지 아니하니

11절 그러므로 여호와의 분노가 내게 가득하여 참기 어렵도다 그것을 거리에 있는 아이들과 모인 청년들에게 부으리니 남편과 아내와 나이 든 사람과 늙은이가 다 잡히리로다

12절 내가 그 땅 주민에게 내 손을 펼 것인즉 그들의 집과 밭과 아내가 타인의 소유로 이전되리라 여호와의 말씀이니라

13절 이는 그들이 가장 작은 자로부터 큰 자까지 다 탐욕을 부리며 선지자로부터 제사장까지 다 거짓을 행함이라

14절 그들이 내 백성의 상처를 가볍게 여기면서 말하기를 평강하다 평강하다 하나 평강이 없도다

15절 그들이 가증한 일을 행할 때에 부끄러워하였느냐 아니라 조금도 부끄러워 하지 않을 뿐 아니라 얼굴도 붉어지지 않았느니라 그러므로 그들이 엎드러지는 자와 함께 엎드러질 것이라 내가 그들을 벌하리니 그 때에 그들이 거꾸러지리라 여호와의 말씀이니라

16절 여호와께서 이와 같이 말씀하시되 너희는 길에 서서 보며 옛적 길 곧 선한 길이 어디인지 알아보고 그리로 가라 너희 심령이 평강을 얻으리라 하나 그들의 대답이 우리는 그리로 가지 않겠노라 하였으며

17절 내가 또 너희 위에 파수꾼을 세웠으니 나팔 소리를 들으라 하나 그들의 대답이 우리는 듣지 않겠노라 하였도다

18절 그러므로 너희 나라들아 들으라 무리들아 그들이 당할 일을 알라

19절 땅이여 들으라 내가 이 백성에게 재앙을 내리니 이것이 그들의 생각의 결과라 그들이 내 말을 듣지 아니하며 내 율법을 거절하였음이니라

20절 시바에서 유향과 먼 곳에서 향품을 내게로 가져옴은 어찌함이냐 나는 그들의 번제를 받지

아니하며 그들의 희생제물을 달게 여기지 않노라

21절 그러므로 여호와께서 이와 같이 말씀하시니라 보라 내가 이 백성 앞에 장애물을 두리니 아버지와 아들들이 함께 거기에 걸려 넘어지며 이웃과 그의 친구가 함께 멸망하리라

22절 여호와께서 이와 같이 말씀하시되 보라 한 민족이 북방에서 오며 큰 나라가 땅 끝에서부터 떨쳐 일어나나니

23절 그들은 활과 창을 잡았고 잔인하여 사랑이 없으며 그 목소리는 바다처럼 포효하는 소리라 그들이 말을 타고 전사 같이 다 대열을 벌이고 시온의 딸인 너를 치려 하느니라 하시도다

24절 우리가 그 소문을 들었으므로 손이 약하여졌고 고통이 우리를 잡았으므로 그 아픔이 해산하는 여인 같도다

25절 너희는 밭에도 나가지 말라 길로도 다니지 말라 원수의 칼이 있고 사방에 두려움이 있음이라

26절 딸 내 백성이 굵은 베를 두르고 재에서 구르며 독자를 잃음 같이 슬퍼하며 통곡할지어다 멸망시킬 자가 갑자기 우리에게 올 것임이라

27절 내가 이미 너를 내 백성 중에 망대와 요새로 삼아 그들의 길을 알고 살피게 하였노라

28절 그들은 다 심히 반역한 자며 비방하며 돌아다니는 자며 그들은 놋과 철이며 다 사악한 자라

29절 풀무불을 맹렬히 불면 그 불에 납이 살라져서 단련하는 자의 일이 헛되게 되느니라 이와 같이 악한 자가 제거되지 아니하나니

30절 사람들이 그들을 내버린 은이라 부르게 될 것은 여호와께서 그들을 버렸음이라

말씀으로 기도하기

본문배경 이해하기

6장 1-30절은 예레미야 4:5-6:30의 일부로서 북방에서 오는 적을 통하여 심판이 임박하였음을 전제로 회개를 촉구하는 본문중의 일부이다. 이제 심판자로 선택된 적들의 공격이 시작되고 백성들은 살길을 찾기 위하여 피난길에 오른다. 특히 예레미야가 속한 베냐민 자손들에게 예루살렘에서부터 벧학게렘까지의 피난길을 재촉한다. 1절에서 드고아는 예루살렘 남쪽으로 16km 떨어진 유다의 고원 지대 성읍으로 예루살렘에서 한 나절이면 도달할 수 있다. 아모스의

고향이며, 요압이 다윗 왕에게 보내 압살롬을 용서하라고 보낸 여인도 드고아 출신이다. 벧학게 렘은 고대 교부에 의하면 베들레헴에서 그곳이 보인다고 해서 예루살렘 근처에 있는 아인 카림 또는 라맛라헬로 추정되어 왔다. 6절에서 목책이란 포위 공격용 경사면를 말한다. 목책은 포위 공격을 위하여 유용하지만 설치할 때 성안에서 방어하는 자들이 방해를 놓기 때문에 설치하기가 쉽지 않다. 목책은 주로 완만한 경사로처럼 만들었는데, 나무나 큰 돌로 기초를 쌓고, 흙 등의 재료를 섞어서 세웠다. 유대 지역의 라기스 지역에서 앗수르 사람들이 세운 목책이 발견되기도 한다. 20절에서 시바의 유향은 좀더 사치스러운 향료가운데 하나인데, 원산지는 인도였을 가능성이 높다. 23절에 "말을 탄 전사"는 기병대를 언급한다. 사르곤 2세때 앗수르 군대는 1,000개의 특수 기병대가 있었으며, 갈대아인들이 이 기병 전통을 전수받았다. 27절에서 하나님은 예레미야의 임무를 "살피는 자"로 삼으신다. 원래 살피는 자는 금속 기술자로서 광물의 질을 평가하는 자인데, 예레미야는 자기 백성을 살펴보고 평가하는 역할을 맡았다. 놋과 철에 비유하는 것은 사람들이 무정하고 고집스러움을 말한다. 마지막 비유로 금속을 제련하는 과정에서 "내 버린 은"이란 번쩍거리기만 할 뿐 값이 덜 나가거나 가치 없는 금속을 말한다.

본문내용 이해하기

이 본문은 다섯 단락으로 이루어져 있다. A. 포로됨을 피하여 도망하라 (1-8절); B. 수치심 없는 백성들에 대한 심판 (9-15절); C. 하나님의 경고 듣기를 거절하다 (16-21절); D. 접근하는 적의 위협 (22-26절); E. 예언자의 직무(27-30 절)

첫째 단락(1-8절)은 포로됨을 피하여 도망하라고 선포한다. 예레미야는 예루살렘의 견고한 성읍에 피난 온 베냐민 자손들이 북방에서 오는 적들을 피하여 예루살렘을 떠나 남쪽으로 피난하라고 외친다. 드고아와 벧학게렘에서의 나팔 신호와 깃발 신호로 인도함을 받아 유다 산지와 골짜기로 도망하라고 말한다. 3절에서 목자들이란 침략자들인 느부갓네살 왕과 그의 동맹자들인데 자기 군대(양)를 몰고 시온을 공격해 온다. 4-5절은 침략자들의 말이다. 저녁이 되었지만 밤을 기다리지 않고 공격하려고 한다. 하나님은 유다 백성을 마땅히 벌 받을 포악한 백성으로 여기고 예루살렘을 향하여 공격하기를 명령하신다. 침략자들이 예루살렘을 향하여 폭력과 탈취, 질병과 살상을 행할 것을 예상하고 그들이 훈계를 받기를 요청한다.

둘째 단락(9-15절)은 수치심 없는 백성들에 대한 심판을 다룬다. 이스라엘의 남은 자를 향한 경고가 이어진다. 그러나 아무도 예레미야의 말을 듣지 않는다(10-11절). 예레미야는 하나님의 분노로 가득 차서 참기가 어려워 분노를 다양한 사람들에게 쏟아붓겠다고 하신다(11절). 하나님은 모든 계층이 이익을 탐하며 지도자들은 무책임하다고 말씀하신다. 선지자들은 위기가 임박했다고 말하지 않고 평강하다고 말하지만, 사실상 평강이 없다. 가증한 일을 행하면서도 부끄러워하지 않는 그들을 향하여 심판이 선포된다(15절).

셋째 단락(16-21절)은 백성들이 하나님 경고 듣기를 거절하였음을 보여준다. 그들은 옛적부터 알려진 선한 길을 알아보려고 하지 않았다. 옛적 길이란 하나님의 계명을 지킴으로 복을 얻는 행동방식을 말한다. 그들은 파수꾼의 경고도 듣지 않는다. 그리하여 백성들은 재앙을 받을 것이다. 유향과 향품, 번제와 희생제물로는 하나님을 향한 순종을 대신할 수 없다.

넷째 단락(22-26절)은 접근하는 적의 위협을 묘사한다. 북방에서 오는 적들의 모습을 더 자세하게 깨닫는다(22-23절). 적군의 목표는 시온의 딸을 치는 것이다. 24-25절은 적군이 다가온다는 소식을 들은 예루살렘 주민들의 반응이다. 그로 인하여 백성들은 통곡할 것이다.

마지막 단락(27-30절)에서 예레미야는 백성들을 살펴보고 평가하는 예언자의 책무를 수행한다. 결론적으로 다 심히 반역한 자들이고, 사악한 자들이다. 악한 자가 제거되지 않으므로 하나님은 그들을 버릴 것이다.

능동적 묵상의 단계

하나님은 임박한 심판을 예고하며 도망하라고 하신다(1-8절). 하나님이 사용하시는 목자들이(3절) 양떼를 몰고 와서 이스라엘을 칠 것이다. 그들은 밤에 요새를 공격할 계획을 세우고, 나무를 베어 예루살렘 성을 공격하기 위하여 목책을 만들 것이다. 이러한 적의 위협이 얼마나 두려운지 생생하게 묘사된다(22-25절). 하나님은 심판의 원인을 거듭 말씀하시며 통곡하라고 하신다(26절). 하지만 백성들은 작은 자부터 큰 자까지 다 탐욕에 물들어 있으며, 이들을 이끌어야 할 선지자들과 제사장들도 거짓을 행하며, 백성의 상처를 가볍게 이야기하고 평강하다라고 말한다(13-14절).

하나님은 예레미야를 세워 이들에게 돌이키기를 촉구하시지만, 이들의 죄는 놋과 철 같아서 풀무불로도 제할 수 없다(27-31절). 하나님은 이스라엘이 도무지 새롭게 할 수 없는 존재인 것을 이야기하시며 심판할 수 밖에 없음을 말씀하신다.

수동적 묵상의 단계

예루살렘에 의인 한 사람도 없고, 샘이 그 물을 솟구쳐냄 같이 악을 드러내는 이스라엘은 풀무불로도 그 악을 제거할 수 없어 하나님 앞에서 완전히 '내버린 은'과 같은 존재로 전락해 버렸다. 하나님은 당신의 종들을 통해 회개를 외치며 이스라엘이 하나님의 백성으로 살아갈 수 있도록 제련하시나, 풀무불로도 그들을 제련할 수 없다. 백성에게 올바른 길을 제시해야 할 선지자들과 제사장들도 백성의 죄를 가볍게 여기며 듣기 좋은 말만 할 뿐이다. 형식적인 제사만 할뿐 하나님의 말씀을 듣지는 않았다.

이제 이스라엘에게 남은 것은 심판, 원수의 공격, 어둠만 있을 뿐이다. 이스라엘의 현실은 암담해 보이지만, 하나님의 심판에는 하나님의 사랑이 숨겨져 있다. 하나님께서는 심판이라는 도구를 사용하여 너무나도 타락한 백성이 돌이키기를 원하시는 것이다. 수없이 경고하였지만 돌이키지 않는 이스라엘을 '딸 내 백성이라' 칭하시면서도 심판하시는 하나님의 아픈 마음에 머물러 본다. 그 놀라운 사랑은 눈에 가시적으로 보이지 않고, 어둠과 심판만 보이는 무거운 현실 가운데 숨겨진 하나님의 뜻과 마음을 온전히 알아들을 수 있도록 주어진 말씀 가운데 조명을 구하며 머무른다.

백성의 타락과 하나님의 심판을 선포하는 선지자의 절박한 마음에도 머물러 본다.

되돌아보기

회개한다고 말하지만 풀무불로도 제거할 수 없는 내 안에 숨겨진 죄의 현실과 악한 삶의 모습을 되돌아본다.

내 안에 있는 죄를 알면서도 보지 않으려 하고 '평강하다' 스스로를 속이지는 않았는지 자신을 돌아본다. 하나님 말씀을 듣지 않으면서 종교적 의무를 다하는 것으로 마음의 위안을 삼지는 않았는지 돌이켜본다. 예언하는 직무를 맡은 자로서 우리가 제련하는 자와 살피는 자의 사명을 삶으로 제대로 살아내고 있는지 되돌아본다. 진정한 회개가 수반이 되어야 제련하는 자의 삶을 살아갈 수 있음을 기억한다.

마음 쏟아 놓기

진정으로 회개하고 주님 말씀 안에 살기를 원합니다. 내버린 은과 같은 저를 불쌍히 여겨주시고 진정으로 주님만 의지하며 부르심의 삶을 살게 아시오니 감사합니다. 부르심에 대한 진정한 자각이 있기 원하오며, 부르심의 삶을 온전히 살아갈 수 있는 근본적인 변화를 주소서.

하나님 음성 듣기 / 하나님 안에 머물기

한 사람도 없다는 말씀에 머물러 하나님 앞에서 의로울 수 없는 존재, 내세울 수 없는 존재인 자신을 바라본다. 풀무불로도 제거할 수 없는 죄 가운데 빠진 이스라엘의 모습이 오늘 우리 한국교회와 나의 모습임을 말씀 가운데 머물러 바라본다.

자신이 죄로 가득한 존재임을 깨닫고 마음 아파하는 나를 주님께서 긍휼히 바라보시고 품어 주심을 기억하며, 그 하나님의 사랑 안에 머물러 본다.

응답의 기도

완전한 삶은 아니라 할지라도 세리처럼, 다윗처럼 통회하는 마음으로 근본적인 변화의 삶을 살아가게 하소서. 위선적인 마음으로 회개하고 의무감으로 예배를 드리는 것이 아니라 마음으로부터 주님을 의지하고 전심으로 주님을 바라보며 회개하게 하소서.

삶으로 기도하기

신앙적인 활동에서만 주님을 찾는 것이 아니라 전 삶의 일상을 통해 주님을 찾으며 끊임없는 회개의 삶을 살게 하소서.

8. 성전 예배
(7:1-15)

Lectio divina Jeremiah

기도에 임하기

진정한 예배의 삶을 깨닫게 하시고, 진정으로 하나님을 예배하는 삶을 살게 하소서.

말씀읽기

예레미야 7:1 - 15

1절 여호와께로부터 예레미야에게 말씀이 임하니라 이르시되
2절 너는 여호와의 집 문에 서서 이 말을 선포하여 이르기를 여호와께 예배하러 이 문으로 들어가는 유다 사람들아 여호와의 말씀을 들으라
3절 만군의 여호와 이스라엘의 하나님께서 이와 같이 말씀하시되 너희 길과 행위를 바르게 하라 그리하면 내가 너희로 이 곳에 살게 하리라
4절 너희는 이것이 여호와의 성전이라, 여호와의 성전이라, 여호와의 성전이라 하는 거짓말을 믿지 말라
5절 너희가 만일 길과 행위를 참으로 바르게 하여 이웃들 사이에 정의를 행하며
6절 이방인과 고아와 과부를 압제하지 아니하며 무죄한 자의 피를 이 곳에서 흘리지 아니하며 다른 신들 뒤를 따라 화를 자초하지 아니하면

7절 내가 너희를 이 곳에 살게 하리니 곧 너희 조상에게 영원무궁토록 준 땅이니라

8절 보라 너희가 무익한 거짓말을 의존하는도다

9절 너희가 도둑질하며 살인하며 간음하며 거짓 맹세하며 바알에게 분향하며 너희가 알지 못하는 다른 신들을 따르면서

10절 내 이름으로 일컬음을 받는 이 집에 들어와서 내 앞에 서서 말하기를 우리가 구원을 얻었나이다 하느냐 이는 이 모든 가증한 일을 행하려 함이로다

11절 내 이름으로 일컬음을 받는 이 집이 너희 눈에는 도둑의 소굴로 보이느냐 보라 나 곧 내가 그것을 보았노라 여호와의 말씀이니라

12절 너희는 내가 처음으로 내 이름을 둔 처소 실로에 가서 내 백성 이스라엘의 악에 대하여 내가 어떻게 행하였는지를 보라

13절 여호와의 말씀이니라 이제 너희가 그 모든 일을 행하였으며 내가 너희에게 말하되 새벽부터 부지런히 말하여도 듣지 아니하였고 너희를 불러도 대답하지 아니하였느니라

14절 그러므로 내가 실로에 행함 같이 너희가 신뢰하는 바 내 이름으로 일컬음을 받는 이 집 곧 너희와 너희 조상들에게 준 이 곳에 행하겠고

15절 내가 너희 모든 형제 곧 에브라임 온 자손을 쫓아낸 것 같이 내 앞에서 너희를 쫓아내리라 하셨다 할지니라

말씀으로 기도하기

본문배경 이해하기

이 본문은 성전설교로 유명한 본문이다. 히스기야 시대에 예루살렘 성전이 앗수르의 칩입으로부터 보호받은 이후에 성전은 하나님이 거하시는 곳이기에 영원히 안전할 것이라고 믿는 신앙이 성전신앙이다. 예레미야의 성전 설교는 성전에 하나님이 거하신다 할지라도 백성들이 죄를 지으면 멸망할 수 있다고 선포하는 것이다. 본문에서 절기는 아마도 삼대 절기중의 하나일 것이다(무교절, 칠칠절, 초막절). 예레미야는 이스라엘의 절기 중에 예루살렘으로 들어가는 사람들을 향하여 충격적인 말씀을 선포한다. 예레미야가 선포한 성전 멸망의 근거는 신명기 신학에서 나타난다: "너희 길과 행위를 바르게 하라."(7:3); "길과 행위를 참으로 바르게 하여 이웃들 사이에 정의를 행하며 이방인과 고아와 과부를 압제하지 아니하며 무죄한 자의 피를 이 곳에

서 흘리지 아니하며 다른 신들 뒤를 따라 화를 자초하지 아니하면." (7:5-6); "보라 너희가 무익한 거짓말을 의존하는도다 너희가 도둑질하며 살인하며 간음하며 거짓 맹세하며 바알에게 분향하며 너희가 알지 못하는 다른 신들을 따르면서."(7:8-9). 예레미야가 비판하는 것은 불의와 우상숭배의 죄이며, 계명을 지킬 경우 약속의 땅에서 거할 수 있지만 그렇지 않을 경우 땅에서 쫓겨남을 선포한다. 도둑의 소굴(11절)이라는 말은 원래 온갖 죄를 지은 도둑들이 추적하는 자들이 사라질 때까지 숨어 있는 곳이다. 이들은 소굴에 안전하게 숨어 있다가 추적자들이 사라지면 다시 나가서 새로운 죄악을 범하는 자들이다. 성전의 역할은 바깥에서 온갖 악을 행하다가 성전에 온 백성에게 죄로부터 회개하라고 명령하는 것임에도 불구하고, 오히려 그들의 지은 죄를 의롭다고 선언하고, 그에게 안전하다고 선포하고, 다시 자신감을 가지고 세상에서 계속 죄를 짓게 만드는 것을 비판한다.

본문내용 이해하기

본문은 두 단락으로 이루어진다: A.잘못된 성전 신앙 (1-11절); B. 성전 멸망의 선포 (12-15절)

예레미야는 낙관주의에 빠져서 예레미야의 음성을 듣지 않는 자들을 향하여 말씀을 전하고 있다. 그들은 우상숭배와 불의를 행하면서도 그에 상응하는 심판을 받지 않으리라는 낙관주의에 빠져 있는 자들이다. 죄악을 행하면서도 아무런 문제가 없다고 생각하는 영적인 교만은 어디에서 왔는가? 청중들은 "이것은 여호와의 성전이다" (7:4) 라고 세 번을 반복하면서 그들의 안전을 보증하는 도구가 성전이라고 확신한다. 성전의 보증이 어느 정도인가하면 그들이 불의를 행한다 할지라도 성전이 그들을 안전하게 보호한다고 생각한다. 불의를 행하고 우상을 숭배하면서 그것이 얼마나 잘못되었는지 알지 못하면서도, 자신들이 안전하다고 여기는 이유는, 그들이 성전에서 제사를 드리기 때문이다. 예레미야는 불의와 우상숭배를 멈추지 않고 제사를 드리는 것은 곧 성전을 도둑의 소굴로 만드는 것과 같다고 보고 있다. 성전에서 하나님이 내려오시기를 간구하면서도 전혀 두렵고 떨림이 없는 율법주의 안에 갇혀 있는 모습을 보여준다.

예레미야는 앞으로 백성들이 자신들의 영적인 자만심으로 인하여 하나님이 그들을 어떻게 멸하실 지를 보여주는 모델을 실로의 멸망에서부터 찾는다 (7:12). 사무엘상 1-3상에서 세상상 엘리는 성전의 제사장으로 여호와의 제사를 멸시하는 (삼상 2:17) 자식들의 죄악을 막지 못함으로 가증한 죄악을 범하고, 하나님의 현존을 상징하는 언약궤를 들고 전쟁에 임하였지만 블레셋에게 패하였다. 엘리 이후에 등장한 사무엘은 전형적인 신명기 신학에 따라 백성들을 다스리기 시작함으로 엘리 시대와 차별화됨을 보여준다 (삼상 7:3). 사무엘은 백성들이 구원을 얻으려면 우상을 버리고 하나님만을 섬기라고 말하고 있다. 하나님의 구원역사는 철저한 우상숭배를 금하고 하나님만을 섬길 때 가능하다. 하나님의 현존을 의미하는 언약궤일지라도 불의와 우상숭배를 버리지 않으면 멸망했듯이, 하나님의 현존을 강조하는 성전이 있다할지라도 그들이 불의와 우상숭배를 회개하지 않는다면 멸망할 수밖에 없다는 것이다. 13절 이하에서 예레미야는 지금까지 그가 행한 사역의 핵심을 요약한다. 그가 행한 일은 회개하고 돌아오기를 간구하는 것이었으며, 그들의 불순종에 대한 하나님의 심판은 실로에 행한 그대로 성전을 파괴하고 백성들이 포로로 끌려가게 만드는 것이다 (7:13-15).

능동적 묵상의 단계

본문은 잘못된 성전 신앙(1-11절)에 대한 지적과 잘못된 예배의 삶을 살아가는 이스라엘에 대한 멸망을 선포하는 내용으로 이루어져 있다. 하나님이 기뻐하시는 예배는 성전에서 드려지는 화려한 제의가 아니라 길과 행위를 참으로 바르게 하는 것, 이웃들 사이에 정의를 행하는 것, 이방인과 고아와 과부를 압제하지 않고, 다른 신들의 길을 따르지 않고, 도둑질 간음 살인 거짓맹세하지 않는 의로운 삶이다(5-7절). 하나님께서는 제사가 아니라 인애를 원하신다(호6:6).

이스라엘 백성은 성전 밖에서 온갖 죄를 다 지으면서도 성전에서 제물만 바치면 구원을 받을 것이라 여기고 있었다(10절). 그러한 이스라엘의 외식에 대하여 하나님은 성전이 도둑의 소굴로 악행을 덮어주는 전락했음을 지적하신다(11절). 실로가 무너지고 북이스라엘 자손이 쫓겨났듯이 유다 백성도 하나님 앞에서 패망할 것을 예언한다. (12-15절)

수동적 묵상의 단계

불의를 행하면서 여호와의 전이니 안전하다는 거짓말을 믿지 말라 하시고, 불의를 행하는 너희의 전과 삶은 패망할 것이라는 하나님의 말씀을 듣는다. 신앙의 삶과 일상의 삶이 완전히 분리되어진 채 살아가고 있던 당시의 이스라엘 백성의 모습을 묵상한다. 또한, 이러한 이스라엘 백성을 모습을 보시는 하나님의 마음에 머물러 본다.

되돌아보기

예레미야 시대의 이스라엘 백성과 같이 하나님께 제물만 바치면 그분은 나의 편의를 돌봐주시는 분으로 여기고 있는지 아니면 예배와 삶, 모든 곳에서 하나님과 동행하며 하나님의 자녀로 살아가는지 나의 마음을 돌아본다. 나의 삶이 예배의 삶인지, 하나님의 공의를 이루는 삶인지 돌아본다. 오늘의 성전에서 하나님을 진정으로 기쁘게 하는 예배와 삶이 있는지, 혹 성전이 도둑의 소굴처럼 불의를 행하는 우리의 삶을 인정해주고 불의를 정당화시켜주는 전으로 전락한 것은 아닌지 되돌아본다. 하나님의 무서운 심판의 말씀을 들으며 말씀의 조명 아래 진정한 예배의 삶을 사는지, 하나님이 기뻐하시는 진정한 의의 예배를 드리고 있는지 헤아려 본다.

마음 쏟아 놓기

성전에서 예배하지만 참된 회개는 없고 나의 뜻이 이루어지기를 원하여 이미 도둑의 소굴이 되어 버린 나의 모습을 봅니다. 성전을 정화하신 주님을 의지하오니 주님께서 내 마음의 전을 정화시켜주옵소서.

하나님 음성 듣기 / 하나님 안에 머물기

도둑의 소굴이 되어버린 성전과 예수님이 죽음과 부활을 통하여 우리 안에 이루시고자 했던 성전을 비교하며, 하나님께서 원하시는 성전과 예배는 무엇인지 묵상해본다. 단순히 의무적인 예배 생활에서만이 아닌 모든 삶의 영역에서 함께 하기를 원하시는 하나님의 마음에 머물러 본다.

하나님이 원하시는 진정한 예배, 하나님이 원하시는 거룩한 성전이 내 안에, 우리 한국교회 안에 이루어지기 원하는 마음으로 본문의 말씀 가운데 머무른다.

응답의 기도

주님 오늘 말씀을 통해 저 자신을 돌아보게 해주심을 감사드립니다. 제 삶의 모든 영역에서 함께 하시는 주님께 전심으로 응답하며 살아가게 하옵소서. 내 마음의 전이 정화되고 어디에서나 하나님을 예배하는 진정한 예배자가 되게 하소서.

삶으로 기도하기

나의 가는 길과 행위를 바르게 함으로 모든 곳에서 하나님을 예배하게 하소서.

9. 우상숭배와 거짓된 예배
(7:16-34)

기도에 임하기

하나님, 하나님은 나의 하나님이시고 나는 당신의 자녀입니다. 주님을 따르고자 말씀 앞에 서오니 오늘도 저에게 말씀하여 주옵소서.

말씀읽기

예레미야 7:16 - 34

16절 그런즉 너는 이 백성을 위하여 기도하지 말라 그들을 위하여 부르짖어 구하지 말라 내게 간구하지 말라 내가 네게서 듣지 아니하리라

17절 너는 그들이 유다 성읍들과 예루살렘 거리에서 행하는 일을 보지 못하느냐

18절 자식들은 나무를 줍고 아버지들은 불을 피우며 부녀들은 가루를 반죽하여 하늘의 여왕을 위하여 과자를 만들며 그들이 또 다른 신들에게 전제를 부음으로 나의 노를 일으키느니라

19절 여호와의 말씀이니라 그들이 나를 격노하게 함이냐 자기 얼굴에 부끄러움을 자취함이 아니냐

20절 그러므로 주 여호와께서 이와 같이 말씀하시니라 보라 나의 진노와 분노를 이 곳과 사람과 짐승과 들나무와 땅의 소산에 부으리니 불 같이 살라지고 꺼지지 아니하리라 하시니라

21절 만군의 여호와 이스라엘의 하나님께서 이와 같이 말씀하시되 너희 희생제물과 번제물의 고기를 아울러 먹으라

22절 사실은 내가 너희 조상들을 애굽 땅에서 인도하여 낸 날에 번제나 희생에 대하여 말하지 아니하며 명령하지 아니하고

23절 오직 내가 이것을 그들에게 명령하여 이르기를 너희는 내 목소리를 들으라 그리하면 나는 너희 하나님이 되겠고 너희는 내 백성이 되리라 너희는 내가 명령한 모든 길로 걸어가라 그리하면 복을 받으리라 하였으나

24절 그들이 순종하지 아니하며 귀를 기울이지도 아니하고 자신들의 악한 마음의 꾀와 완악한 대로 행하여 그 등을 내게로 돌리고 그 얼굴을 향하지 아니하였으며

25절 너희 조상들이 애굽 땅에서 나온 날부터 오늘까지 내가 내 종 선지자들을 너희에게 보내되 끊임없이 보내었으나

26절 너희가 나에게 순종하지 아니하며 귀를 기울이지 아니하고 목을 굳게 하여 너희 조상들보다 악을 더 행하였느니라

27절 네가 그들에게 이 모든 말을 할지라도 그들이 너에게 순종하지 아니할 것이요 네가 그들을 불러도 그들이 네게 대답하지 아니하리니

28절 너는 그들에게 말하기를 너희는 너희 하나님 여호와의 목소리를 순종하지 아니하며 교훈을 받지 아니하는 민족이라 진실이 없어져 너희 입에서 끊어졌다 할지니라

29절 너의 머리털을 베어 버리고 벗은 산 위에서 통곡할지어다 여호와께서 그 노하신 바 이 세대를 끊어 버리셨음이라

30절 여호와께서 말씀하시되 유다 자손이 나의 눈 앞에 악을 행하여 내 이름으로 일컬음을 받는 집에 그들의 가증한 것을 두어 집을 더럽혔으며

31절 힌놈의 아들 골짜기에 도벳 사당을 건축하고 그들의 자녀들을 불에 살랐나니 내가 명령하지 아니하였고 내 마음에 생각지도 아니한 일이니라

32절 그러므로 여호와께서 말씀하시니라 날이 이르면 이 곳을 도벳이라 하거나 힌놈의 아들의 골짜기라 말하지 아니하고 죽임의 골짜기라 말하리니 이는 도벳에 자리가 없을 만큼 매장했기 때문이니라

33절 이 백성의 시체가 공중의 새와 땅의 짐승의 밥이 될 것이나 그것을 쫓을 자가 없을 것이라

34절 그 때에 내가 유다 성읍들과 예루살렘 거리에 기뻐하는 소리, 즐거워하는 소리, 신랑의 소리, 신부의 소리가 끊어지게 하리니 땅이 황폐하리라

말씀으로 기도하기

본문배경 이해하기

18절에서 하늘 여왕(렘 44:17-25)은 앗수르 바벨론 신인 이스타라(가나안 신은 아스다롯)로서 사랑과 풍요의 여신이었다. 하늘 여왕에게 과자를 바치는 것은 바벨론에서 흔한 일이었다. 여신을 나타내는 47개의 과자 모양이 수리아 북동쪽 마리에 있는 왕궁 부엌에서 발견되었다. 18절에서 전제를 붓는다는 표현은 별 숭배를 암시한다. 집 지붕에 다른 신들에게 바쳐지는 제물들이 있다 (렘 32:29). 21절에서 원래 번제물은 제단에서 완전히 태우는 것이기에 예배자들에게 주어질 수 없지만, 하나님께서 받지 않으시기 때문에 번제물을 먹는 것이 나을 것이다. 29절에서 머리털을 베는 것은 애도의 표시였다. 이 명령은 예레미야가 아니라 도시를 향하여 선포하신 것이다. 머리를 깎지 않는 것은 원래 나실인이 서원을 위하여 행하는 것인데 예루살렘이 더럽혀져서 유효하지 않기 때문에 머리를 자르라고 명령한다. 31절에서 도벳은 어린아이들을 몰렉 신에게 바쳤던 제의 시설이었다. 도벳은 아람어로 화덕의 뜻으로 몰렉에게 바쳐진 아이들이 불태워지는 장소였다. 아마도 인신 제사는 요시야에 의하여 제거되었지만(왕하 23:10) 여호야김 시대에 다시 수행되었다. 힌놈의 골짜기는 예루살렘 남쪽에 있었다. 인신 제사가 행해지던 장소는 후에 쓰레기를 태우는 장소가 되었다. 신약성경에서는 게헨나(힌놈의 골짜기, 지옥 불, 마 5:22; 18:9)라고 불리고, 영원한 형벌 장소의 상징이 되었다.

본문내용 이해하기

본문은 세 단락으로 이루어져 있다: A. 기도하지 말라는 명령(16-20); B. 백성들의 불순종 (21-28); C. 인신 제사에 대한 심판 (29-34). 첫째 단락(16-20)은 하늘의 여왕 숭배로 인하여 예언자 예레미야에게 더 이상 기도하지 말라고 말씀하신다. 우상숭배의 모습은 "자식들은 나무를 줍고 아버지들은 불을 피우며 부녀들은 가루를 반죽하여 하늘의 여왕을 위하여 과자를 만들며 그들이 또 다른 신들에게 전제를 붓는 일"로 나타난다. 이로 인하여 하나님은 격노하시고 멸망을 선포하신다: "나의 진노와 분노를 이 곳과 사람과 짐승과 들나무와 땅의 소산에 부으리니 불 같이 살라지고 꺼지지 아니하리라." (렘 7:20). 둘째 단락(21-29절)은 백성들의 불순종에 대하여 말한다. 백성들은 광야에서 희생제물과 번제물을 드리는 것을 언약의 핵심으로 여기지만 하나님은 언약의 핵심은 하나님의 말씀에 대한 순종이라고 말씀하신다: "너희는 내 목소리를 들으라 그리하면 나는 너희 하나님이 되겠고 너희는 내 백성이 되리라."(23절). 그러나 백성들은 순종하지 않았다: "너희가 나에게 순종하지 아니하며 귀를 기울이지 아니하고 목을 굳게 하여 너희 조상들보다 악을 더 행하였느니라." (26절). 그리하여 하나님은 판단을 내린다: "너희는 너희 하나님 여호와의 목소리를 순종하지 아니하며 교훈을 받지 아니하는 민족이라." (28절). 셋째 단락(29-34절)은 인신 제사에 대한 비판이다. 예루살렘을 여인으로 상징하고 슬픔의 표시로 머리털을 베어버리고 벗은 산 위에서 통곡하라고 말한다. 왜냐하면 여호와께서 노하셔서 이 세대를 끊어 버리려고 하시기 때문이다. 여호와의 성전에 가증한 것 즉, 우상이 있었다(왕하 21:7; 23:4-7; 겔 8:3, 5-6, 10, 12). 또한 도벳 사당을 건축하고 그곳에서 그들의 자녀들을 불에 살랐다. 이것은 전혀 하나님이 명령하시거나 생각하지 않은 일이었다. 이러한 죄악에 대하여 하나님은 심판을 선포하신다. 이제 이 장소는 제사를 위하여 사용되지 않고 자리가 없을 정도로 매장했기 때문에 죽음의 골짜기라고 말한다. 백성의 시체가 새와 짐승의 밥이 되어도 그것들을 쫓을 사람이 없을 것이다. 그때에는 거리에 기뻐하는 소리, 즐거워하는 소리, 신랑의 소리, 신부의 소리가 끊어져 황폐하게 될 것이다.

능동적 묵상의 단계

하나님께서는 예레미야에게 더 이상 이스라엘을 위하여 기도하지 말라고 명령하신다. 이스라엘 백성이 우상을 섬기고 숭배하였기 때문이다. 하나님께서는 이들에게 분노하시며 심판을 선포하신다(16절-20절). 하나님은 앗수르와 바벨론의 하늘의 여왕과 별을 숭배하며 전제를 붓는 이스라엘을 향하여 온 이스라엘 사람과 짐승과 들나무와 땅의 소산을 꺼지지 않는 불로 사를 것이라고 말씀하신다(16-20절).

하나님께서 원하시는 것은 제사가 아니라 말씀에 대한 순종이다. 애굽에서 인도하여 내셨을 때부터 하나님께서 이스라엘 백성에게 요구하셨던 것은 말씀에 대한 순종이며, 이스라엘 백성은 순종을 통해 하나님의 백성이 되었다. 하지만 이스라엘은 더 이상 순종하지 않고 교훈을 받지 않는다. 하나님께서는 끊임없이 선지자를 보내어 말씀하셨지만 이스라엘은 귀를 기울이지 아니하였다. 그렇기에 하나님께서는 이스라엘 백성의 입에서 '진실이 끊어졌다'고 선포하라 말씀하신다. (21-29절).

이스라엘 백성은 심지어 자신들의 안위를 위하여 힌놈의 아들 골짜기에서 자신들의 자녀를 제물로 바쳤다. 하나님께서는 하나님 앞에 가증한 악을 행한 유다와 예루살렘이 모두 황폐해질 것이라 말씀하신다(30절-34절).

수동적 묵상의 단계

하나님이 진정으로 원하시는 예배는 번제가 아닌 순종의 삶이다. 이스라엘은 제사가 아니라 순종에 대한 약속으로 하나님의 언약 백성이 되었다. 그러나 그들은 이방신을 위해 제단을 쌓고 불순종함으로 하나님을 격노케 한다. 본문을 통해 예배의 참된 뜻과 이것을 통하여 오늘 우리에게 주시는 하나님의 뜻을 헤아리면서 진정한 예배에 대한 성령의 조명을 구하며 말씀 가운데 머무른다.

되돌아보기

하나님을 섬긴다 하면서 하나님과 함께 다른 제단을 쌓아 예배하고 있지는 않은가? 나는 무엇을 추구하고 있는가? 하나님과 동행하며 나 자신을 비워가는 것이 아니라, 자신의 만족을 위하여 예배를 드리고 신앙생활을 하지는 않았는지 돌아본다. 하나님의 자녀이며 하나님의 말씀대로 산다고 하면서 사실은 자신의 번영과 안정만을 추구하는 스스로의 마음을 깊이 있게 바라본다.

마음 쏟아 놓기

제가 하나님을 섬긴다 하면서 다른 여러 신을 섬기는 저의 마음을 깨닫습니다. 나 자신의 만족이라는 우상을 숭배하였음을 고백합니다. 주님 이러한 저를 불쌍히 여기소서. 하나님과 동행하며 나 자신을 내려놓는 여정을 걸어가도록 인도하소서. 말씀으로 참된 회개에 이르게 하시고 오로지 하나님만 섬기는 삶으로 나아가길 원합니다.

하나님 음성 듣기 / 하나님 안에 머물기

　하나님과 함께 다른 여러 신을 섬기는 나의 마음을 보며 나 자신을 있는 그대로 볼 수 있도록 주님께 은총을 아뢴다. 번제가 아닌 순종만이 하나님의 백성으로 사는 길임을 들으면서 말씀 가운데 머무른다(23-28절). 주님께서 원하시는 것은 표면적인 신앙생활이 아니라 전심을 다한 순종이다. 나 자신으로 채워져 있어 하나님과의 관계가 더 가까워지지 못함을 안타깝게 여기시는 주님의 마음에 머물러 본다.

응답의 기도

　여호와의 전에서 세상의 신을 섬기는 두 마음을 가진 자의 삶에서 여호와 앞에 돌아와 순종의 삶을 살라는 하나님의 말씀을 듣습니다. 참된 심령의 회개에 이르러 오로지 주님만을 예배하며 따르는 순종의 삶이 되게 하소서. 지금까지의 나의 삶이 주님만을 따르는 신앙의 삶이 아니라 나 자신의 만족을 위하여 살아왔음을 고백합니다. 예배뿐만이 아니라 삶의 모든 영역을 통해 하나님을 알아가며 나 자신을 비워가게 하소서. 늘 나와 동행하시는 주님을 의지합니다.

삶으로 기도하기

　삶의 모든 영역에서 나 자신을 내려놓은 여정을 걸어가도록 인도하소서. 삶에서 세상의 신을 섬기는 것이 아니라 하나님만 찾고 구하고 하나님만 높이는 참된 예배의 삶이 이루어지게 하소서.

10. 백성들의 완강함과 예레미야의 탄식
(8:1-22)

Lectio divina Jeremiah

기도에 임하기

말씀을 통해 우리 자신을 진실로 깨닫는 은총을 허락해 주시고 겸손하게 악에서 돌이켜 하나님께로 향하게 하소서.

말씀읽기

예레미야 8:1 - 22

1절 여호와의 말씀이니라 그 때에 사람들이 유다 왕들의 뼈와 그의 지도자들의 뼈와 제사장들의 뼈와 선지자들의 뼈와 예루살렘 주민의 뼈를 그 무덤에서 끌어내어

2절 그들이 사랑하며 섬기며 뒤따르며 구하며 경배하던 해와 달과 하늘의 뭇 별 아래에서 펼쳐지게 하리니 그 뼈가 거두이거나 묻히지 못하여 지면에서 분토 같을 것이며

3절 이 악한 민족의 남아 있는 자, 무릇 내게 쫓겨나서 각처에 남아 있는 자들이 사는 것보다 죽는 것을 원하리라 만군의 여호와의 말씀이니라

4절 너는 또 그들에게 말하기를 여호와의 말씀에 사람이 엎드러지면 어찌 일어나지 아니하겠으며 사람이 떠나갔으면 어찌 돌아오지 아니하겠느냐

5절 이 예루살렘 백성이 항상 나를 떠나 물러감은 어찌함이냐 그들이 거짓을 고집하고 돌아오

기를 거절하도다

6절 내가 귀를 기울여 들은즉 그들이 정직을 말하지 아니하며 그들의 악을 뉘우쳐서 내가 행한 것이 무엇인고 말하는 자가 없고 전쟁터로 향하여 달리는 말 같이 각각 그 길로 행하도다

7절 공중의 학은 그 정한 시기를 알고 산비둘기와 제비와 두루미는 그들이 올 때를 지키거늘 내 백성은 여호와의 규례를 알지 못하도다

8절 너희가 어찌 우리는 지혜가 있고 우리에게는 여호와의 율법이 있다 말하겠느냐 참으로 서기관의 거짓의 붓이 거짓되게 하였나니

9절 지혜롭다 하는 자들은 부끄러움을 당하며 두려워 떨다가 잡히리라 보라 그들이 여호와의 말을 버렸으니 그들에게 무슨 지혜가 있으랴

10절 그러므로 내가 그들의 아내를 타인에게 주겠고 그들의 밭을 그 차지할 자들에게 주리니 그들은 가장 작은 자로부터 큰 자까지 다 욕심내며 선지자로부터 제사장까지 다 거짓을 행함이라

11절 그들이 딸 내 백성의 상처를 가볍게 여기면서 말하기를 평강하다, 평강하다 하나 평강이 없도다

12절 그들이 가증한 일을 행할 때에 부끄러워하였느냐 아니라 조금도 부끄러워 하지 않을 뿐 아니라 얼굴도 붉어지지 아니하였느니라 그러므로 그들이 엎드러질 자와 함께 엎드러질 것이라 내가 그들을 벌할 때에 그들이 거꾸러지리라 여호와의 말씀이니라

13절 여호와의 말씀이니라 내가 그들을 진멸하리니 포도나무에 포도가 없을 것이며 무화과나무에 무화과가 없을 것이며 그 잎사귀가 마를 것이라 내가 그들에게 준 것이 없어지리라 하셨나니

14절 우리가 어찌 가만히 앉았으랴 모일지어다 우리가 견고한 성읍들로 들어가서 거기에서 멸망하자 우리가 여호와께 범죄하였으므로 우리 하나님 여호와께서 우리를 멸하시며 우리에게 독한 물을 마시게 하심이니라

15절 우리가 평강을 바라나 좋은 것이 없으며 고침을 입을 때를 바라나 놀라움뿐이로다

16절 그 말의 부르짖음이 단에서부터 들리고 그 준마들이 우는 소리에 온 땅이 진동하며 그들이 이르러 이 땅과 그 소유와 성읍과 그 중의 주민을 삼켰도다

17절 여호와의 말씀이니라 내가 술법으로도 제어할 수 없는 뱀과 독사를 너희 가운데 보내리니 그것들이 너희를 물리라 하시도다

18절 슬프다 나의 근심이여 어떻게 위로를 받을 수 있을까 내 마음이 병들었도다

19절 딸 내 백성의 심히 먼 땅에서 부르짖는 소리로다 여호와께서 시온에 계시지 아니한가, 그의 왕이 그 가운데 계시지 아니한가 그들이 어찌하여 그 조각한 신상과 이방의 헛된 것들로 나를 격노하게 하였는고 하시니
20절 추수할 때가 지나고 여름이 다하였으나 우리는 구원을 얻지 못한다 하는도다
21절 딸 내 백성이 상하였으므로 나도 상하여 슬퍼하며 놀라움에 잡혔도다
22절 길르앗에는 유향이 있지 아니한가 그 곳에는 의사가 있지 아니한가 딸 내 백성이 치료를 받지 못함은 어찌 됨인고

말씀으로 기도하기

본문배경 이해하기

8장에는 성전과 땅의 멸망이 예고되고, 멸망의 원인과 이에 대한 백성들의 반응으로 두려움이 서술된다. 1-2절에서 원래 무덤에 묻힌 뼈는 신성한 것으로 여겨졌다. 사람들은 사후에도 몸이 제대로 매장될 경우, 의식이 남아있다고 생각했다. 분묘를 훼손하는 것은 단순한 도굴이 아니라 뼈를 훼파하려는 의도였다. 이스라엘에서도 죽은 자의 시신은 조심스럽게 다루었다. 야곱과 요셉은 죽은 후에 자신의 유골이 가나안 땅에 묻히기를 원했다. 2절에서 하늘의 별들은 인간의 운명을 좌우하는 영적 존재들이 산다는 별과 행성들로 이루어진 천체를 가리킨다. 바벨론 사람들은 천체들의 징조를 통하여 지상의 존재들의 결정된 운명을 알 수 있다고 생각하였다. 7세기 이스라엘 인장에는 별 그림들이 유행하였다. 7절에서 새를 인용한 이유는 새들은 정한 시기에 정확하게 자연의 법칙에 따라 움직이지만, 사람은 그렇지 못함을 비유한다. 14절에서 포위된 성읍에 절대적으로 필요한 급수시설에 독이 담기면 더 이상 견딜 수 없기에, 독한 물을 마시게 한다는 말은 이제 포위 기간이 얼마 남지 않았다는 말이다. 17절에서 하나님이 보내는 뱀과 독사는 갈대아 군대로 보는 것이 나아 보인다. 술법으로도 제어할 수 없다는 말은 마술이 먹히지 않는 강력한 침입자라는 말이다. 22절에서 길르앗 지방은 소합 향나무의 진으로 만드는 연고로 유명하여 수출하기도 했다.

본문내용 이해하기

본문은 세 단락으로 이루어져 있다: A. 적들에 의한 무덤 훼파 (1-3 절). B. 하나님께 돌아오기를 강력히 거절함 (4-13절). C. 공포에 빠진 백성과 슬퍼하는 예언자 (14-22 절)

첫째 단락 (1-3 절)은 적들에 의한 무덤 훼파에 관한 것이다. 심판때의 비참함이 서술된다. 유다 왕, 지도자들, 제사장들, 예루살렘 주민들의 뼈가 무덤에서 나와 분토와 같이 뿌려져 거두이거나 묻히지 못할 것이다. 그들이 신으로 섬겼던 해, 달, 별 등이 전혀 도움이 되지 않을 것이다. 살아 남아서 사로 잡힌 자들도 나을 것이 없다. 그들이 사는 것보다 죽는 것을 원하기 때문이다.

둘째 단락 (4-13절)은 눈먼 백성과 무능한 지도자들에 관한 것이다. 백성들이 인간이라면 마땅히 행해야 할 것들을 행하지 않는다. 엎드러지면 일어나고 떠나갔으면 돌아와야 하는데 백성들은 돌아오기를 거절한다. 정직을 말하지 않고, 그들의 악을 뉘우치지 않고, 마음대로 행한다. 공중의 학과 산비둘기, 제비, 두루미들이 때를 아는 것처럼 그들은 하나님의 규례를 알지 못한다. 그래서 지혜와 율법이 있다고 차마 말하지 못한다. 결론적으로 가장 작은 자로부터 큰 자까지 거짓을 행하는 존재임이 판명되었다. 10-12절은 6:12-15가 반복된다. 그들의 행위에 대한 심판으로서 아내를 타인에게 주며, 그들의 밭을 차지할 자에게 준다. 평강이라고 외치지만 평강이 없다. 자신들의 행위를 부끄러워하지 않는 자들이 엎드러질 것이다. 하나님이 그들에게 준 것들이 없어질 것이다. 포도나무에 포도가 없고, 무화과 나무에 무화과가 없고 잎사귀가 마를 것이다.

셋째 단락 (14-22 절)은 공포에 빠진 백성과 슬퍼하는 예언자에 관한 것이다. 임박한 적의 침입 앞에서 백성들의 실제적인 절망이거나 아니면 예레미야가 앞으로 겪을 절망을 상상하여 표현한 말일 수도 있다. 성 바깥에 거하는 백성들은 성 안으로 피하려고 하지만 거기서도 결국은 죽을 것을 예상한다. 그들은 자신들의 죄에 대하여 회개하지 않고 자신들을 저주하여 독한 물을 마시게 하는 하나님을 원망한다. 평강과 고침을 바라지만 이루어지지 않는다. 이제 그들은 말의 부르짖음과 준마의 우는 소리를 듣고, 비로소 경고한대로 멸망이 임했음을 알게 된다. 그들은 어찌할 수 없는 뱀과 독사를 보내 당하는 것과 같다. 마지막으로 예언자 예레미야의 탄식이 이어진다. 그는 사로 잡혀가는 백성들의 모습을 상상한다. 예루살렘과 성전이 파괴되는 것은 바로 우상 숭배 때문이다. 20절에는 계절이 바뀌는 것처럼 확실하게 보였던 도움이 없다는 뜻이다. 백성들이 포로가 되는 것에 대하여 예언자는 상하고 슬퍼하고 놀라움에 사로 잡혔다.

능동적 묵상의 단계

 죄로 인해 유다 백성들과 유다 왕들뿐만 아니라 유다 지도자들과 제사장들의 뼈와 선지자들의 뼈와 예루살렘 주민의 뼈가 무덤에서 끌어내어 펼쳐진다(1, 2절). 살아남아 잡혀간 자들은 사는 것보다 죽는 것을 원한다(3절).
 학과 비둘기, 제비와 같은 조류들도 창조질서에 따라 떠났다가도 돌아오지만 예루살렘 백성은 정직을 말하지 않고, 악을 뉘우치지 않고, 각자의 길로 행하며 하나님께 돌아오지 않는다(4-7절).
 서기관과 지혜롭다하는 자, 선지자들과 제사장들도 하나님을 버렸고 스스로의 죄에 대하여 부끄러운 마음조차 없다. 아무 지혜도 없는 그들은 평강하다며 거짓으로 위로 한다.(9-12절)
 심판의 때에 공포와 고통을 느낀 예언자는 말할 수 없는 근심과 슬픔에 빠진다(18절).

수동적 묵상의 단계

 하나님의 심판이 주어짐에도 불구하고 여전히 거짓을 고집하고 하나님께 돌아오기를 거절하는 유다 백성의 완고함을 본다. 평강하다, 평강하다 하나 평강이 없는 부패하고 거짓된 실상에 머물러 본다.
 거짓된 현실 속에서 현실을 직시하고 있는 이는 예레미야 한 사람이다. 그는 임박한 심판의 고통과 슬픔을 온 몸으로 느낀다. 공동체의 현실을 하나님 앞에서 바라보며 고통하는 한 사람의 마음에 머물러 본다. 그 마음 안에서 느껴지는 하나님의 마음에 머물러 본다.

되돌아보기

 죄 가운데 있고 죄의 심판이 주어지는 현실 속에서도 여전히 거짓을 고집하고 하나님께로 돌이키지 않는 유다의 모습 속에 비춰지는 나의 완고함은 없는지 돌아본다. 하나님이 바라시는 바를 알지 못하면서 평강을 말하는 유다 백성처럼 하나님 없는 거짓의 자리는 내 삶의 어디인지 돌아본다. 공동체의 문제 앞에 자신을 분리하지 않고 근심하며 고뇌하는 예레미야를 보며 공동체를 바라보는 나의 마음에 머물러 본다. 이스라엘을 '딸 내 백성'이라 부르시면서도 심판하시는 하나님의 안타까운 마음에 머물러 본다.

마음 쏟아 놓기

하나님, 하나님을 따르지 않으면서 스스로 평강하다 거짓으로 위로한 자신을 봅니다. 하나님이 계시지 않는 곳에는 참된 평강이 없음을 고백합니다. 참된 생명의 주님께로 향하오니 주님의 사랑 안에 참된 평강을 누리게 하옵소서.

하나님 음성 듣기 / 하나님 안에 머물기

사망에서 생명으로, 거짓에서 진실로, 하나님을 떠난 우리를 하나님의 품으로 부르시는 하나님의 마음을 느끼며 그 사랑 안에 머문다.

응답의 기도

심판하시면서도 내 딸이라 불러주시며 안타깝게 여기시는 주님을 의지하며 회개합니다. 생명의 주님 안에 머무르며 진실 된 삶을 살아가게 하옵소서.

삶으로 기도하기

제 삶의 모든 부분을 통해 하나님께로 향하게 하시며, 다른 이들의 문제가 나의 문제임을 깊이 깨닫고 모든 인류를 위해 기도하게 하소서.

11. 백성들을 위한 예레미야의 탄식
(9:1-26)

Lectio divina Jeremiah

기도에 임하기

하나님의 말씀을 청종하여 악에서 떠나 하나님을 진정으로 사랑하는 삶으로 나아가게 하옵소서.

말씀읽기

예레미야 9:1 - 26

1절 어찌하면 내 머리는 물이 되고 내 눈은 눈물 근원이 될꼬 죽임을 당한 딸 내 백성을 위하여 주야로 울리로다

2절 내가 광야에서 나그네가 머무를 곳을 얻는다면 내 백성을 떠나 가리니 그들은 다 간음하는 자요 반역한 자의 무리가 됨이로다

3절 여호와의 말씀이니라 그들이 활을 당김 같이 그들의 혀를 놀려 거짓을 말하며 그들이 이 땅에서 강성하나 진실하지 아니하고 악에서 악으로 진행하며 또 나를 알지 못하느니라

4절 너희는 각기 이웃을 조심하며 어떤 형제든지 믿지 말라 형제마다 완전히 속이며 이웃마다 다니며 비방함이라

5절 그들은 각기 이웃을 속이며 진실을 말하지 아니하며 그들의 혀로 거짓말하기를 가르치며

악을 행하기에 지치거늘

6절 네가 사는 곳이 속이는 일 가운데 있도다 그들은 속이는 일로 말미암아 나를 알기를 싫어하느니라 여호와의 말씀이니라

7절 그러므로 만군의 여호와께서 이와 같이 말씀하시되 보라 내가 내 딸 백성을 어떻게 처치할꼬 그들을 녹이고 연단하리라

8절 그들의 혀는 죽이는 화살이라 거짓을 말하며 입으로는 그 이웃에게 평화를 말하나 마음으로는 해를 꾸미는도다

9절 내가 이 일들로 말미암아 그들에게 벌하지 아니하겠으며 내 마음이 이런 나라에 보복하지 않겠느냐 여호와의 말씀이니라

10절 내가 산들을 위하여 울며 부르짖으며 광야 목장을 위하여 슬퍼하나니 이는 그것들이 불에 탔으므로 지나는 자가 없으며 거기서 가축의 소리가 들리지 아니하며 공중의 새도 짐승도 다 도망하여 없어졌음이라

11절 내가 예루살렘을 무더기로 만들며 승냥이 굴이 되게 하겠고 유다의 성읍들을 황폐하게 하여 주민이 없게 하리라

12절 지혜가 있어서 이 일을 깨달을 만한 자가 누구며 여호와의 입의 말씀을 받아서 선포할 자가 누구인고 이 땅이 어찌하여 멸망하여 광야 같이 불타서 지나가는 자가 없게 되었느냐

13절 여호와께서 말씀하시되 이는 그들이 내가 그들의 앞에 세운 나의 율법을 버리고 내 목소리를 순종하지 아니하며 그대로 행하지 아니하고

14절 그 마음의 완악함을 따라 그 조상들이 자기에게 가르친 바알들을 따랐음이라

15절 그러므로 만군의 여호와 이스라엘의 하나님께서 이와 같이 말씀하시니라 보라 내가 그들 곧 이 백성에게 쑥을 먹이며 독한 물을 마시게 하고

16절 그들과 그들의 조상이 알지 못하던 여러 나라 가운데에 그들을 흩어 버리고 진멸되기까지 그 뒤로 칼을 보내리라 하셨느니라

17절 만군의 여호와께서 이와 같이 말씀하시되 너희는 잘 생각해 보고 곡하는 부녀를 불러오며 또 사람을 보내 지혜로운 부녀를 불러오되

18절 그들로 빨리 와서 우리를 위하여 애곡하여 우리의 눈에서 눈물이 떨어지게 하며 우리 눈꺼풀에서 물이 쏟아지게 하라

19절 이는 시온에서 통곡하는 소리가 들리기를 우리가 아주 망하였구나 우리가 크게 부끄러움을 당하였구나 우리가 그 땅을 떠난 것은 그들이 우리 거처를 헐었음이로다 함이로다

20절 부녀들이여 여호와의 말씀을 들으라 너희 귀에 그 입의 말씀을 받으라 너희 딸들에게 애곡하게 하고 각기 이웃에게 슬픈 노래를 가르치라

21절 무릇 사망이 우리 창문을 통하여 넘어 들어오며 우리 궁실에 들어오며 밖에서는 자녀들을 거리에서는 청년들을 멸절하려 하느니라

22절 너는 이같이 말하라 여호와의 말씀에 사람의 시체가 분토 같이 들에 떨어질 것이며 추수하는 자의 뒤에 버려져 거두지 못한 곡식단 같이 되리라 하셨느니라

23절 여호와께서 이와 같이 말씀하시되 지혜로운 자는 그의 지혜를 자랑하지 말라 용사는 그의 용맹을 자랑하지 말라 부자는 그의 부함을 자랑하지 말라

24절 자랑하는 자는 이것으로 자랑할지니 곧 명철하여 나를 아는 것과 나 여호와는 사랑과 정의와 공의를 땅에 행하는 자인 줄 깨닫는 것이라 나는 이 일을 기뻐하노라 여호와의 말씀이니라

25절 여호와의 말씀이니라 보라 날이 이르면 할례받은 자와 할례받지 못한 자를 내가 다 벌하리니

26절 곧 애굽과 유다와 에돔과 암몬 자손과 모압과 및 광야에 살면서 살쩍을 깎은 자들에게라 무릇 모든 민족은 할례를 받지 못하였고 이스라엘은 마음에 할례를 받지 못하였느니라 하셨느니라

말씀으로 기도하기

본문배경 이해하기

    9장 1절은 사실상 8장의 단락에 포함되면서 계속 되는 예언자의 탄식을 보여준다. 15절에서 쑥은 키가 작은 풀로써 쓴 잎과 열매가 달린다. 성경에서 쑥은 비통함과 슬픔을 가리키는 비유적 표현이다. 17절에서 곡하는 부녀란 곡을 업으로 하는 여인들이다. 전문적으로 곡하는 이들이 이집트 무덤 벽화들 부조에 그려져 있다. 이러한 풍습은 지중해 동부 연안 특히 고대 그리스 지역에 널리 퍼져 있었고, 중동의 일부 지역에서는 오늘날까지도 지속된다. 25절에서 할례는 사실상 이스라엘 사람들에게만 있었던 고유한 의식은 아니다. 이스라엘 백성들은 할례 의식가운데 신앙적인 의미를 담았다. 할례란 이스라엘 백성들이 하나님께 속했음을 보여주는 표시(sign)에 속한다. 할례는 제사와 같이 정결하기로 결심하는 것으로 하나님의 언약을 상기시켜준다. 육체

의 할례는 육체의 표시를 통하여 할례하는 것이고, 마음의 할례는 겉모양만이 아니라 속사람까지도 하나님의 율법에 순종하는 것을 의미한다. 할례는 아브라함 때 시작되고, 신명기에서 마음의 할례를 강조한다: "너희는 마음에 할례를 행하고 다시는 목을 곧게 하지 말라." (신 10:16); "여호와께서 네 마음과 네 자손의 마음에 할례를 베푸사 너로 마음을 다하며 뜻을 다하여 네 하나님 여호와를 사랑하게 하사 너로 생명을 얻게 하실 것이며."(신 30:6). 신약에서 바울은 마음의 할례를 강조한다: "무릇 표면적 육신의 할례가 할례가 아니니라 오직 이면적 유대인이 유대인이며 할례는 마음에 할지니 영에 있고 율법 조문에 있지 아니한 것이라." (롬 2:28-29). 25절에 할례받은 자와 할례받지 못한 자를 제시하는데 문맥을 보면 "할례받은 자"는 "할례를 받았지만 마음에 할례를 받지 못한 자"라고 번역해야 할 것이다.

본문내용 이해하기

본문은 다섯 단락으로 이루어져 있다: A. 강퍅한 백성들을 향한 예레미야의 탄식 (9:1-6); B. 임박한 심판의 정당성 (9:7-16); C. 예루살렘 멸망을 위한 탄식 (9:17-22); D. 올바른 자랑 (9:23-24); E. 할례받지 못한 백성 (9:25-26).

첫째 단락 (9:1-6)은 강퍅한 백성들을 향한 예레미야의 탄식을 다룬다. 죽어갈 백성을 위하여 주야로 흘리는 예레미야의 눈물로 본문이 시작된다. 예레미야를 눈물의 예언자라고 부르는 이유이다. 그가 우는 이유는 강퍅한 백성들이 악으로부터 벗어나지 못하기 때문이다. 하나님께서는 간음하고 반역하는 백성을 떠나기 원한다. 그들은 거짓을 말하고, 진실하지 않고 온통 악만 행하며, 하나님을 알지 못한다. 서로 속이고 비방하기에 사람들끼리도 믿을 수 없는 시대가 되었다. 이웃을 속이고 거짓말 하고 악을 행하면서 하나님을 아는 것을 싫어한다.

둘째 단락 (9:7-16)은 임박한 심판의 정당성을 다룬다. 결국 이러한 악한 백성들을 벌하는 하나님은 정당하신 것이다. 폐허가 될 유다와 예루살렘을 위하여 조가를 부른다. 나라는 불에 타고 가축의 소리가 들리지 않고 새와 짐승들도 다 도망갔다. 예루살렘은 승냥이 굴이 되고, 유다의 성읍이 황폐하게 될 것이다. 하나님이 이렇게 심판하시는 이유는 백성들이 율법을 버리고 순종하지 않았기 때문이다. 그러므로 하나님은 그들에게 쑥을 먹이고 독한 물을 마시게 하고 여러 나라로 그들을 흩으실 것이다.

셋째 단락 (9:17-22)은 예루살렘 멸망을 위한 탄식을 다룬다. 여호와께서 멸망할 예루살렘을 위하여 통곡할 곡하는 부녀를 부른다. 시온에서 통곡하는 소리가 들리면 예루살렘과 유다가 망한 것을 알게 될 것이다. 사망이 들어와서 청년들을 멸하며, 사람의 시체가 분토같이 떨어지며 거두지 못한 곡식단같이 될 것이다.

넷째 단락 (9:23-24)은 올바른 자랑을 다룬다. 지금까지 사람들은 지혜, 용맹, 그리고 부함이라는 자신들의 능력과 영광스러운 나라의 과거를 자랑하였다. 그러나 이제 자랑해야 할 것은 "여호와를 아는 것과 여호와는 사랑과 정의와 공의를 행하는 자임"을 깨닫는 것이다.

다섯째 단락 (9:25-26)은 할례받지 못한 백성에 대하여 다룬다. 심판의 때에 하나님은 할례받지 못한 자들을 멸하시는데 이방인은 육체에 할례받지 못하고, 이스라엘 백성들은 마음에 할례를 받지 못한 백성들이기 때문에 모두 멸망될 것이다.

능동적 묵상의 단계

예레미야는 '죽임을 당한 딸 내 백성을 위하여 주야로 울리로다'라고 말하며 민족의 죄와 심판 앞에 고통하며 탄식한다(1절). 유다 백성들은 거짓을 말하고 진실하지 않고 서로를 속이고 비방하며 하나님을 알지 못할 뿐 아니라 하나님 알기를 싫어한다(3-6절). 이렇게 타락한 이스라엘 백성에게 내려지는 하나님의 심판은 정당하다(9절). 그들은 하나님의 율법을 버리고 하나님의 목소리를 순종하지 않고 자기 마음의 완악함을 따라 우상을 따랐기 때문이다(13-16절).

하나님께서는 심판을 당하는 이스라엘 백성을 위하여 애곡하라 말씀하신다. 사망이 들어와 자녀와 청년들을 멸절할 것이며 사람들의 시체가 분토같이 들에 뿌려질 것이기 때문이다(17-22절).

하나님께서는 지혜도 용기도 재물도 모두 자랑하지 말며 오직 하나님을 아는 것이 자랑이고(23절-24절), 이스라엘은 마음의 할례를 받아야 한다고 말씀하신다(26절).

수동적 묵상의 단계

유다 백성의 적나라한 현실과 그로 인한 심판의 임박함은 예언자에게 심판의 현장 속에 있는 고통과 슬픔을 느끼게 한다. 그 깊은 고통은 민족의 현실을 진실 되게 바라보는 이가 느끼는 고통이고, 하나님의 현실을 깨닫는 이가 느끼는 슬픔이다. 예레미야가 느낀 하나님의 현실에 머물러 본다.

하나님께서는 지혜도 용기도 재물도 모두 자랑하지 말며, 오직 하나님을 아는 것과 하나님께서 사랑과 정의와 공의를 땅에 행하는 분이심을 깨닫는 것을 자랑하라고 하신다. 이 말씀 안에 머물러 본다.

또한, 마음의 할례를 받지 못하였다는 이스라엘의 모습은 어떠한지 마음으로 바라본다.

되돌아보기

민족의 현실을 하나님의 눈으로 보고 있는 예레미야를 통해 나의 모습을 되돌아 본다. 나는 공동체의 현실을 민감하고 진실되게 깨닫고 있는가, 공동체의 현실을 나의 현실과 분리하여 보고 있지는 않은가 돌아본다.

이웃을 속이며 진실을 말하지 않고, 이웃에게 평화를 말하나 마음으로는 해를 꾸미는 유다 백성의 모습 속에서 떠오르는 내 삶의 거짓은 무엇인지 돌아본다.

내가 자랑하는 것은 무엇이고, 무엇을 자랑하기 위해 힘쓰며 살고 있는지, 그것은 하나님 안에 있는 진실된 나의 정체성인지 하나님의 눈으로 내 삶을 돌아본다. 이스라엘 민족처럼 나에게도 마음의 할례가 필요한지 바라본다.

마음 쏟아 놓기

하나님, 예레미야의 눈물 속에서 공동체를 향한 저의 마음을 돌아봅니다. 하나님의 마음으로 공동체를 바라보고, 공동체를 위해 진실된 기도를 하게 하옵소서. 하나님 앞에서 진실되게 살기보다 남과 나를 속이며 살았던 삶을 회개합니다. 헛된 자랑으로 나를 포장하는 삶이 아닌 나의 참된 정체성인 하나님을 더욱 알기를 기뻐하는 삶이 되게 하옵소서. 외적인 신앙생활이 아니라 마음으로부터 주님을 바라보는 마음의 할례를 받게 하옵소서.

하나님 음성 듣기 / 하나님 안에 머물기

하나님을 알고자 하는 진실된 마음으로 거짓과 자랑의 허울을 벗고 나의 진실을 아시는 하나님 안에 머무른다.

응답의 기도

하나님 알기를 싫어하며 거짓 속에 살았던 저의 죄를 회개합니다. 나에게도, 이웃에게도, 하나님께도 진실하지 못했던 저의 어리석음을 깨닫게 하시고 하나님을 아는 참된 지혜가 있게 하소서.

삶으로 기도하기

하나님 없는 거짓에서 돌이켜 하나님을 향하는 삶을 살아가게 하소서. 하나님의 진실 안에서 나와 이웃과 공동체를 바라보며 하나님을 따르는 삶 살게 하소서. 마음 중심에서부터 하나님을 알아가며, 하나님의 공의와 사랑 안에서 살아가게 하옵소서.

12. 살아있는 하나님과 죽어 있는 우상들
(10:1-25)

Lectio divina Jeremiah

기도에 임하기

헛된 우상을 버리고, 살아계신 참 하나님께로 온전히 향하게 하소서.

말씀읽기

예레미야 10:1 - 25

1절 이스라엘 집이여 여호와께서 너희에게 이르시는 말씀을 들을지어다

2절 여호와께서 이와 같이 말씀하시되 여러 나라의 길을 배우지 말라 이방 사람들은 하늘의 징조를 두려워하거니와 너희는 그것을 두려워하지 말라

3절 여러 나라의 풍습은 헛된 것이니 삼림에서 벤 나무요 기술공의 두 손이 도끼로 만든 것이라

4절 그들이 은과 금으로 그것에 꾸미고 못과 장도리로 그것을 든든히 하여 흔들리지 않게 하나니

5절 그것이 둥근 기둥 같아서 말도 못하며 걸어다니지도 못하므로 사람이 메어야 하느니라 그것이 그들에게 화를 주거나 복을 주지 못하나니 너희는 두려워하지 말라 하셨느니라

6절 여호와여 주와 같은 이 없나이다 주는 크시니 주의 이름이 그 권능으로 말미암아 크시니이다

7절 이방 사람들의 왕이시여 주를 경외하지 아니할 자가 누구리이까 이는 주께 당연한 일이라 여러 나라와 여러 왕국들의 지혜로운 자들 가운데 주와 같은 이가 없음이니이다

8절 그들은 다 무지하고 어리석은 것이니 우상의 가르침은 나무뿐이라

9절 다시스에서 가져온 은박과 우바스에서 가져온 금으로 꾸미되 기술공과 은장색의 손으로 만들었고 청색 자색 옷을 입었나니 이는 정교한 솜씨로 만든 것이거니와

10절 오직 여호와는 참 하나님이시요 살아 계신 하나님이시요 영원한 왕이시라 그 진노하심에 땅이 진동하며 그 분노하심을 이방이 능히 당하지 못하느니라

11절 너희는 이같이 그들에게 이르기를 천지를 짓지 아니한 신들은 땅 위에서, 이 하늘 아래에서 망하리라 하라

12절 여호와께서 그의 권능으로 땅을 지으셨고 그의 지혜로 세계를 세우셨고 그의 명철로 하늘을 펴셨으며

13절 그가 목소리를 내신즉 하늘에 많은 물이 생기나니 그는 땅 끝에서 구름이 오르게 하시며 비를 위하여 번개치게 하시며 그 곳간에서 바람을 내시거늘

14절 사람마다 어리석고 무식하도다 은장이마다 자기의 조각한 신상으로 말미암아 수치를 당하나니 이는 그가 부어 만든 우상은 거짓 것이요 그 속에 생기가 없음이라

15절 그것들은 헛 것이요 망령되이 만든 것인즉 징벌하실 때에 멸망할 것이나

16절 야곱의 분깃은 이같지 아니하시니 그는 만물의 조성자요 이스라엘은 그의 기업의 지파라 그 이름은 만군의 여호와시니라

17절 에워싸인 가운데 앉은 자여 네 짐 꾸러미를 이 땅에서 꾸리라

18절 여호와께서 이와 같이 말씀하시되 보라 내가 이 땅에 사는 자를 이번에는 내던질 것이라 그들을 괴롭게 하여 깨닫게 하리라 하셨느니라

19절 슬프다 내 상처여 내가 중상을 당하였도다 그러나 내가 말하노라 이는 참으로 고난이라 내가 참아야 하리로다

20절 내 장막이 무너지고 나의 모든 줄이 끊어졌으며 내 자녀가 나를 떠나가고 있지 아니하니 내 장막을 세울 자와 내 휘장을 칠 자가 다시 없도다

21절 목자들은 어리석어 여호와를 찾지 아니하므로 형통하지 못하니 그 모든 양 떼는 흩어졌도다

22절 들을지어다 북방에서부터 크게 떠드는 소리가 들리니 유다 성읍들을 황폐하게 하여 승냥이의 거처가 되게 하리로다

23절 여호와여 내가 알거니와 사람의 길이 자신에게 있지 아니하니 걸음을 지도함이 걷는 자에게 있지 아니하니이다

24절 여호와여 나를 징계하옵시되 너그러이 하시고 진노로 하지 마옵소서 주께서 내가 없어지게 하실까 두려워하나이다

25절 주를 알지 못하는 이방 사람들과 주의 이름으로 기도하지 아니하는 족속들에게 주의 분노를 부으소서 그들은 야곱을 씹어 삼켜 멸하고 그의 거처를 황폐하게 하였나이다 하니라

말씀으로 기도하기

본문배경 이해하기

이 본문은 예레미야의 탄식 모음인 8:4-10:25의 마지막 부분이다. 2절에서의 하늘의 징조는 별자리, 혜성, 일식, 월식 등 하늘의 특이한 현상으로 세상을 평가하려는 시도이다. 고대 종교에서 천체의 신들은 최고의 숭배 대상이었다. 신들은 달력과 시간, 계절과 날씨를 주관한다고 여겼다. 천체의 신들은 징조를 보여주는 표지를 통해 미래를 예측한다고 여겼다. 5절에서 고대 세계에서 우상이란 다양한 형태와 크기로 제작되었다. 보통 나무를 깎은 뒤 은이나 금을 망치로 얇게 해서 덮어 씌워 우상을 만들었다. 보통 사람의 모양으로 만들었다. 사람들은 신이 우상 안에 살고 신상을 통하여 신의 임재와 의지를 드러낸다고 생각하였다. 그러나 실제로 우상은 무능한 존재로 (둥근 기둥) 전혀 하나님과 같은 역할을 할 수 없는 존재이다. 9절에서 다시스는 홍해의 에시온게벨과 관련되고, 우바스는 금으로 유명한 곳이다. 청색과 자색은 왕권과 신성을 나타내는 색깔이다. 13절에서 곳간에서 바람을 내신다는 말은 바람과 폭풍의 신인 아다드와 대비되어 하나님만이 대기 현상을 관할한다고 여겼다. 곳간이라고 번역한 낱말은 진귀한 물건을 보관하는 보물창고나 왕실의 무기를 보관하는 병기창을 가리키는 말로 쓰일 수 있다. 하나님은 그의 곳간에서 필요한 물건들을 배급하신다.

본문내용 이해하기

본문은 세 단락으로 이루어져 있다: A. 우상숭배의 어리석음(10:1-16). B. 포로살이의 선언 (10:17-22); C. 예레미야의 기도 (10:23-25).

첫째 단락 (10:1-16)은 여호와와 우상의 대비를 다루고 있다. 이스라엘의 하나님은 이방 사람들이 섬기는 거짓 신들과는 매우 다르다는 것을 언급한다. 우상을 어떻게 만드는지 보면 우상이 아무것도 아니며 그들에게 화를 주거나 복을 줄 수 없다는 것을 보여준다. 하나님의 백성들은 하늘의 징조를 두려워할 필요가 없다. 이어서 하나님의 위대하심을 찬양하는 기도가 이어진다. 예언자는 우상과 대비되는 여호와 하나님의 능력을 언급한다. 주와 같은 이가 없고 주의 권능이 크다. 우상의 가르침은 나무뿐이다. 여호와만이 참 하나님이시요 살아계신 하나님이시요 영원한 왕이시다. 그분의 진노를 이방인이 감당할 수 없다. 11절은 아람어로 되어있다. 12절 이하에서도 여호와의 권능의 행위와 우상들의 무력함을 대조한다. 이 내용은 예레미야 51:15-19에서 반복된다. 12-13절은 창조주이신 하나님을 서술한다.

둘째 단락 (10:17-22)은 유다 백성이 포로살이할 것을 선언한다. 다시금 심판과 탄식의 말씀이 이어진다. 이제 예루살렘 성읍이 포위가 될 것임으로 주민들은 사로잡혀 갈 준비를 해야 한다. 임박한 포로살이 앞에서 예언자는 백성을 대신하여 조가를 부른다. 나라는 망할 것이다. 멸망의 원인은 목자들, 곧 왕과 지도자들에게 있다. 22절에서 북방에서부터 크게 떠드는 소리는 곧 바벨론에서부터 밀려오는 적들의 시끄러운 소리들이다.

셋째 단락 (10:23-25)은 예레미야의 기도를 다루고 있다. 예레미야는 백성들을 대신하여 기도드린다. 사람의 행동이 계획대로 되지 않는다는 사실을 언급한다(잠 20:24 참조). 너그러이 라는 단어는 "정도에 맞게"라는 뜻이다. 25절은 시 79:6-7에서 글자 그대로 나온다.

능동적 묵상의 단계

하나님께서는 유다 백성에게 이방 사람들은 하늘의 징조를 두려워하나 너희는 그것을 두려워하지 말며 여러 나라의 길과 풍습을 따르지 말라고 말씀하신다.(2,3절) 그들이 만든 우상은 사람이 만들어 꾸민 것이고 그것들은 화를 주거나 복을 주지 못한다(5절). 참 하나님은 오직 하나님 한분 뿐이시며 하나님은 권능으로 온 우주를 창조하신 창조주이시며 심판자이시다(6-13절).

하나님께서는 심판을 당할 유다백성에게 짐 꾸러미를 꾸리며 포로 생활을 준비하라 말씀하신다(17절). 심판을 당하는 유다백성은 괴로울 것이나 하나님께서는 이를 통해 깨닫게 하실 것이다(18절).

선지자는 인간의 발걸음은 창조주 하나님께 달렸음을 고백하고 하나님의 심판가운데서도 진멸하지 않으시기를 간구한다(23-24절).

수동적 묵상의 단계

사람이 손으로 만든 무능력한 우상과 권능으로 세계를 창조하신 하나님이 대비를 이룬다. 창조주이시며 심판자이신 하나님의 능력과 권능을 떠올리며 머물러 본다.

자신의 만족을 위해 손으로 새긴 우상을 섬긴 유다 백성은 포로로 끌려가고 유다 성읍은 황폐하게 된다. 하나님께서는 그들을 괴롭게 하여 깨닫게 하리라 말씀하신다. 살아 계신 하나님을 버리고 우상을 끝까지 붙든 이들의 괴로움의 자리에 머물러 본다. 그리고 깨닫게 하시려는 하나님의 마음에 머물러 본다.

임박한 심판의 현실을 보면서 '여호와여 나를 징계하옵시되 너그러이 하시고 진노로 하지 마옵소서' 라며 절박하게 기도하는 선지자의 마음을 살펴본다. 또한 사람의 길이 자신에게 있지 아니하고 사람의 행동을 주관하시는 분은 하나님이심을 깊이 묵상한다.

되돌아보기

살아계신 권능의 하나님을 삶 속에서 경험하고 있는지 아니면 내가 의지할 신을 내가 만들고 있지는 않은지 돌아본다. 내가 지금 처한 고난을 통해 하나님께서 말씀하시는 것은 무엇인지 머물러 본다. 어떠한 고난 속에서도 기도를 들으시는 하나님께 진실된 마음을 아뢴다.

마음 쏟아 놓기

내가 만든 신을 의지하는 어리석은 자가 되지 말게 하소서. 나의 고난의 의미를 다 알 수 없을지라도 어떠한 상황 가운데에서도 하나님 앞에 나아가며 진실된 마음을 고백하게 하소서. 나 스스로 미래를 계획할지라도 나의 걸음을 인도하시는 분은 오직 하나님 한분이십니다. 하나님의 긍휼을 의지합니다.

하나님 음성 듣기 / 하나님 안에 머물기

지금도 살아 계시며 나를 찾으시며 나의 기도를 듣기 원하시는 하나님 앞에 머무르며 그 사랑을 누린다.

응답의 기도

내 삶에 헛된 우상을 버리고 살아 계신 참 하나님을 따르는 삶 살아가게 하소서. 하나님의 품으로 돌이키게 하시는 그 사랑을 신뢰하며 어떠한 상황 속에서도 하나님을 향하게 하소서. 모든 것을 주관하시는 하나님을 의지합니다.

삶으로 기도하기

살아계신 참 하나님을 모든 상황 속에서 진심으로 따르게 하소서.

13. 언약을 깨뜨린 백성들과 그 결과
(11:1-23)

Lectio divina Jeremiah

기도에 임하기

우리를 구원하시고 하나님의 백성 삼아주신 하나님의 사랑을 기억하며 하나님을 향한 온전한 순종을 결단하게 하소서.

말씀읽기

예레미야 11:1 - 23

1절 여호와께로부터 예레미야에게 임한 말씀이라 이르시되
2절 너희는 이 언약의 말을 듣고 유다인과 예루살렘 주민에게 말하라
3절 그들에게 이르기를 이스라엘의 하나님 여호와께서 이와 같이 말씀하시되 이 언약의 말을 따르지 않는 자는 저주를 받을 것이니라
4절 이 언약은 내가 너희 조상들을 쇠풀무 애굽 땅에서 이끌어내던 날에 그들에게 명령한 것이라 곧 내가 이르기를 너희는 내 목소리를 순종하고 나의 모든 명령을 따라 행하라 그리하면 너희는 내 백성이 되겠고 나는 너희의 하나님이 되리라
5절 내가 또 너희 조상들에게 한 맹세는 그들에게 젖과 꿀이 흐르는 땅을 주리라 한 언약을 이루리라 한 것인데 오늘이 그것을 증언하느니라 하라 하시기로 내가 대답하여 이르되 아멘

여호와여 하였노라

6절 여호와께서 내게 이르시되 너는 이 모든 말로 유다 성읍들과 예루살렘 거리에서 선포하여 이르기를 너희는 이 언약의 말을 듣고 지키라

7절 내가 너희 조상들을 애굽 땅에서 인도하여 낸 날부터 오늘까지 간절히 경계하며 끊임없이 경계하기를 너희는 내 목소리를 순종하라 하였으나

8절 그들이 순종하지 아니하며 귀를 기울이지도 아니하고 각각 그 악한 마음의 완악한 대로 행하였으므로 내가 그들에게 행하라 명령하였어도 그들이 행하지 아니한 이 언약의 모든 규정대로 그들에게 이루게 하였느니라 하라

9절 여호와께서 또 내게 이르시되 유다인과 예루살렘 주민 중에 반역이 있도다

10절 그들이 내 말 듣기를 거절한 자기들의 선조의 죄악으로 돌아가서 다른 신들을 따라 섬겼은즉 이스라엘 집과 유다 집이 내가 그들의 조상들과 맺은 언약을 깨뜨렸도다

11절 그러므로 나 여호와가 이와 같이 말하노라 보라 내가 재앙을 그들에게 내리리니 그들이 피할 수 없을 것이라 그들이 내게 부르짖을지라도 내가 듣지 아니할 것인즉

12절 유다 성읍들과 예루살렘 주민이 그 분향하는 신들에게 가서 부르짖을지라도 그 신들이 그 고난 가운데에서 절대로 그들을 구원하지 못하리라

13절 유다야 네 신들이 네 성읍의 수와 같도다 너희가 예루살렘 거리의 수대로 그 수치스러운 물건의 제단 곧 바알에게 분향하는 제단을 쌓았도다

14절 그러므로 너는 이 백성을 위하여 기도하지 말라 그들을 위하여 부르짖거나 구하지 말라 그들이 그 고난으로 말미암아 내게 부르짖을 때에 내가 그들에게서 듣지 아니하리라

15절 나의 사랑하는 자가 많은 악한 음모를 꾸미더니 나의 집에서 무엇을 하려느냐 거룩한 제물 고기로 네 재난을 피할 수 있겠느냐 그 때에 네가 기뻐하겠느냐

16절 여호와께서는 그의 이름을 일컬어 좋은 열매 맺는 아름다운 푸른 감람나무라 하였었으나 큰 소동 중에 그 위에 불을 피웠고 그 가지는 꺾였도다

17절 바알에게 분향함으로 나의 노여움을 일으킨 이스라엘 집과 유다 집의 악으로 말미암아 그를 심은 만군의 여호와께서 그에게 재앙을 선언하셨느니라

18절 여호와께서 내게 알게 하셨으므로 내가 그것을 알았나이다 그 때에 주께서 그들의 행위를 내게 보이셨나이다

19절 나는 끌려서 도살 당하러 가는 순한 어린 양과 같으므로 그들이 나를 해하려고 꾀하기를 우리가 그 나무와 열매를 함께 박멸하자 그를 살아 있는 자의 땅에서 끊어서 그의 이름이

다시 기억되지 못하게 하자 함을 내가 알지 못하였나이다

20절 공의로 판단하시며 사람의 마음을 감찰하시는 만군의 여호와여 나의 원통함을 주께 아뢰었사오니 그들에게 대한 주의 보복을 내가 보리이다 하였더니

21절 여호와께서 아나돗 사람들에 대하여 이와 같이 말씀하시되 그들이 네 생명을 빼앗으려고 찾아 이르기를 너는 여호와의 이름으로 예언하지 말라 두렵건대 우리 손에 죽을까 하노라 하도다

22절 그러므로 만군의 여호와께서 이와 같이 말씀하시니라 보라 내가 그들을 벌하리니 청년들은 칼에 죽으며 자녀들은 기근에 죽고

23절 남는 자가 없으리라 내가 아나돗 사람에게 재앙을 내리리니 곧 그들을 벌할 해에니라

말씀으로 기도하기

본문배경 이해하기

이 본문은 계약의 중보자 (11:1-20:18)를 다루는 본문의 일부이다. 하나님은 죽어가는 백성들이 예언자의 중보자 사역을 통하여 자신들이 왜 죽어 가는지를 이해하고, 그 위기의 시절에 우리를 건지려고 애썼던 하나님의 사람이 있었다는 것을 깨닫게 한다. 예레미야는 백성들을 위하여 부르짖고 마지막까지 돌아서지 않는 백성들과 운명을 같이 하는 일을 자신의 천직으로 알았다. 전체적으로 이 본문은 신명기적인 설교 (11:1-14; 21-23; 12:14-17; 13:1-14; 14:11-16; 16:1-19; 17:19-27; 18:1-12; 19:1-20:6)와 예레미야의 고백 (11:18-23; 12:1-6; 15:10-12; 15:15-21; 17:9-10; 17:12-18; 18:18-23; 20:7-12; 20:14-18)의 혼합으로 이루어져 있다. 예레미야 11-20장의 구조는 일곱 개의 사이클로 이루어졌는데 (11:1-17; 11:18-12:17; 13:1-27; 14:1-15:21; 16:1-17:27; 18:1-23; 19:1-20:18), 각 사이클은 세 개의 요소를 담고 있다.

이 세 가지 요소는 다음과 같다. a: 예언자의 상징행위; b: 중보자의 역할; c: 재앙의 선포. 첫 번째 요소는 예언자의 상징행위이다. 하나님이 청중들에게 효과적이고 충격적으로 전하기 위해 예언자의 상징행위를 선택하신다. 상징행위에는 강퍅한 백성들에게 메시지를 전하려는 하나님의 마음이 담겨 있다. 두 번째 요소는 중보자의 역할과 관련된다. 회개시킬 수 있는 기회가 사라졌을 때, 중보자의 역할은 강퍅한 백성들과 직면하여 그들의 악과 싸우는 것이다. 그러므로 본문에서는 중보기도의 거절, 백성들의 죄악에 대한 서술, 강퍅한 백성들로 인한 예언자의 고난,

그리고 고통스러운 예언자 직책을 수행하는 예언자의 고백 등이 다루어진다. 마지막으로 세 번째 요소는, 돌이킬 수 없는 심판에 관한 다양한 표현이다. 이 모든 표현은 심판이 돌이킬 수 없는 것이며, 그 원인은 회개를 요청하는 말씀에 순종하지 않고 우상을 숭배한 백성들에게 있다는 것이다.

본문내용 이해하기

이 본문은 두 단락으로 이루어져 있다: A. 언약을 깨뜨린 백성을 향한 심판 (11:1-17). B. 아나돗 사람들의 음모 (11:18-23)

첫째 단락 (11:1-17)은 언약을 깨뜨린 백성에 대한 심판을 다룬다. 유다 백성에게 다가온 재난은 여호와와 맺은 언약을 깨뜨린 결과이다. 본문은 예레미야의 사역을 요약한다(렘 11:3-5). 이 언약은 하나님이 이스라엘을 애굽에서 인도하던 날에 선포되었다. 백성에게 주어진 의무는 하나님의 명령을 지키는 것이다. 하나님의 약속은 백성들의 하나님으로서 그들에게 땅을 주기로 약속한 것인데, 현재 성취되었지만, 언약을 지키지 않는다면 저주를 받아 땅을 빼앗길 것이다. 지금까지 예레미야의 사역은 바로 이 언약에 기초하여 하나님의 목소리를 청종하라는 것이었으며 (11:7), 백성들은 청종하지 않았고 악한 마음의 강퍅한 대로 행하고 (11:8-9), 우상을 숭배함으로 하나님이 열조와 맺은 언약을 파기하였다 (11:10, 13). 이에 따르는 하나님의 응답은 그들이 재앙을 피할 수 없을 것이며 (11:11, 15-17), 하나님은 그 증표로 백성들의 기도나 중보자인 예언자의 기도도 듣지 않겠다고 결심 하신다 (11:11,14).

둘째 단락 (11:18-23)은 아나돗 사람들의 음모를 다룬다. 이 단락은 예레미야가 앞으로 겪을 중보자의 고난의 모형으로 나타나는데, 고난가운데 하나님이 예레미야를 보호하시지만, 이스라엘과 열방의 황폐화를 선언하신다. 본문에서 아나돗 사람들이 예레미야를 죽이려는 이유는 명백하게 드러나지 않고, 단지 결과만 표현된다: "나는 끌려서 도살당하러 가는 순한 어린 양과 같으므로 그들이 나를 해하려고 꾀하기를 우리가 그 나무와 열매를 함께 박멸하자 그를 살아 있는 자의 땅에서 끊어서 그의 이름이 다시 기억되지 못하게 하자 함을 내가 알지 못하였나이다." (렘 11:19). 아나돗 사람들의 적대감은 백성들의 적대감의 모형적인 표현이다. 예레미야가 요시야 개혁의 선봉으로 신명기 법을 전파한 일은 아나돗 사람들의 반발을 초래하였다. 아나돗 사람들은 예루살렘 제사장들과 달리 지방 성소의 제사장들이었으며, 지방 성소의 제사장들을 폐하는 요시야 개혁은 그들에게 도전적이었다. 이 음모는 하나님에 의하여 좌절되었지만, 예레미야 자신에게는 충격적인 것이었다. 그리하여 11-20 장에서 예레미야의 고백이 반복된다.

능동적 묵상의 단계

하나님께서는 유다 백성에게 '너희가 하나님의 목소리에 순종하고 하나님의 명령을 따라 행하면 너희는 내 백성이 되겠고 나는 너희의 하나님이 되리라'는 하나님과 맺었던 언약을 기억하라고 말씀하신다(4,5절).

하나님께서는 끊임없이 이 언약을 상기시켜 주시며 말씀에 순종하라 하셨지만 유다 백성은 순종하지 않고, 귀를 기울이지도 않고, 각각 그 악한 마음의 완악한 대로 행하였기에(7,8절) 하나님과의 언약은 파기되었다(10절).

하나님 말씀 듣기를 거절한 조상들의 죄악과 같이 다른 신들을 섬긴 유다는 하나님의 심판의 재앙을 피할 수 없다(11절). 그들이 섬기던 우상들에게 부르짖어도 그 신들은 심판의 고통 가운데에서 그들을 구원할 수 없다(12절).

하나님께서는 예레미야에게 이 백성을 위해 기도하지 말라고 말씀하신다(14절). '나의 사랑하는 자'(15절), '좋은 열매 맺는 아름다운 푸른 감람나무'(16절)였던 유다는 바알에게 분향함으로 하나님의 노여움을 샀으며 재앙이 선포된다. 그들에게 내려질 심판은 피할 수 없기 때문이다(17절).

아나돗 사람들은 이렇게 하나님의 말씀을 선포하던 예언자에게 '너는 여호와의 이름으로 예언하지 말라'고 하며 도리어 예언자의 생명을 위협하였다. 하나님께서는 이러한 아나돗 사람들에게 재앙을 선포하신다.(21-23절)

수동적 묵상의 단계

하나님의 백성이 되는 것의 의미와 하나님이 나의 하나님이 되심의 의미 안에 머물러 본다. 하나님께서는 '애굽 땅에서 인도하여 낸 날부터 오늘까지'(7절) 간절히 경계하며 '너희는 내 목소리를 순종하라'말씀하셨다. 하지만 유다 백성은 계속해서 언약을 잊고 순종하기를 저버린다. 이러한 유다 백성을 향해 끊임없이 말씀하시는 하나님의 간절함에 머물러 본다. 바알을 향해 돌아선 유다백성을 '나의 사랑하는 자', '아름다운 푸른 감람나무'로 회상하는 '그를 심은 만군의 여호와'(17절) 하나님의 마음에 머물러 본다. 예언자의 기도에 응답하시며 예언자의 생명을 위협하는 이들을 벌하시겠다 말씀하시는 하나님의 공의에 머물러 본다.

되돌아보기

　주님은 신실하시며 영원히 나와 함께 하시고 나를 '사랑하는 자', '푸른 감람나무'라 불러주십니다. 하지만 나의 이기적인 마음으로 인해 주님의 사랑이 아니라 다른 곳을 바라봅니다. 스스로 주님의 가지됨을 잊었습니다. 주님 말씀에 비추어 저의 삶을 돌아보며 제 마음을 돌이킵니다. 불쌍히 여겨주소서. 과연 나는 내 삶에서 끊임없이 말씀하고 계시는 하나님의 목소리를 청종하는가? 삶에서 하나님의 하나님되심이 드러나고 하나님의 사랑받는 자로 좋은 열매를 맺고 있는가? '나의 원통함'을 들으시며 내 삶을 주관하시는 하나님께 나의 마음을 아뢰며 믿음으로 나아가는가?

마음 쏟아 놓기

　하나님께서 내 삶에 행하신 구원의 역사를 다시금 기억합니다. 하나님께서는 구원의 길을 여시며 나에게 다가오셨는데, 하나님으로부터 멀어져 다른 것들을 쫓았던 삶을 회개합니다. 하나님의 사랑받는 자임을 기억하며 아름다운 열매 맺는 삶으로 하나님 안에서 살아가게 하소서.

하나님 음성 듣기 / 하나님 안에 머물기

　하나님으로부터 멀어진 우리를 부르시며 하나님의 사랑 받는 자로의 정체성을 회복하길 원하시는 하나님의 사랑 안에 머무른다.

응답의 기도
　하나님 안에 나의 참된 정체성이 있습니다. 하나님께서 행하신 일을 기억하며, 하나님의 말씀을 정송하며 하나님을 온전히 따르게 하소서.

삶으로 기도하기

하나님의 사랑받는 자로 하나님 안에 거하며 아름다운 열매 맺는 삶이 되게 하소서. 제 삶의 모든 순간이 하나님의 언약과 사랑 안에 있음을 기억하며 살아가게 하소서.

14. 예레미야의 탄식과 하나님의 응답
(12:1-17)

Lectio divina Jeremiah

기도에 임하기

마음을 비추시는 하나님의 말씀을 통해 하나님 앞에서 더욱 거룩하고 진실한 삶을 살게 하소서.

말씀읽기

예레미야 12:1 - 17

1절 여호와여 내가 주와 변론할 때에는 주께서 의로우시니이다 그러나 내가 주께 질문하옵나니 악한 자의 길이 형통하며 반역한 자가 다 평안함은 무슨 까닭이니이까

2절 주께서 그들을 심으시므로 그들이 뿌리가 박히고 장성하여 열매를 맺었거늘 그들의 입은 주께 가까우나 그들의 마음은 머니이다

3절 여호와여 주께서 나를 아시고 나를 보시며 내 마음이 주를 향하여 어떠함을 감찰하시오니 양을 잡으려고 끌어냄과 같이 그들을 끌어내시되 죽일 날을 위하여 그들을 구별하옵소서

4절 언제까지 이 땅이 슬퍼하며 온 지방의 채소가 마르리이까 짐승과 새들도 멸절하게 되었사오니 이는 이 땅 주민이 악하여 스스로 말하기를 그가 우리의 나중 일을 보지 못하리라 함이니이다

5절 만일 네가 보행자와 함께 달려도 피곤하면 어찌 능히 말과 경주하겠느냐 네가 평안한 땅에서는 무사하려니와 요단 강 물이 넘칠 때에는 어찌하겠느냐

6절 네 형제와 아버지의 집이라도 너를 속이며 네 뒤에서 크게 외치나니 그들이 네게 좋은 말을 할지라도 너는 믿지 말지니라

7절 내가 내 집을 버리며 내 소유를 내던져 내 마음으로 사랑하는 것을 그 원수의 손에 넘겼나니

8절 내 소유가 숲속의 사자 같이 되어서 나를 향하여 그 소리를 내므로 내가 그를 미워하였음이로라

9절 내 소유가 내게 대하여는 무늬 있는 매가 아니냐 매들이 그것을 에워싸지 아니하느냐 너희는 가서 들짐승들을 모아다가 그것을 삼키게 하라

10절 많은 목자가 내 포도원을 헐며 내 몫을 짓밟아서 내가 기뻐하는 땅을 황무지로 만들었도다

11절 그들이 이를 황폐하게 하였으므로 그 황무지가 나를 향하여 슬퍼하는도다 온 땅이 황폐함은 이를 마음에 두는 자가 없음이로다

12절 파괴하는 자들이 광야의 모든 벗은 산 위에 이르렀고 여호와의 칼이 땅 이 끝에서 저 끝까지 삼키니 모든 육체가 평안하지 못하도다

13절 무리가 밀을 심어도 가시를 거두며 수고하여도 소득이 없은즉 그 소산으로 말미암아 스스로 수치를 당하리니 이는 여호와의 분노로 말미암음이니라

14절 내가 내 백성 이스라엘에게 기업으로 준 소유에 손을 대는 나의 모든 악한 이웃에 대하여 여호와께서 이와 같이 말씀하시니라 보라 내가 그들을 그 땅에서 뽑아 버리겠고 유다 집을 그들 가운데서 뽑아 내리라

15절 내가 그들을 뽑아 낸 후에 내가 돌이켜 그들을 불쌍히 여겨서 각 사람을 그들의 기업으로, 각 사람을 그 땅으로 다시 인도하리니

16절 그들이 내 백성의 도를 부지런히 배우며 살아 있는 여호와라는 내 이름으로 맹세하기를 자기들이 내 백성을 가르쳐 바알로 맹세하게 한 것 같이 하면 그들이 내 백성 가운데에 세움을 입으려니와

17절 그들이 순종하지 아니하면 내가 반드시 그 나라를 뽑으리라 뽑아 멸하리라 여호와의 말씀이니라

본문배경 이해하기

백성들을 향하여 재앙을 선포하는 11-20 장에서 중요한 것은 언약의 중보자로서 탄식하는 예레미야의 고백인데, 다음과 같이 다섯 번 나타난다.

1	11:18-12:6	나는 끌려서 도살 당하러 가는 순한 어린 양과 같으므로
2	15:10-21	내게 재앙이로다 나의 어머니여 어머니께서 나를...낳으셨도다
3	17:14-18	여호와여 나를 고치소서 그리하시면 내가 구원을 얻으리이다
4	18:18-23	어찌 악으로 선을 갚으리이까
5	20:7-18	여호와여 주께서 나를 권유하시므로 내가 그 권유를 받았사오며

예레미야의 탄식에 중요한 질문은 신정론적인 것이다. 자신의 정당함이 대가를 받지 못하는 상황에서 의로우신 하나님께 호소한다. 악한 자들이 왜 잘 되는가에 대한 질문은 구약성경에서 여러 번 나타난다(욥 21:7-15; 시 73:2-12; 말 3:14-15). 4절에서 그가 누구인가에 따라 해석이 달라진다:"그가 우리의 나중 일을 보지 못하리라." 그를 하나님으로 여긴다면, 이 본문의 뜻은 "하나님이 우리에게 무슨 일이 일어날지 알지 못하시므로 하나님으로부터 처벌을 받지 않으리라는 것"이다. 그가 예레미야라면 "적들이 사라지기 전에 예레미야가 죽기 때문에 알지 못한다"는 말이다. 모두 조소적인 말로 자신들의 악을 거리낌 없이 하는 말이다. 5절에서 "요단강 물이 넘칠 때"라는 말은 요단강 가의 숲속이라는 뜻이다. 요단강이 범람할 때 갈대와 잡목, 수목들이 정글을 이루고, 사자들이 살기도 하는데, 이때 잡목 숲까지 물이 범람하는 지역을 말한다. 이 경우 요단강 유역은 위험한 곳이 되어 마음대로 다닐 수가 없다. 9절에서 "무늬있는 매"라는 말은 동물의 시체를 탐하는 새떼들에 둘러 쌓인 하이에나와 같은 짐승을 가리킨다.

본문내용 이해하기

첫째 단락(12:1-6)은 예레미야의 고백을 다룬다. 예레미야의 질문은 신정론적인 것이다. 하나님이 의로운 분이라면 자신들을 해하는 악한 자들이 여전히 번영하며 (12:1), 왜 의인들이 악인들의 끝을 보지 못하는가?(12:4) 예레미야의 기도는 예수님이 십자가상에서 행한 용서의 기도가 아니라 시편의 예를 따라 적들이 망하기를 기다리는 기도였다: "양을 잡으려고 끌어냄과 같이 그들을 끌어내시되 죽일 날을 위하여 그들을 구별하옵소서." (12:3). 아마도 예레미야에게 의인의 고난은 이해되지 않았을 것이다. 하나님의 일을 하기만 하면 회개가 일어나고, 하나님의 정의가 실현되기를 기대했을 것이다. 선과 악을 통한 인과응보가 이루어지지 않는 것에 대하여 하나님 앞에 탄원하는 것이다. 예레미야가 기대하였던 것은 즉각적인 하나님의 응답이었다. 그러나 하나님의 대답은 다른 것이었다. 앞으로 예레미야가 아나돗 사람들은 물론, 예레미야의 가족들 그리고 유다 민족 전체의 핍박에 직면할 텐데 이정도의 어려움에 굴복하면 어떻게 하는가 하는 것이었다 (12:5). 예레미야는 오히려 마음을 담대하게 하여 죄의 본질과 강퍅한 자들의 실체를 알고 다루어야 하는 것이었다. 친척과 가족들이 어떤 말을 한다할지라도 현혹되지도 말고 마지막까지 하나님의 명령을 수행하여야 하는 것이다.

둘째 단락(12:7-17)은 유다와 악한 이웃의 황폐화 및 이웃 나라에 대한 조건적인 약속을 다룬다. 7-11절에 나오는 하나님의 탄식은 왕하 24장 2-4절을 연상한다. 집과 소유는 유다 백성과 유다 땅을 가리키며, 포도원은 이스라엘을 상징하고, 원래 목자들은 유다의 통치자들을 가리키지만 여기에서 많은 목자들은 이웃 나라들의 통치자들을 가리킨다. 이웃 나라가 유다를 침략하여 황폐하게 하고 약탈하여 거두어 들일 곡식이 하나도 없다는 것이다(13절). 14절 이하는 이웃 민족들에 대한 예언이다. 그들은 하나님의 백성들을 꾀어 우상을 숭배하게 하고, 주전 586년 유다가 포로로 끌려갔을 때 그 소유도 차지했다. 이로 인한 형벌로써 그들도 유다 땅에서 쫓겨날 것이다. 이 본문이 특이한 것은 하나님의 백성을 처벌하기 위하여 보낸 악한 이웃들에 대한 심판 선포만이 아니라, 그 이웃에 대한 하나님의 긍휼이 함께 나타난다는 것이다. 이방 백성들이 심판의 도구로 사용되지만, 동시에 하나님의 백성으로 초대되는 것이다. 이방나라들은 그들의 응답에 따라 하나님의 백성이 될 수도 있고 멸망할 수도 있다.

능동적 묵상의 단계

예레미야는 하나님과 변론한다. 그는 그가 처한 상황에 대해 이해할 수 없어 하나님께 질문한다. '악한 자의 길이 형통하며 반역한 자가 다 평안함은 무슨 까닭이니이까?'(1절) 예레미야는 '양을 잡으려고 끌어냄과 같이 그들을 끌어내시되 죽을 날을 위하여 그들을 구별하옵소서'라고 탄원하며 악인들의 멸망과 즉각적인 응답을 기대한다(3절). 하지만 하나님께서는 '네가 보행자와 함께 달려도 피곤하면 어찌 능히 말과 경주하겠으며 네가 평안한 땅에서는 무사하겠지만 요단강 물이 넘치는 때에는 어찌하겠느냐' 반문하신다. 이것은 선지자가 지금의 박해도 견디지 못하면 곧 선지자의 가족은 물론 온 유다에게 핍박을 당할 터인데 어떻게 견디겠냐고 비유로 물으신 것이다(5-8절).

하나님의 백성을 심판하기 위해 보낸 악한 이웃에 대한 심판도 선포된다(14절). 그들이 하나님 백성의 도를 배우며 살아 있는 여호와 하나님을 섬기면 하나님의 백성 가운데 세움을 입지만 순종하지 아니하면 그들은 반드시 멸망하게 될 것이다(15-17절).

수동적 묵상의 단계

도저히 이해할 수 없는 상황 가운데 하나님과 변론하는 예레미야의 마음과 태도에 머물러 본다. 그러한 예레미야의 탄원에 응답하시는 하나님을 떠올려 본다. '네가 보행자와 함께 달려도 피곤하면 어찌 능히 말과 경주하겠느냐'는 하나님의 말씀에 머물러 본다.

하나님의 긍휼하심은 악한 이웃을 향한 심판 중에도 나타난다. 하나님께서는 심판의 도구로 사용되는 악한 이웃이라도 살아계신 하나님을 섬기면 백성 가운데 세움을 입을 것이라 말씀하셨다. 하나님을 향하여 돌이키는 이들을 향한 하나님의 긍휼하심에 머물러 본다.

되돌아보기

예레미야는 그가 처한 삶의 현실 속에서 마음에 차오르는 질문과 분노를 하나님께 그대로 쏟아낸다. 나는 하나님께 진솔한 내 마음을 고백하였는지 되돌아본다. 내 마음 속에 있는 질문과 탄식은 무엇인가? 그것을 하나님께 아뢰고 있는가? 그리고 그 탄식에 응답하시는 하나님의 말씀에 귀 기울이고 있는가? 예레미야는 그의 마음에 있는 진실을 그대로 아뢰었지만 자신이 원하는 답을 듣지는 못했다. 나 또한 하나님의 즉각적인 응답과 인과응보적인 결과만을 기대하고 있지는 않았는지 되돌아보고 하나님의 대답에 있는 그대로 머물러 본다.

마음 쏟아 놓기

하나님께서는 모든 것을 아심에도 하나님께 나의 마음을 숨기고 내 마음의 진실을 아뢰지 못했습니다. 내 마음의 진실을 하나님께 모두 고백할 때에 하나님이 마음을 깨닫게 하소서.

하나님 음성 듣기 / 하나님 안에 머물기

하나님, 예레미야처럼 저도 제 마음을 있는 그대로 하나님께 표현하고 주님의 응답에 진정으로 경청하기를 소망합니다. 나의 작은 마음으로는 알 수 없고 이해할 수 없기에 더 크신 하나님의 마음 안에 머물기를 원합니다.

응답의 기도

나의 마음을 있는 그대로 들어주시는 하나님 감사합니다. 저 또한 하나님의 말씀을 있는 그대로 경청하고 순종하도록 이끌어주소서.

삶으로 기도하기

참된 기도를 올리는 참된 내가 되고, 하나님과 참된 관계를 누리는 참된 삶이게 하소서.

15. 썩어서 못쓰게 된 허리띠와 재앙 선포
(13:1-27)

Lectio divina Jeremiah

기도에 임하기

하나님의 말씀을 경청하여 하나님의 뜻에 온전히 순종하게 하소서.

말씀읽기

예레미야 13:1 - 27

1절 여호와께서 이와 같이 내게 이르시되 너는 가서 베 띠를 사서 네 허리에 띠고 물에 적시지 말라 하시기로
2절 내가 여호와의 말씀대로 띠를 사서 내 허리에 띠니라
3절 여호와의 말씀이 다시 내게 임하여 이르시되
4절 너는 사서 네 허리에 띤 띠를 가지고 일어나 유브라데로 가서 거기서 그것을 바위 틈에 감추라 하시기로
5절 내가 여호와께서 내게 명령하신 대로 가서 그것을 유브라데 물 가에 감추니라
6절 여러 날 후에 여호와께서 내게 이르시되 일어나 유브라데로 가서 내가 네게 명령하여 거기 감추게 한 띠를 가져오라 하시기로
7절 내가 유브라데로 가서 그 감추었던 곳을 파고 띠를 가져오니 띠가 썩어서 쓸 수 없게 되

었더라

8절 여호와의 말씀이 내게 임하니라 이르시되

9절 여호와께서 이와 같이 말씀하시니라 내가 유다의 교만과 예루살렘의 큰 교만을 이같이 썩게 하리라

10절 이 악한 백성이 내 말 듣기를 거절하고 그 마음의 완악한 대로 행하며 다른 신들을 따라 그를 섬기며 그에게 절하니 그들이 이 띠가 쓸 수 없음 같이 되리라

11절 여호와의 말씀이니라 띠가 사람의 허리에 속함 같이 내가 이스라엘 온 집과 유다 온 집으로 내게 속하게 하여 그들로 내 백성이 되게 하며 내 이름과 명예와 영광이 되게 하려 하였으나 그들이 듣지 아니하였느니라

12절 그러므로 너는 이 말로 그들에게 이르기를 이스라엘의 하나님 여호와의 말씀에 모든 가죽부대가 포도주로 차리라 하셨다 하라 그리하면 그들이 네게 이르기를 모든 가죽부대가 포도주로 찰 줄을 우리가 어찌 알지 못하리요 하리니

13절 너는 다시 그들에게 이르기를 여호와의 말씀에 보라 내가 이 땅의 모든 주민과 다윗의 왕위에 앉은 왕들과 제사장들과 선지자들과 예루살렘 모든 주민으로 잔뜩 취하게 하고

14절 또 그들로 피차 충돌하여 상하게 하되 부자 사이에도 그러하게 할 것이라 내가 그들을 불쌍히 여기지 아니하며 사랑하지 아니하며 아끼지 아니하고 멸하리라 하셨다 하라 여호와의 말씀이니라

15절 너희는 들을지어다, 귀를 기울일지어다, 교만하지 말지어다, 여호와께서 말씀하셨음이라

16절 그가 어둠을 일으키시기 전, 너희 발이 1)어두운 산에 거치기 전, 너희 바라는 빛이 사망의 그늘로 변하여 침침한 어둠이 되게 하시기 전에 너희 하나님 여호와께 영광을 돌리라

17절 너희가 이를 듣지 아니하면 나의 심령이 너희 교만으로 말미암아 은밀한 곳에서 울 것이며 여호와의 양 떼가 사로잡힘으로 말미암아 눈물을 흘려 통곡하리라

18절 너는 왕과 왕후에게 전하기를 스스로 낮추어 앉으라 관 곧 영광의 면류관이 내려졌다 하라

19절 네겝의 성읍들이 봉쇄되어 열 자가 없고 유다가 다 잡혀가되 온전히 잡혀가도다

20절 너는 눈을 들어 북방에서 오는 자들을 보라 네게 맡겼던 양 떼, 네 아름다운 양 떼는 어디 있느냐

21절 너의 친구 삼았던 자를 그가 네 위에 우두머리로 세우실 때에 네가 무슨 말을 하겠느냐 네가 고통에 사로잡힘이 산고를 겪는 여인 같지 않겠느냐

22절 네가 마음으로 이르기를 어찌하여 이런 일이 내게 닥쳤는고 하겠으나 네 죄악이 크므로 네 치마가 들리고 네 발뒤꿈치가 상함이니라

23절 구스인이 그의 피부를, 표범이 그의 반점을 변하게 할 수 있느냐 할 수 있을진대 악에 익숙한 너희도 선을 행할 수 있으리라

24절 그러므로 내가 그들을 사막 바람에 불려가는 검불 같이 흩으리로다

25절 여호와의 말씀이니라 이는 네 몫이요 내가 헤아려 정하여 네게 준 분깃이니 네가 나를 잊어버리고 거짓을 신뢰하는 까닭이라

26절 그러므로 내가 네 치마를 네 얼굴에까지 들춰서 네 수치를 드러내리라

27절 내가 너의 간음과 사악한 소리와 들의 작은 산 위에서 네가 행한 음란과 음행과 가증한 것을 보았노라 화 있을진저 예루살렘이여 네가 얼마나 오랜 후에야 정결하게 되겠느냐 하시니라

말씀으로 기도하기

본문배경 이해하기

예언자들의 선포에는 상징행위가 뒤따른다. 하나님이 청중들에게 효과적이고 충격적으로 전하기 위해 예언자의 상징행위를 선택하신다. 일반적으로는 말씀을 통해서 하나님은 역사하신다. 그러나 본문에서 말씀대신 상징행위를 택할 만큼 백성들의 상황은 절박하다. 심판이 임박하고, 사람의 마음이 강퍅하고, 정상적인 방법으로는 백성들의 마음이 돌아오지 않을 때 하나님은 특단의 방법을 택하시는데, 그것이 바로 예레미야가 보여준 상징행위이다. 상징행위는 강퍅한 백성들에게 메시지를 전하려는 하나님의 마음이 담겨 있다. 상징행위를 통하여 예언자는 자신이 선포하는 내용을 인상적으로 보여주고, 선포한 내용을 취소할 수 없음을 보여준다. 1절에서 띠는 옷속으로 맨 허리에 두르는 천을 가리킨다. 베띠는 베로 만든 띠이다. 4절에 유브라데에 다녀오라는 말은 실제로 아나돗에서 560 km 떨어진 메소포타미아의 유브라데인지 아니면 아나돗에서 한 시간 정도 걸어서 갈 수 있는 요단강 지류인 와디 파라를 의미하는 것인지 논쟁이 있다. 에스라는 바벨론에서 예루살렘까지 4개월이 걸렸다(스 7:8-9). 상징행위라면 두 번이나 다녀오는 것도 불가능한 것은 아니다. 12절에서 포도주로 가득 찬 가죽부대 비유는 난해한데, "술꾼은 포도주 병과 같아서 병마다 포도주로 채우려고 한다."는 속담에서 온 것이다. 아마도 술

취함으로 가득 찬 절기를 조소하면서 임박한 심판을 전혀 의식하지 않는 백성들을 빗댄 것으로 보인다. 18절에서 왕과 왕후는 여호야긴 왕과 그의 어머니인 느후스다를 가리키는 것으로 보인다(왕하 24:8). 왕후는 남편이 죽었을 때에 아들이 왕이 되면서 공식적인 직책을 가진 것으로 보인다. 관이란 곧 왕이 쓰는 금관을 의미할 것이다. 23절에서 구스인의 피부는 이디오피아인의 검은 피부를 의미한다. 26절에서 치마를 얼굴에까지 들추는 일은 곧 여자들이 대적들에 의하여 강간을 당하는 상황을 의미한다.

본문내용 이해하기

이 본문은 세 단락으로 이루어져 있다: A. 쓸모없게 된 띠의 비유 (1-11 절); B. 포도주 가죽 부대 (12-14 절); C. 재앙의 선포 (15-27 절).

첫째 단락(1-11 절)은 쓸모없게 된 띠의 비유를 다룬다. 예레미야는 상징행위로 백성들에게 메시지를 전한다. 여호와께서 예레미야에게 베띠를 사서 허리에 띠고 유브라데로 가서 바위틈에 감추라고 하셨다. 여러 날 후에 감추인 띠를 가져오니 띠가 썩어 쓸 수 없게 되었다. 이는 상징 행위로써 여호와께서 유다의 교만과 예루살렘의 큰 교만을 이와같이 썩게 하여 꺾어버린다는 말이다(9절). 이는 그들이 완악하게 다른 신들을 섬기기 때문이었다. 원래 띠가 사람의 허리에 속함같이 유다와 이스라엘이 하나님의 백성으로 하나님의 영광이 되게 하려 했지만 그들이 듣지 않고 교만하였다.

둘째 단락(12-14 절)은 포도주로 가득 찬 가죽부대를 다룬다. 여호와께서 모든 가죽 부대를 포도주로 차게 만드신다. 이는 이 땅의 모든 주민과, 왕들과 제사장들과 선지자들과 예루살렘 모든 주민으로 취하게 하여 서로 충돌하고 상하게 하고 하나님이 더 이상 그들을 불쌍히 여기지 않는다는 말이다.

셋째 단락(15-27 절)은 재앙의 선포를 다룬다. 백성들이 교만하여 자신들이 안전하다고 생각하고 돌아오라는 하나님의 음성을 듣지 않는다면 이제 멸망을 피할 수 없다는 것이다(15-17 절). 유다 성읍들이 적군의 손에 들어가고 왕과 왕후(왕의 어머니인 태후)도 이제 유다의 상류층 사람들과 함께 포로가 될 것이다. 하나님의 판결은 결정되었다(23절). 예루살렘은 변화될 능력이 없다. 그럼에도 불구하고 하나님은 백성이 재난을 통하여 정결하게 되기를 원하신다. 27절의 행위들은 우상숭배를 뜻한다.

능동적 묵상의 단계

하나님께서는 예레미야에게 베띠를 사서 허리에 띠라고 말씀하신 후 다시 그 띤 띠를 유브라데 바위틈에 감추라 하신다. 그리고 다시 여러 날 후 그 띠를 가져오라고 말씀하신다. 오랜 시간 강 속에서 썩은 허리띠와 같이 유다의 교만과 예루살렘의 큰 교만을 이같이 썩게 하리라 말씀하신다.(1-9절) 하나님의 말씀 듣기를 거절하고 마음의 완악한 대로 행하며 우상을 따른 유다 백성은 썩어 더 이상 쓸 수 없게 된 허리띠와 같이 더 이상 하나님께 속한 하나님의 이름과 명예와 영광이 되지 못한다고 말씀하신다.(11절)

하나님께서는 또한 모든 가죽부대가 포도주로 차리라고 말씀하신다(12절). 이스라엘 백성 모두가 취한 것과 같이 되어 서로 충돌하고 상하게 할 것이지만, 하나님께서는 이들을 불쌍히 여기지 않으실 것이다(14절).

유다 백성이 돌이키지 않고 교만하지 말며 하나님께 돌아오지 않으면 멸망은 피할 수 없다(15-17절). 왕과 왕후를 비롯한 온 유다가 적의 손에 잡히며 포로가 될 것이다(18-19절).

돌이킬 수 없는 이스라엘 백성에게 심판은 피할 수 없는 것이다. 표범이 스스로의 반점을 없앨 수 없는 것과 같이 악에 익숙한 유다도 스스로 악을 선으로 행할 능력이 없다.(23절) 하나님을 잊고 거짓을 신뢰한 유다의 심판은 결정되었다. 하지만 하나님께서는 이러한 재난을 통해 정화되기를 원하신다(25절).

수동적 묵상의 단계

하나님의 말씀을 따라 행하는 예레미야의 여정을 묵상해 본다. 하나님께서는 유다의 교만과 예루살렘의 큰 교만을 썩은 띠와 같이 썩게 하시리라 말씀하신다. 하나님께 속한 백성의 명예와 영광, 그리고 주인에게 떨어져 썩고 쓸모없이 된 썩은 허리띠, 이 둘의 대조를 살펴본다.

하나님께서는 이스라엘 백성에 멸망이 임하기전 교만하지 말고 돌이키라고 말씀하신다. 하나님께서 미워하신 그 교만이 무엇인지 머물러 본다.

하나님께서는 이스라엘 백성으로 하여금 하나님의 이름과 명예와 영광이 되게 하려 하셨으나 그들이 듣지 아니하였다고 말씀하신다. 재난을 허락하시지만 이를 통해 정화되기를 기다리시는 하나님의 마음에 머물러 본다.

되돌아보기

하나님의 말씀을 듣지 않고, 귀 기울이지 않는 유다의 교만과 같이 내 삶에 하나님 음성 듣기를 거절하고 완고하게 행하는 교만은 무엇인가? 고난을 통해서라도 정화되기를 기다리시는 하나님의 마음을 나는 어떻게 받아들이는가?

마음 쏟아 놓기

하나님으로부터 떨어진 삶은 썩은 허리띠와 다를 바 없습니다. 그럼에도 하나님 안에 있는 축복보다 하나님 밖에 있는 헛된 것을 구하며 나를 높이려 했던 교만한 삶을 회개합니다. 내 삶 구석구석에 있는 교만들을 깨닫게 하소서. 제게 허락하신 고난을 통해서라도 정화되어 주님 안에 머물기를 원하시는 하나님의 사랑을 의지합니다.

하나님 음성 듣기 / 하나님 안에 머물기

띠가 주인의 허리에 속한 것처럼 하나님께서는 우리를 하나님의 백성 삼으시고 하나님의 이름과 명예와 영광이 되게 하신다. 이 복된 약속을 주시는 하나님 안에 머문다.

응답의 기도

하나님께서 주시려는 복보다 헛된 것을 추구하며 하나님으로부터 멀어져 살았던 교만을 회개합니다. 하나님과의 바른 관계 속에서 나의 참된 정체성을 찾게 하소서. 썩은 띠보다도, 유다보다도, 더 비참함 저를 품어주시는 하나님의 사랑을 의지합니다.

삶으로 기도하기

하나님으로부터 떨어진 삶은 썩은 띠와 같이 생명도 가치도 잃어버립니다. 하나님 밖에서가 아니라 나의 욕심을 채우는 교만한 삶이 아니라, 하나님 안에서 하나님께서 약속하는 그 축복들을 누리는 삶이 되게 하소서.

16. 가뭄의 위기와 재앙의 선언
(14:1-22)

Lectio divina Jeremiah

기도에 임하기

생수의 근원되시며 생명의 주관자이신 하나님을 더욱 간절히 구하게 하소서.

말씀읽기

예레미야 14:1 - 22

1절 가뭄에 대하여 예레미야에게 임한 여호와의 말씀이라
2절 유다가 슬퍼하며 성문의 무리가 피곤하여 땅 위에서 애통하니 예루살렘의 부르짖음이 위로 오르도다
3절 귀인들은 자기 사환들을 보내어 물을 얻으려 하였으나 그들이 우물에 갔어도 물을 얻지 못하여 빈 그릇으로 돌아오니 부끄럽고 근심하여 그들의 머리를 가리며
4절 땅에 비가 없어 지면이 갈라지니 밭 가는 자가 부끄러워서 그의 머리를 가리는도다
5절 들의 암사슴은 새끼를 낳아도 풀이 없으므로 내버리며
6절 들 나귀들은 벗은 산 위에 서서 승냥이 같이 헐떡이며 풀이 없으므로 눈이 흐려지는도다
7절 여호와여 우리의 죄악이 우리에게 대하여 증언할지라도 주는 주의 이름을 위하여 일하소서 우리의 타락함이 많으니이다 우리가 주께 범죄하였나이다

8절 이스라엘의 소망이시요 고난 당한 때의 구원자시여 어찌하여 이 땅에서 거류하는 자 같이, 하룻밤을 유숙하는 나그네 같이 하시나이까

9절 어찌하여 놀란 자 같으시며 구원하지 못하는 용사 같으시니이까 여호와여 주는 그래도 우리 가운데 계시고 우리는 주의 이름으로 일컬음을 받는 자이오니 우리를 버리지 마옵소서

10절 여호와께서 이 백성에 대하여 이와 같이 말씀하시되 그들이 어그러진 길을 사랑하여 그들의 발을 멈추지 아니하므로 여호와께서 그들을 받지 아니하고 이제 그들의 죄를 기억하시고 그 죄를 벌하시리라 하시고

11절 여호와께서 또 내게 이르시되 너는 이 백성을 위하여 복을 구하지 말라

12절 그들이 금식할지라도 내가 그 부르짖음을 듣지 아니하겠고 번제와 소제를 드릴지라도 내가 그것을 받지 아니할 뿐 아니라 칼과 기근과 전염병으로 내가 그들을 멸하리라

13절 이에 내가 말하되 슬프도소이다 주 여호와여 보시옵소서 선지자들이 그들에게 이르기를 너희가 칼을 보지 아니하겠고 기근은 너희에게 이르지 아니할 것이라 내가 이 곳에서 너희에게 확실한 평강을 주리라 하나이다

14절 여호와께서 내게 이르시되 선지자들이 내 이름으로 거짓 예언을 하도다 나는 그들을 보내지 아니하였고 그들에게 명령하거나 이르지 아니하였거늘 그들이 거짓 계시와 점술과 헛된 것과 자기 마음의 거짓으로 너희에게 예언하는도다

15절 그러므로 내가 보내지 아니하였어도 내 이름으로 예언하여 이르기를 칼과 기근이 이 땅에 이르지 아니하리라 하는 선지자들에 대하여 여호와께서 이와 같이 말씀하셨노라 그 선지자들은 칼과 기근에 멸망할 것이요

16절 그들의 예언을 받은 백성은 기근과 칼로 말미암아 예루살렘 거리에 던짐을 당할 것인즉 그들을 장사할 자가 없을 것이요 그들의 아내와 아들과 딸이 그렇게 되리니 이는 내가 그들의 악을 그 위에 부음이니라

17절 너는 이 말로 그들에게 이르라 내 눈이 밤낮으로 그치지 아니하고 눈물을 흘리리니 이는 처녀 딸 내 백성이 큰 파멸, 중한 상처로 말미암아 망함이라

18절 내가 들에 나간즉 칼에 죽은 자요 내가 성읍에 들어간즉 기근으로 병든 자며 선지자나 제사장이나 알지 못하는 땅으로 두루 다니도다

19절 주께서 유다를 온전히 버리시나이까 주의 심령이 시온을 싫어하시나이까 어찌하여 우리를 치시고 치료하지 아니하시나이까 우리가 평강을 바라도 좋은 것이 없고 치료 받기를 기다리나 두려움만 보나이다

20절 여호와여 우리의 악과 우리 조상의 죄악을 인정하나이다 우리가 주께 범죄하였나이다

21절 주의 이름을 위하여 우리를 미워하지 마옵소서 주의 영광의 보좌를 욕되게 마옵소서 주께서 우리와 세우신 언약을 기억하시고 폐하지 마옵소서

22절 이방인의 우상 가운데 능히 비를 내리게 할 자가 있나이까 하늘이 능히 소나기를 내릴 수 있으리이까 우리 하나님 여호와여 그리하는 자는 주가 아니시니이까 그러므로 우리가 주를 앙망하옵는 것은 주께서 이 모든 것을 만드셨음이니이다 하니라

말씀으로 기도하기

본문배경 이해하기

예레미야의 탄식을 나타내는 네 번째 사이클(14:1-15:21)은 가뭄의 위기(14:1-10), 중보기도의 거절 (14:11-15:1), 그리고 재앙선언(15:2-9) 으로 이어진다. 본문은 이 사이클의 일부이다

본문의 배경은 심한 가뭄이다. 본문중에서 실제로 여호와의 말씀은 14:10-12, 14-18에 나타난다. 2-6절은 끔찍한 가뭄을 묘사한다. 유다의 성문은 피곤하여 땅바닥에 주저앉아 통곡하는 여인들의 모습으로 나타난다. 3절에서 머리를 가리는 것은 슬픔의 표현이다. 9절에서 주의 이름으로 일컬음을 받는 자란 주의 백성이며 주께 속한 자라는 뜻이다. 10절에서 가뭄은 백성들의 우상숭배 때문임을 밝힌다. 죄를 벌한다는 말은 곧 심판으로써의 재앙이 임박했다는 말이다. 11절에서 중보기도를 더이상 하지 말라고 말씀하신다. 금식이나, 번제와 소제가 소용없다. 예레미야는 하나님이 보내지 않은 거짓 선지자들에 대하여 탄식한다. 보냄을 받지 않은 선지자들이 거짓 계시와 점술과 헛된 것과 자기 마음의 거짓으로 예언하였다. 가뭄 때문에 기도했지만, 가뭄으로 인한 굶주림은 시작일 뿐, 이제 더 큰 재앙이 임할 것이다. 큰 재앙이란 칼과 기근과 전염병이다. 눈물의 예언자인 예레미야는 앞으로 다가올 재앙으로 인하여 백성들을 위하여 눈물 흘린다. 예언자에게는 멸망의 장면이 그려진다: "내가 들에 나간즉 칼에 죽은 자요 내가 성읍에 들어간즉 기근으로 병든 자며 선지자나 제사장이나 알지 못하는 땅으로 두루 다니도다." (렘 14:18). 예언자는 계속 해서 조상들의 죄와 자신들의 죄를 고백하며 주의 이름과 주의 영광의 보좌(성전, 언약궤)와 언약을 기억하실 하나님께 은혜를 간구한다.

본문내용 이해하기

첫 번째 예레미야의 신탁에서, 예레미야는 심한 가뭄을 맞이하여 (14:1-6) 백성들에게 자비를 베풀어 달라고 중보기도를 드린다 (14:7-9). 기대했던 구원신탁은 제공되지 않고 중보기도는 거절되고(14:10-12), 거짓 선지자에 대한 심판이 선포된다(14:13-16). 가뭄으로 인한 기근이 백성들의 죄 값 때문이다(14:10). 14:11은 "여호와께서 또 내게 이르시되" 라는 말을 통해 가뭄이 종말에 찾아올 칼과 기근과 염병이라는 심판의 전조라고 선포한다. 중보기도의 거절에 관한 주제는 이미 제기되었다 (7:16; 11:14). 본문의 문맥에서 위기는 가뭄으로 인한 기근인데, 기근이 칼과 염병으로 확장되어(14:12) 가뭄만이 아니라 전쟁으로 인한 위기가 올 것을 예측한다. 즉, 가뭄의 위기는 이제 다가올 유다의 멸망을 예표하고 있는 것이다.

가뭄으로 인하여 백성들이 기도할 때 예레미야의 책임은 하나님의 구원신탁을 매개하는 것임을 예레미야 자신이나 백성들이 전제하고 있었다. 그런데 하나님이 중보기도를 거절하면서 백성들에게 더 큰 재앙인 칼과 기근과 염병이라는 심판을 예언하고 이것을 자신의 새로운 사명으로 인식하기 위하여 예레미야가 당면한 문제는 무엇이었을까? 변화된 상황을 인식하지 않고 여전히 구원신탁을 전하는 예언자들(11:13)과 자기들이 기대한대로 기다리는 백성들과의 싸움이었다. 이 싸움은 앞으로 예레미야의 사역의 중요한 내용으로 등장한다. 거짓 예언자의 문제는 하나님이 명하지 않은 예언을 전하는 것인데 (14:14), 곧 칼과 기근이 임하지 아니하리라는 것이다. 거짓 예언자들의 예언과는 달리 예언자들과 백성들을 향한 심판이 임할 것이다 (14:15-16).

뒤이어 나오는 두 번째 탄식(14:17-22)은 가뭄과 기근으로 인한 첫 번째 탄식(14:1-9)과는 달리 유다가 멸망할 때 등장하게 될 칼과 기근으로 인한 심판에 대한 탄식이다. 탄식의 내용으로는 먼저 심판 자체에 대한 탄식(14:17-18)과 백성을 위한 중보기도로서 예언자가 하나님께 드리는 탄식이 있다 (14:19-22). 이 중보기도는 가뭄을 위한 중보기도(14:7-9)에서 한발자국 더 나아가 심판에 의한 멸망에 대한 중보이다.

능동적 묵상의 단계

심한 가뭄으로 인하여 유다 백성들은 슬퍼하며, 피곤하고 애통한다.(2절) 물을 얻으려 하지만 얻을 수 없고 들의 암사슴과 나귀들도 품이 없어 기진해있다(3-6절).

이러한 끔찍한 가뭄 가운데 예레미야는 이스라엘의 소망이신 하나님의 구원을 기대하며 간청하지만(7-9절), 하나님은 오히려 백성을 위하여 복을 구하지 말라고 말씀하시며 가뭄에 이은 칼과 기근과 전염병으로 그들을 멸하리라 말씀하신다(11-12절).

예레미야는 하나님의 명백한 심판 예고를 듣지만 거짓 선지자들은 하나님의 이름으로 거짓 예언을 한다(14절).

예레미야는 하나님께 버림받는 유다의 현실에 애통하며 눈물로 간구한다. 그는 유다 백성의 악과 조상들의 죄악을 모두 인정하며 창조주 하나님의 긍휼을 구한다(19-22절).

수동적 묵상의 단계

말씀에 묘사된 극심한 가뭄과 이로 인한 민족의 고통, 그리고 중보하는 예레미의 모습에 머물러 본다.

민족이 당한 극심한 고통 앞에 예레미야는 간절히 하나님의 긍휼을 구하며 기도한다. 유다의 죄로 말미암아 당하게 된 현실을 깊이 인식하면서도 하나님의 긍휼을 간절히 구하는 예레미야의 애끓는 마음에 머물러 본다.

그의 간절한 중보에도 하나님께서는 '이 백성을 위하여 복을 구하지 말라'는 단호한 답변을 듣는다. 그리고 가뭄보다 더한 칼과 기근과 전염병을 예고하신다. 이 말씀을 듣는 예언자의 마음과 말씀하시는 하나님의 마음에 머물러 본다.

백성들은 예레미야로부터 거짓 예언자들과 같은 가뭄으로부터의 구원의 메시지를 듣기 원하고 있다. 하지만 예레미야는 가뭄에 이어 칼과 기근과 전염병이라는 하나님의 심판이 임할 것을 선포해야 한다. 모두가 평강을 말하는 거짓 예언자들 속에서 하나님의 현실을 직시하고 있는 예레미야는 괴로워한다. 괴로운 현실을 홀로 느끼며 백성을 위해 간구하고 간절히 기도하는 예레미야의 마음에 머물러 본다.

되돌아보기

내 삶의 메마름의 자리에 머물러 본다. 가뭄 가운데 물을 얻으려 애쓰는 모습들 속에 내 삶에서 갈급함으로 찾아 헤매는 것은 무엇인지 머물러 본다. 주님으로 채워져야 할 나의 갈급함을 다른 것을 통해 채우려 한 나의 모습을 바라본다.

민족을 위해 탄원하는 예레미야를 묵상하며, 공동체를 위하여 나는 얼마나 절실히 기도하였는지 되돌아본다. 공동체의 회복을 위해 기도하기보다는 '나는 그들과 달리 의롭다'는 우월의식에 빠져있지는 않았는지 스스로의 마음을 살핀다. 다시금 하나님 앞으로 나가 자신의 마음을 토설하며 하나님의 마음에 머물러 본다.

마음 쏟아 놓기

　삶의 메마름 속에서도 하나님을 향하기보다는 거짓 속에 만족을 추구하였던 삶을 회개합니다. 내가 처한 모든 고통 가운데에서 오직 하나님만을 구하게 하소서. 공동체의 아픔을 외면하기보다는 그 아픔 가운데 하나님만 의지하며, 하나님께 부르짖고, 하나님을 더욱 깊이 알게 하소서.

하나님 음성 듣기 / 하나님 안에 머물기

　영혼의 기갈은 하나님 안에서 해갈된다. 영혼을 만족케 하시는 하나님 안에서 참 생명을 누리며 쉼을 얻는다.

응답의 기도

　하나님만이 생수의 근원이 되십니다. 하나님을 멀리 떠나 경험하게 되는 메마름 속에서 거짓에 속아 그곳에 머무르는 삶이 아니라 온전히 그리고 한결 같이 주님을 향하게 하소서. 민족과 온 인류의 아픔과 죄악을 외면하지 않게 하시고 이를 통해 더욱 하나님께 기도하게 하소서.

삶으로 기도하기

　하나님을 떠나 헛된 것을 추구하며 허덕이는 메마른 삶이 아니라, 생명의 근원이신 하나님께 뿌리를 내린 참된 삶을 살아가게 하소서. 내가 속한 가족, 직장, 공동체, 환경 안에서 모든 곳에서 주님을 알아가고 주님과 교제하게 하소서.

17. 예레미야의 탄식과 하나님의 약속
(15:1-21)

Lectio divina Jeremiah

기도에 임하기

하나님의 말씀을 통해 나의 모습을 정직하게 바라보고 약속하시며 함께 하시는 하나님으로 인하여 새 힘을 얻게 하소서.

말씀읽기

예레미야 15:1 - 21

1절 여호와께서 내게 이르시되 모세와 사무엘이 내 앞에 섰다 할지라도 내 마음은 이 백성을 향할 수 없나니 그들을 내 앞에서 쫓아 내보내라

2절 그들이 만일 네게 말하기를 우리가 어디로 나아가리요 하거든 너는 그들에게 이르기를 여호와께서 이와 같이 말씀하시니라 죽을 자는 죽음으로 나아가고 칼을 받을 자는 칼로 나아가고 기근을 당할 자는 기근으로 나아가고 포로 될 자는 포로 됨으로 나아갈지니라 하셨다 하라

3절 여호와의 말씀이니라 내가 그들을 네 가지로 벌하리니 곧 죽이는 칼과 찢는 개와 삼켜 멸하는 공중의 새와 땅의 짐승으로 할 것이며

4절 유다 왕 히스기야의 아들 므낫세가 예루살렘에 행한 것으로 말미암아 내가 그들을 세계

여러 민족 가운데에 흩으리라

5절 예루살렘아 너를 불쌍히 여길 자 누구며 너를 위해 울 자 누구며 돌이켜 네 평안을 물을 자 누구냐

6절 여호와께서 이르시되 네가 나를 버렸고 내게서 물러갔으므로 네게로 내 손을 펴서 너를 멸하였노니 이는 내가 뜻을 돌이키기에 지쳤음이로다

7절 내가 그들을 그 땅의 여러 성문에서 키로 까불러 그 자식을 끊어서 내 백성을 멸하였나니 이는 그들이 자기들의 길에서 돌이키지 아니하였음이라

8절 그들의 과부가 내 앞에 바다 모래보다 더 많아졌느니라 내가 대낮에 파멸시킬 자를 그들에게로 데려다가 그들과 청년들의 어미를 쳐서 놀람과 두려움을 그들에게 갑자기 닥치게 하였으며

9절 일곱을 낳은 여인에게는 쇠약하여 기절하게 하며 아직도 대낮에 그의 해가 떨어져서 그에게 수치와 근심을 당하게 하였느니라 그 남은 자는 그들의 대적의 칼에 붙이리라 여호와의 말씀이니라

10절 내게 재앙이로다 나의 어머니여 어머니께서 나를 온 세계에 다투는 자와 싸우는 자를 만날 자로 낳으셨도다 내가 꾸어 주지도 아니하였고 사람이 내게 꾸이지도 아니하였건마는 다 나를 저주하는도다

11절 여호와께서 이르시되 내가 진실로 너를 강하게 할 것이요 너에게 복을 받게 할 것이며 내가 진실로 네 원수로 재앙과 환난의 때에 네게 간구하게 하리라

12절 누가 능히 철 곧 북방의 철과 놋을 꺾으리요

13절 그러나 네 모든 죄로 말미암아 네 국경 안의 모든 재산과 보물로 값 없이 탈취를 당하게 할 것이며

14절 네 원수와 함께 네가 알지 못하는 땅에 이르게 하리니 이는 나의 진노의 맹렬한 불이 너희를 사르려 함이라

15절 여호와여 주께서 아시오니 원하건대 주는 나를 기억하시며 돌보시사 나를 박해하는 자에게 보복하시고 주의 오래 참으심으로 말미암아 나로 멸망하지 아니하게 하옵시며 주를 위하여 내가 부끄러움 당하는 줄을 아시옵소서

16절 만군의 하나님 여호와시여 나는 주의 이름으로 일컬음을 받는 자라 내가 주의 말씀을 얻어 먹었사오니 주의 말씀은 내게 기쁨과 내 마음의 즐거움이오나

17절 내가 기뻐하는 자의 모임 가운데 앉지 아니하며 즐거워하지도 아니하고 주의 손에 붙들려

홀로 앉았사오니 이는 주께서 분노로 내게 채우셨음이니이다
18절 나의 고통이 계속하며 상처가 중하여 낫지 아니함은 어찌 됨이니이까 주께서는 내게 대하여 물이 말라서 속이는 시내 같으시리이까
19절 여호와께서 이와 같이 말씀하시되 네가 만일 돌아오면 내가 너를 다시 이끌어 내 앞에 세울 것이며 네가 만일 헛된 것을 버리고 귀한 것을 말한다면 너는 나의 입이 될 것이라 그들은 네게로 돌아오려니와 너는 그들에게로 돌아가지 말지니라
20절 내가 너로 이 백성 앞에 견고한 놋 성벽이 되게 하리니 그들이 너를 칠지라도 이기지 못할 것은 내가 너와 함께 하여 너를 구하여 건짐이라 여호와의 말씀이니라
21절 내가 너를 악한 자의 손에서 건지며 무서운 자의 손에서 구원하리라

말씀으로 기도하기

본문배경 이해하기

1절에서 인용한 두 인물인 모세와 사무엘은 이스라엘 역사에서 대표적인 중보자들이다. 이는 에스겔서에서 대표적인 의인으로 인용된 노아, 다니엘, 욥과는 대조적이다. 3-4절에서 인용된 재앙은 신명기 28:25-26에서 이미 예고되었다. 므낫세 왕은 이스라엘과 유다 역사에서 가장 악한 왕으로서 예루살렘을 멸망케 한 왕으로 여겨진다(왕하 21:1-16). 5-9절의 내용은 이미 일어난 사건을 상기하여 1-4절에서 예고한 심판이 이루어졌다고 언급한다. 이 사건들은 아마도 주전 597년 여호야긴이 항복하기 직전의 시대와 관련되는 것으로, 유다가 황폐하고 예루살렘이 황폐하게 되었다. 8절 후반부는 적군들이 대낮에 지방 성읍들을 습격하여 남자들을 쳐 죽여, 부양할 남자가 없는 과부가 많아졌음을 표현한다. 11-14절은 예레미야의 탄식의 문매을 끊는다. 하나님이 11절은 예레미야에게, 12-14절은 반항하는 백성에게 말씀하신다. 13-14절은 재난 예언을 인용하는 것으로 17:3-4에 반복된다. 15-18절은 예레미야의 탄식이 10절에 이어 계속 된다. 19-20절은 다시 예레미야의 처음 소명을 생각하게 한다: "보라 내가 오늘 너를 그 온 땅과 유다 왕들과 그 지도자들과 그 제사장들과 그 땅 백성 앞에 견고한 성읍, 쇠기둥, 놋성벽이 되게 하였은즉 그들이 너를 치나 너를 이기지 못하리니 이는 내가 너와 함께 하여 너를 구원할 것임이니라 여호와의 말이니라." (렘 1:18-19).

본문내용 이해하기

이 본문은 세 단락으로 이루어져 있다: A. 중보기도의 무용 (15:1-4). B. 하나님이 더 이상 백성을 불쌍히 여기지 않으심 (15:5-9). C. 예레미야의 불평과 하나님의 응답(15:10-21).

첫째 단락(15:1-4)은 중보기도의 무용을 다룬다. 하나님은 백성을 중보하려는 예레미야의 기도를 금하신다. 대표적인 중보자로 여겨지는 모세와 사무엘이 서서 중보한다할지라도 하나님은 이제 거부하기로 결심하셨다. 그러므로 이스라엘 백성들에게 남겨진 것은 죽음, 칼, 기근, 포로 등이며, 죽이는 칼과 찢는 개와 삼켜 멸하는 공중의 새와 땅의 짐승으로 벌하여 그들이 세계 민족가운데 흩어질 것이다.

둘째 단락(15:5-9)은 하나님이 더 이상 백성을 불쌍히 여기지 않으심을 다룬다. 이미 일어난 사건들을 상기시켜 하나님의 계획이 이루어지고 있음을 보여준다. 하나님은 자기 길에서 돌이키지 않은 백성을 멸하시고, 그들의 과부가 바다 모래보다 많게 하실 것이다.

셋째 단락(15:10-21)은 예레미야의 불평과 하나님의 응답을 다룬다. 예레미야는 자신이 자기 동포들과 다투거나 그들에게 고발당할만한 짓을 한 적이 없다고 말한다. 예언자는 한편으로 하나님이 맡기신 임무 때문에 외롭고, 한편으로 하나님의 말씀을 기쁨으로 받고 있다고 말한다. 그러나 소명의 확신이 흔들리자 하나님을 향하여 탄식한다. 그의 고통은 둘 사이에서이다. 말씀 앞에 서면 기뻐 감탄이 나온다. 그러나 그 말씀을 들고 백성 들 앞에 서는 순간 고통이 시작된다. 백성들의 저항과, 예레미야를 거짓 선지자로 모는 백성들의 강퍅함과 싸워야 한다. 그렇게 열심이던 예레미야가 무너져 깊은 영적 침체에 빠지고 두렵고 심한 우울질에 빠진다. 19-20절은 예레미야의 탄식에 대한 하나님의 대답이다. 예레미야는 굳세야하고 백성 때문에 흔들려서는 안된다. 예레미야는 처음 부름 받을 때의 약속대로(렘 1:8, 18-19) 놋 성벽처럼 단단하게 하나님이 보호하실 것이다. 하나님은 좌절에 빠진 예레미야를 재소명으로 인도하신다. 위기 가운데 소명을 잃어버리고 좌절한 예레미야에게 처음 소명을 받을 때 했던 그 음성을 듣고 재소명의 자리에 이르게 하는 것이다. 외적인 도전이 생기면 소명이 뿌리 깊을 때만이 이길 수 있다. 그가 침체와 좌절의 깊은 골짜기에 섰을 때 하나님은 그에게 첫 번째 소명을 기억하게 하셨다. 그의 사명은 이미 회개할 기회가 사라져서 심판이 목전에 있는 백성들을 향하여 심판을 외치는 것이다. 심판을 받아들이지 않는 백성들이 예레미야를 거짓 예언자로 몰아세우고 수차례 죽이려고 할 때 하나님이 찾아 오셔서 위로하신다. 때로는 사람들 때문에 좌절하고 두려움과 침체의 늪에 선다할 지라도 다시금 일어서서 견고한 성읍, 견고한 쇠기둥, 놋성벽이 되어서 하나님의 나라를 이루어 가게하시는 분이시다.

능동적 묵상의 단계

하나님께서는 모세와 사무엘이 하나님 앞에서 중보한다 할지라도 유다를 심판하시려는 하나님의 마음을 바꾸지 못할 것이라고 말씀하신다(1절). 유다 백성이 하나님을 버리고 떠나가 자기들의 길에서 돌이키지 아니하므로 하나님께서는 그들을 멸할 것이다(6-7절). 유다의 죄로 인하여 그들이 가진 모든 것을 빼앗기고 원수에게 끌려 알지 못하는 땅에 이르게 되는데 그것은 하나님의 진노의 맹렬한 불이 사르려 함이다(13-14절).

선지자는 하나님의 말씀을 듣는 것은 기뻐하지만 백성들 앞에 서면 괴롭다 (16-18절). 하나님께서는 이러한 예레미야에게 그를 백성 앞에 견고한 놋 성벽이 되게 하실 약속을 다시 말씀해주시며 그의 소명의식을 일깨우신다 (19-20절).

수동적 묵상의 단계

하나님을 버리고 하나님에게서 떠나간 유다를 향해 하나님께서는 하나님의 뜻을 돌이키기에 지쳤다고 말씀하신다. 유다의 반복되는 죄와 그들을 돌이키기에 지쳤다고 말씀하시는 하나님을 묵상해 본다.

주님의 이름으로 일컬음을 받은 자로 주의 말씀은 기쁨과 즐거움이라고 예레미야는 말한다. 그럼에도 그는 이 기쁨으로 인해, 즉 하나님의 말씀을 전함으로 인해 백성들에게 고통을 당하고 있다. 이렇게 말씀의 기쁨과 현실속의 갈등 가운데 머물러 본다.

깊은 침체 가운데 있는 예레미야에게 하나님께서는 하나님께로 돌아와 헛된 것을 버리고 귀한 것을 말하는 하나님의 입이 되라 말씀하신다. 예레미야를 향해 단호하게 말씀하시는 하나님의 말씀에 머물러 본다.

하나님께서는 예레미야의 첫 소명을 상기시켜 주시며, 함께 하심을 말씀하신다. 사람의 마음은 늘 흔들리지만 하나님께서는 한결같이 함께 해주신다. 영원히 한결같으신 주님의 마음 안에 머물러 본다.

되돌아보기

반복되는 하나님의 말씀에도 끝내 돌이키지 않는 나의 완고한 마음이 없는지 돌아본다. 하나님을 향한 분노와 원망까지 하나님께 고백한 예레미야처럼 내 마음에 하나님을 향한 깊은 마음의 진심을 들여다본다. 내가 처한 삶의 현실 속에서 잊혀진 하나님의 약속을 떠올려 본다. 오늘의 나의 삶 속에서도 함께 하시겠다고 약속하시는 하나님의 약속에 머물러 본다.

마음 쏟아 놓기

맹렬한 하나님의 진노 속에서도 여전히 하나님께로 돌이키지 않는 유다 백성의 모습 속에서 하나님에 대한 감각을 잃은 채 세상에만 반응하는 나의 모습을 봅니다. 그리고 세상에 반응하며 사느라 어느새 하나님의 약속도, 하나님의 함께 하심도 잊어버린 나의 모습을 봅니다. 주님의 말씀으로 충만하고, 현실의 상황 속에서 갈등하는 저를 불쌍히 여겨주세요. 주여 긍휼히 여기시사 함께 하시는 주님을 알게 하소서.

하나님 음성 듣기 / 하나님 안에 머물기

다시금 약속하시며 함께 하시는 하나님의 사랑에 머무른다.

응답의 기도

세상은 방향을 모르고 제 마음대로 살아가며 하나님의 음성조차 듣지 않으려는 모든 상황 속에서도 한결같이 함께 하시며 도우시는 하나님과 동행하게 하소서. 소명을 주시고 소명을 일깨우시며 함께 소명을 이루시는 주님을 의지합니다.

삶으로 기도하기

하나님의 약속을 끝까지 붙들며 함께 하시며 도우시는 주님과 함께 주의 뜻을 온전히 이루는 삶이 되게 하소서.

18. 예레미야의 독신생활
(16:1-21)

Lectio divina Jeremiah

기도에 임하기

말씀을 통하여 눈에 보이는 대로 살아가는 삶을 돌아보게 하시고, 하나님의 말씀을 따르는 삶을 살아가게 하소서.

말씀읽기

예레미야 16:1 - 21

1절 여호와의 말씀이 또 내게 임하여 이르시되
2절 너는 이 땅에서 아내를 맞이하지 말며 자녀를 두지 말지니라
3절 이 곳에서 낳은 자녀와 이 땅에서 그들을 해산한 어머니와 그들을 낳은 아버지에 대하여 여호와께서 이와 같이 말씀하시오니
4절 그들은 독한 병으로 죽어도 아무도 슬퍼하지 않을 것이며 묻어 주지 않아 지면의 분토와 같을 것이며 칼과 기근에 망하고 그 시체는 공중의 새와 땅의 짐승의 밥이 되리라
5절 여호와께서 이와 같이 말씀하시되 초상집에 들어가지 말라 가서 통곡하지 말며 그들을 위하여 애곡하지 말라 내가 이 백성에게서 나의 평강을 빼앗으며 인자와 사랑을 제함이라 여호와의 말씀이니라

6절 큰 자든지 작은 자든지 이 땅에서 죽으리니 그들이 매장되지 못할 것이며 그들을 위하여 애곡하는 자도 없겠고 자기 몸을 베거나 머리털을 미는 자도 없을 것이며

7절 그 죽은 자로 말미암아 슬퍼하는 자와 떡을 떼며 위로하는 자가 없을 것이며 그들의 아버지나 어머니의 상사를 위하여 위로의 잔을 그들에게 마시게 할 자가 없으리라

8절 너는 잔칫집에 들어가서 그들과 함께 앉아 먹거나 마시지 말라

9절 만군의 여호와 이스라엘의 하나님께서 이와 같이 말씀하시니라 보라 기뻐하는 소리와 즐거워하는 소리와 신랑의 소리와 신부의 소리를 내가 네 목전, 네 시대에 이 곳에서 끊어지게 하리라

10절 네가 이 모든 말로 백성에게 말할 때에 그들이 네게 묻기를 여호와께서 우리에게 이 모든 큰 재앙을 선포하심은 어찌 됨이며 우리의 죄악은 무엇이며 우리가 우리 하나님 여호와께 범한 죄는 무엇이냐 하거든

11절 너는 그들에게 대답하기를 여호와께서 말씀하시되 너희 조상들이 나를 버리고 다른 신들을 따라서 그들을 섬기며 그들에게 절하고 나를 버려 내 율법을 지키지 아니하였음이라

12절 너희가 너희 조상들보다 더욱 악을 행하였도다 보라 너희가 각기 악한 마음의 완악함을 따라 행하고 나에게 순종하지 아니하였으므로

13절 내가 너희를 이 땅에서 쫓아내어 너희와 너희 조상들이 알지 못하던 땅에 이르게 할 것이라 너희가 거기서 주야로 다른 신들을 섬기리니 이는 내가 너희에게 은혜를 베풀지 아니함이라 하셨다 하라

14절 여호와의 말씀이니라 그러나 보라 날이 이르리니 다시는 이스라엘 자손을 애굽 땅에서 인도하여 내신 여호와께서 살아 계심을 두고 맹세하지 아니하고

15절 이스라엘 자손을 북방 땅과 그 쫓겨 났던 모든 나라에서 인도하여 내신 여호와께서 살아 계심을 두고 맹세하리라 내가 그들을 그들의 조상들에게 준 그들의 땅으로 인도하여 들이리라 악과 죄를 배나 갚을 것이라

16절 여호와의 말씀이니라 보라 내가 많은 어부를 불러다가 그들을 낚게 하며 그 후에 많은 포수를 불러다가 그들을 모든 산과 모든 언덕과 바위 틈에서 사냥하게 하리니

17절 이는 내 눈이 그들의 행위를 살펴보므로 그들이 내 얼굴 앞에서 숨기지 못하며 그들의 죄악이 내 목전에서 숨겨지지 못함이라

18절 내가 우선 그들의 악과 죄를 배나 갚을 것은 그들이 그 미운 물건의 시체로 내 땅을 더럽히며 그들의 가증한 것으로 내 기업에 가득하게 하였음이라

19절 여호와 나의 힘, 나의 요새, 환난날의 피난처시여 민족들이 땅 끝에서 주께 이르러 말하기를 우리 조상들의 계승한 바는 허망하고 거짓되고 무익한 것뿐이라
20절 사람이 어찌 신 아닌 것을 자기의 신으로 삼겠나이까 하리이다
21절 여호와께서 이르시되 보라 이번에 그들에게 내 손과 내 능력을 알려서 그들로 내 이름이 여호와인 줄 알게 하리라

말씀으로 기도하기

본문배경 이해하기

4절에서 매장되지 못하는 것은 고대 이스라엘에서 불행에 속한다. 매장되지 않은 채 짐승들이나 비바람에 노출되는 것은 최악의 저주로 여긴다. 매장되지 못한 사람은 매장될 때까지 참 안식을 누리지 못한다고 여겼다. 예레미야처럼 개인의 가정을 통하여 하나님의 메시지를 전하는 경우는 호세아의 혼인 (호 1:3) 또는 에스겔이 아내가 죽었을 때의 태도(겔 24:15-18) 등에도 나타난다. 13절에서 이방 나라에 포로로 끌려간 백성들에게 주어진 고난은 이방 땅에서 이방 종교의식에 억지로 참여하게 하여 주야로 다른 신들을 섬기는 것이다. 하나님이 은혜를 베풀지 않고 그대로 내버려 두므로, 백성들은 고통을 경험하게 될 것이다. 14-15절의 귀환의 전망에 대한 서술은 본문의 문맥에 어색해 보이지만, 이러한 본문은 렘 23:7-8절에도 나타난다. 예레미야는 인간이 예상하지 못한 때에 이루어질 회복을 강조하는 것이다. 18절에서 그들의 악과 죄를 배나 갚는다는 말은 이사야 40장 2절에 이스라엘 백성이 여호와의 손에서 벌을 배나 받았다는 표현과 상응한다. 이사야서에서는 벌을 충분히 받았다는 의미로 배나 받았다는 표현을 사용하였는데, 본문에서는 악과 죄에 대한 대가를 철저히 그리고 충분하게 치른다는 표현이다. 16절이하에서 심판하시는 하나님은 철저하신 하나님이시다. 심판의 주체자로 바벨론 사람들을 부르고, 이스라엘의 숨겨진 죄악까지 철저히 살펴서 대가를 치르게 하시는 분이시다. 아무도 자신들의 죄악을 감출 수 없다. 미운 물건의 시체란 죽은 우상, 즉 생명력 없는 우상들을 뜻한다.

본문내용 이해하기

이 본문은 세 단락으로 이루어져 있다: A. 예레미야의 독신생활 명령 (16:1-9); B. 유다가 겪

을 심판 (16:10-13); C. 귀환의 전망과 피할 수 없는 심판 (16:14-21)

첫째 단락(16:1-9)에서 여호와께서는 예레미야에게 아내를 맞이하거나 자녀를 두지 말라고 명령하신다. 왜냐하면 이곳에서 낳은 자녀와 그들을 낳은 어머니, 그리고 그들을 낳은 아버지가 다가올 심판으로 인하여 멸망하기 때문이다. 예레미야는 자신의 행동을 통하여 백성들에게 다가올 재난을 예시한다. 다시 또 예레미야에게 초상집에 들어가서 통곡하거나 애곡하지 말라고 명령하신다. 그 이유는 하나님이 그들에게 재앙을 내려 평강을 빼앗고 인자와 사랑을 제할 것이며, 재앙으로 인하여 큰 자든지 작은 자든지 모두 죽을 것이기 때문이다. 또한 잔치집에 가서 함께 먹거나 마시는 것도 허락하지 않으신다. 하나님께서 재앙의 때에 기뻐하는 소리와 즐거워하는 소리와 신랑과 신부의 소리를 끊어지게 하실 것이기 때문이다.

둘째 단락(16:10-13)은 유다가 겪을 심판의 이유를 설명한다. 예레미야가 백성들에게 다가 올 재앙에 대하여 선포할 때 백성들이 예레미야에게 묻는다. 여호와께서 이 모든 재앙을 선포하시는 이유는 무엇인가? 그러자 예레미야가 대답한다. 너희 조상들이 나를 버리고 다른 신들을 따라 그들을 섬기고 그들에게 절하고 여호와를 버리고 여호와의 율법을 지키지 아니하였기 때문이다. 그뿐 아니라 조상들의 후손인 "너희들"은 더욱 악을 행하고 악한 마음의 완악함에 따라 순종하지 않았기에 이 땅에서 쫓겨나 너희와 너희 조상들이 알지 못하던 땅으로 가서 주야로 다른 신들을 섬기게 될 것이다.

셋째 단락(16:14-21)은 귀환의 전망과 피할 수 없는 심판을 설명한다. 심판의 때가 지나면 하나님께서 이스라엘 백성들을 다시 그들의 땅으로 인도하실 것이다. 13-14절은 회복에 관한 것으로 심판에 관한 진술 사이에서 역설적인 소망을 제시하고 있다. 16절 이하는 다시 심판에 관한 진술이 계속 된다. 본문에 등장하는 어부와 포수는 바벨론 사람들을 가리킨다. 하나님은 이스라엘 백성들의 숨겨진 죄까지 다 찾아내서 그들의 악과 죄를 배나 갚을 것이라고 말씀하신다(18절, 사 40:2 참조). 19절에서 예레미야와 여호와의 대화가 이어진다. 민족들이란 여러 민족들을 뜻한다. 마지막 때에 그들이 땅끝에서 돌아와서 깨닫게 되는 것은, 그들이 조상에게서 계승받은 우상들은 허망하고 거짓되고 무익한것임에도 불구하고 그들이 신 아닌 그 우상들을 신으로 섬겨 왔다는 것이다. 여호와는 그들에게 여호와의 손과 능력을 알려서 그들로 하나님의 이름이 여호와인줄 알게 하시겠다고 말씀하신다.

능동적 묵상의 단계

하나님께서 예레미야에게 결혼도 하지 말고 자녀도 낳지 말라고 말씀하신다. 임박한 심판 속에서 유다는 망할 것이기 때문이다. 또한 초상집에 가서 슬퍼하지도 말고 잔칫집에 가서 기뻐하지도 말라 하신다. 다가올 재앙을 통해 평강을 빼앗기고 기쁨이 끊어질 것이기 때문이다(1-9절).

이렇게 유다에 재앙을 내리시는 이유는 유다 백성이 하나님을 버리고 다른 신들을 섬기며, 율법을 지키지 않았던 그들의 조상들 보다 더욱 악을 행하고 순종하지 않기 때문이다(10-12절).

심판 이후의 회복에 관하여도 말씀하시는데, 하나님께서는 이스라엘 자손을 그 쫓겨났던 모든 나라에서 인도하여 조상들에게 준 그들의 땅으로 인도하여 들이실 것이다(14-15절).

사람의 모든 행위를 살펴보시는 하나님께서는 어부와 같이, 포수와 같이 모든 죄악을 드러내시고(16-17절), 종국에는 땅 끝의 민족까지 하나님의 이름을 알게 하실 것이다(19-21절).

수동적 묵상의 단계

예레미야는 호세아와 에스겔처럼 자신의 삶을 통해 하나님의 말씀을 증거한다. 심판의 재앙이 임박한 유대 땅에서 아내를 맞이하지 말며 자녀를 두지 말라고 말씀하시는 하나님의 말씀과 그 말씀을 듣는 예레미야를 묵상해 본다. 예레미야는 평강을 빼앗길 그 땅에서 초상집에서 슬퍼할 수도 없고, 기쁨을 끊어질 그 땅에서 잔칫집에 들어가 함께 기뻐할 수도 없다. 하나님의 말씀의 현실을 바라보며 살아가는 예레미야의 삶에 머물러 본다.

하나님께서는 유다 백성이 무슨 죄로 인하여 재앙을 맞이하게 되는지 질문과 답을 통하여 명확하게 말씀하신다. 질문하시고, 답하시는 하나님의 마음에 머물러 본다.

이러한 심판을 선포하시면서도 다시 회복을 약속하신다. 철저하게 죄에서 돌이키기를 기다리시며 이후의 회복을 선포하시는 하나님의 마음을 묵상한다.

되돌아보기

예언자에게는 삶이 하나님 말씀의 선포이다. 나의 삶에 하나님의 말씀에 대한 순종과 선포가 있는지 돌아본다. 예레미야는 그의 눈 앞에 펼쳐진 현실보다 하나님께서 말씀하시고 시행하실 현실을 바라보며 살았다. 나의 삶이 눈에 보이는 대로 사는 삶인지 하나님의 말씀을 따르는 믿음의 삶인지 돌아본다.

하나님의 질문과 답변은 명료하다. 하나님께 질문하지 않기에 듣지 못한 답은 없는가? 하나님의 명료한 답변에도 순종하지 않은 채 듣기를 거부하는 말씀은 없는가? 행위를 살피시며 죄악을 드러내시는 하나님 앞에 숨길 수 있는 것은 없다. 모든 것을 아시는 하나님 앞에 숨기려 하는 것은 없는지 되돌아 본다.

마음 쏟아 놓기

하나님의 말씀과 분리된 나의 삶을 봅니다. 하나님 말씀 듣기를 싫어하고 세상을 따라 눈에 보이는 대로 살았던 삶을 회개합니다. 하나님 말씀을 경청하며 그 말씀을 통하여 세상을 보고, 세상 속에서 하나님 말씀을 따라 살게 하소서. 하나님께서는 나의 모든 것을 아시며 나를 옳은 길로 인도하시는 주님이십니다. 불순종하며 심판을 스스로 자처한 이스라엘 자손들에게도 다시 회복하여 인도하실 것을 약속하시는 주님께서 나의 돌이킴 또한 기다리고 계심을 의지합니다. 늘 살아계신 하나님 앞에 깨어있는 삶을 살아가게 하소서.

하나님 음성 듣기 / 하나님 안에 머물기

창조하시며 이끄시고 깨닫게 하시고 심판하시는 능력의 하나님 안에 머물러 내 삶을 향한 하나님의 말씀에 귀 기울인다. 심판을 선포하시면서도 새로운 회복을 약속하시는 주님 안에 머물러 본다.

응답의 기도

하나님을 알지 못하는 이들은 세상의 흐름을 따라 살지만 하나님의 말씀을 듣는 이들은 하나님의 말씀의 현실 속에 살아갑니다. 살아계신 능력의 하나님의 말씀에 귀 기울이며 응답하는 삶 살아가게 하소서. 하나님의 긍휼과 사랑에 의지하여 기도합니다.

삶으로 기도하기

하나님의 말씀을 청종하고 온전히 순종하여 하나님의 말씀을 온전히 드러내는 나의 삶이 되게 하소서.

19. 유다의 죄와 벌
(17:1-27)

Lectio divina Jeremiah

기도에 임하기

오직 하나님만을 의지하는 생수에 근원이신 하나님께 뿌리내린 삶을 결단하게 하소서.

말씀읽기

예레미야 17:1 - 27

1절 유다의 죄는 금강석 끝 철필로 기록되되 그들의 마음 판과 그들의 제단 뿔에 새겨졌거늘
2절 그들의 자녀가 높은 언덕 위 푸른 나무 곁에 있는 그 제단들과 아세라들을 생각하도다
3절 들에 있는 나의 산아 네 온 영토의 죄로 말미암아 네가 네 재산과 내 모든 보물과 산당들로 노략을 당하게 하리니
4절 내가 네게 준 네 기업에서 네 손을 뗄 것이며 또 내가 너로 하여금 너의 알지 못하는 땅에서 네 원수를 섬기게 하리니 이는 너희가 내 노를 맹렬하게 하여 영원히 타는 불을 일으켰음이라
5절 여호와께서 이와 같이 말씀하시니라 무릇 사람을 믿으며 육신으로 그의 힘을 삼고 마음이 여호와에게서 떠난 그 사람은 저주를 받을 것이라
6절 그는 사막의 떨기나무 같아서 좋은 일이 오는 것을 보지 못하고 광야 간조한 곳, 건천한

땅, 사람이 살지 않는 땅에 살리라

7절 그러나 무릇 여호와를 의지하며 여호와를 의뢰하는 그 사람은 복을 받을 것이라

8절 그는 물 가에 심어진 나무가 그 뿌리를 강변에 뻗치고 더위가 올지라도 두려워하지 아니하며 그 잎이 청청하며 가무는 해에도 걱정이 없고 결실이 그치지 아니함 같으리라

9절 만물보다 거짓되고 심히 부패한 것은 마음이라 누가 능히 이를 알리요마는

10절 나 여호와는 심장을 살피며 폐부를 시험하고 각각 그의 행위와 그의 행실대로 보응하나니

11절 불의로 치부하는 자는 자고새가 낳지 아니한 알을 품음 같아서 그의 중년에 그것이 떠나겠고 마침내 어리석은 자가 되리라

12절 영화로우신 보좌여 시작부터 높이 계시며 우리의 성소이시며

13절 이스라엘의 소망이신 여호와여 무릇 주를 버리는 자는 다 수치를 당할 것이라 무릇 여호와를 떠나는 자는 흙에 기록이 되오리니 이는 생수의 근원이신 여호와를 버림이니이다

14절 여호와여 주는 나의 찬송이시오니 나를 고치소서 그리하시면 내가 낫겠나이다 나를 구원하소서 그리하시면 내가 구원을 얻으리이다

15절 보라 그들이 내게 이르기를 여호와의 말씀이 어디 있느냐 이제 임하게 할지어다 하나이다

16절 나는 목자의 직분에서 물러가지 아니하고 주를 따랐사오며 재앙의 날도 내가 원하지 아니하였음을 주께서 아시는 바라 내 입술에서 나온 것이 주의 목전에 있나이다

17절 주는 내게 두려움이 되지 마옵소서 재앙의 날에 주는 나의 피난처시니이다

18절 나를 박해하는 자로 치욕을 당하게 하시고 나로 치욕을 당하게 마옵소서 그들은 놀라게 하시고 나는 놀라게 하지 마시옵소서 재앙의 날을 그들에게 임하게 하시며 배나 되는 멸망으로 그들을 멸하소서

19절 여호와께서 내게 이와 같이 말씀하시되 너는 가서 유다 왕들이 출입하는 평민의 문과 예루살렘 모든 문에 서서

20절 무리에게 이르기를 이 문으로 들어오는 유다 왕들과 유다 모든 백성과 예루살렘 모든 주민인 너희는 여호와의 말씀을 들을지어다

21절 여호와께서 이와 같이 말씀하시되 너희는 스스로 삼가서 안식일에 짐을 지고 예루살렘 문으로 들어오지 말며

22절 안식일에 너희 집에서 짐을 내지 말며 어떤 일이라도 하지 말고 내가 너희 조상들에게 명령함 같이 안식일을 거룩히 할지어다

23절 그들은 순종하지 아니하며 귀를 기울이지 아니하며 그 목을 곧게 하여 듣지 아니하며 교

훈을 받지 아니하였느니라

24절 여호와의 말씀이니라 너희가 만일 삼가 나를 순종하여 안식일에 짐을 지고 이 성문으로 들어오지 아니하며 안식일을 거룩히 하여 어떤 일이라도 하지 아니하면

25절 다윗의 왕위에 앉아 있는 왕들과 고관들이 병거와 말을 타고 이 성문으로 들어오되 그들과 유다 모든 백성과 예루살렘 주민들이 함께 그리할 것이요 이 성은 영원히 있을 것이며

26절 사람들이 유다 성읍들과 예루살렘에 둘린 곳들과 베냐민 땅과 평지와 산지와 네겝으로부터 와서 번제와 희생과 소제와 유향과 감사제물을 여호와의 성전에 가져오려니와

27절 그러나 만일 너희가 나를 순종하지 아니하고 안식일을 거룩되게 아니하여 안식일에 짐을 지고 예루살렘 문으로 들어오면 내가 성문에 불을 놓아 예루살렘 궁전을 삼키게 하리니 그 불이 꺼지지 아니하리라 하셨다 할지니라 하시니라

말씀으로 기도하기

본문배경 이해하기

1절에서 철필은 원래 돌에 글씨를 영구히 새기는데 사용되는데, 금강석은 특히 보석에 글씨를 새기는데 쓰였다. 2절에서 이스라엘 백성들은 높은 산과 푸른 나무 아래에서 가나안의 다산신을 섬김으로 다른 심을 섬기며 성적인 방종을 행하였다. 3절에서 산당이란 원래 지리적으로 높은 곳을 말한다. 고대부터 이스라엘 백성들은 성소와 제사 장소를 높은 곳에 세워 하나님과 더 가까이 가기를 원하였다. 그런데 후기에는 여호와를 예배하는 것과 가나안 신을 섬기는 것이 구별되지 않았고 점차적으로 산당은 다산 종교의식이 수행되는 곳으로 개혁의 대상이 되었다. 6절에서 건조한 땅이란 땅에 소금기가 있는 땅으로 농사를 짓지 못함으로 버려진 땅이 된다. 7-8절은 시편 1편에서 형통한 사람들에게 주어지는 복을 설명한 이미지와 동일하다. 11절에서 자고새는 넓은 땅에 집을 짓고 알을 낳는다. 알을 많이 낳으며 때로 자기가 낳지 아니한 알을 품게 된다. 그리하여 계획이 있지만 결실을 맺지 못함을 말하는데, 불의로 부를 얻는 자의 경우 자신의 의도와 상관없이 결실을 맺지 못하는 것에 비유한다. 13절에서 흙에 기록된다는 말은 이름이 기록되지만 곧 없어지는 것을 말한다. 13절에서 생수란 웅덩이에 고여 썩게 되는 물이 아니라 흐르고 있어 항상 정결한 신선한 물을 말한다. 27절은 유다와 예루살렘이 멸망되지 않고 종교적인 중심지가 되어 주변의 사람들이 예물을 바치러 오는 정황을 설명한다.

본문내용 이해하기

이 본문은 네 단락으로 이루어져 있다: A. 유다의 죄 (17:1-4); B. 복과 저주의 선택 (17:5-8); C. 인간의 마음의 상태 (17:9-13); D. 예레미야의 간구 (17:14-18); E. 안식일 준수에 대한 경고 (17:19-27)

첫 단락(1-4절)은 유다의 죄에 관한 것이다. 1절에서 사람의 마음 속에 하나님의 계명이 새겨져야 하지만, 실제로는 금강석 끝 철필로 유다의 죄가 지울 수 없게 단단히 새겨져 있다. 또한 유다의 죄가 그들의 제단의 뿔에도 새겨져 있다는 것은 곧 죄가 사함을 받지 못하고 하나님의 기억 속에 머물러 있음을 뜻한다. 그들의 마음은 곧 우상 숭배(높은 언덕 위 푸른 나무 곁에 있는 그 제단들과 아세라들)에 있다. 그리하여 유다 땅이 약탈을 당하고 백성들은 포로로 끌려 갈 것이다. 이는 그들이 하나님의 노를 맹렬하게하여 영원히 타는 불을 일으켰기 때문이다.

둘째 단락(5-8절)은 복과 저주의 선택의 기로에 서 있는 유다 백성들이다. 사람을 믿고 육신으로 그의 힘을 삼고 마음이 여호와로부터 떠난 사람들은 저주를 받을 것이다. 그러나 여호와를 의지하는 자들은 복을 받는데 물가에 심겨진 나무처럼 형통할 것이다. 시편 1편 이미지와 동일하다.

셋째 단락(9-13절)은 인간의 마음의 상태를 보여준다. 인간은 본래 선하지 않고 악한 존재이다. 마음이 만물보다 거짓되고 심히 부패한 것이라고 진술한다. 하나님은 그러한 인간의 마음을 간파하시고 행실대로 보응하시는 분이시다. 특히 불의로 부를 얻는 자는 마침내 중년에 그 곁을 떠나고 어리석은 자가 될 것이다. 이어서 예레미야는 여호와를 이스라엘의 소망이라고 말하고, 생수의 근원되시는 여호와를 버리는 자는 수치를 당할 것이라고 말한다.

넷째 단락(14-18절)은 시련속에서 드리는 예레미야의 간구이다. 이 시련은 재앙이 임할 것이라고 예레미야가 예언했음에도 불구하고 실제로 일어나지 않자 백성들이 "여호와의 말씀이 어디 있느냐? 이제 임하게 할지어다." 라고 비웃은 현실이다. 예레미야는 당신의 말씀을 이루시지 않음으로 예언자를 내버려 두시는 하나님을 향하여 기도한다. 예레미야는 자신이 재앙을 원하지 않았지만 하나님의 말씀을 따라 예언하였을 뿐인데 실현되지 않아서 대적자들에게 거짓 예언자라로 비난받는 현실이다. 예레미야는 하나님께 그를 박해하는 자들이 치욕을 당하고 예언대로 재앙이 임하기를 기도드린다.

다섯째 단락(17:19-27)은 안식일 준수에 대한 경고이다. 예레미야는 유다 왕들이 출입하는 평민의 문과 예루살렘 문에서 안식일을 거룩하게 지키라고 명령한다. 금해야 할 일은 안식일에 짐을 지고 예루살렘 문으로 들어가는 일, 집에서 짐을 내는 것과 일하는 것이다. 하나님은 왕과 백성들이 안식일을 거룩하게 지킬 경우 예루살렘 성이 보존되지만, 안식일을 지키지 않으면 성문에 불을 놓아 예루살렘 궁전을 삼키고 불이 꺼지지 않을 것이라고 말씀하신다.

능동적 묵상의 단계

하나님께서는 유다의 죄가 금강석 끝 철필로 그들의 마음 판과 제단 뿔에 새겨졌다고 말씀하신다(1절).

유다 백성은 복과 저주의 기로에 서있다. 그들이 사람을 믿으며 육신으로 자신의 힘을 삼고 마음이 하나님에게서 떠나면 그들은 사막의 떨기나무와 같이 메마르게 될 것이다. 하지만 그들이 하나님을 의지하고 하나님을 의뢰하면 물 가에 심어진 나무와 같이 잎이 청청하며 결실이 그치지 않을 것이다(5-8절).

거짓되고 부패한 마음을 사람은 숨길 수 있다고 생각하나 하나님은 그 중심을 보시고 행위대로 갚으신다(9-10절).

예레미야는 하나님을 찬송하며 하나님의 치유와 구원을 간구한다. 사람들의 조롱 속에서도 하나님 앞에서 신실하게 행한 자신을 고백하며 하나님의 도우심을 구한다(14-18절).

하나님께서는 유다의 왕과 백성들이 안식일을 거룩하게 지키면 예루살렘 성은 영원히 있을 것이나 순종하지 아니하면 성문에 불을 놓아 예루살렘 궁전을 삼키게 하리라 말씀하신다(19-27절).

수동적 묵상의 단계

철필로 마음 판과 제단 뿔에 새겨진 유다의 죄와 그로인한 하나님의 맹렬한 분노에 머물러 본다.

두 사람이 있다. 한 사람은 사람을 믿으며 육신으로 그의 힘을 삼고 하나님에게서 떠난 떨기나무와 같은 사람이다. 다른 한 사람은 하나님을 의지하며 여호와를 의뢰하는 물가에 심어진 나무와 같은 사람이다. 대조되는 이 두 사람을 묵상하며 생수의 근원되시는 하나님에 머물러 본다.

사람의 마음은 부패하고 거짓되었으나 하나님은 그 중심을 보신다. 나의 중심을 보시는 하나님에 머물러 본다.

예레미야는 '주는 나의 찬송이시오니 나를 고치소서 그리하시면 내가 낫겠나이다. 나를 구원하소서 그리하시면 내가 구원을 얻으리이다' 고백한다. 예레미야의 이 고백 속에 머물러 본다. 예레미야는 '여호와의 말씀이 어디 있느냐 이제 임하게 하라'는 조롱 속에서 하나님께 진실되게 자신의 마음을 토로한다. 하나님 앞에서 자신을 살피고 도움을 간구하는 그의 기도에 머물러 본다.

되돌아보기

마음판에 새겨져야 할 것은 죄가 아니라 하나님의 말씀이다. 나의 삶은 떨기나무와 같은 모습인가? 물가에 심어진 나무와 같이 결실이 그치지 않는 삶인가? 하나님께서는 사람을 믿으며 육신을 의지하고 마음이 하나님께서 떠난 자는 생수의 근원을 떠난 자와 같다고 말씀하신다. 여호와를 의뢰하고 의지하는 삶인지 사람을 의지하는 삶인지 되돌아 본다. 생수의 근원이신 하나님이 아닌 다른 것으로 나의 만족을 추구하지는 않았는지 살펴본다.

자신을 조롱하는 소리 가운데서도 목자의 직분을 지키며 행동과 마음과 말에서 하나님 앞에 신실했던 예레미야의 모습에 머물러 본다. 스스로를 돌이켜 보며 주위의 평가나 시선 가운데서도 하나님 앞에 진실하였는지 되돌아본다.

계속되는 심판과 재앙의 선포 속에서도 예레미야는 '주는 내게 두려움이 되지 마옵소서. 재앙의 날에 주는 나의 피난처이시니이다' 고백한다. 희망이 보이지 않는 것 같은 삶의 현실 속에서도 하나님의 선하심을 기대하는 나의 믿음의 기도는 무엇인가 머물러 본다.

마음 쏟아 놓기

메마른 사막의 떨기나무가 아닌 생명력 넘치는 물가에 심겨진 나무이고 싶습니다. 생명의 근원이신 하나님을 떠난 삶에는 아무런 열매가 맺힐 수 없습니다. 하나님의 말씀을 청종하며 하나님을 의지하기보다, 사람을 믿으며 육신으로 힘을 삼아 하나님을 떠난 삶이 저의 삶 모습입니다. 세상의 방법을 더 신뢰하며 사람을 의지하고 내 뜻만을 주장하며 하나님을 외면한 삶이 저의 삶의 모습입니다. 어리석은 이 마음을 돌이키시어 사랑과 생명의 주님께로 향하게 하소서.

하나님 음성 듣기 / 하나님 안에 머물기

생수의 근원이신 하나님 안에 머물러 힘을 얻는다.

응답의 기도

참된 생명이 하나님께 있음을 믿음으로 고백합니다. 세상의 조롱 속에서도 하나님 앞에서 진실되게 살아가는 삶이 되게 하옵소서. 나의 중심에서 생수를 흐르게 하시는 주님을 의지합니다.

삶으로 기도하기

생수의 근원이신 하나님께 뿌리를 내리고 하나님만 의지하는 삶을 살아가게 하소서. 그리하여 생명의 열매를 풍성하게 맺는 참 생명의 삶 살아가게 하소서.

20. 토기장이의 비유
(18:1-23)

Lectio divina Jeremiah

기도에 임하기

삶의 주권이 하나님께 있음을 고백하며 온전히 주를 따르는 삶을 살게 하소서.

말씀읽기

예레미야 18:1 - 23

1절 여호와께로부터 예레미야에게 임한 말씀에 이르시되
2절 너는 일어나 토기장이의 집으로 내려가라 내가 거기에서 내 말을 네게 들려 주리라 하시기로
3절 내가 토기장이의 집으로 내려가서 본즉 그가 녹로로 일을 하는데
4절 진흙으로 만든 그릇이 토기장이의 손에서 터지매 그가 그것으로 자기 의견에 좋은 대로 다른 그릇을 만들더라
5절 그 때에 여호와의 말씀이 내게 임하니라 이르시되
6절 여호와의 말씀이니라 이스라엘 족속아 이 토기장이가 하는 것 같이 내가 능히 너희에게 행하지 못하겠느냐 이스라엘 족속아 진흙이 토기장이의 손에 있음 같이 너희가 내 손에 있느니라

7절 내가 어느 민족이나 국가를 뽑거나 부수거나 멸하려 할 때에
8절 만일 내가 말한 그 민족이 그의 악에서 돌이키면 내가 그에게 내리기로 생각하였던 재앙에 대하여 뜻을 돌이키겠고
9절 내가 어느 민족이나 국가를 건설하거나 심으려 할 때에
10절 만일 그들이 나 보기에 악한 것을 행하여 내 목소리를 청종하지 아니하면 내가 그에게 유익하게 하리라고 한 복에 대하여 뜻을 돌이키리라
11절 그러므로 이제 너는 유다 사람들과 예루살렘 주민들에게 말하여 이르기를 여호와의 말씀에 보라 내가 너희에게 재앙을 내리며 계책을 세워 너희를 치려 하노니 너희는 각기 악한 길에서 돌이키며 너희의 길과 행위를 아름답게 하라 하셨다 하라
12절 그러나 그들이 말하기를 이는 헛되니 우리는 우리의 계획대로 행하며 우리는 각기 악한 마음이 완악한 대로 행하리라 하느니라
13절 그러므로 여호와께서 이와 같이 말씀하시니라 너희는 누가 이러한 일을 들었는지 여러 나라 가운데 물어보라 처녀 이스라엘이 심히 가증한 일을 행하였도다
14절 레바논의 눈이 어찌 들의 바위를 떠나겠으며 먼 곳에서 흘러내리는 찬물이 어찌 마르겠느냐
15절 무릇 내 백성은 나를 잊고 허무한 것에게 분향하거니와 이러한 것들은 그들로 그들의 길 곧 그 옛길에서 넘어지게 하며 곁길 곧 닦지 아니한 길로 행하게 하여
16절 그들의 땅으로 두려움과 영원한 웃음거리가 되게 하리니 그리로 지나는 자마다 놀라서 그의 머리를 흔들리라
17절 내가 그들을 그들의 원수 앞에서 흩어 버리기를 동풍으로 함 같이 할 것이며 그들의 재난의 날에는 내가 그들에게 등을 보이고 얼굴을 보이지 아니하리라
18절 그들이 말하기를 오라 우리가 꾀를 내어 예레미야를 치자 제사장에게서 율법이, 지혜로운 자에게서 책략이, 선지자에게서 말씀이 끊어지지 아니할 것이니 오라 우리가 혀로 그를 치고 그의 어떤 말에도 주의하지 말자 하나이다
19절 여호와여 나를 돌아보사 나와 더불어 다투는 그들의 목소리를 들어 보옵소서
20절 어찌 악으로 선을 갚으리이까마는 그들이 나의 생명을 해하려고 구덩이를 팠나이다 내가 주의 분노를 그들에게서 돌이키려 하고 주의 앞에 서서 그들을 위하여 유익한 말을 한 것을 기억하옵소서
21절 그러하온즉 그들의 자녀를 기근에 내어 주시며 그들을 칼의 세력에 넘기시며 그들의 아내

들은 자녀를 잃고 과부가 되며 그 장정은 죽음을 당하며 그 청년은 전장에서 칼을 맞게 하시며

22절 주께서 군대로 갑자기 그들에게 이르게 하사 그들의 집에서 부르짖음이 들리게 하옵소서 이는 그들이 나를 잡으려고 구덩이를 팠고 내 발을 빠뜨리려고 올무를 놓았음이니이다

23절 여호와여 그들이 나를 죽이려 하는 계략을 주께서 다 아시오니 그 악을 사하지 마옵시며 그들의 죄를 주의 목전에서 지우지 마시고 그들을 주 앞에 넘어지게 하시되 주께서 노하시는 때에 이같이 그들에게 행하옵소서 하니라

말씀으로 기도하기

본문배경 이해하기

2절에 등장하는 토기장이의 집은 토기의 재료가 되는 진흙이 많고, 물을 쉽게 구할 수 있는 곳이어야 했다. 또한 토기장이가 녹로를 돌리고 흙 반죽을 밟고, 가마를 걸고, 모든 그릇을 쌓아 두거나 버리는 것들을 쏟아 낼만한 공간이 있어야 했다. 3절에 등장하는 녹로는 두 종류가 있는데, 손으로 돌려서 천천히 돌아가는 녹로와 발로 돌려 빨리 도는 녹로가 있었다. 토기장이는 아랫돌을 발로 돌려 흙에 원심력을 주고, 그 원심력에 맞서 일정한 모양으로 힘을 가하면 토기장이의 손이 가는 대로 그릇이 만들어진다. 14절에서 레바논의 눈이란 늦은 8월까지 레바논의 가장 높은 산에서 녹지 않고 남아 있는 눈을 말한다. 높은 봉우리들은 날씨가 따뜻할 때도 눈으로 덮여 있었다. 15절에서 닦지 아니한 길은 포장되지 않은 길을 말한다. 포장이 잘 된 길은 흙과 자갈을 이용하여 노반 작업을 하고 아스팔트에 벽돌을 깔아 도로의 기반을 닦았다. 이어서 석회암 재질의 석판을 놓고 틈새를 아스팔트로 채웠다. 그런데 닦지 않은 길은 비가 오면 물이 고여 진흙탕 구덩이가 되곤 하였다. 17절에서 아라비아 사막에서 불어오는 동풍은 먼지를 몰고 오는 뜨겁고 강한 바람을 말한다. 20절에서 구덩이를 파는 이유는 도자기를 보관하거나, 쓰레기를 묻거나, 임시 감옥으로 사용하기 위함이다. 본문에서 구덩이는 함정을 파서 사냥을 했던 예에서 가져온 것이다.

본문내용 이해하기

　이 본문은 세 단락으로 이루어져 있다: A. 토기장이의 비유 (18:1-12); B. 배신한 백성들에 대한 심판 (18:13-17); C. 예레미야를 죽이려는 음모 (18:18-23)

　첫째 단락(18:1-12) 은 토기장이의 비유를 다루고 있다. 하나님은 예레미야를 토기장이에게 보내셔서, 토기장이가 녹로로 일하는데 진흙으로 만든 그릇이 토기장이의 손에서 터지매 그가 그것으로 자기 소견에 좋은대로 다른 것을 만드는 것을 목격하게 하신다. 이를 보고 여호와께서는 진흙이 토기장이의 손에 있는 것같이 어느 민족이나 국가에 대하여 그들의 상태에 따라 재앙을 돌이키기도 하고 재앙을 새로 내리기도 하심을 보여주신다. 그리하여 여호와께서는 백성들에게 재앙을 내릴 계획을 하고 있기에 백성들이 돌이키기를 원하지만 그들이 완악하게 행하고 있다는 것을 말씀하신다.

　둘째 단락(18:13-17) 은 배신한 백성들에 대한 심판을 다룬다. 이스라엘 백성의 배신은 자연법칙에도 어긋나고, 이성적으로도 이해할 수 없다. 그 백성들이 하나님을 잊고 허무한 것에게 분향하며 하나님의 길로 가지 않기에 그들의 땅이 두려움과 영원한 웃음 거리가 되게 할 것이다. 재난의 날에 여호와께서 그들에게 등을 보이고 얼굴을 보이지 않을 것이다.

　셋째 단락(18:18-23) 은 예레미야를 죽이려는 음모를 다룬다. 예레미야의 대적자들은 예언자를 치기로 결심한다. 특히 제사장, 지혜로운 자, 그리고 선지자라는 제도를 통하여 계시가 전해지기에 예레미야로부터 오는 계시를 주의할 필요가 없다고 말한다. 그리하여 예레미야는 심판자이신 하나님께 호소한다. 예레미야가 그들에게 유익한 말을 했음에도 불구하고 그들은 예레미야의 생명을 해하려고 구덩이를 판 자들이다. 그리하여 그들을 향하여 재앙을 내리시기를 간구한다. 또한 예레미야를 해하려고 계획하는 대적자들의 악을 사하지 말고 그들에게 재앙을 내려주시기를 간구한다.

능동적 묵상의 단계

　하나님께서는 예레미야에게 토기장이의 집으로 가라고 말씀하시고 토기장이가 진흙으로 자기 의견에 좋은 대로 새로운 다른 그릇을 만드는 것을 보게 하신다. 그리고 이를 통해 모든 주권이 하나님의 손에 있음을 말씀하신다 (1-6절). 하나님께서는 민족이 악에서 돌이키면 내리려던 재앙도 뜻을 돌이킬 수 있으나 하나님의 목소리를 청종하지 않으면 주려던 복에 대해서도 뜻을 돌이킬 수 있으시다(7-10절).

　하나님께서는 유다에게 악에서 돌이키지 아니하면 재앙을 내릴 것이라 예레미야를 통해 말씀하셨지만 유다는 하나님 말씀을 헛되다고 여기며 각기 악한 마음으로 완악하게 행하고 우상을 숭배하였다(11-15절).

　그렇기에 하나님께서는 그들의 땅을 웃음거리가 되게 하시며 그들을 동풍에 흩어지듯 흩어지게 하실 것이다. 이 재난의 날에 하나님께서는 유다백성에게 등을 돌리시고 얼굴을 보이지 않으실 것이다(16-17절).

　예레미야는 하나님의 분노를 돌이키게 하려고 하나님 앞에서 유다 백성을 위하여 변호하였다. 하지만 대적자들은 예레미야의 그러한 선을 악으로 갚으며 그의 생명을 위협한다. 예레미야는 이러한 대적자들에게 분노하며 하나님께 탄원한다 (18-23절).

수동적 묵상의 단계

　토기장이의 마음에 따라 움직이는 토기장이의 손길에 의해 옹기는 새롭게 빚어지기도 하고 터지기도 한다. 토기장이의 손에서 터지는 진흙과 새롭게 빚어지는 새로운 그릇에 머물러 본다.

　악에서 돌이키는 민족에게 재앙을 내리시려던 뜻을 돌이키시고, 악을 행하고 하나님의 목소리를 청종하지 아니하는 민족에게 복을 주려던 뜻을 돌이키시는 하나님에 머물러 본다.

　'내가 너희에게 재앙을 내리며 계책을 세워 너희를 치려 하노니 너희는 각기 악한 길에서 돌이키며 너희의 길과 행위를 아름답게 하라'는 하나님의 말씀을 묵상하고 하나님의 사랑의 부르심에도 '우리는 우리의 계획대로 행하며 우리는 각기 악한 마음이 완악한 대로 행하리라' 말하는 유다 백성의 완고함에도 머물러 본다.

　예레미야는 선을 악으로 갚는 이들의 위협 속에 분노하며 탄원한다. 탄원하는 예레미야의 마음과 그 기도를 들으시는 하나님의 마음에 머물러 본다.

되돌아보기

　하나님께서는 진흙이 토기장이의 손에 있음 같이 너희가 내 손에 있다고 말씀하신다. 내가 하나님의 손에 있음에, 내 삶이 하나님의 주권 아래 있음에 머물러 본다. 하나님께서는 하나님의 뜻을 돌이키실 수 있다고 말씀하시며 악한 길에서 돌이켜 길과 행위를 아름답게 하라고 말씀하신다. 내가 걷는 이 길은 하나님의 길인가 닮지 아니한 곁길인가 머물러 본다. 하나님의 회유에도 불구하고 유다 백성들은 우리는 우리의 계획대로 행하고 악한 마음의 완악한 대로 행하겠다고 말한다. 하나님께서 생명의 길을 보이심에도 허무한 것을 쫓아 완고하게 가고 있는 삶의 방향성은 없는지 돌아본다.

선을 악으로 갚는 무리들 속에서, 자신의 선한 열심에도 불구하고 받게 된 위협 속에서 예레미야는 분노한다. 자신의 선한 열심에도 불구하고 오히려 당면하고 있는 어려움은 없는가? 하나님의 분노에서 돌이키려 애썼지만 이제는 예레미야가 분노에 휩싸여 있다. 그 모든 예레미야의 기도를 들으시는 하나님 앞에 머무르며 삶을 되돌아 본다.

마음 쏟아 놓기

토기장이를 모르는 그릇처럼 하나님의 손에 있음을 잊은 저의 삶을 돌아봅니다. 사랑으로 내 삶을 빚으시는 하나님 안에 머무르기보다 하나님 밖에서 나를 이루려고 했던 어리석음을 회개합니다. 허무한 것을 향해 고집스럽게 다른 길로 가는 마음을 멈추어 하나님께서 보이시는 생명의 길로 향하게 하소서. 나의 모든 삶과 걸음을 주관하시는 주님을 의지합니다.

하나님 음성 듣기 / 하나님 안에 머물기

토기장이와 같이 나를 빚으시는 하나님의 손안에 머무른다.

응답의 기도

나를 빚으시는 하나님의 사랑의 손길에 나를 드립니다. 악에서 돌이켜 주께로 향하시길 원하시는 주님의 음성에 응답하여 잘못된 길에서 돌이키길 원합니다.

삶으로 기노하기

사랑으로 빚으시고 온전케 하시는 하나님의 손에 나를 온전히 드리는 삶이 되게 하소서.

21. 깨어진 옹기의 비유와 재앙 예고
(19:1-15)

Lectio divina Jeremiah

기도에 임하기

말씀의 빛으로 내 안을 비추시어 헛된 신을 버리고 하나님만 온전히 따르게 하소서.

말씀읽기

예레미야 19:1 - 15

1절 여호와께서 이와 같이 말씀하시되 가서 토기장이의 옹기를 사고 백성의 어른들과 제사장의 어른 몇 사람과

2절 하시드 문 어귀 곁에 있는 힌놈의 아들의 골짜기로 가서 거기에서 내가 네게 이른 말을 선포하여

3절 말하기를 너희 유다 왕들과 예루살렘 주민아 여호와의 말씀을 들으라 만군의 여호와 이스라엘의 하나님이 이같이 말씀하시되 보라 내가 이 곳에 재앙을 내릴 것이라 그것을 듣는 모든 자의 귀가 떨리니

4절 이는 그들이 나를 버리고 이 곳을 불결하게 하며 이 곳에서 자기와 자기 조상들과 유다 왕들이 알지 못하던 다른 신들에게 분향하며 무죄한 자의 피로 이 곳에 채웠음이며

5절 또 그들이 바알을 위하여 산당을 건축하고 자기 아들들을 바알에게 번제로 불살라 드렸나니 이는 내가 명령하거나 말하거나 뜻한 바가 아니니라

6절 그러므로 보라 다시는 이 곳을 도벳이나 힌놈의 아들의 골짜기라 부르지 아니하고 오직 죽임의 골짜기라 부르는 날이 이를 것이라 여호와의 말이니라

7절 내가 이 곳에서 유다와 예루살렘의 계획을 무너뜨려 그들로 그 대적 앞과 생명을 찾는 자의 손의 칼에 엎드러지게 하고 그 시체를 공중의 새와 땅의 짐승의 밥이 되게 하며

8절 이 성읍으로 놀람과 조롱거리가 되게 하리니 그 모든 재앙으로 말미암아 지나는 자마다 놀라며 조롱할 것이며

9절 그들이 그들의 원수와 그들의 생명을 찾는 자에게 둘러싸여 곤경에 빠질 때에 내가 그들이 그들의 아들의 살, 딸의 살을 먹게 하고 또 각기 친구의 살을 먹게 하리라 하셨다 하고

10절 너는 함께 가는 자의 목전에서 그 옹기를 깨뜨리고

11절 그들에게 이르기를 만군의 여호와께서 이와 같이 말씀하시되 사람이 토기장이의 그릇을 한 번 깨뜨리면 다시 완전하게 할 수 없나니 이와 같이 내가 이 백성과 이 성읍을 무너뜨리리니 도벳에 매장할 자리가 없을 만큼 매장하리라

12절 여호와의 말씀이니라 내가 이 곳과 그 가운데 주민에게 이같이 행하여 이 성읍으로 도벳 같게 할 것이라

13절 예루살렘 집들과 유다 왕들의 집들이 그 집 위에서 하늘의 만상에 분향하고 다른 신들에게 전제를 부음으로 더러워졌은즉 도벳 땅처럼 되리라 하셨다 하라 하시니

14절 예레미야가 여호와께서 자기를 보내사 예언하게 하신 도벳에서 돌아와 여호와의 집 뜰에 서서 모든 백성에게 말하되

15절 만군의 여호와 이스라엘의 하나님께서 이와 같이 말씀하시되 보라 내가 이 성읍에 대하여 선언한 모든 재앙을 이 성읍과 그 모든 촌락에 내리리니 이는 그들의 목을 곧게 하여 내 말을 듣지 아니함이라 하시니라

말씀으로 기도하기

본문배경 이해하기

18장에서는 다른 모양으로 만들 수 있는 옹기에 대하여 말했다면 19장에서는 한번 깨어지면

다시 완전해질 수 없는 옹기의 비유로 재앙을 설명한다. 본문에 나오는 옹기는 아랫 부분이 넓적하고 주둥이는 좁은 병이다. 목이 좁기 때문에 옹기가 깨지면 고칠 수 없었다. 2절에서 힌놈의 아들 골짜기는 예루살렘 남쪽에 있으면서 성의 남동쪽에 있는 기드론 계곡과 연결되어 있다. 이곳은 바알숭배와 아이들을 몰록에게 제물로 바치는 장소로 유명했다. 요시야 왕이 이곳을 더럽힌 후에 외국인들의 묘지와 쓰레기 하치장으로 사용하였다. 힌놈을 뜻하는 히브리어는 후에 신약에서 지옥을 뜻하는 게헨나의 뜻으로 사용되었다. 하시드 문이라는 말은 질그릇 조각의 문이라는 뜻인데 성의 동쪽 언덕의 가장 남쪽 부분에 있었다. 9절에서 아들의 살, 딸의 살, 그리고 친구의 살을 언급하는데, 고대 근동에서는 기근을 겪거나 포위 공격을 당하는 성에서 식인 풍습이 존재하였다. 사마리아 성이나(왕하 6:24-31), 예루살렘 성에서(애 4:10) 그러한 일이 있었다. 13절에서 하늘의 만상이란 유다 사람들이 신으로 섬기던 천체를 가리킨다.

본문내용 이해하기

이 본문은 두 단락으로 이루어져 있다: A. 깨어진 옹기 (1-9절); B. 깨어진 옹기의 교훈 (10-15절)

첫째 단락(1-9절)은 깨어진 옹기의 상징에 대하여 다룬다. 여호와께서 명령하신다. 토기장이의 옹기를 사서 백성의 어른들과 제사장의 어른 몇 사람과 힌놈의 골짜기에 가서 하나님이 내리실 재앙에 대하여 선포하라고 하신다. 재앙의 원인은 백성들이 하나님을 버리고 이곳을 불결하게 하고 다른 신들에게 분향하며 무죄한 자의 피로 채웠으며, 바알을 위하여 산당을 건축하고 자기 아들들을 바알에게 불살라 드린 것이다. 재앙의 내용은 먼저 장소 이름을 죽음의 골짜기라고 부르고, 대적 앞에 엎드러지고 시체가 새와 짐승의 밥이 되며 성읍이 조롱과 조소거리가 되며, 원수로 인하여 곤경에 빠지고 사람의 살을 먹게 된다는 것이다.

둘째 단락(10-15절)은 깨어진 옹기의 교훈에 대하여 다룬다. 재앙을 상징하기 위하여 예레미야는 함께 있는 사람들 앞에서 옹기를 깨뜨린다. 토기장이가 그릇을 한번 깨뜨리면 다시 완전하게 할 수 없듯이 이 백성과 이 성읍을 무너뜨려 도벳에 매장할 자리가 없을 만큼 매장하겠다고 말씀하신다. 예루살렘 집들과 유다 왕들의 집들이 하늘의 만상에 분향하고 다른 신들에게 전제를 부음으로 더러워졌기에 도벳 땅처럼 된다는 것이다. 예레미야는 도벳에서 돌아와 다시 재앙을 내리실 것을 선포한다.

능동적 묵상의 단계

하나님께서는 예레미야에게 토기장이의 옹기를 사서 백성의 어른들과 제사장이 어른들 몇 사람과 힌놈의 아들 골짜기로 가서 하나님의 말씀을 선포하라고 하신다(1-2절). 그 말씀은 재앙을 내릴 것에 대한 말씀으로 그러한 재앙이 내리는 이유는 유다 백성이 하나님을 버리고 다른 신들에게 분향하며 무죄한 자의 피로 채우고 바알을 위하여 산당을 건축하고 아들들을 바알에게 번제로 드리는 우상 숭배 때문이다. 하나님께서는 이러한 타인을 희생하는 제사를 명령하신 적도, 뜻하신 적도 없으시다(3-5절).

하나님께서는 함께 간 자들 앞에서 옹기를 깨뜨리라 말씀하시며 사람이 토기장이의 그릇을 깨뜨리면 다시 완전하게 할 수 없듯이 하나님께서 백성들과 성읍을 무너뜨리겠다 말씀하신다. 이는 그들의 목을 곧게 하여 하나님의 말씀을 듣기 아니하였기 때문이라 말씀하신다.이다(10-15절).

수동적 묵상의 단계

다른 신들에게 분향하며 자기 아들들을 바알에게 불살라 바치던 힌놈의 아들의 골짜기에 머물러 본다. 보고, 이렇게 자신의 자식을 바쳐서라도 자신의 만족을 추구하였던 백성들을 바라보시는 하나님 마음에도 머물러본다. 이곳에서 유다와 예루살렘의 계획을 무너뜨려 모든 재앙으로 곤경에 빠지게 하겠다고 말씀하신다. 힌놈의 아들 골짜기에서 백성들이 간절히 바라고 계획했던 것과 그 계획을 무너뜨리시는 하나님께 머물러 본다.

예레미야는 힌놈의 아들 골짜기에서 함께 간 자들의 눈앞에서 옹기를 깨뜨리고 하나님의 말씀을 선포한다. 옹기를 깨뜨리는 예레미야의 마음과 그것을 바라보는 이들의 마음에 머물러 본다. 다시 완전하게 할 수 없는 깨진 옹기에 머물러 본다.

예레미야는 도벳에서 돌아와 성전 뜰에서 하나님의 재앙을 선포한다. 이 재앙에 대해 하나님께서는 "이는 그들의 목을 곧게 하여 내 말을 듣지 아니함이라"고 말씀하신다. 이 말씀에 머물며 유다백성의 곧은 목과 불순종은 무엇인지 묵상해본다.

되돌아보기

이스라엘 백성들은 자기 자식들을 불살라 바치기까지 우상을 섬겼다. 자기만족을 위해서라면 그 누구라도 자신을 대신하여 희생시켰던 것이다. 이러한 백성의 모습이 바로 나 자신이었음을 돌아본다. 나의 성공, 나의 인정, 나의 만족을 위해서는 무엇이든 할 수 있고, 다른 사람의 희생을 마다하지 않았던 스스로의 모습을 돌이켜 보며, 이토록 집착하고 몰두하는 스스로의 우상은 무엇인지 성찰해본다.

마음 쏟아 놓기

무슨 수를 써서라도 이루고자 하는 욕망의 노예가 되어 그것만을 추구하며 바라고 따랐던 삶을 회개합니다. 하나님께서는 그러한 헛된 삶을 부수시고, 헛된 예배를 깨뜨리십니다. 겸손한 마음으로 주의 말씀을 듣게 하시며, 주님의 비추시는 빛 아래에서 그릇된 삶에서 돌이켜 생명의 길을 가게 하소서. 주님 불쌍히 여기소서.

하나님 음성 듣기 / 하나님 안에 머물기

악을 깨뜨리시는 하나님 안에 머무르며 하나님의 음성을 듣는다.

응답의 기도

하나님께서 깨뜨리실 때에야 비로소 미친 듯이 달려가던 악한 길에서 멈추게 됩니다. 주님께서 말씀으로 내게 비추어주실 때에 부드러운 마음으로 겸손히 주를 따르게 하옵소서.

삶으로 기도하기

헛된 우상을 버리고 부드러운 마음으로 겸손히 주를 따르는 삶이게 하옵소서.

22. 예언자의 탄식
(20:1-18)

기도에 임하기

거짓을 버리고 하나님 말씀을 따라 진실되게 살아가게 하소서.

말씀읽기

예레미야 20:1 - 18

1절 임멜의 아들 제사장 바스훌은 여호와의 성전의 총감독이라 그가 예레미야의 이 일 예언함을 들은지라
2절 이에 바스훌이 선지자 예레미야를 때리고 여호와의 성전에 있는 베냐민 문 위층에 목에 씌우는 나무 고랑으로 채워 두었더니
3절 다음날 바스훌이 예레미야를 목에 씌우는 나무 고랑에서 풀어 주매 예레미야가 그에게 이르되 여호와께서 네 이름을 바스훌이라 아니하시고 마골밋사빕이라 하시느니라
4절 여호와께서 이와 같이 말씀하시되 보라 내가 너로 너와 네 모든 친구에게 두려움이 되게 하리니 그들이 그들의 원수들의 칼에 엎드러질 것이요 네 눈은 그것을 볼 것이며 내가 온 유다를 바벨론 왕의 손에 넘기리니 그가 그들을 사로잡아 바벨론으로 옮겨 칼로 죽이리라
5절 내가 또 이 성읍의 모든 부와 그 모든 소득과 그 모든 귀중품과 유다 왕들의 모든 보물을

그 원수의 손에 넘기리니 그들이 그것을 탈취하여 바벨론으로 가져가리라

6절 바스훌아 너와 네 집에 사는 모든 사람이 포로 되어 옮겨지리니 네가 바벨론에 이르러 거기서 죽어 거기 묻힐 것이라 너와 너의 거짓 예언을 들은 네 모든 친구도 그와 같으리라 하셨느니라

7절 여호와여 주께서 나를 권유하시므로 내가 그 권유를 받았사오며 주께서 나보다 강하사 이기셨으므로 내가 조롱거리가 되니 사람마다 종일토록 나를 조롱하나이다

8절 내가 말할 때마다 외치며 파멸과 멸망을 선포하므로 여호와의 말씀으로 말미암아 내가 종일토록 치욕과 모욕거리가 됨이니이다

9절 내가 다시는 여호와를 선포하지 아니하며 그의 이름으로 말하지 아니하리라 하면 나의 마음이 불붙는 것 같아서 골수에 사무치니 답답하여 견딜 수 없나이다

10절 나는 무리의 비방과 사방이 두려워함을 들었나이다 그들이 이르기를 고소하라 우리도 고소하리라 하오며 내 친한 벗도 다 내가 실족하기를 기다리며 그가 혹시 유혹을 받게 되면 우리가 그를 이기어 우리 원수를 갚자 하나이다

11절 그러하오나 여호와는 두려운 용사 같으시며 나와 함께 하시므로 나를 박해하는 자들이 넘어지고 이기지 못할 것이오며 그들은 지혜롭게 행하지 못하므로 큰 치욕을 당하오리니 그 치욕은 길이 잊지 못할 것이니이다

12절 의인을 시험하사 그 폐부와 심장을 보시는 만군의 여호와여 나의 사정을 주께 아뢰었사온즉 주께서 그들에게 보복하심을 나에게 보게 하옵소서

13절 여호와께 노래하라 너희는 여호와를 찬양하라 가난한 자의 생명을 행악자의 손에서 구원하셨음이니라

14절 내 생일이 저주를 받았더면, 나의 어머니가 나를 낳던 날이 복이 없었더면,

15절 나의 아버지에게 소식을 전하여 이르기를 당신이 득남하였다 하여 아버지를 즐겁게 하던 자가 저주를 받았더면,

16절 그 사람은 여호와께서 무너뜨리시고 후회하지 아니하신 성읍 같이 되었더면, 그가 아침에는 부르짖는 소리, 낮에는 떠드는 소리를 듣게 하였더면, 좋을 뻔하였나니

17절 이는 그가 나를 태에서 죽이지 아니하셨으며 나의 어머니를 내 무덤이 되지 않게 하셨으며 그의 배가 부른 채로 항상 있지 않게 하신 까닭이로다

18절 어찌하여 내가 태에서 나와서 고생과 슬픔을 보며 나의 날을 부끄러움으로 보내는고 하니라

말씀으로 기도하기

본문배경 이해하기

바스훌은 그다랴의 아버지이다(렘 38:1). 성전의 총 감독이라는 직책은 대제사장 다음의 직책으로서 성전의 질서를 세우고 난동자들을 처리하는 것이 그의 책임인 것으로 보인다. 2절에서 나무고랑이란 말은 (렘 29:26; 대하 16:10) 개역 번역본에서는 '차꼬'라고 번역하였는데 두 개의 기다란 나무토막을 맞대어 그 사이에 구멍을 파서 죄인의 두 발목을 넣고 자물쇠를 채우는 옛 형구를 뜻한다. 성전의 총 감독에게는 나무 고랑을 채울 수 있는 권한이 있었던 것으로 보인다. 3절에서 "마골밋사빕"이라는 말은 사방으로 두려워한다는 뜻이다. 이름은 상황의 변화를 보여주는 것으로 바벨론이 유다를 공격할지도 모른다는 두려움만이 아니라 바스훌이 겪을 운명도 암시한다. 바스훌의 운명은 그의 모든 가족들과 함께 바벨론에 끌려가고 거기서 묻히며, 그의 친구들의 운명도 마찬가지인데, 그 이유는 그가 "거짓 예언"을 하였기 때문이다(6절). 거짓 예언은 예레미야의 예언을 연상시킨다: "선지자들이 그들에게 이르기를 너희가 칼을 보지 아니하겠고 기근은 너희에게 이르지 아니할 것이라 내가 이 곳에서 너희에게 확실한 평강을 주리라 하나이다. 여호와께서 내게 이르시되 선지자들이 내 이름으로 거짓 예언을 하도다 나는 그들을 보내지 아니하였고 그들에게 명령하거나 이르지 아니하였거늘 그들이 거짓 계시와 점술과 헛된 것과 자기 마음의 거짓으로 너희에게 예언하는도다." (렘 14:13-14). 예레미야와 거짓 예언자들과의 대립 상황은 23:9-40과 27-28장에서 본격적으로 다루게 된다. 20:7-18은 예레미야의 마지막 고백이 담겨 있다.

본문내용 이해하기

이 본문은 두 단락으로 이루어져 있다: A. 바스훌이 예레미야를 감옥에 가두다 (1-6절); B. 예언자의 탄식 (7-18 절)

첫째 단락(1-6절)은 바스훌이 예레미야를 감옥에 가둔 일을 다루고 있다. 여호와의 성전 총감독을 맡은 임멜의 아들 제사장 바스훌이 예레미야를 때리고 여호와의 성전에 있는 베냐민 문 위층에 목에 씌우는 나무 고랑으로 채웠다. 다음 날 바스훌이 예레미야를 풀어주자 여호와께서 바스훌의 이름을 마골밉사빕이라고 부르심으로 사방에 온통 두려움이 임할 것을 예언하신다. 이제 온 유다를 바벨론 왕의 손에 넘기고 그가 그들을 사로 잡아 바벨론으로 옮겨 칼로 죽일 것이라고 말한다. 원수가 모든 귀중품과 보물을 바벨론으로 가져갈 것이며, 바스훌도 포로가 되어 바벨론에서 죽어 묻히며 그의 모든 친구들도 같은 운명이 될 것을 말씀하신다.

둘째 단락(7-18 절)은 예언자의 탄식을 다룬다. 예레미야는 하나님께서 말씀하라고 권유하셔서 그 명령에 순종하여 파멸과 멸망을 선포하였을 뿐인데, 그 결과는 조롱거리가 되고, 종일토록 치욕과 모욕거리가 되었다. 그래서 다시는 여호와를 선포하지 않겠다고 결심하지만 마음은 불붙는 것 같아서 답답하여 견딜 수 없는 상황이다. 친했던 벗들까지 자기를 공격하자 예레미야는 당황해한다. 그리하여 그의 적들이 수치를 당하도록 하나님께 간청한다. 예레미야는 자신의 폐부와 심장을 보시는 하나님께서 그들에게 보복하시고 구원하실 것을 확신하며 감사를 드린다. 그렇게 감사시를 드리면서도 여전히 이 상황을 견디기 어려워 하나님 앞에서 자신의 생일을 저주하는 시를 드리는데 욥기 3장의 내용과 유사하다. 그는 하나님에 대한 저주가 아니라 자신이 태어난 날에 대한 저주를 한다(14절). 어머니를 저주하지 않고 어머니가 자신을 낳던 날을 저주하고, 아버지를 저주하지 않고 아버지에게 아들을 낳았다고 소식을 전한 자를 저주한다. 그가 여호와께서 무너뜨린 성읍 곧 소돔과 고모라같이 되기를 바랬다. 17절 후반부는 아침에는 부르짖는 소리, 낮에는 떠드는 소리를 들음으로 아이가 태어났다는 소리를 듣지 않았더라면 좋았겠다는 말이다. 또한 어머니의 태(胎)가 무덤이 되지 않은 것을 탄식한다. 그는 자신의 생 전체가 고생과 슬픔 뿐이기에 태어난 것 자체를 탄식한다.

능동적 묵상의 단계

성전의 총감독 제사장 바스훌이 예레미야를 때리고 목에 차꼬를 채워 성전에 가둔다(1-2절). 다음날 자신을 풀어주는 바스훌에게 예레미야는 "마골밋사빕"(사방으로 두려워한다)이라는 이름을 주며 하나님의 심판을 선포한다. 바스훌과 바스훌의 거짓 예언을 들은 그의 모든 친구도 그와 같으리라 말씀하신다(3-6절).

예레미야는 하나님의 권유로 파멸과 멸망을 선포하지만 이로 인해 그가 받는 치욕과 모욕에 탄식한다. 예레미야는 다시는 여호와를 선포하지 않겠다 결심하지만 그의 마음이 불붙는 것 같아서 골수에 사무치니 답답하여 견딜 수 없다고 말한다(7-9절).

예레미야는 두려운 용사와 같이 함께 하시며 도우시는 하나님을 찬양하지만 한편으로는 고통과 슬픔으로 가득한 자신의 삶을 한탄한다(11-18절).

수동적 묵상의 단계

예레미야의 예언을 들은 성전의 총감독 바스훌은 예레미야를 때리고 차고를 채워 성전에 가둔다. 하나님의 말씀을 그대로 전했다는 이유로 매를 맞고 차고에 채워 성전에 갇힌 예레미야의 마음에 머물러 본다.

예레미야는 '주께서 나보다 강하사 이기셨으므로 내가 조롱거리가 되었다'고 탄식한다. 하나님의 말씀을 그대로 전하면서 예레미야가 겪게 되는 고난과 이러한 고난에도 불구하고 여호와를 선포하지 않겠다고 하면 마음이 불붙는 것 같아 답답하여 견딜 수 없는 예레미야의 마음에 머물러 본다.

예레미야는 용사와 같이 자신과 함께 하시며 도우시는 하나님을 찬양한다. 함께 하시는 용사와 같으신 하나님께 머물러 본다.

되돌아보기

바스훌은 자신의 생각대로 거짓 예언을 하고, 자신의 권력을 이용하여 예레미야를 가둔다. 바스훌과 같이 자신의 생각과 힘을 의지하여 살고 있는 삶의 모습은 없는지 돌아본다.

예레미야에게 하나님은 자신보다 강한 분이시며 자신과 함께 하시며 도우시는 두려운 용사같은 분이시다. 나에게 그리고 나의 삶 속에서 하나님은 어떤 분으로 느껴지는가?

거짓된 세상 속에서 참된 삶을 살아가는 예레미야는 외롭고 또한 괴롭다. 그렇지만 그 길에서 돌아서려고 하면 그의 마음은 불붙는 것 같고 답답하여 견딜 수가 없다. 하나님의 말씀을 따르려는 마음과 이로 인해 겪게 되는 내면의 갈등은 무엇인지 천천히 살펴본다.

마음 쏟아 놓기

나의 뜻만을 주장하고 주님의 말씀은 듣기 싫어하여 때리고 가둬버리는 폭력성이 제 마음 안에도 있음을 봅니다. 그것이 거짓된 것인지도 모른 채 그것이 이루어질 현실인 것처럼 나를 속이며 악을 향해 달려갔던 나의 삶을 돌아봅니다. 하나님께 모든 것이 속했기에 하나님께서 가져가시면 제가 지킬 수 있는 것은 아무것도 없습니다. 하나님의 말씀의 현실 안에 살게 하소서. 그 말씀 따라 살기를 열망하게 하소서.

하나님 음성 듣기 / 하나님 안에 머물기

나와 함께 하시는 하나님 안에 머무른다.

응답의 기도

참되고 선한 진정한 현실은 하나님 안에 있습니다. 내가 만든 거짓된 삶은 하나님의 말씀을 듣지 않고, 하나님을 떠난 삶입니다. 모든 위협과 두려움 속에서도 함께 하시는 하나님을 의지하여 참된 길을 걸어가게 하소서. 하나님의 말씀을 따르며 사는 것이 때로는 괴롭고 고통스럽기도 하지만, 이 또한 하나님 안에 있음을 고백합니다.

삶으로 기도하기

나를 속이며, 이웃을 속이는 거짓된 삶을 버리고, 하나님의 말씀을 온전히 따르는 참된 삶을 살게 하소서.

23. 예루살렘 멸망의 예언
(21:1-14)

Lectio divina Jeremiah

기도에 임하기

하나님의 말씀의 빛으로 나의 삶을 비추사 악에서 돌이켜 주를 따르게 하소서.

말씀읽기

예레미야 21:1 - 14

1절 여호와께로부터 예레미야에게 말씀이 임하니라 시드기야 왕이 말기야의 아들 바스훌과 제사장 마아세야의 아들 스바냐를 예레미야에게 보내니라
2절 바벨론의 느부갓네살 왕이 우리를 치니 청컨대 너는 우리를 위하여 여호와께 간구하라 여호와께서 혹시 그의 모든 기적으로 우리를 도와 행하시면 그가 우리를 떠나리라 하니
3절 예레미야가 그들에게 대답하되 너희는 시드기야에게 이같이 말하라
4절 이스라엘의 하나님 여호와께서 이와 같이 말씀하시되 보라 너희가 성 밖에서 바벨론의 왕과 또 너희를 에워싼 갈대아인과 싸우는 데 쓰는 너희 손의 무기를 내가 뒤로 돌릴 것이요 그것들을 이 성 가운데 모아들이리라
5절 내가 든 손과 강한 팔 곧 진노와 분노와 대노로 친히 너희를 칠 것이며
6절 내가 또 사람이나 짐승이나 이 성에 있는 것을 다 치리니 그들이 큰 전염병에 죽으리라 하

셨다 하라

7절 여호와의 말씀이니라 그 후에 내가 유다의 왕 시드기야와 그의 신하들과 백성과 및 이 성읍에서 전염병과 칼과 기근에서 남은 자를 바벨론의 느부갓네살 왕의 손과 그들의 원수의 손과 그들의 생명을 찾는 자들의 손에 넘기리니 그가 칼날로 그들을 치되 측은히 여기지 아니하며 긍휼히 여기지 아니하며 불쌍히 여기지 아니하리라 하셨느니라

8절 여호와께서 말씀하시기를 보라 내가 너희 앞에 생명의 길과 사망의 길을 두었노라 너는 이 백성에게 전하라 하셨느니라

9절 이 성읍에 사는 자는 칼과 기근과 전염병에 죽으려니와 너희를 에워싼 갈대아인에게 나가서 항복하는 자는 살 것이나 그의 목숨은 전리품 같이 되리라

10절 여호와의 말씀이니라 내가 나의 얼굴을 이 성읍으로 향함은 복을 내리기 위함이 아니요 화를 내리기 위함이라 이 성읍이 바벨론 왕의 손에 넘김이 될 것이요 그는 그것을 불사르리라

11절 유다 왕의 집에 대한 여호와의 말을 들으라

12절 여호와께서 이와 같이 말씀하시니라 다윗의 집이여 너는 아침마다 정의롭게 판결하여 탈취 당한 자를 압박자의 손에서 건지라 그리하지 아니하면 너희의 악행 때문에 내 분노가 불 같이 일어나서 사르리니 능히 끌 자가 없으리라

13절 여호와의 말씀이니라 골짜기와 평원 바위의 주민아 보라 너희가 말하기를 누가 내려와서 우리를 치리요 누가 우리의 거처에 들어오리요 하거니와 나는 네 대적이라

14절 내가 너희 행위대로 너희를 벌할 것이요 내가 또 수풀에 불을 놓아 그 모든 주위를 사르리라 여호와의 말씀이니라

말씀으로 기도하기

본문배경 이해하기

21-24장은 유다 왕들에 대한 심판과 회복 예언에 관한 것이다. 전체적인 주제는 시드기야 왕이 예레미야에게 요청한 중보기도의 거절로 시작하지만(21:1-10), 이를 계기로 멸망에 대해 책임을 져야하는 지도자에 대한 예언을 한다. 주로 다윗 왕조에 관한 것이지만, 예언자들에 대한 예언도 다음과 같이 담겨 있다. 1) 유다왕국에 대한 중보기도의 거절과 심판 확인 (21:1-10). 2)

유다 왕들에 대한 비판 (21:11-22:9). 3) 실패한 유다 왕들 (22:10-30). 4) 의로운 왕에 대한 약속 (23:1-8). 5) 거짓 예언자에 대한 심판 (23:9-40). 6) 무화과가 든 두 광주리의 비유 (24:1-10).

21장의 사건은 19-20 장의 사건이 지난지 10여년 후의 이야기이다. 4절을 미루어 바벨론 왕 느부갓네살 왕이 예루살렘 성을 포위한 상황은 시드기야 제9년(주전 588년)의 일이다. 시드기야는 이집트 왕과 함께 바벨론에 저항하였고 마침내 느부갓네살 왕의 군대가 예루살렘에 도착하여 포위하고 모든 지원을 차단하였다. 성벽은 주전 586년에 뚫렸다. 예레미야가 바벨론 침입을 말해왔지만 사람들은 거짓 선지자라고 조롱하였는데 이제 그 일이 실현되었다. 1절에서 바스훌을 말기야의 아들이라고 할때 38:1에 나타나는 바스훌과 같지만, 20:1에 나타나는 임멜의 아들 바스훌과는 다른 사람이다. 시드기야는 주전 701년 히스기야 즉위시 산헤립의 침입으로부터 예루살렘이 구원받은 경험(왕하 18-19장)을 기억하고 예레미야에게 기도를 부탁한 것으로 보인다. 7절에서 전염병과 칼과 기근은 포위당한 유다의 현실을 보여준다. 포위 작전의 의도는 주민들의 식품 공급을 차단하고, 그들을 기근으로 몰아넣고, 물을 고갈시켜 오염된 물을 마시게 하고, 유행성 전염병에 걸리게 하는 것이다. 11절부터 다윗 왕조에 대한 여호와의 말씀이 시작된다.

본문내용 이해하기

이 본문은 두 단락으로 이루어져 있다: A. 시드기야의 요청에 대한 예레미야의 응답 (1-10절); B. 다윗 왕가에 대한 경고 (11-14절)

첫째 단락 (1-10절)은 시드기야의 요청에 대한 예레미야의 응답에 관한 것이다. 유다가 바벨론에 의하여 포위를 당했을 때 시드기야 왕은 예레미야에게 바스훌과 스바냐를 보내어 부탁한다. 바벨론에 의한 침입 앞에서 예레미야로 하여금 여호와께 간구하라고 부탁한다. 하나님의 기적적인 도움으로 바벨론 군대가 떠나가기를 간구하는 것이다. 아마도 그는 주전 701년에 있었던 예루살렘의 극적인 구원을 기억하였을 것이다. 이미 예루살렘을 멸망하겠다고 작정하신 하나님으로부터 구원의 음성이 들리지 않았다. 예레미야가 하나님의 음성을 전한다. 하나님은 이스라엘 백성을 위하여 싸우시는 분이 아니라 그들에게 대항하여 적들에게 백성을 넘겨주시는 분임을 보여준다. 바벨론 왕과 갈대아인과 싸울 때 사용되어야 할 무기들이 무장해제 되어 성안에 회수될 것이다. 하나님은 바벨론의 침입을 저지하지 않고 오히려 진노와 분노와 대노로 이스라엘 백성을 쳐서 그들이 전염병으로 인하여 죽을 것이다. 포로 기간동안 성안에서는 전염병,

칼, 기근의 위협이 있을 것이며, 여기에서 살아남은 자들은 칼날로 죽임을 당할 것이다. 강조를 위하여 이스라엘을 공격하는 자들을 바벨론 왕, 원수, 그들의 생명을 찾는 자라고 표현하였다. 현실의 참혹함은 측은히 여기지 않고, 긍휼히 여기지 않고, 불쌍히 여기지 않음으로 표현된다. 하나님은 이스라엘 백성을 구원한다고 하지 않으시고 성읍이 바벨론 왕의 손에 넘겨지기 때문에 그들이 할 일은 오직 바벨론에게 항복함으로 전리품처럼 목숨을 구하는 것이다.

둘째 단락 (11-14절)은 다윗 왕가에 대한 경고이다. 이 부분은 21-24장에 대한 서론 역할을 한다. 시드기야에 대한 응답을 시작으로 유다 왕의 운명에 대한 예언을 시작한다. 이 평가는 유다 왕들에 대한 경고와 심판으로 시작된다 (21:11-14). 왕들의 책임은 토라에 근거한 정의와 공평이다 (21:12). 이러한 기준은 이미 왕들에 관한 계명인 신명기 17장에 기초한다(신 17:18-20). 정의와 공의를 행하지 않은 유다 왕들을 심판하신다. 왕궁과 성읍은 성전 아래 남쪽(골짜기)에 자리잡고 있었고 북쪽에서 내려오는 적군의 공격으로부터 자연적으로 보호받을 수 있었기 때문에 "누가 내려와서 우리를 치리요"라고 말하는 것이다. 그러나 하나님은 왕궁에 사는 백성들에게 내가 네 대적이라고 말씀하시고(13절), 그들의 행위대로 심판하시고 책임을 물으실 것이다 (14절).

능동적 묵상의 단계

바벨론의 느브갓네살 왕의 공격 앞에서 시드기야 왕은 예레미야에게 사람을 보내 우리를 위하여 여호와께 간구하라 요청한다(1-2절). 예레미야를 통해 듣게 되는 답은 하나님의 손과 팔곧 진노와 분노와 대노로 친히 그들을 치겠다는 말씀이다. 성읍이 포위되어 칼과 기근과 전염병으로 죽는 중에 살 수 있는 길은 바벨론에 항복하는 길이라고 말씀하신다(3-9절).

하나님께서는 유다 왕들에게 '아침마다 정의롭게 판결하여 탈취 당한 자를 압박자의 손에서 건지라' 말씀하신다. 그리하지 아니하면 그들의 악행으로 인하여 하나님의 분노가 임할 것이라고 말씀하신다(11-12절).

수동적 묵상의 단계

바벨론에게 포위를 당했을 때 비로소 시드기야는 예레미야에게 사람을 보낸다. 궁지에 몰려서야 하나님의 도우심을 구하는 시드기야를 묵상한다.

나라를 위해 기도해달라는 시드기야 왕의 요청에 예레미야는 하나님의 심판과 재앙을 선포한다. 여호와의 말씀을 온전히 전하는 예레미야의 마음에 머물러 본다.

하나님께서는 '보라 내가 너희 앞에 생명의 길과 사망의 길을 두었노라' 말씀하신다. 생명의 길과 사망의 길을 묵상하고 생명의 주이신 하나님께 머물러 본다.

하나님께서는 유다 왕의 집에 정의를 외치신다. 하나님께서 구하시는 정의는 무엇인지 묵상한다.

되돌아보기

궁지에 몰려서야 비로소 하나님을 찾는 시드기야 왕은 그가 하나님 앞에 자복하기 이전에 예레미야를 통해 하나님의 긍휼을 얻어볼까 한다. 하나님 앞에 진실된 마음으로 다가가기보다 하나님을 도구적으로 보는 내 안의 삶의 태도는 없는지 돌아본다.

하나님께서 사망의 길과 생명의 길을 보이셔도 여전히 하나님의 길과 방법보다 나의 방법과 나의 뜻만을 추구하는 모습은 없는지 돌아본다.

유다 왕가를 향한 하나님의 바램은 정의와 공의였다. 하나님의 마음에 합한 정의를 행하기 보다 나의 힘과 능력을 의지해 불의를 행하고 있는 것은 없는지 돌아본다.

마음 쏟아 놓기

나의 마음을 하나님께로 온전히 향하지 않은 채 하나님께서 나의 필요에만 응답해주시기를 바라는 얄팍한 신앙의 모습을 회개합니다. 하나님이 보이시는 생명의 길에도 주저하고 망설이며 나의 뜻을 추구하려는 나의 완고한 마음을 회개합니다. 하나님께서 주신 모든 것으로 하나님의 뜻을 추구하며 하나님의 정의를 따르기보다 나를 위해서만 모든 것들을 이용했던 삶의 모습들을 회개합니다. 주님, 저의 능력이 아닌 성령님을 의지하오니, 오직 주님 안에서 정의를 행하며 살아가게 하옵소서.

하나님 음성 듣기 / 하나님 안에 머물기

생명의 길을 여시며 정의를 기뻐하시는 하나님 안에 머문다.

응답의 기도

하나님과의 참된 관계 속에서 생명의 길을 가기를 원합니다. 내가 원하는 것만을 바라며 모든 것을 도구화시키는 삶이 아니라 하나님이 원하시는 것을 선택하며 생명과 정의를 꽃피우는 삶을 살아가게 하소서.

삶으로 기도하기

하나님과의 바른 관계 속에 하나님의 마음을 알게 하시고, 나의 삶 속에서 하나님의 뜻을 행하는 정의의 삶을 살게 하소서.

24. 왕들을 위한 예언
(22:1-30)

Lectio divina Jeremiah

기도에 임하기

주의 말씀을 청종하며 주께서 원하시는 삶을 선택하게 하소서.

말씀읽기

예레미야 22:1 - 30

1절 여호와께서 이와 같이 말씀하시되 너는 유다 왕의 집에 내려가서 거기에서 이 말을 선언하여
2절 이르기를 다윗의 왕위에 앉은 유다 왕이여 너와 네 신하와 이 문들로 들어오는 네 백성은 여호와의 말씀을 들을지니라
3절 여호와께서 이와 같이 말씀하시되 너희가 정의와 공의를 행하여 탈취 당한 자를 압박하는 자의 손에서 건지고 이방인과 고아와 과부를 압제하거나 학대하지 말며 이 곳에서 무죄한 피를 흘리지 말라
4절 너희가 참으로 이 말을 준행하면 다윗의 왕위에 앉을 왕들과 신하들과 백성이 병거와 말을 타고 이 집 문으로 들어오게 되리라
5절 그러나 너희가 이 말을 듣지 아니하면 내가 나를 두고 맹세하노니 이 집이 황폐하리라 여

호와의 말씀이니라

6절 여호와께서 유다 왕의 집에 대하여 이와 같이 말씀하시니라 네가 내게 길르앗 같고 레바논의 머리이나 내가 반드시 너로 광야와 주민이 없는 성읍을 만들 것이라

7절 내가 너를 파멸할 자를 준비하리니 그들이 각기 손에 무기를 가지고 네 아름다운 백향목을 찍어 불에 던지리라

8절 여러 민족들이 이 성읍으로 지나가며 서로 말하기를 여호와가 이 큰 성읍에 이같이 행함은 어찌 됨인고 하겠고

9절 그들이 대답하기는 이는 그들이 자기 하나님 여호와의 언약을 버리고 다른 신들에게 절하고 그를 섬긴 까닭이라 하셨다 할지니라

10절 너희는 죽은 자를 위하여 울지 말며 그를 위하여 애통하지 말고 잡혀 간 자를 위하여 슬피 울라 그는 다시 돌아와 그 고국을 보지 못할 것임이라

11절 여호와께서 유다 왕 요시야의 아들 곧 그의 아버지 요시야를 이어 왕이 되었다가 이 곳에서 나간 살룸에 대하여 이와 같이 말씀하시니라 그가 이 곳으로 다시 돌아오지 못하고

12절 잡혀 간 곳에서 그가 거기서 죽으리니 이 땅을 다시 보지 못하리라

13절 불의로 그 집을 세우며 부정하게 그 다락방을 지으며 자기의 이웃을 고용하고 그의 품삯을 주지 아니하는 자에게 화 있을진저

14절 그가 이르기를 내가 나를 위하여 큰 집과 넓은 다락방을 지으리라 하고 자기를 위하여 창문을 만들고 그것에 백향목으로 입히고 붉은 빛으로 칠하도다

15절 네가 백향목을 많이 사용하여 왕이 될 수 있겠느냐 네 아버지가 먹거나 마시지 아니하였으며 정의와 공의를 행하지 아니하였느냐 그 때에 그가 형통하였었느니라

16절 그는 가난한 자와 궁핍한 자를 변호하고 형통하였나니 이것이 나를 앎이 아니냐 여호와의 말씀이니라

17절 그러나 네 두 눈과 마음은 탐욕과 무죄한 피를 흘림과 압박과 포악을 행하려 할 뿐이니라

18절 그러므로 여호와께서 유다의 왕 요시야의 아들 여호야김에게 대하여 이와 같이 말씀하시니라 무리가 그를 위하여 슬프다 내 형제여, 슬프다 내 자매여 하며 통곡하지 아니할 것이며 그를 위하여 슬프다 주여 슬프다 그 영광이여 하며 통곡하지도 아니할 것이라

19절 그가 끌려 예루살렘 문 밖에 던져지고 나귀 같이 매장함을 당하리라

20절 너는 레바논에 올라 외치며 바산에서 네 소리를 높이며 아바림에서 외치라 이는 너를 사랑하는 자가 다 멸망하였음이라

21절 네가 평안할 때에 내가 네게 말하였으나 네 말이 나는 듣지 아니하리라 하였나니 네가 어려서부터 내 목소리를 청종하지 아니함이 네 습관이라

22절 네 목자들은 다 바람에 삼켜질 것이요 너를 사랑하는 자들은 사로잡혀 가리니 그 때에 네가 반드시 네 모든 악 때문에 수치와 욕을 당하리라

23절 레바논에 살면서 백향목에 깃들이는 자여 여인이 해산하는 고통 같은 고통이 네게 임할 때에 너의 가련함이 얼마나 심하랴

24절 여호와의 말씀이니라 나의 삶으로 맹세하노니 유다 왕 여호야김의 아들 고니야가 나의 오른손의 인장반지라 할지라도 내가 빼어

25절 네 생명을 찾는 자의 손과 네가 두려워하는 자의 손 곧 바벨론의 왕 느부갓네살의 손과 갈대아인의 손에 줄 것이라

26절 내가 너와 너를 낳은 어머니를 너희가 나지 아니한 다른 지방으로 쫓아내리니 너희가 거기에서 죽으리라

27절 그들이 그들의 마음에 돌아오기를 사모하는 땅에 돌아오지 못하리라

28절 이 사람 고니야는 천하고 깨진 그릇이냐 좋아하지 아니하는 그릇이냐 어찌하여 그와 그의 자손이 쫓겨나서 알지 못하는 땅에 들어갔는고

29절 땅이여, 땅이여, 땅이여, 여호와의 말을 들을지니라

30절 여호와께서 이와 같이 말씀하시니라 너희는 이 사람이 자식이 없겠고 그의 평생 동안 형통하지 못할 자라 기록하라 이는 그의 자손 중 형통하여 다윗의 왕위에 앉아 유다를 다스릴 사람이 다시는 없을 것임이라 하시니라

말씀으로 기도하기

본문배경 이해하기

21장을 시작으로 22장까지 유다 왕들에 대한 심판과 회복 예언이 이어진다. 6절에서 길르앗과 레바논은 무성한 숲에서 나는 풍부한 생산물로 유명했는데, "길르앗같고 레바논의 머리"라는 말은 유다의 전성기를 상징한다. 10절에서 잡혀간 왕은 요시야의 넷째 아들로 주전 609-608년에 아버지의 죽음 이후에 왕이 된 살룸이다. 그는 여호아하스라는 이름으로 즉위하여 3개월간 왕위에 있다가 애굽의 느고 2세에 의하여 이집트로 잡혀가 거기에서 죽었다. 14절에서 판자를

백향목으로 입혔다는 것은 가장 호화롭고 값비싼 자재를 사용하는 것으로 여겨진다. 백향목은 궁궐이나 성전을 지을 때만 사용되었다. 20절에서 세 개의 산악 지대인 레바논, 바산, 아바림 등을 언급하는데, 레바논은 북쪽에, 바산은 요단 저편 북동쪽에, 아바림은 남동쪽의 모압 지역에 위치한다. 이 지역은 예루살렘을 내려다 볼 수 있는 높은 산이다. "너를 사랑하는 자"는 동맹국을 말하고 (20절), 목자들은 예루살렘을 잘못 이끈 지도자들을 말한다(22절). 고니야의 폐위와 포로기에 스룹바벨의 즉위가 대조를 이룬다. 24절에서 인장반지란 일종의 인장으로 끈을 달아 목에 거는 원통형 인장이거나 가락지에 새겨 넣은 도장이었다. 인장반지는 왕의 권위와 신분, 소유권을 뜻한다. 여호와의 통치 상징으로 유다의 왕은 여호와의 인장반지로 여겨졌다. 고니야의 폐위를 통하여 유다 왕의 대가 끊김을 인장반지로 표현한다: "나의 삶으로 맹세하노니 유다 왕 여호야김의 아들 고니야가 나의 오른손의 인장반지라 할지라도 내가 빼어 네 생명을 찾는 자의 손과 네가 두려워하는 자의 손 곧 바벨론의 왕 느부갓네살의 손과 갈대아인의 손에 줄 것이라 (렘 22:24-25). 유다 왕조의 종언을 상징하는 이 말은 포로기 이후에 스룹바벨을 통하여 유다 왕조를 시작하시려는 하나님의 계획과 대조된다. 여기에도 인장 반지가 상징으로 사용된다: "스알디엘의 아들 내 종 스룹바벨아 여호와가 말하노라 그 날에 내가 너를 세우고 너를 인장으로 삼으리니 이는 내가 너를 택하였음이니라." (학 2:22).

본문내용 이해하기

이 본문은 두 단락으로 이루어져 있다: A. 왕과 성을 위한 메시지 (1-9절); B. 왕들을 위한 예언 (살룸, 여호야김, 고니야)(10-30 절)

첫째 단락(1-9절)은 왕과 성을 위한 메시지를 다룬다. 이 부분은 21장 11-12절의 내용을 자세하게 설명한다. 왕의 마땅한 책임은 나라를 정의와 공의로 다스리는 것임을 전제한다: "탈취 당한 자를 압박하는 자의 손에서 건지고 이방인과 고아와 과부를 압제하거나 학대하지 말며 이 곳에서 무죄한 피를 흘리지 말라." (렘 22:3). 이 명령에는 주로 약자 보호법을 포함하고 있다. 이 명령을 준행하면 왕과 신하와 백성들이 병거와 말을 타고 이 집(궁전-palace) 문으로 들어올 것이다(22:4 참조). 그러나 이 말을 듣지 않으면 이 집이 황폐하게 될 것이다. 6-9절은 명령을 지키지 않은 유다의 운명을 상세히 설명한다. 6-7절은 광야와 주민이 없는 성읍이 될 것이며, 파멸할 자들이 손에 무기를 가지고 아름다운 백향목을 찍어 불에 던질 것을 보여준다. 8-9절은 성읍이 멸망한 후에 여러 민족들이 이 큰 성읍에 왜 여호와가 이렇게 행하셨는가에 대한 질문에 대하여 "이는 그들이 자기 하나님 여호와의 언약을 버리고 다른 신들에게 절하고 그를 섬긴 까닭이라 하셨다."(9절) 라고 말할 것이다.

둘째 단락(10-30 절)은 왕들을 위한 예언을 다룬다. 10-11절은 살룸에 대한 예언이다. 요시야의 아들로 왕위에 올랐지만 잡혀간 살룸이 다시 돌아오지 못하고, 잡혀간 곳에서 죽을 것을 예언한다. 13-19절은 여호야김(엘리아김)에 대한 예언이다. 바로느고는 여호아하스 대신 그의 형제 엘리아 김을 왕으로 삼았는데, 그는 여호야김으로 불렸다. 그는 자기 거처를 사치스럽게 증축하는 것을 백성의 권리와 생명보다 더 중요하게 여겼다. 그의 죄악은 "불의로 그 집을 세우며 부정하게 그 다락방을 지으며 자기의 이웃을 고용하고 그의 품삯을 주지 아니하는 것"이다 (13절). 그의 행동은 요시야의 행동과 비교된다. 여호야김은 "자신을 위하여 큰 집과 넓은 다락방을 지으리라 하고 자기를 위하여 창문을 만들고 그것에 백향목으로 입히고 붉은 빛으로 칠하였고," 요시야는 "가난한 자와 궁핍한 자를 변호하고 형통하였나니 이것이 여호와를 알기 때문이었다." 그리하여 여호야김에게 심판이 선포된다:"그가 끌려 예루살렘 문 밖에 던져지고 나귀 같이 매장함을 당하지만"(19절). 무리가 그를 위하여 통곡하지 않을 것이다. 살룸과 여호야김의 운명은 죽음으로 끝나는 것이지만, 여호야긴의 경우에는 바벨론의 왕에게 권세를 넘겨준다는 극적인 표현이 나타난다. 회복이 오기까지 다윗 왕가에 왕이 없을 것이다: "너희는 이 사람이 자식이 없겠고 그의 평생 동안 형통하지 못할 자라 기록하라 이는 그의 자손 중 형통하여 다윗의 왕위에 앉아 유다를 다스릴 사람이 다시는 없을 것임이라."(렘 22:30)

능동적 묵상의 단계

예레미야를 통한 유다 왕들에 대한 말씀이 선포된다. 하나님께서는 그들에게 '너희가 정의와 공의를 행하여 탈취 당한 자를 압박하는 자의 손에서 건지고 이방인과 고아와 과부를 압제하거나 학대하지 말며 이 곳에서 무죄한 피를 흘리지 말라' 말씀하신다.(1-3절) 이 명령을 들으면 왕과 신하와 백성들이 병거와 말을 타고 돌아오게 될 것이나, 듣지 않으면 황폐하게 될 것이다 (4-5절).

하나님께서 유다 왕의 집을 파멸시키시고 광야와 주민이 없는 성읍과 같이 되게 하시는 이유는 '그들이 자기 하나님 여호와의 언약을 버리고 다른 신들에게 절하고 그를 섬긴 까닭이다 (6-9절).

요시야의 아들 살룸은 잡혀간 곳에서 죽을 것이다(10-12절). 자기를 위하여 집을 세우며 불의를 행한 여호야김은 정의와 공의를 행하므로 형통했던 요시야와 대조된다. 여호야김은 예루살렘 문 밖에 던져지고 나귀 같이 매장함을 당할 것이다(13-19절). 여호야김의 아들 고니야는 하나님의 오른손의 인장반지로 표현되지만 그 인장반지는 바벨론의 왕 느브갓네살에게 옮겨진다. 하나님께서는 유다 왕위가 끊어지고 유다를 다스릴 사람이 없을 것이라 말씀하신다(24-30절).

수동적 묵상의 단계

'너희가 정의와 공의를 행하여 탈취 당한 자를 압박하는 자의 손에서 건지고 이방인과 고아와 과부를 압제하거나 학대하지 말며 이 곳에서 무죄한 피를 흘리지 말라'는 하나님의 말씀에 머물러 본다. 하나님의 정의와 공의가 없는 땅을 황폐하게 하실 것이라는 하나님의 마음에 머물며 하나님께서 얼마나 정의와 공의를 원하시고, 가난하고 소외된 자들을 품어주시기를 원하시지는 지를 묵상한다.

유다 멸망의 이유는 '그들이 자기 하나님 여호와의 언약을 버리고 다른 신들에게 절하고 그를 섬긴 까닭'이라고 반복적으로 말씀하신다. 그러한 유다 멸망의 이유에 머물러 본다.

불의로 자신의 집을 세우고 재산을 축적한 여호야김의 모습과, 가난한 자와 궁핍한 자를 변호한 요시야의 대조되는 모습을 묵상한다. 요시야의 이런 모습을 하나님께서는 '나를 앎'이라고 말씀하신다. 요시야의 하나님을 앎을 묵상하고 대조적인 여호야김의 불순종도 바라본다.

되돌아보기

왕들에겐 힘과 권력이 있었고, 이방인과 고아와 과부는 압제 속에 학대를 당하기 쉬웠다. 하나님께서는 힘 있는 자들의 가장 큰 사명으로 힘없는 자들을 보호할 것을 말씀하신다. 하나님께서 내게 주신 모든 것들을 내가 더 얻기 위한 수단으로 사용하고 있는지, 하나님의 뜻을 이루는 데 사용하고 있는지 돌아본다.

하나님께서는 유다 왕들의 우상숭배와 불의를 다 알고 계셨다. 내 삶의 모든 것을 살피시는 하나님의 눈으로 내 삶을 바라볼 때 어디에 머물게 되는가? 하나님께서는 '가난한 자와 궁핍한 자를 변호'한 자가 형통하고 그것이 '나를 앎'이라고 말씀하신다. 스스로를 '하나님을 알아가는 신앙인'이라 여기면서도 주위에 소외된 이들에게는 관심을 가지지 않고 자기 자신의 안위에만 몰두하지는 않았나 되돌아본다.

마음 쏟아 놓기

나만을 위한 삶 속에서 내가 가진 모든 것, 내게 주신 모든 것을 오직 나를 위해서, 내가 원하는 것을 더 얻기 위해서만 살았던 모습을 회개합니다.

하나님의 공의와 정의 대신 다른 이들을 이용하고, 나의 힘으로 압제하여 나의 뜻만을 이루려는 내 안의 탐욕을 회개합니다. 습관처럼 깊이 배인 나만을 향한 탐욕이 비워지고 주의 사랑의 마음이 흐르게 하소서. 이웃을 사랑하는 가운데 진정으로 하나님을 알아가게 하옵소서.

하나님 음성 듣기 / 하나님 안에 머물기

하나님의 사랑과 공의를 알기 원하시는 그 마음 안에 머문다.

응답의 기도

하나님의 말씀을 청종하며, 하나님의 마음을 깊이 알아 하나님의 사랑을 온전히 드러내는 삶이길 원합니다. 내게 주신 모든 것을 하나님의 나라를 위하여 온전히 드리게 하소서.

삶으로 기도하기

나의 삶이 하나님의 사랑과 정의를 드러내는 삶이게 하소서.

25. 악한 목자와 의로운 왕
(23:1-22)

Lectio divina Jeremiah

기도에 임하기

말씀을 통하여 내 삶을 향하신 하나님의 뜻을 온전히 분별하여 하나님의 뜻을 이루는 삶을 살아가게 하소서.

말씀읽기

예레미야 23:1 - 22

1절 여호와의 말씀이니라 내 목장의 양 떼를 멸하며 흩어지게 하는 목자에게 화 있으리라
2절 그러므로 이스라엘의 하나님 여호와께서 내 백성을 기르는 목자에게 이와 같이 말씀하시니라 너희가 내 양 떼를 흩으며 그것을 몰아내고 돌보지 아니하였도다 보라 내가 너희의 악행 때문에 너희에게 보응하리라 여호와의 말씀이니라
3절 내가 내 양 떼의 남은 것을 그 몰려 갔던 모든 지방에서 모아 다시 그 우리로 돌아오게 하리니 그들의 생육이 번성할 것이며
4절 내가 그들을 기르는 목자들을 그들 위에 세우리니 그들이 다시는 두려워하거나 놀라거나 잃어 버리지 아니하리라 여호와의 말씀이니라
5절 여호와의 말씀이니라 보라 때가 이르리니 내가 다윗에게 한 의로운 가지를 일으킬 것이라

그가 왕이 되어 지혜롭게 다스리며 세상에서 정의와 공의를 행할 것이며

6절 그의 날에 유다는 구원을 받겠고 이스라엘은 평안히 살 것이며 그의 이름은 여호와 우리의 공의라 일컬음을 받으리라

7절 그러므로 여호와의 말씀이니라 보라 날이 이르리니 그들이 다시는 이스라엘 자손을 애굽 땅에서 인도하여 내신 여호와의 사심으로 맹세하지 아니하고

8절 이스라엘 집 자손을 북쪽 땅, 그 모든 쫓겨났던 나라에서 인도하여 내신 여호와의 사심으로 맹세할 것이며 그들이 자기 땅에 살리라 하시니라

9절 선지자들에 대한 말씀이라

내 마음이 상하며 내 모든 뼈가 떨리며 내가 취한 사람 같으며 포도주에 잡힌 사람 같으니 이는 여호와와 그 거룩한 말씀 때문이라

10절 이 땅에 간음하는 자가 가득하도다 저주로 말미암아 땅이 슬퍼하며 광야의 초장들이 마르나니 그들의 행위가 악하고 힘쓰는 것이 정직하지 못함이로다

11절 여호와의 말씀이니라 선지자와 제사장이 다 사악한지라 내가 내 집에서도 그들의 악을 발견하였노라

12절 그러므로 그들의 길이 그들에게 어두운 가운데 미끄러운 곳과 같이 되고 그들이 밀어냄을 당하여 그 길에 엎드러질 것이라 그들을 벌하는 해에 내가 그들에게 재앙을 내리리라 여호와의 말씀이니라

13절 내가 사마리아 선지자들 가운데 우매함을 보았나니 그들은 바알을 의지하고 예언하여 내 백성 이스라엘을 그릇되게 하였고

14절 내가 예루살렘 선지자들 가운데도 가증한 일을 보았나니 그들은 간음을 행하며 거짓을 말하며 악을 행하는 자의 손을 강하게 하여 사람으로 그 악에서 돌이킴이 없게 하였은즉 그들은 다 내 앞에서 소돔과 다름이 없고 그 주민은 고모라와 다름이 없느니라

15절 그러므로 만군의 여호와께서 선지자에 대하여 이와 같이 말씀하시니라 보라 내가 그들에게 쑥을 먹이며 독한 물을 마시게 하리니 이는 사악이 예루살렘 선지자들로부터 나와서 온 땅에 퍼짐이라 하시니라

16절 만군의 여호와께서 이와 같이 말씀하시되 너희에게 예언하는 선지자들의 말을 듣지 말라 그들은 너희에게 헛된 것을 가르치나니 그들이 말한 묵시는 자기 마음으로 말미암은 것이요 여호와의 입에서 나온 것이 아니니라

17절 항상 그들이 나를 멸시하는 자에게 이르기를 너희가 평안하리라 여호와의 말씀이니라 하

며 또 자기 마음이 완악한 대로 행하는 모든 사람에게 이르기를 재앙이 너희에게 임하지 아니하리라 하였느니라

18절 누가 여호와의 회의에 참여하여 그 말을 알아들었으며 누가 귀를 기울여 그 말을 들었느냐

19절 보라 여호와의 노여움이 일어나 폭풍과 회오리바람처럼 악인의 머리를 칠 것이라

20절 여호와의 진노가 내 마음의 뜻하는 바를 행하여 이루기까지는 그치지 아니하나니 너희가 끝날에 그것을 완전히 깨달으리라

21절 이 선지자들은 내가 보내지 아니하였어도 달음질하며 내가 그들에게 이르지 아니하였어도 예언하였은즉

22절 그들이 만일 나의 회의에 참여하였더라면 내 백성에게 내 말을 들려서 그들을 악한 길과 악한 행위에서 돌이키게 하였으리라

말씀으로 기도하기

본문배경 이해하기

계속적으로 23장에서도 유다 왕들에 대한 심판과 회복 예언이 이어진다. 21-24 장 전체의 분위기는 유다 왕들의 심판이지만, 이것이 왕이라는 제도 자체의 종언을 의미하지 않는다. 악한 왕들에 대한 심판은 선언되지만 (23:2), 공평과 정의를 행하는 새로운 이상적인 왕의 도래를 약속한다 (23:5-6). 왕의 도래는 곧 흩어졌던 백성의 귀환을 동반한다. 5절에서 "가지"라는 말은 메시아 본문에 등장한다(사 11:1; 슥 3:8; 6:12). 가지라는 말은 다윗 왕조의 적법한 후계자로서 장차 왕권을 회복시킬 미래의 다윗 왕과 같은 인물로 본다. 13절에서 바알을 의지하고 예언하는 자들은 주로 오므리 왕조 시대부터 이스라엘에서 적극적으로 나타났다. 아합 왕조의 멸망 이후에도 바알 종교에 기초한 혼합주의는 사라지지 않았다. 남왕국의 예언자들도 백성들에게 나쁜 본을 보이고 백성들이 회개하는 것을 막았기 때문에 바알의 이름으로 활동했던 북왕국의 예언자들보다 더 나쁘다. 쑥(렘 9:15; 신 29:18; 잠 5:4; 애 3:15; 암 5:7)과 독한 물은 거짓 예언자들에 대하여 하나님이 내리시는 재앙이다. 18절에서 여호와의 회의는 하늘 성전에서 여호와가 주재하는 회의이다(왕상 22:19-22; 욥기 1-2장; 15:8; 시편 82:1; 89:6-7). 나라의 멸망에 책임질 제도는 예언자직이다. 그리하여 왕의 책임만이 아니라 선지자들에 관한 예언이 왕의 예언과 함께 동반되어 44절까지 이어진다. 예언자들에 관한 예언은 렘 14:13-15;

겔 13:2-16에도 나타난다.

본문내용 이해하기

이 본문은 두 단락으로 이루어져 있다: A. 의로운 왕에 대한 약속 (1-8절); B. 거짓 예언자들에 대한 말씀 (9-22절)

첫째 단락(1-8절)은 의로운 왕에 대한 약속을 다룬다. 여호와의 양떼를 멸하며 흩어지게 하는 목자에 대한 심판을 선포하지만 때가 되어 의로운 왕에 대한 회복을 노래하는데 에스겔서 34장에서보다 간결하다. 이스라엘의 목자들이 양떼를 흩으며, 몰아내고, 돌보지 않았다. 그래서 목자의 악행에 대하여 여호와께서 보응하실 것을 말씀하신다. 여호와께서는 남은 양들을 모아 다시 돌아오게 할 것이다. 그리고 새로운 목자들을 세워 다시는 두려워하거나 잃어버리지 않을 것이다. 시드기야에 의하여 예루살렘이 멸망되고 다윗 왕조가 폐위되지만 다윗의 후손이 다시 회복될 것이다. 그는 왕으로서 지혜롭고 정의와 공의를 세울 것이다. 그때 유다는 구원을 받을 것이고, 이스라엘은 평안히 살 것이며, 그의 이름은 "여호와 우리의 공의"라고 일컬음을 받을 것이다. 그리하여 모든 백성들이 자기 땅에서 살게 될 것이다.

둘째 단락(9-22절)은 거짓 예언자들에 대한 말씀을 다룬다. 9-12절은 선지자와 제사장에 대한 재앙 선포이다. 예레미야는 예언자들에 관한 예언을 하면서 그들에게 닥칠 재앙에 관한 하나님의 말씀때문에 마음이 상하고, 뼈가 떨리며, 취한 사람같고, 포도주에 잡힌 사람 같았다. 예레미야가 본 세상은 간음하는 자가 가득하고, 저주로 인하여 땅이 슬퍼하고 광야의 초장들이 마르고 그들의 행위가 악하고 힘쓰는 것이 정직하지 못하다. 11-12절은 예언자와 제사장을 향한 여호와의 말씀이다. 하나님의 집에서 그들의 악을 발견하였다. 그리하여 하나님은 그들에게 재앙이 내릴 것이라고 하신다. 본문에서 예언자들의 문제는 두 가지이다. 하나는 예루살렘 예언자들이 간음을 행하며, 거짓을 행하며, 악을 행하는 사람들의 마음을 강하게 함으로써, 세상의 악의 기원이 되기 때문에 그들에게 재앙이 있을 것이다: "내가 그들에게 쑥을 먹이며 독한 물을 마시게 하리니, 이는 사악이 예루살렘 선지자들로부터 나와서 온 땅에 퍼짐이라" (23:15). 세상에 악이 넘치는 것은 예언자들로부터 시작한 것이며, 그렇기에 그들이 세상 사람들이 악으로부터 벗어나게 할 만한 영향력을 가지고 있지 않다는 것이다. 둘째는, 거짓 예언자들이 전하는 하나님의 말씀은 하나님으로부터 오지 않았다. 그들의 묵시는 자기의 마음에서 나온 것이며 (23:16), 거짓 꿈이며, 거짓과 헛된 자만으로 백성을 미혹하게 하며, 재앙이 아닌 평안에 대한 예언은 하나님으로부터 오지 않은 것이다 (23:17). 만약 그들이 하나님으로부터 음성을 들었다면 백성들을 악에서 돌이키게 하였을 것이다. 하나님이 보내지 않은 그들의 최종 결과는 하나님의 심판뿐이다. 결론적으로 백성들은 참 예언자의 말씀과 거짓 예언자의 말씀을 구별하여 참 예언자의 말씀을 들어야 한다.

능동적 묵상의 단계

본문은 이스라엘의 목자들과 선지자들에 대한 말씀이다. 하나님께서는 '내 목장의 양 떼를 멸하며 흩어지게 하는 목자'에게 화가 있을 것이라 말씀하신다. 목자들은 양 떼를 흩으며 몰아내고 돌보지 않았지만 하나님께서는 하나님의 양 떼를 몰려 갔던 모든 곳에서 다시 그 우리로 돌아오게 하며 생육하고 번성하게 할 것이다(1-4절).

하나님께서는 다윗에게 한 의로운 가지를 일으켜 그가 왕이 되어 지혜롭게 다스리며 세상에서 정의와 공의를 행할 것이라 말씀하신다. 그의 날에 유다는 구원을 받고 이스라엘은 평안히 살며 그의 이름은 여호와 우리의 공의라 불리게 될 것이다(5-6절). 또한 그때에 이스라엘 자손들은 쫓겨났던 모든 곳에서 돌아와 자기 땅에 살게 될 것이다(7-8절).

예레미야가 선지자들에 대한 하나님의 거룩한 말씀을 들을 때에 그의 마음이 상하고 모든 뼈가 떨리었다. 하나님께서는 선지자와 제사장에게 재앙을 선포하시는데, 그들에게서 악을 발견하였기 때문이다(9-12절).

사마리아 선지자들은 바알을 의지하고 예언하여 이스라엘 백성을 그릇되게 하였고, 예루살렘 선지자들은 간음을 행하며 거짓을 말하였다. 이들은 악을 행하는 자의 손을 오히려 강하게 하여 악에서 돌이키지 않게 하였기 때문에 소돔과 고모라와 다를 바 없다(13-14절).

하나님께서는 악이 예루살렘 선지자들로부터 나와서 온 땅에 퍼진다고 말씀하신다. 그들은 헛된 것을 가르치며 그들의 묵시는 하나님의 말씀이 아닌 자기 마음대로 하는 것이다. 그들은 하나님을 멸시하는 자에게 '평안하리라 하나님의 말씀이니라' 하고, '마음이 완악한 대로 행하는 모든 사람에게 재앙이 임하지 아니하리라' 하였다. 이제 하나님께서 보내시지도 않았고, 하나님이 말씀이라 마음대로 전한 이들에게는 하나님의 진노가 임할 것이다(15-20절).

하나님께서는 이러한 선지자들이 하나님의 회의에 참여하였더라면 하나님의 백성에게 하나님의 말을 들려서 그들을 악한 길과 악한 행위에서 돌이키게 하였으리라 말씀하신다(22절).

수동적 묵상의 단계

하나님께서는 이스라엘의 왕들을 향해 '내 백성을 기르는 목자'라고 부르시며 '너희가 내 양 떼를 흩으며 그것을 몰아내고 돌보지 아니하였다'고 말씀하신다. 그 하나님의 말씀에 머물러 본다. 하나님께서는 '내 양 떼의 남은 것'을 다시 그 우리로 돌아오게 하리라 말씀하신다. 흩어진 양 떼를 우리로 모으시는 하나님께 머물러 본다.

하나님께서 세우시는 '한 의로운 가지', '지혜롭게 다스리며 정의와 공의를 행하는', '여호와 우리의 공의'라 불리는 왕에 머물러 본다.

예레미야는 선지자들을 향한 하나님의 분노와 재앙에 대한 말씀을 들을 때에 '내 마음이 상하며 내 모든 뼈가 떨리며 내가 취한 사람 같으며 포도주에 잡힌 사람 같으니'라고 말한다. 예레미야의 마음에 머물러 본다.

선지자들의 악과 그들을 향한 하나님의 분노에 머물러 본다. 하나님께서 말씀하시는 하나님의 회의는 무엇인지 묵상해 보고 하나님이 원하시는 선지자는 어떠한 사람인지 묵상해 본다.

되돌아보기

하나님께서는 하나님께서 세우신 자리에서 맡기신 일들을 감당하지 않고 오히려 악의 근원이 된 왕과 선지자와 제사장들에게 심판을 말씀하신다. 하나님께서 나에게 맡기신 자리는 어디인지 돌아보며 나는 그 자리에서 하나님의 뜻을 행하고 있는지 돌아본다. 나로부터 시작되는 악은 없는지 되돌아본다.

하나님께서 세우신 새 왕은 '여호와 우리의 공의'라 불린다. 내 삶의 자리에서 정의와 공의를 행하는 것이 무엇인지 돌아본다.

선지자들을 향한 하나님의 심판의 말씀을 들은 예레미야는 거룩한 하나님의 말씀 앞에 두려움과 떨림을 갖는다. 하나님 말씀 앞에서의 삶은 어떤 모습인지 돌아본다.

하나님께서는 '그들이 만일 나의 회의에 참여하였더라면 내 백성에게 내 말을 들려서 그들을 악한 길과 악한 행위에서 돌이키게 하였으리라' 말씀하신다. 이 말씀을 나의 삶에 적용하여 묵상하여 본다.

마음 쏟아 놓기

하나님을 잃어버린 삶의 모습은 나의 삶만을 어그러지게 하는 것이 아니라 공동체의 삶도 어그러지게 하는 것을 깨닫습니다. 하나님을 두려워하기보다 사람을 두려워하고 사람들이 듣기 좋은 말을 하며 악에 동조했던 나의 삶을 회개합니다. 하나님의 말씀을 두렵고 떨림으로 경청하며 하나님의 뜻이 내 삶 가운데 이루어져 정의와 공의가 이루어지기보다는 내 마음대로 행하며 악에 휩쓸려 살았던 삶을 회개합니다. 양과 같은 저희를 다시 인도하여 구원하시는 주님을 의지합니다.

하나님 음성 듣기 / 하나님 안에 머물기

'여호와 우리의 공의'의 왕이 다스리는 나라에 머물러 본다.

응답의 기도

하나님 안에 정의와 공의가 있습니다. 하나님을 떠난 삶에는 부정과 부패가 가득하고 악에 편승하여 각자의 마음에 좋은 대로 행할 뿐입니다. 이 어리석은 길에서 돌아서서 하나님의 말씀을 경청하길 원합니다. 그 하나님의 뜻이 내 삶 가운데 온전히 이루어지길 원합니다.

삶으로 기도하기

나를 세우신 그 자리, 내가 맡기신 그 일 가운데 하나님의 뜻을 온전히 행하게 하옵소서.

26. 거짓 예언자들에 대한 예언
(23:23-40)

Lectio divina Jeremiah

기도에 임하기

하나님의 말씀을 경청하므로 하나님 앞에 진실하게 살게 하소서.

말씀읽기

예레미야 23:23 - 40

23절 여호와의 말씀이니라 나는 가까운 데에 있는 하나님이요 먼 데에 있는 하나님은 아니냐

24절 여호와의 말씀이니라 사람이 내게 보이지 아니하려고 누가 자신을 은밀한 곳에 숨길 수 있겠느냐 여호와가 말하노라 나는 천지에 충만하지 아니하냐

25절 내 이름으로 거짓을 예언하는 선지자들의 말에 내가 꿈을 꾸었다 꿈을 꾸었다고 말하는 것을 내가 들었노라

26절 거짓을 예언하는 선지자들이 언제까지 이 마음을 품겠느냐 그들은 그 마음의 간교한 것을 예언하느니라

27절 그들이 서로 꿈 꾼 것을 말하니 그 생각인즉 그들의 조상들이 바알로 말미암아 내 이름을 잊어버린 것 같이 내 백성으로 내 이름을 잊게 하려 함이로다

28절 여호와의 말씀이니라 꿈을 꾼 선지자는 꿈을 말할 것이요 내 말을 받은 자는 성실함으로

내 말을 말할 것이라 겨가 어찌 알곡과 같겠느냐

29절 여호와의 말씀이니라 내 말이 불 같지 아니하냐 바위를 쳐서 부스러뜨리는 방망이 같지 아니하냐

30절 여호와의 말씀이라 그러므로 보라 서로 내 말을 도둑질하는 선지자들을 내가 치리라

31절 여호와의 말씀이니라 보라 그들이 혀를 놀려 여호와가 말씀하셨다 하는 선지자들을 내가 치리라

32절 여호와의 말씀이니라 보라 거짓 꿈을 예언하여 이르며 거짓과 헛된 자만으로 내 백성을 미혹하게 하는 자를 내가 치리라 내가 그들을 보내지 아니하였으며 명령하지 아니하였나니 그들은 이 백성에게 아무 유익이 없느니라 여호와의 말씀이니라

33절 이 백성이나 선지자나 제사장이 네게 물어 이르기를 여호와의 엄중한 말씀이 무엇인가 묻거든 너는 그들에게 대답하기를 엄중한 말씀이 무엇이냐 묻느냐 여호와의 말씀에 내가 너희를 버리리라 하셨고

34절 또 여호와의 엄중한 말씀이라 하는 선지자에게나 제사장에게나 백성에게는 내가 그 사람과 그 집안을 벌하리라 하셨다 하고

35절 너희는 서로 이웃과 형제에게 묻기를 여호와께서 무엇이라 응답하셨으며 여호와께서 무엇이라 말씀하셨느냐 하고

36절 다시는 여호와의 엄중한 말씀이라 말하지 말라 각 사람의 말이 자기에게 중벌이 되리니 이는 너희가 살아 계신 하나님, 만군의 여호와 우리 하나님의 말씀을 망령되이 사용함이니라 하고

37절 너는 또 선지자에게 말하기를 여호와께서 네게 무엇이라 대답하셨으며 여호와께서 무엇이라 말씀하셨느냐

38절 너희는 여호와의 엄중한 말씀이라 말하도다 그러므로 여호와께서 이와 같이 말씀하시되 내가 너희에게 사람을 보내어 너희는 여호와의 엄중한 말씀이라 하지 말라 하였으나 너희가 여호와의 엄중한 말씀이라는 이 말을 하였은즉

39절 내가 너희를 온전히 잊어버리며 내가 너희와 너희 조상들에게 준 이 성읍을 내 앞에서 내버려

40절 너희는 영원한 치욕과 잊지 못할 영구한 수치를 당하게 하리라 하셨느니라

말씀으로 기도하기

본문배경 이해하기

23절에서 하나님의 초월성과 편재성을 말하고 있다. 초월성이란 먼데 계신 하나님으로 하나님이 창조 세계 너머에 계심을 말한다. 편재성이란 가까이 계신 하나님으로 세상에 내재하신 하나님을 말한다. 구약성서에서 원래 꿈(할롬)과 환상(하존)은 하나님의 숨겨진 계시를 전해주는 긍정적인 역할을 한다. 하나님은 예언자에게 꿈으로 계시를 보여주신다(민 12:6). 솔로몬은 꿈과 환상(마르아)을 통하여 계시를 받았다(왕상 3:5, 15). 그러나 구약성서는 꿈과 환상의 위험성들을 경고하고 있다: "내 이름으로 거짓을 예언하는 선지자들의 말에 내가 꿈을 꾸었다 꿈을 꾸었다고 말하는 것을 내가 들었노라." (렘 23:25); "그들이 말한 묵시(하존)는 자기 마음으로 말미암은 것이요 여호와의 입에서 나온 것이 아니니라." (렘 23:16). 신명기는 환상이라는 말을 사용하지 않을 뿐 아니라, 꿈이 하나님으로부터 오는 계시의 도구라는 것을 인정하지 않는다. 예레미야도 꿈을 계시의 도구로 보는 것을 인정하지 않고(렘 23:25; 29:8), 대신 계시의 도구로써 말씀을 강조한다(렘 23:28). 예언자들은 하나님으로부터 오지 않은 환상에 대하여 경계한다(겔 13:7; 13:14; 23:16). 이는 계시의 도구로써 꿈과 환상의 역할을 부정한다기보다는 잘못된 계시를 전할 위험성을 경고하는 것이다.

본문내용 이해하기

이 본문은 두 단락으로 이루어져 있다: A. 거짓 예언자들에 대한 예언 (23-32 절); B. 말씀이 짐이냐? (33-40 절)

첫째 단락(23-32 절)은 거짓 예언자들에 대한 예언을 다루고 있다. 23-24절은 본문의 문맥과 관련되지 않아 보인다. "가까운 데에 있는 하나님"은 제한된 힘을 가지고 은밀한 곳에 숨어 있는 사람들을 다루지 못한다고 여기는 신관이다. "먼데에 있는 하나님은 아니냐?" 라는 질문은 하나님이 아무것도 하나님으로부터 숨겨질 수 없는 온 우주의 하나님임을 강조한다(시 139:7-16; 사 66:1; 암 9:2-4). 하나님은 천지에 충만한 하나님이시다. 이어서 하나님의 계시의 도구로써 꿈과 하나님의 말씀을 대조한다. 꿈은 원래 하나님의 계시의 도구이지만 거짓 예언자들이 꿈을 남용하고 있다. 그들이 서로 꿈 꾼 것을 말함으로 하나님의 말씀으로부터 벗어나서 바알을 찾고 미혹하게 만든다. 그러나 하나님의 말씀을 계시로 받은 예언자들은 성실함으로 하나님의 말씀을 전할 것이다.

둘째 단락(33-40절)은 "말씀이 짐이냐?"라는 질문을 다루고 있다. 이 본문은 여호와의 말씀을 거짓되게 전하는 예언자들의 운명을 다루고 있다. 엄중한 말씀이라는 말은 "맛사"라는 히브리어로서 경고, 짐으로 번역된다. 예언자들은 하나님으로부터 받은 말씀을 엄중한 말씀이라고 말한다. 예레미야에게도 하나님으로부터 받은 엄중한 말씀이 무엇이냐고 묻고 자신도 하나님으로부터 엄중한 말씀을 받았다고 주장한다. 예레미야는 하나님으로부터 받은 엄중한 말씀이 있다면 그것은 엄중한 말씀을 받았다고 주장하는 예언자들에 대한 심판밖에 없다고 말한다: "내가 너희를 버리리라."(렘 23:33). 이 본문에서 거짓 예언자의 문제는 하나님으로부터 전달받지 않은 말씀을 직접 받은 말씀처럼 전하면서 엄중한 말씀이라고 표현하는 것이다. 이들은 엄중한 말씀이라고 표현하면서 사실은 자신들의 인위적인 말을 전하는 것이다. 예레미야는 거짓 예언자들이 자신의 인위적인 말을 하나님으로부터 온 것처럼 주장하면 안된다고 말하는 것이다. 이런 주장을 하는 예언자들은 비참한 결과를 맞이할 것이다: "내가 너희를 온전히 잊어버리며 내가 너희와 너희 조상들에게 준 이 성읍을 내 앞에서 내버려 너희는 영원한 치욕과 잊지 못할 영구한 수치를 당하게 하리라." (렘 23:39-40)

능동적 묵상의 단계

선지자는 먼저 하나님께서 모든 곳에 충만하시고 모든 곳을 초월하심을 선포한다.(23-24절)

이어지는 본문은 거짓으로 예언하는 예언자들에 관한 말씀이다. 그들은 하나님의 말씀이 꿈을 통해 임한 것처럼 꿈을 꾸었다고 말하지만 사실은 그 마음의 간교한 것을 말한다. 그들이 서로 꿈 꾼 것을 말하는 것은 그들의 조상들이 우상숭배(바알)로 하나님의 이름을 잊어버린 것 같이 하나님의 백성으로 하나님의 이름을 잊게 하려는 것이다.(25-27절)

이러한 거짓 예언자들을 하나님께서는 '내 말을 도둑질하는 선지자들'이라고 부르시며 그들을 심판하실 것을 말씀하신다. 하나님께서 말씀하시지도 보내시지도 않은 그들은 하나님의 백성을 미혹하며 백성에게 아무런 유익이 없다(29-32절). 이들은 자신들의 인위적인 말을 하나님의 엄중한 말씀이라 선포하였기에 영원한 치욕과 영구한 수치를 당하게 될 것이다(33-40절).

수동적 묵상의 단계

하나님께서는 '나는 가까운 데에 있는 하나님이요 먼 데에 있는 하나님은 아니냐' 물으시며 은밀한 모든 것을 보실 뿐 아니라 천지에 충만한 하나님이라고 말씀하신다. 이 하나님의 속성에 머물러 본다. '내 말을 받은 자는 성실함으로 내 말을 말할 것이라'는 하나님의 말씀에 머물러 본다. 하나님의 말씀은 불같고, 바위를 쳐서 부스러뜨리는 방망이 같다고 말씀하신다. 살아 있고, 능력 있는 하나님의 말씀에 머물러 본다.

되돌아보기

진리이신 하나님보다 헛된 거짓을 따르기 원했던 삶의 모습은 없는지 돌아본다. 하나님의 이름을 기억하는 길보다 하나님의 이름을 잊는 길을 선택하려 하지 않았는지 돌아본다. 살아 있고 능력 있는 하나님의 말씀보다 헛되고 무익한 거짓을 쫓으려 하지는 않았는지 돌아본다. 하나님을 두려워함 없이 하나님을 이용하여 거짓을 행한 삶의 모습은 없었는지 돌아본다. 자신 안에 거짓 선지자와 같이 자신을 위한 인위적인 생각을 하나님의 말씀이라 여긴 적은 없지 되돌아본다.

마음 쏟아 놓기

하나님이 없는 곳에는 진실이 없습니다. 하나님을 외면하고 쫓았던 모든 것들이 헛되고 무익한 것들이었음을 깨닫게 됩니다. 진실을 외면하고 내 마음의 원함을 따라 사는 것이 결국 거짓으로 쫓았던 것이었습니다. 내 마음의 간교한 것을 따라 말하고 행동하면서도 하나님의 뜻인 것처럼 하나님을 이용하고 나를 속이고 이웃을 속이고 하나님을 속이려 했던 것을 회개합니다. 모든 것을 아시는 하나님을 두려워하지 않고, 살아 능력 있는 하나님의 말씀을 가벼이 여기며 행했던 저의 악을 용서하여 주옵소서. 모든 곳에 충만하시며 모든 것을 초월하여 다스리시는 살아 계신 하나님을 의지합니다.

하나님 음성 듣기 / 하나님 안에 머물기

참이시며 생명이신 하나님 안에 머무른다.

응답의 기도

거짓을 쫓으며 나를 속이고, 이웃을 속이고, 하나님을 속이려 드는 삶이 아니라 진리이신 하나님을 성실히 따르며 살아 있고 능력 있는 하나님의 말씀을 경험하는 삶을 살게 하소서.

삶으로 기도하기

하나님을 온전히 따르는 진실된 삶으로 이웃들을 생명으로 인도하는 삶을 살게 하소서. 나의 모든 삶 가운데, 또 나의 모든 삶을 초월하여 함께 하시는 주님을 의지하며 기도합니다.

27. 무화과 두 광주리의 비유
(24:1-10)

기도에 임하기

하나님의 마음을 알아 주를 온전히 따르게 하소서.

말씀읽기

예레미야 24:1 - 10

1절 바벨론의 느부갓네살 왕이 유다 왕 여호야김의 아들 여고냐와 유다 고관들과 목공들과 철공들을 예루살렘에서 바벨론으로 옮긴 후에 여호와께서 여호와의 성전 앞에 놓인 무화과 두 광주리를 내게 보이셨는데

2절 한 광주리에는 처음 익은 듯한 극히 좋은 무화과가 있고 한 광주리에는 나빠서 먹을 수 없는 극히 나쁜 무화과가 있더라

3절 여호와께서 내게 이르시되 예레미야야 네가 무엇을 보느냐 하시매 내가 대답하되 무화과이온데 그 좋은 무화과는 극히 좋고 그 나쁜 것은 아주 나빠서 먹을 수 없게 나쁘니이다 하니

4절 여호와의 말씀이 또 내게 임하니라 이르시되

5절 이스라엘의 하나님 여호와께서 이와 같이 말씀하시니라 내가 이 곳에서 옮겨 갈대아인의 땅에 이르게 한 유다 포로를 이 좋은 무화과 같이 잘 돌볼 것이라

6절 내가 그들을 돌아보아 좋게 하여 다시 이 땅으로 인도하여 세우고 헐지 아니하며 심고 뽑지 아니하겠고

7절 내가 여호와인 줄 아는 마음을 그들에게 주어서 그들이 전심으로 내게 돌아오게 하리니 그들은 내 백성이 되겠고 나는 그들의 하나님이 되리라

8절 여호와께서 이와 같이 말씀하시니라 내가 유다의 왕 시드기야와 그 고관들과 예루살렘의 남은 자로서 이 땅에 남아 있는 자와 애굽 땅에 사는 자들을 나빠서 먹을 수 없는 이 나쁜 무화과 같이 버리되

9절 세상 모든 나라 가운데 흩어서 그들에게 환난을 당하게 할 것이며 또 그들에게 내가 쫓아보낼 모든 곳에서 부끄러움을 당하게 하며 말거리가 되게 하며 조롱과 저주를 받게 할 것이며

10절 내가 칼과 기근과 전염병을 그들 가운데 보내 그들이 내가 그들과 그들의 조상들에게 준 땅에서 멸절하기까지 이르게 하리라 하시니라

말씀으로 기도하기

본문배경 이해하기

무화과 두 광주리 비유를 할 때 유다의 상황은 어떠했는가? 이 사건은 주전 597년과 587년 사이에 일어난 일이다. 여호야긴 왕이 18세에 즉위하여 석달간 다스린 후에 느부갓네살 왕이 즉위한 지 8년에 예루살렘을 포위하고 마침내 항복시켰다. 왕이 여호야긴 왕, 왕의 어머니, 왕의 아내들, 내시들, 그리고 나라에 권세 있는 자들을 바벨론으로 사로 잡아 갔다. 바벨론에 끌려간 포로들은 여호야긴 왕 이후에 즉위한 시드기야를 왕으로 인정하지 않고 여호야긴 왕이 포로로 잡혀온 연수를 기준으로 연호를 사용한다(여호야긴 왕이 사로 잡힌지 5년, 겔 1:2). 유다가 느부갓네살 왕에 의하여 멸망할 때 유다 백성들은 세 그룹으로 나뉘게 되었다. 하나는 팔레스틴(가나안) 땅에 그대로 남아 있는 자들이다. 다른 하나는 애굽으로 이동한 자들이다. 셋째는 바벨론으로 이동한 자들이다. 본문에서 좋은 무화과 광주리 비유는 바벨론으로 이동한 무리들을 가리킨다. 나쁜 무화과 광주리는 팔레스틴에 남아 있는 자들과 애굽으로 이동한 자들을 가리킨다.

본문내용 이해하기

이 본문은 두 단락으로 이루어져 있다: A. 무화과 광주리의 표현 (1-3절); B. 무화과 광주리 비유의 의미 (4-10절)

첫째 단락(1-3절)은 무화과 광주리의 표현을 다룬다. 여호와께서 성전 앞에 놓은 무화과 두 광주리를 예레미야에게 보이셨는데, 한 광주리에는 처음 익은 듯한 극히 좋은 무화과가 있고, 다른 광주리에는 나빠서 먹을 수 없는 극히 나쁜 무화과가 있었다. 하나님은 서로 다른 종류의 무화과가 있는 두 광주리를 통하여 말씀하신다.

둘째 단락(4-10절)은 무화과 광주리 비유의 의미를 다룬다. 두 개의 무화과 광주리 비유의 뜻은 무엇인가? 좋은 무화과 광주리 나무는 하나님께서 옮겨 갈대아인의 땅에 이르게 한 유다 포로들을 상징한다. 그들을 향한 하나님의 계획은 그들을 다시 인도하여 이 땅으로 인도하고 헐지 아니하고, 뽑지 않는 것이다. 그들에게 여호와를 아는 마음을 주어 진심으로 돌아와 언약백성의 특징인 "그들은 내 백성이 되고, 나는 그들의 하나님이 되는 것"이다. 나쁜 무화과 광주리 비유는 유다의 왕 시드기야와 이 땅에 남아 있는 자들과 애굽 땅에 사는 자들을 상징하는 것이다. 이들은 세상 모든 나라에 흩어져 환란을 당할 것이며, 쫓아 보낸 모든 곳에서 부끄러움을 당하게 하며, 조롱과 저주를 받고, 칼과 기근과 전염병을 주어 그들과 그들의 조상에게 준 땅에서 멸절하게 하는 것이다.

능동적 묵상의 단계

유다가 바벨론의 느부갓네살 왕에게 멸망한 후 느부갓네살 왕은 유다 왕과 백성들을 포로로 잡아간다. 그 후 하나님께서는 예레미야에게 성전 앞에 놓인 무화과 두 광주리를 보이신다. 한 광주리는 처음 익은 듯한 극히 좋은 무화과가 있고, 한 광주리에는 나빠서 먹을 수 없는 극히 나쁜 무화과가 있다.(1-3절)

하나님께서는 유다 포로를 이 좋은 무화과 같이 잘 돌보아 다시 돌아오게 하시며 '내가 여호와인 줄 아는 마음'을 그들에게 주어 그들이 전심으로 하나님께 돌아오게 하시며 '그들은 내 백성이 되겠고 나는 그들의 하나님이 되리라' 말씀하신다.(4-7절)

예루살렘에 남아 있는 자들과 애굽 땅에 사는 자들은 나빠서 먹을 수 없는 나쁜 무화과 같다고 말씀하신다. 그들은 흩어져 환란을 당하며 조롱과 저주를 받고 칼과 기근과 전염병을 보내

멸절당하게 될 것이다(8-10절).

수동적 묵상의 단계

하나님의 성전 앞에 놓은 무화과 두 광주리에 머물러 본다. 유다 포로를 좋은 무화과와 같이 잘 돌보시며 돌아오게 하시고 '그들은 내 백성이 되겠고 나는 그들의 하나님이 되리라' 약속하시는 하나님의 마음에 머물러 본다. 하나님께서는 유다 포로들에게 '내가 여호와인줄 아는 마음을 그들에게 주어서 그들이 전심으로 내게 돌아오게 하리라' 말씀하신다. 포로로 끌려가는 것이 당장에는 패망이고 실패한 것처럼 느껴지지만 주님께서는 이들을 좋은 무화과나무라고 말씀하시며 이들의 회복을 선포하신다. 이 하나님의 말씀에 머물러 본다.

되돌아보기

하나님께서 '네가 무엇을 보느냐' 물으실 때에 하나님 앞에서 나의 삶은 어떤 모습인지 돌아본다. 나의 삶이 하나님의 돌보심 아래 있는 하나님 백성의 삶인지, 하나님을 떠난 삶의 모습인지 돌아본다. 당장 눈앞의 일들에만 몰두하여 하나님의 나라와 뜻을 구하지 못한 적은 없는지 스스로를 성찰해본다. 하나님을 하나님으로 아는 마음으로 전심으로 하나님을 향하는 삶인지 돌아본다.

마음 쏟아 놓기

하나님 앞에서 나의 삶을 돌아 볼 때에 내 삶이 극히 좋은 무화과와 같은 삶인지 극히 나쁜 무화과와 같은 삶인지 비로소 깨닫게 됩니다. 내가 하나님의 백성이 되고 하나님께서 내 하나님이 되실 때에 내 삶에 참된 생명이 있음을 고백합니다. 하나님께로 온 맘 다하여 향하는 삶을 살아가게 하소서.

하나님 음성 듣기 / 하나님 안에 머물기

나를 하나님의 백성 되게 하시며 하나님께서 나의 하나님이 되시겠다고 말씀하시는 하나님께 머무른다.

응답의 기도

살고자 발버둥치면서도 하나님의 말씀을 경청하지 않고 순종하지 않았던 유다 백성과 같은 어리석은 자 되지 말게 하시고, 주님을 온전히 신뢰하는 삶을 살아가게 하소서. 하나님을 경외하며 전심으로 주를 따르는 삶을 살기를 원합니다.

삶으로 기도하기

온 마음을 다하여 주님을 따르는 삶을 살아가게 하소서. 모든 곳 안에서 주님을 뜻을 헤아리며 살아가게 하소서.

28. 바벨론 포로 칠십년 예언
(25:1-14)

Lectio divina Jeremiah

기도에 임하기

하나님의 말씀을 귀 기울여 들으며 악한 길에서 돌아서 주를 따르게 하소서.

말씀읽기

예레미야 25:1 - 14

1절 유다의 왕 요시야의 아들 여호야김 넷째 해 곧 바벨론의 왕 느부갓네살 원년에 유다의 모든 백성에 관한 말씀이 예레미야에게 임하니라
2절 선지자 예레미야가 유다의 모든 백성과 예루살렘의 모든 주민에게 말하여 이르되
3절 유다의 왕 아몬의 아들 요시야 왕 열셋째 해부터 오늘까지 이십삼 년 동안 여호와의 말씀이 내게 임하기로 내가 너희에게 꾸준히 일렀으나 너희가 순종하지 아니하였느니라
4절 그러므로 여호와께서 그의 모든 종 선지자를 너희에게 끊임없이 보내셨으나 너희가 순종하지 아니하였으며 귀를 기울여 듣지도 아니하였도다
5절 그가 이르시기를 너희는 각자의 악한 길과 악행을 버리고 돌아오라 그리하면 나 여호와가 너희와 너희 조상들에게 영원부터 영원까지 준 그 땅에 살리라
6절 너희는 다른 신을 따라다니며 섬기거나 경배하지 말며 너희 손으로 만든 것으로써 나의

노여움을 일으키지 말라 그리하면 내가 너희를 해하지 아니하리라 하였으나

7절 너희가 내 말을 순종하지 아니하고 너희 손으로 만든 것으로써 나의 노여움을 일으켜 스스로 해하였느니라 여호와의 말씀이니라

8절 그러므로 만군의 여호와께서 이와 같이 말씀하시니라 너희가 내 말을 듣지 아니하였느니라

9절 보라 내가 북쪽 모든 종족과 내 종 바벨론의 왕 느부갓네살을 불러다가 이 땅과 그 주민과 사방 모든 나라를 쳐서 진멸하여 그들을 놀램과 비웃음거리가 되게 하며 땅으로 영원한 폐허가 되게 할 것이라 여호와의 말씀이니라

10절 내가 그들 중에서 기뻐하는 소리와 즐거워하는 소리와 신랑의 소리와 신부의 소리와 맷돌 소리와 등불 빛이 끊어지게 하리니

11절 이 모든 땅이 폐허가 되어 놀랄 일이 될 것이며 이 민족들은 칠십 년 동안 바벨론의 왕을 섬기리라

12절 여호와의 말씀이니라 칠십 년이 끝나면 내가 바벨론의 왕과 그의 나라와 갈대아인의 땅을 그 죄악으로 말미암아 벌하여 영원히 폐허가 되게 하되

13절 내가 그 땅을 향하여 선언한 바 곧 예레미야가 모든 민족을 향하여 예언하고 이 책에 기록한 나의 모든 말을 그 땅에 임하게 하리라

14절 그리하여 여러 민족과 큰 왕들이 그들로 자기들을 섬기게 할 것이나 나는 그들의 행위와 그들의 손이 행한 대로 갚으리라

말씀으로 기도하기

본문배경 이해하기

예레미야가 70년의 포로를 선포한 때는 여호야김 4년, 느부갓네살 왕의 즉위 원년으로 주전 605년을 가리킨다. 포로가 시작된 시점에 대한 이해가 예레미야와 다니엘서에서 다르다. 예레미야서에 나타나는 애굽식 연호계산은 즉위연도를 1년으로 계산하여 애굽식으로 여호야김 4년이 되고(렘 25:1), 다니엘서에 나타나는 바벨론식 연호계산은 즉위년을 통치연도에 포함하지 않기에 바벨론식으로 여호야김 3년이 되는데(다니엘 1:1), 둘 다 주전 605년을 가리킨다. 주전 605년은 갈그미스 (Carchemish) 전투가 일어난 해로써 느부갓네살이 갈그미스에서 애굽 군대를 쳐부수고 수리아-팔레스틴 지역에서 신바벨론 제국의 지배권을 굳게 한 해이다. 이때 예레미야

는 비로소 북방에서 오는 적 (렘 1:14; 6:22)이 바로 바벨론임을 밝히고, 바벨론에 의한 칠십년 포로를 선포한다 (렘 25:1). 심판 선포의 시기는 여호야김 4년이다. 이미 1-24장에서 여호야김부터 시드기야에 이르는 왕들과 그 시대의 사건을 언급했는데, 다시금 시드기야 이전의 왕인 여호야김 시대를 예언의 시기로 잡고 있다. 25장의 예언은 연대기적으로 시드기야 시대에 심판을 선언하지 않고, 시드기야 이전인 여호야김 시대에 심판을 선언한다는 면에서 특이하다. 형식적으로 1-24장은 25장 보다 뒤에 일어난 사건을 포함하지만, 해석학적으로는 25장의 선포의 권위 아래 있다고 볼 수 있다. 그러므로 이 예언에 근거하여 우리는 예레미야의 사역을 두 단계로 나눌 수 있다. 여호야김 4년 이전은 회개를 촉구하는 예언이며, 여호야김 4년 이후는 회개의 기회가 끝나고 심판이 결정되어 70년의 포로를 하나님의 뜻으로 받아들이는 시기라고 볼 수 있다. 9절에서 하나님은 느부갓네살 왕을 "내 종"이라고 부르신다. 즉, 바벨론 왕을 심판을 수행할 하나님의 종으로 삼으신 것이다. 칠십 년의 기간은 다양한 산출이 가능하다.

유다의 멸망의 제 단계에 대하여 열왕기는 다음과 같이 진술한다. 여호야김은 느부갓네살 왕을 섬기기로 다짐하지만 (아마도 주전 605년), 삼년 후에는 (아마도 느부갓네살 왕이 애굽 원정에 실패한 주전 601년) 느부갓네살 왕을 배반하여, 느부갓네살 왕은 군대를 보내어 예루살렘을 치게 한다. 다시 삼년 후에 여호야김이 느부갓네살 왕을 배반한 것은 598년 또는 597년이며 그 후 여호야긴 왕이 석달을 치리하다가 포로로 끌려간 것은 597년이라고 볼 수 있다. 여호야긴 때 (주전 597년) 느부갓네살 왕은 직접 예루살렘으로 진격하고, 주전 587년에 예루살렘을 완전히 멸망시킨다.

본문내용 이해하기

이 본문은 두 단락으로 이루어져 있다: A. 유다가 하나님의 말씀을 듣기를 거절함 (1-7절); B. 칠십년간의 포로를 선포함 (8-14 절)

첫째 단락(1-7절)은 유다가 하나님의 말씀 듣기를 거절함을 다룬다. 1절에서 예레미야가 하나님의 말씀을 들은 때는 애굽식 연호로 여호야김 4년, 느부갓네살 왕의 원년이다. 2-7절은 유다의 범죄 사실을 언급한다. 예언을 듣는 청중들은 유다의 모든 백성과 예루살렘의 모든 주민들이다. 예레미야는 요시야 왕 13년부터 23년 동안 자신에게 들려온 여호와의 말씀을 꾸준히 전했지만 그들이 순종하지 않았다. 그들은 여호와께서 보내신 예언자들의 말을 듣지 않았기에 여호와의 선포는 다음과 같다: "너희는 각자의 악한 길과 악행을 버리고 돌아오라 그리하면 나 여호와가 너희와 너희 조상들에게 영원부터 영원까지 준 그 땅에 살리라 너희는 다른 신을 따라다니며 섬기거나 경배하지 말며 너희 손으로 만든 것으로써 나의 노여움을 일으키지 말라 그리하면 내가 너희를 해하지 아니하리라." (렘 25:5-6) 그러나 백성들은 여호와의 말씀에 순종하지 않았다: "너희가 내 말을 순종하지 아니하고 너희 손으로 만든 것으로써 나의 노여움을 일으켜 스스로 해하였느니라." (렘 25:7).

둘째 단락(8-14절)은 칠십년간의 포로를 선포함을 다룬다. 백성들이 순종하지 않은 결과는 바벨론에 의한 포로 생활 70년이다. 포로의 원인은 "여호와의 말을 듣지 않음"(렘 25:8)이다. 포로의 결과는 무엇인가? "내가 북쪽 모든 종족과 내 종 바벨론의 왕 느부갓네살을 불러다가 이 땅과 그 주민과 사방 모든 나라를 쳐서 진멸하여 그들을 놀램과 비웃음거리가 되게 하며 땅으로 영원한 폐허가 되게 할 것이라." (9절). 이로 인한 비극적인 결과는 그들중에서 "기뻐하는 소리와 즐거워하는 소리와 신랑의 소리와 신부의 소리와 맷돌 소리와 등불 빛이 끊어지는 것"이다 (렘 25:10). 이제 모든 땅이 폐허가 되고, 이 민족들이 칠십년 동안 바벨론 왕을 섬길 것이다(렘 25:11). 12-14절은 포로 칠십년이 지난 후의 상황으로 여호와께서 바벨론 왕과 그의 나라와 갈대아인의 땅을 폐허가 되게 함으로 그들이 행한대로 갚을 것이다. 바벨론의 운명에 관한 내용은 예레미야 50-51장에 나타난다.

능동적 묵상의 단계

예레미야는 23년 동안 자신에게 임한 하나님의 말씀을 백성들에게 꾸준히 일렀으나 그들은 순종하지 않았다고 말하며 하나님께서는 그의 종 선지자들을 끊임없이 보내셨으나 그들이 순종하지 아니하였고 귀 기울여 듣지도 않은 것이다(1-5절).

하나님의 말씀은 '너희는 각자의 악한 길과 악행을 버리고 돌아오라 그리하면 나 여호와가 너희와 너희 조상들에게 영원부터 영원까지 준 그 땅에 살리라 너희는 다른 신을 따라다니며 섬기거나 경배하지 말며 너희 손으로 만든 것으로써 나의 노여움을 일으키지 말라 그리하면 내가 너희를 해하지 아니하리라'는 것이다. 하지만 유다 백성들은 하나님의 말씀에 순종하지 않는다. 그렇기에 하나님께서는 이들을 '내 종 바벨론 왕 느부갓네살'을 불러 신멸시키고 땅을 폐허가 되게 하며 칠십년 동안 이들이 바벨론 왕을 섬기게 하실 것이다(5-11절).

70년이 끝나면 하나님께서 바벨론 왕과 그의 나라와 갈대아인의 땅을 폐허가 되게 함으로 그들이 행위를 갚으실 것이다(12-14절).

수동적 묵상의 단계

예레미야는 자신에게 임한 하나님의 말씀을 23년 동안 꾸준히 일렀으나 백성들은 순종하지 않았다. 예레미야의 23년의 시간과 그의 마음에 머물러 본다.

하나님께서는 하나님의 종 선지자를 백성들에게 끊임없이 보냈으나 그들은 순종하지 않았다고 말씀한다. 하나님의 종을 끊임없이 보내시는 하나님의 마음에 머물러 본다.

하나님의 바램은 백성들이 각자의 악한 길과 악행을 버리고 우상을 따르는 길에서 돌아오는 것이다. 돌아오라는 반복되는 하나님의 말씀과 순종하지 아니하고, 듣지 아니하는 백성들의 반복되는 태도에 머물러 본다.

하나님께서는 '너희가 내 말을 순종하지 아니하고 너희 손으로 만든 것으로써 나의 노여움을 일으켜 스스로 해하였느니라' 말씀하신다. 이 말씀에 머물러 본다.

하나님께서는 70년 포로기를 선포하시고, 70년 후에는 바벨론을 심판하실 것을 말씀하신다. 회복과 심판을 약속하시는 하나님께 머물러 본다.

되돌아보기

한결같이 23년간 자신에게 임한 하나님의 말씀을 전하는 예레미야와 한결같이 듣지 않는 유다 백성은 대조를 이룬다. 하나님의 말씀 앞에 한결같이 신실하기에 지친 삶의 모습은 없는지, 하나님의 반복되는 요청에도 한결같이 거부하는 완악한 모습은 없는지 돌아본다. 하나님의 진정한 바램은 멸망의 길에서 돌아오라는 것임에도 결국 하나님의 말씀을 듣지 않은 유다 백성은 멸망에 이른다. 하나님의 진정한 바램을 헤아리지 못한 반복되는 삶의 습관을 따라 정처없이 살고 있는 모습은 없는지 돌아본다. 또한 이렇게 끊임없는 불순종에도 불구하고 때가되면 회복하신다는 하나님의 약속에 머물러본다.

마음 쏟아 놓기

반복되는 하나님의 사랑의 말씀에도 듣지 않는 것이 습관이 되어버린 삶의 모습을 돌아봅니다. 하나님의 말씀에 귀 기울이고 하나님의 사랑의 마음을 알 수 있다면 생명을 선택할 것임에도, 내 안에 다른 신을 세우고 헛된 것을 따라 사느라 결국 멸망을 자초하는 삶의 태도를 봅니다. 그 어리석은 길에서 돌아서 주님의 사랑의 품으로 향하게 하소서. 다시 회복해주시는 주님을 의지합니다.

하나님 음성 듣기 / 하나님 안에 머물기

끊임없이 부르시는 하나님의 사랑의 품에 머무른다. 흔들리는 나를 다시 회복시켜주시고 품어주시는 하나님의 사랑에 머문다.

응답의 기도

하나님을 떠난 삶에서 굳어져 버린 마음과 닫힌 귀를 열어주소서. 주님의 말씀을 경청하는 것이 삶의 습관이 되게 하시고, 내가 만든 헛된 것이 아닌 생명의 주님을 따르게 하소서.

삶으로 기도하기

끊임없이 말씀해주시는 하나님 앞에 끊임없이 머물며 경청하는 삶 살아가게 하소서. 내 모든 삶을 통해 회복시켜주시는 주님을 향하도록 도와주소서.

29. 이방 민족들에 대한 심판 예언
(25:15-38)

Lectio divina Jeremiah

기도에 임하기

주님께서 고난의 잔을 온전히 마셨듯이 내게 주신 사명을 온전히 깨닫고 그것을 기꺼이 순종함으로 감당하는 종이 되게 하소서.

말씀읽기

예레미야 25:15 - 38

15절 이스라엘의 하나님 여호와께서 이같이 내게 이르시되 너는 내 손에서 이 진노의 술잔을 받아가지고 내가 너를 보내는 바 그 모든 나라로 하여금 마시게 하라.

16절 그들이 마시고 비틀거리며 미친 듯이 행동하리니 이는 내가 그들 중에 칼을 보냈기 때문이니라 하시기로

17절 내가 여호와의 손에서 그 잔을 받아서 여호와께서 나를 보내신 바 그 모든 나라로 마시게 하되

18절 예루살렘과 유다 성읍들과 그 왕들과 그 고관들로 마시게 하였더니 그들이 멸망과 놀램과 비웃음과 저주를 당함이 오늘과 같으니라

19절 또 애굽의 왕 바로와 그의 신하들과 그의 고관들과 그의 모든 백성과

20절 모든 섞여 사는 민족들과 우스 땅의 모든 왕과 블레셋 사람의 땅 모든 왕과 아스글론과 가사와 에그론과 아스돗의 나머지 사람들과

21절 에돔과 모압과 암몬 자손과

22절 두로의 모든 왕과 시돈의 모든 왕과 바다 건너쪽 섬의 왕들과

23절 드단과 데마와 부스와 살쩍을 깎은 모든 자와

24절 아라비아의 모든 왕과 광야에서 섞여 사는 민족들의 모든 왕과

25절 시므리의 모든 왕과 엘람의 모든 왕과 메대의 모든 왕과

26절 북쪽 원근의 모든 왕과 지면에 있는 세상의 모든 나라로 마시게 하니라 세삭 왕은 그 후에 마시리라

27절 너는 그들에게 이르기를 만군의 여호와 이스라엘의 하나님의 말씀에 너희는 내가 너희 가운데 보내는 칼 앞에서 마시며 취하여 토하고 엎드러져 다시는 일어나지 말아라 하셨느니라

28절 그들이 만일 네 손에서 잔을 받아 마시기를 거절하거든 너는 그들에게 이르기를 만군의 여호와께서 말씀하시기를 너희가 반드시 마셔야 하리라

29절 보라 내가 내 이름으로 일컬음을 받는 성에서부터 재앙 내리기를 시작하였은즉 너희가 어찌 능히 형벌을 면할 수 있느냐 면하지 못하리니 이는 내가 칼을 불러 세상의 모든 주민을 칠 것임이라 하셨다 하라 만군의 여호와의 말씀이니라

30절 그러므로 너는 그들에게 이 모든 말로 예언하여 이르기를 여호와께서 높은 데서 포효하시고 그의 거룩한 처소에서 소리를 내시며 그의 초장을 향하여 크게 부르시고 세상 모든 주민에 대하여 포도 밟는 자 같이 흥겹게 노래하시리라

31절 요란한 소리가 땅 끝까지 이름은 여호와께서 뭇 민족과 다투시며 모든 육체를 심판하시며 악인을 칼에 내어 주셨음이라 여호와의 말씀이니라

32절 만군의 여호와께서 이와 같이 말씀하시니라 보라 재앙이 나서 나라에서 나라에 미칠 것이며 큰 바람이 땅 끝에서 일어날 것이라

33절 그 날에 여호와에게 죽임을 당한 자가 땅 이 끝에서 땅 저 끝에 미칠 것이나 그들을 위하여 애곡하는 자도 없고 시신을 거두어 주는 자도 없고 매장하여 주는 자도 없으리니 그들은 지면에서 분토가 되리로다

34절 너희 목자들아 외쳐 애곡하라 너희 양 떼의 인도자들아 잿더미에서 뒹굴라 이는 너희가 도살 당할 날과 흩음을 당할 기한이 찼음인즉 너희가 귀한 그릇이 떨어짐 같이 될 것이라

35절 목자들은 도망할 수 없겠고 양 떼의 인도자들은 도주할 수 없으리로다

36절 목자들이 부르짖는 소리와 양 떼의 인도자들이 애곡하는 소리여 여호와가 그들의 초장을 황폐하게 함이로다

37절 평화로운 목장들이 여호와의 진노하시는 열기 앞에서 적막하게 되리라

38절 그가 젊은 사자 같이 그 굴에서 나오셨으니 그 호통치시는 분의 분노와 그의 극렬한 진노로 말미암아 그들의 땅이 폐허가 되리로다 하시니라

말씀으로 기도하기

본문배경 이해하기

15-29절은 예레미야가 본 환상으로써 이방 민족들에 대한 심판(46-51장)과 관련된다. 15절에서 "진노의 술잔"이라는 표현은 적을 따돌리거나 죽이려고 그를 술에 취하게 하는 과정을 담는다.

19-26절의 지리적인 특징은 넓은 부분을 말한다. 아프리카의 북동쪽에 있는 이집트에서 시작하여 우스의 땅들을 열거하고, 지중해 연안을 따라 블레셋 여러 도시들과 요단 동편의 나라들(에돔, 모압, 암몬)을 언급하고 북쪽에 있는 페니키아의 해안 지역을 언급한다. 바다 건너쪽 섬들(22절)이란 키프로스와 주변 섬들을 말한다. 이어서 남쪽을 가로질러 북부 아라비아로 간다(드단 데마, 부스, 바수 등). 바벨론 땅이 있는 메소포타미아를 넘어 이란 남서쪽을 향한다(엘람과 메대). 30절에서 "포도 밟는 자같이 노래한다"는 말은 전쟁터에 나가 싸우는 자의 함성을 의미한다. 포도밟기는 추수철의 마지막 일이었기 때문에 겨울이 다가오기 전에 공동체가 함께 축하하는 기회로 삼았다. 이 행사를 진행할 때 기뻐 외치는 소리가 특징이고 포도주가 나오면 술에 취하는 것으로 분위기가 고조된다. 34-38절에서 목자와 양떼의 인도자는 백성을 다스리는 지도자로서 통치자의 책임과 권위를 나타냈다. 하나님은 목자와 양떼의 인도자들에게 맡겨진 양떼에 대한 책임을 물으셨다. 멸망하는 것은 백성들이 아니라 백성들의 지도자인 목자와 양떼의 인도자들이다.

본문내용 이해하기

이 본문은 두 단락으로 이루어져 있다: A. 하나님의 진노의 잔 (25:15-29); B. 모든 민족들에 대한 하나님의 다가올 심판 (25:30-38)

첫째 단락(25:15-29)은 하나님의 진노의 잔을 다룬다. 여호와께서는 모든 민족들의 심판을 선포하시는데 그들이 "진노의 술잔"을 마심으로 비틀거리고 미친 듯이 행동할 것이다라고 말씀하신다. 이어서 진노의 잔을 받을 나라의 이름들을 나열한다. 먼저 예루살렘과 유다 성읍들, 왕들과 고관들이 멸망과 놀램과 비웃음과 저주를 당했다. "오늘과 같으니라"라고 말하는 것은 예고된 대로 멸망이 임했음을 보여주는 말이다. 이어서 19-26절에 나오는 나라들은 예레미야 46-51장에 나오는 여러나라 목록이다. 모든 나라의 목록에 들어 있는 나라들로서 지중해 동해안 일대에 위치하고 있던 나라들이 나열된다. 목록을 나열한 후에 27절에 심판 말씀과 성취를 말한다. 여호와께서 심판을 선포하셨다: "너희는 내가 너희 가운데 보내는 칼 앞에서 마시며 취하여 토하고 엎드러져 다시는 일어나지 말아라." (렘 25:27). 만일 이에 저항하는 나라가 있다해도 여호와의 명령이기에 반드시 마셔야 한다. 이미 예루살렘, 즉, 하나님의 이름으로 일컬음을 받는 성에서부터 재앙이 시작되었기에 멈출 수 없고 "여호와께서는 칼을 불러 세상의 모든 주민을 치실 것이라고 말씀하신다."(렘 25:29).

둘째 단락(25:30-38)은 모든 민족들에 대한 하나님의 다가올 심판을 다룬다. 예루살렘의 멸망으로부터 시작된 세계의 심판이 선포되었다. 심판을 행하실 때 거룩한 처소에서 소리를 내시고, 그의 초장을 향하여 크게 부르시고, 세상 모든 주민에 대하여 흥겹게 노래하실 것이다(30절). 이제 여호와께서 모든 육체를 심판하시고 악인을 칼에 내어주실 것이다. 여러 나라를 향한 재앙이 임할 때 큰 바람이 땅끝에서 일어날 것이며, 죽임을 당한 자들이 땅 이 끝에서 저 끝에 미칠 것이며, 애곡하는 자들도 없고 시신을 거두는 자도 없고, 매장하여 주는 자도 없고 그들이 지면에서 분토가 될 것이다(32-33 절). 34절에서 목자와 양떼를 인도하는 자들은 모든 나라의 왕들이다. 34-37절에서 왕들의 멸망이 상세하게 설명된다. 37절에서 심판하시는 여호와께서 사자로 묘사된다. 여호와의 분노와 진노로 인하여 그들의 땅이 폐허가 될 것이다.

능동적 묵상의 단계

본문의 전반부는 하나님의 진노의 잔 (25:15-29)이 세계 만민에게 내린다는 예언의 말씀, 후반부는 그 다가올 심판 (25:30-38)이 어떻게 임한다는 내용을 다룬다. 예레미야는 하나님의 진노의 잔을 마시게 될 나라를 열거하는데, 예루살렘과 유다 성읍부터 시작한다. 왜 하나님의 진노가 예루살렘에서 시작하는가? 예루살렘에서 시작하여 애굽의 바로와 그 백성들(19절), 블레셋(20절)과 에돔과 모압과 암몬, 두로, 시돈(21-22절), 아라비아 사막 지역의 왕들(24절)과 엘람과 메대의 모든 왕들(25절), 마지막으로 바벨론 세삭 왕까지 하나님의 진노의 잔을 마시게 된다. 하나님께서는 세상 모든 민족을 심판하시는 공의로운 재판장이라는 것이다. 하나님이 내리시는 심판의 재앙으로 죽임을 당한 자들이 가득할 것이나 이들의 위해 곡하거나 시신을 거두어주는 자도 없고(32-33절), 사자와 같은 하나님의 분노로 왕들도 멸망할 것이며 그들의 땅들도 폐허가 될 것이라 선포하신다(34-38절).

수동적 묵상의 단계

예루살렘에서 시작된 심판은 이방 민족에게로 퍼져간다. 하나님의 '진노의 술잔'은 누구도 거절할 수 없이 마셔야 하며, 그 형벌은 면할 길이 없다. 피할 수 없는 하나님의 심판에 머물러 본다. '높은 데서 포효하시며 그의 거룩한 처소에서 소리를 내시며 그의 초장을 향하여 크게 부르시고 세상 모든 주민에 대하여 포도 밟는 자 같이 흥겹게 노래하시는' 하나님께 머물러 본다. 세상의 모든 주권이 하나님께 있으며 모든 권세와 능력이 하나님께 있음을 묵상한다.

되돌아보기

하나님은 사랑의 하나님이시기도 하지만 심판하는 하나님이시기도 하다. 심판하시는 하나님 앞에서 나의 삶을 돌아본다. 내가 바라보고 싶은 하나님만을 바라보고 있지는 않았는지 돌아본다. 하나님의 심판은 누구도 피할 수 없다. 나의 삶에 종말론적인 신앙의 모습이 있는지 돌아본다.

마음 쏟아 놓기

심판하시는 하나님 앞에 두렵고 떨림으로 살아가기보다 내가 만든 가짜 평안 속에 안주하며 살았던 삶을 회개합니다. 오늘도 말씀하시는 하나님의 현실 속에 깨어 살아가게 하소서. 하나님께서 모든 것을 주관하시며 모든 것이 하나님 안에 있음을 고백합니다.

하나님 음성 듣기 / 하나님 안에 머물기

심판하시는 공의로우신 하나님 안에 머문다.

응답의 기도

나의 모든 생각과 말과 행동을 하나님 앞에 숨길 수가 없습니다. 모든 것을 아시는 하나님 앞에서 진실하게 살아가게 하소서. 불의를 심판하시는 하나님을 신뢰하며 정의를 행하는 삶 살아가게 하시며, 하나님의 심판을 외면한 채 거짓 평안 속에서 안주하지 말게 하소서. 모든 피조물을 창조하시고 다스리시는 전능하신 하나님을 의지합니다.

삶으로 기도하기

삶의 모든 것 속에서 하나님을 인정하며, 온 세상의 주인이시며 역사의 주관자이신 하나님을 온전히 따르는 삶을 살게 하소서. 나의 삶을 통해 모든 것 안에서 하나님을 알게 하시고 하나님 안에 모든 것이 있음을 알아가게 하소서.

2부

예레미야의 수난과 구원신탁
(26~45장)

30. 성전설교와 백성들의 반응
(26:1-24)

Lectio divina Jeremiah

기도에 임하기

예레미야처럼 하나님 편에 서고, 진리에 서서 하나님의 뜻을 담대히 전할 수 있는 종으로 세워지도록 본문의 말씀으로 깨우쳐 주소서.

말씀읽기

예레미야 26:1 - 24

1절 유다의 왕 요시야의 아들 여호야김이 다스리기 시작한 때에 여호와께로부터 이 말씀이 임하여 이르시되

2절 여호와께서 이와 같이 말씀하시니라 너는 여호와의 성전 뜰에 서서 유다 모든 성읍에서 여호와의 성전에 와서 예배하는 자에게 내가 네게 명령하여 이르게 한 모든 말을 전하되 한 마디도 감하지 말라

3절 그들이 듣고 혹시 각각 그 악한 길에서 돌아오리라 그리하면 내가 그들의 악행으로 말미암아 그들에게 재앙을 내리려 하던 뜻을 돌이키리라

4절 너는 그들에게 이와 같이 이르라 여호와의 말씀에 너희가 나를 순종하지 아니하며 내가 너희 앞에 둔 내 율법을 행하지 아니하며

5절 내가 너희에게 나의 종 선지자들을 꾸준히 보내 그들의 말을 순종하라고 하였으나 너희는 순종하지 아니하였느니라

6절 내가 이 성전을 실로 같이 되게 하고 이 성을 세계 모든 민족의 저줏거리가 되게 하리라 하셨느니라

7절 예레미야가 여호와의 성전에서 이 말을 하매 제사장들과 선지자들과 모든 백성이 듣더라

8절 예레미야가 여호와께서 명령하신 말씀을 모든 백성에게 전하기를 마치매 제사장들과 선지자들과 모든 백성이 그를 붙잡고 이르되 네가 반드시 죽어야 하리라

9절 어찌하여 네가 여호와의 이름을 의지하고 예언하여 이르기를 이 성전이 실로 같이 되겠고 이 성이 황폐하여 주민이 없으리라 하느냐 하며 그 모든 백성이 여호와의 성전에서 예레미야를 향하여 모여드니라

10절 유다의 고관들이 이 말을 듣고 왕궁에서 여호와의 성전으로 올라가 여호와의 성전 새 대문의 입구에 앉으매

11절 제사장들과 선지자들이 고관들과 모든 백성에게 말하여 이르되 이 사람은 죽는 것이 합당하니 너희 귀로 들음 같이 이 성에 관하여 예언하였음이라

12절 예레미야가 모든 고관과 백성에게 말하여 이르되 여호와께서 나를 보내사 너희가 들은 바 모든 말로 이 성전과 이 성을 향하여 예언하게 하셨느니라

13절 그런즉 너희는 너희 길과 행위를 고치고 너희 하나님 여호와의 목소리를 청종하라 그리하면 여호와께서 너희에게 선언하신 재앙에 대하여 뜻을 돌이키시리라

14절 보라 나는 너희 손에 있으니 너희 의견에 좋은 대로, 옳은 대로 하려니와

15절 너희는 분명히 알아라 너희가 나를 죽이면 반드시 무죄한 피를 너희 몸과 이 성과 이 성 주민에게 돌리는 것이니라 이는 여호와께서 진실로 나를 보내사 이 모든 말을 너희 귀에 말하게 하셨음이라

16절 고관들과 모든 백성이 제사장들과 선지자들에게 이르되 이 사람이 우리 하나님 여호와의 이름으로 우리에게 말하였으니 죽일 만한 이유가 없느니라

17절 그러자 그 지방의 장로 중 몇 사람이 일어나 백성의 온 회중에게 말하여 이르기를

18절 유다의 왕 히스기야 시대에 모레셋 사람 미가가 유다의 모든 백성에게 예언하여 이르되 만군의 여호와께서 이와 같이 말씀하셨느니라 시온은 밭 같이 경작지가 될 것이며 예루살렘은 돌 무더기가 되며 이 성전의 산은 산당의 숲과 같이 되리라 하였으나

19절 유다의 왕 히스기야와 모든 유다가 그를 죽였느냐 히스기야가 여호와를 두려워하여 여호

와께 간구하매 여호와께서 그들에게 선언한 재앙에 대하여 뜻을 돌이키지 아니하셨느냐 우리가 이같이 하면 우리의 생명을 스스로 심히 해롭게 하는 것이니라

20절 또 여호와의 이름으로 예언한 사람이 있었는데 곧 기럇여아림 스마야의 아들 우리야라 그가 예레미야의 모든 말과 같이 이 성과 이 땅에 경고하여 예언하매

21절 여호야김 왕과 그의 모든 용사와 모든 고관이 그의 말을 듣고서 왕이 그를 죽이려 하매 우리야가 그 말을 듣고 두려워 애굽으로 도망하여 간지라

22절 여호야김 왕이 사람을 애굽으로 보내되 곧 악볼의 아들 엘라단과 몇 사람을 함께 애굽으로 보냈더니

23절 그들이 우리야를 애굽에서 연행하여 여호야김 왕에게로 그를 데려오매 왕이 칼로 그를 죽이고 그의 시체를 평민의 묘지에 던지게 하니라

24절 사반의 아들 아히감의 손이 예레미야를 도와 주어 그를 백성의 손에 내어 주지 아니하여 죽이지 못하게 하니라

말씀으로 기도하기

본문배경 이해하기

예레미야의 성전설교는 예레미야 7장과 26장에 등장한다. 7장은 백성들의 반응보다는 성전설교를 더 강조하며, 26장은 성전설교를 듣는 백성들의 반응을 강조한다. 두 장의 성전설교에서 모두 땅에서 백성들이 쫓겨나는 것을 결론으로 하고 있기는 하지만, 7장은 성전 예배와 관련된 문제를 강조하고, 26장은 성전만이 아니라 도시의 멸망을 강조한다. 예레미야가 전하는 하나님의 말씀을 한 마디도 감하지 말라는 말은 성경 여러 곳에 등장한다(신 4:2; 계 22:18-19). 26장의 구성은 예레미야의 성전설교에 대한 재판 과정에서 예레미야의 증언, 제사장들과 선지자들의 사형 구형, 재판관인 고관의 무죄 판결로 진행되었다. 처음에 제사장들 편에 섰던 군중들은 태도를 바꾸어 재판관들의 판결이 옳다고 말한다. 재판관들이 판결하기 전에 장로들의 진술이 있었다. 예레미야의 행동 판단에 결정적인 역할을 한 사건은 바로 예언자 미가에 대한 기억이다. 미가가 히스기야 시대에 시온과 예루살렘에 대한 심판을 선포하자 히스기야 왕을 비롯한 백성들이 미가를 죽이지 않고 여호와를 두려워하며 간구할 때 여호와께서 재앙을 돌이켰다. 이 일을 떠올리며, 우리가 예레미야를 죽인다면 우리의 생명을 해롭게 하는 것이라고 하였다. 양심적

인 자들의 증언으로 인하여 예레미야의 생명이 보존되었다. 15절에서 무죄한 피에 대한 언급은 무죄한 피를 흘리면 성과 나라에 재앙이 닥친다는 말씀에 기초한다(렘 26:15). 우리야가 왕에 의하여 살해당하는 사건을 보면 이때의 상황이 예레미야에게 얼마나 위험한 것인가를 깨닫게 한다. 예언자 우리야는 여기에만 등장하는데 그는 평민의 묘지, 즉, 가난한 사람들의 묘지에 매장되었다. 예레미야를 살려준 아히감은 요시야의 왕궁 관리 가운데 한 사람이었다(왕하 22:12).

본문내용 이해하기

이 본문은 세 단락으로 이루어졌다. A. 예레미야의 성전설교의 요약 (1-6 절); B. 예레미야의 구속과 심문 (7-19절); C. 예언자 우리야의 체포와 죽음 (20-24절).

첫째 단락(1-6절)은 예레미야의 성전설교 요약이다. 예레미야가 백성들에게 말씀을 선포하기 시작한 것은 여호야김(주전 609-598) 시대이다. 그가 설교한 내용은 7장 1-15절에 나타나는데, 26장에서는 7장 1-5절의 내용을 함축하고 있으면서 백성들의 반응을 더 자세히 설명한다. 그가 설교한 곳은 성전 뜰이며, 자신이 전하는 말을 한마디도 감하지 말라는 말로 시작한다. 그의 설교의 핵심은 백성들이 악한 길에서 돌이키면, 하나님께서 예비하신 재앙을 내리지 않겠다는 것이다. 백성들이 율법을 순종하지 않아서 예언자들을 보냈지만 듣지 않았기에 성전과 성(도시)에 대한 멸망을 선포한다.

둘째 단락(7-19절)은 예레미야의 재판과 심문이다. 말씀을 들은 백성들은 돌이키기는커녕 예레미야를 죽이려고 하였다. 그들이 문제 삼는 것은 예루살렘 성전이 실로와 같이 되고 성이 황폐하여 멸망된다고 하는 것이다. 히스기야 시대에 하나님의 개입을 통하여 예루살렘 성전과 도시가 앗수르의 위협으로부터 구원을 받은 경험에 기초하여 성전과 성은 절대로 멸망되지 않을 것이라는 믿음이 생겨났기에 멸망을 선포하는 것은 하나님을 모독하는 것으로 여겼기 때문이다. 그리하여 제사장들과 예언자들은 재판정에서 성에 관하여 예언한 예레미야에게 사형 판결을 주장하였다. 이에 대하여 예레미야는 반론에서 성전과 성을 향한 예언은 하나님의 뜻이며, 그들이 길과 행위를 고치고 여호와의 목소리를 청종하면 그 재앙을 돌이키실 것이라고 말했다. 그리고 자신을 죽이면 무죄한 죄를 성과 성의 주민들에게 돌리는 것임을 강조하였다. 그러자 고관들과 백성들은 예레미야가 하나님 여호와의 이름으로 말하였으므로 죽일만한 이유가 없다고 판결했고, 백성들은 시온과 예루살렘의 멸망을 선포한 미가의 예언에 따라 히스기야 왕과 백성들이 회개하고 하나님이 재앙을 돌이킨 사건을 들어 예레미야를 놓아주었다.

셋째 단락(20-24절)은 예언자 우리야의 체포와 죽음이다. 예언자 우리야가 예레미야처럼 성과 그 땅에 대하여 경고하고 예언하자, 왕이 그를 죽이려 하였고 그가 애굽으로 도망갔다. 그러나 왕이 사람을 보내어 우리야를 애굽에서 연행하여 그를 죽이고 평민의 묘지에 던지게 하였다. 그러나 예레미야는 사반의 아들 아히감이 도와 백성의 손에 내어 주지 않고 죽이지 못하게 하였다.

능동적 묵상의 단계

하나님께서 예레미야에게 주신 명령, 즉 예레미야가 성전 마당에서 외친 설교의 내용(2-6절)과 그 설교를 들은 제사장들, 예언자들과 백성들의 반응은 어떠한가(8-9절)? 하나님은 불순종하는 유다 나라와 예루살렘의 멸망을 예고하나 이스라엘이 말씀에 순종하여 악에서 돌아서면 작정한 재앙을 거두겠다고 말씀하신다. 제사장들과 예언자들과 모든 백성들이 예레미야를 붙잡아 죽이려 한다는 말을 들은 유다의 관원들이 성전으로 왔을 때 제사장들과 예언자들이 제기한 예레미야에 대한 고발(11절)과 유다의 관원들과 백성들에게 준 예레미야의 답변은 무엇인가(12-15절)? 나를 보내신 분은 하나님이시니 하나님의 말씀에 순종하라는 것이다. 예레미야의 말을 들은 관원들과 백성들의 반응(16절)은 어떠하며, 이 상황에 대해 장로 중 몇 사람이 용기있게 말한 미가 선지자의 예는 무엇인가?(17-19절)예로 든 두 가지의 상반된 예는 무엇인가(17-23절)? '이 사람이 야훼 우리 하나님의 이름으로 우리에게 말했으니 사형 선고를 받아야 할 사람이 아니라는 것이다. 그 당시 예레미야의 예언과 같은 말로 예언한 우리야는 왕에 의해 죽임을 당한다(20-23절). 이러한 사례를 볼 때 예레미야도 실제적인 죽음의 위기 가운데 있었지만, 하나님은 아히감을 통해 예레미야를 보호하신다(24절).

수동적 묵상의 단계

하나님의 이스라엘을 향한 의지와 그 뜻에 부응하는 예레미야의 마음이 하나로 어우러져 예언의 말씀이 이스라엘에게 선포된다. 이러한 예언 사역이 어떻게 이루어졌을지 전체적으로 헤아려본다. 하나님은 예레미야에게 어디에서 무엇을 전할지를 주신다. 그 말씀 속에는 단지 메시지만 있는 것이 아니라, 이스라엘을 향한 하나님의 마음이 담겨 있다. 오늘 본문의 예언 속에 담긴 하나님의 마음에 머물러본다. 하나님의 말씀을 받은 예레미야는 어떤 위협에도 물러서지 않고 담대히 하나님의 말씀을 전하며, 붙잡혀 생명의 위협을 받는 위기의 순간에도 관원들과 백성들에게 자신을 보내신 분이 하나님이시고 자신이 전하는 예언이 모두 하나님의 말씀이라고 하며, 그들에게 하나님 여호와의 목소리를 청종하라고 한다. 그들을 향한 하나님의 뜻을 전하는 예레미야의 마음에 머물러본다. 또한, 하나님은 택하신 예레미야를 여러 가지 방법으로 지켜주신다. 사형을 당할 수 있는 위험 속에서 예레미야를 지키시는 하나님의 손길을 바라본다.

되돌아보기

예레미야는 이스라엘이 듣기를 원치 않는 회개와 심판에 대한 메시지를 듣고, 그것을 가감 없이 성전설교로 담대히 외치고 있다. 나는 오늘 우리 시대에 주시는 하나님의 음성을 듣고도 그것을 전할 때 나타내 보일 사람들의 반응이 두려워 그 하나님의 음성 전하기를 회피한 적은 없는가? 하나님의 뜻을 전하다가 의를 위하여 받는 핍박을 받은 적이 있는가? 어려움 속에서도 하나님의 진리에 서서 말씀을 전할 때 하나님께서 지키시고 보호하심으로 맡겨진 그 일을 넉넉히 감당하게 되었던 적이 있는가?

마음 쏟아 놓기

하나님, 어떤 위기나 어려움의 상황 가운데 처해 있을지라도 하나님을 향하여 서서 나에게 말씀하시는 음성을 듣고 그것을 분별하여 담대히 전하는 자가 되게 하옵소서. 하나님은 정하신 뜻을 이루시는 분이심을 깨닫고 온전히 그 일이 이루어질 수 있도록 흔들리지 않는 믿음으로 주어진 일을 감당하는자가 되게 하옵소서.

하나님 음성 듣기 / 하나님 안에 머물기

본문 말씀과 오늘 우리의 삶의 현실에서 하나님께서 바라는 거룩한 뜻을 끝까지 모든 것을 통해 온전히 이루어 가시는 하나님의 함께 하심과 역사하심을 소망한다. 특별히 본문에서 숨겨진 의인을 통해 하나님의 사람을 지키고 당신의 뜻을 이루어가시는 하나님의 놀라운 역사를 보며 시대적인 사명을 감당하도록 우리를 부르신 하나님의 뜻과 마음을 헤아리며 그것을 깊게 들어본다.

응답의 기도

어떤 상황에서도 오직 하나님만을 바라보며 하나님의 뜻과 사랑을 분별하여 그것을 온전히 이루어가는 믿음의 사람이 되게 하옵소서.

삶으로 기도하기

하나님의 음성에 초점을 맞춘 오늘 하루의 삶이 되게 하소서.

31. 느부갓네살의 멍에에 대한 예레미야의 설교 (27:1-22)

Lectio divina Jeremiah

기도에 임하기

멍에를 주시는 하나님의 뜻을 겸비하게 깨닫는 시간이 되게 하소서.

말씀 읽기

예레미야 27:1 - 22

1절 유다 왕 요시야의 아들 여호야김의 즉위한지 오래지 아니하여서 여호와께서 말씀으로 나 예레미야에게 이르시니라

2절 여호와께서 이같이 내게 이르시되 너는 줄과 멍에를 만들어 네 목에 얹고

3절 유다 왕 시드기야를 보러 예루살렘에 온 사신들의 손에도 그것을 붙여 에돔 왕과 모압 왕과 암몬 자손의 왕과 두로 왕과 시돈 왕에게 보내며

4절 그들에게 명하여 그 주에게 이르게 하기를 만군의 여호와 이스라엘의 하나님이 말씀하시되 너희는 너희 주에게 이 같이 고하라

5절 나는 내 큰 능과 나의 든 팔로 땅과 그 위에 있는 사람과 짐승들을 만들고 나의 소견에 옳은대로 땅을 사람에게 주었노라

6절 이제 내가 이 모든 땅을 내 종 바벨론 왕 느부갓네살의 손에 주고 또 들짐승들을 그에게

주어서 부리게 하였나니

7절 열방이 그와 그 아들과 손자를 섬기리라 그의 땅의 기한이 이르면 여러 나라와 큰 왕이 그로 자기를 섬기게 하리라 마는

8절 나 여호와가 이르노라 바벨론 왕 느부갓네살을 섬기지 아니하는 국민이나 그 목으로 바벨론 왕의 멍에를 메지 아니하는 백성은 내가 그의 손으로 진멸시키기까지 칼과 기근과 염병으로 벌하리라

9절 너희는 너희 선지자나 너희 복술이나 너희 꿈꾸는 자나 너희 술사나 너희 요술객이 너희에게 이르기를 너희가 바벨론 왕을 섬기지 아니하리라 하여도 듣지 말라

10절 그들은 너희에게 거짓을 예언하여서 너희로 너희 땅에서 멀리 떠나게 하며 또 나로 너희를 몰아내게 하며 너희를 멸하게 하느니라

11절 오직 그 목으로 바벨론 왕의 멍에를 메고 그를 섬기는 나라는 내가 그들을 그 땅에 머물러서 밭을 갈며 거기 거하게 하리라 하셨다 하라 여호와의 말이니라

12절 내가 이 모든 말씀대로 유다 왕 시드기야에게 고하여 가로되 왕과 백성은 목으로 바벨론 왕의 멍에를 메고 그와 그 백성을 섬기소서 그리하면 살리이다

13절 어찌하여 왕과 왕의 백성이 여호와께서 바벨론 왕을 섬기지 아니하는 나라에 대하여 하신 말씀 같이 칼과 기근과 염병에 죽으려 하나이까

14절 왕과 백성에게 바벨론 왕을 섬기지 아니하리라 하는 선지자의 말을 듣지 마소서 그들은 거짓을 예언하나이다

15절 여호와께서 말씀하시되 내가 그들을 보내지 아니하였거늘 그들이 내 이름으로 거짓을 예언하니 내가 너희를 몰아내며 너희와 너희에게 예언하는 선지자들을 멸망시키기에 이르리라 하셨나이다

16절 내가 또 제사장들과 그 모든 백성에게 고하여 가로되 여호와께서 이같이 말씀하시되 여호와의 집 기구를 이제 바벨론에서 속히 돌려오리라고 너희에게 예언하는 선지자들의 말을 듣지 말라 이는 그들이 거짓을 예언함이니라 하셨나니

17절 너희는 그들을 듣지 말고 바벨론 왕을 섬기라 그리하면 살리라 어찌하여 이 성으로 황무지가 되게 하겠느냐

18절 만일 그들이 선지자이고 여호와의 말씀이 그들에게 있을찐대 그들이 여호와의 집에와 유다 왕의 집에와 예루살렘에 남아 있는 기구가 바벨론으로 옮겨가지 않도록 만군의 여호와께 구하여야 할 것이니라

19절 만군의 여호와께서 기둥들과 놋바다와 받침들과 및 이 성에 남아 있는 기구에 대하여 이같이 말씀하시나니

20절 이것은 바벨론 왕 느부갓네살이 유다 왕 여호야김의 아들 여고니야와 유다와 예루살렘 모든 귀족을 예루살렘에서 바벨론으로 사로잡아 옮길 때에 취하지 아니하였던 것이라

21절 만군의 여호와 이스라엘의 하나님이 여호와의 집에와 유다 왕의 집에와 예루살렘에 남아 있는 그 기구에 대하여 이같이 말씀하시되

22절 그것들이 바벨론으로 옮김을 입고 내가 이것을 돌아보는 날까지 거기 있을 것이니라 그 후에 내가 그것을 옮겨 이곳에 다시 두리라 여호와의 말이니라

말씀으로 기도하기

본문배경 이해하기

27-29장은 참 예언자와 거짓 예언자의 갈등을 다루고 있다. 이 갈등은 전형적인 예언자 직책에 대한 도전이다. 예언자의 고유의 임무는 하나님 앞에서 백성을 중보 하는 것이며, 백성의 위기 가운데 구원의 메시지를 전하는 것이다. 예레미야 자신도 그러한 책임을 수행하려고 하였다. 그러나 하나님이 중보기도를 거절하시자 예언자의 임무가 변화되었다. 아직도 백성들에게 낙관적으로 희망을 전하는 예언자들과는 달리 예레미야는 현재 상황에 맞는 하나님의 말씀을 전하고 있다. 예언자들의 논쟁은 바벨론의 느부갓네살을 하나님의 권세를 부여받은 존재로 이해할 것인가 (27:8), 아니면 곧 하나님이 곧 느부갓네살의 멍에를 꺾을 것인가 하는 것이다. 예언자 자신들의 윤리적인 문제를 거론했던 23:9-40과는 달리, 본문에서는 순수한 예언자의 권위의 문제에 대한 갈등이기에 객관적으로 어느 말이 진정성 있는 하나님의 말인지 알기 어렵다.

첫 번째 예언의 대상인 나라들은 이스라엘의 이웃 나라들로서 시드기야 4년(주전 594년)에 유다와 함께 바벨론으로부터 벗어날 계획을 세웠다. 정상적인 방법으로는 하나님의 말씀이 전해지지 않을 때 하나님은 상징적인 행동을 하게 하신다. 상징행위를 통하여 예언자는 자신이 선포하는 내용을 인상적으로 보여주고, 선포한 내용을 취소할 수 없음을 보여준다. 본문에서 예레미야는 줄과 멍에를 자신의 목에 걸고 바벨론의 지배가 반드시 있을 것임을 증거한다. 여고니야(렘 24:1; 27:20; 28:4; 29:2)는 여호야긴 (예레미야 24-25장) 또는 고니야 (렘 22:24,

28) 로 불린다. 거짓 예언자들의 활동은 예레미야 14:13-15에 나타나고, 점쟁이는 이스라엘에서 금지되었다 (레 19:26; 신 18:10-11). 세 번째 단락에서 말하는 기구의 이동은 예루살렘의 멸망과 관련있다. 주전 597년에 느부갓네살 왕은 여호야긴 왕과, 유다와 예루살렘의 귀족들을 데려가고, 비교적 쉽게 옮길 수 있는 것들만 가져갔다 (왕하 24:13). 기둥들과 큰 대야 등의 나머지 기구들은 예고한 대로 바벨론으로 옮겨갔다(왕하 52:17-23). 이 기구들이 언젠가 돌아올 것이라는 예언도 이스라엘 백성들이 귀환할 때 이루어졌다 (스 1:7-11).

본문내용 이해하기

본문의 문학적 구조는 다음과 같다: A. 느부갓네살 왕을 섬기라는 이방 나라에 대한 경고 (1-11 절); B. 느부갓네살 왕을 섬기라는 시드기야 왕을 향한 경고 (12-15 절); C. 제사장들과 모든 백성을 향한 경고 (16-22 절).

첫째 단락은 느부갓네살 왕을 섬기라는 이방 나라에 대한 경고 (1-11 절)이다. 하나님은 예레미야로 하여금 여호야김이 통치를 시작할 때 이방 나라들을 향하여 경고하게 하신다. 경고 대상은 에돔, 모압, 암몬, 두로, 시돈 등이다. 예레미야는 줄과 멍에를 만들어 상징행위를 통하여 메시지를 전달한다. 메시지는 여호와께서 하나님의 종 바벨론의 왕 느부갓네살의 손에 주어서 땅과 짐승들과 모든 나라가 섬기도록 하였다. 또한 느부갓네살 왕을 섬기지 않는 백성과 나라에게는 멸망할 때까지 칼과 기근과 전염병으로 벌하겠다고 하신다. 또한 느부갓네살 왕을 섬기지 말라고 거짓 예언하는 자들을 멸망할 것이다. 그러나 바벨론 왕을 섬기는 자는 그 땅에서 밭을 갈고 그 땅에서 살게 될 것이라고 예언하게 하신다.

둘째 단락은, 느부갓네살 왕을 섬기라는 시드기야 왕을 향한 경고 (12-15 절) 이다. 예레미야는 이제 유대의 왕인 시드기야에게 경고한다. 왕과 백성은 바벨론 왕의 멍에를 목에 메고 그와 그의 백성을 섬겨야 한다는 것이다. 바벨론 왕을 섬기지 않으면 칼과 기근과 전염병에 죽을 것이다. 또한 바벨론 왕에게 멸망하지 않을 것이라는 거짓 예언자의 말을 듣지 말아야 한다. 이것을 부정하는 거짓 예언자는 하나님이 보내지 않았으며, 멸망될 것이다.

셋째 단락은 제사장들과 모든 백성을 향한 경고 (16-22 절)이다. 하나님의 말씀과 반대로 여호와의 성전의 기구들을 바벨론에서 속히 돌려 오리라고 예언하는 자들은 거짓 예언자들이다. 그러나 그들이 실제로 기도해야 할 것은 오히려 1차 포로때 바벨론 왕이 가져가지 않은 예루살렘 성전에 현재 남아 있는 기구를 바벨론에 옮겨가지 않도록 간구해야 할 것이다. 그렇지만 안타깝게도 하나님은 현재 예루살렘에 있는 여호와의 성전과 유다 왕의 궁전과 예루살렘에 남아 있는 기구들이 바벨론에 옮겨지고 귀환할 때까지 그곳에 있을 것이라고 예언하게 하신다.

능동적 묵상의 단계

본문의 상황은 바벨론 왕 느브갓네살이 예루살렘을 침공하여 여호야긴 왕과 고관들을 포로로 데려가고, 성전의 기물과 보화들까지 탈취하고(B.C 597), 여호야김을 새로운 왕으로 세운 지 얼마 되지 않은 시기이다. 하나님께서 예레미야에게 주신 명령은 무엇인가(2절)? 예레미야가 메고 다닌 멍에를 통해 주시는 하나님의 뜻, 즉 그 교훈은 무엇인가(6-7절)? 시드기야 왕의 등극을 축하하러 온 에돔, 모압, 암몬, 두로, 시돈의 사신들을 통해 그 나라 왕들에게 예레미야가 전하도록 주신 내용의 말은 무엇인가(3-11절)? 유다왕 시드기야와 백성들을 향한 예언은 무엇인가(12-15절)? 제사장들과 일반 백성들을 향한 말은 무엇인가(16-22절)?

예레미야는 하나님의 음성을 듣고 예언의 말씀을 전하지만 이스라엘은 예언자의 소리에 귀를 기울이지 않고 있다. 거짓 예언자들은 더 이상의 심판은 없다고 외친다. 예레미야와 거짓 선지자들이 똑같이 하나님의 뜻을 예언한다고 하는데 무엇으로 거짓 예언과 참 예언을 식별할 수 있는가? 그것은 상황과 관련된다. 히스기야 때 선지자들이 성전이 안전하다고 외친 것은 그들의 하나님에 대한 절대적인 신뢰를 나타낸다. 그러나 지금 이스라엘이 하나님 앞에서 죄를 짓는 상황에서는 그것이 거짓된 예언이 된다는 것이다. 거짓 선지자들은 끝까지 바벨론과 싸우라고 외치나 예레미야는 바벨론에 항복하라고 외친다. 하나님이 이미 멸망을 허락했으니 순종하여 최소한의 비참을 면하라는 하나님과 그의 종 예레미야의 마음을 헤아려 본다. 또한, 하나님은 성전에 남아있는 기구들이 바벨론으로 옮겨질 것이지만 그 후에 하나님의 회복 아래 그 기구들이 돌아올 것을 말씀하신다(22절). 이 말을 듣는 이스라엘 백성들의 마음은 어떠한지를 헤아려 본다.

수동적 묵상의 단계

하나님은 예레미야에게 줄과 멍에를 만들어서 목에 걸어 앞으로 다가올 사건을 상징적으로 외치도록 하시는데 이것은 바벨론이 앞으로 그들을 다스리게 된다는 것이다. 이스라엘은 그 바벨론의 멍에를 메고 그들을 섬겨야만 한다. 이스라엘이 볼 때 그들의 미래는 암울하고 어둡지만, 하나님은 바벨론에서 당신 백성의 새로운 세계를 계획하신다. 하나님이 예레미야와 이스라엘에게 지게 하시는 멍에를 바라보며 그 짐을 지우시는 하나님의 마음을 헤아려 본다. 바벨론의 무거운 멍에를 짊어져야 하는 이스라엘을 여전히 사랑하시며 그들을 돌보시며 회복시키기 원하시는 하나님의 마음과 함께해 본다.

되돌아보기

내가 짊어지도록 하나님이 내게 허락하신 멍에는 무엇이며 그것에 대한 나의 마음은 어떠한가?

마음 쏟아 놓기

마음이 완악하여 죄에서 돌이키지 않을 뿐만 아니라 저의 죄와 연약함으로 인해 마땅히 짊어져야만 하는 인생의 멍에를 거부하는 저의 우둔함을 돌아보아 주시고 기꺼이 그것을 내 것으로 받아 살아내는 은총을 허락해 주옵소서.

하나님 음성 듣기 / 하나님 안에 머물기

유다왕 뿐만 아니라 모든 백성 그리고 모든 나라의 왕들에게 예레미야의 멍에를 통해 전달하는 하나님의 마음과 뜻을 헤아리며 하나님이 내게 허락하신 멍에가 하나님께 나아가는 걸림이 아니라 나의 구원과 당신의 거룩한 뜻을 이루게 하는 하나님의 사랑의 마음이라는 것을 헤아리며 말씀 가운데 머물러 깊게 알아듣는다.

응답의 기도

제가 삶에서 짊어지기를 거부하는 하나님이 허락하는 내 인생의 멍에들이 있습니다. 너무나 무섭고 그것을 지기가 부담스럽습니다. 이 시간 닫힌 마음을 열고 은총을 구하오니, 그 멍에를 통해 내게 주시는 하나님의 뜻을 헤아릴 수 있기를 원합니다. 기꺼이 짊어지기를 원합니다. 나를 긍휼히 여겨주소서.

삶으로 기도하기

 오늘 하루도 하나님이 메워주시는 멍에를 기꺼이 짊어짐으로 그것을 통해 더욱 하나님께 다가가는 삶이 되게 하여 주옵소서.

32. 예레미야와 하나냐의 갈등
(28:1-17)

기도에 임하기

하나님의 말씀만 전하는 사람이 되게 하소서.

말씀읽기

예레미야 28:1 - 17

마음의 문을 열고 하나님의 말씀을 집중해서 듣고 하나님의 말씀이 내 마음에 부딪혀 오든지 말씀에로 자신이 끌려들어 갈 수 있도록 하나님 현존 앞에서 말씀을 청종하는 자세로 두세 번 반복해서 읽으면서 마음에 와닿은 말씀이나 혹은 자신에게 다가오는 말씀을 살핀다.

1절 그 해 곧 유다 왕 시드기야가 다스리기 시작한 지 사 년 다섯째 달 기브온앗술의 아들 선지자 하나냐가 여호와의 성전에서 제사장들과 모든 백성이 보는 앞에서 내게 말하여 이르되

2절 만군의 여호와 이스라엘의 하나님이 이같이 일러 말씀하시기를 내가 바벨론의 왕의 멍에를 꺾었느니라

3절 내가 바벨론의 왕 느부갓네살이 이 곳에서 빼앗아 바벨론으로 옮겨 간 여호와의 성전 모든 기구를 이 년 안에 다시 이 곳으로 되돌려 오리라

4절 내가 또 유다의 왕 여호야김의 아들 여고니야와 바벨론으로 간 유다 모든 포로를 다시 이 곳으로 돌아오게 하리니 이는 내가 바벨론의 왕의 멍에를 꺾을 것임이라 여호와의 말씀이니라 하니라

5절 선지자 예레미야가 여호와의 성전에 서 있는 제사장들과 모든 백성들이 보는 앞에서 선지자 하나냐에게 말하니라

6절 선지자 예레미야가 말하니라 아멘, 여호와는 이같이 하옵소서 여호와께서 네가 예언한 말대로 이루사 여호와의 성전 기구와 모든 포로를 바벨론에서 이 곳으로 되돌려 오시기를 원하노라

7절 그러나 너는 내가 네 귀와 모든 백성의 귀에 이르는 이 말을 잘 들으라

8절 나와 너 이전의 선지자들이 예로부터 많은 땅들과 큰 나라들에 대하여 전쟁과 재앙과 전염병을 예언하였느니라

9절 평화를 예언하는 선지자는 그 예언자의 말이 응한 후에야 그가 진실로 여호와께서 보내신 선지자로 인정 받게 되리라

10절 선지자 하나냐가 선지자 예레미야의 목에서 멍에를 빼앗아 꺾고

11절 모든 백성 앞에서 하나냐가 말하여 이르되 여호와께서 이와 같이 말씀하시니라 내가 이 년 안에 모든 민족의 목에서 바벨론의 왕 느부갓네살의 멍에를 이와 같이 꺾어 버리리라 하셨느니라 하매 선지자 예레미야가 자기의 길을 가니라

12절 선지자 하나냐가 선지자 예레미야의 목에서 멍에를 꺾어 버린 후에 여호와의 말씀이 예레미야에게 임하니라 이르시기를

13절 너는 가서 하나냐에게 말하여 이르기를 여호와의 말씀에 네가 나무 멍에들을 꺾었으나 그 대신 쇠 멍에들을 만들었느니라

14절 만군의 여호와 이스라엘의 하나님께서 이와 같이 말씀하시니라 내가 쇠 멍에로 이 모든 나라의 목에 메워 바벨론의 왕 느부갓네살을 섬기게 하였으니 그들이 그를 섬기리라 내가 들짐승도 그에게 주었느니라 하라

15절 선지자 예레미야가 선지자 하나냐에게 이르되 하나냐여 들으라 여호와께서 너를 보내지 아니하셨거늘 네가 이 백성에게 거짓을 믿게 하는도다

16절 그러므로 여호와께서 이와 같이 말씀하시되 내가 너를 지면에서 제하리니 네가 여호와께 패

역한 말을 하였음이라 네가 금년에 죽으리라 하셨느니라 하더니
17절 선지자 하나냐가 그 해 일곱째 달에 죽었더라

말씀으로 기도하기

본문배경 섭렵하기

　참된 예언자와 거짓 예언자 사이의 갈등 가운데 누가 참된 예언자인지를 돌아보게 만드는 본문이다. 27장에서 목에 멍에를 걸고 모든 나라와 유다가 바벨론의 왕을 섬겨야 한다고 전하는 예레미야의 말에 저항하는 하나냐의 말을 통하여 이제 거짓 예언자들의 반격이 시작된다. 바벨론의 침략을 목전에 두고 있는 백성들에게는 어떤 결정을 내려야 할지 혼란스러운 상황이다. 백성들은 이 위험의 원인을 처방하기보다는 평화를 외치는 예언자의 말을 듣기 원한다. 예레미야도 그것을 원하지만, 현실은 그렇지 않고, 이미 멸망이 임박하였다. 바벨론에 저항한다면 비극은 더욱 심해질 뿐이다. 거짓 예언자는 적극적으로 행동하며 예레미야의 목에서 멍에를 빼앗아 꺾고 다시금 하나님의 회복을 선언한다. 백성들은 누가 참된 예언자인지 알지 못하였다. 하나님은 예언이 성취되기까지 기다리지 않으신다. 하나냐가 꺾어 버린 나무 멍에 대신 쇠 멍에를 여러 나라와 유다에게 메워 바벨론 왕을 섬기게 하고 거짓 예언자 하나냐를 죽게 만들었다. 시드기야가 다스리기 시작한지 4년은 곧 주전 594년을 가리킨다. 예레미야는 이전의 예언자들이 전쟁과 재앙에 대하여 선포했다고 말하고, 구원과 평화를 예언하는 자중에 특히 거짓 예언자가 있음을 주목한다. 전쟁을 선포하는 예언자가 참된 예언자이고, 평화를 전하는 예언자는 과연 거짓 예언자인가? 예레미야에 의하면 하나냐는 하나님의 말씀이 아니라 자신의 생각을 전하고 있었다. 참 예언자와 거짓 예언자의 싸움은 하나님 자신에 의하여 판가름 난다. 하나냐를 향한 하나님의 말씀과 이에 대한 결과가 없다면 이 싸움은 한없이 계속 되었을 것이다. 하나님을 대항한 하나냐에 대한 하나님의 보응은 죽음의 선포였고 그해 안에 이루어졌다. 두 예언자의 논쟁이 있던 때가 5월이라면 하나냐가 죽은 때는 7월이므로 두달 만에 하나님은 예레미야의 예언이 옳다는 것을 보여주셨다. 이와 같이 예레미야의 예언이 참된 것을 증명하는 길은 하나님 당신께서 보호하시고 증명하시는 것뿐이다.

본문내용 이해하기

이 본문은 세 단락으로 이루어져 있다: A. 하나냐의 거짓 예언 (1-4 절); B. 하나냐에 대한 예레미야의 응답 (5-9 절); C. 하나냐의 상징행위에 대한 예레미야의 응답 (10-17 절).

첫째 단락은 하나냐의 거짓 예언 (1-4 절)에 관한 것이다. 27장에서 바벨론의 왕에게 항복하라는 예레미야의 예언에 대하여 하나냐가 응답한다. 시드기야 왕이 다스린지 4년에 예언자 하나냐가 성전에서 제사장들과 모든 백성이 보는 앞에서 말한다. 여호와께서 바벨론의 멍에를 꺾었고, 느부갓네살 왕이 이곳에서 옮겨간 기구들을 2년 안에 되돌려 온다는 것이다.

둘째 단락은 하나냐에 대한 예레미야의 응답 (5-9 절)에 관한 것이다. 사실상 하나냐의 예언은 예레미야조차도 바라는 것이었다. 그래서 그는 바벨론에 간 야웨의 집 기구가 돌아오기를 바란다고 말한다: "아멘 여호와는 이같이 하옵소서!"(6절). 그러나 하나냐가 기억해야 할 것은 평화를 예언하는 예언자는 그 말이 응한 후에나 참된 예언자로 인정받게 될 것이라는 것이다. 그래서 지금은 귀에 듣기 좋은 말로 사람들의 칭찬을 들을지 모르겠지만, 곧 판명이 날 것이라는 말이다.

셋째 단락은 하나냐의 상징행위와 이에 대한 예레미야의 응답 (10-17 절)이다. 예레미야의 말에 대하여 하나냐는 적극적으로 행동한다. 하나냐가 바벨론의 지배를 상징하는 멍에를 예레미야의 목에서 꺾고 말한다: "내가 이 년 안에 모든 민족의 목에서 바벨론 왕 느부갓네살의 멍에를 이와 같이 꺾어 버리리라 하셨느니라." (11절). 그 자리에서는 아무런 일도 일어나지 않았다. 백성들은 참된 예언자가 누구인지 판단할 수 없었다. 그런데 하나님께서 하나냐에게 전할 말을 예레미야에게 말씀하셨다. 네가 나무 멍에를 꺾었으니 내가 쇠 멍에를 만들어 모든 나라의 목에 메워 바벨론 왕을 섬기게 될 것이라는 말이다. 나아가서 예레미야는 하나냐를 거짓 예언자로 규정하고 패역한 말을 한 대가로 금년에 죽을 것을 예언하였고, 하나냐는 그해 일곱째 달에 죽었다.

능동적 묵상의 단계

예레미야 28장 1-17절 말씀을 읽으면서 9절 말씀 '평화를 예언하는 선지자는 그 예언자의 말이 응한 후에야 그가 진실로 여호와께서 보내신 선지자로 인정받게 되리라'는 말씀과 11절 하반의 '선지자 예레미야가 자기의 길을 가니라'는 말씀이 마음에 와닿았다. 9절 말씀을 읽고 읊조리면서 전후 문맥을 보니 유다 시드기아 왕 제 4년에 선지자 하나냐가 여호와의 성전에서 제사장들과 모든 백성이 보는 앞에서 예레미야에게 세 가지 말을 한다. 첫째는 만군의 여호와가 바벨론의 왕의 멍에를 꺾었다는 말이다. 둘째는 만군의 여호와가 바벨론의 왕 느부갓네살이 예루살렘에서 빼앗아 바벨론으로 옮겨 간 여호와의 성전 모든 기구를 이 년 안에 다시 되 돌려올 것이라는 말이다. 이 말을 한 하나냐는 두 해가 되기 전에 죽게 된다(28:17). 셋째는 유다 왕 여호야김의 아들 여고니야와 바벨론으로 간 유다 모든 포로를 다시 예루살렘으로 돌아오게 한다는 말이다. 그 이유는 만군의 여호와가 바벨론의 왕의 멍에를 꺾을 것이기 때문이다.

　하나냐의 거짓 예언을 다 듣고, 예레미야가 여호와의 성전에 서 있는 제사장들과 모든 백성들이 보는 앞에서 그에게 '너는 이 말을 잘 들으라 하면서 하나냐에게 네 말대로 여호와께서 여호와의 성전 기구와 모든 포로를 바벨론에서 이곳으로 되돌려 오시기를 자기도 원하느니라 말한다. 동시에 그에게 너는 내가 네 귀와 모든 백성의 귀에 이르는 이 말을 잘 들으라고 단호하게 말한다. 여기서 말하는 '이 말'이란 예레미야와 하나냐 이전의 선지자들이 예로부터 많은 땅들과 큰 나라들에 대한 전쟁과 재앙과 전염병을 예언하였지만, 평화를 예언하는 선지자는 그 예언자의 말이 응한 후에야 그가 진실로 여호와께서 보내신 선지자로 인정받게 되었다 말한다. 예레미야의 이같은 말은 하나냐가 말하는 평화의 예언 역시 이 말이 응하기 전에는 그가 진실로 여호와께서 보내신 선지지로 인정받을 수 없다는 것이 감지되었다.

　그리고 11절 하반에서 예레미야가 자기의 길을 가는 것이 마음에 와닿았는데, 이는 하나냐가 예레미야의 목에서 멍에를 꺾고 모든 백성 앞에서 여호와께서 이 년 안에 모든 민족의 목에서 바벨론의 왕 느부갓네살의 멍에를 이와 같이 꺾어 버리리라는 말을 듣고 예레미야는 더 이상 그와 말하지 아니하고 자기의 길을 간다. 이 같은 하나냐의 행위가 당시 반 바벨론 계열의 사람들에게는 큰 힘이 되었을 것이다. 그렇지만, 이 후에 여호와의 말씀이 예레미야에게 임하시어 하나냐에게 가서 '네가 나무 멍에를 꺾었으나 그 대신 쇠 멍에를 만들었느니라.'고 말하도록 명하신다. 그리하여 예레미야가 다시 쇠 멍에로 이 모든 나라의 목에 메워 바벨론의 왕 느부갓네살을 섬길 뿐 아니라 들짐승도 여호와께서 그에게 주셨다는 말을 하기 위하여 하나냐에게로 간다. 하나냐 당시 제사장들과 선지자들은 거짓으로 여호와의 이름으로 예언한 그의 말을 선호하였음에도 불구하고 예레미야가 하나냐에게 너는 여호와께서 보내지 않았다 말한다. 여호와께서 보내지도 아니한 하나냐의 거짓 예언으로 인하여 유다 백성들이 그 거짓말을 믿기에 이르렀는데, 이로 말미암아 여호와께서 그를 지면에서 제하실 것이라고 예레미야를 통하여 말씀하신다. 그는 구체적으로 여호와를 향한 하나냐의 이 같은 패역으로 인하여 금년에 죽을 것이라 예언하는데, 실제로 하나냐는 그 해 일곱째 달에 죽는다. 하나냐의 죽음으로 예레미야가 여호와께서 보내신 참 선지자라는 사실이 입증되는 것이 감지되었다.

수동적 묵상의 단계

9절과 11절 하반의 말씀처럼 '선지자 예레미야가 자기의 길을 가니라'는 말씀이 깊이 마음에 와닿았다. 사단법인 한국기독교교육교역연구원(셈 연구원) 원장으로 2005년 이래 현재까지 봉사하면서 몇 년 전에 후임에 관한 기도를 하였다. 이때 후임을 놓고 하나님께 기도하는데, 하나님께서 제게 네가 그 연구원의 오너이냐? 물으셨다. 이에 제가 아니요 저는 오너라고 생각해 본 적이 없습니다.' 라고 말씀드리니 그러면, 내가 너를 연구원에 세운 것처럼 연구원의 주인이신 하나님께서 친히 후임을 세우신다 말씀하셨다. 그래서 제가 하나님께 하나님! 그 후임이 제 마음에도 들었으면 좋겠습니다. 라는 말씀을 드린 이래 나는 후임문제로 사람을 찾지 않았으나 누군가 궁금하였다.

그런데 이 이후 제 과목을 들었던 k제자가 미국유학을 가는데 추천서를 써 달라고 제게 왔다. 이에 추천서를 써주고 본래 그 k가 하고 있었던 일을 알고 있었고, 또 제 후임에 관한 기도를 하나님께 드렸더니 이는 제 소관이 아니고 하나님께서 친히 하신다는 제 기도내용을 그 k에게 말했다. 그런데 이제 유학을 위하여 미국으로 가는 그 k와의 대화 속에서 앞으로 연구원이 나아갈 방향을 말하면서 저는 감지된 바가 있어 암묵적으로 저는 하나님의 뜻이 그 k일 수도 있다는 것을 생각하기도 하였다.

그러면서 그 k가 코스워크를 마치고 힘들게 박사논문을 쓰면서 서로 주 안에서 위로하고 격려하면서 기도하는 중에 하나님의 은혜 가운데 학위를 마치게 되어, 저는 그 k가 셈 연구원으로 오는 줄 알았는데, 미국에 공부 하려 가기 전부터 학위를 마치면 미국에서 하고 싶은 것이 있었고, 이를 추진하고 있는 중이라는 말을 들었다. 이에 제가 미국가기 전에 추천서 관계로 둘이 만났을 때의 대화내용을 그k에게 말하니 그 k는 자기가 셈 연구원으로 가는 것이 하나님의 뜻인지 모르겠다고 하여 그 이후에 있는 졸업식에는 축하문자와 전화를 하였지만 그 때 이후, 저는 전혀 그 k에게 그 어떤 연락을 취하지 않았다. 그 이유는 하나님께서 제 후임으로 세운 사람이라면, 이는 모두 하나님께 달린 일이므로 그야말로 저는 제가 하는 일에만 집중하고 매진하였는데, 2022년 카톡으로 안부인사와 함께 2023년 귀국한다는 소식을 받고 바로 반갑다는 인사와 더불어 현재 연구원이 수행하고 있는 사역들을 간단히 카톡으로 알린 후, 귀국하면 보자는 회신을 하였다.

그리고 그 간 성탄 가트가 왔기에 성탄카드로 답신한 후, 2023년 귀국하여 실제로 그 k와 만난 후 자기는 하나님께서 셈연구원의 원장으로 자기를 세우신다는 믿음이 없다는 말을 들었다. 그 이후, 제 후임에 관한 것은 모두 하나님께 온전히 넘기게 되었다. 이후 저는 후임에 관한 한 하나님의 특별하신 섭리가 있다는 것을 믿고 모든 것을 오너이신 하나님께 넘기고 저는 오로지 제가 할 일만 열심히 하고 있다.

되돌아보기

후임 사건과 관련하여 되돌아보면, 교회건축하고 전보다 일이 훨씬 많아져서 점점 힘들어졌기에 무시로 일을 하면서도 '하나님! 저 힘 들어요.'라는 말씀을 자주 드리곤 했다. 그런고로 그 k가 논문을 다 쓰고 나면 바로 연구원에 올 것이라는 기대가 있었는데, 그 k가 다른 계획이 있다고 말할 때, 이는 내가 할 수 있는 일이 아니고 오로지 하나님만이 하실 수 있는 일이므로 일절 손을 뗐다. 그러나 앞으로 후임에 관한 것은 모두 하나님의 섭리 아래 넘기고 저는 하나님으로부터 주워지는 일을 하면서 제 갈 길을 가고 있다.

마음 쏟아 놓기

최근 1-3년에 걸쳐서 온갖 일을 다 감당해야 되는 것이 육체적으로 힘에 부쳐서 하나님께 '저 힘 들어요.' 라는 말을 자주하였고, 사람들이 어떠냐고 물으면 '힘들다'라는 것이 제 대답이었다. 이 모든 형편을 아시는 하나님께서 앞으로 계속하여 필요한 사람들을 보내주시리라 믿으면서 이제부터 남은 시간과 사는 동안 모든 일을 주님께서 그토록 원하시는 '내가 너를 사랑한 것 같이 너도 서로 사랑하라'는 말씀 안에서 그 말씀에 순종하면서 주의 일을 수행하는 삶을 살게 해 달라는 나의 깊은 마음속의 소원을 하나님 앞에 쏟아 놓는다.

하나님 음성 듣기 / 하나님 안에 머물기

마음을 쏟아 낸 후 하나님의 사랑아래 고요히 머물면서 하나님께서 나에게 들려주시는 음성, '나 여호와가 너와 함께 한다.'는 말씀에 귀 기울인다.

계속 은혜 안에 머물면서 하나님의 충만하신 임재를 느끼면서 하나님의 치유하심과 구속하시는 은총을 덧입는다.

응답의 기도

하나님의 은총 안에 머물면서 '하나님의 말씀만을 믿고 그 말씀을 전하는 사역을 잘 수행할 수 있는 사람이 되게 하소서.' 라는 응답 기도를 한다.

삶으로 나아가기

아무리 힘에 겨운 일이라도 하나님의 뜻에 따라 일상의 삶을 사는 은혜를 덧입혀 주시기를 바라면서 묵상하는 가운데 받은 '나 여호와가 너와 함께 한다.'는 그 말씀에 붙잡힌 상태로 그 말씀과 동행하면서 내 삶이 영위될 수 있도록 도움을 구한다.

33. 바벨론 포로들을 향한 예레미야의 편지
(29:1-32)

Lectio divina Jeremiah

기도에 임하기

평안이 아닌 일도 하나님으로 말미암은 일은 재앙이 아니라 평안이며 미래와 희망을 주는 것임을 늘 감지하게 하소서.

말씀읽기

예레미야 29:1 - 32

마음의 문을 열고 하나님의 말씀을 집중해서 듣고 하나님의 말씀이 내 마음에 부딪혀 오든지 말씀에로 자신이 끌려들어 갈 수 있도록 하나님 현존 앞에서 말씀을 청종하는 자세로 두세 번 반복해서 읽으면서 마음에 와닿은 말씀이나 혹은 자신에게 다가오는 말씀을 살핀다.

1절 선지자 예레미야가 예루살렘에서 이같은 편지를 느부갓네살이 예루살렘에서 바벨론으로 끌고 간 포로 중 남아 있는 장로들과 제사장들과 선지자들과 모든 백성에게 보냈는데

2절 그 때는 여고니야 왕과 왕후와 궁중 내시들과 유다와 예루살렘의 고관들과 기능공과 토공들이 예루살렘에서 떠난 후라

3절 유다의 왕 시드기야가 바벨론으로 보내어 바벨론의 왕 느부갓네살에게로 가게 한 사반의

아들 엘라사와 힐기야의 아들 그마랴 편으로 말하되

4절 만군의 여호와 이스라엘의 하나님께서 예루살렘에서 바벨론으로 사로잡혀 가게 한 모든 포로에게 이와 같이 말씀하시니라

5절 너희는 집을 짓고 거기에 살며 텃밭을 만들고 그 열매를 먹으라

6절 아내를 맞이하여 자녀를 낳으며 너희 아들이 아내를 맞이하며 너희 딸이 남편을 맞아 그들로 자녀를 낳게 하여 너희가 거기에서 번성하고 줄어들지 아니하게 하라

7절 너희는 내가 사로잡혀 가게 한 그 성읍의 평안을 구하고 그를 위하여 여호와께 기도하라 이는 그 성읍이 평안함으로 너희도 평안할 것임이라

8절 만군의 여호와 이스라엘의 하나님께서 이와 같이 말씀하시니라 너희 중에 있는 선지자들에게와 점쟁이에게 미혹되지 말며 너희가 꾼 꿈도 곧이 듣고 믿지 말라

9절 내가 그들을 보내지 아니하였어도 그들이 내 이름으로 거짓을 예언함이라 여호와의 말씀이니라

10절 여호와께서 이와 같이 말씀하시니라 바벨론에서 칠십 년이 차면 내가 너희를 돌보고 나의 선한 말을 너희에게 성취하여 너희를 이 곳으로 돌아오게 하리라

11절 여호와의 말씀이니라 너희를 향한 나의 생각을 내가 아나니 평안이요 재앙이 아니니라 너희에게 미래와 희망을 주는 것이니라

12절 너희가 내게 부르짖으며 내게 와서 기도하면 내가 너희들의 기도를 들을 것이요

13절 너희가 온 마음으로 나를 구하면 나를 찾을 것이요 나를 만나리라

14절 이것은 여호와의 말씀이니라 나는 너희들을 만날 것이며 너희를 포로된 중에서 다시 돌아오게 하되 내가 쫓아 보내었던 나라들과 모든 곳에서 모아 사로잡혀 떠났던 그 곳으로 돌아오게 하리라 이것은 여호와의 말씀이니라

15절 너희가 말하기를 여호와께서 우리를 위하여 바벨론에서 선지자를 일으키셨느니라

16절 다윗의 왕좌에 앉은 왕과 이 성에 사는 모든 백성 곧 너희와 함께 포로 되어 가지 아니한 너희 형제에게 여호와께서 이와 같이 말씀하셨느니라

17절 만군의 여호와께서 이와 같이 말씀하시되 보라 내가 칼과 기근과 전염병을 그들에게 보내어 그들에게 상하여 먹을 수 없는 몹쓸 무화과 같게 하겠고

18절 내가 칼과 기근과 전염병으로 그들을 뒤따르게 하며 그들을 세계 여러 나라 가운데에 흩어 학대를 당하게 할 것이며 내가 그들을 쫓아낸 나라들 가운데에서 저주와 경악과 조소와 수모의 대상이 되게 하리라

19절 여호와의 말씀이니라 너희들이 내 말을 듣지 않았기 때문이니라 내가 내 종 선지자들을 너희들에게 꾸준히 보냈으나 너희는 그들의 말을 듣지 않았느니라 여호와의 말씀이니라

20절 그런즉 내가 예루살렘에서 바벨론으로 보낸 너희 모든 포로여 여호와의 말씀을 들을지니라

21절 만군의 여호와 이스라엘의 하나님께서 골라야의 아들 아합과 마아세야의 아들 시드기야에 대하여 이와 같이 말씀하시니라 그들은 내 이름으로 너희에게 거짓을 예언한 자라 보라 내가 그들을 바벨론의 왕 느부갓네살의 손에 넘기리니 그가 너희 눈 앞에서 그들을 죽일 것이라

22절 바벨론에 있는 유다의 모든 포로가 그들을 저줏거리로 삼아서 이르기를 여호와께서 너를 바벨론 왕이 불살라 죽인 시드기야와 아합 같게 하시기를 원하노라 하리니

23절 이는 그들이 이스라엘 중에서 어리석게 행하여 그 이웃의 아내와 간음하며 내가 그들에게 명령하지 아니한 거짓을 내 이름으로 말함이라 나는 알고 있는 자로서 증인이니라 여호와의 말씀이니라 하시니라

스마야에게 보낸 편지와 여호와의 말씀

24절 너는 느헬람 사람 스마야에게 이같이 말하여 이르라

25절 만군의 여호와 이스라엘의 하나님께서 이와 같이 말씀하여 이르시되 네가 네 이름으로 예루살렘에 있는 모든 백성과 제사장 마아세야의 아들 스바냐와 모든 제사장에게 글을 보내 이르기를

26절 여호와께서 너를 제사장 여호야다를 대신하여 제사장을 삼아 여호와의 성전 감독자로 세우심은 모든 미친 자와 선지자 노릇을 하는 자들을 목에 씌우는 나무 고랑과 목에 씌우는 쇠 고랑을 채우게 하심이어늘

27절 이제 네가 어찌하여 너희 중에 선지자 노릇을 하는 아나돗 사람 예레미야를 책망하지 아니하느냐

28절 그가 바벨론에 있는 우리에게 편지하기를 오래 지내야 하리니 너희는 집을 짓고 살며 밭을 일구고 그 열매를 먹으라 하셨다 하니라

22절 제사장 스바냐가 스마야의 글을 선지자 예레미야에게 읽어서 들려 줄 때에

30절 여호와의 말씀이 예레미야에게 임하여 이르시되

31절 너는 모든 포로에게 전언하여 이르기를 여호와께서 느헬람 사람 스마야를 두고 이같이 말씀하셨느니라 내가 그를 보내지 아니하였거늘 스마야가 너희에게 예언하고 너희에게 거짓을 믿게 하였도다

32절 그러므로 여호와께서 이와 같이 말씀하시니라 보라 내가 느헬람 사람 스마야와 그의 자손을 벌하리니 그가 나 여호와께 패역한 말을 하였기 때문에 이 백성 중에 살아 남을 그의 자손이 하나도 없을 것이라 내가 내 백성에게 행하려 하는 복된 일을 그가 보지 못하리라 하셨느니라 이것은 여호와의 말씀이니라

말씀으로 기도하기

본문배경 섭렵하기

29장에서 우리는 포로를 통하여 형성된 두개의 종파를 대하게 된다. 주전 597년에 일차 예루살렘 함락 후에 이미 바벨론에 끌려간 자들과, 팔레스틴에 남아 있는 자들로 이루어진 두 공동체이다. 예레미야의 입장은 포로가 하나님의 뜻이므로 저항하지 않고 바벨론의 느부갓네살 왕의 권세에 순종하는 것이 하나님의 뜻이라는 것이다. 제국에 저항하지 말고 순종하라는 예레미야의 말은 향후 제국에 관한 유다 나라의 기본 입장이 된다. 신앙의 지성소가 공격당하기 전까지 저항하지 않는 것이다. 예레미야의 말에는 포로를 하나님의 패배로 인식하지 않고, 하나님이 허락하신 것으로 받아들임을 전제한다. 포로는 끝이 아니고 새로운 미래를 준비하는 기간으로 백성들이 하나님을 찾는 기회이다 (29:10-14). 이와 아울러 바벨론에 대한 예레미야의 예언에 반하는 거짓 예언자가 존재함으로 그들에 대한 심판을 선언한다 (15, 21 절). 그들의 예언과는 반대로 하나님은 예루살렘에 남아 있는 자들에 대한 심판을 행하실 것이다 (16-10 절). 예루살렘과 주전 597년에 포로로 잡혀간 사람들 간에 편지 교환이 있었다는 것을 알 수 있다. 이 편지는 시드기야가 보낸 공식적인 사절을 통하여 전달되었다. 2절에 보면 높은 권력자인 왕후, 목공들과 철공들이 잡혀갔다. 목공과 철공은 대대로 기술을 전수받은 이들로서 유다에서 상대적으로 부유한 중산층을 대표한다. 스마야가 예레미야에게 요구한 나무고랑과 쇠고랑은 예언자를 비참하게 붙잡아 두는 일종의 감금장치로 보인다.

본문내용 이해하기

본문은 세 단락으로 이루어져 있다: A. 예레미야의 편지 (1-3 절); B. 거짓 예언자들을 향한 경고 (4-23절); C. 스마야의 편지에 대한 예레미야의 반응 (24-32절).

첫째 단락은 예레미야의 편지 (1-3 절)를 다룬다. 예레미야가 바벨론에 있는 포로들에게 편지를 전한다. 바벨론에는 주전 597년에 예루살렘 함락 후에 바벨론으로 끌려간 포로들로서 장로들, 제사장들, 예언자들을 비롯한 많은 백성이 있었다(왕하 24:8-16). 시드기야가 바벨론에 보낸 공식 사절단이 이 편지를 가지고 바벨론으로 가서 전했다. 편지를 전한 자는 사반의 아들 엘라사와 힐기야의 아들 그마랴이다.

둘째 단락은 거짓 예언자들을 향한 경고 (4-23절)를 다룬다. 편지의 핵심은 포로로 끌려간 백성들에게 곧 돌아올 것이라는 생각을 하지 말고 그곳에 정착하라는 말이다. 그들은 집을 짓고 거기에 살며 텃밭을 만들고 그 열매를 먹어야 한다. 아내를 맞이하여 자녀를 낳으며 아들이 아내를 맞이하며 딸이 남편을 맞아 그들로 자녀를 낳게 하여 너희가 거기서 번성하고 줄어들지 않게 해야 한다. 포로들은 또한 하나님이 사로잡혀 가게 한 그 성읍의 평안을 구하고 그를 위하여 여호와께 기도해야 한다. 왜냐하면 그 성읍이 평안해야 포로들도 평안할 것이기 때문이다.(5-7 절). 하나님의 말씀은 곧 돌아올 것이라는 거짓 예언자들과는 다르기 때문에 거짓 예언자들의 말을 들으면 안 된다. 바벨론에서 칠십년이 지나면 그들을 다시금 이곳으로 돌아오게 할 것이다. 이러한 계획의 목표는 그들에게 재앙을 주는 것이 아니라, 오히려 평안과 희망을 주는 것이다. 그곳에서도 그들이 온 마음을 다해서 하나님을 찾으면 만날 수 있다. 포로는 끝이 아니고 장차 새로운 시작이기 때문이다. 이어지는 예언은 현재 포로로 끌려가지 않은 왕과 다른 백성들도 마찬가지로 칼과 기근과 전염병으로 인하여 멸망되고 세계 여러나라 가운데로 흩어진다는 것이다. 또한 거짓 예언자인 아합과 시드기야가 바벨론 왕인 느부갓네살 왕에게 죽임을 당하고, 사람들에게 회자될 것이다.

셋째 단락은 스마야의 편지에 대한 예레미야의 반응 (24-32절)을 다룬다. 예레미야의 메시지는 바벨론에 있는 거짓 예언자들의 반발을 불러일으켰다. 거짓 예언자인 스마야는 예루살렘의 제사장인 스바냐에게 편지를 보내어 예레미야가 더는 예언자 노릇을 하지 못하게 막아야 한다고 말했다. 이에 대하여 하나님은 예레미야를 통하여 말씀하시기를 스마야는 하나님이 보내지 않았지만 그가 거짓으로 예언하고 사람들에게 그것을 믿게 한 것이다. 하나님은 스마야와 그의 자손에 대한 멸망을 선포하신다.

능동적 묵상의 단계

예레미야 29장 1-32절 말씀을 읽으면서 10절 말씀, '여호와께서 이와 같이 말씀하시니라 바벨론에서 칠십 년이 차면 내가 너희를 돌보고 나의 선한 말을 너희에게 성취하여 너희를 이곳으로 돌아오게 하리라.'는 말씀과 11절 '여호와의 말씀이니라 너희를 향한 나의 생각을 내가 아나니 평안이요 재앙이 아니니라 너희에게 미래와 희망을 주는 것이니라.'는 말씀이 마음에 와닿았다. 이 말씀은 당시 포로로서 바벨론에 정착한 유다 백성들은 정착할 자유도 있었고, 장로들을 중심으로 그들의 공동체를 조직하기도 하였다(겔 8:1;14:1). 또한 포로지에서도 하나님께 예배 드리는 생활을 지속하였던(렘 7:1-15 ;'21, 22) 상황에 있는 바벨론의 포로 중 살아남아 있는 장로들과 제사장들과 선지자들과 모든 백성에게 선지자 예레미야가 편지를 보냈다. 이는 유다 왕 시드기야가 바벨론 왕 느부갓네살에게 가게 하였던 사반의 아들 엘라사와 힐기야의 아들 그마랴 편으로 여호와로부터 받은 말씀을 편지로 보낸 말씀들이다. 이 가운데 10과 11절의 말씀이 마음에 깊이 와닿았다.

만군의 여호와 이스라엘의 하나님께서 바벨론에서 칠십 년이 차면 그들을 예루살렘으로 돌아오게 하리라는 말씀을 예레미야를 통하여 하시면서 그들을 향한 여호와의 생각은 평안이요 재앙이 아니라고 이르신다. 이는 그들에게 미래와 희망을 주시는 말씀이니 그들에게 이 말씀이 얼마나 큰 위로가 되었을까 라는 것이 감지되었으며 동시에 이미 여호와께서 이같은 생각을 품으신 이상 별 다른 방도가 없다는 것이 감지하게 되었다. 이 말씀을 통하여 극한 어려움 상황 속에서는 소망 가운데 속수무책으로 기다려야만 하는 일이 가장 필요하다는 것이 문득 떠올랐다.

수동적 묵상의 단계

현재 나는 예수님께서 '내가 너를 사랑한 것 같이 너희도 서로 사랑하라'는 말씀훈련을 호되게 받고 있는 중이다. 나는 한쪽 귀가 안 들리고, 다른 한쪽 귀도 나이가 들어 듣는 기능이 쇠약해져 보청기를 착용해야만 되며, 경도 인지장애를 갖고 있는 사람과 함께 살게 되었다. 나는 그 사람으로부터 제가 어려서부터 성인이 되어서도 많은 보살핌을 받은 바 있다. 그리하여 현재 3년이 훨씬 넘게 함께 사는데 4년째 되는 해에 제가 수술받아야 되는 상황이라 그 사람은 아들 가까이 가 살게 되었다.

그러나 그 사람과 사는 어간 예수님께서 저를 사랑하신 것 같이 그 사람을 사랑하지 못함으로 인하여 참말로 힘에 겨울만큼 힘든 상황에 처하게 되었다. 그러나 하나님께서는 그 사람을 잘 돌보라 하신다. 뿐만 아니라 나 자신도 그 사람을 잘 돌보고 싶은 마음이 깊이 간절하지만 내 육성이 불끈불끈 나와 내 머리에서 열이 난다. 그래서 하나님께 그 사람을 잘 돌 볼 수 있도록 저를 다스리시고 잘 돌볼 수 있도록 성령 충만하게 하시며, 또한 사랑의 은사를 부어 달라 간절히 기도한다. 그러나 그럼에도 불구하고 잘 하다가도 또 불끈할 뿐만 아니라 기가 딱 막힐 때도 있다. 그러나 나는 그 사람을 돌보는 일을 하나님 앞에서 잘 감당함으로써 그 큰 훈련을 잘 받아 승리하기를 바라는 마음이 또한 간절하다. 왜냐하면 이 일을 통과하면, 사람섬기는 일에 관하여는 그 어떤 일도 감당할 수 있다고 믿어지기 때문이다. 이는 바벨론으로 포로로 간 유다 백성들이 그곳에서 집 짓고, 텃밭 가꾸고 결혼하여 아이를 많이 낳고 살면 때가 되어 하나님께서 그들을 예루살렘으로 되돌아오게 하신다고 약속하신 것처럼 그 사람을 사랑으로 잘 섬기는 일이 통과되면 그야말로 엄청난 축복이 잇달아 올 것 같다. 그런데도 불구하고 잘 하다가도 나의 육성이 날카롭게 반응하는 것을 나도 지켜보고 있다. 그러니 하나님께서 제가 그 사람을 섬기는 일을 보시고 얼마나 마음이 아프실까 라는 생각이 들 때가 많다. 그래서 나는 무시로 내가 잘못 섬긴 것을 바로 바로 하나님께 아뢰면서 마음에 품지 않고 넘어가곤 한다. 동시에 그 사람을 치유하시기를 기도하며 매일 예배를 함께 드린다.

다시 마음에 와닿은 말씀, '여호와께서 이와 같이 말씀하시니라 바벨론에서 칠십 년이 차면 내가 너희를 돌보고 나의 선한 말을 너희에게 성취하여 너희를 이곳으로 돌아오게 하리라'는 말씀과 11절 '여호와의 말씀이니라 너희를 향한 나의 생각을 내가 아나니 평안이요 재앙이 아니니라 너희에게 미래와 희망을 주는 것이니라.'를 읽고 묵상하면서 때가 차서 제가 그 사람을 잘 섬기고 돌볼 수 있게 하실 하나님을 바라보며, 동시에 그 사람을 치유하시어 우리에게 기쁨을 가져다주실 뿐만 아니라 우리를 하나님나라의 거룩한 도구로 쓰임 받게 되기를 기대하며 하나님을 바라보면서 소망 가운데 묵상을 마친다.

되돌아보기

지난 3 4년 함께 그 사람을 섬기고 돌보면서 이제까지 살아온 나의 삶을 되돌아보니 나는 나가는 길을 바쁘게 살아왔지 다른 사람을 돌보며 섬기는 일에 시간을 많이 할애한 경험이 적다. 그런데 하나님께서는 이번에 그 사람을 섬기고 돌보게 하시면서 나의 삶 위주로 살기보다는 그 사람에 맞춰서 사는 훈련을 시키시는데, 제가 돌봐주고 섬기는 대로 상대가 다 따라주는 것도 아니며, 나의 섬김이 다 옳은 것도 아니니 이 또한 쉽지 않은 것임을 감지하게 하셨다. 다른 사람을 사랑하고 섬기는 일을 하나님께서 원하시는 대로 하려면, 반드시 내 심장이 그리스도의 심장이 되지 않고는 가능하지 않다는 것을 온 몸으로 체득하게 하신 하나님께 감사드린다.

마음 쏟아 놓기

그 사람을 섬기고 돌보면서 무시로 하나님께 현재의 저는 주께서 원하시는 이 섬김을 할 수 없사오니 날 바꾸시고 그 사람을 치유해 달라는 기도를 해 오고 있다. 하나님께서 저에게 그 사람을 돌보고 섬기라고 하셨은즉 이 일을 반드시 하나님께서 감당하게 하실 것이라는 것을 붙잡고 한발 한발 나가면서 그래도 한 번도 이 섬김을 그만둔다는 마음을 먹은 적은 없다. 그 이유는 두 가지다. 하나는 하나님께서 이 일을 하라고 하셨기 때문이며, 다른 하나는 그 사람을 내가 사랑하기 때문에 이 일을 그만 둘 수가 없기 때문이다. 이 두 가지 이유는 한 번도 내 마음 속에서 변동이 없었음에도 불구하고 일상의 삶에서 나의 모습은 이와 반대되는 행동과 말을 하는 것을 보고, 하나님께 있는 그대로 보고하면서 속히 나를 바꾸시어 온전히 하나님의 다스림을 받게 하시며, 동시에 그 사람을 치유해 달라는 내 마음의 소원을 쏟아 놓는다. 나는 스스로 이 일을 감당할 수 없지만 무시로 하나님께 쏟아놓는 내 마음의 기도가 응답되는 좋은 날이 임하기를 소망 중에 고대하며 주께서 명하신 일을 잘 감당하고 싶은 마음이 간절하다.

하나님 음성 듣기 / 하나님 안에 머물기

마음을 쏟아 낸 후 하나님의 사랑아래 고요히 머물면서 하나님께서 나에게 들려주시는 음성, '너희를 향한 나의 생각을 내가 아나니 평안이요 재앙이 아니니라 너희에게 미래와 희망을 주는 것이니라."는 말씀에 귀 기울인다.

계속 은혜 안에 머물면서 하나님의 충만하신 임재를 느끼면서 하나님의 치유하심과 구속하시는 은총을 덧입는다

응답의 기도

하나님의 은총 안에 머물면서 '하나님께서 내게 주신 섬김과 돌봄의 일이 평안이요 재앙이 아니며 미래와 희망을 주는 은혜가 속히 임하게 하소서.' 라는 응답 기도를 한다.

삶으로 나아가기

현재는 평안이 아닌 일도 하나님으로 말미암은 일은 재앙이 아니라 평안이며 미래와 희망을 주는 것임을 늘 감지하면서 그 말씀에 붙잡힌 상태로 그 말씀과 동행하면서 내 일상의 삶이 영위될 수 있도록 도움을 구한다.

34. 하나님 백성을 위한 새로운 시작의 약속 (30:1-24)

기도에 임하기

하나님이시여! 담대히 하나님께로 가까이 오게 하소서.

말씀읽기

예레미야 30:1 - 24

마음의 문을 열고 하나님의 말씀을 집중해서 듣고 하나님의 말씀이 내 마음에 부딪혀 오든지 말씀에로 자신이 끌려들어 갈 수 있도록 하나님 현존 앞에서 말씀을 청종하는 자세로 두세 번 반복해서 읽으면서 마음에 와닿은 말씀이나 혹은 자신에게 다가오는 말씀을 살핀다.

1절 여호와께로부터 말씀이 예레미야에게 임하여 이르시니라
2절 이스라엘의 하나님 여호와께서 이와 같이 말씀하여 이르시기를 내가 네게 일러 준 모든 말을 책에 기록하라
3절 여호와의 말씀이니라 보라 내가 내 백성 이스라엘과 유다의 포로를 돌아가게 할 날이 오리니 내가 그들을 그 조상들에게 준 땅으로 돌아오게 할 것이니 그들이 그 땅을 차지하리라 여호와께서 말씀하시니라

4절 여호와께서 이스라엘과 유다에 대하여 하신 말씀이 이러하니라

5절 여호와께서 이와 같이 말씀하시되 우리가 무서워 떠는 자의 소리를 들으니 두려움이요 평안함이 아니로다

6절 너희는 자식을 해산하는 남자가 있는가 물어보라 어찌하여 모든 남자가 해산하는 여자 같이 손을 자기 허리에 대고 모든 얼굴이 겁에 질려 새파래졌는가

7절 슬프다 그 날이여 그와 같이 엄청난 날이 없으리라 그 날은 야곱의 환난의 때가 됨이로다 그러나 그가 환난에서 구하여 냄을 얻으리로다

8절 만군의 여호와의 말씀이라 그 날에 내가 네 목에서 그 멍에를 꺾어 버리며 네 포박을 끊으리니 다시는 이방인을 섬기지 않으리라

9절 그들은 그들의 하나님 여호와를 섬기며 내가 그들을 위하여 세울 그들의 왕 다윗을 섬기리라

10절 여호와의 말씀이니라 그러므로 나의 종 야곱아 너는 두려워하지 말라 이스라엘아 놀라지 말라 내가 너를 먼 곳으로부터 구원하고 네 자손을 잡혀가 있는 땅에서 구원하리니 야곱이 돌아와서 태평과 안락을 누릴 것이며 두렵게 할 자가 없으리라

11절 이는 여호와의 말씀이라 내가 너와 함께 있어 너를 구원할 것이라 너를 흩었던 그 모든 이방을 내가 멸망시키리라 그럴지라도 너만은 멸망시키지 아니하리라 그러나 내가 법에 따라 너를 징계할 것이요 결코 무죄한 자로만 여기지는 아니하리라

12절 여호와께서 이와 같이 말씀하시니라 네 상처는 고칠 수 없고 네 부상은 중하도다

13절 네 송사를 처리할 재판관이 없고 네 상처에는 약도 없고 처방도 없도다

14절 너를 사랑하던 자가 다 너를 잊고 찾지 아니하니 이는 네 악행이 많고 네 죄가 많기 때문에 나는 네 원수가 당할 고난을 네가 받게 하며 잔인한 징계를 내렸도다

15절 너는 어찌하여 네 상처 때문에 부르짖느냐 네 고통이 심하도다 네 악행이 많고 네 죄가 허다하므로 내가 이 일을 너에게 행하였느니라

16절 그러므로 너를 먹는 모든 자는 잡아먹힐 것이며 네 모든 대적은 사로잡혀 갈 것이고 너에게서 탈취해 간 자는 탈취를 당할 것이며 너에게서 노략질한 모든 자는 노략물이 되리라

17절 여호와의 말씀이니라 그들이 쫓겨난 자라 하매 시온을 찾는 자가 없은즉 내가 너의 상처로부터 새 살이 돋아나게 하여 너를 고쳐 주리라

18절 여호와께서 말씀하시니라 보라 내가 야곱 장막의 포로들을 돌아오게 할 것이고 그 거처들에 사랑을 베풀 것이라 성읍은 그 폐허가 된 언덕 위에 건축될 것이요 그 보루는 규정에

따라 사람이 살게 되리라

19절 그들에게서 감사하는 소리가 나오고 즐거워하는 자들의 소리가 나오리라 내가 그들을 번성하게 하리니 그들의 수가 줄어들지 아니하겠고 내가 그들을 존귀하게 하리니 그들은 비천하여지지 아니하리라

20절 그의 자손은 예전과 같겠고 그 회중은 내 앞에 굳게 설 것이며 그를 압박하는 모든 사람은 내가 다 벌하리라

21절 그 영도자는 그들 중에서 나올 것이요 그 통치자도 그들 중에서 나오리라 내가 그를 가까이 오게 하리니 그가 내게 가까이 오리라 참으로 담대한 마음으로 내게 가까이 올 자가 누구냐 여호와의 말씀이니라

22절 너희는 내 백성이 되겠고 나는 너희들의 하나님이 되리라

23절 보라 여호와의 노여움이 일어나 폭풍과 회오리바람처럼 악인의 머리 위에서 회오리칠 것이라

24절 여호와의 진노는 그의 마음의 뜻한 바를 행하여 이루기까지는 돌이키지 아니하나니 너희가 끝날에 그것을 깨달으리라

말씀으로 기도하기

본문배경 섭렵하기

새 계약으로 알려진 예레미야 31:31-34를 둘러싸고 있는 30-34장은 유다의 회복에 관한 예언을 다루고 있다. 예레미야 30-33장은 시가부분(30-31장)과 산문부분(32-33장)으로 이루어졌는데, 30장 이전(26-29장)은 포로에 대한 예언을 놓고 구원을 선포하는 거짓 예언자들과 갈등을 보이고 있다. 이러한 설화들로부터 갑자기 시가 형태로 된 신탁들의 모음이 나타남으로 이전 이야기들과 장르를 달리한다. 32-33장은 다시 설화의 형태를 취하지만, 30-31장에서 다루는 회복에 관한 동일한 주제를 다루면서, 시드기야 시대 이후 멸망의 역사를 다루는 34장 이하와는 구별된다. 이 본문은 거짓 예언자들과 참 예언자의 갈등을 다루는 26-29장의 다음에 위치하고 있다. 또한 이 본문이 회복을 다루고 있음에도 불구하고, 예레미야서의 결론 부분에 위치하지 않으면서 심판 이후의 임박한 기대를 충족시키는 역할을 하고 있지 않다. 예레미야서의 마지막 장(52장)은 열왕기하의 결론처럼 포로에 대한 서술로 마치고 있다.

예레미야에게 회복에 관한 예언은 사실상 거짓 예언자들과 대비되는 참 예언을 드러내려는 의도가 있다. 회복 자체를 거부하려는 것이 아니다. 회복으로 가기까지 백성들의 철저한 타락을 어떻게 해결할 것인가 하는 문제가 남아 있다. 그러한 심각한 죄로부터의 치유를 다루지 않는 회복은 피상적인 것일 뿐이다. 거짓 예언자들의 주장은 심판은 금방 지나가고, 곧 구원이 찾아온다는 선포이며, 예레미야는 조금의 틈도 없는 철저한 파멸을 경험한 후의 회복을 말한다. 30-33장의 회복의 신탁은 거짓 예언자들의 구원 메시지와 차별된다. 또한 예레미야서의 마지막에 위치하지 않음으로 아직도 이 회복은 심판의 그림자 아래 숨겨져 있음을 암시한다.

2절에서 책이라는 말을 통하여 예레미야가 서기관을 통하여 기록한 것을 알 수 있다. 14절에서 동맹국으로부터 버림받은 유다의 상황을 보여준다. 유다는 이집트와 바벨론 사이에서 외교의 실패를 통하여 멸망에 이르렀다. 동맹국들은 예루살렘이 멸망하자 태도를 바꾸어 바벨론을 지원하였다. 동맹국중에서 두로와 암몬만이 바벨론의 공격 대상이었다. 11절과 24절에서 본문의 흐름을 벗어나는 심판의 징조가 보인다. 11절은 멸망시키지는 않으면서도 법에 따라 징계하고, 24절에서 악인을 행한 하나님의 진노가 남아 있다고 말한다. 회복은 죄를 없다고 하지 않고 적절한 징계와 용서가 뒤따르는 것이다.

본문내용 이해하기

새 계약의 문맥을 통하여 새 계약의 의미를 전개하고 있다. 서론(30:2-3)에서 새 계약에 대하여 암시하는 것들이 있다: "내가 네게 일러 준 모든 말을 책에 기록하라...보라 내가 내 백성 이스라엘과 유다의 포로를 돌아가게 할 날이 오리니 내가 그들을 그 조상들에게 준 땅으로 돌아오게 할 것이니 그들이 그 땅을 차지하리라 여호와께서 말씀하시니라"(30:2-3). 위로의 책을 암시하는 용어가 나타난다. 돌아오는 백성을 이스라엘과 유다로 표현하면서 그들의 포로됨이 전제된다. 이스라엘과 유다의 통일 왕국 백성들이 돌아와 땅을 차지한다. 포로는 땅을 상실하는 것이며, 회복은 그 땅으로 다시 돌아오는 것임을 암시한다. 30:4-11에서는 회복은 환란과 밀접한 것으로써 환란으로부터의 구원이 선포된다. 회복은 흩어졌던 원방에서 백성들이 돌아오는 것이며, 심판의 절정은 이방의 진멸이지만 하나님의 백성을 진멸하지는 않는다고 선포한다 (30:10). 앞에서 모호했던 환란의 의미가 죄에 대한 징책임을 보여준다 (30:11). 이어서 하나님은 상처를 어떻게 치료하시는지 설명한다 (30:12-17). 상처의 원인은 백성들의 악행과 죄 때문이다. 그들이 받는 고통은 하나님이 내리신 징계이다. 회복을 기다리기 전 백성들의 상황은 인간으로서는 돌이킬 수 없으며, 철저하게 상처받고 부상 중에 있다. 오직 하나님만이 치유하실 수 있다. 철저히 심판이 수행된 이후에만 하나님이 간섭하셔서 회복을 이루시는 것이다. 백성들은 자신들의 상처로 인하여 울부짖고, 상처의 치유가 불가능한 시점에 하나님이 일방적으로 치유를 선포한다: "내가 너의 상처로부터 새 살이 돋아나게 하여 너를 고쳐 주리라." (30:17b). 죄로 인하여 만신창이가 된 백성을 치유할 수 있는 분은 하나님이시다. 계약의 갱신은 바로 백성들에 대한 치유로부터 시작되는 것이다. 이어서 귀환의 기쁨을 묘사하는데 (30:18-22), 그 절정은 바로 "너희는 내 백성이 되겠고 나는 너희들의 하나님이 되리라." 는 계약의 기초인 것이다. 다시금 이 계약의 갱신이 선포되는 자리가 바로 심판의 한가운데임을 알리는 구절이 나타난다: "여호와의 진노는 그의 마음의 뜻한 바를 행하여 이루기까지는 돌이키지 아니하나니 너희가 끝 날에 그것을 깨달으리라." (30:24). 심판의 와중에는 깨닫지 못하지만, 심판이 완료될 즈음에 계약의 갱신을 통하여 하나님이 어떻게 하시는지 그 의미를 깨닫는다는 것이다.

능동적 묵상의 단계

예레미야 30장 1-24절을 읽으면서 21절 하반, '내가 그를 가까이 오게 하리니 그가 내게 가까이 오리라 참으로 담대한 마음으로 내게 가까이 올 자가 누구냐 여호와의 말씀이니라'는 말씀이 마음에 와닿았다. 이 말씀의 의미를 본문배경과 본문의 주석을 읽으면서 이해하여 보면, 당시 여호와께서 예레미야를 통하여 주시는 말씀들 가운데 내 백성 이스라엘과 유다가 포로로 돌아가게 할 날이 올 것이라는 말씀과 더불어 이스라엘의 하나님 여호와께서 그들을 그 조상들에게 준 땅으로 돌아와 그 땅을 차지하게 하실 것이라는 약속의 말씀을 하신다.

여호와께서 이 같이 예레미야를 통하여 유다와 이스라엘을 포로로부터 회복하실 것을 말씀하시면서 그들의 영도자와 통치자가 그들 중에서 나올 것이라 말씀하신다. 그 누구도 여호와께서 가까이 오게 하셔야만 여호와께 가까이 올 수 있다고 여호와께서 말씀하시면서 그 영도자와 그 통치자를 여호와께 가까이 오게 하실 것이라 약속하신다. 그리고 이어서 그 백성들에게 여호와께서 두 가지를 약속하시는데, 하나는 그들은 하나님의 백성이 되겠고, 여호와는 그들의 하나님이 되신다는 말씀이다. 다른 하나는 여호와의 노여움이 일어나 폭풍과 회오리바람처럼 악인의 머리 위에서 회오리칠 것이라는 말씀이다. 이같은 여호와의 진노는 여호와의 마음의 뜻하신 바를 행하여 이루기까지는 돌이키지 아니하신다 말씀하시는데, 이는 그들에게 약속하신 하나님의 말씀이 반드시 이뤄진다는 말씀이다. 그러나 그들은 그 심판이 시행된 후에야 이를 깨닫게 된다고 여호와께서 예레미야를 통하여 말씀하신다.

만군의 여호와께서 이스라엘의 구원에 관한 말씀으로 다섯 가지를 예레미야를 통하여 주신다. 첫째는 그들의 목에서 멍에를 꺾어 버리며, 포박을 끊으시어 다시는 이방인을 섬기지 않게 하신다는 말씀이다. 둘째는 그들은 그들의 하나님 여호와를 섬기며 여호와께서 그들을 위하여 세울 그들의 왕 다윗을 섬길 것이라는 말씀이다. 셋째는 여호와의 종 야곱과 이스라엘은 두려워하지 말고 또한 놀라지 말 것은 여호와께서 그들을 먼 곳으로부터 구원하고 그들의 자손을 잡혀가 있는 땅에서 구원하실 것이라는 말씀이다. 넷째는 야곱이 돌아와서 태평과 안락을 누릴 것이며 두렵게 할 자가 없을 것이라는 말씀이다. 이는 여호와께서 그들과 함께 있어 그들을 구원할 것이며, 그들이 흩어 있었던 그 모든 이방을 여호와께서 멸망시키신다는 말씀이다. 다섯째, 그러나 그럼에도 불구하고 그들만은 멸망시키지 아니할 것이지만, 여호와의 법에 따라 그들을 징계할 것이며 결코 무죄한 자로만 여기지는 아니하신다는 말씀이다.

이상의 말씀을 통하여 죄를 범하면 여호와께서 이스라엘조상들과 약속하신 약속의 땅을 떠나 이방나라에서 포로로 생활하면서 고통을 당하지만, 결국은 하나님께서 그 고통의 땅으로부터 벗어나 다시 약속의 땅으로 오도록 하시어 여호와의 백성으로서 여호와를 섬기며 여호와께서 또한 그들에게 하나님께 가까이 오게 하는 영도자까지 주신다는 말씀을 통하여 현재의 고난 속에 있는 하나님의 뜻을 분별할 뿐만 아니라 이 고난을 통하여 예비한 하나님의 구원의 약속이 있는데, 이는 그 심판이 시행된 후에야 이를 깨닫게 된다는 여호와의 말씀을 깊이 알 수 있도록 묵상을 이어간다.

수동적 묵상의 단계

침묵으로 마음에 와닿은 말씀, '내가 그를 가까이 오게 하리니 그가 내게 가까이 오리라 참으로 담대한 마음으로 내게 가까이 올 자가 누구냐 여호와의 말씀이니라.'는 말씀을 묵상하면서 진실로 하나님께서 하나님께 가까이 오게 하시지 아니하면 하나님께 가까이 갈 수 없다는 것을 감지할 때가 일상에서 많이 있었다. 내게 주워진 일들을 하느라고 또한 나를 보살피고 먹이고 청결하게 하는 일 등으로 하나님과 교제를 깊이 할 여유가 없을 때 잠자리에서 오랫동안 잠이 들지 않으므로 인하여 찬송과 함께 하나님께 기도의 시간을 갖게 될 때가 적지 않다. 이럴 때면 하나님께서 강권적으로 가까이 하나님에게로 오게 하신다는 것을 감지하곤 했다.

특히 '담대한 마음으로 내게 가까이 올 자가 누구냐'라는 여호와의 말씀이 나의 마음을 망치로 때리는 것과 같이 느껴졌는데, 그 이유는 요즈음 근 1년 넘게 주님께서 내가 너를 사랑한 것 같이 너도 서로 사랑하여 나의 제자 됨을 드러내라는 말씀을 잘 순종하지 못하고 있는 상황인 것을 너무나도 잘 알기에 하나님께 가까이 가는데 있어서 마음이 담대하기 보다는 움츠려드는 것이 감지되었기 때문이다. 하나님을 사랑한다는 것의 구체적인 표현이 바로 하나님의 말씀을 순종하는 것임을 알게 하신 하나님께 감사하면서도 동시에 나의 마음이 하나님께 나아가는데 있어서 전처럼 담대하지 못한 것을 감지하면서 하나님께 나의 주 예수 그리스도의 보혈로 저의 허물과 죄를 덮어주시고 약한 자를 잘 섬기고 돌보는 사랑을 덧입혀 주시기를 간구하면서 성령의 인도하심에 점차 순응해 들어가는 나 자신을 발견한다.

되돌아보기

주님께서 내가 너를 사랑한 것 같이 너도 서로 사랑하여 나의 제자 됨을 드러내라는 말씀을 구체적으로 제게 주신지는 30년도 훨씬 넘는다. 그렇지만 세월이 지날수록 이 말씀의 훈련의 강도가 매우 높아진다. 최근 1년 반 동안은 이 훈련을 매일 피할 길이 없다. 이같이 호된 훈련 속에서 제 몸이 상하는 것을 감지하는 데도 불구하고 이 훈련 속에서 버벅이고 있는 나 자신을 본다. 침묵으로 이 같은 나의 지난 시간을 되돌아보니, 지금 나는 서로 사랑하기를 주께서 나를 사랑하신 것 같이 하고픈 마음이 간절하다. 그러나 이 훈련과정에서 나는 나의 육성과의 싸움에서 내 육성이 더 강세라는 것을 감지한다. 상황은 이렇지만, 나는 예수께서 나를 사랑하신 것 같이 다른 이를 사랑하고 싶다. 그러나 이를 하지 못하게 하는 장본인이 바로 나 자신이라는 것을 번번이 본다. 이러한 상황으로부터 나를 건져주시는 하나님의 긍휼하심과 은혜와 함께 주님께서 덧입혀 주시는 주님의 권세가 나의 삶 전체를 다스리시는 삶이 될 수 있기를 앙망한다.

마음 쏟아 놓기

하나님께서는 주께서 나를 사랑하신 것 같이 나도 다른 사람을 사랑하고 잘 섬기기를 원하시는 것을 인식함과 동시에 이제는 나도 하나님께서 원하시는 것 같이 다른 사람을 사랑하고 잘 섬기기를 원하지만 내가 이를 원해도 되지가 않으니 이 얼마나 답답하고 애통한 일인가! 이 모든 상황을 다 아시는 하나님께서 내게 원하시는 변화와 나의 하나님을 향한 마음을 있는 그대로 쏟아 놓으면서 내 안에서 역사하시는 성령 하나님의 인도하심에 따라 침묵으로 하나님과 깊은 교제에로 나아간다.

하나님 음성 듣기 / 하나님 안에 머물기

마음을 쏟아 낸 후 하나님의 사랑아래 고요히 머물면서 하나님께서 나에게 들려주시는 음성, '담대한 마음으로 내게 가까이 올 자가 누구냐'라는 여호와의 말씀에 귀 기울인다.

계속 은혜 안에 머물면서 하나님의 충만하신 임재를 느끼면서 하나님의 치유하심과 구속하시는 은총을 덧입는다.

응답의 기도

하나님의 은총 안에 머물면서 '하나님이시여! 담대한 마음으로 하나님에게 가짜이 오게 하소서'라는 응답 기도를 한다.

삶으로 나아가기

묵상하는 가운데 받은 그 말씀, '담대한 마음으로 내게 가까이 올 자가 누구냐'라는 말씀에 붙잡힌 상태로 그 말씀과 동행하면서 내 삶이 영위될 수 있도록 주님께 도움을 구한다.

35. 흩어진 자들의 귀향
(31:1-22)

Lectio divina Jeremiah

기도에 임하기

성전에서 하나님찬양하며, 여호와의 복으로 크게 기뻐하며, 그 심령을 물 댄 동산 같게 하사 남녀노소가 함께 즐거워하게 하소서.

말씀읽기

예레미야 31:1 - 22

마음의 문을 열고 하나님의 말씀을 집중해서 듣고 하나님의 말씀이 내 마음에 부딪혀 오든지 말씀에로 자신이 끌려들어 갈 수 있도록 하나님 현존 앞에서 말씀을 청종하는 자세로 두세 번 반복해서 읽으면서 마음에 와닿은 말씀이나 혹은 자신에게 다가오는 말씀을 살핀다.

1절 여호와의 말씀이니라 그 때에 내가 이스라엘 모든 종족의 하나님이 되고 그들은 내 백성이 되리라

2절 여호와께서 이같이 말씀하시니라 칼에서 벗어난 백성이 광야에서 은혜를 입었나니 곧 내가 이스라엘로 안식을 얻게 하러 갈 때에라

3절 옛적에 여호와께서 나에게 나타나사 내가 영원한 사랑으로 너를 사랑하기에 인자함으로

너를 이끌었다 하였노라

4절 처녀 이스라엘아 내가 다시 너를 세우리니 네가 세움을 입을 것이요 네가 다시 소고를 들고 즐거워하는 자들과 함께 춤추며 나오리라

5절 네가 다시 사마리아 산들에 포도나무들을 심되 심는 자가 그 열매를 따기 시작하리라

6절 에브라임 산 위에서 파수꾼이 외치는 날이 있을 것이라 이르기를 너희는 일어나라 우리가 시온에 올라가서 우리 하나님 여호와께로 나아가자 하리라

7절 여호와께서 이와 같이 말씀하시니라 너희는 여러 민족의 앞에 서서 야곱을 위하여 기뻐 외치라 너희는 전파하며 찬양하며 말하라 여호와여 주의 백성 이스라엘의 남은 자를 구원하소서 하라

8절 보라 나는 그들을 북쪽 땅에서 인도하며 땅 끝에서부터 모으리라 그들 중에는 맹인과 다리 저는 사람과 잉태한 여인과 해산하는 여인이 함께 있으며 큰 무리를 이루어 이 곳으로 돌아오리라

9절 그들이 울며 돌아오리니 나의 인도함을 받고 간구할 때에 내가 그들을 넘어지지 아니하고 물 있는 계곡의 곧은 길로 가게 하리라 나는 이스라엘의 아버지요 에브라임은 나의 장자니라

10절 이방들이여 너희는 여호와의 말씀을 듣고 먼 섬에 전파하여 이르기를 이스라엘을 흩으신 자가 그를 모으시고 목자가 그 양 떼에게 행함 같이 그를 지키시리로다

11절 여호와께서 야곱을 구원하시되 그들보다 강한 자의 손에서 속량하셨으니

12절 그들이 와서 시온의 높은 곳에서 찬송하며 여호와의 복 곧 곡식과 새 포도주와 기름과 어린 양의 떼와 소의 떼를 얻고 크게 기뻐하리라 그 심령은 물 댄 동산 같겠고 다시는 근심이 없으리로다 할지어다

13절 그 때에 처녀는 춤추며 즐거워하겠고 청년과 노인은 함께 즐거워하리니 내가 그들의 슬픔을 돌려서 즐겁게 하며 그들을 위로하여 그들의 근심으로부터 기쁨을 얻게 할 것임이라

14절 내가 기름으로 제사장들의 마음을 흡족하게 하며 내 복으로 내 백성을 만족하게 하리라 여호와의 말씀이니라

라헬의 애곡과 여호와의 위로

15절 여호와께서 이와 같이 말씀하시니라 라마에서 슬퍼하며 통곡하는 소리가 들리니 라헬이 그 자식 때문에 애곡하는 것이라 그가 자식이 없어져서 위로 받기를 거절하는도다

16절 여호와께서 이와 같이 말씀하시니라 네 울음소리와 네 눈물을 멈추어라 네 일에 삯을 받

을 것인즉 그들이 그의 대적의 땅에서 돌아오리라 여호와의 말씀이니라

17절 너의 장래에 소망이 있을 것이라 너의 자녀가 자기들의 지경으로 돌아오리라 여호와의 말씀이니라

18절 에브라임이 스스로 탄식함을 내가 분명히 들었노니 주께서 나를 징벌하시매 멍에에 익숙하지 못한 송아지 같은 내가 징벌을 받았나이다 주는 나의 하나님 여호와이시니 나를 이끌어 돌이키소서 그리하시면 내가 돌아오겠나이다

19절 내가 돌이킨 후에 뉘우쳤고 내가 교훈을 받은 후에 내 볼기를 쳤사오니 이는 어렸을 때의 치욕을 지므로 부끄럽고 욕됨이니이다 하도다

20절 에브라임은 나의 사랑하는 아들 기뻐하는 자식이 아니냐 내가 그를 책망하여 말할 때마다 깊이 생각하노라 그러므로 그를 위하여 내 창자가 들끓으니 내가 반드시 그를 불쌍히 여기리라 여호와의 말씀이니라

21절 처녀 이스라엘아 너의 이정표를 세우며 너의 푯말을 만들고 큰 길 곧 네가 전에 가던 길을 마음에 두라 돌아오라 네 성읍들로 돌아오라

22절 반역한 딸아 네가 어느 때까지 방황하겠느냐 여호와가 새 일을 세상에 창조하였나니 곧 여자가 남자를 둘러 싸리라

말씀으로 기도하기

본문배경 섭렵하기

바벨론에서 시온으로 돌아오는 이스라엘의 회복이 출애굽의 언어로 설명된다. 백성이 은혜를 입은 곳은 광야이다. 그들은 자기 땅에서 안식을 얻을 것이다. 백성들을 향한 하나님의 사랑은 영원한 사랑이다. 사마리아와 에브라임을 강조하지만, 북쪽에서 섬기던 성소들 대신 유일한 성소인 시온이 언급된다. 시온에 올라간다는 것은 유일한 성소인 예루살렘의 성전에서 예배드리기 위함이다. 이 구원은 유다만을 위한 것이 아니라, 북왕국의 남은 자들에게도 해당된다. 7절에서 "여러 민족의 앞에 서서 야곱을 위하여"라고 말한 것은 하나님이 여러 민족 중에 이스라엘을 선택하였음을 뜻한다 (신 7:6). 이스라엘을 인도할 북쪽 땅은 앗수르나 바벨론을 말한다. 하나님은 이스라엘을 장자로 부르신다(출 4:22). 12절에서 시온의 높은 곳은 곧 예루살렘 성전을 말한다. 15절 이하에서 라헬은 요셉의 어머니로서 북왕국 지파들의 시조 할머니이며(신 33:13-

17), 베냐민의 어머니로서 베냐민 땅에 있는 라마에서 장사되었다. 16절에서 "네 일에 삯을 받을 것인즉"이라는 말은 "네가 자식을 낳아서 키운 것이 헛일이 아니다." 라는 말이다. 15절은 후에 예수께서 태어나신 후에 베들레헴의 어머니들과 아이들이 겪는 불행이 암시되어 있다고 말한다 (마 1:16-18). 18-20절은 호세아 10:10-11의 비유를 되살려 자신을 송아지에 견주면서 그들이 이방 나라로 사로잡혀가기 전에 저지른 죄를 회개한다. 20절에는 하나님의 자비하심을 보여준다(호 11:1-4, 8-9). 21절에서 하나님의 백성인 이스라엘이 사로잡혀 끌려가던 길을 기억하고 다시 그 길로 되돌아와서 그들의 성읍에서 다시 살 것을 권고한다.

본문내용 이해하기

전체적으로 31장은 새로운 언약을 다루고 있는데, 이 본문은 세 단락으로 이루어진다: A. 이스라엘의 재건 (1-6 절); B. 흩어진 백성의 귀환 (7-14 절); C. 라헬의 눈물을 멈추게 하심 (15-22 절).

첫째 단락은 이스라엘의 재건 (1-6 절)을 다룬다. 1절에서 미래에 이루어질 회복의 절정이라고 볼 수 있는 언약의 공식이 언급된다: "그때에 내가 이스라엘 모든 종족의 하나님이 되고, 그들은 내 백성이 되리라." 회복은 출애굽의 언어로 묘사되었다. 칼에서 벗어나 광야에서 이스라엘이 은혜를 입는다. 하나님은 그들을 다시 세우시고 가나안에서의 축복을 얻게 하신다. 그리하여 그들은 시온을 향하여 떠난다.

둘째 단락은 흩어진 백성의 귀환 (7-14 절)을 다룬다. 하나님의 구원 작전이 시작된다. 땅 끝에서부터 당신의 모든 백성을 부르시면, 그들이 하나님의 땅으로 돌아올 것이다. 울며 돌아오는 그들을 인도하여 넘어지지 않게 할 것이다. 이들이 돌아오는 광경을 이방인들이 목격한다. 목자가 양떼를 인도함같이 그가 흩은 자를 다시 모으실 것이다. 야곱의 구원은 강한 손에서 속량함으로 이루어지고 복된 상태는 물댄 동산으로 묘사한다. 처녀, 청년, 노인에게 즐거움이 임할 것이고, 백성들이 복에 만족할 것이다.

셋째 단락은 라헬의 눈물을 멈추게 하심 (15-22 절)을 다룬다. 31:15 이하는 북이스라엘의 포로와 귀환의 예언에 대하여 사용된 것이 남 유다의 귀환에 다시 상징적으로 사용된다. 이 장면에서 언급되는 라헬은 북 왕국의 시조인 요셉의 어머니로서 백성의 포로에 대한 아픔을 노래한다. 그런데 이 구절에서 라헬의 이미지는 요셉을 잃어버린 야곱의 심정으로 사용된다. "그가 자식이 없어져서 위로 받기를 거절하는도다." (31:15)는 말은 요셉을 잃었을 때 야곱의 반응을 나타낸다 (창 37:35). 요셉의 상실과 회복에 이르는 과정에서 야곱의 심적 상태는 곧 요셉의 어머니인 라헬의 마음을 반영한다. 요셉의 이미지가 포로로 끌려간 북이스라엘 자손만이 아니라, 남왕국의 포로들까지 설명하는 상징으로 사용된다. 라헬이 지하에서 요셉의 "포로"를 슬퍼하고 애통해 했지만, 죽은 줄 알았던 요셉이 나중에 돌아와서 가족들을 구원한 것처럼, 북이스라엘의 백성들이 포로로 끌려간 것에 때문에 통곡하는 백성들을 향하여 위로한다. 끌려간 자식인 요셉이 돌아온 것처럼 끌려간 북 왕국의 자식들이 예기치 않게 돌아올 것이라는 희망을 부여한다. 그리고 이 상징은 북 왕국의 백성만이 아니라, 이스라엘과 유다 모든 백성들에게 알리는 소식을 나타낸다. 귀환의 소식만이 아니라, 에브라임의 이름으로 그가 어떻게 귀환을 준비하였는지를 보여주면서 용서와 계약의 갱신이 어떻게 되는지를 알려준다. 에브라임은 포로를 하나님의 징벌로 고백하고 돌아오기 전에 돌아키게 하시는 이가 하나님이심을 고백한다: "주는 나의 하나님 여호와이시니 나를 이끌어 돌이키소서 그리하시면 내가 돌아오겠나이다." (31:18). 이와 같이 회개에 있어서 하나님의 주도적인 역할을 인정하면서도 백성 입장에서 돌이키는 것을 중요하게 여긴다 (31:21-22).

능동적 묵상의 단계

침묵 가운데 31장 1-22절 말씀을 읽으면서 마음에 와닿은 것은 12-13절의 말씀이다. 곧 '그들이 와서 시온의 높은 곳에서 찬송하며 여호와의 복 곧 곡식과 새 포도주와 기름과 어린 양의 떼와 소의 떼를 얻고 크게 기뻐하리라 그 심령은 물 댄 동산 같겠고 다시는 근심이 없으리로다 할지어다 그 때에 처녀는 춤추며 즐거워하겠고 청년과 노인은 함께 즐거워하리니 내가 그들의 슬픔을 돌려서 즐겁게 하며 그들을 위로하여 그들의 근심으로부터 기쁨을 얻게 할 것임이라'를 붙잡고 읊조리면서 그 말씀의 의미를 본문배경과 본문의 주석을 읽으면서 이해하니 여호와께서 흩어진 이스라엘 백성을 땅 끝에서부터 부르시어 그들을 목자가 양 떼를 인도함 같이 모으실 것이며, 야곱의 구원은 강한 손에서 속량함으로 이루어진다는 것이다. 이같이 여호와께서 그들보다 강한 자의 손에서 이스라엘을 구원하셨으니 그들이 하나님의 땅으로 돌아와서 시온의 높은 곳에서 찬송하며, 백성들은 여호와의 복, 곧 곡식과 새 포도주와 기름과 어린 양의 떼와 소의 떼를 얻고 크게 기뻐하며, 그 심령을 물댄 동산으로 묘사한다. 이는 하나님의 능력과 하나님이 주시는 생명력으로 가득 차는 하나님의 복이 넘치게 된다는 말씀이다. 그 때에 처녀, 청년, 노인에게 함께 즐거움이 임한다는 것이 감지되었다.

수동적 묵상의 단계

 능동적인 묵상을 마치면서 2017년 12월 말 교회건축준공이 끝나고 현재까지.만 5년이 갓 넘어간 지난 세월이 스쳐갔다. 지금까지 건축의 미비한 부분들을 보충하는 일과 건물관리, 또한 위험하고도 험란한 '하늘 닿은 사다리'공사완성 등을 하나님의 보호하심으로 사고가 있었으나 잘 마무리되었고, 주일예배, 수요묵상예배, 주일 제외한 매일말씀 묵상표에 따른 묵상, 격월로 노방전도, 한 달에 한 번하는 마지막 금요일의 금요찬양모임 및 찬양과 관련된 말씀묵상, 등을 하며 셈 연구원에서 매년 4권의 책을 연구하여 출판하며, 일 년에 4번 2박 3일 말씀묵상하며, 2박 3일 셈 공동체의 생산사역, 일절의 사무행정과 먹걸이 준비와 건물청소 등을 하나님의 은혜 가운데 감당한 것을 되돌아보면서 최근 2년 동안 육체적으로도 힘이 부치는 것을 경험하고 있다. 동시에 셈 연구원을 일반학술단체로 취급하는 문제가 발생되어 근 2년 동안 절차에 따라 변론을 진행하다가 결국 변호사까지 사서 이 일을 처리하고 있는 중이다. 이런 저런 일로 마음과 몸이 많이 피곤한 상태에 있는 것이 사실이다. 이로 인하여 하나님께 이 모든 일을 잘 감당할 수 있게 하여 주시기를 기도하면서 동시에 일을 나눠할 수 있는 하나님께서 보내주실 상임이사 연구원과 그 외 노인을 위한 활동이나 교육프로그램 등을 함께 할 수 있는 사람을 보내주시기를 기도하고 있다.

 그리고 그 외의 모든 필요한 사람들도 하나님께서 반드시 보내주시어 교회에서 하나님찬양과 예배를 기뻐하며 많은 성도들과 함께 드려지고, 필요한 양식들을 골고루 얻게 하시어 우리로 크게 기뻐하게 하시며, 우리의 심령은 하나님의 능력과 생명력으로 가득 차는 복이 넘치게 하실 뿐만 아니라 남녀노소 모두가 함께 즐거워하는 은혜를 2023년부터 예수님 오실 때까지 부어주실 것을 묵상하면서 성령의 인도하심에 감사함으로 순응해 들어가는 자신을 발견할 수 있다.

되돌아보기

 2017년 12월 말에 교회건축이 준공된 후 후임을 계속하여 살펴보았으며, 실제로 후임을 생각하면서 2018년부터 2019년에 연구원을 재용한 바 있다. 그러나 그 연구원의 가성 사성으로 인하여 2019년 후반에 사임하였기에 계속하여 후임에 관한 기도를 하던 중에 이미도 말씀드린 바처럼 하나님께서 '네가 연구원의 오너냐'라는 질문을 질문을 받은 이래 일절 이 문제는 제가 온전히 하나님만 바라보고 있다. 그러나 하나님께서는 하나님의 계획하신 바가 있으리라 믿으며 직면하고 있는 모든 문제를 하나님께서 하나님의 방법으로 해결해 주시리라는 소망으로 하나님을 바라보게 하시니 감사할 뿐이다.

마음 쏟아 놓기

되돌아보기와 수동적 묵상에서 마음을 다 쏟아 놓았기에 일과 관련된 모든 것을 하나님께 넘기고 내 안에서 역사하시는 성령 하나님의 인도하심에 따라 침묵으로 하나님과 깊은 교제에로 나아간다.

하나님 음성 듣기 / 하나님 안에 머물기

마음을 쏟아 낸 후 하나님의 사랑아래 고요히 머물면서 하나님께서 나에게 들려주시는 음, '시온에서 하나님을 찬양하며, 여호와의 복을 얻고 크게 기뻐하리라 그 심령은 물 댄 동산 같겠고 다시는 근심이 없으리로다 할지어다 그 때에 처녀는 춤추며 즐거워하겠고 청년과 노인은 함께 즐거워하리라'는 말씀에 귀 기울인다.
계속 은혜 안에 머물면서 하나님의 충만하신 임재를 느끼면서 하나님의 치유하심과 구속하시는 은총을 덧입는다.

응답의 기도

하나님의 은총 안에 머물면서 '성전에서 하나님찬양과 여호와의 복으로 크게 기뻐하며, 그 심령을 물 댄 동산 같게 하시어 남녀노소가 함께 즐거워하게 하소서.'라는 응답 기도를 한다.

삶으로 나아가기

묵상하는 가운데 받은 그 말씀, '성전에서 하나님찬양과 여호와의 복으로 크게 기뻐하며, 그 심령을 물 댄 동산 같게 하시어 남녀노소가 함께 즐거워하게 하소서.'라는 말씀에 붙잡힌 상태로 그 말씀과 동행하면서 내 삶이 영위될 수 있도록 도움을 구한다.

36. 새 언약
(31:23-40)

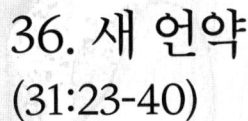

Lectio divina Jeremiah

기도에 임하기

하나님의 법을 나의 마음에 기록하시어 내 속에 두사 여호와는 나의 하나님이 되시고 나는 하나님백성이 온전히 되게 하소서.

말씀읽기

예레미야 31:23 - 40

마음의 문을 열고 하나님의 말씀을 집중해서 듣고 하나님의 말씀이 내 마음에 부딪혀 오든지 말씀에로 자신이 끌려들어 갈 수 있도록 하나님 현존 앞에서 말씀을 청종하는 자세로 두세 번 반복해서 읽으면서 마음에 와닿은 말씀이나 혹은 자신에게 다가오는 말씀을 살핀다.

23절 만군의 여호와 이스라엘의 하나님께서 이와 같이 말씀하시니라 내가 그 사로잡힌 자를 돌아오게 할 때에 그들이 유다 땅과 그 성읍들에서 다시 이 말을 쓰리니 곧 의로운 처소여, 거룩한 산이여, 여호와께서 네게 복 주시기를 원하노라 할 것이며

24절 유다와 그 모든 성읍의 농부와 양 떼를 인도하는 자가 거기에 함께 살리니

25절 이는 내가 그 피곤한 심령을 상쾌하게 하며 모든 연약한 심령을 만족하게 하였음이라 하

시기로

26절 내가 깨어 보니 내 잠이 달았더라

27절 여호와의 말씀이니라 보라 내가 사람의 씨와 짐승의 씨를 이스라엘 집과 유다 집에 뿌릴 날이 이르리니

28절 깨어서 그들을 뿌리 뽑으며 무너뜨리며 전복하며 멸망시키며 괴롭게 하던 것과 같이 내가 깨어서 그들을 세우며 심으리라 여호와의 말씀이니라

29절 그 때에 그들이 말하기를 다시는 아버지가 신 포도를 먹었으므로 아들들의 이가 시다 하지 아니하겠고

30절 신 포도를 먹는 자마다 그의 이가 신 것 같이 누구나 자기의 죄악으로 말미암아 죽으리라

새 언약

31절 여호와의 말씀이니라 보라 날이 이르리니 내가 이스라엘 집과 유다 집에 새 언약을 맺으리라

32절 이 언약은 내가 그들의 조상들의 손을 잡고 애굽 땅에서 인도하여 내던 날에 맺은 것과 같지 아니할 것은 내가 그들의 남편이 되었어도 그들이 내 언약을 깨뜨렸음이라 여호와의 말씀이니라

33절 그러나 그 날 후에 내가 이스라엘 집과 맺을 언약은 이러하니 곧 내가 나의 법을 그들의 속에 두며 그들의 마음에 기록하여 나는 그들의 하나님이 되고 그들은 내 백성이 될 것이라 여호와의 말씀이니라

34절 그들이 다시는 각기 이웃과 형제를 가르쳐 이르기를 너는 여호와를 알라 하지 아니하리니 이는 작은 자로부터 큰 자까지 다 나를 알기 때문이라 내가 그들의 악행을 사하고 다시는 그 죄를 기억하지 아니하리라 여호와의 말씀이니라

35절 여호와께서 이와 같이 말씀하셨느니라 그는 해를 낮의 빛으로 주셨고 달과 별들을 밤의 빛으로 정하였고 바다를 뒤흔들어 그 파도로 소리치게 하나니 그의 이름은 만군의 여호와니라

36절 이 법도가 내 앞에서 폐할진대 이스라엘 자손도 내 앞에서 끊어져 영원히 나라가 되지 못하리라 여호와의 말씀이니라

37절 여호와께서 이와 같이 말씀하시나라 위에 있는 하늘을 측량할 수 있으며 밑에 있는 땅의 기초를 탐지할 수 있다면 내가 이스라엘 자손이 행한 모든 일로 말미암아 그들을 다 버리리라 여호와의 말씀이니라

38절 보라, 날이 이르리니 이 성은 하나넬 망대로부터 모퉁이 문에 이르기까지 여호와를 위하여 건축될 것이라 여호와의 말씀이니라

39절 측량줄이 곧게 가렙 언덕 밑에 이르고 고아로 돌아

40절 시체와 재의 모든 골짜기와 기드론 시내에 이르는 모든 고지 곧 동쪽 마문의 모퉁이에 이르기까지 여호와의 거룩한 곳이니라 영원히 다시는 뽑거나 전복하지 못할 것이니라

말씀으로 기도하기

본문배경 섭렵하기

23절에서 성전을 향하여 "의로운 처소"라고 말하는 것은 하나님이 당신의 백성과 맺으신 언약에 성실하시다는 사실 때문이다. 고대 근동사람들은 산의 정상을 신이 사는 거처로 인식하였다. 하나님이 거하시는 처소인 예루살렘도 거룩한 산이라고 불린다. 24절에서 거기란 유다 사람들이 다시 거하게 될 땅을 말한다. 26절에서 예언자가 환상의 상태에서 깨어난 것을 말한다(창 28:16; 41:4, 7, 21; 왕 3:15). 29-30절에 보면 이스라엘 가운데 "아버지가 신 포도를 먹었으므로 아들들의 이가 시다." 라는 속담이 있었다(겔 18:2). 이 말은 아버지의 죄때문에 아들이 벌을 받는다는 말로서 죄의 집단주의적인 특성을 말한다. 이러한 해석은 이스라엘 백성들이 출애굽기 20:5-6 와 민수기 14:18를 오해했기 때문이다. 본문에서 더는 아버지의 죄때문에 아들이 벌을 받지 않는다고 말한다. 신포도주를 먹는 자마다 자신의 이만 시게 될 것이다. 31절에서 앞으로 닥칠 날이라는 말은 포로살이가 끝나고 이스라엘이 회복되는 시대를 말한다. 기독교는 새 언약이 예수 그리스도 안에서 성취되었다고 이해한다. 모든 죄와 허물의 극복은 예수의 십자가에서 단번에 이루어졌다(고전 11:25; 히 9:15). 율법을 마음에 기록하는 것은 마지막 때에 성령을 부어주심으로 이루어졌다. 신약성경이라는 개념도 31절의 새 언약이라는 말에서 나왔다(고후 3:6, 14; 히 9:15-16).

본문내용 이해하기

이 본문은 세 단락으로 이루어진다: A. 미래 축복의 서술 (23-30 절); B. 새 언약의 선포 (31-34 절); C. 이스라엘의 깨어지지 않는 언약 (35-40 절)

첫째 단락(23-30 절)은 미래 축복의 서술을 다룬다. 회복 이후의 사역을 예레미야의 사역의 과정을 연상하며 묘사한다. 예레미야의 사역은 "뽑고 파괴하며 파멸하고 넘어뜨리며 건설하고 심게 하는 것" (1:9) 인데, 심판으로 인한 포로를 통하여 뽑고, 파괴하고, 파멸하며, 넘어뜨리는 사역이 완성되고 이제는 귀환을 통하여 회복이 이루어지는데 그때의 사역은 곧 세우며 심는 것이다(31:28). 26절에는 예레미야가 미래에 대한 환상을 보았음을 보여준다. 하나님께서 당신의 백성들을 포로생활에서 건지셔서 돌아오게 하시면, 유다 사람들은 거룩한 산 시온을 향하여 복을 빌 것이다. 29-30절에서 이제 아버지의 죄 때문에 자녀들이 벌을 받는 속담처럼 자신들이 무고하게 포로로 끌려왔다고 생각하는 백성들에 대하여, 누구나 자신의 죄악으로 말미암아 죽을 것을 말씀하신다.

둘째 단락(31-34 절)은 새 언약의 선포를 다룬다. 이 본문은 새 계약에 대하여 다음과 같은 내용을 담고 있다. 첫째, "날이 이르니"라는 표현에서 새 계약의 성취가 가까운 미래가 아니라 어느 정도의 기간이 소요될 것을 암시한다. 둘째로, 새 계약은 이스라엘 집과 유다 집과 맺는 것이다. 통일왕국이 분열된 이후 각각 멸망한 후에 회복은 분열된 이스라엘과 유다의 통일을 전제로 한 나라의 백성을 대상으로 한다. 새 계약은 통일왕국의 한 개인과 맺는 것이 아니라, 나라를 구성하는 집단으로서 백성과 맺는 것이다. 셋째로, 새 계약은 옛 계약과 연속성이 있다. 새 계약과 옛 계약의 유사점은 무엇인가? "나는 그들의 하나님이 되고 그들은 내 백성이 될 것이라." 라는 계약의 기본은 옛 계약과 다름이 없다. 새 계약이나 옛 계약이나 하나님과 백성 사이에 일어나는 것이다. 새 계약이나 옛 계약이나 백성들이 지켜야 하는 하나님의 법의 내용은 동일하다. 넷째로, 출애굽 시에 맺었던 옛 계약과 차별되는 새 계약의 독특성은 무엇인가? 새 계약이 필요한 이유는 하나님의 법을 순종해야 하는 백성들이 계약을 깨뜨렸기 때문이다. 새 계약은 하나님의 법에 문제 있어서가 아니라, 하나님의 법을 순종하지 못하는 백성의 무능 때문이다. 새 계약이 수행해야 할 일은 죄로 인하여 부패한 백성을 돌이키고, 다시금 계약을 이행할 수 있도록 돕는 것이다. 새로운 계약은 전적으로 하나님의 주도권으로 수행된다. 죄로 인하여 부패한 백성을 용서하는 것으로부터 새 계약이 시작된다. 새로워진 그들에게 과거에 행한 것처럼 율법을 지키라고 가르치지 않는다. 이제는 하나님의 법을 백성들의 마음에 기록하였기 때문이다.

셋째 단락(35-40 절)은 이스라엘의 깨어지지 않는 언약을 다룬다. 하나님이 창조하신 세계의 질서가 깨질 수 없듯이 자기 백성에 대한 하나님의 성실하심도 한결 같다 (35-36절). 누구도 하늘을 재거나 땅의 기초를 밝혀낼 수 없는 것이 확실하듯이 하나님도 자기 백성을 버리지 아니하신다. 38-40절은 여호와의 성읍이 건축되고 다시는 전복되지 않을 것을 말씀하신다. 여호와의 성전만이 아니라, 힌놈의 골짜기처럼 더럽게 여겨졌던 곳조차 여호와의 거룩한 곳이 될 것이다.

능동적 묵상의 단계

침묵 가운데 31장 23-40절 말씀을 읽으면서 마음에 와닿은 말씀은 33절이다. 곧 '그러나 그 날 후에 내가 이스라엘 집과 맺을 언약은 이러하니 곧 내가 나의 법을 그들의 속에 두며 그들의 마음에 기록하여 나는 그들의 하나님이 되고 그들은 내 백성이 될 것이라 여호와의 말씀이니라.'는 말씀을 붙잡고 읊조리면서 그 말이 나오게 된 배경과 의미를 살펴본다. 이스라엘과 유다의 귀환과 회복이 예언된 후, 만군의 여호와 이스라엘의 하나님께서 그들을 돌아오게 할 때에 여호와는 그들의 안식처와 피난처가 되시며, 예루살렘은 의롭고 거룩한 곳이 되어 상한 심령이 치유되며, 만족하게 될 것이라 약속하신다. 그들을 심판 시, 여호와께서 그들을 뽑고, 무너뜨리고, 멸망시키고, 괴롭게 하던 것과 같이 여호와께서 이 날, 즉 심판 후에는 그들을 세우고 심으시어 갱신하게 하신다 말씀하신다.

이어 여호와께서 이스라엘 집과 유다 집에 새 언약을 맺을 날이 이를 것이라 말씀하시는데, 새 언약은 여호와께서 그들의 조상들을 애굽 땅에서 인도하여 내던 날에 맺었던 것과 같지 않다. 그들의 조상들과 맺은 언약에서 여호와께서 그들의 남편이 되었어도 그들이 하나님의 언약을 깨뜨렸다 말씀하신다. 여기서 언약을 깨뜨렸다는 것은 그들의 조상이 언약에 규정된 조항과 약속을 순종하는데 실패하였다는 것을 뜻한다. 그러므로 그 날 후 여호와께서 이스라엘 집과 맺을 새 언약은 그들의 조상들과 맺은 것과 같지 않다.

여호와가 맺으시는 이 새 언약은 여호와의 법을 그들의 속에 두며 그들의 마음에 기록하여 여호와는 그들의 하나님이 되고 그들은 하나님백성이 되는 언약이다. 이와 같이하여 그들이 다시는 각기 이웃과 형제에게 여호와를 알릴 필요가 없다. 왜냐하면 여호와의 법이 그들의 마음에 기록되어 작은 자로부터 큰 자까지 다 여호와를 알기 때문이다. 뿐만 아니라 이는 여호와께서 그들의 악행을 사하고 다시는 그 죄를 기억하지 아니하신다는 약속때문이다. 이와 같이하여 여호와께서 친히 그들 하나님이 되시며 그들은 하나님백성이 된다는 약속을 집고 더 깊은 묵상에로 나아가는 것이 발견된다.

수동적 묵상의 단계

여호와께서 하나님의 법을 내 속에 두어 내 마음에 기록하신다는 말씀을 묵상하면서 지난 밤 나의 일상에서 하나님 안에서의 나와 하나님 밖에서의 나의 모습과 행동이 너무나 다른 것을 보게 하셨던 것이 떠올랐다. 특히 하나님 없는 나만의 모습을 통하여 본 나의 행동과 말은 분명히 나에게 뿐만 아니라 나와 관계하고 있는 그 상대에게도 더 나아가 하나님에게도 아무런 유익이 전혀 없다는 것이 아주 뚜렷하게 드러났다. 이는 망하는 길로 줄달음치는 행위로서 시간이 갈수록 더 악화되어 갈 수 밖에 없다는 것을 확실히 보게 하신 하나님께 감사를 드린다.

어제 밤에 확실히 내게 감지하게 하신 것은 내가 하나님 안에 있지 않는 말과 행동들을 나로 하여금 하게 하는 하나님 밖에 있는 나와의 결별선언을 하게 하셨는데, 이는 말씀이신 하나님께서 내 마음에 하나님말씀을 기록하여 그 말씀을 순종하며 살 수 있게 하시는 사건으로서 이는 하나님백성으로서 사는 삶일 뿐만 아니라 여호와로 하여금 나의 하나님이 되게 하시는 사건임을 감지하게 하시니 감사를 드립니다 하나님!

오늘 아침에 찬찬히 나는 나의 말과 행동을 살피게 되었는데, 들떠 내식대로 크게 말하고 행동하기보다는 차분히 조순이 말하고 행동하는 것이 감지되었다. 아! 바로 이것이다!!, 즉 하나님께서 나의 하나님이 되게 하시며 나는 하나님의 백성이 되는 것이 바로 이런 것임을 내 속에서 감지되면서 성령의 인도하심에 점차 순응해 들어가는 나 자신을 발견한다.

되돌아보기

하나님께서 나에게 온전히 하나님의 다스림을 일상에서 받기를 원하시는 것을 오래 전부터 감지하여 왔지만 이러한 변화에 온전히 응답하고 싶어도 실제로의 삶에서는 하나님 안에서의 나 보다는 하나님 밖에서의 내가 훨씬 주도권을 잡고 있다는 것이 감지되었다. 그리하여 무시로 하나님께 저를 다스려주세요 라는 기도를 해 왔다. 이제는 내가 건강하게 살기 위해서라도 하나님 안에서의 나로부터 나오는 말과 행동을 해야 되는 긴박하고 힘든 상황에 있음을 자각하면서 하나님 밖에 있는 나와의 온전한 결별을 확실하게 원하는 나 자신의 내면을 감지한다.

마음 쏟아 놓기

새 언약에서 약속하신 여호와의 법을 내 속에 두며 나의 마음에 기록하여 여호와는 나의 하나님이 되시고 나는 하나님백성이 되는 언약대로 나의 일상의 말과 행동이 하나님 안에 있는 나로부터 나와야 된다는 인식과 더불어 하나님께서도 이를 원하고 계신다는 새로운 인식을 깊이 경험하면서 하나님께서 내게 원하시는 삶의 변화와 또한 나의 하나님을 향한 내 마음, 즉 하나님의 법을 내 마음에 기록하시어 말씀대로 삶을 살기를 간절히 원하는 나의 마음을 있는 그대로 쏟아 놓으면서 내 안에서 역사하시는 성령 하나님의 인도하심에 따라 침묵으로 하나님과 깊은 교제에로 나아간다.

하나님 음성 듣기 / 하나님 안에 머물기

이 같은 나의 마음을 쏟아 낸 후 하나님의 사랑아래 고요히 머물면서 하나님께서 나에게 들려주시는 음성, '내가 나의 법을 너의 속에 두며 너의 마음에 기록하여 나는 너의 하나님이 되고 너는 내 백성이 될 것이라'는 말씀에 귀 기울인다.
계속 은혜 안에 머물면서 하나님의 충만하신 임재를 느끼면서 하나님의 치유하심과 구속하시는 은총을 덧입는다.

응답의 기도

하나님의 은총 안에 머물면서 '하나님의 법을 나의 마음에 기록하여 내 속에 두시어 여호와는 나의 하나님이 되시고 나는 하나님백성이 온전히 되게 하소서.'라는 응답 기도를 한다.

삶으로 나아가기

묵상하는 가운데 받은 그 말씀, '내가 나의 법을 너의 속에 두며 너의 마음에 기록하여 나는 너의 하나님이 되고 너는 내 백성이 될 것이라'는 주의 말씀에 붙잡힌 상태로 그 말씀과 동행하면서 내 삶이 하나님백성으로서의 삶을 일상에서 영위될 수 있도록 도움을 구한다.

37. 미래의 징표로 예레미야가 밭을 사다
(32:1-25)

Lectio divina Jeremiah

기도에 임하기

하나님의 말씀을 듣고 이를 믿고 행하는 사람이 되게 하소서.

말씀읽기

예레미야 32:1 - 25

마음의 문을 열고 하나님의 말씀을 집중해서 듣고 하나님의 말씀이 내 마음에 부딪혀 오든지 말씀으로 자신이 끌려들어 갈 수 있도록 하나님 현존 앞에서 말씀을 청종하는 자세로 두세 번 반복해서 읽으면서 마음에 와닿은 말씀이나 혹은 자신에게 다가오는 말씀을 살핀다.

1절 유다의 시드기야 왕 열째 해 곧 느부갓네살 열여덟째 해에 여호와의 말씀이 예레미야에게 임하니라

2절 그 때에 바벨론 군대는 예루살렘을 에워싸고 선지자 예레미야는 유다의 왕의 궁중에 있는 시위대 뜰에 갇혔으니

3-5절 이는 그가 예언하기를 여호와의 말씀에 보라 내가 이 성을 바벨론 왕의 손에 넘기리니 그

가 차지할 것이며 유다 왕 시드기야는 갈대아인의 손에서 벗어나지 못하고 반드시 바벨론 왕의 손에 넘겨진 바 되리니 입이 입을 대하여 말하고 눈이 서로 볼 것이며 그가 시드기야를 바벨론으로 끌어가리니 시드기야는 내가 돌볼 때까지 거기에 있으리라 여호와께서 이와 같이 말씀하시니라 너희가 갈대아인과 싸울지라도 승리하지 못하리라 하셨다 하였더니 유다 왕 시드기야가 이르되 네가 어찌하여 이같이 예언하였느냐 하고 그를 가두었음이었더라

6절 예레미야가 이르되 여호와의 말씀이 내게 임하였느니라 이르시기를

7절 보라 네 숙부 살룸의 아들 하나멜이 네게 와서 말하기를 너는 아나돗에 있는 내 밭을 사라 이 기업을 무를 권리가 네게 있느니라 하리라 하시더니

8절 여호와의 말씀과 같이 나의 숙부의 아들 하나멜이 시위대 뜰 안 나에게 와서 이르되 청하노니 너는 베냐민 땅 아나돗에 있는 나의 밭을 사라 기업의 상속권이 네게 있고 무를 권리가 네게 있으니 너를 위하여 사라 하는지라 내가 이것이 여호와의 말씀인 줄 알았으므로

9절 내 숙부의 아들 하나멜의 아나돗에 있는 밭을 사는데 은 십칠 세겔을 달아 주되

10절 증서를 써서 봉인하고 증인을 세우고 은을 저울에 달아 주고

11절 법과 규례대로 봉인하고 봉인하지 아니한 매매 증서를 내가 가지고

12절 나의 숙부의 아들 하나멜과 매매 증서에 인 친 증인 앞과 시위대 뜰에 앉아 있는 유다 모든 사람 앞에서 그 매매 증서를 마세야의 손자 네리야의 아들 바룩에게 부치며

13절 그들의 앞에서 바룩에게 명령하여 이르되

14절 만군의 여호와 이스라엘의 하나님께서 이와 같이 말씀하시기를 너는 이 증서 곧 봉인하고 봉인하지 않은 매매 증서를 가지고 토기에 담아 오랫동안 보존하게 하라

15절 만군의 여호와 이스라엘의 하나님께서 이와 같이 말씀하시니라 사람이 이 땅에서 집과 밭과 포도원을 다시 사게 되리라 하셨다 하니라

예레미야의 기도

16절 내가 매매 증서를 네리야의 아들 바룩에게 넘겨 준 뒤에 여호와께 기도하여 이르되

17절 슬프도소이다 주 여호와여 주께서 큰 능력과 펴신 팔로 천지를 지으셨사오니 주에게는 할 수 없는 일이 없으시니이다

18절 주는 은혜를 천만인에게 베푸시며 아버지의 죄악을 그 후손의 품에 갚으시오니 크고 능력 있으신 하나님이시요 이름은 만군의 여호와시니이다

19절 주는 책략에 크시며 하시는 일에 능하시며 인류의 모든 길을 주목하시며 그의 길과 그의

행위의 열매대로 보응하시나이다

20절 주께서 애굽 땅에서 표적과 기사를 행하셨고 오늘까지도 이스라엘과 인류 가운데 그와 같이 행하사 주의 이름을 오늘과 같이 되게 하셨나이다

21절 주께서 표적과 기사와 강한 손과 펴신 팔과 큰 두려움으로 주의 백성 이스라엘을 애굽 땅에서 인도하여 내시고

22절 그들에게 주시기로 그 조상들에게 맹세하신 바 젖과 꿀이 흐르는 땅을 그들에게 주셨으므로

23절 그들이 들어가서 이를 차지하였거늘 주의 목소리를 순종하지 아니하며 주의 율법에서 행하지 아니하며 무릇 주께서 행하라 명령하신 일을 행하지 아니하였으므로 주께서 이 모든 재앙을 그들에게 내리셨나이다

24절 보옵소서 이 성을 빼앗으려고 만든 참호가 이 성에 이르렀고 칼과 기근과 전염병으로 말미암아 이 성이 이를 치는 갈대아인의 손에 넘긴 바 되었으니 주의 말씀대로 되었음을 주께서 보시나이다

25절 주 여호와여 주께서 내게 은으로 밭을 사며 증인을 세우라 하셨으나 이 성은 갈대아인의 손에 넘기신 바 되었나이다

말씀으로 기도하기

본문배경 섭렵하기

30-31장에서 예레미야는 표제에서만 나타나는데 반하여, 32장에서는 예레미야 자신이 행동의 주인공이 된다. 32장 전체는 예레미야의 상징행위 (32:1-15)와 뒤따르는 예레미야의 기도 (32:16-25), 그리고 이에 대한 하나님의 응답(32:26-44)이 앞장의 새 계약을 각인하는 현실적인 연결의 역할을 한다. 32장의 상황과 연대를 보면 주전 587년 예루살렘이 파괴되기 직전의 해이다 (렘 52:12). 4절에서 말하는 시드기야의 운명은 39장 4-7절에 자세히 설명된다. 예레미야는 시드기야가 바벨론 왕과 "입이 입을 대하여 말하고 손이 서로 볼 것"이라고 말하면서 직접 대면할 것이라고 예언한다. "내가 돌볼 때까지 거기 있는다"는 말은 곧 그가 죽을 때까지 바벨론에 머문다는 말이다. 시드기야는 반란에 대한 응징으로 아들들이 처형당하는 모습을 지켜보아야 했고, 시력을 잃게 되었다. 7절에서 땅을 무를 권리가 언급된다. 이스라엘 전통에서 땅의 소유권은 지파

에게 속해 있었다. 아나돗은 예레미야가 태어난 곳으로 예레미야의 친척들이 살았다. 예레미야의 친척 중에서 자기가 소유한 땅을 팔 수밖에 없는 상황이 되었을 때 그 땅을 물러서 그 땅이 그 지파 또는 씨족의 소유로 남아 있도록 해야 했다(레 25:25-31). 곧 나라가 망할 것이기 때문에, 정치적으로는 무의미해 보이는 상황에서 이 행동은 회복을 예고하시는 하나님의 말씀이 된다. 10절에서 따로 주조하지 않고, 규격화하지 않은 은덩이가 돈으로 사용되었다. 17세겔은 200 그램정도 된다. 매매증서의 원본과 사본은 가죽이나 파피루스로 작성하였다. 상반부에 적은 원본(봉인한 매매증서)은 안으로 말아서 가죽이나 파피루스 한 가운데 뚫어놓은 구멍을 통해 끈으로 묶은 다음 도장을 찍어 봉하였다. 하반부의 사본은 (봉인하지 않은 매매증서) 바깥 쪽으로 느슨하게 말아올리기만 하였다. 증서의 내용을 언제든지 읽어볼 수는 있었지만 고칠 수는 없었다. 예레미야의 기도에서 예레미야는 하나님의 명령을 이해하지 못하기에 하나님의 언약을 기억한다. 그의 기도는 은으로 밭을 사고 증인을 세우라는 명령을 통해서 마치 이 땅을 사용할 수 있을 것처럼 보이지만 사실상 땅이 갈대안인에게 넘겨질 것이기 때문에 의미 없는 계약처럼 보였다.

본문내용 이해하기

이 본문은 세 단락으로 되어있다: A. 예루살렘이 포로 중일 때 예레미야가 갇힘 (1-5 절); B. 예레미야가 미래의 징표로 밭을 삼 (6-15 절); C. 예레미야의 기도 (16-25 절).

첫 단락(1-5 절)은 예루살렘이 포로중일 때 예레미야가 갇힘을 다룬다. 유다의 시드기야 왕 10년에 바벨론 군대가 예루살렘을 에워싸고 예레미야가 시위대 뜰에 갇혀있을 때였다. 그가 갇힌 이유는 여호와께서 이 성을 바벨론 왕의 손에 넘길 것이라고 예언하였기 때문이다. 그 내용은 시드기야 왕이 갈대아인의 손에서 벗어나지 못하고 바벨론 왕에게 넘겨지고, 시드기야 왕이 바벨론에 머물게 될 것이며, 유대가 갈대아인과 싸워 승리하지 못할 것이라는 예언이다.

둘째 단락(6-15 절)은 예레미야가 미래의 징표로 밭을 산 것을 다룬다. 예레미야가 갇혀 있는 동안 숙부인 하나멜로부터 베냐민 땅 아나돗에 있는 밭을 사라고 하시는 하나님의 음성을 듣는다. 예레미야는 밭을 구입하라는 하나님의 말씀대로 숙부로부터 아나돗에 있는 밭을 은 17세겔에 사고 증서를 써서 봉인하고 증인을 세우고 저울에 달아주었다. 하나님께서는 이 승서 곧 봉인하고 봉인하지 않은 매매증서를 보존하고 사람이 이 땅에서 밭과 포도원을 다시 사는 날이 올 것을 말씀하신다.

셋째 단락(16-25 절)은 예레미야의 기도를 다룬다. 매매증서를 바룩에게 넘겨준 후에 예레미야는 이해할 수 없는 하나님의 명령을 행하면서 기도를 드린다. 기도는 하나님 찬양, 하나님의 구원역사, 가나안 땅을 주심, 이스라엘 백성의 불순종과 재앙을 내리심으로 이어진다. 예레미야가 이해할 수 없는 것은 그 재앙에 따라 이 성을 갈대아인에게 넘겨주셨음에도 불구하고 여호와께서 은으로 밭을 사고 증인을 세우라고 하신 것이다.

능동적 묵상의 단계

침묵 가운데 32장 1-25절 말씀을 읽으면서 마음에 와닿은 말씀은 3-5절 일부인, '유다 왕 시드기야는 갈대아인의 손에서 벗어나지 못하고 반드시 바벨론 왕의 손에 넘겨진 바 되리니 입이 입을 대하여 말하고 눈이 서로 볼 것이며 그가 시드기야를 바벨론으로 끌어가리니 시드기야는 내가 돌볼 때까지 거기에 있으리라 여호와께서 이와 같이 말씀하시니라 너희가 갈대아인과 싸울지라도 승리하지 못하리라 하셨다 하였더니 유다 왕 시드기야가 이르되 네가 어찌하여 이같이 예언하였느냐 하고 그를 가두었음이었더라.'는 말씀을 붙잡고 읊조리면서 그 말이 나오게 된 배경과 의미를 살펴보니 다음과 같다.

즉 유다의 시드기야 왕 열째 해는 주전 587년인데, 이 해에 여호와의 말씀이 예레미야에게 임한다. 그때 예루살렘은 바벨론 군대에 의하여 에워싸였고, 선지자 예레미야는 유다의 왕의 궁중 시위대 뜰에 갇혀 있었다. 그가 이같이 감옥에 갇히게 된 까닭은 그에게 임한 여호와의 말씀 네 가지를 예언하였기 때문이다. 첫째는 여호와께서 예루살렘 성을 바벨론 왕의 손에 넘기신다는 예언이다. 둘째는 유다 왕 시드기야는 갈대아인의 손에서 벗어나지 못하고 반드시 바벨론 왕의 손에 넘겨진 바 될 것이라는 예언이다. 셋째는 시드기야가 바벨론으로 끌려 갈 것이며, 여호와께서 돌볼 때까지 거기에 있을 것이라는 예언이다. 넷째는 유다가 갈대아인과 싸울지라도 승리하지 못할 것이라는 예언이다. 이같은 예언으로 인하여 유다 왕 시드기야가 그를 감옥에 가두었으나 그 다음 해인 주전 586년에 바벨론에 의하여 예루살렘이 함락된다. 여호와께서 하나님의 사람을 통하여 말씀하실 때, 그 말씀이 절대로 이뤄질 수 없는 것처럼 보인다 하더라도 이는 여호와의 말씀이므로 반드시 성취된다는 사실이다. 여기까지 묵상하는 가운데 한 사건이 떠올랐다.

수동적 묵상의 단계

마음에 와닿은 말씀을 묵상하는 가운데 나의 삶의 목적과 의미를 놓고 깊은 고민에 빠져 있을 때 하나님께서 나에게 주신 말씀, 즉 마태복음 24장 45절, '충성되고 지혜 있는 종이 되어 주인에게 그 집 사람들을 맡아 때를 따라 양식을 나눠 줄 자가 누구냐' 하는 말씀이 떠올랐다. 당시 20대 중반 이전이었는데, 이 말씀을 읽고 당시 나는 아! 이거다 내 삶의 목적과 의미가 바로 이거야 라고 응답하였는데, 이 말씀이 나에게 이뤄진 것을 온전히 깨닫게 된 때는 70대였다.

물론 70대 이전에도 그 받았던 말씀이 나의 삶 속에 함께하는 삶을 살았지만, 그러나 내가 그 말씀대로의 삶을 하나님께서 온전히 살게 하고 계시다는 것을 내 입으로 인정한 때는 70대이었다. 아마도 70대 중반 이후부터 하루 종일의 일이 성경말씀묵상, 성경공부교재 집필과 성경말씀을 가사로 한 예수 그리스도의 탄생 오라토리오 등을 집필하는 것으로 거의 성경말씀을 글로 말로 화상으로 묵상으로 사람들과 함께 또 어떤 때는 홀로 하나님말씀으로 하나님과 교제하게 하신다.

삶의 목적과 의미로 깊은 고민에 빠졌던 나에게 주셨던 20대 중반에 약속해 주신 그 말씀을 하나님께서 하나님의 방법으로 계속하여 그때 이래 인도하셨는데도 나는 70대 중반 이후에야 비로서 아! 그 말씀대로 현재 내가 오로지 성경말씀으로만 나의 모든 삶이 덮이어 있다는 것을 확실하게 감지하고 묵상하면서 성령의 인도하심에 점차 순응해 들어가는 자신을 발견한다.

되돌아보기

하나님께서 오로지 성경말씀만을 깊이 있게 몰두하기를 원하시어 하나님의 종으로 부르시어 신학대학에 가게 하셨고, 후에 신학대학 교수로 일하게 하셨지만, 교수생활을 하면서 성경에만 몰두하기에는 주워진 일이 많았고, 미국유학을 마치고 신학대학교에서 가르치면서 성경공부를 하자고 제의했던 가장 친한 친구의 말을 들어주지 못하였다. 이것이 나중에도 많이 후회가 되었다. 물론 교수로서의 나의 일 역시 '충성되고 지혜 있는 종이 되어 주인에게 그 집 사람들을 맡아 때를 따라 양식을 나눠 줄 자가 누구냐'에 대한 응답의 삶으로 살려고 무던 몸부림쳤지만 70대 이후의 삶과 비교해 볼 때, 70대 이전의 삶은 그 받았던 말씀에만 붙잡혀 살았다고 보기에는 약했던 것이 사실이다.

지금은 하나님께서 맘씀 대로 사는 훈련을 호되게 훈련하시는데, 말씀이 내 삶 속에 육화되어 그 말씀대로 살 수 있는 삶이 일상에서 영위되는 것이 지금 나의 삶의 목적이다. 하나님께서 이

같은 나의 삶의 변화를 요구하고 계심을 감지하면서 매일의 삶을 사는데, 이제는 하나님께서 원하시는 온전히 하나님 안에서 즐겁고 평안히 하나님의 말씀에 온전히 순종이 되는 삶에로의 변화를 간절히 바라고 있는 나 자신의 내면이 살펴진다.

마음 쏟아 놓기

내 자신이 하나님의 말씀을 나눠주는 삶 못지않게 하나님의 말씀 안에 머물며 다스림을 받고 온전히 하나님 안에서 살기를 원하시는 하나님에 대한 새로운 인식을 경험하면서 하나님께서 내게 원하시는 그 변화와 나 역시 이러한 변화를 원하고 있는 하나님을 향한 나의 마음을 있는 그대로 쏟아 놓으면서 내 안에서 역사하시는 성령 하나님의 인도하심에 따라 침묵으로 하나님과 깊은 교제에로 나아간다.

하나님 음성 듣기 / 하나님 안에 머물기

마음을 쏟아 낸 후 하나님의 사랑아래 고요히 머물면서 하나님께서 나에게 들려주시는 음성, '누구든지 나의 이 말을 듣고 행하는 자는 그 집을 반석 위에 지은 지혜로운 사람 같다.'는 말씀에 귀 기울인다.
계속 은혜 안에 머물면서 하나님의 충만하신 임재를 느끼면서 하나님의 치유하심과 구속하시는 은총을 덧입는다.

응답의 기도

하나님의 은총 안에 머물면서 '하나님의 말씀을 듣고 믿고 행하는 사람이 되게 하소서.'라는 응답 기도를 한다.

삶으로 나아가기

묵상하는 가운데 받은 그 말씀, 하나님말씀을 듣고 믿을 뿐만 아니라 지켜 행하는 내 삶이 영위될 수 있도록 도움을 구한다.

38. 예레미야의 기도에 대한 하나님의 응답
(32:26-44)

기도에 임하기

어려움으로부터 회복하게 하시는 하나님을 온전히 신뢰함으로써 위로부터 오는 힘과 능력을 덧입는 삶을 살게 하소서.

말씀읽기

예레미야 32:26 - 44

마음의 문을 열고 하나님의 말씀을 집중해서 듣고 하나님의 말씀이 내 마음에 부딪혀 오든지 말씀에로 자신이 끌려들어 갈 수 있도록 하나님 현존 앞에서 말씀을 청종하는 자세로 두세 번 반복해서 읽으면서 마음에 와닿은 말씀이나 혹은 자신에게 다가오는 말씀을 살핀다.

26절 그 때에 여호와의 말씀이 예레미야에게 임하여 이르시되
27절 나는 여호와요 모든 육체의 하나님이라 내게 할 수 없는 일이 있겠느냐
28절 그러므로 여호와께서 이와 같이 말씀하시니라 보라 내가 이 성을 갈대아인의 손과 바벨론의 느부갓네살 왕의 손에 넘길 것인즉 그가 차지할 것이라
29절 이 성을 치는 갈대아인이 와서 이 성읍에 불을 놓아 성과 집 곧 그 지붕에서 바알에게 분

향하며 다른 신들에게 전제를 드려 나를 격노하게 한 집들을 사르리니
30절 이는 이스라엘 자손과 유다 자손이 예로부터 내 눈 앞에 악을 행하였을 뿐이라 이스라엘 자손은 그의 손으로 만든 것을 가지고 나를 격노하게 한 것뿐 이니라 여호와의 말씀이니라
31절 이 성이 건설된 날부터 오늘까지 나의 노여움과 분을 일으키므로 내가 내 앞에서 그것을 옮기려 하노니
32절 이는 이스라엘 자손과 유다 자손이 모든 악을 행하여 내 노여움을 일으켰음이라 그들과 그들의 왕들과 그의 고관들과 그의 제사장들과 그의 선지자들과 유다 사람들과 예루살렘 주민들이 다 그러하였느니라
33절 그들이 등을 내게로 돌리고 얼굴을 내게로 향하지 아니하며 내가 그들을 가르치되 끊임없이 가르쳤는데도 그들이 교훈을 듣지 아니하며 받지 아니하고
34절 내 이름으로 일컫는 집에 자기들의 가증한 물건들을 세워서 그 집을 더럽게 하며
35절 힌놈의 아들의 골짜기에 바알의 산당을 건축하였으며 자기들의 아들들과 딸들을 몰렉 앞으로 지나가게 하였느니라 그들이 이런 가증한 일을 행하여 유다로 범죄하게 한 것은 내가 명령한 것도 아니요 내 마음에 둔 것도 아니니라

영원한 언약

36절 그러나 이스라엘의 하나님 여호와께서 너희가 말하는 바 칼과 기근과 전염병으로 말미암아 바벨론 왕의 손에 넘긴 바 되었다 하는 이 성에 대하여 이와 같이 말씀하시니라
37절 보라 내가 노여움과 분함과 큰 분노로 그들을 쫓아 보내었던 모든 지방에서 그들을 모아들여 이 곳으로 돌아오게 하여 안전히 살게 할 것이라
38절 그들은 내 백성이 되겠고 나는 그들의 하나님이 될 것이며
39절 내가 그들에게 한 마음과 한 길을 주어 자기들과 자기 후손의 복을 위하여 항상 나를 경외하게 하고
40절 내가 그들에게 복을 주기 위하여 그들을 떠나지 아니하리라 하는 영원한 언약을 그들에게 세우고 나를 경외함을 그들의 마음에 두어 나를 떠나지 않게 하고
41절 내가 기쁨으로 그들에게 복을 주되 분명히 나의 마음과 정성을 다하여 그들을 이 땅에 심으리라
42절 여호와께서 이와 같이 말씀하시니라 내가 이 백성에게 이 큰 재앙을 내린 것 같이 허락한 모든 복을 그들에게 내리리라
43절 너희가 말하기를 황폐하여 사람이나 짐승이 없으며 갈대아인의 손에 넘긴 바 되었다 하는

이 땅에서 사람들이 밭을 사되

44절 베냐민 땅과 예루살렘 사방과 유다 성읍들과 산지의 성읍들과 저지대의 성읍들과 네겝의 성읍들에 있는 밭을 은으로 사고 증서를 기록하여 봉인하고 증인을 세우리니 이는 내가 그들의 포로를 돌아오게 함이니라 여호와의 말씀이니라

말씀으로 기도하기

본문배경 섭렵하기

이 본문은 예레미야의 기도에 대한 응답이다. 예레미야는 당장 나라가 멸망하는데 땅을 무르라는 하나님의 명령을 이해하지 못할 때 하나님은 멸망과 회복의 하나님임을 보여주는 본문이다. 29절에서 지붕에서 분향한다는 말은 천체를 움직이는 신들에게 제사를 드리는 것이다. 34-35절에 등장하는 배교 행위들은 특별히 아하스나 므낫세의 배교 행위에 나타난다. 아하스 때에는 "여호와께서 이스라엘 자손 앞에서 쫓아내신 이방 사람의 가증한 일을 따라 자기 아들을 불 가운데로 지나가게 하며 또 산당들과 작은 산 위와 모든 푸른 나무 아래에서 제사를 드리며 분향하였더라." (왕하 16:3-4). 므낫세도 여호와 보시기에 악을 행하였다: "여호와께서 이스라엘 자손 앞에서 쫓아내신 이방 사람의 가증한 일을 따라서 그의 아버지 히스기야가 헐어 버린 산당들을 다시 세우며 이스라엘의 왕 아합의 행위를 따라 바알을 위하여 제단을 쌓으며 아세라 목상을 만들며 하늘의 일월성신을 경배하여 섬기며 여호와의 성전에 제단들을 쌓고 또 여호와의 성전 두 마당에 하늘의 일월성신을 위하여 제단들을 쌓고 또 자기의 아들을 불 가운데로 지나게 하며 점치며 사술을 행하며 신접한 자와 박수를 신임하여 여호와께서 보시기에 악을 많이 행하여 그 진노를 일으켰으며 또 자기가 만든 아로새긴 아세라 목상을 성전에 세웠다." (왕하 21:2-7).

본문내용 이해하기

26-44절은 예레미야의 기도에 대한 하나님의 응답이다. 예레미야는 회복에 대한 상징행위로서 땅을 무르기는 하지만 전혀 이루어질 수 없을 것이라는 비관적인 생각을 하고 있을 때 하나님이 말씀하신다: "내가 할 수 없는 일이 있겠느냐?" (27절). 하나님은 유다에게 당신의 능력을

두 가지로 보여주신다. 하나는 예루살렘을 심판하여 도시가 포위되고 파괴되는 것이다(28-29절). 다른 하나는 백성들을 향한 계속적인 회복을 통해서이다(37절). 첫 번째 하나님이 하실 일은 이 성을 바벨론의 손에 넘겨 그들이 이 성읍에 불을 놓고 바알에게 분향하며 다른 신들에게 전제를 드린 집들을 사를 것이다. 그 이유는 이스라엘 자손과 유다 자손이 하나님 앞에서 악을 행하고 그의 손으로 만든 것으로 하나님을 격노하게 하였기 때문이다. 이러한 범죄는 이스라엘 자손과 유다 자손, 그들의 왕들과 고관들과 제사장들과 선지자들과 유다 사람들과 예루살렘 주민들이 행한 것이다. 하나님께서 그들을 끊임없이 가르쳤지만, 그들이 교훈을 듣지 아니하고 가증한 일을 행하여 범죄 하였다. 하나님이 반드시 하실 두 번 째 일은 이 성에 대한 회복이다. 하나님은 쫓아냈던 백성들을 다시 이곳으로 돌아오게 하시고 안전히 살게 하시며, "그들은 내 백성이 되겠고, 나는 그들의 하나님이 될 것이다."(38절). 그리하여 그들이 하나님을 경외하고, 하나님은 그들에게 복을 주어 영원한 언약을 세우고 하나님을 경외함을 그들의 마음에 두어 그들을 이 땅에 심겠다고 약속하신다. 하나님은 이 백성에게 큰 재앙을 내린 것 같이 허락한 모든 복을 내리실 것이다. 그리하여 하나님께서 포로들을 돌아오게 하실 것을 기대하고 성읍에 있는 밭을 사서 증서를 기록하고 봉인하여 증인으로 세워야 한다고 말씀하신다.

능동적 묵상의 단계

침묵 가운데 32장 26-44절 말씀을 읽으면서 마음에 와닿은 27절 말씀, '나는 여호와요 모든 육체의 하나님이라 내게 할 수 없는 일이 있겠느냐'라는 말씀을 붙잡고 읊조리면서 그 말씀이 나오게 된 배경과 의미를 살펴보니 다음과 같다. 즉 그 내용은 두 가지이다. 하나는 주의 말씀대로 칼과 기근과 전염병으로 말미암아 예루살렘 성이 갈대아인의 손에 넘긴 바 되었다는 말씀이다. 다른 하나는 여호와께서 밭을 사서 증인을 세우라고 하셔서 예레미야가 그대로 하였으나 이 성은 갈대아인에게 넘긴 바 되었다고 예레미야가 이르니 이에 여호와께서 나는 모든 육체의 하나님이며 내게 할 수 없는 일이 있겠느냐고 응답하신다. 이는 이스라엘의 회복의 약속이 확실히 성취될 것임을 확인해 주시는 말씀이며, 더 나아가 여호와께서는 이 성을 갈대아인이 차지하게 하시고, 이 성읍에 불을 놓아 그 지붕에서 바알에게 분향하며 다른 신들에게 전제를 드려 여호와를 격노하게 한 이 성과 집들을 불사를 것이라 말씀하신다. 왜냐하면 이스라엘 자손과 유다 자손이 예로부터 반복하여 여호와의 눈앞에 악을 행하며 또한 손으로 만든 것을 우상 숭배함으로 인하여 여호와를 격노하게 하였기 때문이다.

여호와께서는 예레미야를 통하여 예루살렘 성이 건설된 이래 이스라엘 자손과 유다 자손의 모든 악행으로 인하여 주의 분과 노여움을 일으켰다고 말씀하신다, 여기서 우리는 그들의 악행을 오랫동안 참아 오신 여호와를 감지할 수 있다.

그들의 잘못과 관련된 것이 네 가지 더 지적되는데, 첫째는 이스라엘 사람들과 그들의 왕들과 그의 고관들과 그의 제사장들과 그의 선지자들과 유다 사람들과 예루살렘 주민들이 다 그들의 등을 여호와에게로 돌리고 얼굴을 여호와에게로 향하지 아니한 것이다. 이는 하나님백성들이 총체적으로 모두가 여호와에게로 향하지 않았다는 사실을 지적하는 말씀이다. 둘째는 여호와께서 택하신 선지자들을 통하여 끊임없이 여호와의 말씀을 가르쳤지만, 그들이 듣지 아니할 뿐만 아니라 받지도 않았다는 것이다. 셋째는 여호와의 이름으로 일컫는 집에 자기들의 가증한 물건들을 세워서 그 집을 더럽게 한 것인데, 이는 우상숭배를 지적하는 말씀이다. 넷째, 힌놈의 아들의 골짜기에 바알의 산당을 건축하였으며 자기들의 아들들과 딸들을 몰렉 앞으로 지나가게 한 것이다. 이러한 제사를 수행함으로 바알과 몰렉에게 충성할 뿐만 아니라 이같은 가증한 일을 행함으로 유다로 범죄 하게 하였는데, 이는 여호와께서 명령한 것도 아니며 또한 여호와의 마음에 둔 것도 아니라 말씀하신다.

이런 상황에서 예레미야를 통하여 여호와께서 바벨론 왕의 손에 넘겨진 예루살렘 성에 대하여 두 가지를 약속하신다. 첫째는 여호와께서 노여움과 분함과 큰 분노로 쫓아 보냈던 모든 지방에서 하나님백성을 모아들여 이 성으로 돌아오게 하여 안전히 살게 하신다는 약속이다. 둘째는 여호와께서 영원한 언약을 그들에게 세우신다는 약속으로서 이는 세 가지 역속의 말씀이다. 하나는 그들은 하나님백성이 되겠고 여호와는 그들의 하나님이 될 것이라는 말씀이며, 다른 하나는 여호와가 그들에게 한 마음과 한 길을 주어 자기들과 자기 후손의 복을 위하여 항상 여호와를 경외하게 하신다는 말씀이며, 또한 여호와가 그들에게 복을 주기 위하여 그들을 떠나지 아니하신다는 약속이다. 또 다른 하나는 여호와를 경외함을 그들의 마음에 두어 여호와를 떠나지 않게 하시고 여호와가 기쁨으로 그들에게 복을 주시되 분명히 여호와의 마음과 정성을 다하여 그들을 이 땅에 심으신다는 말씀이다. 이는 여호와께서 이 큰 재앙을 내린 것 같이 허락한 모든 복을 이 백성에게 내리실 것이며, 그들에게 내릴 복은 갈대아 인의 손에 넘겨져 사람과 짐승이 없게 된 이 땅에 사람들이 밭을 사게 될 것인데, 그들이 사게 될 밭의 범위는 베냐민 땅과 예루살렘 사방과 유다 성읍들과 산지의 성읍들과 저지대의 성읍들과 네겝의 성읍들에 있는 밭이다. 당시 거래규례에 따라 그곳들의 밭을 은으로 사고 증서를 기록하고 봉인하고 증인을 세울 것을 강조함으로써 여호와께서 그들 포로를 돌아오게 하신다는 확실한 약속의 성취를 말씀하신 것이다. 나는 여호와요 모든 육체의 하나님이라 그러니 내게 할 수 없는 일이 없다는 말씀을 하신 여호와는 죄악 된 백성을 심판하시는 하나님이시며, 동시에 심판 받은 백성을 회복시키는 하나님이심을 감지하고 묵상하면서 성령의 인도하심에 점차 순응해 들어가는 자신을 발견할 수 있다.

수동적 묵상의 단계

마음에 와닿은 말씀을 묵상하는 가운데 하나님께서 나를 27절 말씀인 '나는 여호와요 모든 육체의 하나님이라 내게 할 수 없는 일이 있겠느냐'라는 말씀 속으로 하나님의 초대를 받으며 하나님께서 모든 육체의 하나님이시므로 할 수 없는 일이 없으심에도 불구하고 지난 20여년 간 수없는 어려움을 넘어가게 하시고, 넘어가고 나면 또 다른 문제로 쉴 틈 없이 다가오는 것을 묵묵히 인내하게 하시며, 또한 매일 수행해야 하는 일들을 감당하게 하시면서 그것들을 있는 그대로 인정하며 주 안에서 제 갈 길을 연구원과 교회와 묵상의 집과 셈 공동체를 통하여 가게 하신 하나님은 나의 삶속에서 나를 다스리시는 하나님이심을 감지하면서 주님과 말씀으로 교제한다. 이때 성령의 인도하심에 따라 그 인도하심에 '예' 라고 응답하면서 묵상을 계속하여 가면서 성령의 인도하심에 점차 순응해 들어가는 자신이 발견된다.

되돌아보기

하나님께서 나 자신에게 하나님 밖에서의 나의 모습이 하나님 안에서 다스림을 받는 나 자신으로의 변화를 요구하고 계시며 그 변화를 내가 얼마나 간절히 원하고 있는지를 살피면서 침묵으로 나의 지난 시간을 되돌아본다. 지금이 그 어떤 때보다도 하나님 안에서의 나의 삶이 절실히 필요한 적은 이제까지 없었다. 지금 하나님 안에서의 나 자신은 하나님께서 위탁해 주신 일이 어떤 것이든 간에 그것을 감당할 수 있게 하시는 분이 바로 하나님이심을 감지하면서 언제 어디서나 혹은 어떤 누구와의 관계에서도 하나님 안에서 나 자신의 말과 행동과 태도 등이 편안하면, 나와 관계를 갖고 있는 상대도 평안하고 더 나아가 나 자신과도 평안해 지는 것을 감지하면서 나 자신의 내면을 살핀다.

마음 쏟아 놓기

하나님의 다스림 안에 있기를 간절히 원하는 내 자신과 내가 하나님 안에서 하나님의 다스림 안에 있기를 원하시는 하나님에 대한 인식을 경험하면서 하나님께서 내게 나 여호와라 모든 육체의 하나님이라 내게 할 수 없는 일이 있겠느냐 라고 말씀하시는 하나님을 향하여 어려움 속에서도 함께 하시는 하나님과 또한 어려움으로부터 벗어나 어려움을 회복하게 하시는 나의 하나님을 향한 나의 힘든 마음을 있는 그대로 쏟아 놓으면서 내 안에서 역사하시는 성령 하나님의 인도하심에 따라 침묵으로 하나님과 깊은 교제에로 나아간다.

하나님 음성 듣기 / 하나님 안에 머물기

이같이 마음을 쏟아 낸 후 하나님의 사랑아래 고요히 머물면서 하나님께서 나에게 들려주시는 음성, '나는 여호와라 모든 육체의 하나님이라 내게 할 수 없는 일이 있겠느냐'는 말씀에 귀 기울인다.

계속 은혜 안에 머물면서 하나님의 충만하신 임재를 느끼면서 하나님의 치유하심과 구속하시는 은총을 덧입는다.

응답의 기도

하나님의 은총 안에 머물면서 '어려움으로부터 회복하게 하시는 하나님을 온전히 신뢰함으로써 위로부터 오는 힘과 능력을 덧입게 하소서' 라는 응답 기도를 한다.

삶으로 나아가기

묵상하는 가운데 받은 그 말씀, 나는 여호와라 모든 육체의 하나님이라 내게 할 수 없는 일이 있겠느냐 라는 말씀에 붙잡힌 상태로 그 말씀과 동행하면서 내 삶이 영위될 수 있도록 도움을 구한다.

39. 예루살렘과 유다의 회복
(33:1-26)

Lectio divina Jeremiah

기도에 임하기

일을 행하시고 성취하시는 여호와께 부르짖게 하시어 제가 알지 못하는 크고 은밀한 일을 나타내 주옵소서.

말씀읽기

예레미야 33:1 - 26

마음의 문을 열고 하나님의 말씀을 집중해서 듣고 하나님의 말씀이 내 마음에 부딪혀 오든지 말씀에로 자신이 끌려들어 갈 수 있도록 하나님 현존 앞에서 말씀을 청종하는 자세로 두세 번 반복해서 읽으면서 마음에 와닿은 말씀이나 혹은 자신에게 다가오는 말씀을 살핀다.

1절 예레미야가 아직 시위대 뜰에 갇혀 있을 때에 여호와의 말씀이 그에게 두 번째로 임하니라 이르시되
2절 일을 행하시는 여호와, 그것을 만들며 성취하시는 여호와, 그의 이름을 여호와라 하는 이가 이와 같이 이르시도다
3절 너는 내게 부르짖으라 내가 네게 응답하겠고 네가 알지 못하는 크고 은밀한 일을 네게 보

이리라

4절 이스라엘의 하나님 여호와께서 말씀하시니라 무리가 이 성읍의 가옥과 유다 왕궁을 헐어서 갈대아인의 참호와 칼을 대항하여

5절 싸우려 하였으나 내가 나의 노여움과 분함으로 그들을 죽이고 그들의 시체로 이 성을 채우게 하였나니 이는 그들의 모든 악행으로 말미암아 나의 얼굴을 가리어 이 성을 돌아보지 아니하였음이라

6절 그러나 보라 내가 이 성읍을 치료하며 고쳐 낫게 하고 평안과 진실이 풍성함을 그들에게 나타낼 것이며

7절 내가 유다의 포로와 이스라엘의 포로를 돌아오게 하여 그들을 처음과 같이 세울 것이며

8절 내가 그들을 내게 범한 그 모든 죄악에서 정하게 하며 그들이 내게 범하며 행한 모든 죄악을 사할 것이라

9절 이 성읍이 세계 열방 앞에서 나의 기쁜 이름이 될 것이며 찬송과 영광이 될 것이요 그들은 내가 이 백성에게 베푼 모든 복을 들을 것이요 내가 이 성읍에 베푼 모든 복과 모든 평안으로 말미암아 두려워하며 떨리라

10-11절 여호와께서 이와 같이 말씀하시니라 너희가 가리켜 말하기를 황폐하여 사람도 없고 짐승도 없다 하던 여기 곧 황폐하여 사람도 없고 주민도 없고 짐승도 없던 유다 성읍들과 예루살렘 거리에서 즐거워하는 소리, 기뻐하는 소리, 신랑의 소리, 신부의 소리와 및 만군의 여호와께 감사하라, 여호와는 선하시니 그 인자하심이 영원하다 하는 소리와 여호와의 성전에 감사제를 드리는 자들의 소리가 다시 들리리니 이는 내가 이 땅의 포로를 돌려보내어 지난날처럼 되게 할 것임이라 여호와의 말씀이니라

12절 만군의 여호와께서 이와 같이 말씀하시니라 황폐하여 사람도 없고 짐승도 없던 이곳과 그 모든 성읍에 다시 목자가 살 곳이 있으리니 그의 양 떼를 눕게 할 것이라

13절 산지 성읍들과 평지 성읍들과 네겝의 성읍들과 베냐민 땅과 예루살렘 사면과 유다 성읍들에서 양 떼가 다시 계수하는 자의 손 아래로 지나리라 여호와께서 말씀하시니라

14절 여호와의 말씀이니라 보라 내가 이스라엘 집과 유다 집에 대하여 일러 준 선한 말을 성취할 날이 이르리라

15절 그 날 그 때에 내가 다윗에게서 한 공의로운 가지가 나게 하리니 그가 이 땅에 정의와 공의를 실행할 것이라

16절 그 날에 유다가 구원을 받겠고 예루살렘이 안전히 살 것이며 이 성은 여호와는 우리의 의

라는 이름을 얻으리라

17절 여호와께서 이와 같이 말씀하시니라 이스라엘 집의 왕위에 앉을 사람이 다윗에게 영원히 끊어지지 아니할 것이며

18절 내 앞에서 번제를 드리며 소제를 사르며 다른 제사를 항상 드릴 레위 사람 제사장들도 끊어지지 아니하리라 하시니라

19절 여호와의 말씀이 예레미야에게 임하니라 이르시되

20절 여호와께서 이와 같이 말씀하시니라 너희가 능히 낮에 대한 나의 언약과 밤에 대한 나의 언약을 깨뜨려 주야로 그 때를 잃게 할 수 있을진대

21절 내 종 다윗에게 세운 나의 언약도 깨뜨려 그에게 그의 자리에 앉아 다스릴 아들이 없게 할 수 있겠으며 내가 나를 섬기는 레위인 제사장에게 세운 언약도 파할 수 있으리라

22절 하늘의 만상은 셀 수 없으며 바다의 모래는 측량할 수 없나니 내가 그와 같이 내 종 다윗의 자손과 나를 섬기는 레위인을 번성하게 하리라 하시니라

23절 여호와의 말씀이 예레미야에게 임하니라 이르시되

24절 이 백성이 말하기를 여호와께서 자기가 택하신 그들 중에 두 가계를 버리셨다 한 것을 네가 생각하지 아니하느냐 그들이 내 백성을 멸시하여 자기들 앞에서 나라로 인정하지 아니하도다

25절 여호와께서 이와 같이 말씀하시니라 내가 주야와 맺은 언약이 없다든지 천지의 법칙을 내가 정하지 아니하였다면

26절 야곱과 내 종 다윗의 자손을 버리고 다시는 다윗의 자손 중에서 아브라함과 이삭과 야곱의 자손을 다스릴 자를 택하지 아니하리라 내가 그 포로된 자를 돌아오게 하고 그를 불쌍히 여기리라

말씀으로 기도하기

본문배경 섭렵하기

33장은 32장에서 받은 계시의 확장이다. 하나님은 당신을 일을 성취하는 분으로 밝히면서 (33:2) 다시금 멸망과 회복으로 이어지는 미래의 사건을 예언한다. 심판의 원인이 백성의 죄임을 다시금 설명하고 (33:4-5), 포로의 귀환, 상처의 치유, 그리고 멸망을 표현하던 언어들의 역

전을 통하여 회복을 서술한다. 마지막으로 이 회복의 중심에 공평과 정의를 실행하는 다윗 왕가와 제사 직무를 수행하는 레위 사람 제사장의 회복이 이어진다. 2-3절은 많이 알려진 본문인데 예상할 수 없는 회복을 이루시는 하나님의 모습을 드러낸다. 파괴된 성읍을 회복하시는 하나님을 "일을 행하시는 여호와, 그것을 만들며 성취하시는 여호와"라고 표현하며 그러한 일을 행하시는 여호와를 기대한다. 그 회복을 위하여 예레미야는 여호와께 부르짖어야 한다. 여호와는 "기도에 응답하고 그가 알지 못하는 크고 은밀한 일을 보이시는 분이시다." 윌리암 캐리는 이 본문으로 "하나님으로부터 위대한 일을 기대하라. 하나님을 위하여 위대한 일을 시도하라"고 설교했다. 4절에서 참호와 칼에 대항하여 가옥과 왕국을 헐어버린다는 말은 가옥을 헐어서 성벽을 견고하게 한다는 말이다 (사 22:9-10). 바벨론 군대에 의하여 예루살렘이 포위되었을 때 도시가 황폐화되었다. 바벨론 군대에 의하여 세워진 묵직한 포위용 둔덕에 의하여 뚫린 성의 틈새를 막아 보기 위하여 집들을 강제로 파괴한 것이다. 10-11절의 말씀은 예레미야가 이전에 선포한 심판의 말들을 뒤집는 내용들이다 (7:34; 16:9; 25:10). 결혼의 축제들과 노래와 예배의 함성들이 끊어졌다가 회복된다는 것이다. 이 소리들은 인간적인 삶의 활력을 대표하며, 외부적인 요란한 소리들이 정상적이고 건강한 사회생활임을 표현한다.

본문내용 이해하기

이 본문은 두 단락으로 이루어져 있다: A. 유다와 예루살렘의 회복 (1-13절); B. 다윗 왕조와 레위 제사장과 맺은 언약의 회복 (14-26절)

첫째 단락은 유다와 예루살렘의 회복(1-13절)을 다룬다. 예레미야가 아직 시위대 뜰에 갇혀 있을 때에 하나님의 말씀이 들려왔다: "너는 내게 부르짖으라 내가 네게 응답하겠고 네가 알지 못하는 크고 은밀한 일을 네게 보이리라." (3절). 하나님은 아무도 생각할 수 없는 일을 계획하신다. 유대가 갈대아인들에 대항하여 싸우지만, 그들의 악함에 대한 하나님의 노여움과 분함으로 그들을 죽이고 시체로 이 성을 채울 것이다. 그러나 그것으로 끝나지 않고, 하나님의 치유와 고침이 나타날 것이다. 곧 유다와 이스라엘의 포로들을 처음과 같이 채울 것이며, 그들의 죄를 사하고 예루살렘 성읍이 세계 여러 나라 앞에서 하나님의 기쁜 이름이요 찬송과 영광이 될 것이다. 그로 인하여 모든 여러 나라들이 두려워하며 떨 것이다. 현재 인적이 끊긴 성읍에서 일상생활의 기쁨이 차고 넘칠 것이다. 이는 곧 심판의 역전이다. 성읍에 즐거워하는 소리, 기뻐하는 소리가 넘칠 것이며, 이 땅의 포로들이 돌아와서 감사제를 드릴 것이다. 또한 이 성읍에 목자가 살고 양떼를 늘게 할 것이다.

둘째 단락은 다윗 왕조와 레위 제사장과 맺은 언약의 회복 (14-26 절)을 다룬다. 다윗의 집이 회복될 때 공의로운 가지가 나서 이 땅에 정의와 공의를 행할 것이다. 그날에 유다가 구원을 받고, 예루살렘이 안전히 살 것이며 예루살렘 성이 "여호와는 우리의 의다"라는 이름을 얻게 될 것이다. 다윗의 대가 끊이지 않는다는 것은 사무엘하 7장에 나오는 다윗 언약의 확증이다. 레위 사람도 대가 끊어지지 않을 것을 확증한다. 왕권과 제사장직 모두 영원하며 폐기되지 않을 것이다. 이 영원함은 하늘의 만상을 셀 수 없고, 바다의 모래를 측량할 수 없음과 같다. 23-26절에서 백성들이 하나님께서 버렸다고 하는 두 가계는 야곱과 다윗, 즉 이스라엘 백성의 선택과 다윗 왕조의 선택을 말한다. 둘은 모두 폐기하거나 분리시킬 수 없다. 다윗 왕조가 비록 역사적으로는 끊어졌지만, 예수 그리스도를 통하여 이루어진다고 기독교는 고백한다 (롬 1:3-4; 행 2:34-36).

능동적 묵상의 단계

침묵 가운데 33장 1-26절 말씀을 읽으면서 마음에 와닿은 2-3절 말씀, '일을 행하시는 여호와, 그것을 만들며 성취하시는 여호와, 그의 이름을 여호와라 하는 이가 이와 같이 이르시도다 너는 내게 부르짖으라 내가 네게 응답하겠고 네가 알지 못하는 크고 은밀한 일을 네게 보이리라'는 말씀을 붙잡고 읊조리면서 그 말씀이 나오게 된 배경과 의미를 살펴보니 다음과 같다.

즉 예레미야가 시위대 뜰에 갇혀 있을 때에 여호와께서 두 번째로 그에게 임하시어 여호와가 누구이신지를 두 가지로 말씀하여 주신다. 하나는 여호와는 일을 행하시는 하나님이시고, 다른 하나는 일을 만드시며 그것을 성취하시는 여호와이시라는 말씀이다. 시위대 뜰에 갇혀 있는 예레미야에게 일을 만드시고, 행하시고 성취하시는 여호와께서 이르시기를 내게 부르짖으라 그리하면 내가 응답하겠다고 그에게 약속하시며 뿐만 아니라 그가 여호와께 부르짖으면 여호와께서 그가 알지 못하는 크고 은밀한 미래의 일을 그에게 보여 주신다 약속하신다. 이는 일을 만드시고 행하시고, 성취하시는 여호와의 약속이므로 그가 알지 못하는 크고 은밀한 일은 반드시 성취될 것이라는 말씀이다.

그러나 예루살렘이 갈대아 군대에 의하여 포위당할 때 그 성읍 백성들이 대항하여 싸우려 하였으나 그 결과는 그들의 패망이다. 이로 인하여 그들의 시체가 그 성을 채우게 하신 분은 바로 여호와 하나님이시다. 그들의 악행으로 인하여 여호와는 노여움과 분함으로 그들을 죽이고 그들의 시체로 이 성을 채우게 하셨으나 이어서 여호와께서 예레미야를 통하여 이 성읍의 회복과 관련하여 세 가지를 말씀하신다. 첫째, 이 성읍을 치료하며 고쳐 낫게 하시며, 평안과 진실이 풍성함을 그들에게 나타내신다는 말씀이다. 둘째, 유다의 포로와 이스라엘의 포로를 돌아오게 하여 그들을 처음과 같이 세울 것이라는 말씀이다. 셋째, 그들을 여호와에게 범한 그 모든 죄악에서 정하게 하시며 그들이 여호와에게 범하며 행한 모든 죄악을 사할 것이라는 말씀이다. 이를 통하여 예루살렘 성읍 사람들의 악으로 인하여 그 성읍이 파괴되고 인명의 피해를 많게 하신 여호와께서는 그 성읍의 치료와 회복 및 포로귀환 그리고 여호와께 범한 그들의 모든 죄악에서 정하게 하시는 여호와 하나님이심을 감지하고 묵상하면서 성령의 인도하심에 점차 순응해 들어가는 자신을 발견할 수 있다.

수동적 묵상의 단계

마음에 와닿은 말씀을 묵상하는 가운데 하나님께서 저를 3-4절 말씀인 '일을 행하시는 여호와, 그것을 만들며 성취하시는 여호와, 그의 이름을 여호와라 하는 이가 이와 같이 이르시도다 너는 내게 부르짖으라 내가 네게 응답하겠고 네가 알지 못하는 크고 은밀한 일을 네게 보이리라'라는 말씀 속으로 초대를 받으며 여호와께서 예루살렘 성읍을 회복하실 때에 세계 열방 앞에서 그 성읍이 여호와의 기쁜 이름이 되며, 찬송과 영광이 될 것이라고 약속하신 것처럼 가평에 하나님께서 세우신 셈 교회가 아무것도 알지 못하는 어떤 이는 이 교회가 이단교회라는 말을 직접 제 앞에서 하였던 것으로부터 공공연하게 여호와께서 회복하시어 차고 넘치게 은혜를 베풀어 주시므로 하나님께서 함께 하시고 역사하시는 교회로 우뚝 설 수 있다는 것이 감지되었다. 이로 인하여 그러한 말을 하였던 이들로 하여금 이를 보고 듣게 하시어 놀라운 일을 행하시는 여호와께서 예레미야 당시 이스라엘이 받았던 큰 일이 우리 셈 교회에게도 임하게 하실 하나님이 감지된다. 당시 이스라엘을 회복하실 때의 복이 세 가지인데 하나는 황폐하여 사람과 주민, 그리고 짐승도 없었던 유다 성읍들과 예루살렘거리에서 즐거워하는 소리, 기뻐하는 소리, 신랑과 신부의 소리가 들릴 것이라는 말씀이다. 우리 셈 교회는 하나님의 백성들로 가득 차 주 안에서 즐거워하는 소리, 기뻐하는 소리가 들리도록 하게 하실 일을 행하시는 하나님이 삼시된다. 둘째, 예루살렘 거리에서 여호와께 감사하며 여호와의 선하심과 그 인자하심이 영원하다는 소리가 들릴 것과 같이 셈 교회가 있는 가평 거리에서 이같은 기쁜소리가 들리기를 바라며, 셋째는 여호와께서 이스라엘의 포로를 예루살렘으로 돌려보내어 여호와의 성전에서 감사제를 드리는 자들의 소리가 크게 들릴 것처럼 셈 교회 역시 성전에서 감사예배를 드리는 소리가 크게 들릴 것이라는 약속처럼 묵상을 계속하는 가운데 성령의 인도하심에 점차 순응해 들어가는 자신을 발견할 수 있다.

되돌아보기

하나님께서 나 자신에게 일을 행하시는 여호와, 그것을 만들며 성취하시는 여호와이심을 선포하시는데 이 선포를 통하여 하나님께서 늘 내 마음에 힘겨워하는 나에게 일을 행하시고 성취하시는 여호와께 부르짖으라 내가 네게 응답하겠고, 네가 알지 못하는 크고 은밀한 일을 네게 보이신다 말씀하시는 하나님께서 저에게 온전히 하나님을 신뢰하는 믿음의 사람으로의 변화를 요구하고 계시며 그 변화에 아멘으로 응답하는 나 자신을 발견하면서 침묵으로 나의 지난 시간을 되돌아본다. 지금이야 말로 하나님께서 예비해 놓으신 하나님의 일꾼들을 보내주시어 '형제가 연합하여 동거함이 어찌 그리 선하고 아름다운고' 라는 말씀이 셈 연구원과 셈 교회와 셈 묵상의 집과 셈 공동체에 여호와로 말미암아 일이 행하여지고 성취되어지는 움직임을 감지하면서 하나님의 인도하심에 따라 여호와로 말미암아 일을 성취하시는 하나님을 바라보는 나의 내면을 살핀다.

마음 쏟아 놓기

일을 행하시는 여호와 하나님 또한 그 일을 성취하시는 하나님 안에 있기를 간절히 원하는 내 자신과 일하시고 성취하시는 여호와 하나님 안에서 내가 하나님의 뜻에 따르기를 원하시는 하나님을 인식하면서 그리고 내게 그의 이름을 여호와라 하는 하나님께서 이와 같이 이르시기를 너는 내게 부르짖으라 내가 네게 응답하겠고 네가 알지 못하는 크고 은밀한 일을 네게 보이리라고 말씀하시는 하나님을 향하여 그리고 하나님의 뜻 안에서 모든 말과 판단과 행동을 하기를 원하시는 나의 하나님을 향하여 내 마음을 있는 그대로 쏟아 놓으면서 내 안에서 역사하시는 성령 하나님의 인도하심에 따라 침묵으로 하나님과 깊은 교제에로 나아간다.

하나님 음성 듣기 / 하나님 안에 머물기

이같이 마음을 쏟아 낸 후 하나님의 사랑아래 고요히 머물면서 하나님께서 나에게 들려주시는 음성, '그의 이름을 여호와라 하는 이가 이와 같이 이르시도다 너는 내게 부르짖으라 내가 네게 응답하겠고 네가 알지 못하는 크고 은밀한 일을 네게 보이리라'는 말씀에 귀 기울인다.

계속 은혜 안에 머물면서 하나님의 충만하신 임재를 느끼면서 하나님의 치유하심과 구속하시는 은총을 덧입는다.

응답의 기도

하나님의 은총 안에 머물면서 '일을 행하시고 성취하시는 여호와 하나님께 부르짖게 하시어 셈 교회와 셈 연구원과 셈 묵상의 집과 셈 공동체를 통하여 제가 알지 못하는 크고 은밀한 일을 성취하소서' 라는 응답 기도를 한다.

삶으로 나아가기

묵상하는 가운데 받은 그 말씀, '그의 이름을 여호와라 하는 이가 이와 같이 이르시도다 너는 내게 부르짖으라 내가 네게 응답하겠고 네가 알지 못하는 크고 은밀한 일을 네게 보이리라'는 말씀에 붙잡힌 상태로 그 말씀과 동행하면서 내 삶이 영위될 수 있도록 도움을 구한다.

40. 갈림길에 선 시드기야
(34:1-22)

Lectio divina Jeremiah

기도에 임하기

어느 상황 속에서도 주의 말씀에 귀를 기울이게 하소서.

말씀읽기

예레미야 34:1 - 22

마음의 문을 열고 하나님의 말씀을 집중해서 듣고 하나님의 말씀이 내 마음에 부딪혀 오든지 말씀에로 자신이 끌려들어 갈 수 있도록 하나님 현존 앞에서 말씀을 청종하는 자세로 두세 번 반복해서 읽으면서 마음에 와닿은 말씀이나 혹은 자신에게 다가오는 말씀을 살핀다.

1절 바벨론의 느부갓네살 왕과 그의 모든 군대와 그의 통치하에 있는 땅의 모든 나라와 모든 백성이 예루살렘과 그 모든 성읍을 칠 때에 말씀이 여호와께로부터 예레미야에게 임하여 이르시되

2절 이스라엘의 하나님 여호와께서 이와 같이 말씀하시니라 너는 가서 유다의 시드기야 왕에게 아뢰어 이르기를 여호와의 말씀에 보라 내가 이 성을 바벨론 왕의 손에 넘기리니 그가 이 성을 불사를 것이라

3절 네가 그의 손에서 벗어나지 못하고 반드시 사로잡혀 그의 손에 넘겨져서 네 눈은 바벨론 왕의 눈을 볼 것이며 그의 입은 네 입을 마주 대하여 말할 것이요 너는 바벨론으로 가리라

4절 그러나 유다의 시드기야 왕이여 여호와의 말씀을 들으라 여호와께서 네게 대하여 이와 같이 말씀하시니라 네가 칼에 죽지 아니하고

5절 평안히 죽을 것이며 사람이 너보다 먼저 있은 네 조상들 곧 선왕들에게 분향하던 것 같이 네게 분향하며 너를 위하여 애통하기를 슬프다 주여 하리니 이는 내가 말하였음이라 여호와의 말씀이니라 하시니라

6절 선지자 예레미야가 이 모든 말씀을 예루살렘에서 유다의 시드기야 왕에게 아뢰니라

7절 그 때에 바벨론의 왕의 군대가 예루살렘과 유다의 남은 모든 성읍들을 쳤으니 곧 라기스와 아세가라 유다의 견고한 성읍 중에 이것들만 남았음이더라

여호와 앞에서 맺은 계약을 어기다

8절 시드기야 왕이 예루살렘에 있는 모든 백성과 한 가지로 하나님 앞에서 계약을 맺고 자유를 선포한 후에 여호와께로부터 말씀이 예레미야에게 임하니라

9절 그 계약은 사람마다 각기 히브리 남녀 노비를 놓아 자유롭게 하고 그의 동족 유다인을 종으로 삼지 못하게 한 것이라

10절 이 계약에 가담한 고관들과 모든 백성이 각기 노비를 자유롭게 하고 다시는 종을 삼지 말라 함을 듣고 순복하여 놓았더니

11절 후에 그들의 뜻이 변하여 자유를 주었던 노비를 끌어다가 복종시켜 다시 노비로 삼았더라

12절 그러므로 여호와의 말씀이 여호와께로부터 예레미야에게 임하니라 이르시되

13절 이스라엘 하나님 여호와께서 이와 같이 말씀하시니라 내가 너희 선조를 애굽 땅 종의 집에서 인도하여 낼 때에 그들과 언약을 맺으며 이르기를

14절 너희 형제 히브리 사람이 1)네게 팔려 왔거든 너희는 칠 년 되는 해에 그를 놓아 줄 것이니라 그가 육 년 동안 너를 섬겼은즉 그를 놓아 자유롭게 할지니라 하였으나 너희 선조가 내게 순종하지 아니하며 귀를 기울이지도 아니하였느니라

15절 그러나 너희는 이제 돌이켜 내 눈 앞에 바른 일을 행하여 각기 이웃에게 자유를 선포하되 내 이름으로 일컬음을 받는 집에서 내 앞에서 계약을 맺었거늘

16절 너희가 돌이켜 내 이름을 더럽히고 각기 놓아 그들의 마음대로 자유롭게 하였던 노비를 끌어다가 다시 너희에게 복종시켜 너희의 노비로 삼았도다

17절 그러므로 여호와께서 이와 같이 말씀하시니라 너희가 나에게 순종하지 아니하고 각기 형

제와 이웃에게 자유를 선포한 것을 실행하지 아니하였은즉 내가 너희를 대적하여 칼과 전염병과 기근에게 자유를 주리라 여호와의 말씀이니라 내가 너희를 세계 여러 나라 가운데에 2)흩어지게 할 것이며

18절 송아지를 둘로 쪼개고 그 두 조각 사이로 지나매 내 앞에 언약을 맺었으나 그 말을 실행하지 아니하여 내 계약을 어긴 그들을

19절 곧 송아지 두 조각 사이로 지난 유다 고관들과 예루살렘 고관들과 내시들과 제사장들과 이 땅 모든 백성을

20절 내가 그들의 원수의 손과 그들의 생명을 찾는 자의 손에 넘기리니 그들의 시체가 공중의 새와 땅의 짐승의 먹이가 될 것이며

21절 또 내가 유다의 시드기야 왕과 그의 고관들을 그의 원수의 손과 그의 생명을 찾는 자의 손과 너희에게서 떠나간 바벨론 왕의 군대의 손에 넘기리라

22절 여호와의 말씀이니라 보라 내가 그들에게 명령하여 이 성읍에 다시 오게 하리니 그들이 이 성을 쳐서 빼앗아 불사를 것이라 내가 유다의 성읍들을 주민이 없어 처참한 황무지가 되게 하리라

말씀으로 기도하기

본문배경 섭렵하기

34-35장은 백성들을 향한 경고를 확인하는 역할을 하고, 36장은 25장처럼 26-35장을 마감하는 역할을 한다. 연대기적으로 34장은 시드기야 시대의 일을 다루고, 35-36장은 여호야김 시대를 다룸으로 시대착오적인 것으로 보이지만, 해석학적으로 36장이 지렛대의 역할을 하고 있다. 36장은 25장과 같은 연대기를 설정하고 있다 (여호야김 제 사년). 그리하여 25장에서 심판을 결정적인 것으로 선포한 것처럼 36장도 심판의 결정을 선포하게 만든다. 25장에서는 예레미야의 선포에 머물렀다면, 36장은 이 선포와 아울러 백성들 사이에서 예레미야가 겪는 갈등을 서술하려는 의도를 가지고 있다. 그러므로 우리는 34-35장의 역할은 멸망의 원인을 설명하는 것이라고 결론 내릴 수 있다. 34장은 느부갓네살 왕이 예루살렘을 에워쌀 때로서 주전 588년 일 것이다(왕하 25:1; 렘 52:4). 그러나 5절에서의 묘사처럼 왕에게 예언된 대로 시드기야가 죽음을 맞이하지 않았다. 아마도 이는 시드기야 왕이 바벨론 왕에게 순종할 때 예언한 것이지만, 실

제로는 시드기야가 불순종하였기 때문에 이 예언이 그대로 이루어지지 않았다. 이 예언이 이루어지려면 시드기야는 충고받은 대로 스스로 항복하여 성읍을 넘겨주어야 했다. 7절에서 라기스와 아세가는 세펠라의 변경 지역을 방위하기 위한 것으로 바벨론 침략 시에 마지막까지 잘 버틴 성읍이다. 라기스는 역대 왕들의 수비 중심의 역할을 하였다. 21절의 배경은 다음과 같다. 이집트의 프삼메티쿠스 2세는 바벨론으로부터 페니키아와 팔레스틴의 영토를 되찾으려고 유다를 원조했고, 주전 588년에 팔레스틴 남쪽을 침공하였다. 두로 쪽으로 가던 이집트의 함대가 그곳을 점령하자 느부갓네살 왕은 예루살렘에서 철수하지 않을 수 없었다. 그러나 이집트 군대는 곧 패하고, 바벨론의 예루살렘 공격은 주전 588년에 다시 재개되었다. 노예들에 대한 하나님의 계명(출 21:1-6; 신 15:12-18)은 원래 칠년마다 했어야 했던 일이었다. 언약을 세우는 장면에서 하나님께서 "송아지를 둘로 쪼개고 그 두 조각 사이로 지나가는" 언약을 말씀하신다 (18절, 창 15:7 이하). 이는 언약을 체결하는 쌍방이 언약을 준수함에 있어서 둘로 쪼개진 송아지처럼 목숨을 담보한다는 뜻이다. 쪼갠 송아지 사이로 지나간 자들이 언약을 지키지 않으면 쪼갠 송아지 같은 운명이 될 것이다. 아마도 왕은 이 계약을 지키기 원했지만 고관들과 궁중 관리들(내시들)과 땅의 백성들(자유민들)의 반대로 관철하지 못했던 것으로 보인다.

본문내용 이해하기

이 본문은 두 단락으로 이루어져 있다: A. 예레미야가 시드기야에게 경고하다 (1-7 절); B. 여호와앞에서 세운 언약을 범하다 (8-22 절)

첫째 단락(1-7 절)은 예레미야가 시드기야에게 경고하는 것을 다룬다. 느부갓네살 왕과 그의 군대가 예루살렘과 모든 성읍을 칠 때에 하나님께서 예레미야를 통하여 말씀하신다. 하나님이 이 성을 바벨론 왕의 손에 넘기면 그가 이 성을 불사를 것이고, 시드기야는 그의 손에서 벗어나지 못하고 반드시 사로잡혀 그의 손에 넘겨져서 직접 그를 대면할 것이다. 그나마 시드기야가 바벨론에 가서 칼에 죽지 않고 평안히 죽는다는 것이 위안이다. 이러한 말을 전할 때 상황은 바벨론 군대가 유다의 모든 성읍을 쳐서 겨우 라기스와 아세가라만 겨우 남은 현실이다.

둘째 단락(8-22 절)은 유다가 여호와 앞에서 세운 언약을 범하는 것을 다룬다. 바벨론의 위협 앞에서 시드기야는 백성들과 함께 하나님 앞에서 계약을 맺고 종이 된 종족들에게 자유를 선포하였다. 아마도 예루살렘의 침공 앞에서 하나님의 진노를 누그러뜨리려는 의도였을 것이다. 이는 하나님의 계명에 근거한 것으로 (출 21:1-6; 신 15:12-18), 각기 히브리 남녀 노비를 놓아 자유롭게 하고 그의 동족 유다인을 종으로 삼지 못하게 한 것이었다 (9절). 이 계약에 가담한 고관들과 모든 백성이 각기 노비를 자유롭게 하고 다시는 종을 삼지 말라 함을 듣고 순복하여 노비들을 놓았지만, 막상 바벨론 군대들이 이집트의 진격으로 인하여 소강상태에 접어들자 위기가 사라졌다고 생각하고 다시금 노예를 복종시키게 만든다 (34:11, 15-16). 이 얄팍한 처세에 대하여 하나님은 이전에 완화된 멸망을 포기하고 (34:4-5), 참혹한 멸망을 선포하신다. 위기를 전면적으로 변화될 기회로 삼지 않고, 순간적인 모면을 시도한 백성들이 철저한 심판을 경험하게 된다. 심판의 내용으로 여호와께서 그들의 원수의 손과 그들의 생명을 찾는 자의 손에 넘겨 그들의 시체가 공중의 새와 땅의 짐승의 먹이가 될 것이며, 또 여호와께서 유다의 시드기야 왕과 그의 고관들을 그의 원수의 손과 그의 생명을 찾는 자의 손과 너희에게서 떠나간 바벨론 왕의 군대의 손에 넘긴다고 말씀하신다. 그리하여 침략자들이 이 성을 쳐서 빼앗아 불사르고, 이 성읍은 주민이 없는 처참한 황무지가 되게 할 것이다.

능동적 묵상의 단계

침묵 가운데 34장 1-22절 말씀을 읽으면서 마음에 와닿은 17절 말씀, '그러므로 여호와께서 이와 같이 말씀하시니라 너희가 나에게 순종하지 아니하고 각기 형제와 이웃에게 자유를 선포한 것을 실행하지 아니하였은즉' 이라는 말씀을 붙잡고 읊조리면서 여기서 '그러므로'라는 말의 의미는 무엇인가를 본문배경 섭렵하기와 본문내용 이해하기를 통하여 보니 다음과 같다. 즉 예루살렘이 바벨론 왕과 그의 군대들에게 의하여 포위당하였을 때 바벨론 제국의 통치 하에 있는 모든 나라와 백성이 함께 하였는데, 이들이 예루살렘과 그 모든 성읍을 칠 때에 여호와께서 예레미야에게 임하여 당시 유다 왕이었던 시드기야에게 가서 두 가지 경고의 말을 하라 이르시는데, 하나는 여호와께서 이 성을 바벨론 왕의 손에 넘기시어 불사르게 할 것이라는 경고이며, 다른 하나는 이로 인하여 시드기야 왕이 바벨론 왕의 손에서 벗어나지 못하고 반드시 사로잡혀 간다는 경고이다.

시드기야 왕이 바벨론에 의하여 예루살렘이 포위당하려는 그 때에 예루살렘의 모든 백성과 함께 하나님 앞에서 계약을 맺는다. 그 계약의 내용은 사람마다 각기 히브리 남녀 노비를 놓아 자유롭게 하여 동족 유다인을 종으로 삼지 못하게 한다는 것이다. 이 계약대로 고관들과 모든 백성이 각기 그들의 노비를 자유롭게 하였으나 문제는 그들의 뜻이 변한 데 있다. 그들은 다시는 동족을 종으로 삼지 않는다는 계약을 깨고 자유를 주었던 노비를 끌어다가 다시 노비로 삼는다. 이같은 언약파기는 당시 바벨론 포위공격이 잠정적으로 풀려지게 되므로 인하여 그들은 동족을 다시 노예로 끌어온 데 있었다.

여호와께서 예레미야에게 임하시어 이스라엘의 선조들을 출애굽 시키실 때 그들의 형제 히브리 사람이 그들에게 팔려 왔을 경우를 대비하여 그들과 언약을 맺으셨다. 그들의 형제 히브리 사람이 그들에게 팔려 왔을 경우, 그 언약에 따르면 그들은 칠 년 되는 해에 그를 놓아 주도록 되어 있다. 여호와께서는 그들이 산 그 히브리 사람이 육년 동안 그들을 섬겼은즉 그를 놓아 자유롭게 하도록 하셨다. 그러나 그들은 여호와에게 순종하지 않고 귀를 기울이지도 아니하였다. 그런데 그들의 후손들은 한 발 더 나아가 자유롭게 하였던 노비를 끌어다가 다시 노비로 삼았다고 예레미야를 통하여 여호와께서 말씀하신다. 이처럼 그들의 조상과 그들은 여호와의 말씀에 귀를 기울이지 않고 모두 하나님의 말씀에 순종하지 않았으므로 이와 같이 여호와께서 예레미야를 통하여 이스라엘에게 네 가지 말씀을 하신다. 첫째는 너희가 나에게 순종하지 아니하고 각기 형제와 이웃에게 자유를 선포한 것을 실행하지 아니하였은즉 하나님과의 언약을 깬 유다의 모든 계층의 사람들을 여호와께서 그들의 생명을 찾는 자의 손에 넘기신다는 말씀이다. 둘째는 그들의 시체가 공중의 새와 땅의 짐승의 먹이가 될 것이라는 말씀이다. 셋째는 유다의 시드기야 왕과 그의 고관들이 바벨론 왕의 군대의 손에 넘겨질 것이라는 말씀이다. 넷째는 여호와께서 바벨론 왕의 군대를 다시 오게 하시어 유다의 성읍들이 주민이 없어 처참한 황무지가 되게 하신다는 말씀이다. 이스라엘에게 이같은 네 가지 어려운 일이 임하게 된 까닭은 그들이 여호와에게 순종하지 아니하고 각기 형제와 이웃에게 자유를 선포한 것을 실행하지 아니하였기 때문임을 감지하고 묵상하면서 성령의 인도하심에 점차 순응해 들어가는 자신을 발견할 수 있다.

수동적 묵상의 단계

마음에 와닿은 말씀을 묵상하는 가운데 하나님께서 나를 17절, '너희가 나에게 순종하지 아니하고 각기 형제와 이웃에게 자유를 선포한 것을 실행하지 아니하였은즉' 이라는 말씀 속으로 들어가면서 여호와에게 순종하지 아니한 까닭을 알기 위하여 14-17절의 말씀을 다시 한 번 보았나. 그들의 불순종은 14절에 의하면 히브리 사람이 네게 팔려 왔거든 너희는 칠 년 되는 해에 그를 놓아 줄 것이라는 계약을 하나님과 맺었던 것을 지키지 아니한 것으로서 이는 그들이 돌이켜 여호와의 이름을 더럽히고 각기 놓아 그들의 마음대로 자유롭게 하였던 노비를 끌어다가 다시 그들에게 복종시켜 노비로 삼았던 것에 있다. 그 결과 17절에 보면, 여호와께서 그들을 대적하여 칼과 전염병과 기근에게 자유를 주리라 하셨고 또한 여호와께서 그들을 세계 여러 나라 가운데에 흩어지게 할 것이라 하신다. 이를 묵상하면서 성경에 있는 하나님의 말씀을 지키지 아니한다는 것은 바로 불순종일 뿐만 아니라 여호와의 이름을 더럽히는 것이며 나의 마음대로 말하고 행동하는 것임이 감지되면서 구체적으로 교회건축을 하였을 때 하나님께서 제게 일하려 교회로 오는 모든 사람들을 다 사역하라 명하셨으며 저는 그렇게 하겠다고 대답을 드린 바 있었다. 실제 교회건축에 들어가면서 토목 공사할 때 돌산이라 다이나마이트를 2개월 동안 터뜨리게 되었는데 토목 관련 사람에게 참다가 그만 제가 언성을 높이면서 말해야 되었다. 그때 나는 바로 교회현장 하나님 앞에서 일꾼에게 언성을 높이게 되었다. 이때 제가 들은 음성은 가정에서도 어르신이 계시면 소리를 높이지 못하는데, 하나님의 전을 지으면서 하나님 앞에서 언성을 높인 것이라는 책망을 들었던 것이 회상되었다. 사실 언성을 높였던 그 날 밤 늦게 제가 갑자기 혈압이 엄청 올라가서 119를 불러 병원에 실려 갔다가 집으로 온 기억도 함께 회상되었다. 하나님께서 말씀하신 것을 듣지 않는다는 것은 불순종일 뿐만 아니라 하나님의 이름을 더럽히는 것이며, 또한 제 마음대로 하는 행동임을 감지하게 하시니 마음이 울컥하면서 주께 순종하고픈 간절한 마음이 성령의 인도하심에 점차 순응해 들어가는 것이 발견되었다.

되돌아보기

하나님께서 말씀하시면 얼른 '예'라고 대답하기보다는 순종하기를 즐겨하지 아니하는 것이 늘 있어 왔음을 하나님 앞에서 인정하게 하게 되는데, 이같은 저를 그토록 오래 참으시면서 오늘 여기까지 인도하신 에벤에셀의 하나님을 찬양한다. 하나님! 저에게 즐겨 순종하기를 원하시는 하나님께 온 맘으로 순종하고픈 마음은 가득한데, 실상이 그렇지 못한 것을 안타까워하며 애통하는 것을 주께서 아시는 줄 믿습니다 하나님! 저에게 온전히 순종하는 것을 즐거워하는 삶으로의 변화를 하나님께서 요구하고 계시며 그 변화에 제가 바로 응답하려고 해도 응답할 수 없는 죄인임을 깊이 감지하게 하심으로 그리스도 예수님의 대속의 은혜 없이 저는 아무것도 아님을 점점 더 깊고 확실하게 감지하게 하시니 이 또한 감사를 드립니다 하나님! 이같이 지난 시간 동안 제가 하나님께 어떻게 순종하여 왔는지를 살피면서 침묵으로 나의 지난 시간을 되돌아보고, 지금 나는 나의 주님께 즐겨 순종하기를 원하고 있으며, 순종의 삶을 살고 싶어 하는 나 자신의 내면을 살핀다.

마음 쏟아 놓기

이처럼 하나님께서는 내게 즐겨 순종하는 것을 원하시며, 저 또한 하나님께 즐겨 순종하기를 내면으로 깊이 원하고 있다는 새로운 인식을 경험하면서 하나님이시여! 이러한 변화는 제 스스로 하고 싶다고 해서 할 수 있는 것이 아니라는 것을 알게 하셨사온즉 성령 충만하게 하시어 하나님께 속한 일에 아멘으로 화답하여 몸과 마음이 즐거워하면서 응답하는 삶, 즉 하나님께서 내게 원하시는 변화와 저 또한 하나님을 향하여 즐거워하면 순종하고픈 마음을 있는 그대로 쏟아 놓으면서 내 안에서 역사하시는 성령 하나님의 인도하심에 따라 침묵으로 하나님과 깊은 교제에로 나아간다.

하나님 음성 듣기 / 하나님 안에 머물기

이같이 마음을 쏟아 낸 후 하나님의 사랑아래 고요히 머물면서 하나님께서 나에게 들려주시는 음성, '네 마음의 말에 귀를 기울이기보다 하나님의 말씀에 귀를 기우리라'는 주님의 음성에 귀 기울인다.

계속 은혜 안에 머물면서 하나님의 충만하신 임재를 느끼면서 하나님의 치유하심과 구속하시는 은총을 덧입는다.

응답의 기도

하나님의 은총 안에 머물면서 '어느 상황 속에서도 주의 말씀에 귀를 기울이게 하옵소서.'라는 응답 기도를 한다.

삶으로 나아가기

묵상하는 가운데 받은 '내 마음의 말에 귀를 기울이기보다 하나님의 말씀에 귀를 기우리라'는 그 말씀에 붙잡힌 상태로 그 말씀과 동행하면서 내 삶이 영위될 수 있도록 도움을 구한다.

41. 레갑 족속의 모범
(35:1-19)

기도에 임하기

주의 말씀에 순종하기를 즐거워하는 삶을 살게 하소서.

말씀읽기

예레미야 35:1 - 19

마음의 문을 열고 하나님의 말씀을 집중해서 듣고 하나님의 말씀이 내 마음에 부딪혀 오든지 말씀에로 자신이 끌려들어 갈 수 있도록 하나님 현존 앞에서 말씀을 청종하는 자세로 두세 번 반복해서 읽으면서 마음에 와닿은 말씀이나 혹은 자신에게 다가오는 말씀을 살핀다.

1절 유다의 요시야 왕의 아들 여호야김 때에 여호와께로부터 말씀이 예레미야에게 임하여 이르시되

2절 너는 레갑 사람들의 집에 가서 그들에게 말하고 그들을 여호와의 집 한 방으로 데려다가 포도주를 마시게 하라 하시니라

3절 이에 내가 하바시냐의 손자요 예레미야의 아들인 야아사냐와 그의 형제와 그의 모든 아들과 모든 레갑 사람들을 데리고

4절 여호와의 집에 이르러 익다랴의 아들 하나님의 사람 하난의 아들들의 방에 들였는데 그 방은 고관들의 방 곁이요 문을 지키는 살룸의 아들 마아세야의 방 위더라

5절 내가 레갑 사람들의 후손들 앞에 포도주가 가득한 종지와 술잔을 놓고 마시라 권하매

6절 그들이 이르되 우리는 포도주를 마시지 아니하겠노라 레갑의 아들 우리 선조 요나답이 우리에게 명령하여 이르기를 너희와 너희 자손은 영원히 포도주를 마시지 말며

7절 너희가 집도 짓지 말며 파종도 하지 말며 포도원을 소유하지도 말고 너희는 평생 동안 장막에 살아라 그리하면 너희가 머물러 사는 땅에서 너희 생명이 길리라 하였으므로

8절 우리가 레갑의 아들 우리 선조 요나답이 우리에게 명령한 모든 말을 순종하여 우리와 우리 아내와 자녀가 평생 동안 포도주를 마시지 아니하며

9절 살 집도 짓지 아니하며 포도원이나 밭이나 종자도 가지지 아니하고

10절 장막에 살면서 우리 선조 요나답이 우리에게 명령한 대로 다 지켜 행하였노라

11절 그러나 바벨론의 느부갓네살 왕이 이 땅에 올라왔을 때에 우리가 말하기를 갈대아인의 군대와 수리아인의 군대를 피하여 예루살렘으로 가자 하고 우리가 예루살렘에 살았노라

12절 그 때에 여호와의 말씀이 예레미야에게 임하여 이르시되

13절 만군의 여호와 이스라엘의 하나님께서 이와 같이 말씀하시니라 너는 가서 유다 사람들과 예루살렘 주민에게 이르기를 너희가 내 말을 들으며 교훈을 받지 아니하겠느냐 여호와의 말씀이니라

14절 레갑의 아들 요나답이 그의 자손에게 포도주를 마시지 말라 한 그 명령은 실행되도다 그들은 그 선조의 명령을 순종하여 오늘까지 마시지 아니하거늘 내가 너희에게 말하고 끊임없이 말하여도 너희는 내게 순종하지 아니하도다

15절 내가 내 종 모든 선지자를 너희에게 보내고 끊임없이 보내며 이르기를 너희는 이제 각기 악한 길에서 돌이켜 행위를 고치고 다른 신을 따라 그를 섬기지 말라 그리하면 너희는 내가 너희와 너희 선조에게 준 이 땅에 살리라 하여도 너희가 귀를 기울이지 아니하며 내게 순종하지 아니하였느니라

16절 레갑의 아들 요나답의 자손은 그의 선조가 그들에게 명령한 그 명령을 지켜 행하나 이 백성은 내게 순종하지 아니하도다

17절 그러므로 만군의 여호와 이스라엘의 하나님께서 이와 같이 말씀하시니라 보라 내가 유다와 예루살렘의 모든 주민에게 내가 그들에게 대하여 선포한 모든 재앙을 내리리니 이는 내가 그들에게 말하여도 듣지 아니하며 불러도 대답하지 아니함이니라 하셨다 하라

18절 예레미야가 레갑 사람의 가문에게 이르되 만군의 여호와 이스라엘의 하나님께서 이와 같이 말씀하시기를 너희가 너희 선조 요나답의 명령을 순종하여 그의 모든 규율을 지키며 그가 너희에게 명령한 것을 행하였도다

19절 그러므로 만군의 여호와 이스라엘의 하나님께서 이와 같이 말씀하시니라 레갑의 아들 요나답에게서 내 앞에 설 사람이 영원히 끊어지지 아니하리라 하시니라

말씀으로 기도하기

본문배경 섭렵하기

배경설명

35장의 연대기는 여호야김 시대로 돌아간다. 본문에서는 예레미야서 10-20장에서 나타나는 예레미야의 상징행위가 다시 나타나는데(35:1-11), 예레미야가 백성들을 데리고 레갑 족속들을 방문하여 포도주를 권한다. 레갑 족속들은 전통의 방식대로 포도주를 거부하면서 조상 때부터 내려오는 원칙을 천명한다. 그것은 가나안 땅에 들어와서 광야에서 행한 것처럼 포도주를 금하고, 장막에 거하는 것이었다. 이들의 행동은 어떤 면에서 백성들에게 귀감이 된다고 여길 수 있을까? 레갑 자손들은 가나안에서의 삶의 방식을 취한다는 것은 신앙의 본질을 심각하게 위축한다고 생각했기 때문에 광야에서의 조상들의 방식을 고수했을 것이다. 레갑 자손들의 삶의 방식은 가나안 문화의 영향을 받은 이스라엘 백성들과 유다 백성들에게 도전적이었다 (왕하 10:15-16). 35장의 모양새는 조상들의 명령에 순종한 레갑 자손들에게 후손이 끊어지지 않을 것을 예언하고, 반대로 불순종한 유대와 예루살렘 백성들에게는 멸망을 선포하는 것이다. 레갑 자손의 예는 백성들로 하여금 순종하지 않은 죄를 부각하는 효과가 있다.

레갑 자손의 예는 두 가지 효과를 제공한다. 우선 형식적으로 순종을 강조한다. 레갑 자손들이 조상들의 명령에 순종한 것과 유대와 예루살렘 백성들이 하나님의 명령에 불순종한 것을 대비한다. 지킬 대상은 조상들의 명령과 하나님의 명령으로 차이가 있다. 레갑 자손들이 결국은 하나님의 명령에 순종한 것이지만 실제로는 조상들의 명령을 통하여 하나님의 명령에 순종한다. 조상들의 명령에도 철저하게 순종하는 레갑 자손에 비하여, 하나님의 명령에 순종하지 않는 백성들의 죄를 고발하는 목표가 있다. 또 하나는 내용적으로 레갑 자손들이 준수한 명령의 내용

을 강조한다. 레갑 자손들은 가나안에 들어와서도 광야에서의 삶의 형식을 포기하지 않음으로 극단적인 문화적 보수주의를 표방한다. 그 방법이 문화를 다루는 만병통치는 아니겠지만, 가나안 문화의 영향으로 인한 우상숭배가 멸망의 원인이라고 볼 때 가나안 문화와 철저한 구별을 강조한 레갑 자손의 역할이 두드러진다. 적어도 시대적인 상황이 야웨의 주권(Lordship)을 강조하는 시점이기에 레갑 자손을 통해 백성들의 불순종을 강조하는 상징행위로 사용되었다.

본문내용 이해하기

주요 내용 설명

이 본문은 레갑 자손의 예를 들어 유다 백성들에게 명령하는 형식이다. 두 단락으로 이루어져 있다: A. 레갑 족속의 모범 (1-11 절); B. 유다를 위한 교훈 (12-17절).

첫째 단락(1-11 절)은 조상들의 유전을 지키는 레갑 족속의 모범을 다룬다. 때는 곧 여호야김 때, 주전 597년 1차 포로 이전이다. 예레미야는 레갑 자손들에게 포도주가 가득한 종지와 술잔을 놓고 마시라고 권한다. 레갑 자손들은 술을 마시지 않겠다고 말한다. 레갑의 아들 그들의 선조 요나답의 명령은 다음과 같다: "너희와 너희 자손은 영원히 포도주를 마시지 말며 너희가 집도 짓지 말며 파종도 하지 말며 포도원을 소유하지도 말고 너희는 평생 동안 장막에 살아라 그리하면 너희가 머물러 사는 땅에서 너희 생명이 길리라." 이 명령에 따라 그들은 평생동안 포도주를 마시지 않고 살 집도 짓지 않고 포도원이나 밭이나 종자도 가지지 않고 장막에 살면서 그 명령을 지켰다. 그들은 바벨론 군대를 피하여 예루살렘으로 왔다.

둘째 단락(12-17절)은 유다를 위한 교훈을 다룬다. 하나님은 레갑 자손들을 통해 교훈을 주신다. 선조의 명령에 순종하는 레갑 자손들과 달리 유다 백성들은 선지자를 보내어 악한 길에서 돌이켜 행위를 고치고 다른 신들을 섬기지 말라고 말해도 순종하지 않았다. 그러므로 하나님은 그들에게 재앙을 내리시겠다고 말씀하신다. 레갑 자손들에게는 조상들의 유전을 통하여 하나님의 명령에 순종하였으므로 "레갑의 아들 요나답에게서 내 앞에 설 사람이 영원히 끊어지지 아니하리라." 라고 약속하신다.

능동적 묵상의 단계

　침묵 가운데 35장 1절 - 19절 말씀을 읽으면서 마음에 와닿은 16절, '레갑의 아들 요나답의 자손은 그의 선조가 그들에게 명령한 그 명령을 지켜 행하나 이 백성은 내게 순종하지 아니하도다.'라는 말씀을 붙잡고 읊조리면서 그 말씀의 의미를 본문배경과 본문의 주석을 읽으면서 이해하여 보니 다음과 같다.

　즉 여호야김 때, 주전 597년 1차 포로 이전에 레갑 족속들은 가나안 땅에 들어와서도 그들의 선조 요나답의 명대로 광야에서 생활한 것처럼 포도주를 먹지 않으며 거할 집을 짓지 아니하고 장막에 거하면서 생활을 하였다. 이는 당시 가나안 문화의 영향을 받고 사는 이스라엘 백성들과 유다 백성과는 대비를 이룬다.

　이에 여호와께서 예레미야에게 레갑 사람들의 집에 가서 그들을 여호와의 집 한 방으로 데려다가 포도주를 마시게 하라고 하시자, 그는 그 말씀대로 여호와의 집 그 방에 레갑 사람들의 후손들을 데리고 가서 포도주가 가득한 종지와 술잔을 놓고 마시라고 권한다. 그런데 그들은 그의 권유를 거절하는데, 그 이유는 레갑의 아들 그들의 선조 요나답이 영원히 포도주를 마시지 말며, 집도 짓지 말며, 파종도 하지 말며, 포도원을 소유하지도 말고, 평생 동안 장막에 살아라, 그리하면 그들이 머물러 사는 땅에서 생명이 길 것이라는 명령 때문이었다. 그들은 레갑의 아들 그들의 선조 요나답이 그들에게 명령한 대로 다 지켜 행하였다고 예레미야에게 말한다. 그리고 이어서 바벨론의 느부갓네살 왕이 이 땅에 올라왔을 때에 갈대아인의 군대와 수리아인의 군대를 피하여 예루살렘으로 가자고 그들이 예루살렘에 살게 되었다는 것도 말한다.

　그리하여 여호와는 비유적으로 레갑의 아들 요나답이 그의 자손에게 포도주를 마시지 말라 한 그 명령을 순종하여 오늘까지 그 후손들이 실행하고 있는데, 하나님의 백성인 이 백성이 하나님의 명령을 순종하지 않는다 말씀하신다. 하나님께서는 하나님백성에게 그의 종 모든 선지자들을 끊임없이 보내어 이제 각기 악한 길에서 돌이켜 행위를 고치고 다른 신을 따르거나 섬기지 말라, 그리하면 그들 선조에게 준 이 땅에서 그들이 계속하여 살 것이라고 말씀하시지만 그들이 순종하지 않는다 말씀하신다. 또한 여호와께서는 레갑의 아들 요나답의 자손은 그의 선조 그들에게 명령한 그 명령을 지켜 행하나 이 백성은 내게 순종하지 아니한다 한탄하신다. 이같이 한탄하시는 여호와께서 예레미야에게 임하시어 유다와 예루살렘의 모든 주민에게와 레갑 사람의 가문에게 전할 말씀을 주신다. 유다백성들에게 임한 말씀은 예레미야를 통하여 선포된 모든 재앙을 여호와께서 내리실 것이라는 심판의 말씀이다. 왜냐하면 여호와께서 그들에게 말하여도 듣지 아니하며 불러도 대답하지 아니하였기 때문이다. 반면 레갑 가문의 사람에게 임한 말씀은 그들의 선조 요나답의 명령을 순종하여 그의 모든 규율을 지키며 행하였기 때문에 레갑의 아들 요나답에게서 여호와 앞에 설 사람이 영원히 끊어지지 아니할 것이라는 축복의 말씀이다. 이같이 여호와 하나님의 백성은 계속하여 그들에게 명령하시고 말씀하시는 하나님의 말씀을 순종하지 아니하므로 예레미야를 통하여 선포된 모든 재앙이 그들에게 임하게 됨을 한탄하시는 하나님을 감지하면서 성령의 인도하심에 점차 순응해 들어가는 자신을 발견한다.

수동적 묵상의 단계

마음에 와닿은 말씀을 묵상하는 가운데 레갑족속처럼 선조의 말씀을 준행하는 것이 묵상되었는데, 특히 제가 미국 유학 중에 소천하신 어머니의 가르침들 가운데 세 가지가 떠올랐는데, 하나는 설거지는 반드시 매 식사 후 바로 해야 된다는 말씀이고, 다른 하나는 내 딸이 믿는 하나님을 내가 믿고 내가 믿는 하나님을 내 딸이 믿는다고 하신 어머니의 말씀을 언니로부터 전해 들은 말씀이며 셋째는 언니에게 내가 가도 너는 동생 창복이가 오면 걱정할 것이 없다는 말씀인데, 이는 엄마 곁을 조금도 떨어지지 아니하려는 언니에게 주신 말씀이다. 두 번째 말씀은 박사과정을 힘겹게 미국에서 공부하는 딸에 대한 안타까움과 힘든 마음을 믿음으로 새기시는 엄마의 마음이 감지되었으며, 또한 이 세가지 말씀이 어머니 곁을 오랫동안 떨어져서 죄송한 저의 마음을 어루만져 주셨음이 회상되었다. 다른 두 가지 어머니의 말씀은 일상에서 늘 새기면서 어머니의 말씀대로 살기 위하여 노력하고 있는 저를 되돌아 볼 수 있었다.

하나님께서 '레갑의 아들 요나답의 자손은 그의 선조가 그들에게 명령한 그 명령을 지켜 행하나 이 백성은 내게 순종하지 아니하도다.'라는 그 말씀을 통하여 제게 아주 오래 전부터 '내가 너를 사랑한 것처럼 너도 다른 사람을 있는 그대로 사랑함으로써 내 제자 됨을 드러내기를 원하시는 예수님말씀이 회상되면서 이같은 주님의 말씀을 실제 일상의 삶 속에서 주께서 저를 사랑하신 것처럼 제가 다른 사람을 사랑하지 못하고 있다는 것이 자주 감지 될 뿐만 아니라 하나님은 사랑이시므로 하나님을 믿고 따르는 하나님의 종으로서 동시에 하나님의 자녀로서 사랑이신 하나님을 드러내는 삶을 하나님께서 매 순간 원하실 뿐만 아니라 사랑하지 못하고 있는 나의 삶을 그냥 들여다보게 하신다. 내 자신이 이러한 하나님을 나의 삶속으로 초대하면서 온전히 하나님 안에서 사랑의 삶을 살 수 있기를 원하는 간절한 마음과 또한 하나님의 사랑을 덧입혀 주시기를 간절히 소망하면서 주님과 말씀으로 교제하면서 성령의 인도하심에 점차 순응해 들어가는 자신을 발견한다.

되돌아보기

주께서 '내가 너를 사랑한 것처럼 서로 사랑하라'는 말씀을 주신 것은 아주 오래 전부터인데, 이제는 주께서 제게 명하시는 것을 실제로 하고픈 마음이 간절하다. 그러나 일상의 삶 속에서 아무 조건 없이 하나님을 떠난 이 죄인의 죄를 대속하시기 위해 십자가에서 피 흘려 죽으시기까지 저를 사랑하시는 그 크신 사랑을 도저히 저 스스로는 할 수 없음을 애통하면서 주께 이를 고백한다. 그러나 동시에 주께서 내가 너를 사랑한 것처럼 서로 사랑하라 명하셨은즉 이는 주로 말미암아 반드시 제 안에서 성취될 수 있는 말씀이심을 감지하면서 주의 이름으로 하나님께서 보내주신 성령 충만하여 주께서 제 안에 제가 주 안에 온전히 거하게 될 때 이뤄질 수 있지만 오랜 시간을 이 말씀으로 훈련받아 오면서 저도 조금씩 바꿔져 가는 것을 또한 감지하게 하시니 감사를 하나님께 올리면서 서로 사랑하라는 주님의 말씀을 온전히 행하므로써 하나님께서 기뻐하시는 사람이 될 수 있기를 저 또한 간절히 원하고 있는 나의 내면이 살펴진다.

마음 쏟아 놓기

내 자신과 하나님에 대한 이같은 새로운 인식을 경험하면서 하나님께서 내게 원하시는 사랑의 삶으로의 변화를 위하여 계속하여 환경적으로 훈련하시는 것을 묵묵히 인정하지만, 서로 사랑하라는 주님의 말씀이 나의 삶 속에서 이뤄지기를 얼마나 간절히 원하는지, 그러나 이렇게 간절히 애통하면서 사랑의 삶을 살기를 원하는데도 불구하고 나의 주님께서 나를 사랑한 것에 비하면 아주 미미한 사랑의 삶조차도 힘들어 하는 저 자신의 모습과 마음 있는 그대로 쏟아 놓으면서 동시에 주의 말씀에 순종하기를 즐거워하고 싶은 나의 하나님을 향한 마음을 있는 그대로 쏟아 놓으면서 내 안에서 역사하시는 성령 하나님의 인도하심에 따라 침묵으로 하나님과 깊은 교제에로 나아간다.

하나님 음성 듣기 / 하나님 안에 머물기

마음을 쏟아 낸 후 하나님의 사랑아래 고요히 머물면서 하나님께서 나에게 들려주시는 '주의 말씀에 순종하기를 즐거워하라'는 음성에 귀 기울인다.

계속 은혜 안에 머물면서 하나님의 충만하신 임재를 느끼면서 하나님의 치유하심과 구속하시는 은총을 덧입는다.

응답의 기도

하나님의 은총 안에 머물면서 '서로 사랑하라는 주의 말씀에 순종하기를 즐거워하는 삶을 살 수 있게 하소서.' 라는 응답 기도를 한다.

삶으로 나아가기

묵상하는 가운데 받은 '주의 말씀에 순종하기를 즐거워하라'는 말씀에 붙잡힌 상태로 그 말씀과 동행하면서 내 삶이 영위될 수 있도록 도움을 구한다.

42. 바룩의 두루마리 책
(36:1-32)

기도에 임하기

일상에서 사랑과 거룩한 삶을 살 수 있게 하소서.

말씀읽기

예레미야 36:1 - 32

마음의 문을 열고 하나님의 말씀을 집중해서 듣고 하나님의 말씀이 내 마음에 부딪혀 오든지 말씀으로 자신이 끌려들어 갈 수 있도록 하나님 현존 앞에서 말씀을 청종하는 자세로 두세 번 반복해서 읽으면서 마음에 와닿은 말씀이나 혹은 자신에게 다가오는 말씀을 살핀다.

1절 유다의 요시야 왕의 아들 여호야김 제사년에 여호와께로부터 예레미야에게 말씀이 임하니라 이르시되

2절 너는 두루마리 책을 가져다가 내가 네게 말하던 날 곧 요시야의 날부터 오늘까지 이스라엘과 유다와 모든 나라에 대하여 내가 네게 일러 준 모든 말을 거기에 기록하라

3절 유다 가문이 내가 그들에게 내리려 한 모든 재난을 듣고 각기 악한 길에서 돌이키리니 그리하면 내가 그 악과 죄를 용서하리라 하시니라

4절 이에 예레미야가 네리야의 아들 바룩을 부르매 바룩이 예레미야가 불러 주는 대로 여호와께서 그에게 이르신 모든 말씀을 두루마리 책에 기록하니라

5절 예레미야가 바룩에게 명령하여 이르되 나는 붙잡혔으므로 여호와의 집에 들어갈 수 없으니

6절 너는 들어가서 내가 말한 대로 두루마리에 기록한 여호와의 말씀을 금식일에 여호와의 성전에 있는 백성의 귀에 낭독하고 유다 모든 성읍에서 온 자들의 귀에도 낭독하라

7절 그들이 여호와 앞에 기도를 드리며 각기 악한 길을 떠나리라 여호와께서 이 백성에 대하여 선포하신 노여움과 분이 크니라

8절 네리야의 아들 바룩이 선지자 예레미야가 자기에게 명령한 대로 하여 여호와의 성전에서 책에 있는 여호와의 모든 말씀을 낭독하니라

9절 유다의 요시야 왕의 아들 여호야김의 제오년 구월에 예루살렘 모든 백성과 유다 성읍들에서 예루살렘에 이른 모든 백성이 여호와 앞에서 금식을 선포한지라

10절 바룩이 여호와의 성전 위뜰 곧 여호와의 성전에 있는 새 문 어귀 곁에 있는 사반의 아들 서기관 그마랴의 방에서 그 책에 기록된 예레미야의 말을 모든 백성에게 낭독하니라

11절 사반의 손자요 그마랴의 아들인 미가야가 그 책에 기록된 여호와의 말씀을 다 듣고

12절 왕궁에 내려가서 서기관의 방에 들어가니 모든 고관 곧 서기관 엘리사마와 스마야의 아들 들라야와 악볼의 아들 엘라단과 사반의 아들 그마랴와 하나냐의 아들 시드기야와 모든 고관이 거기에 앉아 있는지라

13절 미가야가 바룩이 백성의 귀에 책을 낭독할 때에 들은 모든 말을 그들에게 전하매

14절 이에 모든 고관이 구시의 증손 셀레먀의 손자 느다냐의 아들 여후디를 바룩에게 보내 이르되 너는 백성의 귀에 낭독한 두루마리를 손에 가지고 오라 네리야의 아들 바룩이 두루마리를 손에 가지고 그들에게로 오니

15절 그들이 바룩에게 이르되 앉아서 이를 우리 귀에 낭독하라 바룩이 그들의 귀에 낭독하매

16절 그들이 그 모든 말씀을 듣고 놀라 서로 보며 바룩에게 이르되 우리가 이 모든 말을 왕에게 아뢰리라

17절 그들이 또 바룩에게 물어 이르되 너는 그가 불러 주는 이 모든 말을 어떻게 기록하였느냐 청하노니 우리에게 알리라

18절 바룩이 대답하되 그가 그의 입으로 이 모든 말을 내게 불러 주기로 내가 먹으로 책에 기록하였노라

19절 이에 고관들이 바룩에게 이르되 너는 가서 예레미야와 함께 숨고 너희가 있는 곳을 사람

에게 알리지 말라 하니라

20절 그들이 두루마리를 서기관 엘리사마의 방에 두고 뜰에 들어가 왕께 나아가서 이 모든 말을 왕의 귀에 아뢰니

21절 왕이 여후디를 보내어 두루마리를 가져오게 하매 여후디가 서기관 엘리사마의 방에서 가져다가 왕과 왕의 곁에 선 모든 고관의 귀에 낭독하니

22절 그 때는 아홉째 달이라 왕이 겨울 궁전에 앉았고 그 앞에는 불 피운 화로가 있더라

23절 여후디가 서너 쪽을 낭독하면 왕이 칼로 그것을 연하여 베어 화로 불에 던져서 두루마리를 모두 태웠더라

24절 왕과 그의 신하들이 이 모든 말을 듣고도 두려워하거나 자기들의 옷을 찢지 아니하였고

25절 엘라단과 들라야와 그마랴가 왕께 두루마리를 불사르지 말도록 아뢰어도 왕이 듣지 아니하였으며

26절 왕이 왕의 아들 여라므엘과 아스리엘의 아들 스라야와 압디엘의 아들 셀레먀에게 명령하여 서기관 바룩과 선지자 예레미야를 잡으라 하였으나 여호와께서 그들을 숨기셨더라

27절 왕이 두루마리와 바룩이 예레미야의 입을 통해 기록한 말씀을 불사른 후에 여호와의 말씀이 예레미야에게 임하니라 이르시되

28절 너는 다시 다른 두루마리를 가지고 유다의 여호야김 왕이 불사른 첫 두루마리의 모든 말을 기록하고

29절 또 유다의 여호야김 왕에 대하여 이와 같이 말하기를 여호와의 말씀에 네가 이 두루마리를 불사르며 말하기를 네가 어찌하여 바벨론의 왕이 반드시 와서 이 땅을 멸하고 사람과 짐승을 이 땅에서 없어지게 하리라 하는 말을 이 두루마리에 기록하였느냐 하도다

30절 그러므로 여호와께서 유다의 왕 여호야김에 대하여 이와 같이 말씀하시니라 그에게 다윗의 왕위에 앉을 자가 없게 될 것이요 그의 시체는 버림을 당하여 낮에는 더위, 밤에는 추위를 당하리라

31절 또 내가 그와 그의 자손과 신하들을 그들의 죄악으로 말미암아 벌할 것이라 내가 일찍이 그들과 예루살렘 주민과 유다 사람에게 그 모든 재난을 내리리라 선포하였으나 그들이 듣지 아니하였느니라

32절 이에 예레미야가 다른 두루마리를 가져다가 네리야의 아들 서기관 바룩에게 주매 그가 유다의 여호야김 왕이 불사른 책의 모든 말을 예레미야가 전하는 대로 기록하고 그 외에도 그 같은 말을 많이 더 하였더라

말씀으로 기도하기

본문배경 섭렵하기

배경설명

36장은 25장과 같이 한 단락을 마감하는 장의 역할을 한다. 형식적으로 26장의 연대기를 보여주지만, 25장과 같이 심판에 관한 하나님의 말씀을 전하는데 멈추지 않고, 하나님의 말씀과 왕인 여호야김의 갈등을 보여준다. 메시지의 내용은 심판의 선언이지만, 아직 회개할 기회가 남아 있는 것으로 묘사된다 (36:2-3). 바룩은 이 말씀을 여호야김에게 전하고, 왕은 하나님의 말씀에 대하여 철저히 저항한다: "여후디가 서너 쪽을 낭독하면 왕이 면도칼로 그것을 연하여 베어 화로 불에 던져서 두루마리를 모두 태웠더라." (36:23). 전체적인 전개방식이 22장에서 요시야 왕과 여호야김 왕의 비교와 유사하다. 22장에서 여호야김은 요시야 왕과 달리 불의를 행하였으며 (22:13-17), 36장에서는 불의에 머물지 않고 하나님의 말씀에 도전하였다. 두루마리에 기록한 것은 바벨론에 의하여 멸망이 임하리라는 것임을 암시한다 (36:29). 이때는 아직 주전 597년의 예루살렘 함락이 이루어지지 않은 시점이다. 멸망해 가는 나라의 운명을 지켜보면서 여호야김은 서로가 진정성 있는 하나님 말씀이라고 주장하는 두 부류의 음성을 들었을 것이다. 바벨론의 침공이 눈앞에 있지만 하나님이 보호하시리라는 낙관적인 주장을 펴는 거짓 예언자와, 이제 희망은 사라지고 바벨론에 의한 철저한 심판이 있을 것이니 회개하라는 예레미야의 예언을 놓고 여호야김은 선택하여야 했다. 여호야김은 자신과 백성들의 죄에 대한 낙관주의에 사로 잡혀, 죄를 고발하고 회개를 촉구하는 예레미야의 말을 거짓 예언으로 단정하고 두루마리를 화로에 넣는다. 이에 대하여 예레미야를 통하여 전달된 하나님의 말씀은 더 이상 회개의 여지가 없는 철저한 심판의 선언이었다. 인간의 강퍅함과 저항에도 불구하고 하나님의 말씀은 기록되고 전하여졌다 (36:32).

본문내용 이해하기

주요 내용 설명

이 본문은 네 단락으로 이루어진다: A. 말씀을 적으라는 명령에 따라 바룩이 두루마리 책에 기록하다 (1-7 절); B. 성전에서와 고관들 앞에서 두루마리 책을 읽음 (8-19 절); C. 왕에게 두루마리 책을 읽음 (20-26 절); D. 불살라진 두루마리 책을 다시 씀 (27-32 절)

첫째 단락(1-7 절)은 말씀을 적으라는 명령에 따라 바룩이 두루마리 책에 기록하는 내용을 다룬다. 시기는 여호야김 4년, 주전 605년이다. 하나님은 예레미야에게 두루마리 책을 가져다가 요시야때부터 오늘까지 이스라엘과 유다와 모든 나라에 대하여 말씀하신 것을 적으라고 명령하신다. 만약 유다 자손이 여호와께서 내리시려는 재난을 듣고 악한 길에서 돌이키면 악과 죄를 용서하시겠다고 말씀하신다. 예레미야는 바룩을 불러 이 말씀을 다 기록하게 한다. 그리고 자신은 갇혀 있으므로 바룩으로 하여금 금식일에 성전에 있는 모든 백성과 유다 모든 성읍에서 온 자들의 귀에 들리도록 낭독하라고 하고, 바룩이 이에 순종하였다.

둘째 단락(8-19 절)은 성전에서와 고관들 앞에서 두루마리 책을 읽은 것을 다룬다. 다시 여호야김 5년에 모든 백성들에게 금식이 선포되자 바룩이 성전에 있는 그마랴의 집에서 하나님의 말씀을 낭독하고, 미가야가 여호와의 말씀을 듣고 왕궁의 서기관의 방에서 고관들에게 책을 낭독하였다. 다시 모든 고관들이 바룩을 불러 여호와의 말씀을 낭독하라고 하고, 이것이 예레미야가 기록한 것임을 알게 된다.

셋째 단락(20-26 절)은 왕에게 두루마리 책을 읽는 내용을 다룬다. 그들이 두루마리를 들고 여후디가 왕 앞에서 두루마리를 낭독하니 왕이 낭독한 것을 면도칼로 베어 화로 불에 던져 마침내 두루마리를 모두 태웠다. 왕과 신하들은 이 모든 말을 듣고도 두려워하거나 옷을 찢지 않았을뿐더러, 두루마리를 불사르지 말라는 다른 이들의 말도 왕은 듣지 않았다. 왕은 오히려 바룩과 예레미야를 잡으라고 명령하였다.

넷째 단락(27-32 절)은 불살라진 두루마리 책을 다시 쓰는 내용을 다룬다. 왕이 바룩이 예레미야의 말을 기록한 두루마리를 불사른 후에 하나님은 다시 예레미야에게 첫 두루마리의 모든 말을 기록하게 하신다. 그리고 바벨론의 왕이 와서 이 땅을 멸하고, 사람과 짐승을 이 땅에서 없어지게 하리라는 말씀을 받아들이지 않자 다시금 그들을 향하여 심판의 말씀을 전하신다. 다윗의 왕위에 앉을 자가 없을 것이며, 그의 시체는 버림을 당하여 낮에는 더위, 밤에는 추위를 당할 것이라고 말씀하신다. 여호와는 왕과 왕의 자손과 신하들의 죄악에 대하여 벌하실 것을 말씀하신다. 유다와 예루살렘에 그 모든 재난을 내릴 것이라고 선포하신다.

능동적 묵상의 단계

침묵 가운데 36장 1-32절 말씀을 읽으면서 마음에 와닿은 2-3절 '너는 두루마리 책을 가져다가 내가 네게 말하던 날 곧 요시야의 날부터 오늘까지 이스라엘과 유다와 모든 나라에 대하여 내가 네게 일러 준 모든 말을 거기에 기록하라 유다 가문이 내가 그들에게 내리려 한 모든 재난을 듣고 각기 악한 길에서 돌이키리니 그리하면 내가 그 악과 죄를 용서하리라 하시니라'는 말씀을 붙잡고 읊조리면서 그 말씀의 의미를 본문배경과 본문의 주석을 읽으면서 이해해본다.

요시야 왕의 아들 여호야김 제 사년, 주전 605년에 여호와께서 예레미야에게 임하시어 두루마리 책에 요시야 왕 때부터 오늘까지 이스라엘과 유다와 모든 나라에 대하여 여호와께서 주신 모든 말씀을 기록하라고 명령하신다. 이 명령은 바벨론이 애굽 군대를 격파하였고, 이어서 수리아-팔레스틴 지역으로 공격해 들어가기 시작하였을 때에 여호와께서 예레미야에게 유다 가문이 두루마리에 기록된 여호와께서 그들에게 내리려한 모든 재난을 듣고 각기 악한 길에서 돌이키리니, 그리하면 여호와께서 그 악과 죄를 용서하신다고 예레미야에게 말씀해 주신다. 여기서 우리가 확실히 알 수 있는 것은 악한 길에서 돌이키면 여호와께서는 그 악과 죄를 용서하여 주신다는 것이다.

그리하여 이스라엘과 유다에 대하여 주신 여호와의 모든 말씀을 두루마리 책에 기록하라는 여호와의 명령에 따라 예레미야가 바룩을 불러 여호와의 말씀을 두루마리 책에 기록하게 한다. 예레미야는 붙잡혀 있으므로 여호와의 집에 들어갈 수 없기 때문에 그곳에 들어갈 수 있는 바룩에게 그곳에 가서 두루마리에 기록한 여호와의 말씀을 금식 일에 여호와의 성전에 ;있는 백성의 귀에 낭독하라 명한다. 이뿐만 아니라 그 말씀을 유다 모든 성읍에서 온 자들의 귀에도 낭독하라 명하는데, 그 이유는 그들이 여호와 앞에 기도를 드리며 각기 악한 길을 떠날 수 있기를 바랐기 때문이다. 예레미야는 이 백성에 대하여 여호와께서 말씀하시 노여움과 분이 얼마나 큰가를 알고 있으므로 바룩에게 이 같은 명령을 내린 것이다.

이와 같이하여 바룩이 선지자 예레미야가 명령한 대로 여호와의 성전에서 두루마리 책의 여호와의 모든 말씀을 낭독한다. 유다 왕 여호야김의 제 오년 구월, 주전 604년 11, 12월에 예루살렘 모든 백성과 유다 성읍들에서 예루살렘에 이른 모든 백성이 여호와 앞에서 금식을 선포하니 바룩이 여호와의 성전 위뜰 곧 사반의 아들 서기관 그마랴의 방에서 그 책에 기록된 예레미야를 통하여 주신 여호와 말씀을 모든 백성에게 낭독한다. 사반의 손자요 그마랴의 아들인 미가야가 그 책에 기록된 여호와의 말씀을 다 듣고 왕궁에 내려가 모든 고관이 앉아 있는 서기관의 방으로 들어가 바룩이 두루마리 책의 여호와의 모든 말씀을 백성들에게 낭독하는 그 자리에 있었던 마가야가 그때 들었던 그 말씀을 모든 고관에게 가서 전한다. 그러자 모든 고관이 여후디를 바룩에게 보내어 백성의 귀에 낭독한 두루마리를 손에 가지고 오라고 한다. 이에 바룩이 그 두루마리를 손에 가지고 그들에게로 들어가 그들은 이를 그들의 귀에 다시 낭독하라고 그에게 말한다. 그들의 말대로 바룩이 그들의 귀에 두루마리를 낭독하자, 그 모든 말씀을 들은 그들이 듣고 놀라 서로를 본다. 여기서 우리는 두루마리의 내용의 심각성과 중요성을 그들이 바로 알아차렸다는 것을 알 수 있다. 그리하여 그들은 결국 바룩에게 이 모든 말을 왕에게 알린다고 말한다.

유다의 고관들이 두루마리를 낭독하여 그 내용을 듣게 한 바룩에게 이 모든 말을 어떻게 기록하였느냐고 묻는다. 이같은 물음을 그들이 할 수 있었던 것은 두루마리의 말씀이 과연 예레미야에게 임한 하나님의 말씀인지를 확인하려는데 있었을 것이다. 그래서 그들은 바룩에게 이에 대하여 밝혀 달라고 재촉하니 그는 그들에게 낭독한 두루마리 책은 예레미야가 그의 입으로 불러준 그 모든 말을 자기가 먹으로 기록한 내용이라고 대답한다. 이 말을 듣고 고관들이 바룩에게 돌아가서 예레미야와 함께 숨으라 명한다. 그들은 또한 바룩에게 그와 예레미야가 숨어 있는 곳을 사람에게 알리지 말라 명한다.

고관들이 두루마리를 서기관 엘리사마의 방에 두고 왕께 가서 두루마리의 모든 말을 왕에게 고한다. 왕이 두루마리를 여후디에게 가져오게 하여 그와 그의 고관에게 낭독하게 하니 그 때가 겨울이라 왕의 궁전 앞에 불 피운 화로가 있는데, 여후디가 두루마리를 서너 쪽 낭독하면 왕이 칼로 그것을 베어 화로 불에 던져 모두를 태운다. 두루마리 책에 있는 여호의 말씀을 모두 듣고도 왕과 그의 고관들은 두려워하거나 회개도 하지 않으므로 자신의 방에서 백성들에게 두루마리를 낭독하도록 허락해준 그마랴 외 두 사람이 두루마리를 불사르지 않도록 왕께 이르지만 왕은 듣지 않는다. 게다가 왕은 바룩과 예레미야를 잡으라고 명령하지만 여호와께서 그들을 이미 숨기셨다.

여호야김 왕이 첫 두루마리를 불사르고 난 후, 여호와께서 예레미야에게 임하시어 다시 다른 두루마리를 가지고 기록할 말씀 두 가지를 주신다. 하나는 왕이 불사른 첫 두루마리의 모든 말씀이다. 다른 하나는 바벨론 왕이 유다 땅을 멸하고 사람과 짐승이 이 땅에서 없어지리라는 말씀이 기록된 첫 두루마리를 듣고 불사르면서 갇혀 있는 예레미야와 바룩을 잡아오라고 한 여호야김에 대한 말씀 세 가지이다. 이 세 가지 가운데 첫째는 그에게 다윗의 왕위에 앉을 자가 없게 될 것이라는 말씀이며, 둘째는 그의 시체는 버림을 당하여 낮에는 더위, 밤에는 추위를 당하리라는 말씀이고, 셋째는 그와 그의 자손과 신하들은 그들의 죄악으로 말미암아 벌할 것이라는 말씀이다. 이 세 가지 여호와김에 대한 여호와의 말씀은 그들과 예루살렘 주민과 유다 사람에게 그 모든 재난을 내리리라고 여호와께서 예레미야를 통하여 선포하셨으나 그들이 여호와의 말씀을 듣지 아니한 결과임을 감지하면서 성령의 인도하심에 점차 순응해 들어가는 자신을 발견한다.

수동적 묵상의 단계

마음에 와닿은 말씀, '너는 두루마리 책을 가져다가 내가 네게 말하던 날 곧 요시야의 날부터 오늘까지 이스라엘과 유다와 모든 나라에 대하여 내가 네게 일러 준 모든 말을 거기에 기록하라 유다 가문이 내가 그들에게 내리려 한 모든 재난을 듣고 각기 악한 길에서 돌이키니 그리하면 내가 그 악과 죄를 용서하리라 하시니라'을 묵상하는 가운데 특히 '각기 악한 길에서 돌이키니 그리하면 내가 그 악과 죄를 용서하리라 하시니라'는 말씀이 마음에 와닿았다. 하나님께서 나를 그 말씀 속으로 초대하시면서 저의 마음이 하나님께서 기뻐하시지 아니하는 상태에 있었을 때에 제가 이성적으로 이것은 아니지 라고 크게 소리를 내지 못할 정도로 감정적으로 하나님의 길이 아닌 곳으로 떨어져 갔었던 상황 세 가지가 회상 되었다. 한 가지는 결혼과 관련된 것인데, 이를 위하여 오랫동안 기도해 왔지만 하나님의 때를 기다리지 못함으로 말미암아 상상할 수도 없는 엄청난 어려움을 만났던 것이 회상되었다. 하나님께서는 이 모든 것을 저보다 더 낱낱이 알고 계심을 압니다 하나님! 다른 한 가지는 네 명의 친구가 함께 잘 어울려 지내다가 서로를 이해하기보다는 각자 자기의 느낌에 따라 관계를 하게 됨으로 야기되는 문제로 인하여 몸의 질병을 경험한 사건인데, 이 역시 하나님께서 모두 잘 알고 계시어 각 사람에게 합당한 값을 지불하도록 하셨다. 감사하고도 무서운 하나님이심을 경험하였던 사건이다. 또 다른 한 가지는 남녀 간의 사랑이 아니지만 사랑하는 이와의 관계 속에서 사랑이시고 거룩하신 하나님을 믿는 사람으로서 마땅히 사랑과 거룩함의 관계를 하나님께서 계속 요구하시는데도 제가 사랑과 거룩함으로 관계유지를 할 수가 없는 존재라는 것을 깊이 깨달았을 뿐만 아니라 몸에 질병까지 왔었던 경험을 하였는데, 이 사건으로 인하여 주 예수 그리스도의 보혈 없이는 하나님 앞에 도저히 설 수 없는 존재임을 천일 하에 드러나는 경험을 매 순간 할 수 있었다. 하나님께서 원하시는 그 사랑과 거룩함은 오로지 하나님께서 은혜 가운데 덧입혀 주셔야만 사랑과 거룩한 삶을 살 수 있게 된다는 것을 감지하게 한 큰 사건이다. 이 사건은 현재도 저를 사랑함과 거룩함으로 인도하는 매우 귀중한 사건으로 진행되고 있음을 하나님께 감사하면서 매일 그 사랑의 대상과 함께 전화로 기도하며 우리를 하나님께서 긍휼히 여기시어 치유해주실 뿐만 아니라 사랑과 거룩함을 온전히 덧입는 삶의 자리로 나아갈 수 있기를 소망하면서 기도 중인 사건이다.

이 세 가지 사건 모두는 예레미야를 통하여 이스라엘과 유다와 모든 나라에 대하여 여호와께서 그에게 일러 준 모든 말을 두루마리에 기록하라 유다 가문이 여호와께서 그들에게 내리려 한 모든 재난을 듣고 각기 악한 길에서 돌이키리니 그리하면 내가 그 악과 죄를 용서하리라는 말씀처럼 제게도 하나님께서 세 가지 사건 속에 있을 때 하나님께서 좋아하시지 아니하는 길에서 돌이키기를 제게 촉구하셨지만 제가 스스로 돌이키지 못하였는데, 주께서 주신 질병으로 인하여 하나님께로 돌아서는 저 자신을 발견할 수 있었고, 마지막 세 번째 사건은 환경을 변화시키시어 사랑과 거룩함의 삶의 방향으로 이끌어 가시는 것을 감지하면서 성령의 인도하심에 점차 순응해 들어가는 자신을 발견할 수 있다.

되돌아보기

하나님께서 제게 일찍부터 사랑과 거룩한 삶에로의 변화를 요구하고 계셨으나 그 변화에 제가 소극적으로 응답하고 있을 뿐만 아니라 하나님을 사랑하기 보다는 제가 저 자신을 더 사랑하고 있다는 것을 하나님으로부터 지적을 받아도 애통하기보다는 그냥 웃으면서 지나가도 될 때가 있었다. 그러나 때가 급하신지 하나님께서 사랑과 거룩의 삶의 훈련을 강화하시는데, 이제는 저도 정말로 사랑과 거룩한 삶을 살게 됨으로써 하나님도 기쁘시고 나도 기쁘고 또한 나와 관계를 하는 다른 사람들도 기쁘게 하고 싶은 마음이 간절한 내 자신의 내면이 살펴진다.

마음 쏟아 놓기

나 자신 역시 하나님의 사랑과 거룩하심 같이 하나님께서 원하시는 그 사랑과 거룩한 삶에로의 변화에 간절한 내 자신과 하나님에 대한 이같은 새로운 인식을 경험하면서 하나님께서 내게 원하시는 변화와 나 자신 스스로 이러한 변화를 할 수 없다는 절박한 사실을 나의 하나님께 있는 그대로 쏟아 놓으면서 내 안에서 역사하시는 성령 하나님의 인도하심에 따라 침묵으로 하나님과 깊은 교제에로 나아간다.

하나님 음성 듣기 / 하나님 안에 머물기

마음을 쏟아 낸 후 하나님의 사랑아래 고요히 머물면서 하나님께서 나에게 들려주시는 음성, '네가 하나님께서 원하시지 아니하는 마음에 따라 말을 하고 행동할 때조차도 나는 너와 함께 하신다' 라는 그 음성에 귀 기울인다.

계속 은혜 안에 머물면서 하나님의 충만하신 임재를 느끼면서 하나님의 치유하심과 구속하시는 은총을 덧입는다.

응답의 기도

하나님의 은총 안에 머물면서 '하나님이시여! 일상에서 사랑과 거룩한 삶을 살 수 있도록 사랑과 거룩함을 덧입혀 주소서.'라는 응답 기도를 한다.

삶으로 나아가기

묵상하는 가운데 받은 '각기 악한 길에서 돌이키리니 그리하면 내가 그 악과 죄를 용서하리라 하시니라'는 그 말씀에 붙잡힌 상태로 그 말씀과 동행하면서 내 삶이 사랑과 거룩함으로 영위될 수 있도록 즉 늘 주께로 돌이켜 주와 함께 하는 삶을 살 수 있는 도움을 구한다.

43. 시드기야 왕을 향한 예레미야의 경고
(37:1-21)

Lectio divina Jeremiah

기도에 임하기

하나님께서 주신 말씀을 온전히 지켜 행하는 믿음의 사람이 되게 하소서.

말씀읽기

예레미야 37:1 - 21

마음의 문을 열고 하나님의 말씀을 집중해서 듣고 하나님의 말씀이 내 마음에 부딪혀 오든지 말씀에로 자신이 끌려들어 갈 수 있도록 하나님 현존 앞에서 말씀을 청종하는 자세로 두세 번 반복해서 읽으면서 마음에 와닿은 말씀이나 혹은 자신에게 다가오는 말씀을 살핀다.

1절 요시야의 아들 시드기야가 여호야김의 아들 고니야의 뒤를 이어 왕이 되었으니 이는 바벨론의 느부갓네살 왕이 그를 유다 땅의 왕으로 삼음이었더라

2절 그와 그의 신하와 그의 땅 백성이 여호와께서 선지자 예레미야에게 하신 말씀을 듣지 아니하니라

3절 시드기야 왕이 셀레먀의 아들 여후갈과 마아세야의 아들 제사장 스바냐를 선지자 예레미야에게 보내 청하되 너는 우리를 위하여 우리 하나님 여호와께 기도하라 하였으니

4절 그 때에 예레미야가 갇히지 아니하였으므로 백성 가운데 출입하는 중이었더라

5절 바로의 군대가 애굽에서 나오매 예루살렘을 에워쌌던 갈대아인이 그 소문을 듣고 예루살렘에서 떠났더라

6절 여호와의 말씀이 선지자 예레미야에게 임하여 이르시되

7절 이스라엘의 하나님 여호와께서 이와 같이 말씀하시니라 너희를 보내어 내게 구하게 한 유다의 왕에게 아뢰라 너희를 도우려고 나왔던 바로의 군대는 자기 땅 애굽으로 돌아가겠고

8절 갈대아인이 다시 와서 이 성을 쳐서 빼앗아 불사르리라

9절 여호와께서 이와 같이 말씀하시니라 너희는 스스로 속여 말하기를 갈대아인이 반드시 우리를 떠나리라 하지 말라 그들이 떠나지 아니하리라

10절 가령 너희가 너희를 치는 갈대아인의 온 군대를 쳐서 그 중에 부상자만 남긴다 할지라도 그들이 각기 장막에서 일어나 이 성을 불사르리라

예레미야를 붙잡아 가두다

11절 갈대아인의 군대가 바로의 군대를 두려워하여 예루살렘에서 떠나매

12절 예레미야가 베냐민 땅에서 백성 가운데 분깃을 받으려고 예루살렘을 떠나 그리로 가려 하여

13절 베냐민 문에 이른즉 하나냐의 손자요 셀레먀의 아들인 이리야라 이름하는 문지기의 우두머리가 선지자 예레미야를 붙잡아 이르되 네가 갈대아인에게 항복하려 하는도다

14절 예레미야가 이르되 거짓이다 나는 갈대아인에게 항복하려 하지 아니하노라 이리야가 듣지 아니하고 예레미야를 잡아 고관들에게로 끌어가매

15절 고관들이 노여워하여 예레미야를 때려서 서기관 요나단의 집에 가두었으니 이는 그들이 이 집을 옥으로 삼았음이더라

16절 예레미야가 뚜껑 씌운 웅덩이에 들어간 지 여러 날 만에

17절 시드기야 왕이 사람을 보내어 그를 이끌어내고 왕궁에서 그에게 비밀히 물어 이르되 여호와께로부터 받은 말씀이 있느냐 예레미야가 대답하되 있나이다 또 이르되 왕이 바벨론의 왕의 손에 넘겨지리이다

18절 예레미야가 다시 시드기야 왕에게 이르되 내가 왕에게나 왕의 신하에게나 이 백성에게 무슨 죄를 범하였기에 나를 옥에 가두었나이까

19절 바벨론의 왕이 와서 왕과 이 땅을 치지 아니하리라고 예언한 왕의 선지자들이 이제 어디 있나이까

20절 내 주 왕이여 이제 청하건대 내게 들으시며 나의 탄원을 받으사 나를 서기관 요나단의 집으로 돌려보내지 마옵소서 내가 거기에서 죽을까 두려워하나이다

21절 이에 시드기야 왕이 명령하여 예레미야를 감옥 뜰에 두고 떡 만드는 자의 거리에서 매일 떡 한 개씩 그에게 주게 하매 성중에 떡이 떨어질 때까지 이르니라 예레미야가 감옥 뜰에 머무니라

말씀으로 기도하기

본문배경 섭렵하기

배경설명

37-45장에는 예루살렘의 멸망 시기에 백성들의 반응이 나타난다. 예레미야의 한결같은 메시지는 당 시대를 향한 하나님의 뜻이 무엇인지 분별하라는 것이다. 회개의 기회는 지나갔고, 하나님은 유다와 예루살렘의 운명을 바벨론에게 넘겼다. 이제 백성들이 해야 할 일은 바벨론에게 넘겨진 권세에 순종하는 것이다. 순종하지 않는 자들을 향하여 하나님이 더 큰 심판을 하실 것이기 때문이다. 이미 촛대는 넘어간 상황에서 우리는 이 멸망을 경험하는 다양한 사람들의 반응을 읽을 수 있다.

시드기야 이전의 왕인 여호야김과 그의 가신들은 친 애굽파들이기에, 애굽이 약해지고 바벨론이 강해짐에도 불구하고 현실을 인정하지 않고, 예레미야의 친 바벨론적으로 보이는 예언을 듣기 원치 않고 저항하였다. 하나님의 예언을 당파적인 이익과 관련되는 것으로 판단하고 대응한 것이다. 시드기야는 여호야김과는 달리 바벨론 왕이 여호야긴을 잡아가면서 대신 세운 왕이다 (왕하 24:17). 주전 597년의 1차 예루살렘 함락 후에 팔레스틴에서는 두 가지 세력의 각축전이 벌어졌다. 하나는 예레미야와 같이 바벨론에 의한 멸망을 기정사실로 보고 멸망을 준비하는 목소리이다. 예레미야는 애굽에 대한 미련을 버리고 바벨론 왕의 통치를 받아들이도록 권유하였다. 다른 하나는 바벨론의 통치를 거부하는 목소리로써, 여호야김의 즉위와 더불어 친 애굽정책을 견지한 자들이었을 것이다. 느부갓네살 왕에 의하여 여호야긴 왕이 끌려간 후에도 이 세력은 바뀌지 않았기에, 이들은 바벨론 왕이 쳐들어온다 할지라도 애굽이 다시금 바벨론을 쳐부수리라는 낙관주의적인 생각을 가진 무리들이었다. 아마도 객관적인 정세판단보다는 자신들의 기

득권이 유지되는 것을 기대한 무리들이었을 것이다.

   시드기야는 포로의 위기를 맞이하여 양쪽을 반대하지도 못하고 소신껏 결단하지도 못하고 망설이다가 비극적인 최후를 맞는다. 예레미야는 여호야김보다는 수용적인 시드기야를 향하여 강하게 하나님의 말씀으로 질책한다. 시드기야도 예레미야의 예언자적인 권위를 인정하기에 도움을 요청한다. 바로의 군대의 진격으로 인하여 일시적으로 바벨론 군대가 철수하자, 시드기야도 고무되어 하나님께서 마음을 바꾸신 것인지를 알기 원하였다: "청하되 너는 우리를 위하여 우리 하나님 여호와께 기도하라." (37:3). 이미 하나님은 중보기도를 거절하셨음에도 불구하고, 시드기야는 혹시나 하는 기대를 가지고 요청하였지만 예레미야를 통한 하나님의 응답은 초지일관이었다. 승리할 것 같은 바로의 군대는 돌아가겠고, 갈대아인들이 돌아와 멸망을 시킬 것이라는 것이다. 심판으로서의 멸망이라는 결과는 변하지 않는다는 것이다 (37:6-10). 예레미야가 감옥에 갇힌 후에 시드기야는 다시 하나님의 말씀을 묻는다 (37:17). 예레미야는 바벨론이 침공하지 않으리라고 예언한 예언자들에 대하여 언급하면서 자신을 죽지 않도록 해달라고 간청한다 (37:19-20).

본문내용 이해하기

주요 내용 설명

   이 본문은 세 단락으로 이루어진다: A. 예레미야가 시드기야 왕에게 경고하다 (1-10 절); B. 예레미야가 감옥에 갇히다 (11-16 절); C. 시드기야가 예레미야에게 은밀히 묻다 (17-21 절).

   첫째 단락(1-10 절)은 예레미야가 시드기야 왕에게 경고한 내용을 다룬다. 여호야김의 뒤를 이어서 시드기야는 바벨론 왕에 의하여 왕이 된다. 시드기야와 그의 신하와 백성들은 여호와께서 예레미야를 통하여 하신 말씀을 듣지 않는다. 시드기야는 예레미야에게 사람을 보내어 "너는 우리를 위하여 우리 하나님 여호와께 기도하라." 라고 부탁한다. 이때 바로의 군대가 애굽에서 나온다는 소시를 듣고 갈대아인들이 예루살렘 성에서 떠났다. 이때 하나님께서 예레미야에게 시드기야에게 전할 말을 말씀하신다. 바로의 군대는 애굽으로 돌아가겠고, 갈대아인이 다시 와서 이 땅을 빼앗아 불태울 것이기에, 갈대아인들이 반드시 떠날 것이라고 생각하지 말라.

   둘째 단락(11-16 절)은 예레미야가 감옥에 갇힌 내용을 다룬다. 갈대아인의 군대가 예루살렘에서 떠날 때, 예레미야가 예루살렘을 떠나 베냐민 땅으로 가려고 하자, 문지기의 우두머리가 예레미야가 갈대아인에게 항복하려고 하는 줄로 알고 예레미야가 부정했음에도 예레미야를 때려 옥에 가두고 뚜껑 씌운 웅덩이에 들어가게 했다.

셋째 단락(17-21 절)은 시드기야가 예레미야에게 은밀히 묻는 내용을 다룬다. 시드기야 왕이 예레미야에게 사람을 보내어 하나님께 비밀히 받은 말씀이 있느냐고 묻는다. 예레미야는 왕이 바벨론의 왕의 손에 넘겨진다는 것이라고 대답하고, 감옥에서 풀어주기를 요청한다. 그러자 시드기야 왕이 명령하여 "예레미야를 감옥 뜰에 두고 떡 만드는 자의 거리에서 매일 떡 한 개씩 그에게 주게 하매 성중에 떡이 떨어질 때까지" 그렇게 하였다.

능동적 묵상의 단계

침묵 가운데 37장 1-21절 말씀을 읽으면서 마음에 와닿은 9-10절, 즉 '여호와께서 이와 같이 말씀하시니라 너희는 스스로 속여 말하기를 갈대아인이 반드시 우리를 떠나리라 하지 말라 그들이 떠나지 아니하리라 가령 너희가 너희를 치는 갈대아인의 온 군대를 쳐서 그 중에 부상자만 남긴다 할지라도 그들이 각기 장막에서 일어나 이 성을 불사르리라'는 말씀을 붙잡고 읊조리면서 특히 10절 말씀이 마음에 깊이 와닿았는데, 그 말씀의 의미를 본문배경과 본문의 내용설명을 읽으면서 다음과 같이 이해되었다.

바벨론의 느부갓네살 왕이 요시야의 아들 시드기야를 유다의 왕으로 삼는다. 그런데 시드기야와 그의 신하 그리고 유다백성이 예레미야를 통하여 주신 하나님의 말씀을 듣지 아니한다. 이러한 시드기야가 사람 둘을 예레미야에게 보내어 나라를 위하여 기도하라 한다. 그 때에 예레미야는 아직 옥에 갇히지 않았으므로 백성들 가운데 자유롭게 출입하였으나 예루살렘을 에워쌌던 갈대아인이 바로의 군대가 애굽에서 나온다는 소문을 듣고 예루살렘을 떠난다.

유다 왕 시드기야가 예레미야에게 사람 둘을 보내어 나라를 위하여 기도하게 한 후 여호와의 말씀이 그에게 임한다. 예레미야에게 임한 말씀은 세 가지인데, 첫째는 유다를 도우려고 나왔던 애굽의 군대가 자기 땅으로 돌아갈 것이라는 말씀이다. 둘째는 갈대아인이 다시 와서 이 성을 쳐서 빼앗아 불사를 것이라는 말씀인데, 이는 그들에 의하여 예루살렘의 포위가 중단된 것은 잠시일 뿐이라는 말씀이다. 셋째는 너희는 스스로 속여 말하기를 갈대아인이 반드시 우리를 떠나리라 하지 말라는 말씀이다. 이는 그들이 떠나지 아니할 것을 다시 확인하는 말씀으로서 설혹 유다가 갈대아인의 온 군대를 쳐서 그 중에 부상자만 남긴다 할지라도 그들이 각기 장막에서 일어나 이 성을 불사를 것이라는 말씀이다.

바로의 군대가 애굽에서 나온다는 소식을 들은 갈대아인의 군대가 예루살렘을 떠나자 예레미야가 베냐민 땅에서 그의 분깃을 받으려 예루살렘을 떠나 베냐민 문에 이른다. 그때 그곳 문지기의 우두머리, 아리야가 예레미야를 보고 갈대아인에게 항복하려 한다면서 붙잡는다. 이에 예레미야가 그렇지 않다 나는 갈대아인에게 항복하려 하지 않는다고 말하여도 아리야는 이를 듣지 않아 결국 아리야는 예레미야를 잡아 고관들에게 끌고 가 넘긴다. 예레미야를 본 고관들이 심히 노여워하여 재판 절차도 밟지 않고 그를 때려 서기관 요나단의 집을 옥으로 삼아 그곳에 가둔다. 예레미야에 대한 아리야와 고관들의 이와 같은 행동은 그들이 그로부터 들었던 바벨론의 승리에 관한 예언 때문일 것이다.

요나단 집의 뚜껑 씌운 웅덩이에 들어간 지 여러 날 만에 예레미야가 왕이 보낸 사람에게 이끌리어 시드기야 왕을 만나기 위하여 왕궁에 이른다. 왕궁에 이른 예레미야는 왕으로부터 여호와께로부터 받은 말이 있느냐는 질문을 비밀히 받자 그는 받은 말씀이 있다고 왕에게 대답하면서 왕이 바벨론의 왕의 손에 넘겨진다고 예레미야가 일관되게 말하는 것을 감지할 수 있었다.

수동적 묵상의 단계

마음에 와닿은 말씀 중 10절, '가령 너희가 너희를 치는 갈대아인의 온 군대를 쳐서 그 중에 부상자만 남긴다 할지라도 그들이 각기 장막에서 일어나 이 성을 불사르리라'는 말씀을 묵상하는 가운데 떠오른 사건 하나가 있었는데, 이는 교회건축하면서 거의 마지막에 가서 계약금액보다 수고비로 얼마를 더 주어야 한다는 마음이 들어 하나님께 기도하였던 액수가 있었다. 그런데 시공사가 집요하게 공사비를 엄청나게 요구하는 내용증명을 보내왔다. 그리하여 서로 내용증명을 오고가다가 점점 악화되어 가기에 셈 교회 측에서 변호사를 사서 이 일을 처리하게 되었는데, 이때 수고비로 하나님께 기도하였던 액수 보다 조금 더 많이 요구하여 이를 그대로 들어 주었다.

10절 말씀, '가령 너희가 너희를 치는 갈대아인의 온 군대를 쳐서 그 중에 부상자만 남긴다 할지라도 그들이 각기 장막에서 일어나 이 성을 불사르리라'는 말씀을 묵상하면서 하나님께서 이스라엘과 유다가 하나님께로 돌이키지 아니하므로 인하여 갈대아인을 통하여 예루살렘 성을 불사르시기로 하셨은즉 갈대아인의 수가 많고 적은 것이 아무 문제가 되지 아니한다는 것이 감지되면서 시공사와 셈 교회가 변호사 입회하에 합의서를 썼을 때 제가 하나님께 기도한 대로의 액수로 합의를 했어야 했는데, 당시 상황에서 하나님께 이에 대하여 더 묻지도 아니하고 그들이 원하는 것에서 얼마를 감하여 그들의 요구에 응했던 것이 제게는 하나님을 믿고 의지하면서 교회건축을 시작하였고 그 어려운 과정을 다 겪어왔는데, 제가 크게 잘못한 것이 바로 수고비를 시공사의 요구에 따라 하나님께 말씀드렸던 금액보다 더 주기로 한 것이다. 그런데 놀라운 것은 시공사의 수고비로 하나님께 제가 기도로 말씀드렸던 그 금액 이상을 하나님께서 허락하지 않으시므로 시공사의 합의서에 합의한 나머지 금액을 재촉함에도 불구하고 그 나머지 금액의 십분지 일만 지급하고 그 이상은 셈 교회가 지불할 수 있는 능력이 없는 것으로 끝났다.

나는 이에 대하여 나의 믿음의 연약함으로 인하여 이같은 결정을 하게 되었다는 생각을 하지 않았었는데, 묵상 중에 이에 대한 저의 잘못을 하나님께서 이번이 두 번째로 깨닫게 하신다. 이를 통하여 하나님을 향한 나의 마음이나 태도 등이 연약하였음을 감지하면서 예레미야는 하나님께서 이르신 말씀을 그 힘든 상황 속에서도 한결같이 하나님께서 일러준 대로 예루살렘 성을 갈대아인이 불사르리라고 말하는데 비하여 저의 경우는 하나님께 기도로 말씀드린 것이나 하나님께서 일러주신 말씀을 듣고 지키는 믿음이 연약하였던 것이 감지되었다. 동시에 더욱 믿음의 사람이 되도록 격려하시는 주의 음성을 들으며 묵상가운데 성령의 인도하심에 점차 순응해 들어가는 자신을 발견한다.

되돌아보기

시공사와의 마지막 합의서를 작성하면서 제가 하나님께 기도 드렸던 것을 스스로 지키지 못하였음에도 불구하고 하나님께서 이를 묵상 중에 두 번씩이나 알게 하시면서 어떤 긴급한 상황 속에서 하나님과의 약속을 지키는 믿음의 사람이 되기를 저에게 요구하시는데, 이는 하나님께서 저에게 늘 믿음으로 하나님만 바라보고 하나님과의 약속을 지키는 삶을 요구하시며 저 또한 이같은 삶을 살고 싶은 마음이 간절함을 감지하면서 침묵으로 나의 지난 시간을 되돌아보면서 나의 내면을 살핀다.

마음 쏟아 놓기

내 자신의 연약한 믿음과 이에 대하여 하나님께서 그 어떤 긴박한 상황에서도 하나님과 기도로 약속한 것을 지키는 사람이 되기를 원하신다는 것을 인식하고 경험하면서 하나님께서 내게 원하시는 믿음의 삶에로의 변화와 이같은 변화를 간절히 원하는 하나님을 향한 나의 마음을 있는 그대로 쏟아 놓으면서 내 안에서 역사하시는 성령 하나님의 인도하심에 따라 침묵으로 하나님과 깊은 교제에로 나아간다.

하나님 음성 듣기 / 하나님 안에 머물기

마음을 쏟아 낸 후 하나님의 사랑아래 고요히 머물면서 '하나님께 기도로 말씀드린 것이나 하나님께서 일러주신 말씀을 듣고 지키는 믿음의 사람이 되도록 격려하시는' 음성에 귀 기울인다.

계속 은혜 안에 머물면서 하나님의 충만하신 임재를 느끼면서 하나님의 치유하심과 구속하시는 은총을 덧입는다.

응답의 기도

하나님의 은총 안에 머물면서 '기도로 한 하나님과의 약속과 하나님께서 주신 말씀을 온전히 지켜 행하는 믿음의 사람이 되게 하소서.' 라는 응답 기도를 한다.

삶으로 나아가기

묵상하는 가운데 받은 그 말씀, '하나님께 기도로 말씀드린 것이나 하나님께서 일러주신 말씀을 듣고 지키는 믿음의 사람이 되는' 삶에 붙잡힌 상태로 그 말씀과 동행하면서 내 삶이 일상에서 영위될 수 있도록 도움을 구한다.

44. 구덩이 속의 예레미야
(38:1-28)

Lectio divina Jeremiah

기도에 임하기

주님이시여! 진리로 거룩함을 얻게 하소서.

말씀읽기

예레미야 38:1 - 28

마음의 문을 열고 하나님의 말씀을 집중해서 듣고 하나님의 말씀이 내 마음에 부딪혀 오든지 말씀에로 자신이 끌려들어 갈 수 있도록 하나님 현존 앞에서 말씀을 청종하는 자세로 두세 번 반복해서 읽으면서 마음에 와닿은 말씀이나 혹은 자신에게 다가오는 말씀을 살핀다.

1절 맛단의 아들 스바댜와 바스훌의 아들 그다랴와 셀레먀의 아들 유갈과 말기야의 아들 바스훌이 예레미야가 모든 백성에게 이르는 말을 들은즉 이르기를

2절 여호와께서 이와 같이 말씀하시되 이 성에 머무는 자는 칼과 기근과 전염병에 죽으리라 그러나 갈대아인에게 항복하는 자는 살리니 그는 노략물을 얻음 같이 자기의 목숨을 건지리라

3절 여호와께서 이와 같이 말씀하시니라 이 성이 반드시 바벨론의 왕의 군대의 손에 넘어가리

니 그가 차지하리라 하셨다 하는지라

4절 이에 그 고관들이 왕께 아뢰되 이 사람이 백성의 평안을 구하지 아니하고 재난을 구하오니 청하건대 이 사람을 죽이소서 그가 이같이 말하여 이 성에 남은 군사의 손과 모든 백성의 손을 약하게 하나이다

5절 시드기야 왕이 이르되 보라 그가 너희 손 안에 있느니라 왕은 조금도 너희를 거스를 수 없느니라 하는지라

6절 그들이 예레미야를 끌어다가 감옥 뜰에 있는 1)왕의 아들 말기야의 2)구덩이에 던져 넣을 때에 예레미야를 줄로 달아내렸는데 그 구덩이에는 물이 없고 진창뿐이므로 예레미야가 진창 속에 빠졌더라

7절 왕궁 내시 구스인 에벳멜렉이 그들이 예레미야를 구덩이에 던져 넣었음을 들으니라 그 때에 왕이 베냐민 문에 앉았더니

8절 에벳멜렉이 왕궁에서 나와 왕께 아뢰어 이르되

9절 내 주 왕이여 저 사람들이 선지자 예레미야에게 행한 모든 일은 악하니이다 성 중에 떡이 떨어졌거늘 그들이 그를 구덩이에 던져 넣었으니 그가 거기에서 굶어 죽으리이다 하니

10절 왕이 구스 사람 에벳멜렉에게 명령하여 이르되 너는 여기서 삼십 명을 데리고 가서 선지자 예레미야가 죽기 전에 그를 구덩이에서 끌어내라

11절 에벳멜렉이 사람들을 데리고 왕궁 곳간 밑 방에 들어가서 거기에서 헝겊과 낡은 옷을 가져다가 그것을 구덩이에 있는 예레미야에게 밧줄로 내리며

12절 구스인 에벳멜렉이 예레미야에게 이르되 당신은 이 헝겊과 낡은 옷을 당신의 겨드랑이에 대고 줄을 그 아래에 대시오 예레미야가 그대로 하매

13절 그들이 줄로 예레미야를 구덩이에서 끌어낸지라 예레미야가 시위대 뜰에 머무니라 시드기야가 예레미야에게 묻다

14절 시드기야 왕이 사람을 보내어 선지자 예레미야를 여호와의 성전 셋째 문으로 데려오게 하고 왕이 예레미야에게 이르되 내가 네게 한 가지 일을 물으리니 한 마디도 내게 숨기지 말라

15절 예레미야가 시드기야에게 이르되 내가 이 일을 왕에게 아시게 하여도 왕이 결코 나를 죽이지 아니하시리이까 가령 내가 왕을 권한다 할지라도 왕이 듣지 아니하시리이다

16절 시드기야 왕이 비밀히 예레미야에게 맹세하여 이르되 우리에게 이 영혼을 지으신 여호와께서 살아 계심을 두고 맹세하노니 내가 너를 죽이지도 아니하겠으며 네 생명을 찾는 그

사람들의 손에 넘기지도 아니하리라 하는지라

17절 예레미야가 시드기야에게 이르되 만군의 하나님이신 이스라엘의 하나님 여호와께서 이와 같이 말씀하시되 네가 만일 바벨론의 왕의 고관들에게 항복하면 네 생명이 살겠고 이 성이 불사름을 당하지 아니하겠고 너와 네 가족이 살려니와

18절 네가 만일 나가서 바벨론의 왕의 고관들에게 항복하지 아니하면 이 성이 갈대아인의 손에 넘어가리니 그들이 이 성을 불사를 것이며 너는 그들의 손을 벗어나지 못하리라 하셨나이다

19절 시드기야 왕이 예레미야에게 이르되 나는 갈대아인에게 항복한 유다인을 두려워하노라 염려하건대 갈대아인이 나를 그들의 손에 넘기면 그들이 나를 조롱할까 하노라 하는지라

20절 예레미야가 이르되 그 무리가 왕을 그들에게 넘기지 아니하리이다 원하옵나니 내가 왕에게 아뢴 바 여호와의 목소리에 순종하소서 그리하면 왕이 복을 받아 생명을 보전하시리이다

21절 그러나 만일 항복하기를 거절하시면 여호와께서 내게 보이신 말씀대로 되리이다

22절 보라 곧 유다 왕궁에 남아 있는 모든 여자가 바벨론 왕의 고관들에게로 끌려갈 것이요 그 여자들은 네게 말하기를 네 친구들이 너를 꾀어 이기고 네 발이 진흙에 빠짐을 보고 물러갔도다 하리라

23절 네 아내들과 자녀는 갈대아인에게로 끌려가겠고 너는 그들의 손에서 벗어나지 못하고 바벨론 왕의 손에 잡히리라 또 네가 이 성읍으로 불사름을 당하게 하리라 하셨나이다

24절 시드기야가 예레미야에게 이르되 너는 이 말을 어느 사람에게도 알리지 말라 그리하면 네가 죽지 아니하리라

25절 만일 고관들이 내가 너와 말하였다 함을 듣고 와서 네게 말하기를 네가 왕에게 말씀한 것을 우리에게 전하라 우리에게 숨기지 말라 그리하면 우리가 너를 죽이지 아니하리라 또 왕이 네게 말씀한 것을 전하라 하거든

26절 그들에게 대답하되 내가 왕 앞에 간구하기를 나를 요나단의 집으로 되돌려 보내지 마소서 그리하여 거기서 죽지 않게 하옵소서 하였다 하라 하니라

27절 모든 고관이 예레미야에게 와서 물으매 그가 왕이 명령한 모든 말대로 대답하였으므로 일이 탄로되지 아니하였고 그들은 그와 더불어 말하기를 그쳤더라

28절 예레미야가 예루살렘이 함락되는 날까지 감옥 뜰에 머물렀더라

말씀으로 기도하기

본문배경 섭렵하기

배경설명

바벨론에 항복하는 자로 오해받아 옥에 들어간 예레미야는 친 애굽파로 알려진 세력들로부터 사형을 요청받았다. 시드기야는 나서서 이들의 요청에 반대하지 못하고 그들 마음대로 하도록 허락하였다. 궁중에는 친 애굽파와 친 바벨론파의 갈등이 있었다. 시드기야가 항복하지 못하는 이유는 항복할 경우에 친 바벨론 파에 의하여 보복을 당하지 않을까 하는 염려였다. 예레미야는 여호야김보다는 수용적인 시드기야를 향하여 강하게 하나님의 말씀으로 질책한다. 시드기야는 예레미야를 죽이려고 하는 무리들을 피하여 예레미야의 구원을 간청하는 에벳멜렉의 말을 듣고 (38:9) 예레미야를 구원하고 (38:10-13), 그에게 다시금 하나님의 말씀을 묻는다 (38:14). 예레미야는 자신에게 임한 하나님의 말씀을 다시 전하는데 한결같이 바벨론에 항복하라는 메시지이다. 이 상황에서 시드기야의 최선은 무엇이었을까? 이미 멸망이 결정되었다면 그것을 인정하고, 바벨론의 권세 아래 저항을 포기하고 순수하게 현실을 받아 들였다면 덜 비극적인 종말을 맞이했을 것이다. 예레미야의 말처럼, 이미 바벨론에 투항한 유대 적대자들로부터 보호를 받았을 것이다. 시드기야는 하나님의 심판이 혹시나 번복되지 않을지 기대하면서도 친애굽파들이 자신의 마음을 알까 두려워하였다. 친 애굽파들이 완강한 여호야김의 예를 따라 절대로 바벨론에 의하여 함락되지 않으리라는 낙관주의를 가지고 있었다면, 시드기야는 예레미야를 통해 하나님의 음성이 들려오는 것을 기대하면서도 친 애굽파의 행동을 두려워하고 있었다. 친 애굽파 몰래 예레미야를 구덩이에서 구원하고, 자신이 예레미야를 불러서 하나님의 음성을 찾았다는 말조차 함구하기를 예레미야에게 청할 정도로 (38:24-26) 나약했다. 형식적으로는 하나님의 말씀을 찾는 것처럼 보였지만, 실제로는 친 애굽파의 행동대로 바벨론에 저항하다가 비참한 최후를 맞이한 왕이 된다.

본문내용 이해하기

주요 내용 설명

이 본문은 두 단락으로 이루어진다. A. 구덩이 속의 예레미야 (1-13 절); B. 시드기야와 예레미야의 마지막 대화 (14-28 절).

첫째 단락(1-13 절)은 구덩이 속의 예레미야를 다룬다. 바스홀을 비롯한 왕궁 관리들은 예레미야가 모든 백성들에게 이 성에 머무는 자는 칼과 기근과 전염병에 의하여 죽지만, 갈대아인에게 항복하는 자는 목숨을 건지고, 이 성은 바벨론의 군대가 차지할 것이라고 하는 말을 들었다. 그래서 왕에게 백성의 평안을 구하지 않고 재난을 구하는 예레미야를 죽일 것을 요청한다. 그러자 왕은 그들을 거스를 생각이 없다고 말하자, 그들은 예레미야를 구덩이에 던져 그를 진창 속에 빠지게 하였다. 그러자 에벳멜렉이 왕에게 나아와서 저 사람들이 예레미야에게 행한 일이 악하여, 그들이 예레미야를 구덩이에 던졌기에 예레미야가 곧 죽을 것이라고 말하였다. 왕은 그에게 명령하여 30명을 데리고 가서 예레미야가 죽기 전에 끌어내라고 명령한다. 왕의 명령대로 에벳멜렉은 헝겊과 낡은 옷을 예레미야에게 보내주고, 그것들을 겨드랑이에 대고 줄을 그 아래에 대고 구덩이에서 구출하게 한다.

둘째 단락(14-28 절)은 시드기야와 예레미야의 마지막 대화를 다룬다. 왕은 예레미야에게 숨김없이 말하기를 요청하고, 예레미야를 결코 죽이지 않을 것을 맹세하고 묻는다. 예레미야는 한결같이 대답한다. 바벨론에게 항복하면 살지만, 항복하지 않으면 이 성이 갈대아인에게 넘어가서 성은 불타고 그들의 손에서 벗어나지 못할 것이다. 시드기야 왕은 예레미야에게 갈대아인에게 항복한 유다인들이 자신을 조롱할 것을 두려워한다. 예레미야는 항복하면 왕이 복을 받아 생명을 보존할 수 있지만, 항복을 거절하면 아내들과 자녀들이 갈대아로 끌려가고 왕은 그들의 손에서 벗어나지 못하고 잡힐 것이라고 말한다. 시드기야는 자신과 대화한 것을 비밀로 할 것을 요청하고, 예레미야가 한 말은 오직 자신을 요나단의 집으로 보내지 말라는 부탁이라고 말했다고 하게 한다. 예레미야는 예루살렘이 함락될 때까지 감옥 뜰에 머물렀다.

능동적 묵상의 단계

침묵 가운데 38장 1-28절 말씀을 읽으면서 마음에 와닿은 17-18절, '예레미야가 시드기야에게 이르되 만군의 하나님이신 이스라엘의 하나님 여호와께서 이와 같이 말씀하시되 네가 만일 바벨론의 왕의 고관들에게 항복하면 네 생명이 살겠고 이 성이 불사름을 당하지 아니하겠고 너와 네 가족이 살려니 네가 만일 나가서 바벨론의 왕의 고관들에게 항복하지 아니하면 이 성이 갈대아인의 손에 넘어가리니 그들이 이 성을 불사를 것이며 너는 그들의 손을 벗어나지 못하리라 하셨나이다.'라는 말씀을 붙잡고 읊조리면서 그 말씀의 의미를 본문배경과 본문의 내용설명을 읽으면서 이해하니 다음과 같다.

예레미야에 임한 여호와의 말씀을 그가 모든 백성에게 말하는 것을 시드기야 왕의 심복 네 사람이 듣습니다. 그들이 들은 여호와의 말씀은 두 가지입니다. 하나는 예루살렘 성에 머무는 자는 칼과 기근과 전염병에 죽을 것이지만 갈대안 인에게 항복하는 자는 노략물을 얻은 것 같이 살 것이라는 말씀이다. 다른 하나는 이 성이 반드시 바벨론의 왕의 군대의 손에 넘어가리니 그가 이를 차지하리라는 말씀이다. 이에 그 고관들 넷이 이 말씀을 왕께 고하면서 예레미야가 백성의 평안을 구하지 아니하고 재난을 구하므로 마땅히 그를 죽여야 된다고 주장한다. 더 나아가 그들은 왕에게 이러한 예레미야의 말은 이 성에 남은 군사의 손과 모든 백성의 손을 약하게 한다고 덧붙여 말한다. 이같은 그들의 보고를 들은 시드기야 왕은 그들이 원하는 대로 예레미야를 처벌하도록 흔쾌히 허락하여 그들이 예레미야를 끌어다가 줄로 달아 감옥 뜰에 있는 물이 없고 진창인 왕의 아들 말기야의 구덩이에 던져 내린다.

왕궁 내시 에벳멜렉이 구덩이에 던져진 예레미야의 소식을 듣고 베냐민 문에 앉아 있는 왕에게 나아간다. 그 내시가 왕에게 두 가지를 보고하는데, 하나는 예레미야에게 행한 그 사람들의 모든 행위가 악하다는 보고이며, 다른 하나는 성 중에 떡이 떨어졌으므로 구덩이에 던져진 예레미야가 거기에서 굶어 죽게 되었다는 보고이다. 이같은 보고를 받은 왕은 에벳멜렉에게 왕궁에서 삼십 명을 데리고 가서 신지지 예레미야가 죽기 전에 그를 구덩이에서 끌어내라고 명령하니 내시는 사람들을 데리고 왕궁 곳간 밑 방에 들어가 헝겊과 낡은 옷을 밧줄로 구덩이에 있는 예레미야에게 내리며 그것들을 그의 겨드랑이에 대고 줄을 그 아래에 매라고 일러준다. 내시가 일러준 대로 예레미야가 하매 내시 일행이 그를 줄로 구덩이에서 끌어내어 시위대 뜰에 머물게 한다.

시드기야 왕이 예레미야를 여호와의 성전 셋째 문으로 불러 한 가지 일을 물으면서 한 마디도 숨기지 말라 하니 예레미야가 이 일을 왕에게 알게 하여도 그 자신을 죽이지 않을 것이냐고 묻는다. 이와 함께 그는 설혹 그 자신이 왕을 권할지라도 왕이 듣지 않을 것이라는 그의 생각을 전한다. 이에 시드기야 왕이 우리에게 이 영혼을 지으신 여호와께서 살아 계심을 두고 그를 죽이지 않을 분만 아니라 그의 생명을 찾는 그 사람들의 손에 넘기지도 않을 것이라 맹세한다. 그리하여 예레미야가 왕에게 만군의 하나님이신 이스라엘의 하나님 여호와의 말씀 두 가지를 말해준다. 하나는 왕이 바벨론의 왕의 고관들에게 항복하면 왕의 생명이 살겠고, 이 성이 불사름을 당하지 아니할 것이라는 말씀이다. 다른 하나는 왕이 바벨론의 왕의 고관들에게 항복하지 아니하면 이 성이 갈대안인의 손에 넘어가 불사름을 당할 것이며, 왕도 그들의 손을 벗어나지 못할 것이라는 말씀이다.

예레미야로부터 갈대아인에게 항복하라는 여호와의 말씀을 들은 시드기야 왕이 그들이 자기를 그들에게 항복한 유다인의 손에 넘기어 조롱을 받게 할까 두렵고 염려된다고 말하니 이에 예레미야는 갈대아인이 왕을 그 유대인의 손에 넘기지 않을 것이라고 왕에게 말하면서 그가 전해준 여호와의 목소리에 순종하면 왕이 복을 받아 생명을 보전할 것이고, 항복하지 않으면 여호와의 말씀대로 될 것이라고 다시 말해준다. 여호와의 목소리를 순종하지 않을 경우, 여호와께서 이미 세 가지 말씀을 예레미야에게 주셨는데, 첫째는 유다 왕궁에 남아 있는 모든 여자가 바벨론 왕의 고관들에게로 끌려갈 것이며, 둘째는 왕의 아내들과 자녀는 갈대아인에게로 끌려가겠고 왕 또한 그들의 손에서 벗어나지 못하고 바벨론 왕의 손에 잡힐 것이며, 셋째는 왕의 불순종은 이 성읍을 불사르게 할 것이라는 말씀이다. 하나님의 섭리로 하나님께서 말씀하신 대로 하나님의 말씀을 시드기야 왕에게 이른 예레미야는 예루살렘이 함락되는 날까지 감옥 뜰에 머물러 있었음을 묵상하면서 성령의 인도하심에 점차 순응해 들어가는 자신을 발견한다.

수동적 묵상의 단계

마음에 와닿은 17-18절 말씀, 여호와의 말씀을 들으면 즉 시드기아 왕이 만일 바벨론의 왕의 고관들에게 항복하면 그의 생명이 살겠고 이 성이 불사름을 당하지 아니하겠고 그와 그의 가족이 살려니와 시드기와 왕이 만일 나가서 바벨론의 왕의 고관들에게 항복하지 아니하면 이 성이 갈대아인의 손에 넘어가리니 그들이 이 성을 불사를 것이며 그는 그들의 손을 벗어나지 못하리라는 말씀을 묵상하는 가운데 그 말씀을 통하여 두 가지 사건이 나에게 떠올랐다.

두 사건 모두 제가 있는 곳에서 겪었던 위기상황이었는데, 두 사건의 대상이 나에게 있어서 서로 다른 대상이었다. 하나는 A 사건이다. A 사건 시 나는 하나님 앞에서 해야 할 말과 일을 한 것뿐인데, 이때 국가적으로나 사회적으로 소신을 갖고 일하기가 어려운 상황이었다. 제가 해야 될 일을 한 결과 죽음의 위협을 하는 전화도 받았으며, 나 역시 힘든 시간을 보냈지만 후에 하나님의 은혜로 일이 순조롭게 해결되어 갔으나 당시 사건의 대상들 역시 힘든 값을 치르느냐고 힘든 처지에 있었다. 다른 하나는 B 사건이다. 이 사건은 제가 있는 곳에서 앞으로 나아가고 싶은 방향에 대하여 '아니다'라는 말을 계속하여 해야 됨으로 인하여 저 역시 같은 말을 계속하는 것이 힘들었다. 이 일로 인하여 제가 있는 곳에서 계속하여 있고 싶으면 입을 다물라고 제 귀에 대고 말하는 이도 있었는데, 이 역시 쉽지 않는 사건이었다. 그런데 하나님께서 하나님의 방법으로 이 사건들을 해결하여 주시어 저에게 그동안 힘들었던 모든 것이 다 벗겨지는 경험을 하였던 사건이다. 이 두 사건을 회상하면서 시드기야 왕이 예레미야를 통하여 들려주신 말씀을 순종하였더라면 그의 생명이 살겠고, 예루살렘 성이 불사름을 당하지 아니하겠고 그와 그의 가족이 살 수 있었을 것인데, 시드기야 왕이 바벨론의 왕의 고관들에게 항복하지 아니함으로 인하여 여호와의 말씀대로 예루살렘 성이 갈대아인의 손에 넘어가 이 성을 불사르게 되었으며 그는 그들의 손을 벗어나지 못하게 되었음을 묵상하면서 하나님을 향한 나의 마음이 늘 순종의 자세로 있어지기를 원하는 것을 감지하면서 주님과 말씀으로 교제하며 성령의 인도하심에 점차 순응해 들어가는 자신을 발견한다.

되돌아보기

저의 경우는 제가 있는 자리에서 하나님이 원하시는 것이 거의 성취될 수 없는 상황임에도 불구하고 포기하지 아니하고 계속하여 하나님께서 원하시는 방향이 바로 우리가 있는 곳의 안정과 평화임을 계속하여 말하는 것이었는데 이는 내가 원해서 하는 것이 아님을 나는 알고 있었다. 사실 나 자신도 똑같은 말을 이미 결정된 것을 안 된다고 말하는 것이 개인적으로는 버거웠다. 그러나 하나님께서 원하시는 것을 말을 하지 않고 있을 수는 더욱 없었기에 완전히 끝날 때까지 하나님께서 원하시는 밀을 해야민 했다. 그런데 하나님께서 놀라운 방법으로 이 일을 하나님께서 원하시는 방향으로 결정이 나게 하셨다. 하나님께서 하나님의 사람을 통하여 일하고 계시는 것을 경험하면서 하나님께서 저에게 끝까지 하나님의 거룩한 도구로 변화된 삶을 요구하고 계시며 그 변화에 나 또한 순종하고픈 마음이 간절함을 살피면서 침묵으로 나의 지난 시간을 되돌아보고 앞으로 계속하여 하나님의 거룩한 도구로서의 삶을 살고 싶은 나의 내면을 살핀다.

마음 쏟아 놓기

어떤 상황 속에서도 거룩한 도구로 변화된 삶을 살고 싶은 내 자신과 이같은 삶으로의 변화는 거룩하신 하나님을 절대 믿고 절대 순종하는 삶임을 감지하게 하신 하나님에 대한 새로운 인식을 경험하면서 하나님께서 내게 원하시는 거룩한 도구로의 변화와 이를 위하여 하나님의 절대적인 은혜로 덧입힘을 받지 않으면 감당할 수 없는 나 자신의 존재를 처절하게 감지하면서 나의 하나님을 향한 이 애타는 마음을 있는 그대로 쏟아 놓으면서 내 안에서 역사하시는 성령 하나님의 인도하심에 따라 침묵으로 하나님과 깊은 교제로 나아가면서 요한복음 17장 19절, '또 그들을 위하여 내가 나를 거룩하게 하오니 이는 그들도 진리로 거룩함을 얻게 하려 함이니이다.'라는 주의 말씀이 떠올랐다.

하나님 음성 듣기 / 하나님 안에 머물기

마음을 쏟아 낸 후 하나님의 사랑아래 고요히 머물면서 하나님께서 나에게 들려주시는 요한복음 17장 19절, '또 그들을 위하여 내가 나를 거룩하게 하오니 이는 그들도 진리로 거룩함을 얻게 하려 함이니이다.'라는 음성에 귀 기울인다.

계속 은혜 안에 머물면서 하나님의 충만하신 임재를 느끼면서 하나님의 치유하심과 구속하시는 은총을 덧입는다.

응답의 기도

하나님의 은총 안에 머물면서 '주님이시여! 진리로 거룩함을 얻게 하소서.'라는 응답 기도를 한다.

삶으로 나아가기

묵상하는 가운데 받은 '또 그들을 위하여 내가 나를 거룩하게 하오니 이는 그들도 진리로 거룩함을 얻게 하려 함이니이다.'라는 그 말씀에 붙잡힌 상태로 그 말씀과 동행하면서 내 삶이 영위될 수 있도록 도움을 구한다

45. 예루살렘이 함락될 때 예레미야가 풀려남
(39:1-18)

Lectio divina Jeremiah

기도에 임하기

하나님이시여! 주께 기도한 것을 응답하시는 하나님을 믿음으로 바라보면서 기다릴 줄 아는 사람이 되게 하소서.

말씀읽기

예레미야 39:1 - 18

마음의 문을 열고 하나님의 말씀을 집중해서 듣고 하나님의 말씀이 내 마음에 부딪혀 오든지 말씀에로 자신이 끌려들어 살 수 있도록 하나님 현존 앞에서 말씀을 청종하는 자세로 두세 번 반복해서 읽으면서 마음에 와닿은 말씀이나 혹은 자신에게 다가오는 말씀을 살핀다.

1절 유다의 시드기야 왕의 제구년 열째 달에 바벨론의 느부갓네살 왕과 그의 모든 군대가 와서 예루살렘을 에워싸고 치더니
2절 시드기야의 제십일년 넷째 달 아홉째 날에 성이 함락되니라 예루살렘이 함락되매
3절 바벨론의 왕의 모든 고관이 나타나 중문에 앉으니 곧 네르갈사레셀과 삼갈네부와 내시장 살스김이니 네르갈사레셀은 궁중 장관이며 바벨론의 왕의 나머지 고관들도 있더라

4절 유다의 시드기야 왕과 모든 군사가 그들을 보고 도망하되 밤에 왕의 동산 길을 따라 두 담 샛문을 통하여 성읍을 벗어나서 아라바로 갔더니

5절 갈대아인의 군대가 그들을 따라 여리고 평원에서 시드기야에게 미쳐 그를 잡아서 데리고 하맛 땅 리블라에 있는 바벨론의 느부갓네살 왕에게로 올라가매 왕이 그를 심문하였더라

6절 바벨론의 왕이 리블라에서 시드기야의 눈 앞에서 그의 아들들을 죽였고 왕이 또 유다의 모든 귀족을 죽였으며

7절 왕이 또 시드기야의 눈을 빼게 하고 바벨론으로 옮기려고 사슬로 결박하였더라

8절 갈대아인들이 왕궁과 백성의 집을 불사르며 예루살렘 성벽을 헐었고

9절 사령관 느부사라단이 성중에 남아 있는 백성과 자기에게 항복한 자와 그 외의 남은 백성을 잡아 바벨론으로 옮겼으며

10절 사령관 느부사라단이 아무 소유가 없는 빈민을 유다 땅에 남겨 두고 그 날에 포도원과 밭을 그들에게 주었더라

예레미야가 석방되다

11절 바벨론의 느부갓네살 왕이 예레미야에 대하여 사령관 느부사라단에게 명령하여 이르되

12절 그를 데려다가 선대하고 해하지 말며 그가 네게 말하는 대로 행하라

13절 이에 사령관 느부사라단과 내시장 느부사스반과 궁중 장관 네르갈사레셀과 바벨론 왕의 모든 장관이

14절 사람을 보내어 예레미야를 감옥 뜰에서 데리고 사반의 손자 아히감의 아들 그다랴에게 넘겨서 그를 집으로 데려가게 하매 그가 백성 가운데에 사니라

여호와께서 에벳멜렉에게 구원을 약속하시다

15절 예레미야가 감옥 뜰에 갇혔을 때에 여호와의 말씀이 그에게 임하니라 이르시되

16절 너는 가서 구스인 에벳멜렉에게 말하기를 만군의 여호와 이스라엘의 하나님의 말씀에 내가 이 성에 재난을 내리고 복을 내리지 아니하리라 한 나의 말이 그 날에 네 눈 앞에 이루리라

17절 여호와의 말씀이니라 내가 그 날에 너를 구원하리니 네가 그 두려워하는 사람들의 손에 넘겨지지 아니하리라

18절 내가 반드시 너를 구원할 것인즉 네가 칼에 죽지 아니하고 네가 노략물 같이 네 목숨을 얻을 것이니 이는 네가 나를 믿었음이라 여호와의 말씀이니라 하시더라

말씀으로 기도하기

본문배경 섭렵하기

배경설명

예레미야 39-45장은 예루살렘의 함락과 생존자들의 운명을 다룬다. 39장은 예루살렘의 함락, 시드기야의 사로잡힘과 예레미야가 풀려나고 에벳멜렉에 대한 구원약속이 전개된다. 예루살렘의 함락 이야기인 39:1-10은 예레미야 52:4-16과 열왕기하 25:1-12에도 기록되어 있다. 저자는 예루살렘의 멸망을 예레미야의 예언의 성취의 관점에서 다루고 있다. 이 본문은 시드기야의 운명과 예레미야와 에벳멜렉의 운명을 대조한다. 시드기야는 왕이었지만 멸망과 함께 눈이 뽑히고 아들의 죽음을 목격하며 바벨론으로 끌려가고, 반대로 감옥에 갇혀서 죽음의 촌각에 있던 예레미야는 바벨론 군대의 호위 아래 자유인이 되고, 에벳멜렉은 구원을 약속받는다. 3절에서 중문의 앉는 자리란 명백히 알려지지는 않았지만, 아비가드(Avigad)가 예루살렘 구도시 유대인 구역을 발굴한 결과 북쪽 성곽의 일부분과 한 성문 지역이 공격을 받아 불에 탄 흔적을 발견하였다. 시드기야는 성이 함락될 때 바벨론 군대의 공격이 북문에 집중되었기에 남쪽으로 난 문으로 도망하였다. 두 담은 아마도 히스기야가 앗수르의 위협에 맞서서 성위 수비를 강화할 때 증축한 석벽을 다루는 것 같다(대하 32:5). 시드기야의 도망경로로서 아라바는 요단 골짜기를 가리키는 말로, 시드기야는 요단강을 건너 모압이나 암몬으로 도주하여 피신처를 찾으려고 하다가 강에 도착하기 전 여리고 평지에서 바벨론 군사에게 잡힌 것 같다. 5절에서 하맛 땅 립나는 당시 느부갓네살 왕이 군대 지휘를 위하여 본부로 쓰고 있던 곳이었다. 시드기야에게 내린 형벌은 눈을 빼는 것인데 이는 근동지방에서 반란에 대한 형벌이었다. 삼손도 눈을 잃었고(삿 16:21), 암몬 족속이 야베스 길르앗 모든 사람의 오른 눈을 빼겠다고 위협하였다(삼상 11:2). 9절에서 바벨론의 정책은 반란 분자들에 대한 정책으로 속국의 백성의 일부를 볼모로 제국에 잡아두는 것이었다. 왕과 왕의 가족들, 귀족들, 많은 장인들을 바벨론으로 데려가 감시하였다. 10절에 의하면 유다의 모든 백성들이 다 잡혀간 것은 아니고 남아 있는 사람들에게 쏘로로 잡혀간 사람들의 땅을 재분배함으로 빈민들과 친분을 형성하였다.

본문내용 이해하기

> 주요 내용 설명

이 본문은 네 단락으로 이루어졌다: A. 예루살렘 성이 함락되다 (1-3 절); B. 시드기야가 잡히고 도시가 파괴되다 (4-10 절); C. 예레미야가 석방되다 (11-14 절); D. 에벳멜렉의 구원을 약속하시다 (15-18 절)

첫째 단락(1-3 절)은 예루살렘 성이 함락되는 과정을 다룬다. 바벨론 왕이 예루살렘을 포위하기 시작한 때는 시드기야 9년 10월인데 이때는 주전 589년 12월 또는 588년 1월에 해당한다. 당시 사용된 달력은 3월이나 4월에 시작되는 바벨론 신년을 기준으로 하였다. 예루살렘이 함락된 시점은 시드기야 11년 4월인데 이는 주전 587년 6월이나 7월에 해당한다. 바벨론 관리들이 정복자들로서 성으로 들어와 중문에 앉았다.

둘째 단락(4-10 절)은 시드기야가 잡히고 도시가 파괴되는 과정을 다룬다. 시드기야 왕이 도망가다가 잡혀서 느부갓네살 왕 앞에서 심문을 당하고 그 앞에서 아들들이 죽임을 당하였다. 바벨론 왕은 시드기야의 눈을 빼게 하고 사슬로 결박하여 바벨론으로 옮기게 하였다. 성벽이 무너지고 모든 귀족들이 죽임을 당하였고, 사령관 느부사라단은 "성중에 남아 있는 백성과 자기에게 항복한 자와 그 외의 남은 백성을 잡아 바벨론으로 옮기고, 아무 소유가 없는 빈민을 유다 땅에 남겨 두고 그 날에 포도원과 밭을 그들에게 주었다." (9-10 절).

셋째 단락(11-14 절)은 예레미야가 석방되는 과정을 다룬다. 느부갓네살 왕이 사령관 느부사라단에게 예레미야에 대하여 "그를 데려다가 선대하고 해하지 말며 그가 네게 말하는 대로 행하라." 라고 명령하였다. 사령관이 예레미야를 감옥에서 석방하고 그다랴에게 넘겨서 집으로 돌아가게 하였다.

넷째 단락(15-18 절)은 에벳멜렉의 구원을 약속하시는 과정을 다룬다. 예레미야는 감옥에 있으면서 하나님의 음성을 듣는데 곧 에벳멜렉에게 전하는 말이다. 이 성에 재난을 내리고 복을 내리지 않는다는 말씀이 성취되었다. "내가 너를 구원하리니 네가 그 두려워하는 사람들의 손에 넘겨지지 않을 것이며, 네가 칼에 죽지 아니하고 네가 노략물 같이 네 목숨을 얻을 것이니 이는 네가 나를 믿었음이라." 라고 말씀하신다. 에벳멜렉의 이야기는 시간적으로 예레미야가 아직 감옥에 있을 때이므로 사실상 에벳멜렉이 예레미야를 구출한 38장 13절 이후의 사건이지만 희망을 담고 있는 메시지이기에 예레미야가 구출된 직후에 배치하였다.

능동적 묵상의 단계

침묵 가운데 39장 1-18절 말씀을 읽으면서 마음에 와닿은 12절, '그를 데려다가 선대하고 해하지 말며 그가 네게 말하는 대로 행하라'는 말씀과 14절, '사람을 보내어 예레미야를 감옥 뜰에서 데리고 사반의 손자 아히감의 아들 그다랴에게 넘겨서 그를 집으로 데려가게 하매 그가 백성 가운데에 사니라.'는 말씀을 붙잡고 읊조리면서 그 말씀의 의미를 본문배경과 본문의 주석을 읽으면서 이해한다.

여호와께서 예레미야에게 주신 말씀대로 바벨론의 느부갓네살 왕과 그의 모든 군대가 주전 588년에 예루살렘을 포위하여 주전 586년 그 성을 함락시킨다. 유다 왕 시드기야와 모든 군사는 바벨론 왕의 모든 고관이 중문에 앉아 있는 것을 보고 도망한다. 그들은 밤에 왕의 동산 길을 따라 두 담 샛문을 통하여 성읍을 벗어나 여리고 지역인 요르단 계곡의 아라바로 도망하는데, 아마도 그들은 요르단을 건너 애굽으로 도망하려 하였던 것이 아닌가 싶으나 갈대아인의 군대가 그들을 따라 여리고 평원에서 시드기야 왕에게 미치게 되어 그를 잡아 데리고 하맛 땅 리블라에 있는 바벨론의 느부갓네살 왕에게로 올라간다. 그리하여 바벨론의 느부갓네살 왕이 유다의 시드기야 왕을 심문한다.

예루살렘함락의 결과로 유다 왕 시드기야에게 임한 것 세 가지와 유다에 임한 것 세 가지가 있는데, 시드기야 왕에게 임한 세 가지는 리블라에 있는 바벨론의 느부갓네살 왕에 의하여 집행되었다. 첫째는 시드기야의 눈앞에서 그의 아들들이 죽임을 당한다. 둘째는 유다의 모든 귀족이 죽임을 당한다. 셋째는 시드기야의 눈을 빼게 하고, 바벨론으로 옮기려고 사슬로 결박한다. 반면 유다에 임한 세 가지는 유다 왕궁과 유다 백성들 가운데 있는 갈대아인들에 의하여 집행된다. 첫째는 왕궁과 백성의 집을 불사르고 또한 예루살렘 성벽을 헌다. 둘째는 사령관 느부사라단이 성중에 남아 있는 백성과 지기에게 항복한 자와 그 외의 남은 백성을 잡아 바벨론으로 옮긴다. 셋째는 사령관 느부사라단이 아무 소유가 없는 빈민을 유다 땅에 남겨 두고 그 날에 포도원과 밭을 그들에게 준다.

바벨론의 느부갓네살 왕이 예레미야와 관련하여 사령관 느부사라단에게 두 가지를 명령한다. 하나는 시위대 뜰에서 예레미야를 데려다가 해하지 말고 선대하라는 명령이다. 다른 하나는 예레미야가 사령관에게 말하는 대로 행하라는 명령이다. 이에 사령관과 내시장과 궁중 장관과 바벨론 왕의 모든 장관이 사람을 보내어 예레미야를 왕의 명령대로 감옥 뜰에서 석방하여 백성 가운데 살게 한다. 그런데 그들이 예레미야를 감옥 뜰에서 데려다가 당시 유다에 남은 자들의 총독으로 임명된 그다랴에게 넘겨서 그를 집으로 데려가게 하는 것을 묵상하면서 성령의 인도하심에 점차 순응해 들어가는 자신을 발견할 수 있다.

수동적 묵상의 단계

마음에 와닿은 12절, '그를 데려다가 선대하고 해하지 말며 그가 네게 말하는 대로 행하라'는 말씀과 14절, '사람을 보내어 예레미야를 감옥 뜰에서 데리고 사반의 손자 아히감의 아들 그다랴에게 넘겨서 그를 집으로 데려가게 하매 그가 백성 가운데에 사니라.'는 말씀을 묵상하는 가운데 바벨론의 느부갓네살 왕이 사령관 느부사라단에게 시위대 뜰에서 예레미야를 데려다가 해하지 말고 선대하고 예레미야가 원하는 대로 행하라는 말씀을 묵상하면서 제가 매우 신체적으로 또한 정신적으로 어려움을 겪고 있을 때 저를 선대했던 세 분이 떠올랐다. 세 분 가운데 두 분은 부부였는데, 이들로부터 많은 관심과 사랑을 받았다. 하나님께서 이들의 마음을 움직이시어 제가 원하는 대로 선대해 주셨기에 그때 당시 그 어려움을 딛고 일어나는데 있어서 큰 힘이 되었다, 또한 그들의 선대로 오늘의 내가 있다는 것을 회상하게 되었다. 다른 한 분은 제게 밀착되어 저를 살뜰하게 보살펴 주시고 기도로 저를 섬겨주셨다.

하나님께서 예레미야에게 사람을 보내어 그를 감옥 뜰에서 데리고 사반의 손자 아히감의 아들 그다랴에게 넘겨서 그를 집으로 데려가게 하시니 그가 백성 가운데에 사는데, 이것이 바로 예레미야가 원했던 것임을 감지하면서 저 역시 위의 세 분으로 인하여 제가 원하는 대로의 삶을 살 수 있도록 하신 하나님의 크신 섭리와 보살핌에 감사하며 동시에 저 또한 어떤 일을 놓고 기도하든지 간에 하나님의 인도하심에 온전히 맡기고 응답해 주실 하나님을 믿고 기다릴 줄 알아야 됨을 혹독한 훈련을 통하여 알게 하신 하나님을 향한 감사와 영광을 올려드리면서 주님과 말씀으로 교제하며 성령의 인도하심에 순응해 들어가는 나 자신을 발견한다.

되돌아보기

하나님께서 저에게 제가 가장 긴급하게 원하는 것이라 할지라도 이를 기도하면서 하나님의 인도하심에 온전히 맡기고 기다릴 줄 아는 것을 요구하고 계시는데, 당시 저는 나의 그 요구를 믿음으로 기다리지 못하고 제가 친히 그 원하는 것을 얻으려는데 온 힘과 열을 다 하였다는 것을 회상하면서 그 이후 하나님의 인도하심에 온전한 순종이 하나님의 사람으로서 사는 유일한 길임을 통감하면서 침묵으로 나의 지난 시간을 되돌아보고, 지금 나는 온전히 하나님의 인도하심에 즐겨 순종하고 싶은 나의 내면을 살핀다.

마음 쏟아 놓기

내가 정말로 원하는 것은 하나님의 인도하심을 기다리면서 하나님의 뜻에 온전히 맡기는 것이 부족한 내 자신과 이러한 나의 부족함을 채우시어 온전히 하나님을 신뢰하며 한 발 한 발 내 딛기를 원하시는 하나님에 대한 새로운 인식을 경험하면서 하나님께서 내게 원하시는 그러한 요구에 감사함으로 응답하기를 원하는 나의 마음을 있는 그대로 하나님 앞에 쏟아 놓으면서 내 안에서 역사하시는 성령 하나님의 인도하심에 따라 침묵으로 하나님과 깊은 교제에로 나아간다.

하나님 음성 듣기 / 하나님 안에 머물기

마음을 쏟아 낸 후 하나님의 사랑아래 고요히 머물면서 하나님께서 나에게 들려주시는 '하나님의 인도하심에 범사를 온전히 맡기고 응답해 주실 하나님을 믿고 기다리라'는 음성에 귀 기울인다.
계속 은혜 안에 머물면서 하나님의 충만하신 임재를 느끼면서 하나님의 치유하심과 구속하시는 은총을 덧입는다.

응답의 기도

하나님의 은총 안에 머물면서 '하나님이시여! 주께 기도한 것을 응답하시는 하나님을 믿음으로 바라보면서 기다릴 줄 아는 사람이 되게 하소서.'라는 응답 기도를 한다.

삶으로 나아가기

묵상하는 가운데 받은 그 말씀, '하나님의 인도하심에 범사를 온전히 맡기고 응답해 주실 하나님을 믿고 기다릴 줄 아는 믿음을 갖기를 원하시는 하나님의 말씀에 붙잡힌 상태로 그 말씀과 동행하면서 내 삶이 영위될 수 있도록 도움을 구한다.

46. 예레미야가 유다에 머물고 그다랴가 총독에 임명되다 (40:1-16)

Lectio divina Jeremiah

기도에 임하기

하나님과 함께 하는 삶을 살 수 있도록 하나님의 다스리심과 인도하심에 언제나 즐겨 순종하게 하소서.

말씀읽기

예레미야 40:1 - 16

마음의 문을 열고 하나님의 말씀을 집중해서 듣고 하나님의 말씀이 내 마음에 부딪혀 오든지 말씀에로 자신이 끌려들어 갈 수 있도록 하나님 현존 앞에서 말씀을 청종하는 자세로 두세 번 반복해서 읽으면서 마음에 와닿은 말씀이나 혹은 자신에게 다가오는 말씀을 살핀다.

1절 사령관 느부사라단이 예루살렘과 유다의 포로를 바벨론으로 옮기는 중에 예레미야도 잡혀 사슬로 결박되어 가다가 라마에서 풀려난 후에 말씀이 여호와께로부터 예레미야에게 임하니라

2절 사령관이 예레미야를 불러다가 이르되 네 하나님 여호와께서 이곳에 이 재난을 선포하시더니

3절 여호와께서 그가 말씀하신 대로 행하셨으니 이는 너희가 여호와께 범죄하고 그의 목소리에 순종하지 아니하였으므로 이제 이루어졌도다 이 일이 너희에게 임한 것이니라

4절 보라 내가 오늘 네 손의 사슬을 풀어 너를 풀어 주노니 만일 네가 나와 함께 바벨론으로 가는 것을 좋게 여기거든 가자 내가 너를 선대하리라 만일 나와 함께 바벨론으로 가는 것을 좋지 않게 여기거든 그만 두라 보라 온 땅이 네 앞에 있나니 네가 좋게 여기는 대로 옳게 여기는 곳으로 갈지니라 하니라

5절 예레미야가 아직 돌이키기 전에 그가 다시 이르되 너는 바벨론의 왕이 유다 성읍들을 맡도록 세운 사반의 손자 아히감의 아들 그다랴에게로 돌아가서 그와 함께 백성 가운데 살거나 네가 옳게 여기는 곳으로 가거나 할지니라 하고 그 사령관이 그에게 양식과 선물을 주어 보내매

6절 예레미야가 미스바로 가서 아히감의 아들 그다랴에게로 나아가서 그 땅에 남아 있는 백성 가운데서 그와 함께 사니라

유다 총독 그다랴(왕하 25:22-24)

7절 들에 있는 모든 지휘관과 그 부하들이 바벨론의 왕이 아히감의 아들 그다랴에게 그 땅을 맡기고 남녀와 유아1)와 바벨론으로 잡혀가지 아니한 빈민을 그에게 위임하였다 함을 듣고

8절 그들 곧 느다냐의 아들 이스마엘과 가레아의 두 아들 요하난과 요나단과 단후멧의 아들 스라야와 느도바 사람 에배의 아들들과 마아가 사람의 아들 여사냐와 그들의 사람들이 미스바로 가서 그다랴에게 이르니

9절 사반의 손자 아히감의 아들 그다랴가 그들과 그들의 사람들에게 맹세하며 이르되 너희는 갈대아 사람을 섬기기를 두려워하지 말고 이 땅에 살면서 바벨론의 왕을 섬기라 그리하면 너희에게 유익하리라

10절 보라 나는 미스바에 살면서 우리에게로 오는 갈대아 사람을 섬기리니 너희는 포도주와 여름 과일과 기름을 모아 그릇에 저장하고 너희가 얻은 성읍들에 살라 하니라

11절 모압과 암몬 자손 중과 에돔과 모든 지방에 있는 유다 사람도 바벨론의 왕이 유다에 사람을 남겨 둔 것과 사반의 손자 아히감의 아들 그다랴를 그들을 위하여 세웠다 함을 듣고

12절 그 모든 유다 사람이 쫓겨났던 각처에서 돌아와 유다 땅 미스바에 사는 그다랴에게 이르러 포도주와 여름 과일을 심히 많이 모으니라

그다랴 총독을 죽이다(왕하 25:25-26)

13절 가레아의 아들 요하난과 들에 있던 모든 군 지휘관들이 미스바에 사는 그다랴에게 이르러

14절 그에게 이르되 암몬 자손의 왕 바알리스가 네 생명을 빼앗으려 하여 느다냐의 아들 이스마엘을 보낸 줄 네가 아느냐 하되 아히감의 아들 그다랴가 믿지 아니한지라

15절 가레아의 아들 요하난이 미스바에서 그다랴에게 비밀히 말하여 이르되 청하노니 내가 가서 사람이 모르게 느다냐의 아들 이스마엘을 죽이게 하라 어찌하여 그가 네 생명을 빼앗게 하여 네게 모인 모든 유다 사람을 흩어지게 하며 유다의 남은 자로 멸망을 당하게 하랴 하니라

16절 그러나 아히감의 아들 그다랴가 가레아의 아들 요하난에게 이르되 네가 이 일을 행하지 말 것이니라 네가 이스마엘에 대하여 한 말은 진정이 아니니라 하니라

말씀으로 기도하기

본문배경 섭렵하기

배경설명

40장은 예레미야의 선택과 남은 백성의 운명에 관하여 서술한다. 적어도 형식적으로 여호야김 사년까지 회개를 요구하며 백성들의 죄를 질책했던 예레미야는 중보기도를 거절하는 야웨의 뜻에 따라 값싼 구원을 외치는 예언자들과 대결을 벌인다. 멸망이 결정되었다면, 불순종은 멸망을 더 비참하게 만들어 버린다. 이미 촛대가 옮겨져 버린 상황에서 현실을 받아들이지 않음으로 유다의 역사는 더 비참하게 멸망을 맞이한다. 시드기야는 하나님의 말씀에 호의적이었다 할지라도 과감한 결단력의 부족으로 친 애굽파와 같은 운명을 맞이한다. 느부갓네살 왕은 바벨론 시위대장에게 예레미야를 환대하기를 요청한다(39:11-14). 시위대장은 예루살렘과 유다의 포로를 바벨론으로 옮기는 과정에 예레미야에게 선택을 할 수 있는 기회를 준다(40:4-6). 바벨론의 시위대장은 예레미야를 막무가내로 끌고 가지 않고, 그에게 선택권을 맡긴다. 시드기야 왕이 특별히 부탁하여 선대하도록 요청했다. 그가 바벨론에 끌려가더라도 그의 남은 생애는 편안하게 보낼 수 있었다. 그동안 거짓 예언자와의 갈등이 있었지만, 이제는 예레미야의 말이 옳다고 판명되었다. 바벨론 포로들 가운데 자신의 영향력 있는 위치를 유지할 수 있었을 것이다. 가정을 이루지 않고 고생한 지금까지의 생애에 대한 보응으로 여길 수 있었을 것이다. 비록 조국은 멸망하였지만, 자신의 소임은 다한 것 같고 다 이루었다고 선포할 수 있을 것 같다. 그러나 그의 선택은 의외로 간단했다. 거짓 예언자들과의 싸움에서는 그렇게 탄식하던 예레미야였지만, 마지

막 선택의 고민을 보이지 않은 채 백성들과 함께 거하기를 선택한다. 과연 예레미야의 생각은 무엇이었을까? 그에 의하면 유다와 예루살렘의 운명은 이미 여호야김 사년에 기울었다. 이후로는 멸망의 과정이었고 그의 임무는 백성들이 자신들의 죄로 인한 결과를 받아들이고 하나님의 인도하심에 순응하도록 깨닫게 하는 것이었다.

주전 587년, 두 번째 바벨론에 의하여 예루살렘이 무너진 후에 예레미야가 할 일은 무엇인가? 마지막 남은 자들과 함께 고락을 같이 하는 것이다. 예레미야가 보기에는 두 번의 함락에도 불구하고 현실을 인정하지 않는 친 애굽파에 의하여 더욱 더 비극적인 길을 걸을 것을 걱정하였다. 멸망은 결정된 것이지만, 고통을 최소화하기 위하여, 그는 그다랴에게로 나아가 현실이 하나님으로부터 온 것임을 설파하기 원한다. 그는 이미 남은 백성의 최악의 현실을 깨닫고 있었을까? 예레미야의 생애 자체는 예레미야가 경고한 최악의 길을 걸어간 것이다. 남은 백성들이 선택한 최악의 상황 속에서 예레미야는 끊임없이 하나님의 음성을 외쳤다. 그는 한 번 선택한 길, 바벨론의 권세 아래 복종하는 것만이, 바벨론에게 항복하는 것이 하나님의 뜻임을 외치며 모든 백성이 따르는 날만을 바라보면서 그렇게 살다가 가기를 원하였다. 마치 십자가를 지지 않아도 되지만 백성들을 위하여 모든 연약함을 체휼하시며 마지막 음부의 권세 아래까지 낮아지신 예수님의 길을 보는 듯하다.

본문내용 이해하기

주요 내용 설명

이 본문은 세 단락으로 이루어진다: A. 예레미야의 방면 (1-6 절); B. 그다랴가 총독으로 지명되다 (7-12 절); C. 암살 음모에 대하여 그다랴에게 경고 (13-16 절)

첫째 단락(1-6 절)은 예레미야의 방면을 다룬다. 사령관 느부사라단이 예루살렘과 유다의 포로를 바벨론으로 옮기던중 예레미야를 부른다. 사령관은 예레미야의 공을 설명한다. 예레미야가 여호와의 재난을 선포하였지만 백성들이 범죄하여 재난이 임하였고 이 일이 임하였으므로 예레미야에게 선택권을 준다. 예레미야는 바벨론으로 가든지 이곳에 거하든지 선택할 수 있다. 그러나 바벨론으로 가는 것을 선택하지 않고 그 땅에 남아 있는 백성들과 함께 살기를 선택한다.

둘째 단락(7-12 절)은 그다랴가 총독으로 지명되는 것을 다룬다. 40장 7절부터는 바벨론에 끌려가지 않고 남아 있는 백성들의 이야기이다. 비록 이들이 처한 상황은 달라졌지만, 불순종의 역사를 다룬다는 면에서 이전의 이야기의 연속선상에 있다고 볼 수 있다. 그다랴는 이제 남녀와 유아와 바벨론으로 옮기지 아니한 빈민을 맡은 총독이 되었다. 예레미야의 예언은 이제 그다랴를 통하여 선포된다. 예레미야는 그들에게 바벨론 왕을 섬기기를 요청한다. 그리하면 평안이 오리라고 말한다(40:8-9). 하나님은 유대와 예루살렘을 바벨론에게 맡겼고, 바벨론은 남은 백성들을 그다랴에게 맡겼다. 그다랴는 바벨론 왕으로부터 권세를 위임받았다. 이제 전쟁은 끝나고 새로운 시작의 조짐이 보였다: "바벨론의 왕이 유다에 사람을 남겨 둔 것과 사반의 손자 아히감의 아들 그다랴를 그들을 위하여 세웠다 함을 듣고, 그 모든 유다 사람이 쫓겨났던 각처에서 돌아와 유다 땅 미스바에 사는 그다랴에게 이르러 포도주와 여름 과일을 심히 많이 모으니라 (렘 40:12).

셋째 단락(13-16 절)은 요하난과 지휘관들이 암살 음모에 대하여 그다랴에게 경고하는 것을 다룬다. 요하난과 지휘관들이 그다랴에게 와서 암몬 자손의 왕 바알리스가 느다냐의 아들 이스마엘을 보내어 그다랴의 생명을 빼앗으려 하니 조심하고, 이스마엘을 죽이라고 요청한다. 그러나 그다랴는 그 말을 소문으로 듣고 그 일을 행하지 말라고 그 요청을 거절한다.

능동적 묵상의 단계

침묵 가운데 40장 1-16절 말씀을 읽으면서 마음에 와닿은 6절 '예레미야가 미스바로 가서 아히감의 아들 그다랴에게로 나아가서 그 땅에 남아 있는 백성 가운데서 그와 함께 사니라.'는 말씀을 붙잡고 읊조리면서 그 말씀의 의미를 본문배경과 본문의 주석을 읽으면서 이해한다.

예루살렘 함락 후 바벨론의 사령관 느부사라단이 예루살렘과 유다의 포로를 그의 나라로 옮기는데, 그 중에 예레미야도 사슬로 결박된 채로 가고 있었다. 포로들이 집결되어 수용되었다가 바벨론으로 보내는 과정에서 예루살렘 북쪽으로 약 8km 떨어진 라마에서 예레미야는 풀려난다. 풀려난 예레미야에게 여호와의 말씀이 임하는데, 사령관이 그를 불러다가 유다 재난에 관한 그의 입장 세 가지를 말하는데, 첫째는 네 하나님 여호와께서 이곳 유다에 이 재난을 선포하시더니 그가 말씀하신 대로 행하셨다는 말이다. 둘째는 여호와께서 이 같은 재난을 행하신 이유는 바로 유다가 여호와께 범죄하고 그의 목소리에 순종하지 아니하였기 때문이라는 말이다. 셋째는 여호와의 말씀대로 이제 이루어져서 이 재난이 유다에게 임한 것이라는 말이다.

바벨론 사령관 느부사라단이 예레미야의 사슬을 풀어주면서 세 가지 제안을 한다. 첫째는 예레미야가 그와 함께 바벨론으로 가기를 원하면, 가자고 제안하면서 그곳에서 선대해 줄 것까지 약속한다. 둘째는 예레미야가 바벨론으로 가는 것을 좋지 않게 여긴다면, 그만 두라 보라 온 땅이 그 앞에 있으니 그가 좋게 여기는 대로 옳게 여기는 곳으로 가라 제안한다. 이 두 가지 제안에 대한 결정을 예레미야가 내리기도 전에 사령관의 세 번째 제안, 즉 예레미야가 바벨론의 왕이 유다 성읍들을 맡도록 세운 사반의 손자 아히감의 아들 그다랴에게로 돌아가 그와 함께 백성 가운데 살거나 아니면, 예레미야가 옳게 여기는 곳으로 가라는 것이다. 이 같이 제안하고 사령관이 예레미야에게 양식과 선물을 주어 보내니 예레미야가 미스바로 가서 그다랴에게 나아가 그 땅에 남아 있는 백성 가운데서 자유 몸으로 그와 함께 사는 것을 묵상 하면서 성령의 인도하심에 순응해 들어가는 자신을 발견한다.

수동적 묵상의 단계

마음에 와닿은 6절, '예레미야가 미스바로 가서 아히감의 아들 그다랴에게로 나아가서 그 땅에 남아 있는 백성 가운데서 그와 함께 사니라.'는 말씀을 묵상하는 가운데 하나님께서 나를 그 말씀 속으로 인도하시면서 미국 유학 시 한인연합장로교회에 속한 한인교회의 주일학교 책임자로 일하면서 경험하였던 사건이 회상되었다. 이 사건은 당시 제가 주일학교 교사들인 한인대학생들에게 성경공부를 가르쳤는데, 이를 보고 그 교회 여전도회장이 저에게 와 성경공부를 가르쳐 달라 하기에 이는 담임목사님의 허락이 없이는 할 수 없다 하니 그 회장이 담임목사님께 허락을 맡아 왔으므로 여전회원을 대상으로 성경공부를 가르치게 되었다. 그런데 하나님의 은혜로 성경공부 하는 이들이 변화되어 각자가 자기의 친구를 데리고 오게 되어 성경공부가 무르익어 가는데 그 사건이 표출되었다. 이는 성경공부를 통하여 하나님의 말씀을 듣고 배우면서 그들 자신과 교회와 목사님을 보는 눈이 열리게 된 것이 교회문제를 일으키는 요인들 가운데 하나라고 볼 수 있겠다. 왜냐하면, 성경공부를 하는 사람들 사이에 교회문제를 바라보는 눈이 들로 갈라졌는데, 이 둘로 갈라진 여전도회원의 남편들도 똑같이 갈라지게 되어 많은 어려움과 오해를 받으면서 무시로 요구하는 상담에 임할 수 밖에 없었는데, 이로 인하여 결국 교회가 둘로 갈라져 목사님계열의 사람들과 장로님들 계열의 사람들로 나눠지게 되었다. 놀라운 일은 두 교회가 모두 교인 수가 증가했을 뿐만 아니라 성경공부, 기도와 전도에 열심을 내어 그 교회가 있는 지역의 큰 변화가 왔었다. 이때 저를 아끼는 목사님은 그 교회에 있지 말고 나오라고 계속 저를 촉구하셨지만 저를 하나님의 종으로 부르신 하나님 때문에 그 교회를 떠나 나올 수가 없어서 문제의 시작부터 마지막까지 함께 있어야 되는 아주 힘겨운 시간을 보냈던 것이 사실이다.

결국 교회가 둘로 갈라져 저는 목사님계열의 교회에 남아 있게 되었는데, 그 까닭은 주일학교

교사들이 교회가 갈라지기 바로 전에 저에게 찾아와 자기들은 어떻게 해야 되는지를 저에게 물었는데, 이에 대하여 저는 목사님계열교회를 선택하든지 장로님계열교회를 선택하든지 둘 중의 하나를 선택하되 주일학교교사들인 너희는 서로 나눠지지 않으면 좋겠다는 제 의견을 말했다. 이 말을 들은 그들의 질문은 그러면 그들이 선택하지 아니한 그 교회의 주일학교는 어떻게 되느냐는 것이었다. 이에 그곳에는 제가 남아 있어 주일학교를 잘 이끌어 나갈 수 있을 때까지 도와주겠다 했다. 그랬더니 나중에 알고 보니 교사들 가운데 한 명을 제외하고 모두 장로님계열교회로 갔기에 저는 목사님계열에 남아 주일학교를 섬기게 되었다. 그런데 이러한 저의 결정을 본 양측계열에서 그들 나름대로 저에 관하여 부정적으로 말하는 것을 기껏이 전부 감수하면서 목사님계열의 주일학교가 정상으로 운영될 수 있게 되었을 때 나는 그 교회를 나와서 미국인 교회에서 예배를 드렸던 것이 회상되었다. 하나님께서 늘 저에게 들려주는 음성인 '내가 너화 함께 함이니라'는 말씀을 회상하면서 예레미야가 이스라엘과 유다백성에게 바벨론에게 항복하라 그렇지 아니하면 예루살렘 성이 불로 살라지리라는 하나님의 말씀을 한 그곳에서 그 말씀이 그대로 이뤄진 것을 다 본 예레미야가 미스바로 가서 아히감의 아들 그다랴에게로 나아가 그 땅에 남아 있는 백성 가운데서 그와 함께 사는 선택은 하나님의 사람이기에 가능하였다는 것과 하나님께서도 하나님의 사람으로서의 삶을 선택하기를 원하시는 것이 감지되면서 주님과 말씀으로 교제하며 성령의 인도하심에 점차 순응해 들어가는 자신을 발견한다.

되돌아보기

하나님께서 저에게 어떤 상황에서도 하나님의 사람으로서의 삶을 살기를 원하시는데, 이러한 삶은 저를 사랑하는 사람들조차도 이해하지 못하는 것을 경험하곤 했지만 하나님의 은혜로 어떤 상황에서는 잘 감당 할 수 있도록 하나님께서 전폭적으로 함께하셨지만 그렇지 못할 때도 있었으나 끝내는 오래 참으시면서 기다리시고 인도하시는 하나님으로 인하여 하나님의 사람으로서의 삶의 자리로 인도하시는 하나님을 또한 경험하였던 것이 회상되면서 하나님의 극진하신 사랑에 즐겁게 순종하는 삶으로의 온전한 변화를 하나님께서 요구하고 계시며 그 변화에 내가 아멘으로 화답하는 내 자신의 내면을 살핀다.

마음 쏟아 놓기

하나님의 사람으로서의 삶에로 온전히 변화되기를 원하는 내 자신의 내면을 보면서 나 자신 스스로가 이 변화를 할 수 없다는 사실에 직면한다. 이 엄청난 사실 앞에서 나는 그리스도의 보혈의 능력이 얼마나 큰 가를 그리고 또한 그리스도 예수께서 덧입혀 주시는 사랑과 거룩함이 내 안에 있어야 됨을 통감하면서 애통하는 나를 보며 동시에 이러한 나를 긍휼히 여기시어 하나님의 사람으로 하나님을 기쁘시게 하는 사람으로 변화되게 하실 수 있는 하나님을 바라본다. 그러면서 동시에 나의 하나님을 향한 마음을 있는 그대로 쏟아 놓으면서 내 안에서 역사하시는 성령 하나님의 인도하심에 따라 침묵으로 하나님과 깊은 교제에로 나아간다.

하나님 음성 듣기 / 하나님 안에 머물기

마음을 쏟아 낸 후 하나님의 사랑아래 고요히 머물면서 하나님께서 나에게 하나님의 사람으로서 살 수 있는 길은 하나님께서 '내가 너와 함께 하기 때문임을 감지하게 하시며 동시에 하나님과 함께하는 삶으로의 온전한 변화를 원하시는 것을 감지할 수 있었다. 이에 일상에서 범사에 하나님과 함께 하는 삶을 살 수 있기를 원하시는 하나님의 음성에 귀 기울인다.

계속 은혜 안에 머물면서 하나님의 충만하신 임재를 느끼면서 하나님의 치유하심과 구속하시는 은총을 덧입는다.

응답의 기도

하나님의 은총 안에 머물면서 '하나님이시여! 하나님과 함께 하는 삶을 살 수 있도록 하나님의 다스리심과 인도하심에 언제나 즐겨 순종할 수 있게 하소서.' 라는 응답 기도를 한다.

삶으로 나아가기

묵상하는 가운데 받은 '일상에서 하나님과 함께 하는 삶으로의 온전한 변화'를 원하시는 하나님께서 주신 그 말씀에 붙잡힌 상태로 그 말씀과 동행하면서 내 삶이 영위될 수 있도록 도움을 구한다

47. 그다랴가 이스마엘에게 암살되다
(41:1-18)

Lectio divina Jeremiah

기도에 임하기

하나님이시여! 크고 작은 일 모두를 하나님께 기도하고 하나님의 응답을 기다릴 수 있게 하소서.

말씀읽기

예레미야 41:1 - 18

마음의 문을 열고 하나님의 말씀을 집중해서 듣고 하나님의 말씀이 내 마음에 부딪혀 오든지 말씀에로 자신이 끌려들어 갈 수 있도록 하나님 현존 앞에서 말씀을 청종하는 자세로 두세 번 반복해서 읽으면서 마음에 와닿은 말씀이나 혹은 자신에게 다가오는 말씀을 살핀다.

1절 일곱째 달에 왕의 종친 엘리사마의 손자요 느다냐의 아들로서 왕의 장관인 이스마엘이 열 사람과 함께 미스바로 가서 아히감의 아들 그다랴에게 이르러 미스바에서 함께 떡을 먹다가

2절 느다냐의 아들 이스마엘과 그와 함께 있던 열 사람이 일어나서 바벨론의 왕의 그 땅을 위임했던 사반의 손자 아히감의 아들 그다랴를 칼로 쳐죽였고

3절 이스마엘이 또 미스바에서 그다랴와 함께 있던 모든 유다 사람과 거기에 있는 갈대아 군사를 죽였더라

4절 그가 그다랴를 죽인 지 이틀이 되었어도 이를 아는 사람이 없었더라

5절 그 때에 사람 팔십 명이 자기들의 수염을 깎고 옷을 찢고 몸에 상처를 내고 손에 소제물과 유향을 가지고 세겜과 실로와 사마리아로부터 와서 여호와의 성전으로 나아가려 한지라

6절 느다냐의 아들 이스마엘이 그들을 영접하러 미스바에서 나와 울면서 가다가 그들을 만나 아히감의 아들 그다랴에게로 가자 하더라

7절 그들이 성읍 중앙에 이를 때에 느다냐의 아들 이스마엘이 자기와 함께 있던 사람들과 더불어 그들을 죽여 구덩이 가운데에 던지니라

8절 그 중의 열 사람은 이스마엘에게 이르기를 우리가 밀과 보리와 기름과 꿀을 밭에 감추었으니 우리를 죽이지 말라 하니 그가 그치고 그들을 그의 형제와 마찬가지로 죽이지 아니하였더라

9절 이스마엘이 그다랴에게 속한 사람들을 죽이고 그 시체를 던진 구덩이는 아사 왕이 이스라엘의 바아사 왕을 두려워하여 팠던 것이라 느다냐의 아들 이스마엘이 그가 쳐죽인 사람들의 시체를 거기에 채우고

10절 미스바에 남아 있는 왕의 딸들과 모든 백성 곧 사령관 느부사라단이 아히감의 아들 그다랴에게 위임하였던 바 미스바에 남아 있는 모든 백성을 이스마엘이 사로잡되 곧 느다냐의 아들 이스마엘이 그들을 사로잡고 암몬 자손에게로 가려고 떠나니라

11절 가레아의 아들 요하난과 그와 함께 있는 모든 군 지휘관이 느다냐의 아들 이스마엘이 행한 모든 악을 듣고

12절 모든 사람을 데리고 느다냐의 아들 이스마엘과 싸우러 가다가 기브온 큰 물 가에서 그를 만나매

13절 이스마엘과 함께 있던 모든 백성이 가레아의 아들 요하난과 그와 함께 있던 모든 군 지휘관을 보고 기뻐한지라

14절 이에 미스바에서 이스마엘이 사로잡은 그 모든 백성이 돌이켜 가레아의 아들 요하난에게로 돌아가니

15절 느다냐의 아들 이스마엘이 여덟 사람과 함께 요하난을 피하여 암몬 자손에게로 가니라

16절 가레아의 아들 요하난과 그와 함께 있던 모든 군 지휘관이 느다냐의 아들 이스마엘이 아히감의 아들 그다랴를 죽이고 미스바에서 잡아간 모든 남은 백성 곧 군사와 여자와 유아

와 내시를 기브온에서 빼앗아 가지고 돌아와서
17절 애굽으로 가려고 떠나 베들레헴 근처에 있는 게롯김함에 머물렀으니
18절 이는 느다냐의 아들 이스마엘이 바벨론의 왕이 그 땅을 위임한 아히감의 아들 그다랴를 죽였으므로 그들이 갈대아 사람을 두려워함이었더라

말씀으로 기도하기

본문배경 섭렵하기

배경설명

안타까운 일들이 벌어진다. 바벨론의 통치를 인정하고 그곳에 거하려는 이스라엘 백성들에게 예기치 않은 일들이 벌어진다. 그다랴의 권위를 인정하지 않는 무리들이 있었고, 그다랴는 암몬 왕의 사주를 받은 이스마엘의 음모를 요하난을 통하여 들었지만 (40:14-15) 무시하다가, 마침내 죽임을 당하고(40:16, 41:1, 2) 팔레스틴에 남은 자들에게 다시 혼란이 찾아왔다. 그다랴가 암살된 연대가 일곱째 달이라고 하는데, 연도는 나타나지 않지만 예루살렘이 멸망된 587년으로 보인다. 그렇다면 그다랴가 통치한 기간은 세 달에 지나지 않는다. 7월은 전통적으로 큰 명절이 있어서 백성들이 예루살렘을 순례하였다. 5절에서 여호와의 성전으로 가려던 팔십명이 수염을 깎고, 옷을 찢은 것은 애도의 풍습을 나타낸다. 애도는 아마도 성전의 파괴와 관련되는 것으로 보인다. 성전이 파괴되었지만, 순례자로서 성전에서 제사를 드리기 위해 올라온 것은 예루살렘의 회복을 기대하며 애도한 것으로 보인다. 10절에서 그들이 암몬 자손에게 가려고 한다면 기브온(12절)으로 가는 것은 방향이 적절해 보이지 않지만, 아마도 자신들을 추적하는 요하난 일행을 피하려는 의도에서 갔던 것으로 보인다. 17절에서 게롯김함은 베들레헴 근처로서 아마도 전통적으로 김함이 차지하고 있던 땅으로 보인다(삼하 19:37). 이 사람처럼 왕실의 연금 혜택자는 일생동안 봉직한 답례로 땅을 받았다. 게롯이라는 말은 아마도 영지, 또는 소지 소유권이라는 뜻일 것이다.

본문내용 이해하기

주요 내용 설명

이 본문은 두 단락으로 이루어진다: A. 그다랴와 백성들에 대한 이스마엘의 암살(1-10 절); B. 요하난이 이스마엘의 포로들을 구출함 (11-18 절).

첫째 단락(1-10 절)은 그다랴와 백성들에 대한 이스마엘의 암살을 다룬다. 이스마엘이 열 사람과 함께 그다랴에게 와서 함께 떡을 먹다가 그다랴와 그와 함께 있던 유다 사람들과 갈대아 사람들을 죽였다. 이어서 여호와의 성전으로 가서 제사를 드리려던 80명을 그다랴에게 데려가는 척하고, 성읍 중앙에 이르러 그들을 죽여 구덩이에 던졌다. 그중의 열 사람은 밀과 보리와 기름과 꿀을 밭에 감추었으므로 죽이지 말라고 하여 살아났다. 이스마엘과 무리들이 시체를 구덩이에 던지고 미스바에 남아 있는 사람들을 사로잡아 암몬 자손에게 가려고 떠났다.

둘째 단락(11-18절)은 요하난이 이스마엘의 포로들을 구출하는 일을 다룬다. 요하난과 함께 있던 사람들이 이 악한 일을 듣고 이스마엘과 싸우러 가서 이스마엘과 함께 있던 백성들을 구출하였고, 이스마엘은 여덟 사람과 함께 암몬 자손에게로 도피하였다. 요하난의 무리들은 그다랴를 죽인 것에 대한 바벨론의 후환이 두려워 애굽으로 가기 위하여 게롯김함에 머물렀다.

능동적 묵상의 단계

침묵 가운데 41장 1-18절 말씀을 읽으면서 마음에 와닿은 16-17절, '가레아의 아들 요하난과 그와 함께 있던 모든 군 지휘관이 느다냐의 아들 이스마엘이 아히감의 아들 그다랴를 죽이고 미스바에서 잡아간 모든 남은 백성 곧 군사와 여자와 유아와 내시를 기브온에서 빼앗아 가지고 돌아와서 애굽으로 가려고 떠나 베들레헴 근처에 있는 게롯김함에 머물렀으니' 라는 말씀을 붙잡고 읊조리면서 이같이 군사와 여자와 유아와 내시를 기브온에서 빼앗아 가지고 온 요하난과 그와 함께 있던 모든 군 지휘관이 애굽으로 떠나려는 것이 특별히 마음에 와닿았는데, 그 말씀의 의미를 본문배경과 본문의 주석을 읽으면서 다음과 같이 이해한다.

암몬 자손의 왕 바알리스가 그다랴의 생명을 빼앗으려 느다냐의 아들 이스마엘을 보낼 것이라고 요하난이 그다랴에게 말한 바 있었다. 그런데 년도는 확실하지 않으나 일곱째 달에 이스마엘이 열 사람과 같이 미스바에 가서 그다랴에게 이르러 떡을 함께 먹는데, 이스마엘과 함께 있던 열 사람이 일어나서 바벨론 왕으로부터 그 땅을 위임받은 그다랴를 칼로 쳐 죽인다. 이 뿐만 아니라 이스마엘이 미스바에서 그다랴와 함께 있던 모든 유다 사람과 거기에 있는 갈대아 군사를 죽여 이스마엘이 요하난의 말처럼 그다랴를 죽였는데, 그가 죽은 지 이틀이 되었어도 이를 아는 사람이 없었다.

세겜과 실로 그리고 사마리아로부터 온 순례자들 팔십 명이 제사하러 여호와의 성전으로 나아가려는데 이스마엘이 그들을 영접하러 미스바에서 울면서 나온다. 그들은 슬픔과 회개의 표시로 수염을 깎고 옷을 찢고 몸을 상하게 하였는데, 이는 함락된 예루살렘과 성전에 대한 애곡의 표시였다. 이러한 그들을 이스마엘이 만나니 그는 그들에게 함께 그의 일당이 이미 살해한 그다랴에게 가자고 한다. 그런데 그들이 성읍 중앙에 이를 때에 이스마엘이 그와 함께 있던 사람들과 더불어 그들을 죽여 구덩이 가운데 던진다. 그러자 그 중의 열사람이 이스마엘에게 밭에 감춰둔 그들의 밀과 보리와 기름과 꿀을 줄 터이니 죽이지 말라고 애원하니 이에 이스마엘이 그들을 그의 형제와 마찬가지로 죽이지 않는다.

유다 왕 아사가 미스바를 요새화하려는 의도로 판 구덩이에 이스마엘이 그다랴에 속한 사람들을 죽이고 그곳을 시체로 채운다. 또한 그는 미스바에 남아 있는 왕의 딸들과 모든 백성을 사로잡아 암몬 자손에게로 가려고 떠난다. 이스마엘의 이같은 악행을 전해들은 요하난과 그와 함께 있는 모든 지휘관이 이스마엘과 싸우려 가는 중에 미스바에서 남서쪽으로 4.8km떨어진 기브온 큰 물가에서 그를 만난다. 이스마엘을 추격해 온 요하난 일행을 본 미스바에서 그에 의하여 사로잡혀 온 그 모든 백성이 기뻐하며 돌이켜 요하난에게로 돌아간다. 이런 상황을 지켜보던 이스마엘 일행이 함께 요하난을 피하여 암몬 자손에게로 가지만 요하난과 그와 함께 있던 모든 군 지휘관은 애굽으로 가려고 베들레헴 근처에 있는 게롯김함에 머뭀렀다. 요하난 일행이 애굽으로 피신하려고 예루살렘을 떠나 게롯김함에 머문 까닭은 바벨론의 왕이 그 땅을 위임한 총독 그다랴가 살해당하였으므로 그들이 갈대아 사람을 두려워하였기 때문임을 감지하면서 성령의 인도하심에 점차 순응해 들어가는 자신을 발견한다.

수동적 묵상의 단계

마음에 와닿은 16-17절, '가레아의 아들 요하난과 그와 함께 있던 모든 군 지휘관이 느다냐의 아들 이스마엘이 아히감의 아들 그다랴를 죽이고 미스바에서 잡아간 모든 남은 백성 곧 군사와 여자와 유아와 내시를 기브온에서 빼앗아 가지고 돌아와서 애굽으로 가려고 떠나 베들레헴 근처에 있는 게룻김함에 머물렀으니' 라는 말씀을 묵상하는 가운데 그 말씀을 통하여 요하난이 묵상되었는데, 그는 그다랴에게 이스마엘이 그를 죽이려한다는 것을 말해주었다. 이스마엘에 의하여 그의 말대로 그다랴가 죽었다. 뿐만아니라 미스바에서 잡아간 모든 남은 백성 곧 군사와 여자와 유아와 내시를 기브온까지 가서 빼앗아 가지고 돌아오면서 애굽으로 가려고 떠나 베들레헴 근처에 있는 게룻김함에 머물러 있는 당시 상황이 묵상되면서 요하난은 상황 파악은 잘 하지만 이러한 상황 속에서 어떻게 처신을 해야 되는지에 관하여 하나님께 묻고 하나님의 대답을 기다리는 모습이 보이지 않았다. 이런 요하난을 통하여 나 역시 하나님께 묻기도 전에 내가 스스로 결정하였던 것들 중에 하나가 회상되었다.

묵상 중 회상된 이것은 시작부터 사실과 다른 결론을 내린 상대에게 나는 끝까지 이 사실을 밝힐 것이라고 말하였고, 내가 말한 대로 이 사실을 증명할 수 있는 절차를 밟았지만 이 사실이 회복되지 않았다. 이 사실이 회복되지 아니한 것에 대하여 개인적으로 나는 이해가 되지 아니하였지만 이 사실은 온전히 사실이므로 하나님 앞에서도 이 사실은 온전히 사실이다. 오로지 사실이 아니라고 결론을 내린 상대 외에 다른 많은 사람과 이 사실이 소속된 기관도 이를 사실임을 공표하고 말한다. 이에 이 사실을 증명하는 일을 더 해야 되는지 아닌지를 하나님께 묻고 하나님으로부터 이에 대한 대답을 기다리고 있을 뿐만 아니라 상대의 관점에서 기정 사실을 사실로 인정하지 아니하는 데에 하나님의 특별하신 뜻이 있는가 라는 것이 감지되면서 주님과 말씀으로 교제한다. 이때 성령의 인도하심에 따라 그 인도하심에 점차 순응해 들어가는 자신을 발견할 수 있다.

되돌아보기

하나님께서 저에게 당연한 사실이라 할지라도 하나님께 묻고 그 사실에 대한 하나님의 뜻을 기다리고 확실히 안 후에 일을 시작하기를 원하시는 것이 감지되면서 하나님께서는 나에게 적은 일부터 큰일까지 다 묻고 하나님의 응답을 기다리는 삶의 변화를 요구하시는데, 이를 간절히 원하고 있는 나 자신의 내면이 살펴진다.

마음 쏟아 놓기

크고 작은 모든 일 하나 하나를 하나님께 아뢰고 하나님의 뜻을 확인 한 후에 어떤 일이든지 시작하기를 하나님께서 원하신다는 것을 인식하면서 하나님께서 내게 원하시는 그 삶의 변화와 또한 하나님께 이러한 삶의 변화를 간절히 원하는 나의 마음을 있는 그대로 쏟아 놓으면서 내 안에서 역사하시는 성령 하나님의 인도하심에 따라 침묵으로 하나님과 깊은 교제에로 나아간다.

하나님 음성 듣기 / 하나님 안에 머물기

마음을 쏟아 낸 후 하나님의 사랑아래 고요히 머물면서 하나님께서 나에게 들려주시는 '크고 작은 일 모두를 하나님께 말씀드리고 응답해 주시는 하나님의 뜻을 기다리기를 원하신다.'는 음성에 귀 기울인다.

계속 은혜 안에 머물면서 하나님의 충만하신 임재를 느끼면서 하나님의 치유하심과 구속하시는 은총을 덧입는다.

응답의 기도

하나님의 은총 안에 머물면서 '하나님이시여! 크고 작은 일 모두를 하나님께 기도하고 하나님의 응답을 기다리게 하소서.'라는 응답 기도를 한다.

삶으로 나아가기

묵상하는 가운데 받은 '일상에서 크고 작은 일 모두를 하나님께 아뢰고 하나님의 인도하심에 따라 그 일을 수행하기를 바라시는' 이 말씀에 붙잡힌 상태로 그 말씀과 동행하면서 내 삶이 영위될 수 있도록 도움을 구한다.

48. 예레미야가 애굽으로 가지 말라 경고하다 (42:1-22)

Lectio divina Jeremiah

기도에 임하기

하나님께서 주시는 말씀에 언제나 '예'로 응답할 수 있게 하소서.

말씀읽기

예레미야 42:1 - 22

마음의 문을 열고 하나님의 말씀을 집중해서 듣고 하나님의 말씀이 내 마음에 부딪혀 오든지 말씀으로 자신이 끌려들어 갈 수 있도록 하나님 현존 앞에서 말씀을 청종하는 자세로 두세 번 반복해서 읽으면서 마음에 와닿은 말씀이나 혹은 자신에게 다가오는 말씀을 살핀다.

1절 이에 모든 군대의 지휘관과 가레아의 아들 요하난과 호사야의 아들 1)여사냐와 백성의 낮은 자로부터 높은 자까지 다 나아와

2절 선지자 예레미야에게 이르되 당신은 우리의 탄원을 듣고 이 남아 있는 모든 자를 위하여 당신의 하나님 여호와께 기도해 주소서 당신이 보는 바와 같이 우리는 많은 사람 중에서 남은 적은 무리이니

3절 당신의 하나님 여호와께서 우리가 마땅히 갈 길과 할 일을 보이시기를 원하나이다

4절 선지자 예레미야가 그들에게 이르되 내가 너희 말을 들었은즉 너희 말대로 너희 하나님 여호와께 기도하고 무릇 여호와께서 너희에게 응답하시는 것을 숨김이 없이 너희에게 말하리라

5절 그들이 예레미야에게 이르되 우리가 당신의 하나님 여호와께서 당신을 보내사 우리에게 이르시는 모든 말씀대로 행하리이다 여호와께서는 우리 가운데에 진실하고 성실한 증인이 되시옵소서

6절 우리가 당신을 우리 하나님 여호와께 보냄은 그의 목소리가 우리에게 좋든지 좋지 않든지를 막론하고 순종하려 함이라 우리가 우리 하나님 여호와의 목소리를 순종하면 우리에게 복이 있으리이다 하니라

여호와의 말씀

7절 십일 후에 여호와의 말씀이 예레미야에게 임하니

8절 그가 가레아의 아들 요하난과 그와 함께 있는 모든 군 지휘관과 백성의 낮은 자로부터 높은 자까지 다 부르고

9절 그들에게 이르되 너희가 나를 보내어 너희의 간구를 이스라엘의 하나님 여호와께 드리게 하지 아니하였느냐 그가 이렇게 이르니라

10절 너희가 이 땅에 눌러 앉아 산다면 내가 너희를 세우고 헐지 아니하며 너희를 심고 뽑지 아니하리니 이는 내가 너희에게 내린 재난에 대하여 뜻을 돌이킴이라

11절 여호와의 말씀이니라 너희는 너희가 두려워하는 바벨론의 왕을 겁내지 말라 내가 너희와 함께 있어 너희를 구원하며 그의 손에서 너희를 건지리니 두려워하지 말라

12절 내가 너희를 불쌍히 여기리니 그도 너희를 불쌍히 여겨 너희를 너희 본향으로 돌려보내리라 하셨느니라

13절 그러나 만일 너희가 너희 하나님 여호와의 말씀을 복종하지 아니하고 말하기를 우리는 이 땅에 살지 아니하리라 하며

14절 또 너희가 말하기를 아니라 우리는 전쟁도 보이지 아니하며 나팔 소리도 들리지 아니하며 양식의 궁핍도 당하지 아니하는 애굽 땅으로 들어가 살리라 하면 잘못되리라

15절 너희 유다의 남은 자여 이제 여호와의 말씀을 들으라 만군의 여호와 이스라엘의 하나님께서 이와 같이 말씀하시되 너희가 만일 애굽에 들어가서 거기에 살기로 고집하면

16절 너희가 두려워하는 칼이 애굽 땅으로 따라가서 너희에게 미칠 것이요 너희가 두려워하는 기근이 애굽으로 급히 따라가서 너희에게 임하리니 너희가 거기에서 죽을 것이라

17절 무릇 애굽으로 들어가서 거기에 머물러 살기로 고집하는 모든 사람은 이와 같이 되리니 곧 칼

과 기근과 전염병에 죽을 것인즉 내가 그들에게 내리는 재난을 벗어나서 남을 자 없으리라

18절 만군의 여호와 이스라엘의 하나님께서 이와 같이 말씀하시되 나의 노여움과 분을 예루살렘 주민에게 부은 것 같이 너희가 애굽에 이를 때에 나의 분을 너희에게 부으리니 너희가 가증함과 놀램과 저주와 치욕거리가 될 것이라 너희가 다시는 이 땅을 보지 못하리라 하시도다

19절 유다의 남은 자들아 여호와께서 너희를 두고 하신 말씀에 너희는 애굽으로 가지 말라 하셨고 나도 오늘 너희에게 경고한 것을 너희는 분명히 알라

20절 너희가 나를 너희 하나님 여호와께 보내며 이르기를 우리를 위하여 우리 하나님 여호와께 기도하고 우리 하나님 여호와께서 말씀하신 대로 우리에게 전하라 우리가 그대로 행하리라 하여 너희 마음을 속였느니라

21절 너희 하나님 여호와께서 나를 보내사 너희에게 명하신 말씀을 내가 오늘 너희에게 전하였어도 너희가 너희 하나님 여호와의 목소리를 도무지 순종하지 아니하였은즉

22절 너희가 가서 머물려고 하는 곳에서 칼과 기근과 전염병에 죽을 줄 분명히 알지니라

말씀으로 기도하기

본문배경 섭렵하기

배경설명

그다랴가 죽은 후에 백성들에게 남은 선택은 두 가지였다. 바벨론 사람들에게 전말을 밝히고 그들의 무고함을 증명하면서 그 땅에 머물 것인가 아니면 바벨론 사람을 두려워하여 애굽으로 떠날 것인가 하는 것이었다. 예레미야의 한결같은 메시지는 바벨론의 권세를 받아들이고 순종하라는 것이었다. 그런데 이제 멸망이 현실되고, 남은 자들이 그다랴의 죽음에 대한 책임을 져야 하는지 불안한 가운데 있다. 만약 바벨론이 그들의 무고함을 인정하지 않는다면 그다랴의 죽음에 대하여 책임을 져야 한다. 이들의 선택은 위기 앞에서 어떤 선택을 하여야 하는지를 결정하는 문제와 유사하다. 하나님의 음성이 들려오기 전에 이들은 어떤 행동을 할 것인지를 이미 선택했다. 이스마엘이 그다랴를 죽인 것으로 인하여 갈대아 사람들의 보복을 두려워하였기에, 백성들은 애굽으로 가려고 이미 출발하여 게롯김함에 머물렀다. 이 상황에서 요하난을 비롯한 백성들이 백성의 작은 자와 큰 자까지 다 예레미야 앞에 모였다 (42:1). 그들은 막다른 골목에서

하나님의 말씀에 순종할 결심을 한 듯하였다. 그들은 예레미야에게 중보기도를 요청하였고(42:2-3), 어떤 말이든지 순종하겠다고 말한다(42:6). 백성들의 중보기도 요청을 받고, 예레미야는 기도한지 3일 후에 하나님의 음성을 들었는데, 예레미야의 응답은 한결같았고, 기도의 결론은 명확하였다. 그들이 바벨론에 의하여 그 땅에 남겨진 "유다의 남은 자"로서 선택할 수 있는 길은 애굽이냐 이 땅이냐 하는 것이었다. 하나님은 이 땅에 남아 있으면 바벨론 사람들로부터 구원을 얻을 것이요, 만일 애굽으로 가면 재앙이 임할 것이므로 애굽으로 가지 말라고 경고한다. 그러나 백성들은 예레미야로부터 하나님의 음성을 들으려고 한 것이 아니라, 그들이 듣고 싶은 음성을 듣고 싶었다. 애굽으로 가겠다는 그들의 마음을 인정하는 것을 원하였다. 이미 결정을 하고 하나님이 그것을 받아 주기를 원하는 그러한 기도였다.

본문내용 이해하기

주요 내용 설명

이 본문은 두 단락으로 이루어진다: A. 백성들이 예레미야에게 예언을 요청함 (1-6 절); B. 백성들을 향한 예레미야의 예언 (7-22 절).

첫째 단락(1-6 절)에서 백성들이 예레미야에게 예언을 요청한다. 애굽을 향하여 떠나기로 결심한 사람들은 모든 군대의 지휘관, 요하난과 모든 백성들이었다. 그들이 예레미야에게 나와 예레미야를 향하여 자신들의 탄원을 듣고 기도해줄 뿐 아니라, 마땅히 그들이 갈 길과 할 일을 하나님으로부터 받기를 요청하였다. 이에 대하여 예레미야는 여호와께 기도하여 숨김없이 말하겠다고 말한다. 백성들은 여호와께서 무슨 말을 하든지 그대로 행하겠다고 다짐한다. 그 말씀이 자신들에게 좋든지 좋지 않든지 듣겠다고 결심한다.

둘째 단락(7-22 절)에서 백성들을 향한 예레미야의 예언이 나타난다. 삼일 후에 여호와의 말씀이 예레미야에게 임하였다. 그들이 택할 것은 둘 중의 하나인데, 각 선택에 따른 결과를 말씀하신다. 먼저 그들이 애굽으로 가지 않고 이 땅에 머물러 산다면 여호와는 그들을 세우고 헐지 아니하며 그들을 심고 뽑지 아니하리니 이는 여호와께서 그들에게 내린 재난에 대하여 뜻을 돌이키기 때문이다. 그들은 바벨론의 왕을 겁낼 필요가 없다. 여호와께서 그들과 함께 있어 그들을 구원하며 그의 손에서 그들을 건질 것이기 때문이다. 그러나 그들이 만약 애굽으로 가기로 결정한다면, 그들에게 기근이 미쳐서 그들이 거기에서 죽을 것이다. 애굽에 가기로 결심하면 모두 칼과 기근과 전염병에 죽을 것이며, 재난을 벗어날 자가 없을 것이다. 여호와께서는 애굽으로 가지 말라고 하신 경고를 분명히 기억하라고 하신다.

능동적 묵상의 단계

침묵 가운데 42장 1-22절 말씀을 읽으면서 마음에 와닿은 10-12절, '너희가 이 땅에 눌러 앉아 산다면 내가 너희를 세우고 헐지 아니하며 너희를 심고 뽑지 아니하리니 이는 내가 너희에게 내린 재난에 대하여 뜻을 돌이킴이라 여호와의 말씀이니라 너희는 너희가 두려워하는 바벨론의 왕을 겁내지 말라 내가 너희와 함께 있어 너희를 구원하며 그의 손에서 너희를 건지리니 두려워하지 말라 내가 너희를 불쌍히 여기리니 그도 너희를 불쌍히 여겨 너희를 너희 본향으로 돌려보내리라 하셨느니라'는 말씀을 붙잡고 읊조리면서 그 말씀의 의미를 본문배경과 본문의 주요내용을 읽으면서 이해한다.

애굽으로 가려던 요하난과 그의 일행과 백성이 예레미야에게 나아가 그들의 탄원을 말하고 남아 있는 그들을 위하여 하나님께 기도해 주기를 요구한다. 그들은 예레미야에게 당신의 하나님 여호와께서 마땅히 그들의 갈 길과 할 일을 보이시기를 원한다고 말하자 이에 대한 그의 응답은 두 가지인데, 하나는 예레미야가 그들의 요구대로 그들의 하나님 여호와께 기도하겠다는 것이고, 다른 하나는 여호와께서 그들에게 응답하시는 것을 숨김이 없이 그들에게 말하리라는 것이다. 이 같은 예레미야의 말을 들은 그들이 그에게 두 가지 약속과 더불어 그들의 소망 두 가지를 말하는데, 하나는 그들이 예레미야의 하나님 여호와께서 그를 통하여 그들에게 이르시는 모든 말씀대로 행한다는 약속을 하면서 여호와께서 그들과 예레미야 가운데에 진실하고 성실한 증인이 되시기를 바란다는 말이다. 다른 하나는 그들이 예레미야를 그들의 하나님 여호와께 보내는 것은 여호와의 목소리가 그들에게 좋든지 좋지 않든지를 막론하고 순종하려 한다는 약속을 한다.

요하난과 그의 일행과 백성이 예레미야에게 남아 있는 그들을 위하여 하나님께 기도해 주기를 부탁한지 십일 후에 여호와의 말씀이 그에게 임한다. 이에 예레미야가 여호와께서 그에게 주신 말씀 세 가지를 그들에게 이른다. 첫째는 그들이 이 땅에 눌러 앉아 살면, 여호와께서 그들을 세우고 헐지 아니하며 또한 그들을 심고 뽑지 아니하신다는 말씀이다. 이는 여호와께서 그들에게 내린 재난에 대하여 뜻을 돌이키신다는 말씀이다. 둘째는 그들이 두려워하는 바벨론의 왕을 겁내지 말라는 말씀인데, 그 까닭은 하나님께서 그들과 함께 있어 그들을 구원하며 그의 손에서 그들을 건지실 것이기 때문이다. 셋째는 여호와께서 그들을 불쌍히 여기시며 바벨론 왕도 그들을 불쌍히 여겨 그들을 그들의 본향으로 돌려보내게 하실 것이므로 두려워하지 말라는 말씀이다. 이는 이스마엘이 바벨론 왕이 세운 유다 총독 그다랴를 죽인 일로 인하여 두려워할 필요가 없다는 말씀인데, 여기서 우리는 여호와께서 역사를 주관하시며 사람들 안에서 섭리하시는 하나님이심이 감지된다.

이같이 예레미야에게 임한 여호와의 말씀은 그들에게 애굽으로 가지 말라는 말씀이었고, 예레미야도 이를 그들에게 경고하였다. 그러나 그럼에도 불구하고 그들은 그를 통하여 주신 여호와의 말씀을 도무지 순종하지 않는다. 이같이 불순종하는 그들에게 예레미야가 여호와의 말씀 두 가지를 알려주는데, 하나는 그들이 애굽에 이를 때에 하나님의 분이 그들에게 부어져 가증함과 놀램과 저주와 치욕거리가 될 뿐만 아니라 다시는 이 땅을 보지 못한다는 고지이다. 다른 하나는 그들이 가서 머무르려고 하는 애굽에서 칼과 기근과 전염병에 죽을 줄 분명히 알라는 고지이다. 예레미야에게 그들을 위하여 여호와 하나님께 기도를 부탁하면서 어떤 말씀을 여호와께서 해 주시든지 순종할 것이라고 했지만 그들이 원하는 예굽으로 가지 말라는 여호와의 말씀에 불순종하는 그들을 감지하면서 성령의 인도하심에 점차 순응해 들어가는 자신을 발견한다.

수동적 묵상의 단계

마음에 와닿은 10-12절, '너희가 이 땅에 눌러 앉아 산다면 내가 너희를 세우고 헐지 아니하며 너희를 심고 뽑지 아니하리니 이는 내가 너희에게 내린 재난에 대하여 뜻을 돌이킴이라 여호와의 말씀이니라 너희는 너희가 두려워하는 바벨론의 왕을 겁내지 말라 내가 너희와 함께 있어 너희를 구원하며 그의 손에서 너희를 건지리니 두려워하지 말라 내가 너희를 불쌍히 여기리니 그도 너희를 불쌍히 여겨 너희를 너희 본향으로 돌려보내리라 하셨느니라.'는 말씀을 묵상하는 가운데 10절, '너희가 이 땅에 눌러 앉아 산다면 내가 너희를 세우고 헐지 아니하며 너희를 심고 뽑지 아니하리니 이는 내가 너희에게 내린 재난에 대하여 뜻을 돌이킴이라 여호와의 말씀이니라'는 말씀이 마음에 깊이 와닿아 묵상하면서 애굽으로 가려던 요하난과 그의 일행과 백성이 예레미야에게 나아가 그들의 탄원을 말하고 남아 있는 그들을 위하여 하나님께 기도해 주기를 원하여 하나님께서 그들에게 주신 말씀, 10-12절 말씀을 듣고도 순종하자 아니하는 것은 그들에게 말씀을 주신 하나님을 거부하는 것과 마찬가지임이 묵상되었다. 예레미야를 통하여 여호와께서 만일 그들이 여호와의 말씀을 순종하지 아니하고 애굽으로 간다면 그들에게 미칠 하나님의 분이 그들에게 부어져 가증함과 놀램과 저주와 치욕거리가 될 뿐만 아니라 다시는 이 땅을 보지 못할 것이며 또한 그들이 애굽에서 칼과 기근과 전염병에 죽을 줄 분명히 알라고 하나님께서 말씀하셨는데도 그들은 불순종하였다. 이를 통하여 이때 하나님께서 제게 원하시는 것을 저는 하지 아니하겠다'고 기도로 하나님의 말씀을 순종하지 않겠다고 한 사건이 회상되었다.

  이 사건은 하나님께서 제가 전혀 준비되지 않은 상태에서 하나님의 종으로서의 일을 감당할 수밖에 없었던 사건이었다. 이 사건은 나에게 있어서 하나님의 종으로서의 일과 삶이 너무너무 힘들다는 것을 가르쳐주었다. 이에 이 사건이 끝난 후에도 나는 몸에 병이 들었고, 그 휴유증으로 고통을 받기까지 하는 상태였기에 하나님께 죽어도 하나님의 종으로서의 일은 할 수 없다고 기도로 말씀드렸다. 그랬더니 하나님께서 제게 '그럼 너 더 아플래'하시므로 제가 할 수 없어서 무릎을 꿇고 '십자가를 내가 지고 주를 따라 가도다'라는 찬송을 하면서 하나님께 화답하였던 것이 회상되었다. 그 때 당시 하나님을 향한 나의 마음이나 태도가 긍정적이지 않았음을 감지했지만 지금은 하나님의 종으로서의 삶을 살게 하신 하나님께 깊은 감사를 드리면서 주님과 말씀으로 교제한다. 이때 성령의 인도하심에 따라 당시 그 인도하심에 '예' 라고 흔쾌히 응답하지 못하였지만 지금은 하나님의 종으로서의 삶을 이제까지 살게 하신 하나님께 감사와 찬송과 영광을 올려드릴 수 있게 하신 하나님을 자랑하고 싶음을 감지하며 묵상을 계속하여 가면서 성령의 인도하심에 점차 순응해 들어가는 자신을 발견한다.

되돌아보기

  하나님께서 저를 하나님의 종으로 부르실 때부터 저는 주의 종 말고 그냥 평신도로 하나님을 섬기며 사랑할 수 있기를 원했었다. 그렇기에 신학대학교 입학하고 나서도 하나님의 종으로서의 삶을 사는 것이 매우 무거워하였으므로 신학대학교 졸업하고 유학 가서 박사과정 들어간 후, 이제는 더 이상 하나님의 종으로서의 삶을 거부할 수 없다는 것을 감지하고 하나님께서 시키시는 학업을 제외하고 다른 일에는 소극적이었다. 그러나 제게 맡겨준 것은 하나님의 종으로서 사명을 갖고 최선을 다하는 편이었다. 이에 유학시절에 성경공부를 요청하는 이들과 함께 성경공부를 틈틈이 해 왔었다. 오랜 훈련을 거쳐서 하나님께서는 하나님의 일을 하는데 있어서 소극적인 자세로부터 벗어나 가쁘게 그리고 감사하게 흔쾌히 응답하는 변화를 요구하고 세셨으며, 그 변화의 응답으로 내게 주어진 일을 성실히 주 안에서 주님과 함께 동행하며 응답하여 왔음을 살피면서 침묵으로 나의 지난 시간을 되돌아보고 지금 내가 진정으로 하나님의 종으로서의 삶과 사역을 잘 감당하고 싶은 내 자신의 내면을 살핀다.

마음 쏟아 놓기

하나님의 종으로서 사랑과 거룩한 사역을 하나님께서 내게 요구하시는 것을 경험하면서 하나님께서 내게 원하시는 사랑과 거룩한 사역을 실제 상황에서 강하게 훈련시키시는 것을 경험하고 있다. 그러나 훈련 받으면 받을수록 사랑과 거룩한 사역은 절대로 저 스스로 할 수 없는 영역임을 하나님께서 알게 하실 뿐만 아니라 그리스도 예수님의 십자가의 보혈의 은총이 사랑과 거룩한 사역에 있어서 절대 필수임을 통감하게 하신다. 이에 나의 하나님을 향한 마음을 있는 그대로 쏟아 놓으면서 내 안에서 역사하시는 성령 하나님의 인도하심에 따라 침묵으로 하나님과 깊은 교제에로 나아간다.

하나님 음성 듣기 / 하나님 안에 머물기

마음을 쏟아 낸 후 하나님의 사랑아래 고요히 머물면서 하나님께서 나에게 들려주시는 '네가 사랑과 거룩한 사역을 하려고 애통하며 훈련받는 그 자리에 나의 주님께서 늘 함께 하셨다.'는 주의 음성에 귀 기울인다.

계속 은혜 안에 머물면서 하나님의 충만하신 임재를 느끼면서 하나님의 치유하심과 구속하시는 은총을 덧입는다.

응답의 기도

하나님의 은총 안에 머물면서 '하나님께서 주시는 말씀에 언제나 '예'로 응답할 수 있게 하소서.'라는 응답 기도를 한다.

삶으로 나아가기

묵상하는 가운데 받은 '네가 사랑과 거룩한 사역을 하려고 애통하며 훈련받는 그 자리에 나의 주님께서 늘 함께 하셨다.'는 말씀에 붙잡힌 상태로 그 말씀과 동행하면서 '하나님의 말씀에 아멘으로 화답하는 삶'으로 영위될 수 있도록 도움을 구한다.

49. 예레미야가 애굽으로 끌려가다
(43:1-13)

기도에 임하기

하나님이시여! 하나님의 말씀에 순종함으로써 하나님과 함께하는 복된 삶을 살게 하소서.

말씀읽기

예레미야 43:1 - 13

마음의 문을 열고 하나님의 말씀을 집중해서 듣고 하나님의 말씀이 내 마음에 부딪혀 오든지 말씀으로 자신이 끌려들어 갈 수 있도록 하나님 현존 앞에서 말씀을 청종하는 자세로 두세 번 반복해서 읽으면서 마음에 와닿은 말씀이나 혹은 자신에게 다가오는 말씀을 살핀다.

1절 예레미야가 모든 백성에게 그들의 하나님 여호와의 말씀 곧 그들의 하나님 여호와께서 자기를 보내사 그들에게 이르신 이 모든 말씀을 말하기를 마치니

2절 호사야의 아들 아사랴와 가레아의 아들 요하난과 모든 오만한 자가 예레미야에게 말하기를 네가 거짓을 말하는도다 우리 하나님 여호와께서 너희는 애굽에서 살려고 그리로 가지 말라고 너를 보내어 말하게 하지 아니하셨느니라

3절 이는 네리야의 아들 바룩이 너를 부추겨서 우리를 대적하여 갈대아 사람의 손에 넘겨 죽

이며 바벨론으로 붙잡아가게 하려 함이라

4절 이에 가레아의 아들 요하난과 모든 군 지휘관과 모든 백성이 유다 땅에 살라 하시는 여호와의 목소리를 순종하지 아니하고

5절 가레아의 아들 요하난과 모든 군 지휘관이 유다의 남은 자 곧 쫓겨났던 여러 나라 가운데에서 유다 땅에 살려 하여 돌아온 자

6절 곧 남자와 여자와 유아와 왕의 딸들과 사령관 느부사라단이 사반의 손자 아히감의 아들 그다랴에게 맡겨 둔 모든 사람과 선지자 예레미야와 네리야의 아들 바룩을 거느리고

7절 애굽 땅에 들어가 다바네스에 이르렀으니 그들이 여호와의 목소리를 순종하지 아니함이러라

8절 다바네스에서 여호와의 말씀이 예레미야에게 임하여 이르시되

9절 너는 유다 사람의 눈 앞에서 네 손으로 큰 돌 여러 개를 가져다가 다바네스에 있는 바로의 궁전 대문의 벽돌로 쌓은 축대에 진흙으로 1)감추라

10절 그리고 너는 그들에게 말하기를 만군의 여호와 이스라엘의 하나님께서 이와 같이 말씀하시되 보라 내가 내 종 바벨론의 느부갓네살 왕을 불러오리니 그가 그의 왕좌를 내가 감추게 한 이 돌들 위에 놓고 또 그 화려한 큰 장막을 그 위에 치리라

11절 그가 와서 애굽 땅을 치고 죽일 자는 죽이고 사로잡을 자는 사로잡고 칼로 칠 자는 칼로 칠 것이라

12절 내가 애굽 신들의 신당들을 불지르리라 느부갓네살이 그들을 불사르며 그들을 사로잡을 것이요 목자가 그의 몸에 옷을 두름 같이 애굽 땅을 자기 몸에 두르고 평안히 그 곳을 떠날 것이며

13절 그가 또 애굽 땅 벧세메스의 석상들을 깨뜨리고 애굽 신들의 신당들을 불사르리라 하셨다 할지니라 하시니라

말씀으로 기도하기

본문배경 섭렵하기

배경설명

43장의 이야기는 42장의 연속이다. 이 땅에 남아 있으면 바벨론 사람들로부터 구원을 얻을 것이요, 만일 애굽으로 가면 재앙이 임할 것이므로 애굽으로 가지 말라는 예레미야를 통한 하나님의 경고를 들은 백성들은 이미 마음을 정했다. 애굽에 가겠다는 결정을 이미 하고 하나님이 그것을 받아 주기를 원했다. 우리는 이제 자신들의 계획과 하나님의 음성이 다를 때에 백성들의 반응에 주목하여야 한다. 이전에 예레미야를 거짓 예언자로 취급한 것처럼 이제 그들은 다시금 예레미야를 거짓 예언자로 취급하였다(2-3절). 백성들은 예레미야와 바룩을 이끌고 애굽의 다바네스에 이르렀다 (7절). 이 이야기의 마지막 장면은 애굽으로 이주한 백성들과 함께 하는 상황이다. 하나님의 음성을 듣지 않았다는 죄책감으로 사는 것이 아니라, 오히려 하나님의 음성에 대항하여 적극적으로 사는 오만한 자의 모습이다. 하나님은 예레미야를 통하여 다바네스, 빅돌, 놉, 바드 등의 애굽에 거하는 자들을 향하여 심판을 선고한다 (43:8-44:14). 7절에 보면 유대인들이 애굽에 거하는 장면이 나타난다. 유다의 피난민들이 다바네스로 도망하여 거주하게 된 것이다. 그다랴가 죽은 후에 어쩔 수 없이 이곳으로 피난하게 된 무리들이 그중의 하나이다. 다바네스라는 도시는 시내반도와 경계를 이루는 삼각주 동부에 있다. 이곳은 프삼메티쿠스 1세가 그리스인들로 구성된 용병 수비대를 주둔시킨 곳이다. 시리아와 팔레스틴으로 가는 주교 간선도로가 인접해 있었기 때문에 유다 피난민들의 도피처로 쉬운 곳이었다. 이곳의 히브리 지명은 온이며, 그리스어로는 헬로폴리스이다(창 41:45). 13절에서 석상은 어떤 사건을 기념하기 위하여 세운 기둥이나 입석들을 가리키는데, 신의 신상을 가리키는 말이다(창 28:18-22; 출 32:1-4; 왕상 14:23). 이집트에서는 이렇게 서있는 입석을 오벨리스크라고 부르는데 주요 전승을 기념하거나 성전을 봉헌할 때 이것을 세웠다.

본문내용 이해하기

주요 내용 설명

이 본문은 두 단락으로 이루어진다: A. 백성들이 예레미야의 충고를 거절하고 애굽으로 가다 (1-7 절); B. 애굽에서 예레미야의 예언 (8-13 절)

첫째 단락(1-7 절)은 백성들이 예레미야의 충고를 거절하고 애굽으로 가는 것을 다룬다. 예레미야가 애굽을 떠나지 말라는 하나님의 말씀을 전하자, 모든 오만한 자들이 예레미야가 거짓말을 한다고 하며 저항한다. 하나님께서는 애굽으로 가지 말라고 하지 않으셨는데, 바룩이 예레미야를 부추겨서 그들을 갈대아 사람의 손에 넘기려고 한다는 말이다. 유다에 남아 있다면 바벨론의 추궁을 받을 것이고 그다랴를 죽인 책임을 지고 죽을지도 모른다는 두려움이 그렇게 말하게 한 것이다. 이에 요하난과 모든 군 지휘관들과 모든 백성들과 유다 땅으로 돌아온 자들, 그리고 그다랴에게 맡겨진 모든 사람들이 유다 땅에서 살라는 하나님의 명령을 거절하고 예레미야와 바룩과 함께 애굽 땅 다바네스에 이르렀다.

둘째 단락(8-13 절)은 애굽에서 예레미야의 예언을 다룬다. 다바네스에서 하나님의 말씀이 예레미야에게 임하였다. 예레미야의 상징행위는 "유다 사람의 눈앞에서 그의 손으로 큰 돌 여러 개를 가져다가 다바네스에 있는 바로의 궁전 대문의 벽돌로 쌓은 축대에 진흙으로 감추는 것"이었다. 백성들을 향한 메시지는 여호와께서 바벨론의 느부갓네살 왕을 불러 그의 왕좌를 이 돌들 위에 놓고 화려한 큰 장막을 치고, 애굽 땅을 쳐서 죽일 자를 죽이고, 사로잡을 자를 사로잡고, 칼로 칠자를 치고, 애굽 신들의 신당을 불사른다는 것이다.

능동적 묵상의 단계

침묵 가운데 43장 1-13절 말씀을 읽으면서 마음에 와닿은 4-7절, '이에 가레아의 아들 요하난과 모든 군 지휘관과 모든 백성이 유다 땅에 살라 하시는 여호와의 목소리를 순종하지 아니하고 가레아의 아들 요하난과 모든 군 지휘관이 유다의 남은 자 곧 쫓겨났던 여러 나라 가운데에서 유다 땅에 살려 하여 돌아온 자 곧 남자와 여자와 유아와 왕의 딸들과 사령관 느부사라단이 사반의 손자 아히감의 아들 그다랴에게 맡겨 둔 모든 사람과 선지자 예레미야와 네리야의 아들 바룩을 거느리고 애굽 땅에 들어가 다바네스에 이르렀으니 그들이 여호와의 목소리를 순종하지 아니함이러라'는 말씀을 붙잡고 읊조리면서 그 말씀의 의미를 본문배경과 본문의 주요내용을 읽으면서 이해한다.

애굽으로 가지 말고 유다 땅에 살라 이르시는 여호와 하나님의 말씀을 예레미야가 모든 백성에게 말하지만, 요하난과 그 외 모든 오만한 자가 예레미야에게 거짓을 말한다고 단언한다. 확신에 찬 그들은 예레미야에게 그가 이같은 거짓말을 한 까닭 두 가지를 말하는데, 하나는 예레미야의 서기이며 친구인 네리야의 아들 바룩이 그를 부추겨서 그들을 대적하여 갈대아 사람의 손에 넘겨 죽이려 한다고 말한다. 다른 하나는 바벨론으로 그들을 붙잡아가게 하려 한다고 말한다. 그리하여 그들은 세 가지 결단을 하는데, 첫째는 요하난과 모든 군 지휘관과 모든 백성이 예레미야를 통하여 유다 땅에 살라 하시는 여호와의 목소리를 순종하지 아니한다. 둘째는 요하난과 모든 군 지휘관이 유다의 남은 자 곧 쫓겨났던 여러 나라 가운데에서 유다 땅에 살려 하여 돌아온 자, 곧 남자와 여자와 유아와 왕의 딸들을 거느리고 애굽 땅에 들어간다. 셋째는 그들은 사령관 느부사라단이 사반의 손자 아히감의 아들 그다랴에게 맡겨 둔 모든 사람과 선지자 예레미야와 네리야의 아들 바룩을 거느리고 애굽 땅에 들어가 다바네스에 이른다.

여호와 하나님의 목소리를 불순종하고 애굽 땅 다바네스에 이른 유다 남은 사람들과 이들에 의하여 끌려온 예레미야에게 여호와의 말씀 네 가지가 임한다. 첫째는 유다 사람들 눈앞에서 큰 돌 여러 개를 가져다가 다바네스에 있는 바로 궁전대문의 벽돌로 쌓은 축대에 진흙으로 감추라는 말씀이다. 둘째는 만군의 여호와 이스라엘의 하나님께서 하나님의 종 바벨론의 느부갓네살 왕을 불러들이시어 예레미야로 하여금 감추게 한 이 돌들 위에 그의 왕좌를 놓고 또 그 화려한 큰 장막을 그 위에 치게 하신다는 말씀이다. 셋째는 느부갓네살이 와서 애굽 땅을 치고 죽일 자는 죽이고 사로잡을 자는 사로잡고 칼로 칠자는 칼로 칠 것이라는 말씀이다. 넷째는 여호와께서 애굽 신들의 신당들을 불 지르시므로 임할 두 가지 현상을 말씀하시는데, 하나는 느부갓네살이 그들을 불 사르며 그들을 사로잡을 것이요 목자가 그의 몸에 옷을 두름 같이 애굽 땅을 자기 몸에 두르고 평안히 그 곳을 떠날 것이라는 말씀이다. 다른 하나는 느부갓네살이 또 애굽 땅 벧세메스의 석상들을 깨뜨리고 애굽 신들의 신당들을 불사라 사르게 하실 것이라는 말씀이다. 예레미야를 통하여 애굽으로 가지 말라는 여호와의 말씀을 듣지 아니한 이들에게 임한 여호와의 심판의 말씀을 보면서 우리가 믿는 하나님은 역사를 주관하시는 하나님이시며 마지막 때에만 심판하시는 하나님이 아니심을 묵상하면서 성령의 인도하심에 점차 순응해 들어가는 자신을 발견한다.

수동적 묵상의 단계

마음에 와닿은 4-7절, '이에 가레아의 아들 요하난과 모든 군 지휘관과 모든 백성이 유다 땅에 살라 하시는 여호와의 목소리를 순종하지 아니하고 가레아의 아들 요하난과 모든 군 지휘관이 유다의 남은 자 곧 쫓겨났던 여러 나라 가운데에서 유다 땅에 살려 하여 돌아온 자 곧 남자와 여자와 유아와 왕의 딸들과 사령관 느부사라단이 사반의 손자 아히감의 아들 그다랴에게 맡겨 둔 모든 사람과 선지자 예레미야와 네리야의 아들 바룩을 거느리고 애굽 땅에 들어가 다바네스에 이르렀으니 그들이 여호와의 목소리를 순종하지 아니함이러라'는 말씀을 묵상하는 가운데 요하난과 모든 군 지휘관과 모든 백성이 유다 땅에 살라 하시는 여호와의 목소리를 순종하지 아니하고 유다의 남은 자들과 느부사라단이 그다랴에게 맡겨 둔 모든 사람과 선지자 예레미야와 네리야의 아들 바룩을 거느리고 애굽 땅에 들어가 다바네스에 이르렀다는 말씀을 묵상하면서 요하난과 모든 군 지휘관과 모든 백성이 예레미야를 통하여 주신 하나님의 말씀을 불순종하고 애굽으로 가는 그 길에 함께 하는 예레미야에게 초점이 맞춰지면서 미국 유학 중 공부하는 네 사역자들이 함께 섬기던 한인교회가 떠올랐다.

그 한인교회는 당시 자체교회를 세울 수 있는 길이 있어 모든 교인들이 기뻐하면서 다 찬성하였는데, 저는 자체교회를 세우는 그 길이 한인회관을 세우는 길이지 교회를 세우는 길이 아니라는 판단이 들어 저만 반대했던 경험이 있었다. 당시 그 교회 장로께서 제가 함께 찬성하지 아니하는 것을 몹시 안타깝게 생각하시면서 저까지 찬성하여 이 길이 열려지면 너무 좋겠다는 말씀을 하셨다. 그러나 나는 그 길이 교회를 세우는 길이라고 판단되지 않기에 그대로 그들이 진행하는 과정 속에 함께 있었다. 그런데 그 교회가 세워지는 길이 끝내 열려지지 않는데, 당시 제 마음은 그들과 함께 편안히 지내며 그 과정을 은혜 가운데 우리 모두가 함께 넘어간 경험을 회상하면서 예레미야를 통하여 에굽으로 가지 말라는 여호와의 말씀을 어기고 모두가 예굽으로 가는 그 길에 그들과 함께 한 예레미야의 마음이 약간 엿보였다. 그들과 함께 애굽 다바네스에 이른 예레미야에게 여호와의 심판의 말씀을 그들에게 말하면서 얼마나 마음이 아팠겠는가가 감지되었다. 사실 그들이 모두 예레미야를 통하여 주신 여호와의 말씀을 순종하지 않았지만 실제로는 그를 통하여 그들에게 주어진 여호와의 말씀이 그들을 위한 축복의 말씀이며 동시에 하나님의 말씀은 다수결에 의하여 진위가 가려지지 아니함을 감지하면서 주님과 말씀으로 교제하면서 성령의 인도하심에 점차 순응해 들어가는 자신을 발견할 수 있다.

되돌아보기

하나님께서 저에게 하나님의 말씀이 사람들에 의하여 전혀 받아드려지지 않는다 하더라도 또한 다수결에 의하여 하나님의 말씀아 받아 드려지지 않게 되었다 하더라도 하나님의 말씀은 살아 있으므로 이를 거역한 값. 즉 심판이 임하게 될 것이지만, 실은 이 심판은 우리로 하여금 하나님의 말씀에 순종함으로써 하나님의 인도하심과 보호하심과 하나님이 함께 하심의 삶을 살 수 있는 기회를 주시는 것임이 감지되었다. 하나님의 심판은 하나님께서 원하시는 것을 할 수 있는 기회를 주시는 은혜의 통로였다는 것을 수없이 경험하게 하셨던 사건들을 되돌아보면서 저에게 하나님의 말씀에 철저한 순종을 하나님께서 요구하고 계시며 이같은 하나님의 요구에 나 또한 온전히 응답하고 싶은 나의 내면이 살펴진다.

마음 쏟아 놓기

하나님의 말씀에 온전히 순종하지 못했을 때 임하는 하나님의 심판의 양상이 다양하였는데, 어떻든 간에 순종하지 않았을 때에 공동체적으로 혹은 개인적으로 이에 상응되는 고통들이 임하였던 것을 있는 그대로 쏟아 놓으면서 하나님에 대한 순종과 축복, 혹은 하나님에 대한 불순종과 하나님의 심판에 대한 새로운 인식을 경험하면서 하나님께서 내게 원하시는 온전한 순종의 삶에로의 변화와 온전한 순종을 간절히 원하는 하나님을 향한 나의 마음을 있는 그대로 쏟아 놓으면서 내 안에서 역사하시는 성령 하나님의 인도하심에 따라 침묵으로 하나님과 깊은 교제에로 나아간다.

하나님 음성 듣기 / 하나님 안에 머물기

마음을 쏟아 낸 후 하나님의 사랑아래 고요히 머물면서 하나님께서 나에게 들려주시는 '하나님의 말씀에 온전히 순종함으로써 임하는 하나님과 함께하는 축복된 삶에 우리가 거하기를 원하시는 하나님의' 음성에 귀 기울인다.

계속 은혜 안에 머물면서 하나님의 충만하신 임재를 느끼면서 하나님의 치유하심과 구속하시는 은총을 덧입는다.

응답의 기도

하나님의 은총 안에 머물면서 '하나님이시여! 하나님의 말씀에 순종함으로써 하나님과 함께하는 복된 삶을 살게 하소서.'라는 응답 기도를 한다.

삶으로 나아가기

묵상하는 가운데 받은 하나님의 말씀에 순종함으로써 임하는 하나님과 함께 하는 복된 삶이 일상의 내 삶 안에서 영위될 수 있도록 도움을 구한다.

50. 예레미야가 하늘 여신 섬기는 것을 경고하다 (44:1-30)

Lectio divina Jeremiah

기도에 임하기

저보다 하나님을 더 사랑하는 삶을 살 수 있게 하소서.

말씀읽기

예레미야 44:1 - 30

마음의 문을 열고 하나님의 말씀을 집중해서 듣고 하나님의 말씀이 내 마음에 부딪혀 오든지 말씀에로 자신이 끌려들어 갈 수 있도록 하나님 현존 앞에서 말씀을 청종하는 자세로 두세 번 반복해서 읽으면서 마음에 와닿은 말씀이나 혹은 자신에게 다가오는 말씀을 살핀다.

1절 애굽 땅에 사는 모든 유다 사람 곧 믹돌과 다바네스와 놉과 바드로스 지방에 사는 자에 대하여 말씀이 예레미야에게 임하니라 이르시되

2절 만군의 여호와 이스라엘의 하나님께서 이와 같이 말씀하시니라 너희가 예루살렘과 유다 모든 성읍에 내린 나의 모든 재난을 보았느니라 보라 오늘 그것들이 황무지가 되었고 사는 사람이 없나니

3절 이는 그들이 자기나 너희나 너희 조상들이 알지 못하는 다른 신들에게 나아가 분향하여

섬겨서 나의 노여움을 일으킨 악행으로 말미암음이라

4절 내가 나의 모든 종 선지자들을 너희에게 보내되 끊임없이 보내어 이르기를 너희는 내가 미워하는 이 가증한 일을 행하지 말라 하였으나

5절 그들이 듣지 아니하며 귀를 기울이지 아니하고 다른 신들에게 여전히 분향하여 그들의 악에서 돌이키지 아니하였으므로

6절 나의 분과 나의 노여움을 쏟아서 유다 성읍들과 예루살렘 거리를 불살랐더니 그것들이 오늘과 같이 폐허와 황무지가 되었느니라

7절 만군의 하나님 이스라엘의 하나님 여호와께서 이와 같이 말씀하셨느니라 너희가 어찌하여 큰 악을 행하여 자기 영혼을 해하며 유다 가운데에서 너희의 남자와 여자와 아이와 젖먹는 자를 멸절하여 남은 자가 없게 하려느냐

8절 어찌하여 너희가 너희 손이 만든 것으로 나의 노여움을 일으켜 너희가 가서 머물러 사는 애굽 땅에서 다른 신들에게 분향함으로 끊어 버림을 당하여 세계 여러 나라 가운데에서 저주와 수치거리가 되고자 하느냐

9절 너희가 유다 땅과 예루살렘 거리에서 행한 너희 조상들의 악행과 유다 왕들의 악행과 왕비들의 악행과 너희의 악행과 너희 아내들의 악행을 잊었느냐

10절 그들이 오늘까지 겸손하지 아니하며 두려워하지도 아니하고 내가 너희와 너희 조상들 앞에 세운 나의 율법과 나의 법규를 지켜 행하지 아니하느니라

11절 그러므로 만군의 여호와 이스라엘의 하나님께서 이와 같이 말씀하시니라 보라 내가 얼굴을 너희에게로 향하여 환난을 내리고 온 유다를 끊어 버릴 것이며

12절 내가 또 애굽 땅에 머물러 살기로 고집하고 그리로 들어간 유다의 남은 자들을 처단하리니 그들이 다 멸망하여 애굽 땅에서 엎드러질 것이라 그들이 칼과 기근에 망하되 낮은 자로부터 높은 자까지 칼과 기근에 죽어서 저주와 놀램과 조롱과 수치의 대상이 되리라

13절 내가 예루살렘을 벌한 것 같이 애굽 땅에 사는 자들을 칼과 기근과 전염병으로 벌하리니

14절 애굽 땅에 들어가서 거기에 머물러 살려는 유다의 남은 자 중에 피하거나 살아 남아 소원대로 돌아와서 살고자 하여 유다 땅에 돌아올 자가 없을 것이라 도망치는 자들 외에는 돌아올 자가 없으리라 하셨느니라

15절 그리하여 자기 아내들이 다른 신들에게 분향하는 줄을 아는 모든 남자와 곁에 섰던 모든 여인 곧 애굽 땅 바드로스에 사는 모든 백성의 큰 무리가 예레미야에게 대답하여 이르되

16절 네가 여호와의 이름으로 우리에게 하는 말을 우리가 듣지 아니하고

17절 우리 입에서 낸 모든 말을 반드시 실행하여 우리가 본래 하던 것 곧 우리와 우리 선조와 우리 왕들과 우리 고관들이 유다 성읍들과 예루살렘 거리에서 하던 대로 하늘의 여왕에게 분향하고 그 앞에 전제를 드리리라 그 때에는 우리가 먹을 것이 풍부하며 복을 받고 재난을 당하지 아니하였더니

18절 우리가 하늘의 여왕에게 분향하고 그 앞에 전제 드리던 것을 폐한 후부터는 모든 것이 궁핍하고 칼과 기근에 멸망을 당하였느니라 하며

19절 여인들은 이르되 우리가 하늘의 여왕에게 분향하고 그 앞에 전제를 드릴 때에 어찌 우리 남편의 허락이 없이 그의 형상과 같은 과자를 만들어 놓고 전제를 드렸느냐 하는지라

20절 예레미야가 남녀 모든 무리 곧 이 말로 대답하는 모든 백성에게 일러 이르되

21절 너희가 너희 선조와 너희 왕들과 고관들과 유다 땅 백성이 유다 성읍들과 예루살렘 거리에서 분향한 일을 여호와께서 기억하셨고 그의 마음에 떠오른 것이 아닌가

22절 여호와께서 너희 악행과 가증한 행위를 더 참을 수 없으셨으므로 너희 땅이 오늘과 같이 황폐하며 놀램과 저줏거리가 되어 주민이 없게 되었나니

23절 너희가 분향하여 여호와께 범죄하였으며 여호와의 목소리를 순종하지 아니하고 여호와의 율법과 법규와 여러 증거대로 행하지 아니하였으므로 이 재난이 오늘과 같이 너희에게 일어났느니라

24절 예레미야가 다시 모든 백성과 모든 여인에게 말하되 애굽 땅에서 사는 모든 유다 사람이여 여호와의 말씀을 들으라

25절 만군의 여호와 이스라엘의 하나님께서 이와 같이 말씀하시되 너희와 너희 아내들이 입으로 말하고 손으로 이루려 하여 이르기를 우리가 서원한 대로 반드시 이행하여 하늘의 여왕에게 분향하고 전제를 드리리라 하였은즉 너희 서원을 성취하며 너희 서원을 이행하라 하시느니라

26절 그러므로 애굽 땅에서 사는 모든 유다 사람이여 여호와의 말씀을 들으라 여호와께서 말씀하시되 보라 내가 나의 큰 이름으로 맹세하였은즉 애굽 온 땅에 사는 유다 사람들의 입에서 다시는 내 이름을 부르며 주 여호와의 살아 계심을 두고 맹세하노라 하는 자가 없으리라

27절 보라 내가 깨어 있어 그들에게 재난을 내리고 복을 내리지 아니하리니 애굽 땅에 있는 유다 모든 사람이 칼과 기근에 망하여 멸절되리라

28절 그런즉 칼을 피한 소수의 사람이 애굽 땅에서 나와 유다 땅으로 돌아오리니 애굽 땅에 들

어가서 거기에 머물러 사는 유다의 모든 남은 자가 내 말과 그들의 말 가운데서 누구의 말이 진리인지 알리라

29절 여호와의 말씀이니라 내가 이 곳에서 너희를 벌할 표징이 이것이라 내가 너희에게 재난을 내리리라 한 말이 반드시 이루어질 것을 그것으로 알게 하리라

30절 보라 내가 유다의 시드기야 왕을 그의 원수 곧 그의 생명을 찾는 바벨론의 느부갓네살 왕의 손에 넘긴 것 같이 애굽의 바로 호브라 왕을 그의 원수들 곧 그의 생명을 찾는 자들의 손에 넘겨 주리라 여호와께서 이와 같이 말씀하셨느니라

말씀으로 기도하기

본문배경 섭렵하기

배경설명

하나님은 예레미야를 통하여 애굽에 거하는 자들을 향하여 심판을 선고하신다(43:8-44:14). 예레미야는 예루살렘의 멸망이 불순종에 의한 것임을 다시금 천명하고, 또 다시 불순종한 애굽에 거하는 자들을 향하여 멸망시킬 것임을 선포하신다(44:12). 이에 대한 백성들의 반응은 회개가 아니라 강퍅함이다. 예루살렘의 재앙에 대한 다른 해석을 보여준다. 즉 예루살렘의 멸망이 바로 요시야 개혁을 통하여 하늘 여신에게 분향하고 전제를 드리는 것을 폐한 후에 찾아왔다는 것이다. 그들의 발언은 이제 요시야 개혁 이전으로 돌아가서 여신들에게 분향과 전제를 부활시켜야 한다는 말이다. 예레미야가 전하는 메시지의 대상은 믹돌, 다바네스, 놉, 바드로스 지방이다. 이는 삼각주 지역에 있는 다바네스 주변의 전 지역을 아우른다. 15절에서 말하는 애굽 땅은 상이집트인데 남쪽 지역이다. 나일강은 북쪽으로 흘러내린다. 19절에서 신상 앞에 드리는 과자는 과자를 경배하는 여신의 모양으로 만들었다. 이는 재에 넣어 과자를 구운 다음 때때로 꿀이나 무화과로 달게 만든다. 30절에서 애굽의 왕 호브라는 아프리에스로 알려졌는데, 제 26왕조의 네 번째 왕으로 수선 589년에 쁘삼메티쿠스 2세를 이어 왕이 되었다. 그가 바로 느부깃네살 왕이 예루살렘을 포위하였을 때 팔레스틴에 원군을 보내준 장본인이다. 예루살렘이 함락되자 그는 피난민들이 이집트의 삼각주 지역에 정착하도록 정착지를 제공하였다. 그는 주전 570년 경에 애굽의 정치세력에 의하여 목숨을 잃었다.

본문내용 이해하기

주요 내용 설명

이 본문은 세 단락으로 이루어진다: A. 이집트의 우상에 대한 저주 (1-14 절); B. 하늘의 여왕을 향한 백성들의 충성 (15-19 절); C. 백성들의 결정에 대한 비판 (20-28 절)

첫째 단락(1-14 절)은 이집트의 우상에 대한 저주를 다룬다. 애굽 땅에 사는 모든 유다 사람들에 대한 여호와의 말씀이 임하였다. 먼저 유다와 예루살렘에 임한 재난을 설명하신다. 그들이 다른 신들에게 분향하여 하나님의 노를 부르고 선지자들을 통하여 이 가증한 일을 하지 말라고 전했지만 듣지 않았기에 여호와의 분과 노여움을 쏟아서 유다 성읍들과 예루살렘 거리를 불사른 것이다. 이제 여호와께서는 애굽의 거주민들을 향하여 심판을 선포하신다. 유다 땅과 예루살렘이 조상들의 악행과 유다 왕들의 악행과 왕비들의 악행과 그들의 악행과 그들의 아내들의 악행을 잊어버리고, 여호와께서 그들과 그들의 조상들 앞에 세운 여호와의 율법과 법규를 행하지 않기에 애굽 땅에 살기로 고집하여 그곳으로 들어간 유다의 남은 자들을 칼과 기근으로 멸망하고, 저주와 놀램과 조롱과 수치의 대상이 되게 할 것이다. 애굽 땅에 들어간 자들중에 유다로 돌아올 자가 없을 것이다.

둘째 단락(15-19절)은 하늘의 여왕을 향한 백성들의 충성을 다룬다. 자기 아내들이 다른 신들에게 분향하는 것을 아는 남자와 여인들이 말했다. 그들은 그들과 그들의 선조와 왕들과 고관들이 유다 성읍들과 예루살렘 거리에서 하던 대로 하늘의 여왕에게 분향하고 그 앞에 전제를 드리겠다고 말한다. 요시야개혁 이전까지 그렇게 할 때 먹을 것이 풍부하며 복을 받고 재난을 당하지 아니하였다는 말이다. 그런데 그들이 하늘의 여왕에게 분향하고 그 앞에 전제 드리던 것을 폐한 후부터 모든 것이 궁핍하고 칼과 기근에 멸망을 당하였기 때문에 이제는 다시 하늘의 여왕에게 분향하겠다는 것이다. 이 재난의 원인은 요시야 개혁으로 이 분향을 폐했기 때문이라는 것이다.

셋째 단락(20-28절)은 백성들의 결정에 대한 비판을 다룬다. 이 말을 듣고 예레미야가 다시 말한다. 그들이 분향하여 여호와께 범죄하고, 여호와의 목소리를 순종하지 아니하고, 여호와의 율법과 법규와 여러 증거대로 행하지 아니하였기 때문에 이 재난이 임한 것이다. 멸망의 원인은 바로 백성들의 악행과 가증한 행위 때문인 것이다. 여호와는 말씀하신다. 이제 누구의 말이 옳은지 증명될 것이다. 그들이 믿는 대로 하늘의 여왕에게 계속 분향하고 전제를 드려라. 여호와께서 하실 일은 애굽 온 땅의 유다 백성들이 칼과 기근에 망하여 여호와의 이름을 부를 자가 없도록 하는 것이다. 오직 유다의 소수의 남은 자들이 누구의 말이 진리인지 알게 될 것이다. 여호와께서 유다의 시드기야 왕을 바벨론 느부갓네살 왕에게 넘겨준 것 같이, 애굽 왕을 그 원수들에게 넘겨줄 것이라고 말씀하신다.

능동적 묵상의 단계

침묵 가운데 44장 1-30절 말씀을 읽으면서 마음에 와닿은 10절, '그들이 오늘까지 겸손하지 아니하며 두려워하지도 아니하고 내가 너희와 너희 조상들 앞에 세운 나의 율법과 나의 법규를 지켜 행하지 아니하느니라'는 말씀을 붙잡고 읊조리면서 그 말씀의 의미를 본문배경과 본문의 주요내용을 읽으면서 이해한다.

애굽으로 도피한 유다 사람들에게 예레미야를 통하여 여호와의 말씀 네 가지가 임한다. 첫째는 그들이 여호와의 모든 재난으로 말미암아 예루살렘과 유다 모든 성읍이 황무지가 되었고 사는 사람이 없는 것을 보았다는 말씀이다. 둘째는 유다가 이같이 패망된 것은 그들과 그들의 조상들이 알지 못하는 다른 신들에게 나아가 분향하여 섬김으로써 하나님의 노여움을 일으키는 악행을 행하였기 때문이라는 말씀이다. 셋째는 여호와께서 그의 모든 종 선지자들을 끊임없이 그들에게 보내어 여호와께서 미워하시는 이 가증한 일을 행하지 말라 하셨지만 그들이 듣지 아니하며 귀를 기울이지 아니하고 다른 신들에게 여전히 분향하여 그들의 악에서 돌이키지 아니하였다는 말씀이다. 이로 인하여 넷째는 하나님께서 그의 분과 노여움을 쏟아 유다 성읍들과 예루살렘 거리를 불살랐더니 그것들이 오늘과 같이 폐허와 황무지가 되었다는 사실에 관한 말씀이다.

여호와께서 애굽으로 도피한 유다인들에게 예레미야를 통하여 네 가지 말씀을 주신다. 첫째는 어찌하여 큰 악을 행하여 그들의 영혼을 해하며 유다 가운데에서 그들의 남자와 여자와 아이와 젖 먹는 자를 멸절하여 남은 자가 없게 하려 하느냐는 말씀이다. 둘째는 어찌하여 그들이 스스로 만든 것으로 하나님의 노여움을 일으켜 애굽으로 도피하여 머물러 사는 애굽 땅에서 다른 신들에게 분향함으로 끊어 버림을 당하여 세계 여러 나라 가운데에서 저주와 수치거리가 되고자 하느냐는 말씀이다. 셋째는 그들이 유다 땅과 예루살렘 거리에서 행한 그들의 조상들의 악행과 유다 왕들의 악행과 왕비들의 악행과 그들의 악행과 그들의 아내들의 악행을 잊었느냐는 말씀이다. 넷째는 그들이 오늘까지 겸손하지 아니하며 두려워하지도 아니하고 여호와께서 그들과 그들의 조상들 앞에 세운 하나님의 율법과 하나님의 법규를 지켜 행하지 아니한다는 말씀이다.

이에 여호와의 목소리를 청종하지 아니하고 애굽으로 도피한 유다인들에 대한 심판의 말씀이 세 가지로 또 이어진다. 첫째는 여호와께서 얼굴을 그들에게로 향하여 환난을 내리고 온 유다를 끊어 버리신다는 말씀이다. 둘째는 여호와께서 또 애굽 땅에 머물러 살기로 고집하고 그리로 들어간 유다의 남은 자들을 처단하시므로 그들이 다 멸망하여 애굽 땅에서 엎드러진다는 말씀이다. 이는 그들이 칼과 기근에 망하되 낮은 자로부터 높은 자까지 칼과 기근에 죽어서 저주와 놀램과 조롱과 수치의 대상이 될 것이라는 말씀이다. 미래에 유다의 땅으로 회복될 유다인은 바벨론에 포로로 잡혀간 이들에 의하여 이뤄질 것이다. 셋째는 여호와께서 예루살렘을 벌한 것 같이 애굽 땅에 사는 자들을 칼과 기근과 전염병으로 벌하시어 애굽에 들어가서 거기에 머물러 살려는 유다의 남은 자 중에 유다 땅에 돌아올 자가 없을 것이라는 말씀이다. 이 말씀에 이어 돌아올 수 있는 자는 오로지 도망치는 자들 외에는 없을 것인데, 여기서 도망치는 자들은 유랑 유다인이 될 수 있다 한다.

여호와께로 돌아가기를 거부하고 하늘의 여왕에게 분향하고 그 앞에 전제를 드릴 것이라고 선언하는 애굽 땅에서 사는 모든 유다 사람에게 예레미야가 여호와의 말씀 두 가지를 전한다. 하나는 그들의 땅이 황폐하여 오늘과 같이 놀램과 저주거리가 되어 주민이 없게 된 까닭은 바로 하늘의 여왕에게 분향하고 그 앞에 전제를 드렸기 때문이라 말한다. 이는 여호와께서 그들의 선조와 왕들과 고관들, 그리고 유다 땅 백성 모두가 유다 성읍들과 예루살렘 거리에서 분향한 일을 기억하셨고 그들의 악행과 가증한 행위를 더 참을 수 없으시므로 그들의 땅이 황폐되어 주민이 없게 되었음을 강조하는 말씀이다. 다른 하나는 그들이 여호와의 목소리를 순종하지 아니하고 여호와의 율법과 법규와 여러 증거대로 행하지 아니하였으므로 이 재난이 오늘과 같이 그들에게 임했다 말씀하신다.

여호와께서 애굽 땅에 들어가서 거기에 머물러 사는 유다의 모든 남은 자에게 예레미야를 통하여 두 가지 말씀을 주시는데, 첫 번째 말씀은 여호와의 말과 그들의 말 가운데서 누구의 말이 진리인지 알 것이라는 말씀이다. 우선 여기서 '여호와의 말'은 두 가지인데, 하나는 여호와께서 그들에게 재난을 내리고 복을 내리지 아니하리니 애굽 땅에 있는 유다 모든 사람이 칼과 기근에 망하여 멸절될 것이라는 말씀이다. 다른 하나는 그들 가운데 칼을 피한 소수의 사람이 애굽 땅에서 나와 유다 땅으로 돌아올 것이라는 말씀이다. 그리고 그들의 말이란 그들 모두가 '하늘의 여왕에게 분향하고 전제를 드리리라'는 서원과 또한 이를 반드시 그대로 이행하겠다고 선언하였던 말이다. 예레미야를 통하여 여호와께서 깨어 계시어 그들에게 주시는 두 번째 말씀은 그들에게 재난을 내리리라 하신 여호와의 말이 반드시 이루어질 표징에 관한 말씀인데, 이곳에서 그들을 벌할 표징으로서 여호와께서는 유다의 시드기야 왕을 그의 원수 곧 그의 생명을 찾는 바벨론의 느부갓네살 왕의 손에 넘긴 것 같이 애굽의 바로 호브라 왕을 그의 원수들 곧 그의 생명을 찾는 자들의 손에 넘겨주실 것임을 감지하면서 성령의 인도하심에 점차 순응해 들어가는 나 자신을 발견할 수 있다.

수동적 묵상의 단계

마음에 와닿은 10절, '그들이 오늘까지 겸손하지 아니하며 두려워하지도 아니하고 내가 너희와 너희 조상들 앞에 세운 나의 율법과 나의 법규를 지켜 행하지 아니하느냐'는 말씀과 이같은 여호와의 말씀을 예레미야를 통하여 들으면서도 회개하며 하나님께로 돌이키려 하기 보다는 도저히 여호와의 말씀을 들으려하지 아니하는 하나님의 백성이 감지되었다. 구체적으로 그들은 하늘의 여왕에게 분향하고 그 앞에 전제를 드릴 것이라 선언하는데, 그 까닭은 하늘의 여왕에게 분향하고 그 앞에 전제를 드리리라 한 그 때에는 우리가 먹을 것이 풍부하며 복을 받고 재난을 당하지 아니하였다. 그러나 우리가 하늘의 여왕에게 분향하고 그 앞에 전제 드리던 것을 폐한 후부터는 모든 것이 궁핍하고 칼과 기근에 멸망을 당했다고 말하는 것이 묵상되면서 이같이 예루살렘과 유다 땅 모두를 황폐하게 하실 뿐만 아니라 이방나라에 이들을 흩으셨던 여호와께서 그들에게 말씀하시는 영원한 언약의 말씀이 떠올랐다. 이에 예레미야 32장 36-44절을 묵상가운데 펴서 읽었다 : '그러나 이스라엘의 하나님 여호와께서 너희가 말하는 바 칼과 기근과 전염병으로 말미암아 바벨론 왕의 손에 넘긴 바 되었다 하는 이 성에 대하여 이와 같이 말씀하시니라 보라 내가 노여움과 분함과 큰 분노로 그들을 쫓아 보내었던 모든 지방에서 그들을 모아들여 이곳으로 돌아오게 하여 안전히 살게 할 것이라 그들은 내 백성이 되겠고 나는 그들의 하나님이 될 것이며 내가 그들에게 한 마음과 한 길을 주어 자기들과 자기 후손의 복을 위하여 항상 나를 경외하게 하고 내가 그들에게 복을 주기 위하여 그들을 떠나지 아니하리라 하는 영원한 언약을 그들에게 세우고 나를 경외함을 그들의 마음에 두어 나를 떠나지 않게 하고 내가 기쁨으로 그들에게 복을 주되 분명히 나의 마음과 정성을 다하여 그들을 이 땅에 심으리라 여호와께서 이와 같이 말씀하시니라 내가 이 백성에게 이 큰 재앙을 내린 것 같이 허락한 모든 복을 그들에게 내리라 너희가 말하기를 황폐하여 사람이나 짐승이 없으며 갈대아인의 손에 넘긴 바 되었다 하는 이 땅에서 사람들이 밭을 사되 베냐민 땅과 예루살렘 사방과 유다 성읍들과 산지의 성읍들과 저지대의 성읍들과 네겝의 성읍들에 있는 밭을 은으로 사고 증서를 기록하여 봉인하고 증인을 세우리니 이는 내가 그들의 포로를 돌아오게 함이니라 여호와의 말씀이니라'

 신앙생활을 해 오면서 하나님께서 함께 하시어 저의 마음을 다스리시어 그 다스리심을 받을 수 있게 하지 아니하셨다면, 내가 과연 하나님의 말씀과 다스리심에 순종하기를 즐거워하며 하나님을 경외할 수 있었을까 라는 생각에 머무를 때 마다 독생자 예수님을 이 땅에 보내시어 하나님을 사랑하지 못하며 하나님의 말씀을 순종할 수 없는 이 죄인의 죄를 대속하게 하신 것과 십자가 위에 달려 피 흘려 죽으신 예수님을 또한 성령의 역사로 믿게 하시어 하나님의 자녀로 칭하사 주 예수님의 이름으로 하나님과 교제를 할 수 있게 하신 전폭적인 하나님의 은혜에 머문다. 이 은혜가 아니라면 어떻게 내가 오늘 여기까지 왔겠는가를 생각하게 하시는 하나님을 향한 나의 마음이 매우 겸손히 찬송가 273장, '나 행한 것 죄뿐이니 주 예수께 비옵기는 나의 몸과 나의 맘을 깨끗하게 하옵소서 물가지고 날 씻든지 불가지고 태우든지 내 안과 밖 다 닦으사 내 모든 죄 멸하소서' 찬송을 하면서 성령의 인도하심에 점차 순응해 들어가는 자신을 발견할 수 있다.

되돌아보기

 예수님의 대속의 피 없이는 하나님의 말씀에 순종할 수 없는 죄, 즉 하나님을 사랑하지 않기 때문에 하나님께 순종하지 못하는 죄를 해결할 수 없다는 사실이 날이 가면 갈수록 더 뚜렷하게 드러나는데, 이럴 때마다 저의 마음을 다스려주시어 머리를 들고 하나님을 향하여 나가게 하시는 것을 수없이 경험하면서 하나님께서 나에게 나 자신을 사랑하는 삶으로부터 벗어나 하나님을 사랑하는 삶에로의 변화를 요구하고 계시며 그 변화에 나 역시 아멘으로 화답하고 싶지만 이 같은 변화는 하나님의 전폭적인 도움없이 가능하지 않다는 안타까움을 감지하면서 동시에 그럼에도 불구하고 이제까지 함께 하여 주신 하나님께 감사와 영광을 올려드리고 싶은 마음이 가득한 나의 내면이 살펴진다.

마음 쏟아 놓기

 나 자신을 사랑하는 삶으로부터 하나님을 사랑하는 삶으로의 변화가 시급함을 경험하면서 하나님께서 내게 원하시는 하나님을 사랑하므로 인하여 사람을 사랑할 수 있는 삶의 변화와 이러한 변화를 간절히 원함에도 불구하고 온전히 하나님의 사랑 안에서 다른 사람을 사랑으로 섬기지 못하는 나의 하나님을 향한 내 마음을 있는 그대로 쏟아 놓으면서 내 안에서 역사하시는 성령 하나님의 인도하심에 따라 침묵으로 하나님과 깊은 교제에로 나아간다.

하나님 음성 듣기 / 하나님 안에 머물기

이같이 나의 마음을 쏟아 낸 후 하나님의 사랑아래 고요히 머물면서 하나님께서 나에게 들려주시는 '하나님보다 너를 더 사랑하니 하나님을 사랑할 수 없는 것이라'는 하나님의 음성에 '하나님이시여! 저보다 하나님을 더 사랑하게 해 주십시오'라는 기도로 나의 간절한 소원을 하나님께 올려드리다.
계속 은혜 안에 머물면서 하나님의 충만하신 임재를 느끼면서 하나님의 치유하심과 구속하시는 은총을 덧입는다.

응답의 기도

하나님의 은총 안에 머물면서 '하나님이시여! 저보다 하나님을 더 사랑하는 삶을 살 수 있게 하소서.'라는 응답 기도를 한다.

삶으로 나아가기

묵상하는 가운데 받은 '하나님을 저보다 더 사랑하는 삶을 살 수 있기를 바라는' 그 말씀에 붙잡힌 상태로 그 말씀과 동행하면서 내 삶이 영위될 수 있도록 도움을 구한다.

51. 바룩에 대한 말씀
(45:1-5)

기도에 임하기

현재 하고 있는 일을 생명같이 소중히 여기며 그 외 다른 큰 일을 찾지 말게 하소서

말씀읽기

예레미야 45:1 - 5

마음의 문을 열고 하나님의 말씀을 집중해서 듣고 하나님의 말씀이 내 마음에 부딪혀 오든지 말씀에로 자신이 끌려들어 갈 수 있도록 하나님 현존 앞에서 말씀을 청종하는 자세로 두세 번 반복해서 읽으면서 마음에 와닿은 말씀이나 혹은 자신에게 다가오는 말씀을 살핀다.

1절 유다의 요시야 왕의 아들 여호야김 넷째 해에 네리야의 아들 바룩이 예레미야가 불러 주는 대로 이 모든 말을 책에 기록하니라 그 때에 선지자 예레미야가 그에게 말하여 이르되
2절 바룩아 이스라엘의 하나님 여호와께서 네게 이같이 말씀하셨느니라
3절 네가 일찍이 말하기를 화로다 여호와께서 나의 고통에 슬픔을 더하셨으니 나는 나의 탄식으로 피곤하여 평안을 찾지 못하도다
4절 너는 그에게 이르라 여호와께서 이와 같이 말씀하시기를 보라 나는 내가 세운 것을 헐기

도 하며 내가 심은 것을 뽑기도 하나니 온 땅에 그리하겠거늘
5절 네가 너를 위하여 큰 일을 찾느냐 그것을 찾지 말라 보라 내가 모든 육체에 재난을 내리리라 그러나 네가 가는 모든 곳에서는 내가 너에게 네 생명을 노략물 주듯 하리라 여호와의 말씀이니라

말씀으로 기도하기

본문배경 섭렵하기

배경설명

이 연대기는 여호야김 4년, 즉 주전 605년이다. 이때는 느부갓네살 왕이 갈그미스에서 앗수르를 패퇴시킨 해로서 본격적으로 북쪽에서 와서 예루살렘을 멸망시킬 나라가 바벨론임을 알게 되는 시점이다(25:1; 36:1). 바룩은 예레미야가 자기를 격려하려고 전해준 하나님의 말씀으로 자기의 글 (36-45장)을 마무리한다.

본문내용 이해하기

주요 내용 설명

이 본문(45:1-5)은 바룩의 불평과 하나님의 위로를 다룬다. 바룩은 여호야김 4년에 예레미야의 말을 기록한 후에 들었던 예레미야의 말을 옮긴다. 하나님은 바룩에 대하여 말씀하신다. 바룩은 일찍이 여호와께서 자신의 고통에 슬픔을 더하셨기때문에 탄식으로 인하여 평안을 찾지 못한 것을 알았다. 그것은 아마도 예루살렘 멸망에 관한 예레미야의 예언을 옮기면서 경험한 바룩의 큰 슬픔을 말하는 듯하다. 하나님은 세운 것을 헐기도 하고 심은 것을 뽑기도 하는 분으로 온 땅에 그렇게 하신 것이다. 하나님은 바룩에게 인간적인 척도로 불평하거나 예단하지 말고, 자신을 위하여 큰일을 찾지 말라고도 하신다. 위기의 시대에 큰 일을 행하여 영웅이 되려고 애쓰지 말라는 말이다. 비록 바룩이 가는 곳마다 재난이 있기는 하겠지만, 여호와께서 주시는 큰 위로는 바룩이 죽지 않고 살아남을 것이라는 것이다.

능동적 묵상의 단계

침묵 가운데 45장 1-5절 말씀을 읽으면서 마음에 와닿은 4-5절, '너는 그에게 이르라 여호와께서 이와 같이 말씀하시기를 보라 나는 내가 세운 것을 헐기도 하며 내가 심은 것을 뽑기도 하나니 온 땅에 그리하겠거늘 네가 너를 위하여 큰 일을 찾느냐 그것을 찾지 말라 보라 내가 모든 육체에 재난을 내리리라 그러나 네가 가는 모든 곳에서는 내가 너에게 네 생명을 노략물 주듯 하리라 여호와의 말씀이니라.'는 말씀을 붙잡고 읊조리면서 그 말씀의 의미를 본문배경과 본문의 주요내용을 읽으면서 이해한다.

유다의 요시야 왕의 아들 여호야김 넷째 해, 주전 605년에 예레미야가 불러 주는 대로 이 모든 말을 네리야의 아들 바룩이 책에 기록한다. 이때는 아직 예루살렘이 바벨론에 넘어가기 전인데, 그 때에 선지자 예레미야에게 바룩에 관한 여호와의 역속의 말씀이 임한다. 일찍이 예레미야에게 임한 핍박과 어려움으로 인하여 그 역시 어려움을 겪을 수 밖에 없었던 그 때에 그는 '화로다 여호와께서 나의 고통에 슬픔을 더하셨으니 나는 나의 탄식으로 피곤하여 평안을 찾지 못하도다.'라는 말을 하였다. 이같이 탄식하며 힘들어 하는 그의 말을 들으신 여호와께서 그에게 두 가지 말씀을 예레미야를 통하여 주신다. 하나는 책망의 말씀인데, 여호와께서는 그가 세운 것을 헐기도 하시며 그가 심은 것을 뽑기도 하시는 하나님이시니 온 땅에서 그리하셨던 하나님께서 바룩아 네가 너를 위하여 큰 일을 찾느냐 그것을 찾지 말라 말씀하신다. 여호와께서는 그에게 다른 사회적 명성이나 지위를 찾으려 하지 말라 말씀하신다. 다른 하나는 위로의 말씀을 주시는데, 여호와께서 모든 육체에 재난을 내리리라고 말씀하셨지만 그러나 바룩아 가는 모든 곳에서는 그의 생명을 노략물 주듯 하리라는 말씀을 주신다. 노략물이란 적을 정복하고 얻게 되는 물건이라는 말이므로 이는 모든 위험을 극복한 바룩의 생명은 노략물 보다 더 소중할 것이라는 위로의 말씀임을 감지하면서 성령의 인도하심에 순응혜 들어가는 자신을 발견한다.

수동적 묵상의 단계

마음에 와닿은 4-5절 말씀은 즉 예레미야를 통하여 여호와께서 바룩에게 주신 말씀으로서 이는 여호와께서는 세운 것을 헐기도 하시며 심으신 것을 뽑기도 하시니 온 땅에 그리하겠거늘 바룩에게 그 자신이 생각하고 있는 큰 일을 찾지 말라 이르시면서 여호와께서 모든 육체에 재난을 내리시지만 바룩이 가는 모든 곳에서 여호와께서 그의 생명을 노략물 주듯 하리라는 여호와의 말씀을 묵상하는 가운데 5절 말씀이 더 집중되었는데, 이는 여호와께서 모든 육체에 재난을 내리시는 가운데서도 바룩의 생명은 적을 정복하고 얻게 되는 물건, 즉 노략물 주듯 하리라는 위로의 말씀을 그에게 주시니 그가 살면서 쓸데없이 큰 일을 찾지 말라 이르신 것은 그의 큰 일이 하나님에 의하여 뽑힘을 당할 수도 있다는 것이 감지되었다. 오로지 현재 그가 예레미야를 대신하여 여호와의 말씀을 예레미야가 불러주는 대로 쓰고 있는 것으로 인하여 모든 육체에 재난이 내리지만 바룩의 생명을 노략물 주듯 하시니 이 얼마나 큰 은혜의 말씀인지가 감지되면서 하나님께서 나를 그 말씀 속으로 초대하신다. 이 말씀을 통하여 제게 하나님께서 현재 '네가 하고 있는 일에 집중하라 그 외 다른 큰 일을 찾지 말라 이르시면서 점점 자연환경, 사회환경, 가정환경, 국제환경 경제환경 정치환경 등에 적신호가 내려지지만 제가 가는 모든 곳에서 여호와께서 저의 생명을 노략물 주듯 하시리라는 말씀으로 위로해 주심을 묵상하면서 주님과 말씀으로 교제한다. 이때 성령의 인도하심에 따라 점차 순응해 들어가는 자신을 발견할 수 있다.

되돌아보기

되돌아보니 제가 가는 모든 곳에서 하나님께서 저의 생명을 노략물로 주듯이 살려주셨음이 회상되었다. 무엇보다도 먼저 아주 어렸을 때 피난 중 아파서 거의 죽게 되었는데 살아나게 되었으며, 여학교 때 장질부사로 인해 사경으로부터 벗어나게 되었으며, 그 이후에도 두 서너번 죽음에 이르는 질병으로부터 벗어나는 경험을 하였음이 회상되었다. 이제까지 살아오면서 몸으로 겪는 이 모든 질병으로부터 저의 생명을 노략물 주듯 하셨던 하나님의 은혜를 새롭게 감지하면서 현재 하나님께서 주신 일에 집중하며 나의 생명을 지금까지 지켜주신 하나님께 온전히 나 자신을 드리고 싶은 내 자신의 내면이 살펴진다.

마음 쏟아 놓기

내 자신의 생명이 하나님의 은혜로 이제까지 지속되어 왔음을 회상하면서 내 자신의 생명이 오로지 하나님의 은혜의 산물임을 인식하면서 나에게 생명을 이세까시 있게 하신 하나님께서 내게 원하시는 것이 현재 하고 있는 일에 집중하는 것임을 감지하면서 이를 아멘으로 화답하며 나의 하나님을 향한 나의 마음을 있는 그대로 쏟아 놓으면서 내 안에서 역사하시는 성령 하나님의 인도하심에 따라 침묵으로 하나님과 깊은 교제에로 나아간다.

하나님 음성 듣기 / 하나님 안에 머물기

마음을 쏟아 낸 후 하나님의 사랑아래 고요히 머물면서 하나님께서 나에게 들려주시는 '나는 내가 세운 것을 헐기도 하며 내가 심은 것을 뽑기도 하나니 온 땅에 그리하겠거늘 네가 너를 위하여 큰 일을 찾느냐 그것을 찾지 말라'는 음성에 귀 기울인다.

계속 은총 안에 머물면서 하나님의 충만하신 임재를 느끼면서 하나님의 치유하심과 구속하시는 은총을 덧입는다.

응답의 기도

하나님의 은총 안에 머물면서 '현재 하고 있는 일을 생명같이 소중히 여기며 그 외 다른 큰 일을 찾지 말게 하소서.' 라는 응답 기도를 한다.

삶으로 나아가기

묵상하는 가운데 받은 '현재 하고 있는 일을 생명같이 소중히 여기며 그 외 다른 큰 일을 찾지 말라'는 그 말씀에 붙잡힌 상태로 그 말씀과 동행하면서 내 삶이 영위될 수 있도록 도움을 구한다.

3부

이방 나라들에 대한 신탁과 결론 (46-52장)

52. 애굽에 대한 예언
(46:1-28)

Lectio divina Jeremiah

기도에 임하기

겸손히 주의 인도하심에 따라 늘 주와 함께 하는 삶을 살게 하소서.

말씀읽기

예레미야 46:1 - 28

마음의 문을 열고 하나님의 말씀을 집중해서 듣고 하나님의 말씀이 내 마음에 부딪혀 오든지 말씀에로 자신이 끌려들어 갈 수 있도록 하나님 현존 앞에서 말씀을 청종하는 자세로 두세 번 반복해서 읽으면서 마음에 와닿은 말씀이나 혹은 자신에게 다가오는 말씀을 살핀다.

1절 이방 나라들에 대하여 선지자 예레미야에게 임한 여호와의 말씀이라
2절 애굽에 관한 것이라 곧 유다의 요시야 왕의 아들 여호야김 넷째 해에 유브라데 강 가 갈그미스에서 바벨론의 느부갓네살 왕에게 패한 애굽의 왕 바로느고의 군대에 대한 말씀이라
3절 너희는 작은 방패와 큰 방패를 예비하고 나가서 싸우라
4절 너희 기병이여 말에 안장을 지워 타며 투구를 쓰고 나서며 창을 갈며 갑옷을 입으라
5절 여호와의 말씀이니라 내가 본즉 그들이 놀라 물러가며 그들의 용사는 패하여 황급히 도망

하며 뒤를 돌아보지 아니함은 어찜이냐 두려움이 그들의 사방에 있음이로다

6절 발이 빠른 자도 도망하지 못하며 용사도 피하지 못하고 그들이 다 북쪽에서 유브라데 강 가에 넘어지며 엎드러지는도다

7절 강의 물이 출렁임 같고 나일 강이 불어남 같은 자가 누구냐

8절 애굽은 나일 강이 불어남 같고 강물이 출렁임 같도다 그가 이르되 내가 일어나 땅을 덮어 성읍들과 그 주민을 멸할 것이라

9절 말들아 달려라 병거들아 정신없이 달려라 용사여 나오라 방패 잡은 구스 사람과 붓 사람과 활을 당기는 루딤 사람이여 나올지니라 하거니와

10절 그 날은 주 만군의 여호와께서 그의 대적에게 원수 갚는 보복일이라 칼이 배부르게 삼키며 그들의 피를 넘치도록 마시리니 주 만군의 여호와께서 북쪽 유브라데 강가에서 희생제물을 받으실 것임이로다

11절 처녀 딸 애굽이여 길르앗으로 올라가서 유향을 취하라 네가 치료를 많이 받아도 효력이 없어 낫지 못하리라

12절 네 수치가 나라들에 들렸고 네 부르짖음은 땅에 가득하였나니 용사가 용사에게 걸려 넘어져 둘이 함께 엎드러졌음이라

느부갓네살이 애굽을 치리라

13절 바벨론의 느부갓네살 왕이 와서 애굽 땅을 칠 일에 대하여 선지자 예레미야에게 이르신 여호와의 말씀이라

14절 너희는 애굽에 선포하며 믹돌과 놉과 다바네스에 선포하여 말하기를 너희는 굳건히 서서 준비하라 네 사방이 칼에 삼키웠느니라

15절 너희 장사들이 쓰러짐은 어찌함이냐 그들이 서지 못함은 여호와께서 그들을 몰아내신 까닭이니라

16절 그가 많은 사람을 넘어지게 하시매 사람이 사람 위에 엎드러지며 이르되 일어나라 우리가 포악한 칼을 피하여 우리 민족에게로, 우리 고향으로 돌아가자 하도다

17절 그들이 그 곳에서 부르짖기를 애굽의 바로 왕이 망하였도다 그가 기회를 놓쳤도다

18절 만군의 여호와라 일컫는 왕이 이르시되 나의 삶으로 맹세하노니 그가 과연 산들 중의 다볼 같이, 해변의 갈멜 같이 오리라

19절 애굽에 사는 딸이여 너는 너를 위하여 포로의 짐을 꾸리라 놉이 황무하며 불에 타서 주민이 없을 것임이라

20절 애굽은 심히 아름다운 암송아지일지라도 북으로부터 쇠파리 떼가 줄곧 오리라

21절 또 그 중의 고용꾼은 살진 수송아지 같아서 돌이켜 함께 도망하고 서지 못하였나니 재난의 날이 이르렀고 벌 받는 때가 왔음이라

22절 애굽의 소리가 뱀의 소리 같으리니 이는 그들의 군대가 벌목하는 자 같이 도끼를 가지고 올 것임이라

23절 여호와의 말씀이니라 그들이 황충보다 많아서 셀 수 없으므로 조사할 수 없는 그의 수풀을 찍을 것이라

24절 딸 애굽이 수치를 당하여 북쪽 백성의 손에 붙임을 당하리로다

25절 만군의 여호와 이스라엘의 하나님께서 말씀하시니라 보라 내가 노의 아몬과 바로와 애굽과 애굽 신들과 왕들 곧 바로와 및 그를 의지하는 자들을 벌할 것이라

26절 내가 그들의 생명을 노리는 자의 손 곧 바벨론의 느부갓네살 왕의 손과 그 종들의 손에 넘기리라 그럴지라도 그 후에는 그 땅이 이전 같이 사람 살 곳이 되리라 여호와의 말씀이니라

이스라엘을 구원하리라

27절 내 종 야곱아 두려워하지 말라 이스라엘아 놀라지 말라 보라 내가 너를 먼 곳에서 구원하며 네 자손을 포로된 땅에서 구원하니 야곱이 돌아와서 평안하며 걱정 없이 살게 될 것이라 그를 두렵게 할 자 없으리라

28절 여호와의 말씀이니라 내 종 야곱아 내가 너와 함께 있나니 두려워하지 말라 내가 너를 흩었던 그 나라들은 다 멸할지라도 너는 사라지지 아니하리라 내가 너를 법도대로 징계할 것이요 결코 무죄한 자로 여기지 아니하리라 하시니라

말씀으로 기도하기

본문배경 섭렵하기

배경설명

예레미야는 처음부터 여러 나라들의 예언자로 부름받았기에(1:5, 10), 여러 나라들에 관한 예언은 예레미야서의 중요한 일부가 된다. 물론 여러 나라 자체에 대한 관심보다는 유다와 예루살

렘의 심판과 회복의 역사와 관련하여 바벨론을 비롯한 여러 나라의 역사에 관심이 있다. 오직 포로 칠십년이 지난 후에 하나님은 당신의 방법으로 회복을 시작하시는데 그 첫 번째 과업이 바로 하나님의 공의의 기준대로 바벨론과 다른 여러 나라를 심판하시는 것이다. 25:15-38에는 여러 나라를 향한 심판의 내용이 담겨 있다. 그 핵심은 모든 나라들이 하나님이 주는 "진노의 잔"을 받아야 한다는 것이다. 이러한 여러 나라에 대한 심판의 내용은 46-51장에서 더 상세히 묘사된다. 46-51장은 "열국에 대한 하나님의 말씀"임을 표제어로 제시하면서 애굽을 시작으로 (46:2-28) 바벨론을 마지막으로 (50:1-51:64), 그리고 나머지 일곱 나라에 대한 예언이 나타난다: 애굽 (46:2-28), 블레셋 (47:1-47), 모압 (48:1-47), 암몬 (49:1-6), 에돔 (49:7-22), 다메섹 (49:23-27), 게달과 하솔 (49:28-33), 엘람 (49:34-39). 애굽을 비롯한 여러 나라들에 대한 심판은 바벨론에 의하여 수행된다. 애굽에 대한 예언은 크게 두 가지로 나타나는데, 하나는 유다를 멸망시킬 북방족속의 실체가 바벨론으로 확정된 여호야김 4년에 애굽의 멸망을 예언한 것이다 (46:1-12). 다른 하나는 유다 백성들이 바벨론에 머물라고 하는 하나님의 명령을 어기고 애굽에 정착한 유대 백성들에 대한 심판 예언의 일환으로 그들이 거한 믹돌, 놉, 다바네스 (46:14; 44:1) 에 대하여 심판을 예언한다. 애굽에 대한 예언 직후에 우리는 이스라엘과 유다를 향한 위로의 신탁으로 예레미야의 새 계약에서 나타난 위로(慰勞) 신탁이 반복된다 (46:27-28; 30:10-11). 이방에 대한 신탁이 유다와 이스라엘의 회복과 긴밀함을 보여주고 있다. 이방 나라 신탁의 절정은 이방을 심판하기 위하여 사용된 바벨론에 대한 심판이다 (50:1-51:64). 바벨론에 관한 예언은 바벨론이 열국의 압제자로서 앗수르의 자리를 계승할 것이며 (렘 50:17-20 처럼) 결국은 바벨론마저도 때가 되면 하나님의 징벌을 받을 것이라는 의식에 의하여 지배되고 있다.

본문내용 이해하기

주요 내용 설명

이 본문은 세 단락으로 이루어진다: A. 애굽 군대의 패배 (1-12 절); B. 느부갓네살에 의한 임박한 애굽 정복과 애굽의 희망(13-26 절); C. 이스라엘을 위로하시는 말씀 (27-28 절)

첫째 단락(1-12 절)은 애굽 군대의 패배를 다룬다. 표제어인 1절은 이방 나라 신탁에 대한 머리말이다. 2절은 이 신탁의 역사적 상황을 서술한다. 이 말씀은 여호야김 4년(주전 605년)에 유브라데 강가 갈그미스에서 바벨론의 느부갓네살 왕에 의하여 패한 애굽의 바로느고의 군대에 관한 말씀이다. 이 전투 후에 바벨론은 고대 근동의 맹주가 되었고, 애굽의 영향력은 감소되었다. 3-12절은 전투장면을 묘사하며 애굽의 일방적인 패배를 선언한다. 3-4절은 전쟁준비 명령으로 갑옷과 투구를 쓰고 창과 방패를 들고 말에 안장을 지우고 싸울 준비를 하라고 명령한다. 5-6절에서 적들은 두려워 황급히 도망가지만 피하지 못하고 엎드러진다. 7-8절은 애굽을 조롱하기 위하여 질문과 대답의 형식을 사용한다. 한때는 일어나 성을 덮어 성읍들과 그 거민들을 멸할 것 같던 애굽이었다(8절). 9절에서 구스인과 붓인과 루딤인은 애굽의 용병들이다. 10절에서 공격하는 자와 후퇴하는 자의 정체가 명확해진다. 유브라데 강에서 애굽의 철저한 패배가 수행된다. 여호와는 애굽을 그의 대적으로 부르고 원수를 갚으신다. 애굽은 치유받지 못하고(11절), 그 수치가 온 세상에 알려지고 그 부르짖음이 온 세상에 가득하니 그들의 군대가 전멸될 것이다(12절).

둘째 단락(13-26 절)은 느부갓네살에 의한 임박한 애굽 정복과 애굽의 희망을 다룬다. 이제 바벨론은 애굽을 침략한다(13절). 14절은 애굽의 주요 도시인 믹돌, 놉, 다바네스를 언급하며 전쟁을 준비하라고 말한다. 그렇지만 애굽의 군대는 패배하고 애굽의 전쟁 용사들은 쓰러져 서지 못한다(15절). 용사들이 패배하면서 고향으로 돌아가기를 갈급한다. 바로 왕은 망하고 기회를 놓쳤다(17 절). 18-24절은 하나님의 말씀이다. 그 사람이 와서 놉이 황무하고 불에 타며 애굽 사람들이 포로 생활을 할 것이다. 북에서 오는 쇠파리가 괴롭힌다. 애굽의 재난의 날이 이르렀고, 벌 받는 때가 왔다(21 절). 침략자는 벌목하는 자같이 도끼를 가지고 올 것이다. 침략자는 황충보다 많이 와서 애굽이 수치를 당해 북쪽 백성의 손에 붙임을 당할 것이다(24절). 25-26절에서 북에서 오는 침략자는 바벨론 왕과 그의 군대이다. 애굽의 운명이 그들 손에 달릴 것이다. 그러나 침략자의 때도 지나가서 그 땅이 다시 사람이 살만한 곳이 될 것이다.

셋째 단락(27-28 절)은 이스라엘을 위로하시는 말씀을 다룬다. 이 모든 신탁의 목적은 이스라엘 백성을 위로하기 위함이다. 이스라엘 백성들이 포로 된 땅에서 돌아올 것이다. 이방 나라의 침입에도 불구하고 때가 되면 그 나라들은 다 멸망되지만, 이스라엘은 사라지지 않는다. 물론 이스라엘이 받을 징계는 받지만, 하나님의 보호가 임할 것이다.

능동적 묵상의 단계

침묵 가운데 46장 1-28절 말씀을 읽으면서 마음에 와닿은 27-28절 '내 종 야곱아 두려워하지 말라 이스라엘아 놀라지 말라 보라 내가 너를 먼 곳에서 구원하며 네 자손을 포로된 땅에서 구원하리니 야곱이 돌아와서 평안하며 걱정 없이 살게 될 것이라 그를 두렵게 할 자 없으리라 여호와의 말씀이니라 내 종 야곱아 내가 너와 함께 있나니 두려워하지 말라 내가 너를 흩었던 그 나라들은 다 멸할지라도 너는 사라지지 아니하리라 내가 너를 법도대로 징계할 것이요 결코 무죄한 자로 여기지 아니하리라 하시니라'는 말씀을 붙잡고 읊조리면서 그 말씀의 의미를 본문 배경과 본문의 주요내용을 읽으면서 이해한다.

애굽 왕 바로느고가 갈그미스 전투에서 바벨론의 느부갓네살 왕에게 패하는 말씀이 예레미야를 통하여 네 가지로 묘사된다. 첫째, 발이 빠른 자나 용사 모두가 도피하지 못하고 그들이 다 북쪽에서 유브라데 강가에 넘어지며 엎드러졌다 묘사된다. 이로 인하여 애굽은 강의 물이 출렁임 같고 나일 강이 불어남 같았다 한다. 둘째, 애굽 왕 바로느고가 일어나 땅을 덮어 성읍들과 그 주민을 멸할 것이라고 확신하며 말과 병거, 용사와 방패 잡은 용병들, 활을 당기는 용병들에게 전격하여 나가라 명령한다. 이같이 많은 병력을 가졌음에도 불구하고 그 날은 주 만군의 여호와께서 그의 대적에게 원수 갚는 보복 일이므로 칼이 애굽 군대들을 배부르게 삼키며 그들의 피를 넘치도록 마실 것이라 예언된다. 예레미야는 이를 주 만군의 여호와께서 북쪽 유브라데 강가에서 희생제물을 받으실 것이라고 묘사한다. 셋째, 패전한 애굽 군들의 상처를 위하여 길르앗으로 올라가서 유향을 취하여 치료를 많이 받아도 효력이 없어 낫지 못할 것이라 묘사된다. 넷째, 애굽의 이같은 패전의 수치가 이웃 나라들에 들리므로 애굽의 영향력이 약화될 뿐만 아니라 패전한 그들의 부르짖음이 땅에 가득하며 용사가 용사에게 걸려 넘어져 둘이 함께 엎드러질 것이라 묘사한다. 애굽의 패전에 관한 이 네 가지의 묘사를 통하여 아무리 강한 병력을 갖은 나라라도 여호와께서 함께 하지 아니하면 패전할 수밖에 없다는 것을 알 수 있다.

여호와께서 예레미야를 통하여 바벨론의 느부갓네살 왕이 와서 애굽 땅을 칠 일에 대하여 세 가지 말씀을 하신다. 첫째, 애굽의 대표도시이며 유다피난민들의 거주지인 믹돌과 놉과 다바네스에게 굳건히 서서 준비하라는 말씀이다. 왜냐하면, 그들의 사방이 칼에 삼키 울 것이며, 그들의 장사들이 쓰러질 것이며, 그들이 서지 못할 것이기 때문이다. 이는 바벨론의 애굽 침입이 임박하다는 예언이며, 또한 이는 바벨론의 애굽 침입은 여호와께서 그 도시 사람들을 몰아내시려는 하나님의 섭리로 인한 전쟁이라는 예언이다. 둘째, 여호와께서 많은 사람을 넘어지게 하시매 사람이 사람 위에 엎드러질 것이라는 말씀이다. 그리하여 애굽의 용병으로 선투에 참여하는 이들이 포악한 칼을 피하여 각 자 그들의 민족에게로, 고향으로 돌아가자고 할 것이라는 예언이 선포된다. 이는 바벨론과의 전투에서 애굽의 패배에 관한 예언이다. 셋째, 애굽의 용병들이 전투장에서 애굽의 바로 왕이 망하였다고 부르짖을 것이며 그가 기회를 놓쳤다고 할 것인데, 이는 바로의 때가 다 하였다는 예언이다.

만군의 여호와라 일컫는 왕이 자신을 신격화하는 애굽의 바로 왕에게 바벨론의 애굽침입에 관한 말씀 여섯 가지를 하신다. 첫째는 바벨론의 느부갓네살이 산들 중의 다볼 같이, 해변의 갈멜 같이 올 것이라는 말씀인데, 이는 그의 애굽 진격이 다볼산과 갈멜산 웅장함 같이 힘찰 것이라는 말씀이다. 둘째는 애굽 백성이 더 이상 애굽에서 살지 못하고 바벨론의 포로로 끌려 갈 것이므로 포로의 짐을 꾸리라는 말씀이다. 셋째는 놉이 황무하며 불에 타서 주민이 없을 것이라는 말씀인데, 여기서 놉은 하애굽의 수도인 맴피스라 한다. 넷째는 애굽은 심히 아름다운 암송아지일지라도 북으로부터 쇠파리 떼가 줄곧 올 것이라는 말씀인데, 이는 풍요와 쾌락에 몰입되어 있는 애굽이 북쪽으로부터 바벨론의 군대의 침입으로 인하여 멸할 것이라는 말씀이다. 다섯째는 애굽의 고용인도 애굽의 쾌락과 방탕에 물들어 용병으로서의 역할을 하지 못하므로 바벨론군대의 침입을 받고 도망칠 것이라는 말씀이다. 여섯째는 바벨론과의 전투에서 패배한 애굽 사람들이 뱀처럼 숨을 죽여 살게 될 것이라는 말씀인데, 그 까닭은 애굽에 재난의 날이 이르렀고 벌 받는 때가 왔기 때문이다. 이때 바벨론의 군대가 벌목하는 자 같이 도끼를 가지고 올 것이라 말씀하시는데, 이는 애굽의 재난의 날에 애굽의 처지가 벌목꾼의 도끼 앞에 꼼짝 못하고 서 있는 나무와 같을 것이라는 비유이다.

예레미야가 계속하여 애굽의 멸망에 관한 여호와의 말씀 세 가지를 선포한다. 첫째는 바벨론 군대가 많은 애굽 군대를 찍으므로 애굽이 수치를 당할 것이라는 말씀인데, 이는 여호와께서 애굽을 바벨론 손에 붙이심으로 말미암은 수치이다. 둘째는 여호와께서 이집트의 아몬 신, 바로와 애굽, 애굽 신들과 왕들 및 바로를 의지하는 자들을 벌할 것이라는 말씀이다. 여기서 바로를 의지하는 자들은 애굽에 머물지 말라는 여호와의 목소리를 순종하지 않고 애굽 땅에 머물러 거하는 유다 백성을 지칭한다. 셋째는 여호와께서 그들 모두의 생명을 노리는 자의 손 곧 바벨론의 느부갓네살 왕의 손과 그 종들의 손에 넘길 것이지만, 애굽의 이같은 하나님의 심판 후에 여호와께서 그 땅을 이전 같이 사람 살 곳으로 회복할 것이라 말씀하신다. 바벨론의 포로로 갈 유다 백성과 애굽에 머물러 거주하려고 애굽 땅에 있는 유다백성의 멸망과 애굽의 멸망에 관하여 말씀하시는 여호와께서 나의 종 야곱 두려워하지 말라 이스라엘이 놀라지 말라 말씀하신다. 왜냐하면 여호와께서 언약백성인 야곱의 자손들을 포로 된 그 땅에서 구원할 것이기 때문이다. 이는 이스라엘의 회복에 대한 여호와 하나님의 약속의 말씀이다. 이와 더불어 여호와께서 포로로부터 유다 땅으로 돌아올 야곱의 자손들 즉 하나님백성을 위한 말씀 네 가지를 주신다. 첫째는 그들이 돌아와서 평안하며 걱정 없이 살게 될 것이라는 말씀이다. 둘째는 여호와께서 그들을 흩었던 그 나라들은 다 멸할지라도 그들은 사라지지 아니하게 하실 것이라는 말씀이다. 셋째는 여호와께서는 늘 그들과 함께 하실 것이므로 두려워하지 말라 말씀하신다. 넷째는 여호와께서 그들을 법도대로 징계할 것이요 결코 무죄한 자로 여기지 아니하실 것이라는 말씀이다.

이같이 우리가 믿는 여호와 하나님은 여호와의 말씀에 순종하지 아니하는 언약백성인 야곱의 자손들을 포로로 각국에 흩으시기도 하시지만 포로로부터 유다 땅으로 돌아와 잘 살게 하신다는 약속의 말씀을 주시며 특히 그들에게 그들을 흩었던 그 나라들은 다 멸할지라도 언약백성을 사라지지 아니하게 하실 것을 약속하시는 하나님이심이 감지되었다. 더 나아가 여호와께서 그들과 함께 하실 것이므로 두려워하지 말라 이르시지만 여호와는 그들을 여호와의 법도대로 징계하시는 하나님이시며, 결코 언약백성이라 할지라도 무죄한 자로 여기지 아니하시는 하나님이심이 감지되었다.

수동적 묵상의 단계

마음에 와닿은 27-28절 '내 종 야곱아 두려워하지 말라 이스라엘아 놀라지 말라 보라 내가 너를 먼 곳에서 구원하며 네 자손을 포로된 땅에서 구원하리니 야곱이 돌아와서 평안하며 걱정 없이 살게 될 것이라 그를 두렵게 할 자 없으리라 여호와의 말씀이니라 내 종 야곱아 내가 너와 함께 있나니 두려워하지 말라 내가 너를 흩었던 그 나라들은 다 멸할지라도 너는 사라지지 아니하리라 내가 너를 법도대로 징계할 것이요 결코 무죄한 자로 여기지 아니하리라 하시니라'는 말씀 중 28절 말씀이 더 마음에 와닿았다. 하나님께서는 택한 백성과 함께 하시니 두려워하지 말라 말씀하시면서 여호와께서 불순종한 하나님백성을 흩었지만 그들이 흩어져 살던 그 나라들은 여호와께서 다 멸할지라도 하나님의 백성은 사라지지 아니하리라 말씀하신다. 그러나 여호와께서는 하나님의 백성을 하나님의 법도대로 징계할 것이며 그들을 결코 무죄한 자로 여기지는 아니하신다는 그 말씀을 통하여 내 친족을 제 집에서 같이 살면서 사랑으로 섬겨야 되는 일을 하나님께서 주셨는데, 같이 살면 살수록 더 잘 사랑으로 섬기는 일이 더 어려워지는 것을 경험하면서 애통할 뿐만 아니라 거룩하지 못한 말과 행동이 나 자신으로부터 자연스럽게 나오는 것을 경험하였던 것을 회상하게 하셨다. 이때 나는 지칠 대로 지쳐있지만 사랑의 섬김이 되기도 하고 사랑의 섬김이 되지 아니하기도 하는 경험을 반복하면서 점점 더 탈진되어 드디어 심한 병이 연이어서 두 번 임하게 됨으로써 하나님께서 나의 이 친족을 그의 피붙이 곁으로 옮기시어 그 이후에도 저로 하여금 사랑으로 섬김과 사역을 계속하게 하심에 감사드리며 격월로 그 친족이 있는 곳에 찾아갈 뿐만 아니라 매일 전화하고 저녁에 서로 기도하면서 하나님의 사역을 계속하게 하신다. 이에 하나님께 감사를 드리면서 이와 함께 하나님께서는 사랑의 섬김을 제대로 하지 못한 것에 대하여 그 값을 은혜 가운데 잘 감당하게 하시는 하나님이심도 감지하면서 주님과 말씀으로 교제한다. 이때 성령의 인도하심에 점차 순응해 들어가는 자신을 발견할 수 있다.

되돌아보기

하나님께서 저에게 사랑의 섬김의 삶으로의 변화를 요구하고 계시며 그 변화에 내가 아멘으로 응답하지만 침묵으로 지난 시간에 내가 사랑의 섬김의 삶을 하나님께서 기뻐하시는 수준의 삶을 살지 못하였음을 되돌아본다. 그러나 지금은 내가 섬김의 삶을 살기를 간절히 원하고 있지만 사랑이신 하나님의 사랑이 제게 임하여만 하나님께서 원하시는 사랑의 섬김의 삶을 살 수 있다는 것을 철저히 뼈 속 깊이 통감한다. 동시에 사랑의 섬김의 삶을 살 수 없는 나의 죄로 인하여 나의 주 예수께서 십자가에서 대속의 제물로서 피 흘려 죽으셨을 뿐만 아니라 사흘 만에 부활하시어 승천하신 후 예수님의 이름으로 보내주신 성령으로 인하여 제가 하나님께 순종하지 못하였음을 알게 하신다. 뿐만 아니라 순종하지 못한 것에 대한 하나님의 법도대로 죄 없다 아니하시는 것까지 감지하게 하시니 감사를 하나님께 드릴 뿐이다. 내가 간절히 바라기는 2024년도 우리 셈 교회에 주신 말씀, 요한복음 17장 19절, '또 그들을 위하여 내가 나를 거룩하게 하오니 이는 그들도 진리로 거룩함을 얻게 하려 함이니이다.' 라는 주님의 말씀 대로 진리로 거룩함을 얻게 되기를 원하는 나의 내면이 살펴진다.

마음 쏟아 놓기

내 자신과 하나님에 대한 이같은 새로운 인식을 경험하면서 하나님께서 내게 원하시는 사랑과 거룩함에로의 변화와 이 변화를 저 또한 간절히 원하고 있다는 것을 하나님께 나의 마음 있는 그대로 쏟아 놓으면서 내 안에서 역사하시는 성령 하나님의 인도하심에 따라 침묵으로 하나님과 깊은 교제에로 나아간다.

하나님 음성 듣기 / 하나님 안에 머물기

　마음을 쏟아 낸 후 하나님의 사랑아래 고요히 머물면서 하나님께서 나에게 들려주시는 '겸손히 주의 인도하심에 뒤 따르며 그 인도하심에 응답하는 삶을 사는 훈련이 필요하다'는 음성에 귀 기울인다.
　계속 은혜 안에 머물면서 하나님의 충만하신 임재를 느끼면서 하나님의 치유하심과 구속하시는 은총을 덧입는다.

응답의 기도

　하나님의 은총 안에 머물면서 '겸손히 주의 인도하심에 따라 늘 주와 함께 하는 삶을 살게 하소서.' 라는 응답 기도를 한다.

삶으로 나아가기

　묵상하는 가운데 받은 '겸손히 주의 인도하심에 따라 늘 주와 함께 하는 삶을 살게 하소서.'라는 그 말씀에 붙잡힌 상태로 그 말씀과 동행하면서 내 삶이 영위될 수 있도록 도움을 구한다.

53. 블레셋에 대한 예언
(47:1-7)

Lectio divina Jeremiah

기도에 임하기

여호와 나의 하나님이시여! 이 나라 이 민족을 긍휼히 여기옵소서.

말씀읽기

예레미야 47:1 - 7

마음의 문을 열고 하나님의 말씀을 집중해서 듣고 하나님의 말씀이 내 마음에 부딪혀 오든지 말씀에로 자신이 끌려들어 갈 수 있도록 하나님 현존 앞에서 말씀을 청종하는 자세로 두세 번 반복해서 읽으면서 마음에 와닿은 말씀이나 혹은 자신에게 다가오는 말씀을 살핀다.

1절 바로가 가사를 치기 전에 블레셋 사람에 대하여 선지자 예레미야에게 임한 여호와의 말씀이라

2절 여호와께서 이와 같이 말씀하시되 보라 물이 북쪽에서 일어나 물결치는 시내를 이루어 그 땅과 그 중에 있는 모든 것과 그 성읍과 거기에 사는 자들을 휩쓸리니 사람들이 부르짖으며 그 땅 모든 주민이 울부짖으리라

3절 군마의 발굽 소리와 달리는 병거 바퀴가 진동하는 소리 때문에 아버지의 손맥이 풀려서

자기의 자녀를 돌보지 못하리니

4절 이는 블레셋 사람을 유린하시며 두로와 시돈에 남아 있는 바 도와 줄 자를 다 끊어 버리시는 날이 올 것임이라 여호와께서 갑돌 섬에 남아 있는 블레셋 사람을 유린하시리라

5절 가사는 대머리가 되었고 아스글론과 그들에게 남아 있는 평지가 잠잠하게 되었나니 네가 네 몸 베기를 어느 때까지 하겠느냐

6절 오호라 여호와의 칼이여 네가 언제까지 쉬지 않겠느냐 네 칼집에 들어가서 가만히 쉴지어다

7절 여호와께서 이를 명령하셨은즉 어떻게 잠잠하며 쉬겠느냐 아스글론과 해변을 치려하여 그가 정하셨느니라 하니라

말씀으로 기도하기

본문배경 섭렵하기

배경설명

47장은 블레셋에 대한 신탁이다. 블레셋이라는 말에서 '팔레스타인'이란 이름이 유래되었다. 이들은 갑돌, 즉 그레데와 에게해의 북쪽 섬들 또는 소아시아의 남쪽 해안에서 이주해온 자들이다(렘 47:4 ; 암 9:7). 블레셋의 영토는 욥바와 가사에서 남쪽으로 10km 거리에 있는 와디 가세(Wadi Ghazeh)사이에 있는 팔레스타인의 해변 평원의 일부에 붙여진 이름이다. 블레셋의 다섯 도시로는 가사, 아스글론 그리고 해안지방의 아스다롯, 서세펠라의 가드, 그리고 예루살렘과 동일 위도상에 있으며 약 9.6Km 내지쪽으로 있던 에그론 등이다. 이지역들은 기름진 땅이었다. 그들은 아스돗과 가사에 다곤 신전을 두었으며(삿 16:23; 삼상 5:1-7), 에그론에 바알세불에게 바치는 신전이 하나 있다(왕하 1:1-16).

블레셋 족속들은 족장들과 출애굽기부터 (창 10:14; 21:32, 34; 26:1-18, 출 13:17; 15:4) 등장한다. 이후 뿌리가 같은 블레셋 족속들이 해안지역에 자리를 잡으면서 주진 1200년 이후 줄곧 이스라엘의 뿌리 깊은 앙숙이 된다. 이들은 먼저 정착한 이스라엘 백성들로부터 계속적인 침략을 당했다(수 13:2-3; 삿 3:3; 10:6-7). 이후 블레셋 사람들은 막강한 군사력으로 이스라엘 공동체를 핍박하고 위협하였다(삿 13-16장). 결국 사무엘 시대에 이르러서는 아벡 전투에서 블레

셋에게 언약궤를 빼앗기는 등의 패배를 맛본 이스라엘은(삼상 4장), 기존 사사체제의 지도력이 무기력하다는 것을 실감하고 하나님께 그들을 통치해 줄 왕을 세워달라고 요구하였다. 이후 사울왕이 길보아 산에서 벌어진 전투에서 전사하자 다윗이 왕위에 올랐고, 왕이 된 다윗은 블레셋 사람들에게 치명적인 타격을 주었다(삼하 5:17-25; 21:18-22). 이후 솔로몬 왕 시대에는 블레셋과 분쟁이 없었으나 북이스라엘 왕국은 초기부터 국경분쟁이 잦았다(왕상 15:27; 16:15). 이후 유다와 앗수르, 애굽의 침공을 받아왔던 블레셋은 주전 604년 느브갓네살 왕에 의하여 완전히 멸망되었다.

본문내용 이해하기

주요 내용 설명

이 본문은 블레셋에 대한 신탁을 다룬다. 1절에서 역사적 상황을 바로가 가사를 치기 전이라고 밝히는데 구체적인 시기는 모호하다. 블레셋을 멸하러 온 침략자는 바벨론으로 보인다. 북쪽에서 일어나 물결치는 시내는 북쪽에서 오는 적들의 침략을 말한다. 이 적은 그 땅과 땅에 있는 모든 것과 성읍과 성읍에 사는 자들을 휩쓸어 파멸을 부르며 백성들을 혼란과 공포 가운데 빠져 울부짖게 한다. 3절에서 실제로 다가오는 군대 이미지로서 군마의 발굽 소리와 달리는 병거 바퀴가 진동하는 소리가 나타난다. 아버지는 손에 힘이 빠져 자기 자식들을 돌보지 못한다. 4절에서 파괴의 대상은 블레셋이며 그를 돕는 두로와 시돈도 멸할 것이다. 아마도 이들은 블레셋에 대하여 군사적인 원조를 약속한 것으로 보인다. 저자는 실제로 북쪽에서 오는 적들을 사용하시는 분은 여호와이시라고 고백한다. 여호와께서 갑돌 섬에 남아 있는 블레셋 사람을 유린하실 것이다. 그리하여 가사와 아스글론이 수모를 당하고 파괴될 것이다. 다시 6-7절에서는 멸하시는 여호와의 멈추지 않는 칼로 파괴활동을 묘사한다. 여호와의 명령에 따라 칼은 쉬지 않고 아스글론과 해변을 치기까지 하신다.

능동적 묵상의 단계

침묵 가운데 47장 1-7절 말씀을 읽으면서 마음에 와닿은 6-7절, '오호라 여호와의 칼이여 네가 언제까지 쉬지 않겠느냐 네 칼집에 들어가서 가만히 쉴지어다 여호와께서 이를 명령하셨은즉 어떻게 잠잠하며 쉬겠느냐 아스글론과 해변을 치려하여 그가 정하셨느니라 하나'라는 말씀을 붙잡고 읊조리면서 그 말씀의 의미를 본문배경과 본문의 주요내용을 읽으면서 이해한다.

주전 1200년 이후 줄 곳 이스라엘의 뿌리 깊은 앙숙이었던 불레셋 사람에 대한 여호와의 말씀 세 가지가 예레미야에게 임한다. 첫째는 물이 북쪽에서 일어나 물결치는 시내를 이루어 그 땅 모든 주민이 울부짖을 것이라는 말씀이다. 이는 바벨론 군대의 불레셋 침입은 그 땅과 그 중에 있는 모든 것과 그 성읍과 거기에 사는 자들을 휩쓸 것이므로 모든 주민이 부르짖을 것이라는 말씀이다. 둘째는 바벨론의 군마의 발굽 소리와 달리는 병거 바퀴의 진동하는 소리 때문에 아버지의 손맥이 풀려서 자기의 자녀를 돌보지 못할 것이라는 말씀인데, 이는 적군의 진군 속도가 너무 빠르기 때문에 자녀를 돌볼 겨를이 없다는 의미이다. 셋째는 여호와께서 불레셋 사람을 유린하시며 두로와 시돈에 남아 있는 도와 줄 자를 다 끊어 버리시는 날이 올 것이라는 말씀이다. 역사적으로 이는 블레셋이 멸망된 이후 두로와 시돈도 끝까지 항거하다가 마침내 바벨론에 의해 멸망당했다 한다.

사무엘 시대에 아벡 전투에서 블레셋에게 언약궤를 빼앗김으로 인하여 이스라엘은 사사제도에서 왕권 제도로 바뀌어 첫째 왕 사울이 길보아 산에서의 전투에서 전사한다. 이어 다윗이 왕위에 올라 불레셋과의 전쟁에서 치명적 타격을 주었으며, 그 이후 유다와 앗수르, 애굽의 침공을 받았던 불레셋에 관한 여호와의 말씀 세 가지가 예레미야를 통하여 이어진다. 첫째, 불레셋의 가사는 대머리가 되었다는 말씀인데, 이는 그곳의 주민들이 슬픔과 곤경에 처할 것이라는 예언이다. 둘째, 불레셋의 아스글론과 남아 있는 평지가 잠잠하게 되었다는 말씀인데, 이는 그들에게 남아 있는 힘과 병력이 다 소진될 것이라는 예언이다. 셋째, 여호와의 칼이여 네가 언제까지 쉬지 않겠느냐 네 칼집에 들어가서 가만히 쉬라는 말씀인데, 이는 이스글론에 대한 여호와의 칼, 심판을 억제할 수가 없다는 예언이다. 예레미야는 이를 여호와께서 명령하셨은즉 어떻게 잠잠하며 쉬겠느냐 표현하면서 여호와께서 아스글론과 해변을 심판하실 것을 정하셨다 말한다. 이 예언은 주전 604년에 바벨론의 느부갓네살이 아스글론을 포위 공격함으로 완전히 성취된다.

본문배경과 본문의 주요내용을 살펴본 결과 예레미야를 통하여 말씀하신 여호와 하나님의 칼에 의하여 불레셋이 온전히 멸망당할 것이 예언되며, 그 이후 이 예언이 성취되는 것을 보면서 여호와의 칼은 바벨론의 느브갓네살에 의하여 사용되었음이 감지되면서 역사를 주관하시는 여호와 하나님의 칼이 마음에 깊이 와닿았다.

수동적 묵상의 단계

마음에 와닿은 6-7절, '오호라 여호와의 칼이여 네가 언제까지 쉬지 않겠느냐 네 칼집에 들어가서 가만히 쉴지어다 여호와께서 이를 명령하셨은즉 어떻게 잠잠하며 쉬겠느냐 아스글론과 해변을 치려하여 그가 정하셨느니라 하니라.'는 말씀을 묵상하는 가운데 하나님께서 그 말씀을 통하여 이 땅에서 일어나고 있는 전쟁에 대하여 전보다 훨씬 더 민감해 지는 것이 감지되면서 지금 이때에 여호와의 칼이 칼집에 들어가서 가만히 쉬지 아니하고, 여호와께서 명령하셨은즉 여호와의 칼이 어떻게 잠잠하며 쉬겠느냐는 음성을 당시 예레미야에게 예언하신 것처럼 지금도 여호와께서는 하나님의 사람을 통하여 말씀하시는 하나님이심이 감지되면서 주님과 말씀으로 교제한다. 이때 성령의 인도하심에 따라 묵상을 계속하여 가면서 성령의 인도하심에 점차 순응해 들어가는 나 자신이 발견되었다.

되돌아보기

하나님께서 저에게 역사를 주관하시는 여호와께서 여호와의 칼로 사용되는 나라를 통하여 여호와께서 치려하는 나라가 패망될 수 있다는 것을 감지하면서 이 지구상에서 먹고 먹히면서 나라가 일어서기도 하고 점차 사라져 가기도 한다는 것을 볼 수 있는 눈이 있어야 됨을 여호와께서 제게 요구하고 계시며 그 변화에 나도 긍정적으로 응답하고 싶은 것이 살펴지면서 국사와 세계사 공부를 하고 싶은 내 자신의 내면이 살펴진다.

마음 쏟아 놓기

역사를 주관하시는 하나님께서 여호와의 칼의 도구로 사용되는 나라가 있으며 이와 동시에 여호와의 그 칼로 치려하시는 나라가 또한 있다는 것을 감지하면서 이 나라 이 민족에게는 이러한 여호와의 칼이 피해갈 수 있기를 바라는 간절한 마음이 내 안에서 일어나는 것이 감지 되었다. 이는 어렸을 때 전쟁을 경험해 보았기에 이를 더 간절하게 하나님을 향한 나의 마음을 있는 그대로 쏟아 놓으면서 내 안에서 역사하시는 성령 하나님의 인도하심에 따라 침묵으로 하나님과 깊은 교제에로 나아간다.

하나님 음성 듣기 / 하나님 안에 머물기

마음을 쏟아 낸 후 하나님의 사랑아래 고요히 머물면서 하나님께서 나에게 들려주시는 '두려워 말라 내가 너와 함께 함이니라.'는 음성에 귀 기울인다.

계속 은혜 안에 머물면서 하나님의 충만하신 임재를 느끼면서 하나님의 치유하심과 구속하시는 은총을 덧입는다.

응답의 기도

하나님의 은총 안에 머물면서 '여호와 나의 하나님이시여! 이 나라 이 민족을 긍휼히 여기소서.'라는 응답 기도를 한다.

삶으로 나아가기

묵상하는 가운데 받은 '두려워 말라 내가 너와 함께 함이니라'는 그 말씀에 붙잡힌 상태로 그 말씀과 동행하면서 내 삶이 영위될 수 있도록 도움을 구한다.

54. 모압에 대한 예언 1
(48:1-28)

Lectio divina Jeremiah

기도에 임하기

그리스도의 마음을 품게 하시어 늘 하나님께서 함께 하시는 삶을 살게 하소서.

말씀읽기

예레미야 48:1 - 28

마음의 문을 열고 하나님의 말씀을 집중해서 듣고 하나님의 말씀이 내 마음에 부딪혀 오든지 말씀에로 자신이 끌려들어 갈 수 있도록 하나님 현존 앞에서 말씀을 청종하는 자세로 두세 번 반복해서 읽으면서 마음에 와닿은 말씀이나 혹은 자신에게 다가오는 말씀을 살핀다.

1절 모압에 관한 것이라 만군의 여호와 이스라엘의 하나님께서 이와 같이 말씀하시되 오호라 느보여 그가 유린 당하였도다 기랴다임이 수치를 당하여 점령되었고 미스갑이 수치를 당하여 파괴되었으니

2절 모압의 찬송 소리가 없어졌도다 헤스본에서 무리가 그를 해하려고 악을 도모하고 이르기를 와서 그를 끊어서 나라를 이루지 못하게 하자 하는도다 맛멘이여 너도 조용하게 되리니 칼이 너를 뒤쫓아 가리라

3절 호로나임에서 부르짖는 소리여 황폐와 큰 파멸이로다

4절 모압이 멸망을 당하여 그 어린이들의 부르짖음이 들리는도다

5절 그들이 루힛 언덕으로 올라가면서 울고 호로나임 내리막 길에서 파멸의 고통스런 울부짖음을 듣는도다

6절 도망하여 네 생명을 구원하여 광야의 노간주나무 같이 될지어다

7절 네가 네 업적과 보물을 의뢰하므로 너도 정복을 당할 것이요 그모스는 그의 제사장들과 고관들과 함께 포로되어 갈 것이라

8절 파멸하는 자가 각 성읍에 이를 것인즉 한 성읍도 면하지 못할 것이며 골짜기가 멸망하였으며 평지는 파멸되어 여호와의 말씀과 같으리로다

9절 모압에 날개를 주어 날아 피하게 하라 그 성읍들이 황폐하여 거기에 사는 자가 없으리로다

10절 여호와의 일을 게을리 하는 자는 저주를 받을 것이요 자기 칼을 금하여 피를 흘리지 아니하는 자도 저주를 받을 것이로다

모압이 황폐하였다

11절 모압은 젊은 시절부터 평안하고 포로도 되지 아니하였으므로 마치 술이 그 찌끼 위에 있고 이 그릇에서 저 그릇으로 옮기지 않음 같아서 그 맛이 남아 있고 냄새가 변하지 아니하였도다

12절 그러므로 여호와께서 말씀하시니라 날이 이르리니 내가 술을 옮겨 담는 사람을 보낼 것이라 그들이 기울여서 그 그릇을 비게 하고 그 병들을 부수리니

13절 이스라엘 집이 벧엘을 의뢰하므로 수치를 당한 것 같이 모압이 그모스로 말미암아 수치를 당하리로다

14절 너희가 어찌하여 말하기를 우리는 용사요 능란한 전사라 하느냐

15절 만군의 여호와라 일컫는 왕께서 이와 같이 말하노라 모압이 황폐하였도다 그 성읍들은 사라졌고 그 선택 받은 장정들은 내려가서 죽임을 당하니

16절 모압의 재난이 가까웠고 그 고난이 속히 닥치리로다

17절 그의 사면에 있는 모든 자여, 그의 이름을 아는 모든 자여, 그를 위로하며 말하기를 어찌하여 강한 막대기, 아름다운 지팡이가 부러졌는고 할지니라

18절 디본에 사는 딸아 네 영화에서 내려와 메마른 데 앉으라 모압을 파멸하는 자가 올라와서 너를 쳐서 네 요새를 깨뜨렸음이로다

19절 아로엘에 사는 여인이여 길 곁에 서서 지키며 도망하는 자와 피하는 자에게 무슨 일이 생겼는지 물을지어다
20절 모압이 패하여 수치를 받나니 너희는 울면서 부르짖으며 아르논 가에서 이르기를 모압이 황폐하였다 할지어다
21절 심판이 평지에 이르렀나니 곧 홀론과 야사와 메바앗과
22절 디본과 느보와 벧디블라다임과
23절 랴다임과 벧가물과 벧므온과
24절 그리욧과 보스라와 모압 땅 원근 모든 성읍에로다
25절 모압의 뿔이 잘렸고 그 팔이 부러졌도다 여호와의 말씀이니라 모압이 조롱거리가 되리라
26절 모압으로 취하게 할지어다 이는 그가 여호와에 대하여 교만함이라 그가 그 토한 것에서 뒹굴므로 조롱거리가 되리로다
27절 네가 이스라엘을 조롱하지 아니하였느냐 그가 도둑 가운데에서 발견되었느냐 네가 그를 말할 때마다 네 머리를 흔드는도다
28절 모압 주민들아 너희는 성읍을 떠나 바위 사이에 살지어다 깊은 골짜기 어귀에 깃들이는 비둘기 같이 할지어다

말씀으로 기도하기

본문배경 섭렵하기

배경설명

48장은 모압에 대한 신탁이다. 모압은 이스라엘의 동남쪽 요르단 강과 사해를 접하고 있는 지역의 국가이며 전통적으로 이스라엘과 적대관계에 있었다. 느부갓네살 왕의 통치 기간 동안 초기에 바벨론에 복종하였으나, 유다와 블레셋과 함께 바벨론에 저항하는 바람에 몰락하고 더 이상 국가로 존재하지 못했다. 모압이 특별히 다른 나라들보다 중요하지 않은데도 이 신탁은 이방 나라 신탁 중에서 바벨론에 대한 신탁(51-52장)을 제외하고는 가장 길다. 모압은 큰 길에서 멀리 떨어진 산지에 있어서 외부의 공격을 받지 않고 평안하게 지내왔다. 이스라엘은 모압과 긴장관계

를 유지하고 있다 (렘 48:27; 민 22-24 장; 왕하 24:2). 적군은 북쪽에서 오는데, 헤스본에서부터 온 나라를 멸망시킬 계획을 세운다. 1절에서 느보 성읍터는 느보산에서 가장 높은 봉우리에서 약 1.5 km 떨어진 곳에 있는 키르벳 엘-메카이야트로 알려져 있으며 메사 왕의 모압 정착 기념비에 언급되어 있다. 호로나임과 루힛은 모압의 가장 남쪽 부분에 있다. 3절에서 호로나임은 모압의 중요한 요지로서, 모압 고원의 남서부쪽에 있는 카트랍바라는 현대 도시 근처에 있는 것으로 보인다. 사해 골짜기와 왕의 대로가 선명하게 눈에 들어오는 곳이다. 5절에서 루힛은 모압 고원의 남서부에 있다. 7절에서 그모스는 모압 사람들이 숭배했던 신이다. 모압 평원은 남북으로 95 km 뻗어 있으며, 서쪽으로는 험준한 끝자락이 사해 골짜기와 맞닿는다. 동서로는 약 900 미터 높이로 솟은 고원이 24 km 가량 뻗어 나간다. 11절에서 평안한 가운데 포도주가 익게 할 수 있었을 때, 그 포도주는 번영의 상징이 되었다. 포도주의 찌끼란 발효과정에서 술통의 밑바닥에 가라앉는 침전물을 말한다. 13절에서 북왕국 이스라엘이 망한 것은 벧엘의 금송아지를 숭배하였기 때문이다. 요세푸스에 따르면, 느부갓네살 왕이 재위 23년인 주전 582/581년에 요단 동편 저편 지역에 원정 가서 모압과 암몬을 지배하였다. 18절에서 디본은 아르논 협곡 북쪽에 있는 성인데 주전 9세기 메사 왕이 다스리던 기간에 모압의 수도였다. 아르논 강(20 절)은 모압 지역의 가장 중요한 강이다. 이 강을 따라 모압은 동서로 양분되어있다. 26-28절 이면에는 거듭된 전쟁과 영토권 주장으로 모압과 이스라엘 사이가 나빴다. 르우벤 지파는 아르논 북쪽에 있는 지역의 소유를 주장하였다 (수 13:15-23). 이스라엘에 대한 모압의 태도는 이스라엘의 하나님을 깔보고 비웃는다는 느낌을 주었다. 모압은 포도를 많이 재배하는 지역이기에 이에 어울리는 상징과 풍자가 많이 쓰였다. 십바는 모압 북부의 포도 재배 지역 전체를 대표하는 지역이다.

본문내용 이해하기

주요 내용 설명

이 본문은 세 단락으로 이루어진다: A. 모압의 오만 (1-10 절); B. 모압의 수모 (11-17 절); C. 모압에 대한 고발 (18-28 절).

첫째 단락(1-10 절)은 모압의 오만을 다룬다. 말씀은 만군의 여호와로부터 들려온다. 이 신탁에는 모압에 대한 군사 직접적인 행동은 없고 모압에 대한 적대적인 감정만 나타난다. 1-5절에는 모압의 도시들인 갸랴다임, 미스갑, 헤스본, 맛멘, 호로나임, 루힛과 같은 모압의 도시 이름들이 언급된다. 이들은 모압의 중심도시들로서 모압의 자랑거리였다. 그들이 수치를 당하고 파괴되며, 적막하게 되고 황무와 큰 파멸이 오고, 울고 울며, 패배의 고통으로 울부짖을 것이다. 6절과 9절에서 모압은 광야의 노간주 나무와 황무지가 될 것이기에 피하라고 요청한다. 7-8절에서 모압에서 피해야 할 이유가 제시된다. 모압이 업적과 보물을 의지하는 잘못된 믿음 때문이다. 결국 그들은 포로가 되어 그들의 신인 그모스도 제사장들과 고관들과 함께 포로되어 갈 것이다. 또한 파멸하는 자가 이르러 성읍과 골짜기와 평지가 멸망되고 파멸될 것이다. 모압을 파괴하는 자는 여호와의 일을 하는 자들이며 게을리하거나 금하지 말아야 한다(10절).

둘째 단락(11-17 절)은 모압의 수모를 다룬다. 11-12절은 모압의 상황을 포도주를 만드는 것에 비유한다. 포도주가 숙성할 때까지 이 그릇, 저그릇으로 옮기지 않는 것처럼 모압이 화평을 유지했지만, 화평이 깨어지는 날이 온다. 그릇을 기울이고 그릇을 비게하고 영들을 부수는 자가 등장한다. 즉, 모압이 파괴되고 포로를 경험한다는 말이다. 이스라엘이 벧엘에서 여호와가 아닌 우상을 섬기다 멸망한 것처럼 모압도 그들의 우상인 그모스로 인하여 수치를 당할 것이다. 자랑스런 모압은 파괴될 것이다(14-17 절). 그들은 용사요, 능란한 전사라고 말하지만, 재난이 가깝고 고난이 속히 닥칠 것인데, 황폐하고, 성읍이 사라지고, 장정들이 죽임을 당할 것이다. 그리하여 강한 막대기와 아름다운 지팡이로 불리던 강력한 권력과 의기양양한 왕국이 탄식의 대상이 될 것이다.

셋째 단락(18-28 절)은 모압에 대한 고발을 다룬다. 이제 모압의 영화가 수치로 바뀌었다. 그들의 요새가 파괴되었기에 백성들이 도피할 것이다. 모압의 모든 성읍들과 평지에 심판이 임하였다 (21-24 절).모압의 뿔이 잘렸고, 그 팔이 부러졌다. 이스라엘을 조롱하며 교만했던 모압이 조롱거리가 될 것이다. 그리하여 모압은 성읍을 떠나 바위에 살며 출입문 어귀 가장자리에 깃들이는 비둘기 같을 것이다.

능동적 묵상의 단계

침묵 가운데 48장 1-28절 말씀을 읽으면서 마음에 와닿은 25-28절, '모압의 뿔이 잘렸고 그 팔이 부러졌도다 여호와의 말씀이니라 모압이 조롱거리가 되리라 모압으로 취하게 할지어다 이는 그가 여호와에 대하여 교만함이라 그가 그 토한 것에서 뒹굴므로 조롱거리가 되리로다 네가 이스라엘을 조롱하지 아니하였느냐 그가 도둑 가운데에서 발견되었느냐 네가 그를 말할 때마다 네 머리를 흔드는도다 모압 주민들아 너희는 성읍을 떠나 바위 사이에 살지어다 깊은 골짜기 어귀에 깃들이는 비둘기 같이 할지어다.'라는 말씀을 붙잡고 읊조리면서 그 말씀의 의미를 본문배경과 본문의 주요내용을 읽으면서 이해한다.

　모압은 이스라엘의 동남쪽 요르단 강과 사해를 접하고 있는 지역의 국가이며 전통적으로 이스라엘과 적대관계에 있었다 하는데, 예레미야를 통하여 모압의 멸망에 관한 여호와의 말씀 여섯 가지가 예언된다. 첫째는 오호라 모압의 느보가 유린당하였고, 기랴다임이 수치를 당하여 점령되었고, 미스갑이 수치를 당하여 파괴되었다는 예언이다. 둘째는 모압의 이 같은 도시들의 파멸로 인하여 모압의 찬송 소리가 없어졌다는 예언이다. 셋째는 북부 모압의 중요 도시인 헤스본에서 무리가 그를 해하려고 악을 도모하여 끊어 나라를 이루지 못하게 하자고 할 것이라는 예언이다. 넷째는 칼이 맛멘을 뒤쫓아 갈 것이기 때문에 맛멘도 조용하게 될 것이라는 말씀이다. 다섯째는 호로나임에서 황폐와 큰 파멸의 부르짖는 소리가 나올 것이라는 말씀이다. 여섯째는 이와 같은 모압의 멸망으로 그 어린이들의 부르짖음이 들릴 것이라는 말씀이다. 여기서 '그 어린이들의 부르짖음'의 문자적인 뜻은 '작은 것들'이며 '비참하게 된 것들'로도 번역되는데, 여기서는 모압의 평지 도시들 중의 하나를 가리킨다 한다. 위와 같은 모압의 멸망으로 인하여 그들이 루힛 언덕으로 올라가면서 울고 호로나임 내리막길에서 파멸의 고통스런 울부짖음을 들을 것이라 하신다.

　계속하여 모압의 멸망에 관한 여호와의 말씀 네 가지가 이어진다. 첫째는 모압이 도망하여 그들의 생명을 구원하여 노간주나무 같이 될 것이라는 말씀인데, 이는 고사 직전의 노간주나무 같이 초라해 질 것이라는 말씀이다. 둘째는 모압이 의뢰하는 업적과 보물도 정복당하여 그들에게 아무 도움을 주지 못할 것이며, 그들의 신 그모스는 그의 제사장들과 고관들과 함께 포로되어 갈 것이라는 말씀이다. 셋째는 파멸하는 자가 각 성읍에 이를 것인데, 이는 여호와의 말씀처럼 한 성읍도 파멸을 면하지 못할 것이며 골짜기가 멸망하고 평지가 파멸될 것이라는 말씀이다. 넷째는 모압에 날개를 주어 날아 피하게 하라 하는데, 이는 그 성읍들이 황폐하여 거기에 사는 자가 없으리라는 말씀이다. 그리고 여호와께서 예레미야를 통하여 여호와의 일을 게을리 하는 자는 저주를 받을 것이며 자기 칼을 금하여 피를 흘리지 아니하는 자도 저주를 받을 것이라고 말씀하시는데, 이는 하나님의 심판을 대행할 사람들이 그들의 소임을 잘 수행해야 함을 강조하는 말씀이다.

　모압은 기름진 땅과 풍부한 수자원으로 경제적 여유를 가졌을 뿐만 아니라 고원지대에 위치하여 외부의 침략도 받지 않아서 안정된 생활을 하였다 한다. 여호와께서 모압의 이러한 안정된 생활을 술이 이 그릇에서 저 그릇으로 옮기지 않아 그 맛이 남아 있고 냄새가 변하지 아니한 포도주에 비유하신다. 그러나 여호와께서 그 술을 옮겨 담을 사람을 보낼 날을 이르게 하시어 그

그릇을 비게 하시고 그 병들을 부수실 것이라 말씀하신다. 이어서 여호와께서 모압의 황폐에 관하여 네 가지를 말씀하시는데, 첫째는 이스라엘 집이 금송아지 우상을 벧엘에 안치하여 의뢰하므로 수치를 당한 것 같이 모압이 그들의 신인 그모스로 말미암아 수치를 당할 것이라는 말씀이다. 둘째는 여호와라 일컫는 왕께서 용사와 능란한 전사가 많은 모압이 황폐하여 그 성읍들이 사라졌고 그 선택 받은 장정들이 내려가서 죽임을 당할 것이라 말씀하신다. 셋째는 모압에 재난이 가까웠고 그 고난이 속히 닥칠 것이므로 모압의 주변 국가들이 위로하며 말하기를 강한 막대기, 아름다운 지팡이가 어찌하여 부러졌을까 라며 애도할 것이라는 말씀이다.

모압의 폐망과 관련된 하나님의 심판에 관한 예언이 세 가지 계속된다. 첫째는 디본에 사는 주민들에게 모압을 파멸하는 자가 올라와서 그들을 쳐서 그들의 요새를 깨뜨리므로 메마른 땅에 앉게 될 것이라는 예언이다. 둘째는 아로엘에 사는 주민들에게 길 곁에 서서 지키며 도망하는 자와 피하는 자에게 무슨 일이 생겼는지 물으라 그리하면 모압이 패하여 수치를 받는다는 답을 들을 것이라는 예언이다. 그 대답을 들은 그들은 울면서 부르짖으며 아르논 가에서 이르기를 모압이 황폐하였음을 알릴 것이다. 셋째는 심판이 평지들과 모압 땅 원근 모든 성읍에 임하므로 모압의 뿔과 팔이 잘리고 부러져 힘을 다 잃을 것이라는 예언이다.

이같은 모압의 멸망이 임하게 된 것은 우선은 모압의 여호와에 대한 교만으로 인하여 하나님의 진노의 잔을 마시게 되어 파멸될 것이며, 또한 모압은 같은 혈족 이스라엘이 곤경에 처했을 때 조롱하며 즐거워했기 때문에 모압 주민들이 성읍을 떠나 바위 사이에 살게 될 것이라는 여호의 말씀이 예레미야를 통하여 그들에게 주어졌다. 이로 인하여 그들은 깊은 골짜기 어귀에 깃들이는 비둘기 같이 산악지대에 숨어서 지내야 할 것이다. 이같은 모압의 파멸이 여호와에 대하여 교만함과 아울러 이스라엘에 대한 오만과 자랑과 그 마음의 거만으로 인한 것이라는 말씀이 마음에 깊이 와닿았다.

수동적 묵상의 단계

마음에 와닿은 25-28절, '모압의 뿔이 잘렸고 그 팔이 부러졌도다 여호와의 말씀이니라 모압이 조롱거리가 되리라 모압으로 취하게 할지어다 이는 그가 여호와에 대하여 교만함이라 그가 그 토한 것에서 뒹굴므로 조롱거리가 되리로다 네가 이스라엘을 조롱하지 아니하였느냐 그가 도둑 가운데에서 발견되었느냐 네가 그를 말할 때마다 네 머리를 흔드는도다 모압 주민들아 너희는 성읍을 떠나 바위 사이에 살지어다 깊은 골짜기 어귀에 깃들이는 비둘기 같이 할지어다.'

라는 말씀을 묵상하는 가운데 모압의 뿔이 잘렸고 그 팔이 부러졌고 조롱거리가 된 까닭은 바로 모압이 여호와에 대하여 교만함과 더불어 동족인 이스라엘에 대한 모압의 오만과 자랑과 그 마음의 거만으로 인한 것이라는 그 말씀을 통하여 내가 유학시절에 우리나라와는 달리 잘 나가는 일본에 대하여 하나님께 기독교인이 아주 적을 뿐만 아니라 침략을 일삼는데 어찌하여 그 나라가 부강해지는지 이해하기가 어렵다는 말씀을 공공연하게 드렸던 것이 회상되었다. 예레미야 28장 25-28절을 묵상하는 가운데 나의 관점에서 그것도 눈에 드러나 보이는 것으로 하나님의 하시는 일에 관하여 이해하기가 어렵다고 말하고 생각한 것은 내 자신이 하나님을 향한 나의 마음이 교만함이었다는 것을 감지하게 되면서 주님과 말씀으로 교제하면서 하나님의 하시는 일에 관하여 너무 단편적이면서도 또한 우리나라와 비교하여 과거에 경제적으로 막강하게 일본이 보였다는 나 자신을 발견하면서 성령의 인도하심에 점차 순응해 들어가는 자신을 발견할 수 있다.

되돌아보기

하나님께서 제게 저의 관점으로 말하고 행동하는 것으로부터 벗어나 하나님을 계시해 주신 그리스도의 말씀의 관점에서 말하고 행동하는 사람으로의 변화를 요구하고 계시며 그 변화에 지금은 내가 하나님께 아멘으로 화답하지만 과거에는 수없이 그리스도의 마음으로 말하고 행동하기보다는 나의 관점으로 말하고 행동하는데 재빨랐다는 것을 되돌아보면서 지금은 매우 간절히 그리스도의 마음이 나의 마음 안에 온전히 거하기를 원하는 나 자신의 내면이 살펴진다.

마음 쏟아 놓기

내 자신과 하나님에 대한 이같은 새로운 인식을 경험하면서 하나님께서 내게 원하시는 그리스도의 마음으로 말하고 행동하는 삶으로의 변화와 하나님이 함께 하심이 아니면 나의 하나님을 향한 나의 마음이 교만할 수 밖에 없다는 것을 안타깝게 있는 그대로 쏟아 놓으면서 내 안에서 역사하시는 성령 하나님의 인도하심에 따라 침묵으로 하나님과 깊은 교제에로 나아간다.

하나님 음성 듣기 / 하나님 안에 머물기

　마음을 쏟아 낸 후 하나님의 사랑아래 고요히 머물면서 하나님께서 나에게 들려주시는 '두려워하지 말라 내가 너와 함께 함이라 놀라지 말라 나는 네 하나님이 됨이라 내가 너를 굳세게 하리라 참으로 너를 도와주리라 참으로 나의 의로운 오른손으로 너를 붙들리라'는 이사야 41장 10절 말씀에 귀 기울인다.
　계속 은혜 안에 머물면서 하나님의 충만하신 임재를 느끼면서 하나님의 치유하심과 구속하시는 은총을 덧입는다.

응답의 기도

　하나님의 은총 안에 머물면서 '그리스도의 마음을 품게 하시고 늘 하나님께서 함께 하시는 삶을 살게 하소서.'라는 응답 기도를 한다.

삶으로 나아가기

　묵상하는 가운데 받은 '그리스도의 마음을 품게 하시고 하나님께서 늘 함께 하시리라'는 그 말씀에 붙잡힌 상태로 그 말씀과 동행하면서 내 삶이 영위될 수 있도록 도움을 구한다.

55. 모압에 대한 예언 2
(48:29-47)

기도에 임하기

하나님이시여! 온전한 믿음의 삶, 즉 범사에 하나님과 함께 하는 사랑의 삶을 살게 하소서.

말씀읽기

예레미야 48:29 - 47

마음의 문을 열고 하나님의 말씀을 집중해서 듣고 하나님의 말씀이 내 마음에 부딪혀 오든지 말씀에로 자신이 끌으들어 갈 수 있도록 하나님 현존 앞에서 말씀을 청종하는 자세로 두세 번 빈복해서 읽으면서 마음에 와닿은 말씀이나 혹은 자신에게 다가오는 말씀을 살핀다.

29절 우리가 모압의 교만을 들었나니 심한 교만 곧 그의 자고와 오만과 자랑과 그 마음의 거만이로다

30절 여호와의 말씀이니라 내가 그의 노여워함의 허탄함을 아노니 그가 자랑하여도 아무 섯노 성취하지 못하였도다

31절 그러므로 내가 모압을 위하여 울며 온 모압을 위하여 부르짖으리니 무리가 길헤레스 사람을 위하여 신음하리로다

32절 십마의 포도나무여 너의 가지가 바다를 넘어 야셀 바다까지 뻗었더니 너의 여름 과일과 포도 수확을 탈취하는 자가 나타났으니 내가 너를 위하여 울기를 야셀이 우는 것보다 더 하리로다

33절 기쁨과 환희가 옥토와 모압 땅에서 빼앗겼도다 내가 포도주 틀에 포도주가 끊어지게 하리니 외치며 밟는 자가 없을 것이라 그 외침은 즐거운 외침이 되지 못하리로다

34절 헤스본에서 엘르알레를 지나 야하스까지와 소알에서 호로나임을 지나 에글랏 셀리시야에 이르는 지역에 사는 사람들이 소리를 내어 부르짖음은 니므림의 물도 황폐하였음이로다

35절 여호와의 말씀이라 모압 산당에서 제사하며 그 신들에게 분향하는 자를 내가 끊어버리리라 모압이 벌 받을 해

36절 그러므로 나의 마음이 모압을 위하여 피리 같이 소리 내며 나의 마음이 길헤레스 사람들을 위하여 피리 같이 소리 내나니 이는 그가 모은 재물이 없어졌음이라

37절 모든 사람이 대머리가 되었고 모든 사람이 수염을 밀었으며 손에 칼자국이 있고 허리에 굵은 베가 둘렸고

38절 모압의 모든 지붕과 거리 각처에서 슬피 우는 소리가 들리니 내가 모압을 마음에 들지 않는 그릇 같이 깨뜨렸음이라 여호와의 말씀이니라

39절 어찌하여 모압이 파괴되었으며 어찌하여 그들이 애곡하는가 모압이 부끄러워서 등을 돌렸도다 그런즉 모압이 그 사방 모든 사람의 조롱거리와 공포의 대상이 되리로다

40절 이는 여호와의 말씀이니라 보라 그가 독수리 같이 날아와서 모압 위에 그의 날개를 펴리라

41절 성읍들이 점령을 당하며 요새가 함락되는 날에 모압 용사의 마음이 산고를 당하는 여인 같을 것이라

42절 모압이 여호와를 거슬러 자만하였으므로 멸망하고 다시 나라를 이루지 못하리로다

43절 여호와의 말씀이니라 모압 주민아 두려움과 함정과 올무가 네게 닥치나니

44절 두려움에서 도망하는 자는 함정에 떨어지겠고 함정에서 나오는 자는 올무에 걸리리니 이는 내가 모압이 벌 받을 해가 임하게 할 것임이라 여호와의 말씀이니라

45절 도망하는 자들이 기진하여 헤스본 그늘 아래에 서니 이는 불이 헤스본에서 나며 불길이 시혼 가운데 나서 모압의 살쩍과 떠드는 자들의 정수리를 사름이로다

46절 모압이여 네게 화가 있도다 그모스의 백성이 망하였도다 네 아들들은 사로잡혀 갔고 네 딸들은 포로가 되었도다

47절 그러나 내가 마지막 날에 모압의 포로를 돌려보내리라 여호와의 말씀이니라 모압의 심판이 여기까지니라

말씀으로 기도하기

본문배경 섭렵하기

배경설명

48장 29-47절은 모압에 대한 신탁의 연속이다. 모압에 대한 안내는 앞의 과를 참조하라. 31절에서 길헤레스는 오늘날의 케라크 (아르논 강가에서 남쪽으로 27 km, 사해 동쪽으로 18km 떨어진 곳) 로서 모압인들이 살던 유적지이다. 모압 고원을 가로질러 동서로 여행하는 대상 행렬을 보호하는 지역이다. 32절에서 십바와 야셀은 사해 북단의 성읍들로 포도원과 과수원으로 유명하다 (사 16:8-13 참조). 37절의 모습은 고대의 애도하는 풍습이다: "모든 사람이 대머리가 되었고 모든 사람이 수염을 밀었으며 손에 칼자국이 있고 허리에 굵은 베가 둘렸고." 40절에서 다른 새들을 잡아먹는 맹금같은 독수리나 대머리수리같은 이미지로서 바벨론에 대한 비유적 표현이다. "독수리같이 날아오는 것"은 먹이를 낚아채기 위하여 전속력으로 하강하는 모습이다(겔 17:3). 45절에서 모압 산지를 사람의 머리에 견준다. 불이 모압 산지 가장자리(살쩍)에서부터 시작하여 중심부(정수리)까지 이르면서 모든 것을 태워버린다는 것이다.

본문내용 이해하기

주요 내용 설명

이 본문은 두 단락으로 이루어진다: A. 모압에 대한 탄식 (29-39 절); B. 모압에 대한 희망 (40-47절)

첫째 단락(29-39 절)은 모압에 대한 탄식을 다룬다. 법정 소송 형태를 취하며 모압을 고발하며 모압의 몰락을 탄식한다. 29-30절은 고발이며, 31-39절은 이에 대한 판결이다. 모압을 고발하는 이유는 모압의 거만함과 오만한 마음이다. 교만은 그의 자고와 오만과 자랑과 그 마음의

거만이라고 표현된다. 그러나 그 교만은 허탄한 것이며, 그의 자랑은 아무런 성취도 이루지 못한다. 모압의 오만함에 대한 심판은 고통과 파멸이다 (21-39 절). 모압의 번영과 몰락은 포도주 생산에 비유된다. 포도나무가 야셀 바다까지 뻗었다는 것은 광대한 포도밭의 크기를 의미한다. 바다는 사해를 의미한다. 축제의 시기인 여름 포도 수확때 포도주를 생산하며 기쁨과 환희가 넘치지만, 모압의 경우에 그것이 끝났다. 기쁨과 즐거움대신 슬퍼할 것이다. 탈취하는 자가 수확된 포도를 취할 것이다. 포도주 틀에서 포도주가 끊어지고, 밟는 자가 없어질 것이다. 모압 신들에게 분향하는 자들이 다 끊어질 것이다. 한편으로 하나님은 모압의 몰락을 슬퍼하신다. 모압 사람들이 대머리가 되며 수염을 밀고, 손에 칼자국이 있고, 허리에 굵은 베가 둘렸다. 모압의 모든 곳에, 모든 지붕 위에, 거리 각처에 슬퍼 우는 소리가 들린다. 이 모든 것의 원인은 하나님이 모압을 심판하셨기 때문이다. 그들이 수치를 당하며 모든 사람의 조롱거리와 공포의 대상이 될 것이다(39절).

둘째 단락(40-47 절)은 모압에 대한 희망을 다룬다. 마지막 부분은 모압 신탁의 결론 부분으로 모압의 파멸과 희망의 메시지를 전한다. 모압의 파멸이 다시 서술된다. 심판자가 독수리같이 날아와서 성읍을 점령하고 요새가 함락될 것이다. 몰락의 원인은 모압의 교만이다. 모압이 여호와를 거슬러 자만하였으므로 멸망하고 다시 나라를 이루지 못할 것이다. 모압의 파멸을 설명하기 위하여 두려움, 함정, 올무라는 단어가 사용된다. 모압에 대한 고발이 45-47절에서 절정에 이른다. 모압의 패배는 그들의 신인 그모스의 패배이다. 그모스의 백성이 망하고, 아들들이 사로잡혀갔고, 딸들은 포로가 되었다. 마지막으로 여호와는 희망적인 메시지로써 모압의 포로를 돌려보낼 것을 약속하신다. 그것은 모든 이방 나라들이 멸망한 후에 하나님 나라의 구성원으로 회복될 것을 알리는 메시지이다.

능동적 묵상의 단계

침묵 가운데 48장 29-47절 말씀을 읽으면서 마음에 와닿은 46-47절, '모압이여 네게 화가 있도다 그모스의 백성이 망하였도다 네 아들들은 사로잡혀 갔고 네 딸들은 포로가 되었도다 그러나 내가 마지막 날에 모압의 포로를 돌려보내리라 여호와의 말씀이니라 모압의 심판이 여기까지니라'는 말씀을 붙잡고 읊조리면서 그 말씀의 의미를 본문배경과 본문의 주요내용을 읽으면서 이해한다.

모압의 패망에 관한 여호와의 심판말씀 다섯 가지가 계속하여 이어진다. 첫째, 스스로를 자랑하며 주변 나라의 환난과 어려움을 즐거워하였던 모압이 패망의 위기 앞에서 아무 것도 할 수 없게 되었다는 말씀이다. 이로 인하여 내가 온 모압을 위하여 부르짖고 신음할 것이라는 말씀이 이어진다. 둘째, 모압이 바다 넘어 얍몬의 야셀까지 정복하였던 바 있었으나 이제는 모압을 패망하게 할 자가 나타날 것이라는 말씀이다. 이로 인하여 내가 모압을 위하여 울기를 야셀이 우는 것 보다 더 할 것이라는 말씀이 이어진다. 셋째, 여호와로 인하여 모압 땅에서 기쁨과 환희가 다 빼앗겨져 더 이상 포도수확의 즐거운 외침이 없을 것이라는 말씀이다. 넷째, 모압에 물도 황폐하게 되어 사람들이 소리 내어 부르짖을 것이라는 말씀이다. 다섯째, 모압 산당에서 제사하며 그 신들에게 분향하는 자를 여호와께서 끊어버리실 것이라는 말씀이다.

모압의 파멸에 대한 예언 네 가지가 계속하여 이어진다. 첫째는 모압은 그 모은 재산이 다 없어졌기 때문에 여호와께서 그곳의 사람들을 위하여 슬픔을 표시할 것이라는 말씀이다. 둘째는 여호와께서 모압을 마음에 들지 않는 그릇 같이 깨뜨렸음으로 말미암아 모든 사람이 대머리가 되었고, 모든 사람이 수염을 밀었으며, 손에 칼자국이 있고, 허리에 굵은 베가 둘렸고, 모압의 모든 지붕과 거리 각처에서 슬피 우는 소리가 들릴 것이라는 말씀이다. 셋째는 파멸과 애곡, 그리고 부끄러움을 당하였던 모압이 그 사방 모든 사람의 조롱거리와 공포의 대상이 될 것이라는 말씀이다. 넷째는 바벨론이 독수리 같이 날아와서 모압 위에 날개를 펼 것이므로 성읍들이 점령을 당하며 요새가 함락되는 날, 모압 용사의 마음이 산고를 당하는 여인 같을 것이라는 말씀이다.

여호와를 거슬러 자만하였으므로 멸망하고 다시는 나라를 이루지 못하였던 모압은 여호와께서 마지막 날에 모압의 포로를 돌려보내므로 심판이 끝난다. 이 예언대로 모압은 멸망 후, 국가로서 사멸되었다 한다. 모압에 대한 여호와의 심판이 끝나기 전에 임할 심판의 예언이 네 가지 더 있다. 첫째는 모압 주민에게 두려움과 함정과 올무가 닥치는데, 이때 두려움에서 도망하는 자는 함정에 떨어지겠고 함정에서 나오는 자는 올무에 걸릴 것이라는 말씀이다. 둘째, 이같은 현상이 임하게 될 때가 바로 여호와께서 모압을 벌 받게 하시는 해라는 말씀이다. 셋째, 모압이 환난 날에 기진하여 헤스본 그늘 아래에 서지만 불이 헤스본에서 나며 불길이 시혼 가운데 나서 모압의 살쩍과 떠드는 자들의 정수리를 사를 것이라는 말씀이다. 이는 헤스본으로 도피하여도 환난을 피할 길이 없다는 말씀이다. 넷째, 모압에 임한 화로 인하여 그모스를 경배하는 백성이 망하게 되어 포로가 될 것이라는 말씀이다.

여호와를 거슬러 자만하였으므로 말미암은 모압의 패배는 그들의 신인 그모스의 패배이며, 그모스의 백성이 망하고, 아들들이 사로잡혀 갔고, 딸들은 포로가 되어 다시는 나라를 이루지 못하였던 모압이 여호와께서 마지막 날에 모압의 포로를 돌려보내므로 모압의 심판이 끝난다. 이는 모든 이방 나라들이 멸망한 후에 하나님 나라의 구성원으로 회복될 것을 알리는 메시지임이 감지되었다.

수동적 묵상의 단계

마음에 와닿은 46-47절, '모압이여 네게 화가 있도다 그모스의 백성이 망하였도다 네 아들들은 사로잡혀 갔고 네 딸들은 포로가 되었도다 그러나 내가 마지막 날에 모압의 포로를 돌려보내리라 여호와의 말씀이니라 모압의 심판이 여기까지니라'는 말씀을 묵상하는 가운데 여호와께서는 여호와를 거슬러 자만한 모압을 이 땅에서 그들의 신 그모스와 함께 망하게 하실 뿐만 아니라 모압의 아들들은 사로잡혀 갔고 모압의 딸들은 포로가 되었다. 그러나 여호와께서 마지막 날에 모압의 포로를 돌려보내리라 말씀하시면서 여호와께서 모압의 심판이 여기까지라 말씀하신다. 이는 모든 이방 나라들이 멸망한 후에 하나님나라의 구성원으로 회복될 것을 말씀하시는데, 이 말씀을 통하여 여호와께서 죄에 대한 심판이 얼마나 철저한가가 감지되었으며, 동시에 마지막 날에 모압의 포로를 하나님나라의 구성원으로 회복하시는 은혜의 하나님이심이 감지되었다.

여호와를 거슬러 그모스를 섬기는 모압을 패망하게 하시며 모압의 자녀들까지 사로잡혀가고 또한 포로로 가는 모압에 대한 하나님의 심판을 묵상하면서 예수 그리스도를 믿기 전의 내 자신이 하나님을 거슬리며 하나님을 하나님으로 인정하지 않았음에도 불구하고 오랫동안 참으시며 저를 주께로 인도하신 하나님의 그 크신 은혜, 즉 하나님을 사랑하지 아니하고 믿지도 아니하는 나의 그 죄를 대속해 주신 예수 그리스도의 십자가의 대속의 은총으로 여호와께서 먼저 죽을 수밖에 없었던 저에게 찾아오셨다. 사실 당시 나는 하나님을 믿지 아니하고 사랑하지도 아니하였다. 이러한 나에게 여호와께서 찾아오셔서 성령의 역사로 나의 구속주 예수 그리스도를 만나 거듭나게 하시어 오늘 여기까지 인도하실 뿐만 아니라 하나님나라의 백성으로 이 땅의 삶을 마치게 하실 하나님, 그리고 하나님의 부르심을 입어 하나님의 품에 앉길 때까지 늘 함께 하실 하나님이 묵상되면서 성령의 인도하심에 점차 순응해 들어가는 자신을 발견할 수 있다.

되돌아보기

　예수님을 나의 구속주 하나님으로 만났던 이래 제가 하나님을 거슬리는 말과 행동을 하면 이에 대한 보상이 있었으며 이 보상으로 힘든 과정을 지내면서 하나님께서 제게 온전히 하나님을 믿는 사람으로의 삶의 변화를 요구하셨다. 그 변화에 저는 처음에는 흔쾌히 응답하지 않았으나 점차로 하나님께서 원하시는 온전한 믿음의 삶에로의 변화를 원하는 마음이 간절해지도록 그 모든 어려운 과정 속에 함께 하시는 하나님으로 말미암아 나 또한 온전한 믿음의 삶을 원하게 된 나의 내면이 살펴진다.

마음 쏟아 놓기

　온전한 믿음의 삶에로의 변화를 내 자신도 원하고 또한 이같이 변화된 삶을 하나님께서 제게 원하시는 변화인 것이 사실이지만 실제 일상생활에서 온전한 믿음의 삶이 늘 저와 함께 하시리라 약속하신 하나님의 도움없이는 절대적으로 가능하지 않다는 것이 살면 살수록 깊이 깨닫게 되었다. 이로 인하여 제 죄를 대속하시어 죄로부터 자유하게 하신 그리스도 예수님의 보혈의 능력이 얼마 크고 놀라운 은혜인가를 깊이 감지하면서 하나님께서 내게 원하시는 온전한 믿음의 삶에로의 변화는 온전히 하나님의 은혜로만 가능하다는 것을 인지하면서 나의 하나님을 향한 마음을 있는 그대로 쏟아 놓으면서 내 안에서 역사하시는 성령 하나님의 인도하심에 따라 침묵으로 하나님과 깊은 교제에로 나아간다.

하나님 음성 듣기 / 하나님 안에 머물기

　이같이 마음을 쏟아 낸 후 하나님의 사랑아래 고요히 머물면서 하나님께서 나에게 들려주시는 '강하고 담대하라 내가 너와 함께 함이니라'는 음성에 귀 기울인다.
　계속 은혜 안에 머물면서 하나님의 충만하신 임재를 느끼면서 하나님의 치유하심과 구속하시는 은총을 덧입는다.

응답의 기도

하나님의 은총 안에 머물면서 '하나님이시여! 온전한 믿음의 삶을 살 수 있게 하옵소서'라는 응답 기도를 한다.

삶으로 나아가기

묵상하는 가운데 받은 '온전한 믿음의 삶, 즉 범사에 하나님과 함께 하는 사랑의 삶'을 요구하시는 그 말씀에 붙잡힌 상태로 그 말씀과 동행하면서 내 삶이 영위될 수 있도록 도움을 구한다.

56. 암몬과 에돔에 대한 예언
(49:1-22)

Lectio divina Jeremiah

기도에 임하기

공의의 하나님의 심판이 거룩하신 하나님의 사람으로의 거룩한 변화를 가져오게 하는 은혜의 도구가 되게 하소서.

말씀읽기

예레미야 49:1 - 22

마음의 문을 열고 하나님의 말씀을 집중해서 듣고 하나님의 말씀이 내 마음에 부딪혀 오든지 말씀에로 자신이 끌려들어 갈 수 있도록 하나님 현존 앞에서 말씀을 청종하는 자세로 두세 번 반복해서 읽으면서 마음에 와닿은 말씀이나 혹은 자신에게 다가오는 말씀을 살핀다.

1절 암몬 자손에 대한 말씀이라 여호와께서 이와 같이 말씀하시되 이스라엘이 자식이 없느냐 상속자가 없느냐 말감이 갓을 점령하며 그 백성이 그 성읍들에 사는 것은 어찌 됨이냐

2절 여호와의 말씀이니라 그러므로 보라 날이 이르리니 내가 전쟁 소리로 암몬 자손의 랍바에 들리게 할 것이라 랍바는 폐허더미 언덕이 되겠고 그 마을들은 불에 탈 것이며 그 때에 이스라엘은 자기를 점령하였던 자를 점령하리라 여호와의 말씀이니라

3절 헤스본아 슬피 울지어다 아이가 황폐하였도다 너희 랍바의 딸들아 부르짖을지어다 굵은 베를 감고 애통하며 울타리 가운데에서 허둥지둥할지어다 말감과 그 제사장들과 그 고관들이 다 사로잡혀 가리로다

4절 패역한 딸아 어찌하여 골짜기 곧 네 흐르는 골짜기를 자랑하느냐 네가 어찌하여 재물을 의뢰하여 말하기를 누가 내게 대적하여 오리요 하느냐

5절 주 만군의 여호와의 말씀이니라 보라 내가 두려움을 네 사방에서 네게 오게 하리니 너희 각 사람이 앞으로 쫓겨 나갈 것이요 도망하는 자들을 모을 자가 없으리라

6절 그러나 그 후에 내가 암몬 자손의 포로를 돌아가게 하리라 여호와의 말씀이니라

에돔이 받을 심판

7절 에돔에 대한 말씀이라 만군의 여호와께서 이와 같이 말씀하시되 데만에 다시는 지혜가 없게 되었느냐 명철한 자에게 책략이 끊어졌느냐 그들의 지혜가 없어졌느냐

8절 드단 주민아 돌이켜 도망할지어다 깊은 곳에 숨을지어다 내가 에서의 재난을 그에게 닥치게 하여 그를 벌할 때가 이르게 하리로다

9절 포도를 거두는 자들이 네게 이르면 약간의 열매도 남기지 아니하겠고 밤에 도둑이 오면 그 욕심이 차기까지 멸하느니라

10절 그러나 내가 에서의 옷을 벗겨 그 숨은 곳이 드러나게 하였나니 그가 그 몸을 숨길 수 없을 것이라 그 자손과 형제와 이웃이 멸망하였은즉 그가 없어졌느니라

11절 네 고아들을 버려도 내가 그들을 살리리라 네 과부들은 나를 의지할 것이니라

12절 여호와께서 이와 같이 말씀하시니라 보라 술잔을 마시는 습관이 없는 자도 반드시 마시겠거든 네가 형벌을 온전히 면하겠느냐 면하지 못하리니 너는 반드시 마시리라

13절 여호와의 말씀이니라 내가 나를 두고 맹세하노니 보스라가 놀램과 치욕거리와 황폐함과 저줏거리가 될 것이요 그 모든 성읍이 영원히 황폐하리라 하시니라

14절 내가 여호와에게서부터 오는 소식을 들었노라 사절을 여러 나라 가운데 보내어 이르시되 너희는 모여와서 그를 치며 일어나서 싸우라

15절 보라 내가 너를 여러 나라 가운데에서 작아지게 하였고 사람들 가운데에서 멸시를 받게 하였느니라

16절 바위 틈에 살며 산꼭대기를 점령한 자여 스스로 두려운 자인 줄로 여김과 네 마음의 교만이 너를 속였도다 네가 독수리 같이 보금자리를 높은 데에 지었을지라도 내가 그리로부터 너를 끌어내리리라 이는 여호와의 말씀이니라

17절 에돔이 공포의 대상이 되리니 그리로 지나는 자마다 놀라며 그 모든 재앙으로 말미암아 탄식하리로다

18절 여호와께서 말씀하시니라 소돔과 고모라와 그 이웃 성읍들이 멸망한 것 같이 거기에 사는 사람이 없으며 그 가운데에 머물러 살 사람이 아무도 없으리라

19절 보라 사자가 요단 강의 깊은 숲에서 나타나듯이 그가 와서 견고한 처소를 칠 것이라 내가 즉시 그들을 거기에서 쫓아내고 택한 자를 내가 그 위에 세우리니 나와 같은 자 누구며 나와 더불어 다툴 자 누구며 내 앞에 설 목자가 누구냐

20절 그런즉 에돔에 대한 여호와의 의도와 데만 주민에 대하여 결심하신 여호와의 계획을 들으라 양 떼의 어린 것들을 그들이 반드시 끌고 다니며 괴롭히고 그 7)처소로 황폐하게 하지 않으랴

21절 그들이 넘어지는 소리에 땅이 진동하며 그가 부르짖는 소리는 홍해에 들리리라

22절 보라 원수가 독수리 같이 날아와서 그의 날개를 보스라 위에 펴는 그 날에 에돔 용사의 마음이 진통하는 여인 같이 되리라 하시니라

말씀으로 기도하기

본문배경 섭렵하기

배경설명

이 본문은 여러 나라에 관한 예언을 모았다. 암몬 족속은 롯과 롯의 딸들 사이에 난 자들이다(창 19:38). 그들은 아르논과 얍복강 사이에 있고 남쪽으로는 모압과 경계를 두고 있다. 암몬은 사사기 이래로 이스라엘과 전쟁을 벌였다. 사울이 즉위할 때 암몬 왕 나하스가 이스라엘을 쳐들어왔다(삼상 11:1-11). 그들이 다윗의 신하를 욕보이자 다윗은 그들을 침략했다 (삼하 10장). 티글랏 필레젤 3세 왕이 요단 동쪽 백성들을 포로로 끌어갈 때 갓 사람들이 많이 끌려갔다 (민 32:29, 31:2; 왕하 15:29). 이때 암몬은 갓 지파의 영역을 빼앗았다. 그들은 갓 족속이 다시는 돌아오지 않을 것으로 생각하였다. 암몬은 앗수르 편에 섰지만, 주전 605년에 앗수르가 멸망했을 때, 바벨론에 멸망되었다. 주전 600-597년에는 유대의 반란을 진압하기 위하여 바벨론 편에 섰지만(왕하 24:2), 주전 594년에 바벨론에 저항하였다(렘 27:3). 암몬의 왕 바알리스

는 예루살렘이 멸망된 후에 그다랴를 살해하게 하였다(렘 40:13-41:15). 암몬은 모압과 유다와 함께 주전 582년에 느부갓네살의 복수의 대상이 되었고, 주전 6세기 중엽에 영원히 멸망되었다.

에돔은 사해의 남동쪽 지역에 거했다. 그 영토는 아카바 만으로부터 세렛 시내에 이른다. 에돔의 조상은 에서로 알려진다. 그들의 통치자들은 이스라엘과 적대적이었다 (민 20:14-20; 삿 11:17). 이 적대 관계는 후손들을 통하여 계속 되었다. 다윗은 에돔을 복속시켰지만, 여호람 시대에 에돔은 반역하여 독립을 얻었다(왕하 8:20). 다른 작은 국가들처럼, 에돔도 앗수르에게 종속되었다가 주전 605년에 느부갓네살 왕을 섬겼다. 주전 594년에 다시 바벨론에 반란하였지만, 시드기야가 느부갓네살 왕에게 저항했을 때에 에돔은 바벨론 편을 들었다. 에돔은 형제 되는 유다가 바벨론에 의하여 멸망당할 때 도와주지는 못할망정 약탈하고 괴롭힘으로 이스라엘의 역사에서 씻을 수 없는 상처를 준 민족이다(겔 25:12-14; 35:1-15; 시 137:7). 후에 에돔은 아랍 족속들에게 공격을 당하여 아라바 광야로 옮겨가서 이두메라는 이름의 지역에 살게 되었다.

본문내용 이해하기

주요 내용 설명

이 본문은 다음과 같이 두 단락으로 이루어졌다. A. 암몬 자손에 대한 예언 (1-6 절); B. 에돔에 대한 예언 (7-22 절);

첫째 단락(1-6 절)은 암몬 자손에 대한 예언을 다룬다. 암몬에 대한 신탁은 암몬이 이스라엘 영토를 침략해 점령한 것을 고발하고 지형적 조건과 제물에 대한 의존을 규탄한다. 암몬 사람들은 북왕국 이스라엘의 지파들이 사로 잡혀간 후에 (주전 722 년) 얍복 남쪽에 있는 갓 지파의 땅을 차지한 것으로 보인다(1절). 이스라엘은 그 소유를 되찾고 불법적인 소유자인 모압을 쫓아낼 것이다. 그때 전쟁으로 인하여 수도인 랍바가 폐허더미가 되고, 마을들은 불에 탈 것이다. 3-5절은 암몬이 폐허됨에 대하여 탄식한다. 아이는 이스라엘에 있는 성읍과 구별된다. 말감(밀곰 대신)과 그 제사장들과 고관들이 다 사로잡혀갈 것이다. 암몬이 멸망한 원인은 골짜기의 지형을 자랑하고, 재물을 의지하여 군사적 오만을 가졌기 때문이다. 그들이 두려움에 찰 것이요, 쫓겨가도 돌아오지 못할 것이다. 그러나 암몬에게도 포로들이 돌아갈 것이라는 희망의 메시지가 전달된다.

둘째 단락(7-22 절)은 에돔에 대한 예언을 다룬다. 에돔 사람들은 모압 사람들의 남쪽 이웃이며, 에서가 그들의 조상으로 알려진다 (창 36:19, 43). 에돔은 지혜의 지역으로 알려졌기에 데만의 지혜와 에돔 사람들의 책략이 사라짐으로 나라가 멸망됨을 표현한다. 데만은 에돔 땅을 대표하는 지역으로 주민들이 지혜롭기로 알려진다 (욥 2:11; 15:1, 18). 드단은 아라비아 사막 북서 지역에 있는 도시인데, 드단 주민들에게도 도망갈 것을 요청한다. 에돔을 벌할 때가 가까웠기 때문이다. 쳐들어오는 자들을 포도를 거두는 자와 도둑으로 표현한다. 포도를 거두는 자가 열매를 남기지 않고, 도둑이 욕심이 차기까지 도둑질하는 것처럼 침략자가 철저하게 멸망시킬 것이다. 에돔이 도망가지 못하고 그 자손과 형제와 이웃이 멸망할 것이다. 그들의 철저한 멸망에도 불구하고 사회의 약자들인 고아들과 과부들은 하나님이 보호하실 것이다. 예루살렘과 유다가 하나님이 내리신 진노의 술잔을 마실 수 밖에 없는 것처럼, 에돔도 진노의 술잔을 마시고 형벌을 면하지 못할 것이다. 에돔의 수도인 보스라는 놀램과 치욕 거리와 황폐함과 저줏거리가 되며, 모든 성읍이 영원히 황폐하게 될 것이다. 14-16절은 여호와의 경고를 반복한다. 에돔이 비록 전략적으로 안전한 산꼭대기에 산다할지라도 여호와가 그들을 보금자리에서 끌어내려 많은 국가들 중에서 작아지게 하고 멸시를 받게 함으로 에돔의 오만함을 멸할 것이다. 17-22절은 세 개의 비유를 통하여 경고한다. 에돔은 소돔과 고모라처럼 완전한 폐허가 되고 머물러 살 사람이 없을 것이다(18절). 요단강의 깊은 숲에 나타난 사자에게 쫓기는 어린 양떼처럼 에돔이 황폐하게 될 것이다(19-20 절). 마지막으로 원수가 독수리처럼 날아와서 에돔 용사의 마음이 진통하는 여인과 같이 될 것이다.

능동적 묵상의 단계

침묵 가운데 49장 1-22절 말씀을 읽으면서 마음에 와닿은 17-19절, '에돔이 공포의 대상이 되리니 그리로 지나는 자마다 놀라며 그 모든 재앙으로 말미암아 탄식하리로다 여호와께서 말씀하시니라 소돔과 고모라와 그 이웃 성읍들이 멸망한 것 같이 거기에 사는 사람이 없으며 그 가운데에 머물러 살 사람이 아무도 없으리라 보라 사자가 요단강의 깊은 숲에서 나타나듯이 그가 와서 견고한 처소를 칠 것이라 내가 즉시 그들을 거기에서 쫓아내고 택한 자를 내가 그 위에 세우리니 나와 같은 자 누구며 나와 더불어 다툴 자 누구며 내 앞에 설 목자가 누구냐' 라는 말씀을 붙잡고 읊조리면서 그 말씀의 의미를 본문배경과 본문의 주요내용을 읽으면서 이해한다.

암몬이 받을 심판에 관한 여호와의 말씀 다섯 가지가 예레마야를 통하여 예언된다. 첫째는 모압의 우상 말감이 갓을 점령하며 그 백성이 그 성읍들에 살면서 이스라엘을 괴롭게 하였으므로 여호와께서 암몬 자손에게 랍바에 전쟁소리가 들리는 날을 이르게 하실 것이라는 말씀이다. 둘째는 암몬의 랍바는 폐허더미 언덕이 되겠고 그 마을들이 불에 탈 그 때에 이스라엘은 자기를 점령하였던 자를 점령할 것이라는 말씀이다. 셋째는 모압의 지배에 들어갔던 헤스본의 슬픔, 암몬의 성읍 아이의 황폐함, 랍바의 딸의 부르짖음으로 그들이 굵은 베를 감고 애통하며 울타리 가운데에서 허둥지둥 할 것이라는 말씀이다. 이는 대적들의 침입으로 암몬의 사람들이 피할 만한 안전한 장소를 찾기 위해 허둥지둥 뛰어 다니는 모습을 묘사한 것으로 본다. 넷째는 암몬의 우상, 말감과 그 제사장들과 그 고관들이 다 사로잡혀 갈 것이라는 말씀이다. 다섯째는 천연의 요새인 암몬이 골짜기를 자랑하고 또한 재물을 의뢰하며 어찌 대적이 올 수 있겠느냐 고 하지만 여호와께서 두려움을 암몬 사방에서 오게 하실 것이라는 말씀이다. 이로 인하여 암몬의 각 사람이 앞으로 쫓겨 나갈 것이며, 도망하는 자들을 모을 자가 없을 것이지만, 그 후에 여호와께서 암몬 자손의 포로를 돌아가게 하신다는 말씀이다.

　여호와께서 에돔에 대한 심판의 말씀 다섯 가지를 주신다. 첫째는 데만에 다시는 지혜가 없게 되었느냐 명철한 자에게 책략이 끊어졌느냐 그들의 지혜가 없어졌느냐 라는 말씀이다. 이는 북부 에돔에 위치한 데만에는 명철하고 지혜 있는 자가 많이 거주하였으므로 교만하였지만 하나님의 심판 앞에 그들의 책략과 지혜가 아무 것도 아닌 것으로 드러났다는 말씀이다. 둘째는 드단 주민아 돌이켜 도망하여 깊은 곳에 숨을 것이라는 말씀이다. 드단 거민은 아브라함의 첩 그두라의 소생 드단의 후손으로서 에돔 남부 지역에 상거래를 하며 살았다 한다. 그리하여 여호와께서 에돔의 심판 시 그들이 함께 재난에 휩쓸리지 않도록 도망하여 피하라 말씀하신다. 셋째는 여호와께서 에서의 재난을 그에게 닥치게 하여 그를 벌할 때가 이르게 할 것이라는 말씀이다. 이때에 에돔은 모든 것을 다 잃게 될 것이다. 넷째는 여호와께서 에돔의 조상 에서의 옷을 벗겨 그 숨은 곳이 드러나게 하므로 그가 몸을 숨길 수 없을 것이며 그 자손과 형제와 이웃이 멸망할 것이라는 말씀이다. 이는 침략군을 피해 숨은 모든 에돔인들이 모두 그 앞으로 끌려 나오게 될 것이라는 말씀이다. 다섯째는 네 고아들을 버려도 여호와께서 그들을 살리며, 네 과부들은 여호와를 의지할 것이라는 말씀이다. 여기서 우리는 하나님께서는 심판 가운데서도 고아와 과부에게 자비를 베푸시는 하나님의 사랑을 볼 수 있다.

　하나님의 에돔에 관한 심판 세 가지가 계속 이어진다. 첫째는 하나님께서 택하신 이스라엘 백성도 하나님의 공의의 심판에서 벗어나지 못하였거든 에돔이 지은 죄악에 대한 하나님의 심판을 피할 수가 없다는 말씀이다. 그래서 여호와께서 에돔을 향하여 네가 형벌을 온전히 면하겠느냐 면하지 못하리니 너는 반드시 마실 것이라 말씀하시는데, 이는 하나님의 형벌이 반드시 임할 것이라는 말씀이다. 둘째는 당시 에돔의 수도였던 보스라는 삼면이 가파른 암석으로 되어 있어 어떤 외세의 침입에도 견딜만하였지만, 이곳이 놀램과 치욕거리와 황폐함과 저주거리가 될 것이며, 그 모든 성읍이 영원히 황폐하리라는 말씀이다. 셋째는 여호와께서 사절을 여러 나라 가운데 보내어 그들로 하여금 에돔을 치며 일어나서 싸우게 하실 것이라는 말씀이다. 이로 인하여 여호와께서는 에돔을 여러 나라 가운데에서 작아지게 하였고 사람들 가운데에서 멸시를 받게 하였다 말씀하신다.

여호와의 심판으로 인하여 에돔이 공포의 대상이 되었는데, 우선은 여호와께서 에돔을 끌어내리시기 때문이다. 에돔은 지형적으로 외적의 침입을 방어해 줄 수 있는 골짜기가 방파제 역할을 하였으므로 이를 믿고 교만하여 독수리 같이 바위틈에 살며 산꼭대기를 점령한 것처럼 살았었다. 그러나 여호와께서 거기로부터 에돔을 끌어내리실 것이기 때문에 에돔이 공포의 대상이 된 것이다. 둘째는 에돔으로 지나는 자마다 여호와의 심판으로 인한 그 모든 재앙을 보고 놀라며 탄식할 것이기 때문이다. 셋째는 여호와의 심판으로 말미암아 소돔과 고모라와 그 이웃 성읍들이 멸망한 것 같이 에돔에 사는 사람이 없으며 그 가운데에 머물러 살 사람이 아무도 없기 때문이다.

이같이 여호와의 심판으로 인하여 공포의 대상이 된 에돔에 대한 여호와의 계획 네 가지가 예언된다. 첫째는 요단강의 깊은 숲에서 사자가 나타나듯이 하나님의 섭리에 따라 바벨론에 의하여 에돔이 멸망할 것이라는 말씀이다. 이 예언은 B.C. 582년경에 성취된다. 둘째는 여호와께서 에돔을 쫓아내려고 택한 권세자를 그 위에 세우실 것인데, 여기서 '택한 자'란 에돔을 억압하고 추방할 외부 권세자를 뜻한다. 이어 여호와께서 '나와 더불어 다툴 자 누구냐' 하는데 이는 에돔에 대한 여호와의 의도와 데만 주민에 대하여 결심하신 여호와의 계획을 들으라는 말씀이다. 셋째는 에돔은 맹수의 공격 앞에서 어린 양 떼에 불과하며 적에 의하여 끌려 다니며 괴롭힘을 당하여 넘어지는 소리로 땅이 진동하고, 부르짖는 소리는 홍해에까지 들릴 것이라는 예언이다. 넷째는 원수가 독수리 같이 날아와서 그의 날개를 에돔의 보스라 위에 펴는 그 날에 에돔 용사의 마음이 진통하는 여인 같이 될 것이라는 예언이다. 이는 바벨론의 느부갓네살 왕의 갑작스럽고 신속한 공격으로 인하여 에돔의 용사들의 마음이 진통하는 여인 같다는 예언을 통하여 에돔에 이같은 계획을 가지신 여호와께서 나와 더불어 다툴자 누구냐 그런즉 여호와의 심판계획을 들으라는 말씀이 나의 마음에 들려졌다.

수동적 묵상의 단계

마음에 와닿은 말씀, 17-19절, '에돔이 공포의 대상이 되리니 그리로 지나는 자마다 놀라며 그 모든 재앙으로 말미암아 탄식하리로다 여호와께서 말씀하시니라 소돔과 고모라와 그 이웃 성읍들이 멸망한 것 같이 거기에 사는 사람이 없으며 그 가운데에 머물러 살 사람이 아무도 없으리라 보라 사자가 요단강의 깊은 숲에서 나타나듯이 그가 와서 견고한 처소를 칠 것이라 내가 즉시 그들을 거기에서 쫓아내고 택한 자를 내가 그 위에 세우리니 나와 같은 자 누구며 나와 더불어 다툴 자 누구며 내 앞에 설 목자가 누구냐'를 묵상하는 가운데 하나님의 심판으로 에돔이 공포의 대상이 될 수 밖에 없도록 에돔의 모든 재앙과 외부로부터 즉 바벨론에 의하여 포위될 뿐만 아니라 에돔 사람들을 에돔에서 쫓아내고 여호와께서 택하신 외부 세력자를 세울 것인데, 이에 대하여 누가 여호와와 더불어 다툴 자가 누구냐고 말씀하신다. 이는 하나님의 섭리에 따라 그 모든 재앙이 임한다는 그 말씀을 통하여 하나님께서 택하신 이스라엘 백성도 하나님의 공의의 심판에서 벗어나지 못하였거든 에돔이 지은 죄악에 대한 하나님의 심판은 피할 수가 없다는 말씀이 떠올랐다. 여호와 하나님의 공의의 심판은 하나님의 백성이든 그 외 어느 나라라도 하나님의 공의의 심판의 범주 안에서 벗어날 수 없다는 것이 묵상되면서 이는 국가적으로 뿐만 아니라 개인적으로 하나님의 사람이라 할지라도 하나님 앞에서 죄를 범할 때 이에 대한 하나님의 심판으로 하나님의 사람으로서의 삶으로 회복시키시는 하나님이 회상되었다. 이와 더불어 우리나라의 모든 상황을 다 아시는 하나님께서 긍휼과 자비를 우리나라에 베푸시어 그리스도 예수님의 십자가의 보혈로 하나님을 거역하며 하나님을 하나님으로 섬기지 못하는 죄를 덮으시어 주를 증언하는 나라로서의 변화가 국가적으로 임하기를 간절히 바라는 묵상을 하면서 주님과 말씀으로 교제한다. 이때 성령의 인도하심에 점차 순응해 들어가는 자신이 발견되었다.

되돌아보기

하나님께서 하나님을 거슬려 살며 하나님을 섬기지 아니하는 국가나 개인을 향하여 하나님께로 돌아올 수 있도록 공의의 심판을 하신다는 사실을 뼈저리게 인정하면서 나 자신에게 하나님의 거룩하심 같이 거룩한 삶으로의 변화를 하나님께서 요구하고 계시는데 그 변화에 내가 거룩한 삶으로의 변화를 간절히 사모하지 못하였던 것이 지난 나의 시간 속에서 살펴지면서 침묵으로 지금 내가 세상과 구별된 하나님의 속성인 거룩함으로의 변화를 간절히 원하는 내 자신의 내면을 살핀다.

마음 쏟아 놓기

이같이 공의의 하나님께서 저를 하나님의 부르심을 입은 하나님의 사람으로서의 거룩한 삶을 살도록 세상으로부터 구별된 거룩한 삶으로의 변화를 원하고 계시는 하나님에 대한 새로운 인식을 경험하면서 하나님께서 내게 원하시는 그 거룩한 삶으로의 변화된 삶을 나 자신도 간절히 원하지만 거룩한 삶이란 하나님께서 거룩함을 덧입혀 주셔야 가능한 삶이라는 것을 알게 하신 나의 하나님을 향하여 마음을 있는 그대로 쏟아 놓으면서 내 안에서 역사하시는 성령 하나님의 인도하심에 따라 침묵으로 하나님과 깊은 교제에로 나아간다.

하나님 음성 듣기 / 하나님 안에 머물기

이같이 마음을 쏟아 낸 후 하나님의 사랑아래 고요히 머물면서 하나님께서 나에게 들려주시는 '공의의 하나님의 심판은 나에게 있어서 저를 향한 하나님의 사랑의 다른 면임을 알게 하시는 주님의 음성'에 귀 기울인다.
계속 은혜 안에 머물면서 하나님의 충만하신 임재를 느끼면서 하나님의 치유하심과 구속하시는 은총을 덧입는다.

응답의 기도

하나님의 은총 안에 머물면서 '공의의 하나님의 심판이 거룩한 하나님의 사람으로의 거룩한 변화를 가져오게 하는 은혜의 도구가 되게 하옵소서.'라는 응답 기도를 한다.

삶으로 나아가기

묵상하는 가운데 받은 그 말씀, '공의의 하나님의 심판은 나에게 있어서 저를 향한 하나님의 사랑의 다른 면임을 알게 하시는 주님의 음성'에 붙잡힌 상태로 그 말씀과 동행하면서 내 삶이 영위될 수 있도록 도움을 구한다.

57. 다메섹, 아라비아 족속, 그리고 엘람에 대한 예언(49:23-39)

기도에 임하기

하나님을 떠난 나라나 우리에게 하나님께로 돌아오도록 절규하시는 하나님의 사랑의 매에 즉시 응답하는 삶을 살게 하소서.

말씀읽기

예레미야 49:23- 39

마음의 문을 열고 하나님의 말씀을 집중해서 듣고 하나님의 말씀이 내 마음에 부딪혀 오든지 말씀에로 자신이 끌려들어 갈 수 있도록 하나님 현존 앞에서 말씀을 청종하는 자세로 두세 번 반복해서 읽으면서 마음에 와닿은 말씀이나 혹은 자신에게 다가오는 말씀을 살핀다.

23절 다메섹에 대한 말씀이라 하맛과 아르밧이 수치를 당하리니 이는 흉한 소문을 듣고 낙담함이니라 바닷가에서 비틀거리며 평안이 없도다

24절 다메섹이 피곤하여 몸을 돌이켜 달아나려 하니 떨림이 그를 움켜잡고 해산하는 여인 같이 고통과 슬픔이 그를 사로잡았도다

25절 어찌하여 찬송의 성읍, 나의 즐거운 성읍이 버린 것이 되었느냐

26절 이는 만군의 여호와의 말씀이니라 그런즉 그 날에 그의 장정들은 그 거리에 엎드러지겠고 모든 군사는 멸절될 것이며

27절 내가 다메섹의 성벽에 불을 지르리니 벤하닷의 궁전이 불타리라

게달과 하솔이 받을 심판

28절 바벨론의 느부갓네살 왕에게 공격을 받은 게달과 하솔 나라들에 대한 말씀이라 여호와께서 이와 같이 말씀하시되 너희는 일어나 게달로 올라가서 동방 자손들을 황폐하게 하라

29절 너희는 그들의 장막과 양 떼를 빼앗으며 휘장과 모든 기구와 낙타를 빼앗아다가 소유로 삼고 그들을 향하여 외치기를 두려움이 사방에 있다 할지니라

30절 여호와의 말씀이니라 하솔 주민아 도망하라 멀리 가서 깊은 곳에 살라 이는 바벨론의 느부갓네살 왕이 너를 칠 모략과 너를 칠 계책을 세웠음이라

31절 여호와의 말씀이니라 너는 일어나 고요하고도 평안히 사는 백성 곧 성문이나 문빗장이 없이 홀로 사는 국민을 치라

32절 그들의 낙타들은 노략물이 되겠고 그들의 많은 가축은 탈취를 당할 것이라 내가 그 살쩍을 깎는 자들을 사면에 흩고 그 재난을 여러 곳에서 오게 하리라 여호와의 말씀이니라

33절 하솔은 큰 뱀의 거처가 되어 영원히 황폐하리니 거기 사는 사람이나 그 가운데에 머물러 사는 사람이 아무도 없게 되리라 하시니라

엘람이 받을 심판

34절 유다 왕 시드기야가 즉위한 지 오래지 아니하여서 엘람에 대한 여호와의 말씀이 선지자 예레미야에게 임하여 이르시되

35절 만군의 여호와가 이같이 말하노라 보라 내가 엘람의 힘의 으뜸가는 활을 꺾을 것이요

36절 하늘의 사방에서부터 사방 바람을 엘람에 오게 하여 그들을 사방으로 흩으리니 엘람에서 쫓겨난 자가 가지 않는 나라가 없으리라

37절 여호와의 말씀이니라 내가 엘람으로 그의 원수의 앞, 그의 생명을 노리는 자의 앞에서 놀라게 할 것이며 내가 재앙 곧 나의 진노를 그들 위에 내릴 것이며 내가 또 그 뒤로 칼을 보내어 그들을 멸망시키리라

38절 내가 나의 보좌를 엘람에 주고 왕과 고관들을 그 곳에서 멸하리라 여호와의 말씀이니라

39절 그러나 말일에 이르러 내가 엘람의 포로를 돌아가게 하리라 여호와의 말씀이니라

말씀으로 기도하기

본문배경 섭렵하기

배경설명

다메섹은 아람의 수도로서 헬몬산 근처에 위치하고 있다. 하맛은 시리아의 오론테스 강변에 있고, 아르밧은 시리아 북쪽에 있었다. 하맛과 아르밧은 주전 738년 이전에 앗수르의 봉신국이었다 (사 10:9; 36:19; 37:13). 앗수르가 멸망된 후인 주전 605년에 바벨론의 봉신국이 되었다. 주전 599/598년에 느부갓네살 왕이 유다를 공격할 때 합세하였다. 게달은 구약에서 여러번 등장하는 아람의 유목민이다 (창 25:13; 사 21:16; 렘 2:10). 이들은 팔레스틴의 동쪽 시리아-아라비아 광야에 거했다. 주전 599년에 느부갓네살 왕이 게달을 침략했다. 하솔은 팔레스틴 북쪽의 하솔이 아니고(수 11:1-13), 아람 족속의 이름이다. 하솔은 도시 이름이었지만 멸망된 후에 아무에게도 발견되지 않았다 (33절). 엘람 나라는 메소포타미아 동쪽에서 페르시아 만에 이르는 지역을 차지하고, 고대 문명의 중요한 도시로서, 주전 640년에 앗수르 영토에 편입되었다. 앗수르가 멸망된 후에 독립을 얻었고, 주전 596-594 년 동안 바벨론과 엘람 사이에 전쟁이 있었고, 엘람은 바벨론에게 종속되었다.

본문내용 이해하기

주요 내용 설명

이 본문은 다음과 같이 세 단락으로 이루어졌다: A. 다메섹에 대한 예언 (23-27 절); B. 아라비아 부족들에 대한 예언 (28-33 절); C. 엘람에 대한 예언 (34-39 절).

첫째 단락(23-27 절)은 다메섹에 대한 예언을 다룬다. 다메섹, 하맛, 아르밧은 아람의 중요 도시들인데, 다메섹은 아람 나라를 상징하는 말이다. 하맛과 아르밧은 전쟁이 임할 것이라는 흉한 소문을 듣고 낙담하고, 평안이 없었다. 다메섹도 달아나려 하나 고통과 슬픔이 그를 사로잡았다. 한 때는 다메섹이 찬송의 성읍이요 즐거운 성읍이었지만, 이제 장정들이 엎드러지고 모든 군사가 엎으러질 것이다. 다메섹의 멸망의 주체가 여호와로 명시한 27절은 아모스 1장 4절과 유

사하다: "내가 하사엘의 집에 불을 보내리니 벤하닷의 궁궐들을 사르리라."

둘째 단락(28-33절)은 아라비아 부족들인 게달과 하솔 나라들에 대한 예언을 다룬다. 이 나라들이 바벨론 왕 느부갓네살 왕에 의하여 공격을 받았다고 밝힌다. 여호와께서 명령하셔서 게달에 올라가 동방 자손들을 황폐하게 하고, 장막과 양떼를 빼앗고 휘장과 모든 기구와 낙타를 빼앗고 두렵게 할 것이다. 하솔주민에게도 바벨론의 멸망이 임박하였기에 도망하기를 요청한다. 천막촌을 이루고 살던 하솔 주민들에게 바벨론이 공격을 하여 낙타와 가축들이 노략물이 되고, 살쩍을 깎는 자들을 사면에 흩고, 재난을 당하게 할 것이다. 마침내 하솔은 큰 뱀의 거처가 되어, 황폐하게 되고, 머물러 사는 사람이 없게 될 것이다.

셋째 단락(34-39절)은 엘람에 대한 예언을 다룬다. 신탁의 내용은 엘람에 대한 무조건적인 파괴이다. 여호와께서 직접 엘람의 권력과 통치를 무력화시키신다. 엘람이 원수의 앞과, 생명을 노리는 자 앞에서 놀라고, 재앙을 보내 그들을 멸망하게 할 것이다. 엘람에 대한 신탁도 포로를 돌아오게 하는 희망적 메시지로 끝난다.

능동적 묵상의 단계

침묵 가운데 49장 23-39절 말씀을 읽으면서 마음에 와닿은 말씀 35-39절, '만군의 여호와가 이같이 말하노라 보라 내가 엘람의 힘의 으뜸가는 활을 꺾을 것이요 하늘의 사방에서부터 사방 바람을 엘람에 오게 하여 그들을 사방으로 흩으리니 엘람에서 쫓겨난 자가 가지 않는 나라가 없으리라 여호와의 말씀이니라 내가 엘람으로 그의 원수의 앞, 그의 생명을 노리는 자의 앞에서 놀라게 할 것이며 내가 재앙 곧 나의 진노를 그들 위에 내릴 것이며 내가 또 그 뒤로 칼을 보내어 그들을 멸망시키리라 내가 나의 보좌를 엘람에 주고 왕과 고관들을 그 곳에서 멸하리라 여호와의 말씀이니라 그러나 말일에 이르러 내가 엘람의 포로를 돌아가게 하리라 여호와의 말씀이니라.'를 붙잡고 읊조리면서 그 말씀의 의미를 본문배경과 본문의 주요내용을 읽으면서 이해한다.

다메섹에 임할 여호와의 심판 세 가지가 예언된다. 아람 왕국의 수도인 다메섹은 아람을 대표하므로 다메섹에 임할 첫 번째 심판은 아람의 주요 성읍이며, 성읍 자체 내에 지역 왕이 존재하였던 하맛과 아르밧이 수치를 당할 것이라는 말씀이다. 그 성읍들은 흉한 소문을 듣고 낙담하고 공포에 싸여 평안함이 없을 것이라 예언된다. 둘째는 다메섹이 한 때는 풍요로 노래하며 즐거워하였지만 이제는 피곤하여 몸을 돌이켜 달아나려 하지만 공포에 떨면서 해산하는 여인 같이 고통과 슬픔에 사로잡힐 것이라는 예언이다. 셋째는 만군의 여호와께서 다메섹의 성벽에 불을 지르시어 벤하닷의 궁전이 불탈 것인데, 그 날에 아람의 장정들은 그 거리에 엎드러지겠고 모든 군사는 멸절될 것이라는 말씀이다.

여호와의 심판으로 인하여 게달과 하솔 나라들이 바벨론 느부갓네살 왕에 의하여 공격받을 것이 예언된다. 게달은 다메섹 남동쪽 곧 팔레스틴 동부의 아라비아 사막에 거주했던 이스마엘 계통의 유목민인데, 여호와께서 바벨론으로 하여금 게달로 올라가서 그 자손들을 황폐하게 하신다 말씀하신다. 이로 인하여 유목민인 그들은 장막과 양 떼, 휘장과 모든 기구, 그리고 낙타를 빼앗기어 사방에 두려움으로 가득 찰 것이라 덧붙여 말씀하신다. 그리고 여호와께서 하솔 주민에게 도망하라 멀리 가서 깊은 곳에 살라 말씀하신다. 이는 하솔이 멸망할 수 밖에 없다는 예언인데, 그 이유는 바벨론의 느부갓네살 왕이 여호와로 말미암아 그들을 칠 모략과 계책을 세웠기 때문이다. 이같이 준비된 바벨론에게 여호와께서 고요하고도 평안히 사는 백성 곧 성문이나 문빗장이 없이 홀로 사는 하솔 국민을 치라고 말씀하신다. 이로 인한 결과 세 가지가 이어서 예언된다. 첫째는 그들의 낙타들은 노략물이 되겠고 그들의 많은 가축은 탈취를 당할 것이라는 예언이다. 둘째는 여호와께서 우상숭배를 위하여 그 머리털을 모지게 깎는 그들을 사면에 흩고 여러 곳에서부터 재난이 오게 하신다는 예언이다. 셋째는 하솔은 큰 뱀의 거처가 되어 영원히 황폐하여 거기 사는 사람이나 그 가운데에 머물러 사는 사람이 아무도 없게 될 것이라는 예언이다. 실제로 하솔은 주전 598년 느부갓네살의 침략으로 멸망되어 역사 가운데서 그 이름이 사라졌다 한다.

바벨론 동부 산악 지대에 위치한 고대 왕국인 엘람의 심판에 관한 여호와의 말씀이 예레미야에게 세 가지로 임한다. 첫째는 여호와께서 엘람의 힘의 으뜸가는 활을 꺾을 것이요 하늘의 사방에서부터 사방 바람을 오게 하여 그들을 사방으로 흩으실 것이라는 말씀이다. 엘람에서 가장 강한 군사력이 궁수들의 능수능란한 활솜씨였는데 하나님께서 이 힘을 꺾으신다는 것은 엘람의 심판이 하나님으로부터 직접 임할 것이라는 말씀이다. 이로 인하여 엘람에서 쫓겨난 자가 가지 않는 나라가 없을 것이라 예언된다. 둘째는 여호와께서 재앙 곧 진노를 그들 위에 내릴 것이며 또한 그 뒤로 칼을 보내어 그들을 멸망시킬 것이라는 말씀이다. 이로 인하여 여호와께서 엘람으로 그의 원수의 앞, 곧 그의 생명을 노리는 자의 앞에서 놀라게 할 것이라는 예언이다. 셋째는 여호와께서 나의 보좌를 엘람에 주고 왕과 고관들을 그 곳에서 멸할 것이라 말씀하시는데, 이는 엘람의 정복자가 바로 여호와이심을 강조하는 말씀이다. 그러나 말일에 여호와께서 엘람의 포로를 돌아가게 할 것이라고 말씀시는데, 여호와께서 엘람의 정복자가 되시지만 말일에 여호와께서 엘람의 포로를 돌아가게 할 것이라는 희망의 말씀이 감지되었다.

수동적 묵상의 단계

   마음에 와닿은 말씀, 35-39절의 엘람의 심판에 관한 여호와의 말씀으로 우선 여호와께서 엘람의 힘의 으뜸인 활을 꺾을 뿐만 아니라 하늘의 사방에서부터 사방 바람을 오게 하여 그들을 사방을 흩으실 것이며, 그리고 다음으로 여호와께서 재앙 곧 진노를 그들 위에 내리시며 또한 그 뒤로 칼을 보내어 그들을 멸망시킬 것이며, 그리고 그 다음으로 여호와께서 엘람의 정복자가 되시지만 말일에 여호와께서 엘람의 포로를 돌아가게 할 것이라는 희망의 말씀을 묵상하는 가운데 그 말씀을 통하여 엘람의 멸망과 엘림사람들을 사방에 흩어지게 하는 것 모두가 여호와 하나님으로 말미암아 된 것임을 감지하면서 역사 안에서 나라가 존재하거나 사라지는 것 역시 여호와 하나님의 섭리 아래 있다는 사실을 또한 감지하며 동시에 이같이 흩으신 엘람의 포로를 말일에 돌아가게 할 것이라는 말씀을 주시는 주님과 말씀으로 교제한다. 이때 성령의 인도하심에 점차 순응해 들어가는 자신을 발견할 수 있다.

되돌아보기

   하나님의 백성이나 그 외 나라들의 백성들을 심판하시는 공의의 하나님의 심판을 묵상하면서 하나님께서 저에게 하나님나라의 관점에서 즉 하나님의 다스리심 영역 안에서 세상의 나라들이 다스려지고 있는 것을 볼 수 있는 눈과 동시에 이로 인한 하나님의 심판을 성경의 하나님의 말씀에 근거하여 내다 볼 수 있는 눈이 필요하다는 것을 감지하게 하셨고, 또한 역사 속에서 일하시는 하나님에 대한 이해의 폭을 넓히는 변화가 제게 필요하다는 것이 분명히 파악되면서 침묵으로 나의 지난 시간을 되돌아보니 이 분야에 약하다는 것이 살펴졌다. 앞으로 이러한 변화가 하나님의 은혜로 임해지기를 원하는 내 자신의 내면이 살펴졌다.

마음 쏟아 놓기

   역사 속에서 일하시는 하나님에 대한 내 자신의 이해부족과 더불어 역사 속에서 일하시는 하나님에 대한 인식을 경험하면서 하나님께서 내게 역사 속에서 일하시는 하나님을 볼 수 있는 변화를 원하시며, 이와 동시에 이러한 변화를 제가 원하지만 이에 대하여 부족한 저의 모습을 있는 그대로 쏟아 놓으면서 내 안에서 역사하시는 성령 하나님의 인도하심에 따라 침묵으로 하나님과 깊은 교제에로 나아간다.

하나님 음성 듣기 / 하나님 안에 머물기

이같은 마음을 쏟아 낸 후 하나님의 사랑아래 고요히 머물면서 하나님께서 나에게 들려주시는 '하나님의 심판은 하나님을 떠난 나라나 백성들에게 하나님께로 돌아오도록 절규하시는 하나님의 사랑의 매라는' 음성에 귀 기울인다.

계속 은혜 안에 머물면서 하나님의 충만하신 임재를 느끼면서 하나님의 치유하심과 구속하시는 은총을 덧입는다.

응답의 기도

하나님의 은총 안에 머물면서 '하나님을 떠난 나라나 우리에게 하나님께로 돌아오도록 절규하시는 하나님의 사랑의 매에 즉시 응답하는 삶을 살게 하소서.'라는 응답 기도를 한다.

삶으로 나아가기

묵상하는 가운데 받은 '하나님의 심판은 하나님을 떠난 나라나 백성들에게 하나님께로 돌아오도록 절규하시는 하나님의 사랑의 매' 라는 그 말씀에 붙잡힌 상태로 그 말씀과 동행하면서 내 삶이 영위될 수 있도록 도움을 구한다.

58. 바벨론의 멸망에 대한 예언 1
(50:1-20)

기도에 임하기

하나님이시여! 역사 속에서 일하시는 하나님의 섭리를 감지할 수 있게 하소서.

말씀읽기

예레미야 50:1 - 20

마음의 문을 열고 하나님의 말씀을 집중해서 듣고 하나님의 말씀이 내 마음에 부딪혀 오든지 말씀에로 자신이 끌려들어 갈 수 있도록 하나님 현존 앞에서 말씀을 청종하는 자세로 두세 번 반복해서 읽으면서 마음에 와닿은 말씀이나 혹은 자신에게 다가오는 말씀을 살핀다.

1절 여호와께서 선지자 예레미야에게 바벨론과 갈대아 사람의 땅에 대하여 하신 말씀이라

2절 너희는 나라들 가운데에 전파하라 공포하라 깃발을 세우라 숨김이 없이 공포하여 이르라 바벨론이 함락되고 벨이 수치를 당하며 므로닥이 부스러지며 그 신상들은 수치를 당하며 우상들은 부스러진다 하라

3절 이는 한 나라가 북쪽에서 나와서 그를 쳐서 그 땅으로 황폐하게 하여 그 가운데에 사는 자가 없게 할 것임이라 사람이나 짐승이 다 도망할 것임이니라

4절 여호와의 말씀이니라 그 날 그 때에 이스라엘 자손이 돌아오며 유다 자손도 함께 돌아오되 그들이 울면서 그 길을 가며 그의 하나님 여호와께 구할 것이며

5절 그들이 그 얼굴을 시온으로 향하여 그 길을 물으며 말하기를 너희는 오라 잊을 수 없는 영원한 언약으로 여호와와 연합하라 하리라
바벨론에서 도망하라 갈대아 땅에서 나오라

6절 내 백성은 잃어 버린 양 떼로다 그 목자들이 그들을 곁길로 가게 하여 산으로 돌이키게 하였으므로 그들이 산에서 언덕으로 돌아다니며 쉴 곳을 잊었도다

7절 그들을 만나는 자들은 그들을 삼키며 그의 대적은 말하기를 그들이 여호와 곧 의로운 처소시며 그의 조상들의 소망이신 여호와께 범죄하였음인즉 우리는 무죄하다 하였느니라

8절 너희는 바벨론 가운데에서 도망하라 갈대아 사람의 땅에서 나오라 양 떼에 앞서가는 숫염소 같이 하라

9절 보라 내가 큰 민족의 무리를 북쪽에서 올라오게 하여 바벨론을 대항하게 하리니 그들이 대열을 벌이고 쳐서 정복할 것이라 그들의 화살은 노련한 용사의 화살 같아서 허공을 치지 아니하리라

10절 갈대아가 약탈을 당할 것이라 그를 약탈하는 자마다 만족하리라 여호와의 말씀이니라
바벨론의 멸망

11절 나의 소유를 노략하는 자여 너희가 즐거워하며 기뻐하고 타작하는 송아지 같이 발굽을 구르며 군마 같이 우는도다

12절 그러므로 너희의 어머니가 큰 수치를 당하리라 너희를 낳은 자가 치욕을 당하리라 보라 그가 나라들 가운데의 마지막과 광야와 마른 땅과 거친 계곡이 될 것이며

13절 여호와의 진노로 말미암아 주민이 없어 완전히 황무지가 될 것이라 바벨론을 지나가는 자마다 그 모든 재난에 놀라며 탄식하리로다

14절 바벨론을 둘러 대열을 벌이고 활을 당기는 모든 자여 화살을 아끼지 말고 쏘라 그가 여호와께 범죄하였음이라

15절 그 주위에서 고함을 지르리로다 그가 1)항복하였고 그 요새는 무너졌고 그 성벽은 허물어졌으니 이는 여호와께서 그가 행한 대로 그에게 내리시는 보복이라 그가 행한 대로 그에게 갚으시는도다

16절 파종하는 자와 추수 때에 낫을 잡은 자를 바벨론에서 끊어 버리라 사람들이 그 압박하는 칼을 두려워하여 각기 동족에게로 돌아가며 고향으로 도망하리라

이스라엘을 돌아오게 하리라

17절 이스라엘은 흩어진 양이라 사자들이 그를 따르도다 처음에는 앗수르 왕이 먹었고 다음에는 바벨론의 느부갓네살 왕이 그의 뼈를 꺾도다

18절 그러므로 만군의 여호와 이스라엘의 하나님이 이와 같이 말하노라 보라 내가 앗수르의 왕을 벌한 것 같이 바벨론의 왕과 그 땅을 벌하고

19절 이스라엘을 다시 그의 목장으로 돌아가게 하리니 그가 갈멜과 바산에서 양을 기를 것이며 그의 마음이 에브라임과 길르앗 산에서 만족하리라

20절 여호와의 말씀이니라 그 날 그 때에는 이스라엘의 죄악을 찾을지라도 없겠고 유다의 죄를 찾을지라도 찾아내지 못하리니 이는 내가 남긴 자를 용서할 것임이라

말씀으로 기도하기

본문배경 섭렵하기

배경설명

예레미야 50-51장은 바벨론에 대한 신탁으로 이방 나라 신탁중에 가장 길다. 바벨론 신탁에 담긴 주제는 바벨론의 임박한 멸망과 포로민들의 회복을 다룬다. 바벨론은 현재 남부 이라크 지역으로, 유프라테스 강변에 위치해있다. 바벨론은 3000년 이전에 시작된 문명 발흥지이다. 함무라비 왕 치하에 (주전 1793-1750년) 전성기를 이루는 강력한 제국이었지만, 헷 족속(Hittities)에게 패배당하고, 카시트인(Kassite)에 의하여 지배를 당하였다. 느부갓네살 1세때 외국의 지배로부터 벗어나서 부흥을 누리다가 앗수르의 지배를 당하였다. 주전 626년에 나보폴라사르(Nabopolassar) 는 약해진 앗수르로부터 독립하여 신바벨론 제국을 세웠다. 신바벨론 제국은 느부갓네살 2세때 (주전 605-562년) 절정에 이르렀다. 그의 후계자들은 느부갓네살 왕만큼 강하지 못하여, 주전 539년에 페르시아 인들에 의하여 멸망되었다. 알렉산더 대왕이 바벨론을 새 왕국의 수도로 삼았지만, 기독교 시대가 될 때까지 폐허로 있었다. 헤로노부스에 따르면, 페르시아인들은 유프라테스 강의 물길을 우회시켜서 그 강에 있던 수로중의 하나를 통하여 바벨론으로 진입할 수 있었다. 성 자체는 파괴되거나 약탈되지 않았다. 고레스 왕이 나보니두스의 통치에 불만을 품던 마르둑의 제사장 무리와 바벨론 사람들의 도움을 받았기 때문이다. 원래 벨

이라는 칭호는 아카드인들의 최고신들에게 적용되다가, 바벨론이 메소포타미아의 주요 성읍이 된 후에 이 칭호가 마르둑에게 넘어갔다. 그리하여 벨 마르둑이라는 칭호가 사용되었다. 9절에서 바벨론을 침략하는 북쪽의 적은 연합국인데 메대와 페르시아의 연합으로 나타나는데, 고레스가 이 연합을 주도하였다. 19절에서 이제 포로들이 돌아온 후에는 목축이나 농업이 재개되면서 북이스라엘의 경계에 풍요의 약속이 회복된다. 바산과 갈멜은 목장으로 알려졌고, 에브라임 산지에는 풍성한 포도원과 밭이 있었고, 길르앗은 농경지와 목초였다.

본문내용 이해하기

주요 내용 설명

이 본문은 다음과 같이 두 단락으로 이루어졌다: A. 바벨론의 멸망과 이스라엘의 구원에 관한 예언 (1-10 절); B. 바벨론의 처벌과 이스라엘의 용서 (11-20 절).

첫째 단락(1-10 절)은 바벨론의 멸망과 이스라엘의 구원에 관한 예언을 다룬다. 예레미야는 환상가운데 바벨론의 멸망에 관한 예언을 시작한다. 바벨론 성읍은 주전 539년에 고레스에 의하여 멸망된다. 바벨론이 다른 민족들에게 북쪽에서 오는 적이었던 것처럼 (렘 1:14), 바벨론도 북쪽에서 오는 적들에 의하여 멸망된다 (50:9, 41). 바벨론의 함락과 함께 바벨론의 신인 므로닥(마르둑)과 다른 이름인 벨이 수치를 당하고 산산히 부서질 것을 예고한다. 그로 인하여 땅이 황폐하게 되고 사람이나 짐승이 다 도망할 것이다. 4-10 절에서 역사의 주권자이신 하나님이 하실일을 전한다. 4-5절의 주제는 이스라엘과 유다 자손이 시온으로 돌아온다는 것이다. 이스라엘 백성들은 울면서 여호와께 구하고, 영원한 언약으로 여호와와 연합하라고 할 것이다. 6-7절의 주제는 잃어버린 양떼인데, 이것은 바로 이스라엘 백성의 현실이다. 목자들이 그들을 곁길로 가게하여 그들이 산과 언덕으로 돌아다니며 쉴 곳을 잃었다. 또한 이 현실은 그들이 소망되시는 여호와께 범죄하였기 때문이다. 8-10절의 주제는 바벨론에게서 도망하라는 것이다. 이제 바벨론이 멸망할 때가 되었으므로 바벨론에서 도망해야 한다. 북쪽에서 적을 보내 바벨론을 멸망시킬 것이기 때문이다.

둘째 단락(11-20 절)은 바벨론의 멸망과 이스라엘의 회복을 다룬다. 11-16절은 바벨론의 멸망을 다룬다. 하나님의 소유를 노략질한 바벨론이 현재는 즐거이 기뻐하고 타작하는 송아지같이 기뻐한다. 그러나 이제 바벨론은 이방 나라 중에 마지막으로 멸망되고, 광야와 마른 땅과 거친 계곡이 될 것이다. 그 땅은 여호와의 진노로 인하여 주민 없는 황무지가 되고, 그 재난에 모두 놀랄 것이다. 적들이 여호와께 범죄한 바벨론에게 화살을 쏘고, 마침내 바벨론이 항복하고 요새는 무너지고 성벽이 허물어졌으니 이는 그들의 행함에 대한 보복이었다.

능동적 묵상의 단계

침묵 가운데 50장 1-20절 말씀을 읽으면서 마음에 와닿은 17-20절, '이스라엘은 흩어진 양이라 사자들이 그를 따르도다 처음에는 앗수르 왕이 먹었고 다음에는 바벨론의 느부갓네살 왕이 그의 뼈를 꺾도다 그러므로 만군의 여호와 이스라엘의 하나님이 이와 같이 말하노라 보라 내가 앗수르의 왕을 벌한 것 같이 바벨론의 왕과 그 땅을 벌하고 이스라엘을 다시 그의 목장으로 돌아가게 하리니 그가 갈멜과 바산에서 양을 기를 것이며 그의 마음이 에브라임과 길르앗 산에서 만족하리라 여호와의 말씀이니라 그 날 그 때에는 이스라엘의 죄악을 찾을지라도 없겠고 유다의 죄를 찾을지라도 찾아내지 못하리니 이는 내가 남긴 자를 용서할 것임이라'는 말씀을 붙잡고 읊조리면서 그 말씀의 의미를 본문배경과 본문의 주요내용을 읽으면서 이해한다.

갈대아인은 우르 남부에 정착해 있었던 반유목민 부족의 후손이었는데, 갈대아 원주민인 바벨론의 느부갓네살의 부친인 나보폴라살이 주전 625년에 바벨론 왕좌에 올라 통치가 시작되어 신 바벨론 왕조가 주전 539년까지 지속된다. 바벨론 왕들 중에 느부갓네살(주전 605-562년)이 가장 큰 일을 한 왕이며 장기간 통치하게 된다. 이같은 바벨론에 대한 여호와의 말씀이 예레미야에게 세 가지로 임한다. 첫째는 바벨론이 함락되고 벨이 수치를 당하며, 므로닥이 부스러지며 그 신상들이 수치를 당하며 우상들이 부스러진다는 심판의 말씀이다. 이는 바벨론의 멸망에 대한 예언이며, 또한 그들이 섬기는 우상도 수치를 당할 뿐만 아니라 부스러 없어진다는 말씀이다. 둘째는 한 나라가 북쪽에서 나와서 바벨론을 쳐서 그 땅으로 황폐하게 하여 그 가운데 사는 자가 없게 할 것이라는 심판의 말씀이다. 여기서 북쪽에서 나온 한 나라는 페르시아를 가리킨다. 이로 인하여 사람이나 짐승이 다 도망할 것이라고 여호와께서 말씀하신다. 셋째는 그 날 그 때에 이스라엘 자손이 돌아오며 유다 자손도 함께 돌아올 것이라는 말씀이다. 이는 이스라엘의 회복과 위로에 대한 말씀으로서 이 회복에 참여하는 북쪽 이스라엘 왕국과 남쪽 유다 왕국의 사람들이 울면서 하나님 여호와께 구할 것이며, 또 여호와와 다시 영영한 언약으로 연합하게 될 것이 예언된다.

여호와께서 하나님의 백성을 잃어버린 양 떼라고 한탄하신다. 그들이 이처럼 길을 잃게 된 까닮은 제사장, 선지자, 왕들과 같은 목자들이 그들을 곁길로 가게 하였기 때문에 산에서 언덕으로 돌아다니며 쉴 곳을 잊었다고 여호와께서 말씀하신다. 쉴 곳을 잃고 돌아다니는 그들을 만나는 자들은 그들을 삼키는데 그들을 삼킨 대적은 말하기를 그들이 여호와 곧 의로운 처소시며 그의 조상들의 소망이신 여호와께 범한 죄로 인하여 삼킨바 되었으니 우리는 무죄하다고 말한다. 이에 여호와께서 포로로 살고 있는 하나님의 백성을 향하여 바벨론 가운데에서 도망하라 갈대아 사람의 땅에서 나오라 말씀하신다. 이를 위하여 여호와께서 큰 민족의 무리를 북쪽에서 올라오게 하여 바벨론을 대항하게 할 것이라 말씀하신다. 여기서 북쪽에서 올라오는 큰 민족의 무리는 바사인데, 그들이 대열을 벌이고 쳐서 바벨론을 정복할 것이 예언된다. 예레미야가 이 말씀을 예언할 당시 바사는 강대국이었던 바벨론을 대항할만한 가능성이 없었다 한다. 그러나 바사와 동맹을 맺었던 바벨론의 나보니두사가 주전 539년 아랍 원정을 간 사이에 바사는 당시 섭정왕 벨사살이 치리하고 있던 바벨론을 침략하여 완전 점령하기에 이르렀다.

바벨론 멸망에 관한 여호와 하나님의 심판의 말씀 네 가지가 예언된다. 첫째는 하나님의 소유인 이스라엘을 노략하면서 즐거워하며 기뻐하였던 바벨론이 큰 수치와 치욕을 당할 것이라는 말씀이다. 둘째는 여호와의 진노로 말미암아 바벨론에 주민이 없어 완전히 황무지가 될 것이라는 말씀이다. 이로 말미암아 바벨론을 지나가는 자마다 그 모든 재난에 놀라며 탄식할 것이다. 셋째는 여호와께 범죄 한 바벨론을 둘러 대열을 벌이고 활을 당기는 모든 자들이 그들의 화살을 아끼지 않고 쏘게 될 것이라는 예언이다. 이로 인하여 바벨론은 이러한 군사들의 공격으로 항복할 것이며, 그 요새는 무너질 것이고 그 성벽은 허물어질 것인데, 이것이 바로 그들이 행한 대로 갚으시는 여호와의 심판이다. 넷째는 전과 달리 바벨론에서 파종하는 자와 추수 때에 낫을 잡은 자를 여호와께서 끊어 버릴 것이라 말씀하신다. 이로 인하여 바벨론에 머무는 유다인들과 같은 포로들이 그들의 고국으로 귀환할 것이다.

북이스라엘은 주전 722년에 앗수르의 침략으로 멸망하고, 유다는 주전 585년에 바벨론에 의하여 멸망될 것과 또한 그들의 회복에 관한 말씀이 세 가지가 예언된다. 첫째는 여호와께서 앗수르의 왕을 벌한 것 같이 바벨론의 왕과 그 땅을 벌할 것이라는 말씀이다. 둘째는 바벨론의 멸망으로 이스라엘을 다시 그의 목장으로 돌아가게 할 것이라는 말씀이다. 귀환한 그들이 갈멜과 바산에서 양을 기를 것이며, 또한 그들의 마음이 에브라임과 길르앗 산에서 만족할 것이다. 셋째는 그 날 그 때에는 이스라엘의 죄악을 찾을지라도 없겠고 유다의 죄를 찾을지라도 찾아내지 못할 것이라 말씀하시는데, 그 까닭은 여호와께서 남긴 자를 용서할 것이기 때문이라는 말씀을 통하여 죄를 심판하시는 하나님은 동시에 죄를 용서하시는 하나님이심이 감지되었다.

수동적 묵상의 단계

마음에 와닿은 17-20절, '이스라엘은 흩어진 양이라 사자들이 그를 따르도다 처음에는 앗수르 왕이 먹었고 다음에는 바벨론의 느부갓네살 왕이 그의 뼈를 꺾도다 그러므로 만군의 여호와 이스라엘의 하나님이 이와 같이 말하노라 보라 내가 앗수르의 왕을 벌한 것 같이 바벨론의 왕과 그 땅을 벌하고 이스라엘을 다시 그의 목장으로 돌아가게 하리니 그가 갈멜과 바산에서 양을 기를 것이며 그의 마음이 에브라임과 길르앗 산에서 만족하리라 여호와의 말씀이니라 그 날 그 때에는 이스라엘의 죄악을 찾을지라도 없겠고 유다의 죄를 찾을지라도 찾아내지 못하리니 이는 내가 남긴 자를 용서할 것임이라'는 말씀을 묵상하는 가운데 하나님께서 이스라엘의 죄로 인하여 바벨론을 들어 예루살렘을 치게 하셨는데, 하나님의 소유인 이스라엘을 노략하면서 즐거워하며 기뻐하였던 바벨론이 큰 수치와 치욕을 당하게 하시며, 여호와의 진노로 말미암아 바벨론에 주민이 없어 완전히 황무지가 될 것이라 예레미야를 통하여 예언하시며, 이로 말미암아 바벨론을 지나가는 자마다 그 모든 재난에 놀라며 탄식할 것이며, 여호와께 범죄 한 바벨론을 둘러 대열을 벌이고 활을 당기는 모든 자들이 그들의 화살을 아끼지 않고 쏘게 될 것이며, 이로 인하여 바벨론은 이러한 군사들의 공격으로 항복할 것이며, 그 요새는 무너질 것이고 그 성벽은 허물어질 것인데, 이것이 바로 그들이 행한 대로 갚으시는 여호와의 심판임을 감지하게 하신다. 전과 달리 바벨론에서 파종하는 자와 추수 때에 낫을 잡은 자를 여호와께서 끊어 버리시니 바벨론에 머무는 이스라엘과 유다인들과 같은 포로들이 그들의 고국으로 귀환하게 하시는 여호와의 섭리를 감지하면서 이같은 여호와의 심판이 베벨론 포로로부터 벗어난 유다와 이스라엘의 귀환으로 이어지게 하시는 것이 감지되었다. 귀환된 그들을 만족하게 살뿐만 아니라 그들의 죄를 찾아낼 수가 없을 것인데, 이는 여호와께서 그 남긴 자를 용서하실 것이기 때문이라는 말씀을 또한 감지하면서 하나님의 심판과 그 심판으로부터 벗어나는 모든 여건 하나 하나를 섭리하시고 절대 주권으로 이 모든 일을 수행하시지만 그 핵심에는 여호와께서 죄를 행한 대로 나라나 개인을 심판신다는 것이 감지되었다. 여호와의 심판 후 하나님의 용서하심이 그 안에 있으며, 그 결과 땅이 소산이 풍성한 것을 감지하면서 주님과 말씀으로 교제한다. 이때 성령의 인도하심에 점차 순응해 들어가는 자신을 발견할 수 있다.

되돌아보기

역사를 주관하시면서 역사 속에 현존하는 나라를 통하여 오랫동안 참으시면서 회개할 기회를 하나님의 사람을 통해 주시지만 끝내 죄를 범한 나라를 행한 대로 심판하시는 하나님과 이와 함께 하나님의 심판을 받았던 하나님의 백성의 귀환을 역사 속에서 섭리하시며 이루시는 하나님을 감지하면서 역사 속에서 일하고 계시는 하나님의 섭리를 헤아려 볼 수 있는 믿음의 눈이 하나님으로부터 임하는 은혜를 덧입고 싶은 나 자신의 내면이 살펴진다.

마음 쏟아 놓기

역사 속에서 일하시는 하나님의 섭리에 대한 내 자신의 부족함과 하나님에 대한 이러한 인식의 부족을 경험하면서 하나님께서 내게 원하시는 것은 눈을 들어 역사 속에서 일하시는 하나님의 섭리를 볼 수 있는 믿음의 눈이 절대 필요하다는 것이 감지되었다. 저 또한 이를 절감하면서 하나님을 향하여 나의 마음을 있는 그대로 쏟아 놓으면서 내 안에서 역사하시는 성령 하나님의 인도하심에 따라 침묵으로 하나님과 깊은 교제에로 나아간다.

하나님 음성 듣기 / 하나님 안에 머물기

마음을 쏟아 낸 후 하나님의 사랑아래 고요히 머물면서 하나님께서 나에게 들려주시는 '역사 속에서 일하시는 하나님의 섭리를 감지할 수 있기를 원하시는' 주님의 음성에 귀 기울인다.
계속 은혜 안에 머물면서 하나님의 충만하신 임재를 느끼면서 하나님의 치유하심과 구속하시는 은총을 덧입는다.

응답의 기도

하나님의 은총 안에 머물면서 '하나님이시여! 역사 속에서 일하시는 하나님의 섭리를 감지할 수 있게 하소서.' 라는 응답 기도를 한다.

삶으로 나아가기

묵상하는 가운데 받은 '역사 속에서 일하시는 하나님의 섭리를 감지할 수 있기를 원하시는' 그 말씀에 붙잡힌 상태로 그 말씀과 동행하면서 내 삶이 영위될 수 있도록 도움을 구한다.

59. 바벨론의 멸망에 대한 예언 2
(50:21-46)

기도에 임하기

하나님이시여! 우리 구주 예수 그리스도의 보혈로 죄 사함을 받게 하셨사오니 감사와 영광을 늘 하나님께 올리는 삶을 살게 하소서.

말씀읽기

예레미야 50:21 - 46

마음의 문을 열고 하나님의 말씀을 집중해서 듣고 하나님의 말씀이 내 마음에 부딪혀 오든지 말씀에로 자신이 끌려들어 갈 수 있도록 하나님 현존 앞에서 말씀을 청종하는 자세로 두세 번 반복해서 읽으면서 마음에 와닿은 말씀이나 혹은 자신에게 다가오는 말씀을 살핀다.

21절 이는 여호와의 말씀이니라 너희는 올라가서 므라다임의 땅을 치며 브곳의 주민을 쳐서 진멸하되 내가 너희에게 명령한 대로 다하라

22절 그 땅에 싸움의 소리와 큰 파멸이 있으리라

23절 온 세계의 망치가 어찌 그리 꺾여 부서졌는고 바벨론이 어찌 그리 나라들 가운데에 황무지가 되었는고

24절 바벨론아 내가 너를 잡으려고 올무를 놓았더니 네가 깨닫지 못하여 걸렸고 네가 여호와와 싸웠으므로 발각되어 잡혔도다

25절 여호와께서 그의 병기창을 열고 분노의 무기를 꺼냄은 주 만군의 여호와께서 갈대아 사람의 땅에 행할 일이 있음이라

26절 먼 곳에 있는 너희는 와서 그를 치고 그의 곳간을 열고 그것을 곡식더미처럼 쌓아 올려라 그를 진멸하고 남기지 말라

27절 그의 황소를 다 죽이라 그를 도살하려 내려 보내라 그들에게 화 있도다 그들의 날, 그 벌 받는 때가 이르렀음이로다

28절 바벨론 땅에서 도피한 자의 소리여 시온에서 우리 하나님 여호와의 보복하시는 것, 그의 성전의 보복하시는 것을 선포하는 소리로다

29절 활 쏘는 자를 바벨론에 소집하라 활을 당기는 자여 그 사면으로 진을 쳐서 피하는 자가 없게 하라 그가 일한 대로 갚고 그가 행한 대로 그에게 갚으라 그가 이스라엘의 거룩한 자 여호와를 향하여 교만하였음이라

30절 그러므로 그 날에 장정들이 그 거리에 엎드러지겠고 군사들이 멸절되리라 여호와의 말씀이니라

31절 주 만군의 여호와의 말씀이니라 교만한 자여 보라 내가 너를 대적하나니 너의 날 곧 내가 너를 벌할 때가 이르렀음이라

32절 교만한 자가 걸려 넘어지겠고 그를 일으킬 자가 없을 것이며 내가 그의 성읍들에 불을 지르니 그의 주위에 있는 것을 다 삼키리라

33절 만군의 여호와께서 이와 같이 말씀하시니라 이스라엘 자손과 유다 자손이 함께 학대를 받는도다 그들을 사로잡은 자는 다 그들을 붙들고 놓아 주지 아니하리라

34절 그들의 구원자는 강하니 그의 이름은 만군의 여호와라 반드시 그들 때문에 싸우시리니 그 땅에 평안함을 주고 바벨론 주민은 불안하게 하리라

35절 여호와의 말씀이니라 칼이 갈대아인의 위에와 바벨론 주민의 위에와 그 고관들과 지혜로운 자의 위에 떨어지리라

36절 칼이 자랑하는 자의 위에 떨어지리니 그들이 어리석게 될 것이며 칼이 용사의 위에 떨어지리니 그들이 놀랄 것이며

37절 칼이 그들의 말들과 병거들과 그들 중에 있는 여러 민족의 위에 떨어지리니 그들이 여인들 같이 될 것이며 칼이 보물 위에 떨어지리니 그것이 약탈되리라

38절 가뭄이 물 위에 내리어 그것을 말리리니 이는 그 땅이 조각한 신상의 땅이요 그들은 무서운 것을 보고 실성하였음이니라
39절 그러므로 사막의 들짐승이 승냥이와 함께 거기에 살겠고 타조도 그 가운데에 살 것이요 영원히 주민이 없으며 대대에 살 자가 없으리라
40절 여호와의 말씀이니라 하나님께서 소돔과 고모라와 그 이웃 성읍들을 뒤엎었듯이 거기에 사는 사람이 없게 하며 그 가운데에 머물러 사는 사람이 아무도 없게 하시리라
41절 보라 한 민족이 북쪽에서 오고 큰 나라와 여러 왕이 충동을 받아 땅 끝에서 일어나리니
42절 그들은 활과 투창을 가진 자라 잔인하여 불쌍히 여기지 아니하며 그들의 목소리는 바다가 설레임 같도다 딸 바벨론아 그들이 말을 타고 무사 같이 각기 네 앞에서 대열을 갖추었도다
43절 바벨론의 왕이 그 소문을 듣고 손이 약하여지며 고통에 사로잡혀 해산하는 여인처럼 진통하는도다
44절 보라 사자가 요단의 깊은 숲에서 나타나듯이 그가 와서 견고한 처소를 칠 것이라 내가 즉시 그들을 거기에서 쫓아내고 택한 자를 내가 그 자리에 세우리니 나와 같은 자 누구며 출두하라고 나에게 명령할 자가 누구며 내 앞에 설 목자가 누구냐
45절 그런즉 바벨론에 대한 여호와의 계획과 갈대아 사람의 땅에 대하여 품은 여호와의 생각을 들으라 양 떼의 어린 것들을 그들이 반드시 끌어가고 그들의 초장을 황폐하게 하리니
46절 바벨론이 약탈 당하는 소리에 땅이 진동하며 그 부르짖음이 나라들 가운데에 들리리라 하시도다

말씀으로 기도하기

본문배경 섭렵하기

배경설명

이 본문은 50장 1-20절의 연속선상에서 바벨론에 대한 신탁이 이어진다. 바벨론이 멸망할 때 나보니두스의 역할은 어떠했는가? 페르시아인들의 공격이 임박하자 나보니두스 왕은 주전 543년 아라비아 지역의 수도인 테마에서 바벨론으로 돌아왔다. 그는 바벨론 제국 전역에서 신

상을 모아서 마르둑 신을 경배하는 신년 축제 행사를 열었다. 나보니두스는 자신이 숭배하던 신 (Sin) 이라는 신의 신전을 복원하였다. 그러나 그가 바벨론 성을 떠나 자리를 비우면서 마르둑 신들과 제사장들을 무시한 결과로 바벨론의 멸망은 예정된 것이었다. 고레스는 주전 539년 바벨론으로 진격하여 10월에 오피스 전투에서 승리하였다. 10월 11일에 십파르의 투항을 받고, 10월 13일에 바벨론 성에 무혈입성하였다. 그들은 현지인들의 환영을 받고, 해방자라는 칭호를 받았다고 한다. 바벨론이 페르시아에 의하여 멸망된 이후에 바벨론의 운명은 어떠했는가? 나보니두스와 벨사살이 이끌던 바벨론의 토착 왕조가 제거되고, 페르시아의 한 행정관이 그곳을 통치하였다. 왕위에 오른 페르시아의 왕들은 바벨론의 왕이라는 칭호를 사용하였고, 바벨론 성을 공식 관저의 하나로 삼았다. 그러나 바벨론에서 주기적인 반란이 발생하자 (주전 522-521년, 482-481년), 아하스에르는 발이 18개 달린 마르둑 금신상을 파괴하고 에사길라 신전을 파괴하였다. 알렉산더가 페르시아를 점령할 때 에사길라 신전이 복원되었다. 그러나 이후 주전 1세기에는 황폐하게 되었다.

본문내용 이해하기

주요 내용 설명

이 본문은 다음과 같이 두 단락으로 이루어졌다: A. 바벨론을 향한 하나님의 진노 (21-34절); B. 바벨론의 황폐화 (35-46 절). 첫째 단락(21-34 절)은 바벨론을 향한 하나님의 진노를 다룬다. 므라다임은 티그리스와 유프라테스 합류 지역의 남바벨론 지역인데, 바벨론이라는 단어이면서 쓰다는 뜻을 가지고 이스라엘에게 쓴 맛을 보여준 바벨론 사람들이 쓴 맛을 본다는 언어유희가 담겨 있다. 브곳도 바벨론이라는 단어로 심판하다는 뜻으로 한때 막강한 나라가 여러 부족들의 반란으로 시달리는 상태를 조롱하려는 목적으로 사용되었다. 바벨론의 백성들이 진멸되고, 그 땅이 여러 나라들 사이에서 황무지가 될 것이다. 바벨론은 이방 나라를 깨뜨리는 망치로 사용되었지만, 이제 하나님이 바벨론을 잡으려고 올무를 놓아 잡히게 하셨다. 하나님은 바벨론과 싸우시기 위하여 병기창을 여시고 분노의 무기로 다른 민족들을 꺼내신다. 힘센 젊은 사내들은 모조리 황소처럼 도살될 것이다(27 절). 하나님의 성전을 더럽힌 행동에 대하여 보복하신다(28절). 바벨론이 멸망되는 이유는 거룩한 자 여호와를 향하여 교만하였기 때문이다(29절). 그리하여 여호와께서 바벨론이 일한대로와 행한대로 갚는 것이다. 바벨론을 벌할 때가 되었고,

그가 넘어져 일으킬 자가 없을 것이다. 이스라엘과 유다 자손이 붙잡혀 학대받을 때 더 강한 여호와께서 그들을 위하여 싸우시고 그 땅에 평안을 주실 것이다.

둘째 단락(35-46절)은 바벨론의 황폐화를 다룬다. 여호와께서 바벨론을 황폐하게 할 칼에게 명령을 내려 잔인한 일을 수행하라고 하신다. 갈대아인, 바벨론 주민, 고관들, 지혜로운 자, 말들과 병거들과, 여러 민족 위에 칼이 떨어질 것이다. 그 땅이 황폐하게 되어 사막의 들짐승이 승냥이와 함께 살고, 소돔과 고모라처럼 영원히 주민이 없을 것이다. 41-43절은 유다에게 닥쳤던 위험한 상황이(렘 6:22-24) 바벨론에게 닥친 것으로 묘사된다. 한 민족이 북쪽에서 오며 큰 나라와 여러 왕이 땅끝에서 바벨론을 멸하기 위하여 등장하므로 바벨론 왕이 손이 약해지고 고통에 사로잡힌다. 440-46절은 49:19-21절을 그대로 반복한다. 그들을 거기에서 쫓아내고 택한 자는 바로 고레스이다.

능동적 묵상의 단계

침묵 가운데 50장 21-46절 말씀을 읽으면서 마음에 와닿은 24절, '바벨론아 내가 너를 잡으려고 올무를 놓았더니 네가 깨닫지 못하여 걸렸고 네가 여호와와 싸웠으므로 발각되어 잡혔도다.'라는 말씀과, 29절, '활 쏘는 자를 바벨론에 소집하라 활을 당기는 자여 그 사면으로 진을 쳐서 피하는 자가 없게 하라 그가 일한 대로 갚고 그가 행한 대로 그에게 갚으라 그가 이스라엘의 거룩한 자 여호와를 향하여 교만하였음이라.'는 말씀, 그리고 32-34절, '교만한 자가 걸려 넘어지겠고 그를 일으킬 자가 없을 것이며 내가 그의 성읍들에 불을 지르리니 그 주위에 있는 것을 다 삼키리라 만군의 여호와께서 이와 같이 말씀하시니라 이스라엘 자손과 유다 자손이 함께 학대를 받는도다 그들을 사로잡은 자는 다 그들을 붙들고 놓아 주지 아니하리라 그들의 구원자는 강하니 그의 이름은 만군의 여호와라 반드시 그들 때문에 싸우시리니 그 땅에 평안함을 주고 바벨론 주민은 불안하게 하리라.'는 말씀을 붙잡고 읊조리면서 그 말씀의 의미를 본문배경과 본문의 주요내용을 읽으면서 이해한다.

바벨론의 패역함으로 인한 여호와의 심판 네 가지가 예레미야를 통하여 예언된다. 첫째는 여호와께서 명령하신대로 바벨론의 땅과 주민이 침략당하여 진멸될 것이라는 예언이다. 둘째는 바벨론 땅에 싸움의 소리와 큰 파멸이 있을 것이라는 예언이다. 셋째는 온 세계의 망치처럼 온 세상을 침략하여 부술 것 같았던 바벨론이 꺾여 부서질 것이며 황무지가 될 것이라는 예언이다. 넷째는 여호와께서 바벨론을 잡으려고 올무를 놓았는데도 이를 깨닫지 못하고 그것에 걸릴 것이라는 예언이다. 이는 바벨론이 여호와와 싸웠으므로 발각되어 잡히게 될 것이라는 예언이다.

26절에서 먼 곳에 있는 너희는 와서 그를 치고 그의 곳간을 열고 그것을 곡식더미처럼 쌓아 올리라 그를 진멸하고 남기지 말라 이르시는데, 여호와께서는 이사야를 통하여 페르시아 왕 고레스를 기름부음 받게 하시어 그의 오른 손을 붙들고 그 앞에 열국을 항복하게 하신다고 말씀하신 바 있다(44장 28절-45장 1절). 그러므로 여호와께서 갈대아 사람의 땅에 행할 일이 있어 하나님의 병기창을 열고 분노의 무기를 꺼내신다는 말씀은 페르시아의 병기이다. 이 병기로 여호와께서는 예레미야를 통하여 바벨론의 멸망에 관한 예언 세 가지를 선포하게 하신다. 첫째는 먼 곳에 있는 너희는 와서 그를 치고 그의 곳간을 열고 그것을 곡식더미처럼 쌓아 올릴 것이라는 예언이다. 둘째는 그를 진멸하고 남기지 말라 그의 황소를 다 죽이라 그를 도살하려 내려 보낼 것이므로 그들에게 화 있을 것이라는 말씀이다. 셋째는 그들의 날, 그들이 벌 받는 때가 이르렀는데, 그 때에 바벨론 땅에서 도피한 자들은 여호와의 보복이 바벨론에 행해지고 있다는 소식을 예루살렘에 전할 것이라는 말씀이다.

바벨론이 파멸될 수 밖에 없는 까닭은 바로 여호와를 향하여 교만하였기 때문이다. 바벨론은 이스라엘의 하나님을 약소국의 패배한 신으로 보고 교만하게 행하였다. 이로 인하여 바벨론에 미칠 여호와의 심판 네 가지가 예언된다. 첫째는 여호와께서 활 쏘는 자를 바벨론에 소집하여 활을 당기는 자로 하여금 그 사면으로 진을 쳐서 피하는 자가 없게 할 것이라는 말씀이다. 둘째는 바벨론이 이스라엘의 거룩한 자 여호와를 향하여 교만하였음으로 그가 일한 대로 갚고 또한 행한 대로 그에게 갚을 것이라는 말씀이다. 셋째는 여호와의 심판의 날에 장정들이 그 거리에 엎드러지겠고 군사들이 멸절될 것이라는 말씀이다. 넷째는 여호와께서 바벨론을 대적하시어 벌할 때가 이르렀음으로 교만한 자 바벨론이 걸려 넘어지겠으나 일으킬 자가 없을 것이라는 말씀이다. 뿐만 아니라 여호와께서 벌하실 그때에 바벨론의 성읍들에 불을 지르시어 그 주위에 있는 것을 다 삼킬 것이라는 말씀이 예언된다.

만군의 여호와께서 이스라엘 자손과 유다 자손을 사로잡은 자가 그들을 학대할 뿐만 아니라 그들을 붙들고 놓아주지 않는다 말씀하신다. 그래서 여호와께서 그들 때문에 그들을 박해하는 바벨론과 반드시 싸우실 것이라 말씀하신다. 이는 바벨론을 심판하고 이스라엘과 유다를 회복하시는 분이 바로 만군의 여호와이심을 강조하는 말씀이다. 여호와의 심판 두 가지가 예언되는데, 하나는 칼이 갈대아인의 위에와 바벨론 주민의 위에와 그 고관들과 지혜로운 자의 위에 떨어질 것이라는 말씀이다. 다른 하나는 칼이 자랑하는 자의 위에 떨어지므로 그들이 어리석게 될 것이며, 칼이 용사의 위에 떨어지므로 그들이 놀랄 것이며 칼이 그들의 말들과 병거들과 그들

중에 있는 여러 민족 위에 떨어지므로 그들이 여인들 같이 될 것이며, 칼이 보물 위에 떨어지므로 그것이 약탈될 것이라 말씀하신다. 이 말씀 모두는 바벨론의 각 계 각 층의 사람들 모두 다 가혹한 여호와의 심판을 당할 것이라는 예언이다.

바벨론의 멸망에 관한 말씀 네 가지가 또 예언되는데, 첫째는 가뭄으로 인하여 물이 마를 것이므로 생존의 위기를 맞을 것이라는 예언이다. 이는 바벨론 땅이 조각한 신상의 땅이었기 때문이다. 둘째는 사막의 들짐승이 승냥이와 함께 거기에 살 것이고 타조도 그 가운데 살 것이므로 영원히 주민이 없으며 대대에 살 자가 없을 것이라 말씀하신다. 셋째는 여호와의 심판이 철저한 심판의 본보기인 소돔과 고모라와 그 이웃 성읍들을 뒤엎었듯이 거기에 머물러 사는 사람이 아무도 없게 하실 것이라는 말씀이다. 넷째는 한 민족이 북쪽에서 오고 큰 나라와 여러 왕이 충동을 받아 땅 끝에서 일어나 활과 투창으로 바벨론에 침입하여 불쌍히 여기지 아니하고 잔인하게 할 것이라는 말씀이다. 여기서 북쪽의 큰 나라는 페르시아를 가리키는데, 그 나라의 왕 고레스의 군대가 당시 여러 봉신국의 파견대들로 구성되어 있었다 한다. 그들이 말을 타고 무사 같이 바벨론 앞에서 대열을 갖출 것이라고 여호와께서 예레미야를 통하여 덧붙여 말씀하신다.

바벨론에 대한 여호와의 심판에 관한 예언 네 가지가 계속되는데, 첫째는 바벨론 왕이 페르시아 왕 고레스의 군대의 침입소문을 듣고 손이 약하여지며 고통에 사로잡혀 해산하는 여인처럼 진통한다는 말씀이다. 둘째는 사자가 요단의 깊은 숲에서 나타나듯이 그가 와서 견고한 처소를 칠 것이며, 여호와께서 즉시 그들을 거기에서 쫓아내고 택한 자를 그 자리에 세울 것이라는 말씀이다. 셋째는 바벨론에 대한 여호와의 계획과 갈대아 사람의 땅에 대하여 품으신 여호와의 생각을 이 세상의 그 누구도 거역할 수 없다 말씀하신다. 여기서 여호와께서 그들에 대하여 품으신 뜻은 양 떼의 어린 것들을 반드시 끌어가고 그들의 초장을 황폐하게 할 것인데, 이로 인한 넷째 예언은 바벨론이 약탈당하는 소리에 땅이 진동하며 그 부르짖음이 나라들 가운데에 들릴 것이라는 말씀이다.

온 세계의 망치였던 바벨론이 어찌 그리 꺾여 부서졌고 어찌 그리 나라들 가운데에 황무지가 되었는가 라는 말은 교만한 바벨론이 걸려 넘어지겠고 그를 일으킬 자가 없을 것임이 감지되었다. 또한 이스라엘 자손과 유다 자손이 그들과 함께 학대를 받게 되니 이스라엘의 구원자이신 만군의 여호와께서 이스라엘 때문에 싸우사 그 땅에 평안함을 주고 바벨론 주민은 불안하게 하리라는 여호와의 말씀이 감지되었다.

수동적 묵상의 단계

마음에 와닿은 24절, '바벨론아 내가 너를 잡으려고 올무를 놓았더니 네가 깨닫지 못하여 걸렸고 네가 여호와와 싸웠으므로 발각되어 잡혔도다.'라는 말씀과, 29절, '활 쏘는 자를 바벨론에 소집하라 활을 당기는 자여 그 사면으로 진을 쳐서 피하는 자가 없게 하라 그가 일한 대로 갚고 그가 행한 대로 그에게 갚으라 그가 이스라엘의 거룩한 자 여호와를 향하여 교만하였음이라.'는 말씀, 그리고 32-34절, '교만한 자가 걸려 넘어지겠고 그를 일으킬 자가 없을 것이며 내가 그의 성읍들에 불을 지르리니 그 주위에 있는 것을 다 삼키리라 만군의 여호와께서 이와 같이 말씀하시니라 이스라엘 자손과 유다 자손이 함께 학대를 받는도다 그들을 사로잡은 자는 다 그들을 붙들고 놓아 주지 아니하리라 그들의 구원자는 강하니 그의 이름은 만군의 여호와라 반드시 그들 때문에 싸우시리니 그 땅에 평안함을 주고 바벨론 주민은 불안하게 하리라.'는 말씀을 묵상하는 가운데 온 세계의 망치였던 바벨론이 꺾여 부서졌고 나라들 가운데에 황무지가 되었던 것은 교만한 바벨론이 걸려 넘어지겠고 그를 일으킬 자가 없을 것이며 여호와께서 그의 성읍들에 불을 지르리니 그 주위에 있는 것을 다 삼키리라 등 이 모든 것이 만군의 여호와로 말미암은 것임이 감지되었다. 이로 인하여 이스라엘 자손과 유다 자손이 함께 학대를 받게 되는데, 그 까닭은 그들을 사로잡은 바벨론이 다 그들을 붙들고 놓아 주지 아니하기 때문이다. 그러므로 그들의 구원자, 강하신 만군의 여호와께서 반드시 그들 때문에 싸우시어 그 땅에 평안함을 주시고 바벨론 주민은 불안하게 하리라는 여호와의 말씀을 묵상하면서 이는 바벨론이 일한 대로 갚으시고 그가 행한 대로 갚으시는 이스라엘의 거룩한 자 여호와 하나님이 감지되면서 주님과 말씀으로 교제한다. 이때 성령의 인도하심에 점차 순응해 들어가는 자신을 발견할 수 있다.

되돌아보기

하나님께서 하나님의 심판의 도구로 사용하셨던 바벨론이 여호와를 향하여 교만함으로 인하며 철저히 바벨론을 멸하시는 하나님의 심판을 보면서 하나님의 백성도 심판하시는 하나님이시니 죄를 범하는 나라나 백성들 누구든지 또는 여호와 하나님을 향한 교만함으로 말하고 행동하는 나라 백성들 누구든지 심판의 대상에서 제외될 수 없다는 것이 감지되었다. 동시에 바벨론과 함께 이스라엘 자손과 유다 자손이 박대를 받게 되니 여호와께서 자기 백성을 위하여 싸우시어 그들을 건져내시는 여호와이시며, 또한 나를 심판하시는 하나님께서 또한 자기 백성인 나를 구원하시는 하나님이시라는 것이 나 자신의 내면에서 살펴진다.

마음 쏟아 놓기

심판하시는 하나님께서 또한 구원하시는 하나님이심을 인식하며 또한 내 자신과 하나님에 대한 이같은 인식을 경험하면서 하나님께서 내게 원하시는 변화는 여호와의 말씀에 온전히 순종하며 하나님으로 말미암아 즐거워하고 기뻐하는 삶으로의 온전한 변화를 요구하시는데, 나의 하나님을 향한 온전한 변화가 나 스스로 되지 아니함을 있는 그대로 쏟아 놓는다. 동시에 이를 위하여 십자가에서 대속의 죽으심으로 죄로부터 건져 주신 우리 주 예수 그리스도를 굳게 믿고 의지하게 하신 하나님의 은혜로 오늘까지 내 안에서 역사하시는 성령 하나님의 인도하심에 따라 침묵으로 하나님과 깊은 교제에로 나아갈 수 있다는 것이 너무 감사하다.

하나님 음성 듣기 / 하나님 안에 머물기

마음을 쏟아 낸 후 하나님의 사랑아래 고요히 머물면서 하나님께서 나에게 들려주시는 '제가 말하고 행한 대로 하면 하나님의 심판을 면할 길이 없지만 이러한 나의 허물과 죄를 대속하시기 위하여 십자가에서 죽으신 주께서 너는 내가 피 흘려 너를 그 죄로부터 건져주었다'라는 음성에 귀 기울인다. 계속 은혜 안에 머물면서 하나님의 충만하신 임재를 느끼면서 하나님의 치유하심과 구속하시는 은총을 덧입는다.

응답의 기도

하나님의 은총 안에 머물면서 '하나님이시여! 우리 구주 예수 그리스도의 보혈로 죄 사함을 받게 하셨사오니 감사와 영광을 하나님께 올려드립니다.'라는 응답 기도를 한다.

삶으로 나아가기

묵상하는 가운데 받은 주께서 '너는 내가 피 흘려 너를 그 죄로부터 건져주었다.' 라는 그 말씀에 붙잡힌 상태로 그 말씀과 동행하면서 내 삶이 영위될 수 있도록 도움을 구한다.

60. 바벨론의 멸망에 대한 예언 3
(51:1-33)

Lectio divina Jeremiah

기도에 임하기

주의 말씀을 듣고 지켜 행하는 사람이 되게 하소서.

말씀읽기

예레미야 51:1 - 33

마음의 문을 열고 하나님의 말씀을 집중해서 듣고 하나님의 말씀이 내 마음에 부딪혀 오든지 말씀에로 자신이 끌려들어 갈 수 있도록 하나님 현존 앞에서 말씀을 청종하는 자세로 두세 번 반복해서 읽으면서 마음에 와닿은 말씀이나 혹은 자신에게 다가오는 말씀을 살핀다.

1절 여호와께서 이와 같이 말씀하시되 보라 내가 멸망시키는 자의 심령을 부추겨 바벨론을 치고 또 나를 대적하는 자 중에 있는 자를 치되

2절 내가 타국인을 바벨론에 보내어 키질하여 그의 땅을 비게 하리니 재난의 날에 그를 에워싸고 치리로다

3절 활을 당기는 자를 향하며 갑옷을 입고 일어선 자를 향하여 쏘는 자는 그의 활을 당길 것이라 그의 장정들을 불쌍히 여기지 말며 그의 군대를 전멸시켜라

4절 무리가 갈대아 사람의 땅에서 죽임을 당하여 엎드러질 것이요 관통상을 당한 자가 거리에 있으리라

5절 이스라엘과 유다가 이스라엘의 거룩하신 이를 거역하므로 죄과가 땅에 가득하나 그의 하나님 만군의 여호와에게 버림 받은 홀아비는 아니니라

6절 바벨론 가운데서 도망하여 나와서 각기 생명을 구원하고 그의 죄악으로 말미암아 끊어짐을 보지 말지어다 이는 여호와의 보복의 때니 그에게 보복하시리라

7절 바벨론은 여호와의 손에 잡혀 있어 온 세계가 취하게 하는 금잔이라 뭇 민족이 그 포도주를 마심으로 미쳤도다

8절 바벨론이 갑자기 넘어져 파멸되니 이로 말미암아 울라 그 상처를 위하여 유향을 구하라 혹 나으리로다

9절 우리가 바벨론을 치료하려 하여도 낫지 아니한즉 버리고 각기 고향으로 돌아가자 그 화가 하늘에 미쳤고 궁창에 달하였음이로다

10절 여호와께서 우리 공의를 드러내셨으니 오라 시온에서 우리 하나님 여호와의 일을 선포하자

11절 화살을 갈며 둥근 방패를 준비하라 여호와께서 메대 왕들의 마음을 부추기사 바벨론을 멸하기로 뜻하시나니 이는 여호와께서 보복하시는 것 곧 그의 성전을 위하여 보복하시는 것이라

12절 바벨론 성벽을 향하여 깃발을 세우고 튼튼히 지키며 파수꾼을 세우며 복병을 매복시켜 방비하라 이는 여호와께서 바벨론 주민에 대하여 말씀하신 대로 계획하시고 행하심이로다

13절 많은 물가에 살면서 재물이 많은 자여 네 재물의 한계 곧 네 끝이 왔도다

14절 만군의 여호와께서 자기의 목숨을 두고 맹세하시되 내가 진실로 사람을 메뚜기 같이 네게 가득하게 하리니 그들이 너를 향하여 환성을 높이리라 하시도다

여호와를 찬양하다

15절 여호와께서 그의 능력으로 땅을 지으셨고 그의 지혜로 세계를 세우셨고 그의 명철로 하늘들을 펴셨으며

16절 그가 목소리를 내신즉 하늘에 많은 물이 생기나니 그는 땅 끝에서 구름이 오르게 하시며 비를 위하여 번개를 치게 하시며 그의 곳간에서 바람을 내시거늘

17절 사람마다 어리석고 무식하도다 금장색마다 자기가 만든 신상으로 말미암아 수치를 당하나니 이는 그 부어 만든 우상은 거짓이요 그 속에 생기가 없음이라

18절 그것들은 헛된 것이요 조롱거리이니 징벌하시는 때에 멸망할 것이나

19절 야곱의 분깃은 그와 같지 아니하시니 그는 만물을 지으신 분이요 이스라엘은 그의 소유인 지파라 그의 이름은 만군의 여호와시니라

바벨론은 여호와의 철퇴

20절 여호와께서 이르시되 너는 나의 철퇴 곧 무기라 나는 네가 나라들을 분쇄하며 네가 국가들을 멸하며

21절 네가 말과 기마병을 분쇄하며 네가 병거와 병거대를 부수며

22절 네가 남자와 여자를 분쇄하며 네가 노년과 유년을 분쇄하며 네가 청년과 처녀를 분쇄하며

23절 네가 목자와 그 양 떼를 분쇄하며 네가 농부와 그 멍엣소를 분쇄하며 네가 도백과 태수들을 분쇄하도록 하리로다

24절 너희 눈 앞에서 그들이 시온에서 모든 악을 행한 대로 내가 바벨론과 갈대아 모든 주민에게 갚으리라 여호와의 말씀이니라

바벨론이 황무지가 되리라

25절 여호와의 말씀이니라 온 세계를 멸하는 멸망의 산아 보라 나는 네 원수라 나의 손을 네 위에 펴서 너를 바위에서 굴리고 너로 불 탄 산이 되게 할 것이니

26절 사람이 네게서 집 모퉁잇돌이나 기촛돌을 취하지 아니할 것이요 너는 영원히 황무지가 될 것이니라 여호와의 말씀이니라

27절 땅에 깃발을 세우며 나라들 가운데에 나팔을 불어서 나라들을 동원시켜 그를 치며 아라랏과 민니와 아스그나스 나라를 불러 모아 그를 치며 사무관을 세우고 그를 치되 극성스런 메뚜기 같이 그 말들을 몰아오게 하라

28절 뭇 백성 곧 메대 사람의 왕들과 그 도백들과 그 모든 태수와 그 관할하는 모든 땅을 준비시켜 그를 치게 하라

29절 땅이 진동하며 소용돌이치나니 이는 여호와께서 바벨론을 쳐서 그 땅으로 황폐하여 주민이 없게 할 계획이 섰음이라

30절 바벨론의 용사는 싸움을 그치고 그들의 요새에 머무르나 기력이 쇠하여 여인 같이 되며 그들의 거처는 불타고 그 문빗장은 부러졌으며

31절 보발꾼은 보발꾼을 맞으려고 달리며 전령은 전령을 맞으려고 달려가 바벨론의 왕에게 전하기를 그 성읍 사방이 함락되었으며

32절 모든 나루는 빼앗겼으며 갈대밭이 불탔으며 군사들이 겁에 질렸더이다 하리라

여호와께서 이스라엘을 위하여 보복하시다

33절 만군의 여호와 이스라엘의 하나님께서 이와 같이 말씀하시되 딸 바벨론은 때가 이른 타작마당과 같은지라 멀지 않아 추수 때가 이르리라 하시도다

말씀으로 기도하기

본문배경 섭렵하기

배경설명

1절에서 "나를 대적하는 중에"의 뜻을 가진 히브리어 "레브 카마이"는 암호로써 의도하는 단어의 글자들을 알파벳 역순으로 세어 그 수에 맞는 글자로 바꾸는 것이다. 그래서 "레브 카마이"의 뜻은 "갈대아"라는 이름이다. 적의 이름을 직접 사용하는 것에 대한 부담일 수도 있고, 적을 빈정대는 조롱의 뜻으로 그렇게 할 수도 있다. 8절에서 상처를 위한 유향은 당대에 증상에 따라 치료가 되는 약초의 일람표가 있는데, 본문에서는 그러한 상처를 치료하는 유향이 있다는 것이 아니라 찾아도 찾지 못할 것이라는 뜻이다. 11절에서 바벨론을 멸망시킬 나라인 메대가 언급된다. 주전 8-7 세기에 메대 족속이 이란의 북서 지역에서 상당한 왕국을 형성하였다. 메대 왕인 퀴악사레스(Cyaxares)가 이끄는 메대 왕국은 신바벨론과 동맹을 맺고 앗수르를 쫓아낼 수 있었다. 고레스는 메대의 왕인 퀴악사레스(Cyaxares)에게 일으킨 반란을 시작으로 주전 550년에 메대 왕을 정복하고, 마침내 바벨론을 정복할 수 있었다. 27절에서 말하는 여러 나라들은 아르메니아의 여러 지방인데, 당시에 메대와 바사에 속했고 고레스의 통치를 받고 있었다. 아라랏은 반 호수 근처에 있는 소아시아 동부의 넓은 지역인 우라르투(Urartu)인데, 그들이 남서 지역으로 영토를 확장하여 지중해 지역으로 영토를 확장하려다 앗수르와 갈등을 빚었다. 민니는 마네아(Manneans) 사람들이다. 그들은 서아시아 북부에 있는 우르미아 호수 바로 남쪽 지역에 살던 사람들이다. 주전 605년에 갈그미스 전투에서 앗수르와 동맹 관계를 맺어 그들의 영토가 메대인들에게 넘겨졌다. 아스그나스는 이쉬쿠자(Ishkuza) 또는 스구디아인(Sythians)으로 언급되었다. 이들은 주전 8세기부터 이란 북서쪽의 흑해와 카스피해 주변 지역에 살았다. 32절의 "모든 나루는 빼앗겼으며"에서 군사적 목표물에는 항상 강이나 시내를 건널 수 있는 나루에 대한 통제권이 중요하다. 바벨론이 함락되기 몇 주 전에 페르시아가 오피스 성을 탈취함으로써,

티그리스 강을 건너는 주요 나루중 하나가 페르시아의 통제권에 들어갔다. 며칠 후 그들은 유프라테스 강 유역에 있는 십파르 성을 탈취하였다. 이 두 성의 장악을 통하여 페르시아인들은 티그리스나 유프라테스 강을 따라 내려오는 보급품들을 효과적으로 차단할 수 있었다. 이로 인하여 식품과 원자재가 차단되고 사기가 극도로 약화되었을 것이다. 32절에 불타는 갈대밭이 어떻게 군사들을 겁에 질리게 하였을까? 바벨론에서 수많은 천연 수로와 못이 있었는데, 이 주위에는 갈대밭이 있었고, 이 수풀에 불이 붙었다면 주민들의 위기감이 가중되었을 것이다.

본문내용 이해하기

주요 내용 설명

이 본문은 50장의 연속으로 바벨론의 멸망을 다루는데, 다음과 같이 세 단락으로 이루어졌다: A. 바벨론의 멸망과 시온의 백성들의 귀환 (1-14절); B. 여호와를 찬양하는 시 (15-19 절); C. 바벨론의 함락 (20-32 절).

첫째 단락(1-14절)은 바벨론의 멸망과 시온의 백성들의 귀환을 다룬다. 바벨론과 나를 대적하는 자중에 있는 자는 동의어로써 멸망시킬 대상이다. 여호와께서 타국인 또는 키질하는 자를 보낼 때 바벨론에서 어떤 일이 벌어지는가? 그의 땅을 비게 하고, 재난의 날에 그를 에워싸고 칠 것이다. 그의 장정들과 군대를 전멸시키되 무리가 그 땅에서 죽임을 당하고, 관통상을 당한 자가 거리에 있을 것이다. 바벨론의 멸망과정을 지켜보는 이스라엘과 유다 백성들에게 말한다. 그들이 비록 여호와를 거역하였지만 완전히 버림받은 것은 아니다. 여호와의 보복의 때가 임한 것을 알고 바벨론에서 도망해야 한다(6절). 바벨론은 대국이라 온 나라가 그의 영향가운데 있었지만, 이제 바벨론이 파멸되니 아무도 그 나라를 구할 수 없다. 이는 하나님이 하신 공의로운 일이니 백성들은 여호와께서 하신 일을 선포해야 한다(10절). 바벨론을 멸망시킬 주체로서 메대가 선정되었다. 이는 곧 여호와께서 그의 성전을 위하여 보복하시는 것이다(11절). 메대가 바벨론을 위하여 군사작전을 진행해야 한다: "바벨론 성벽을 향하여 깃발을 세우고 튼튼히 지키며 파수꾼을 세우며 복병을 매복시켜 방비하라." (12절). 그리하여 많은 물가에 살고 재물이 많은 바벨론의 끝이 왔다.

둘째 단락(15-19 절)은 여호와를 찬양하는 시를 다룬다. 15-19절은 10:12-16와 일치하는데 이미 알려진 주제들이 반복된다. 15절은 시 104:3와 사 44:24, 16절은 시 135:7와, 그리고

17-18절은 사 44:9-20절과 비교된다. 하나님은 사람뿐 아니라 사람들이 만든 신상들도 징벌하시고 책임을 물으시는 분이시다. 바벨론을 심판하시는 하나님은 인간의 지혜로는 이해하기 어려운 전능하신 하나님이시다(15-16절). 인간은 그들이 만드는 신상으로 인하여 수치를 당할 것이다. 반면에 창조주 하나님은 야곱의 분깃이시니, 이스라엘을 소유하신 그분은 만군의 여호와이시다(19절).

셋째 단락(20-33 절)은 바벨론의 함락을 다룬다. 여호와께서는 바벨론을 하나님의 철퇴로 묘사하고(20-23절), 다른 민족을 멸망시키고 스스로 멸망되는 멸망의 산으로 묘사하신다(25-26절). 이제 바벨론은 아무 짝에도 필요 없는 쓸모없는 폐허의 산이 될텐데, 그 이유는 시온에서 행한 악 때문이다(24절). 이제 하나님은 바벨론을 칠 거룩한 전쟁을 하시기 위하여 민족들을 불러 모으신다. 그 나라 중에는 아라랏, 민니, 아스그나스 나라들, 그리고 메대가 있다. 하나님의 계획은 바벨론을 황폐하게 하고 주민이 없게 할 계획이다. 이에 맞서는 바벨론 군사들은 사기를 완전히 잃고 싸움을 이미 포기했다. 문빗장이 부러졌다는 것은 성문이 이미 적군의 손에 들어갔다는 말이다. 딸 바벨론은 바벨론 성읍을 말한다. 때가 이른 타작마당이란 추수 곧 심판의 때가 가까이 왔다는 말이다.

능동적 묵상의 단계

침묵 가운데 51장 1-33절 말씀을 읽으면서 마음에 와닿은 1-2절, '여호와께서 이와 같이 말씀하시되 보라 내가 멸망시키는 자의 심령을 부추겨 바벨론을 치고 또 나를 대적하는 자 중에 있는 자를 치되 내가 타국인을 바벨론에 보내어 키질하여 그의 땅을 비게 하리니 재난의 날에 그를 에워싸고 치리로다.'라는 말씀과 15-19절, '여호와께서 그의 능력으로 땅을 지으셨고 그의 지혜로 세계를 세우셨고 그의 명철로 하늘들을 펴셨으며 그가 목소리를 내신즉 하늘에 많은 물이 생기나니 그는 땅 끝에서 구름이 오르게 하시며 비를 위하여 번개를 치게 하시며 그의 곳간에서 바람을 내시거늘 사람마다 어리석고 무식하도다 금장색마다 자기가 만든 신상으로 말미암아 수치를 당하나니 이는 그 부어 만든 우상은 거짓이요 그 속에 생기가 없음이라 그것들은 헛된 것이요 조롱거리이니 징벌하시는 때에 멸망할 것이나 야곱의 분깃은 그와 같이 아니하시니 그는 만물을 지으신 분이요 이스라엘은 그의 소유인 지파라 그의 이름은 만군의 여호와시니라.'는 말씀, 그리고 33절, '만군의 여호와 이스라엘의 하나님께서 이와 같이 말씀하시되 딸 바벨론은 때가 이른 타작마당과 같은지라 멀지 않아 추수 때가 이르리라 하시도다.'라는 말씀을 붙잡고 읊조리면서 그 말씀의 의미를 본문배경과 본문의 주요내용을 읽으면서 이해한다.

여호와께서 보복의 때에 바벨론을 심판하시어 멸망시킬 네 가지 말씀을 예레미야를 통하여 하신다. 첫째는 여호와께서 멸망시키는 자의 심령, 즉 페르시아(바사)의 고레스 왕을 부추겨 바벨론을 칠 것이라 말씀하신다. 둘째는 여호와를 대적하는 자 중에 있는 자, 바벨론에 타국인을 보내어 키질하여 그 땅을 비게 하여 재난의 날에 바벨론을 에워싸고 칠 것이라는 말씀이다. 셋째는 바벨론이 갑옷을 입고 활을 쏠 수 없고 갑옷을 입을 수 없을 급박한 상황 속에서 그의 군대를 전멸시킬 것이라 말씀하신다. 그래서 무리가 갈대아 사람의 땅에서 죽임을 당하여 엎드려 질 것이며, 관통상을 당한 자가 거리에 있을 것이라 말씀하신다. 넷째는 바벨론에 포로로 거주하는 이스라엘과 유다 사람들에게 여호와를 기억하므로 죄과가 가득한 땅 바벨론 가운데서 도망하여 나와 각기 생명을 구원하라는 말씀이다. 이는 바벨론이 그들의 죄악으로 말미암아 멸망당할 때에 거기에 거하는 이스라엘은 그 벌로부터 면죄된다는 말씀이다.

바벨론이 파멸할 수밖에 없다는 말씀 네 가지가 선포된다. 첫째는 바벨론은 온 세계를 취하도록 여호와의 손에 잡혀 있는 금잔인데, 뭇 민족이 그 포도주를 마심으로 미쳤다는 말씀이다. 이는 한 때 여호와의 심판의 도구였던 바벨론이 이제는 여호와의 손 안에 있는 진노의 잔이 되었다는 말씀이다. 둘째는 바벨론이 갑자기 넘어져 파멸되나 이를 치료하여 낫게 할 수 있는 길이 없다 말씀하신다. 그리하여 바벨론에 용병으로 왔던 자들이 각기 고향으로 돌아가는데, 그 이유는 바벨론에 미친 화가 하늘에 미쳤고 궁창에 달하여 감당할 수 없기 때문이다. 셋째는 바벨론에 포로로 잡혀가 남아 있는 이스라엘 백성이 여호와께서 우리 공의를 드러내셨으니 시온에 가서 우리 하나님 여호와의 행한 일을 선포할 것이라는 말씀이다. 넷째는 화살을 갈며 둥근 방패를 준비하라 여호와께서 메대 왕들의 마음을 부추기사 바벨론을 멸하기로 뜻하였다는 말씀이다. 여호와께서 이같이 보복하시는 것은 바벨론에 의하여 유다가 멸망당하였을 때 예루살렘 성전을 파괴하였으므로 말미암은 것인데 이는 곧 그의 성전을 위하여 보복하시는 것이다.

바벨론의 파멸이 계속되어 세 가지 선포된다. 첫째는 여호와께서 바벨론 주민에 대하여 말씀하신 대로 행하실 것이므로 그들에게 성벽을 향하여 깃발을 세우고 튼튼히 지키며 파수꾼을 세우며 복병을 매복시켜 방비하라는 말씀이다. 둘째는 많은 물가에 살면서 재물이 많은 자여 네 재물의 한계 곧 네 끝이 왔다는 말씀이다. 당시 바벨론은 유브라데 강과 바벨론 평원에 물을 공급하는 여러 수로가 있기 때문에 비옥한 농토로 인하여 부를 쌓을 수 있었다 한다. 또한 많은 물이 인공적으로 만들어진 수로나 호수를 통해서 그 인근 지역에 흘러들어 갔던 흔적이 발견되었는데, 이는 적의 침략에 대비한 방어망의 일환으로 설치되었던 것으로 본다. 셋째는 만군의 여호와께서 자기의 목숨을 두고 맹세하시기를 내가 진실로 사람을 메뚜기 같이 네게 가득하게 하리니 그들이 너를 향하여 환성을 높일 것이라는 말씀이다. 이는 적들이 바벨론에 메뚜기 떼처럼 침입하여 파멸시킬 것을 의미한다.

만물을 지으신 여호와의 권능 네 가지가 찬양된다. 그 찬양의 내용은 우선 여호와께서 능력으로 땅을 지으셨고 그의 지혜로 세계를 세우셨다는 것이다. 둘째는 여호와께서 그의 명철로 하늘들을 펴셨으며 그가 목소리를 내신즉 하늘에 많은 물이 생겼다는 것이다. 셋째는 여호와는 땅 끝에서 구름이 오르게 하시며 비를 위하여 번개를 치게 하신다는 것이다. 넷째는 여호와는 그의 곳간에서 바람을 내신다는 것이다. 이에 비하여 사람의 어리석음 두 가지가 나타나는데, 첫째는 사람마다 어리석고 무식하여 금장색마다 자기가 만든 신상으로 말미암아 수치를 당할 것이라는 말씀이다. 왜냐하면 사람이 부어 만든 우상은 거짓이요 그 속에 생기가 없기 때문에 그것들은 헛된 것이며 조롱거리이기 때문이다. 둘째는 여호와께서 징벌하시는 때에 그것들은 멸망할 것이나 야곱의 분깃은 그와 같지 아니한데, 그 까닭은 그의 이름인 만군의 여호와께서는 만물을 지으신 분이요 이스라엘은 그의 소유인 지파이기 때문이다.

여호와께서 너는 나의 철퇴 곧 무기라고 말씀하시는데, 이는 여호와의 심판의 도구로 사용될 바벨론을 지칭하는 것으로 본다. 역사를 주관하시는 여호와께서는 온 열방을 여호와의 목적에 맞게 사용하시므로 바벨론 역시도 사용될 것이다. 여호와께서 바벨론으로 하게 하실 것 다섯 가지가 예언된다. 첫째는 나라들을 분쇄하며, 국가들을 멸한다는 말씀이다. 둘째는 말과 기마병을 분쇄하며, 병거와 병거대를 부순다는 말씀이다. 셋째는 남자와 여자를 분쇄하며, 노년과 유년을 분쇄하며, 그리고 청년과 처녀를 분쇄한다는 말씀이다. 넷째는 목자와 그 양 떼를 분쇄하며, 농부와 그 멍엣 소를 분쇄하며, 도백과 태수들을 분쇄하도록 하신다는 말씀이다. 셋째는 바벨론이 시온에서 모든 악을 행한 대로 여호와께서 바벨론과 갈대아 모든 주민에게 갚으신다는 말씀이다. 이는 여호와 하나님의 심판의 도구로 사용된 사람이나 국가가 심판의 도구 이상의 행동을 할 때, 이에 상응되는 하나님의 심판이 임한다는 말씀이다.

바벨론의 멸망에 관한 여호와의 말씀 네 가지가 또 이어진다. 첫째는 온 세계를 멸하였던 바벨론을 향하여 여호와께서 나는 네 원수라고 말씀하신다. 그 결과 여호와의 손을 바벨론 위에 펴시어 바벨론을 바위에서 굴리고 불 탄 산이 되게 할 것이라 말씀하신다. 이는 바벨론의 파멸을 의미한다. 둘째는 바벨론의 파멸이 그들의 집 모퉁잇돌이나 기촛 돌을 취할 수 없을 만큼 엄청나므로 영원히 황무지가 될 것이라는 말씀이다. 셋째는 땅에 깃발을 세우며 나라들 가운데에 나팔을 불어서 나라들을 동원시켜 바벨론을 치며, 현재의 아르메니아 지역에 속했던 나라이며,

그 당시 메대의 속국이었던 아라랏과 민니와 아스그나스와 같은 세 나라를 불러 모아 바벨론을 치게 할 것이라는 말씀이다. 그리고 사무관을 세워 바벨론은 치되 극성스런 메뚜기 같이 그 말들을 몰아오게 할 것이라 말씀하신다. 넷째는 여호와께서 뭇 백성 곧 메대 사람의 왕들과 그 도백들과 그 모든 태수와 그 관할하는 모든 땅을 준비시켜 바벨론을 치게 할 것이라 말씀하신다.

거듭되어 바벨론파멸에 대한 여호와의 말씀 세 가지가 이어진다. 첫째는 여호와의 심판으로 바벨론의 땅이 진동하며 소용돌이칠 것이라는 말씀이다. 이같은 일이 일어나는 것은 여호와께서 바벨론을 쳐서 그 땅으로 황폐하여 주민이 없게 할 계획이 섰기 때문이다. 둘째는 바벨론의 용사는 싸움을 그치고 그들의 요새에 머무르나 기력이 쇠하여 여인 같이 되며 그들의 거처는 불타고 그 문빗장은 부러졌다 하신다. 이로 인하여 셋째는 전장상황을 보고하는 보발꾼은 보발꾼을 맞으려고 달리며 전령은 전령을 맞으려고 달려가 바벨론의 왕에게 다음의 네 가지 보고를 할 뿐이라는 말씀이다. 하나, 그 성읍 사방이 함락되었다는 보고, 둘, 모든 나루는 빼앗겼다는 보고, 셋, 갈대밭이 불탔다는 보고, 그리고 넷, 군사들이 겁에 질렸다는 보고이다. 바벨론의 패망은 몇 십 년이 지나야 현실로 나타나는데도 불구하고 그 당시 바벨론은 이러한 여호와의 예언 사건들이 일어나고 있는 것처럼 생생하게 묘사되고 있다. 그러나 이는 추수 때가 되기 전에 타작마당을 밟아서 땅을 단단하게 굳혔던 것처럼 이같은 예언으로 바벨론이 발로 짓밟히는 타작마당에 비유되고 있다. 이는 바벨론의 멸망에 대한 예언들이 너무 생생하므로 그 당시에 그것들이 발생하는 것처럼 묘사되었다는 의미이다.

온 세계를 취하도록 여호와의 손에 잡혀 있었던 금잔인 바벨론, 즉 하나님의 심판의 도구였던 바벨론으로 인하여 뭇 민족이 그 포도주로 인하여 미쳤으므로 이제는 여호와의 손 안에 있는 진노의 잔이 되어 여호와께서 멸망시키는 자, 바사의 고레스 왕을 부추기어 바벨론을 칠 것인데, 이 여호와 하나님의 권능 네 가지를 찬양하는 것이 감지되었다. 이와 대비하여 사람의 어리석음 두 가지가 나타난다. 하나는 사람마다 어리석고 무식하여 자기가 만든 신상으로 수치를 당하며, 여호와께서 징벌하시는 때에 그것들은 멸망하지만 야곱의 분깃은 그와 같지 않다. 그 까닭은 그의 이름인 만군의 여호와께서 만물을 지으신 분이요 이스라엘을 그의 소유인 지파이기 때문임이 감지되었다.

수동적 묵상의 단계

마음에 와닿은 말씀인 여호와의 심판의 도구로 여호와의 목적에 맞게 사용되었던 바벨론이 파멸되는데, 뭇 백성 곧 메대 사람의 왕들과 그 도백들과 그 모든 태수와 그 관할하는 모든 땅을 준비시켜 바벨론을 치게 할 것이라 하시며, 온 세계를 멸하였던 바벨론을 향하여 여호와께서 나는 네 원수라고 말씀하신다. 그 결과 여호와의 손이 바벨론 위에 펴시어 바벨론을 바위에서 굴리고 불 탄 산이 되게 할 것이라 말씀하심으로 바벨론의 파멸을 선포하시는데, 이는 바벨론이 시온에서 모든 악을 행한 대로 여호와께서 바벨론과 갈대아 모든 주민에게 갚으신다는 말씀을 묵상하는 가운데 그 말씀을 통하여 만물을 지으신 여호와께서 바벨론과 그의 신상들은 수치와 파멸을 당하지만 그의 소유인 이스라엘은 그와 같지 아니하다는 것이 감지되면서 동시에 여호와 하나님의 심판의 도구로 사용된 사람이나 국가가 심판의 도구 이상의 행동을 할 때, 이에 상응되는 하나님의 심판이 임한다는 것을 감지하였다. 그리고 역사를 주관하시는 분은 여호와이시며, 또한 바벨론이 멸망할 수 있도록 환경을 조성하신 분도 여호와이심을 감지하면서 주님과 말씀으로 교제한다. 이때 성령의 인도하심에 따라 그 인도하심에 점차 순응해 들어가는 자신을 발견할 수 있다.

되돌아보기

하나님의 거룩하신 뜻에 따라 역사를 주관하시는 하나님께서 제게 역사 속에서 일하시는 하나님에 대하여 보다 더 민감하게 감지할 수 있는 변화를 요구하고 계시며 그 변화에 나 또한 간절히 원하고 있다는 것을 살피면서 침묵으로 나의 지난 시간들 속에 하나님으로부터 제게 이런 변화과정이 있었는지를 되돌아보고, 지금 내게 있어서 내가 살고 있는 이 땅에서 무슨 일이 여호와 하나님으로 말미암아 일어나고 있는지를 알고 싶은 자신의 내면을 살핀다.

마음 쏟아 놓기

역사 속에서 일하시는 하나님에 대한 인식이 부족한 내 자신과 여호와 하나님의 심판의 도구로 사용된 사람이나 국가가 심판의 도구 이상의 행동을 할 때, 이에 상응되는 하나님의 심판이 임한다는 것을 감지하면서 그리고 역사를 주관하시는 분은 여호와이시며, 또한 바벨론이 멸망할 수 있도록 환경을 조성하신 분도 여호와이심을 인식하면서 하나님께서 내게 역사 속에서 일하시는 하나님에 대하여 민감한 인식의 변화가 필요함을 감지하게 하신다. 또한 역사를 주관하시며 심판의 도구로 사용되었던 나라의 죄를 심판하여 파멸하게 하시는 나의 하나님을 향한 나의 인식의 부족함을 있는 그대로 쏟아 놓으면서 내 안에서 역사하시는 성령 하나님의 인도하심에 따라 침묵으로 하나님과 깊은 교제에로 나아간다.

하나님 음성 듣기 / 하나님 안에 머물기

마음을 쏟아 낸 후 하나님의 사랑아래 고요히 머물면서 하나님께서 나에게 들려주시는 '이러한 인식의 부족함보다 더욱 하나님의 심판을 자초하게 하는 것은 여호와의 말씀에 귀를 기울이지 아니하는 것이라'는 주의 음성에 귀 기울인다.

계속 은혜 안에 머물면서 하나님의 충만하신 임재를 느끼면서 하나님의 치유하심과 구속하시는 은총을 덧입는다.

응답의 기도

하나님의 은총 안에 머물면서 '하나님이시여! 주의 말씀을 듣고 지켜 행하는 사람이 되게 하소서.' 라는 응답 기도를 한다.

삶으로 나아가기

묵상하는 가운데 받은 '주의 말씀을 듣고 지켜 행하라'는 그 말씀에 붙잡힌 상태로 그 말씀과 동행하면서 내 삶이 영위될 수 있도록 도움을 구한다.

61. 바벨론의 멸망에 대한 예언 4
(51:34-64)

Lectio divina Jeremiah

기도에 임하기

'하나님이시여 온전한 믿음으로 새로운 발돋움을 할 수 있게 하소서.'

말씀읽기

예레미야 51:34 - 64

마음의 문을 열고 하나님의 말씀을 집중해서 듣고 하나님의 말씀이 내 마음에 부딪혀 오든지 말씀에로 자신이 끌려들어 갈 수 있도록 하나님 현존 앞에서 말씀을 청종하는 자세로 두세 번 반복해서 읽으면서 마음에 와닿은 말씀이나 혹은 자신에게 다가오는 말씀을 살핀다.

34절 바벨론의 느부갓네살 왕이 나를 먹으며 나를 멸하며 나를 빈 그릇이 되게 하며 큰 뱀 같이 나를 삼키며 나의 좋은 음식으로 그 배를 채우고 나를 쫓아내었으니

35절 내가 받은 폭행과 내 육체에 대한 학대가 바벨론에 돌아가기를 원한다고 시온 주민이 말할 것이요 내 피 흘린 죄가 갈대아 주민에게로 돌아가기를 원한다고 예루살렘이 말하리라

36절 그러므로 여호와께서 이와 같이 말씀하시되 보라 내가 네 송사를 들고 너를 위하여 보복하여 그의 바다를 말리며 그의 샘을 말리리니

37절 바벨론이 돌무더기가 되어서 승냥이의 거처와 혐오의 대상과 탄식거리가 되고 주민이 없으리라

38절 그들이 다 젊은 사자 같이 소리 지르며 새끼 사자 같이 으르렁거리며

39절 열정이 일어날 때에 내가 연회를 베풀고 그들이 취하여 기뻐하다가 영원히 잠들어 깨지 못하게 하리라 여호와의 말씀이니라

40절 내가 그들을 끌어내려서 어린 양과 숫양과 숫염소가 도살장으로 가는 것 같게 하리라

바벨론의 파멸을 노래하다

41절 슬프다 세삭이 함락되었도다 온 세상의 칭찬 받는 성읍이 빼앗겼도다 슬프다 바벨론이 나라들 가운데에 황폐하였도다

42절 다가 바벨론에 넘침이여 그 노도 소리가 그 땅을 뒤덮었도다

43절 그 성읍들은 황폐하여 마른 땅과 사막과 사람이 살지 않는 땅이 되었으니 그리로 지나가는 사람이 없도다

44절 내가 벨을 바벨론에서 벌하고 그가 삼킨 것을 그의 입에서 끌어내리니 민족들이 다시는 그에게로 몰려가지 아니하겠고 바벨론 성벽은 무너졌도다

45절 나의 백성아 너희는 그 중에서 나와 각기 여호와의 진노를 피하라

46절 너희 마음을 나약하게 말며 이 땅에서 들리는 소문으로 말미암아 두려워하지 말라 소문은 이 해에도 있겠고 저 해에도 있으리라 그 땅에는 강포함이 있어 다스리는 자가 다스리는 자를 서로 치리라

47절 그러므로 보라 날이 이르리니 내가 바벨론의 우상들을 벌할 것이라 그 온 땅이 치욕을 당하겠고 그 죽임 당할 자가 모두 그 가운데에 엎드러질 것이며

48절 하늘과 땅과 그 안에 있는 모든 것이 바벨론으로 말미암아 기뻐 노래하리니 이는 파멸시키는 자가 북쪽에서 그에게 옴이라 여호와의 말씀이니라

49절 바벨론이 이스라엘을 죽여 엎드러뜨림 같이 온 세상이 바벨론에서 죽임을 당하여 엎드러지리라

여호와께서 바벨론에 보복하시다

50절 칼을 피한 자들이여 멈추지 말고 걸어가라 먼 곳에서 여호와를 생각하며 예루살렘을 너희 마음에 두라

51절 외국인이 여호와의 거룩한 성전에 들어가므로 우리가 책망을 들으며 수치를 당하여 모욕이 우리 얼굴을 덮었느니라

52절 보라 날이 이르리니 내가 그 우상들을 벌할 것이라 부상자들이 그 땅에서 한숨을 지으리라 여호와의 말씀이니라

53절 가령 바벨론이 하늘까지 솟아오른다 하자 높은 곳에 있는 피난처를 요새로 삼더라도 멸망시킬 자가 내게로부터 그들에게 임하리라 여호와의 말씀이니라

바벨론이 황폐하리라

54절 바벨론으로부터 부르짖는 소리가 들리도다 갈대아 사람의 땅에 큰 파멸의 소리가 들리도다

55절 이는 여호와께서 바벨론을 황폐하게 하사 그 큰 소리를 끊으심이로다 원수는 많은 물 같이 그 파도가 사나우며 그 물결은 요란한 소리를 내는도다

56절 곧 멸망시키는 자가 바벨론에 이르렀음이라 그 용사들이 사로잡히고 그들의 활이 꺾이도다 여호와는 보복의 하나님이시니 반드시 보응하시리로다

57절 만군의 여호와라 일컫는 왕이 이와 같이 말씀하시되 내가 그 고관들과 지혜 있는 자들과 도백들과 태수들과 용사들을 취하게 하리니 그들이 영원히 잠들어 깨어나지 못하리라

58절 만군의 여호와께서 이와 같이 말씀하시니라 바벨론의 성벽은 훼파되겠고 그 높은 문들은 불에 탈 것이며 백성들의 수고는 헛될 것이요 민족들의 수고는 불탈 것인즉 그들이 쇠잔하리라

예레미야가 바벨론에 예언을 전하다

59절 유다의 시드기야 왕 제사년에 마세야의 손자 네리야의 아들 스라야가 그 왕과 함께 바벨론으로 갈 때에 선지자 예레미야가 그에게 말씀을 명령하니 스라야는 병참감이더라

60절 예레미야가 바벨론에 닥칠 모든 재난 곧 바벨론에 대하여 기록한 이 모든 말씀을 한 책에 기록하고

61절 스라야에게 말하기를 너는 바벨론에 이르거든 삼가 이 모든 말씀을 읽고

62절 말하기를 여호와여 주께서 이곳에 대하여 말씀하시기를 이 땅을 멸하여 사람이나 짐승이 거기에 살지 못하게 하고 영원한 폐허가 되리라 하셨나이다 하라 하니라

63절 너는 이 책 읽기를 다한 후에 책에 돌을 매어 유브라데 강 속에 던지며

64절 말하기를 바벨론이 나의 재난 때문에 이같이 몰락하여 다시 일어서지 못하리니 그들이 피폐하리라 하라 하니라 예레미야의 말이 이에 끝나니라

말씀으로 기도하기

본문배경 섭렵하기

배경설명

이 본문은 50-51장의 일부분으로 바벨론의 멸망을 다룬다. 이 본문은 재판과정에 따라 전개된다. 시온 백성은 느부갓네살 왕을 강도 및 살인죄로 하나님께 고발한다. 하나님은 그들의 권리를 회복시켜주시고 그들을 파멸시킨 자에게 정당한 형벌을 내리시겠다고 약속하신다. 36절에서 여호와께서 말리실 바다는 바벨론의 생명줄인 유브라데 강을 말한다. "취한다"(39절) 는 말은 하나님의 심판을 상징하는 말이다: "너는 내 손에서 이 진노의 술잔을 받아가지고 내가 너를 보내는 바 그 모든 나라로 하여금 마시게 하라 그들이 마시고 비틀거리며 미친 듯이 행동하리니 이는 내가 그들 중에 칼을 보냈기 때문이니라 하시기로 내가 여호와의 손에서 그 잔을 받아서 여호와께서 나를 보내신 바 그 모든 나라로 마시게 하되." (렘 25:15-17). 41절에서 세삭은 바벨론을 의미하는 암호이다: "북쪽 원근의 모든 왕과 지면에 있는 세상의 모든 나라로 마시게 하니라 세삭 왕은 그 후에 마시리라." (렘 25:26). 44절에서 민족들이 바벨론으로 몰려가는 것은 벨에게 제사를 드리기 위함인데 더 이상 그리하지 않을 것이다. 무너진 바벨론의 성벽은 두께가 3.5 미터인 외벽과 두께가 6.5 미터인 내벽으로 이루어져 있었고, 그 사이에 폭이 약 7미터인 물 없는 웅덩이가 있었다. 46절은 종말을 예언하는 누가복음을 연상시킨다: "난리와 소요의 소문을 들을 때에 두려워하지 말라 이 일이 먼저 있어야 하되 끝은 곧 되지 아니하리라." (눅 21:9-10) 58절에서 고대 도시를 방어하는 주요 시설은 성벽 그리고 요새를 쌓은 성문 주변 지역이다. 바벨론은 성 전체를 두 성벽으로 둘러싸는 수비 시설을 가지고 있었다. 성벽이 뚫려서 조직적으로 와해되고 성문들이 파괴될 때, 그 성이 보유하고 있던 물리적, 상징적 힘이 사라진다. 그런데 사실상 페르시아의 바벨론 정복시, 바벨론 사람들이 평화롭게 페르시아 군대에 항복했기 때문에 그 성은 싸움 한번 없이 탈취당하였다. 스라야는 예레미야의 서기관인 바룩의 형제였다(렘 32:12). 그는 바벨론의 심판에 관한 말씀을 적은 책을 현장에서 큰 소리로 읽고 상징행위로 그 책을 유브라데 강에 가라앉게했다.

본문내용 이해하기

주요 내용 설명

이 본문은 다음과 같이 세 단락으로 이루어졌다: A. 시온의 백성들의 호소에 응답하시는 하나님 (34-44 절); B. 바벨론 포로들을 향한 권면과 바벨론 신상을 벌하심 (45-53 절); C. 바벨론 포로들을 향한 메시지 (54-64 절)

첫째 단락(34-44 절)은 시온의 백성들의 호소에 응답하시는 하나님 (34-44 절)을 다룬다. 이 단락에서는 바벨론의 멸망을 시온 백성의 호소에 대한 하나님의 응답으로 묘사한다: "바벨론의 느부갓네살 왕이 나를 먹으며 나를 멸하며 나를 빈 그릇이 되게 하며 큰 뱀 같이 나를 삼키며 나의 좋은 음식으로 그 배를 채우고 나를 쫓아내었으니 내가 받은 폭행과 내 육체에 대한 학대가 바벨론에 돌아가기를 원한다."(34-35절) 그들은 자신들이 흘린 피가 갈대아 주민에게로 돌아가기를 원한다고 호소한다. 여호와는 이 호소를 듣고 시온 백성들을 위하여 보복하며, 바벨론을 멸망하신다. 바벨론이 영원히 잠들고 그들이 어린양과 숫양과 숫염소가 도살장으로 가는 것 같이 될 것이다. 41-45절은 함락된 바벨론을 탄식하는 것이다. 온 세상의 칭찬받는 성읍이 황폐하게 되고, 사람이 살지 않는 성읍이 되었다. 여호와께서 바벨론의 신인 벨을 심판하여 다시는 민족들이 그리로 몰려가지 않을 것이다.

둘째 단락(45-53 절)은 바벨론 포로들을 향한 권면과 바벨론 신상을 벌하심을 다룬다. 51장 6절에서 이미 언급한 "바벨론에서 도망하라"는 메시지를 다시 시작한다. 바벨론에서 빠져나와 주의 진노를 피하라고 명령한다. 세상에 여러 소문이 있고, 그 땅에 강포함이 있더라도 마음을 나약하게 하지 말고 두려워하지 말아야 한다. 이런 일들은 강대국의 끝이 왔다는 징조이다. 하나님은 바벨론의 우상을 벌하시고(47, 52절), 그때 바벨론이 모든 성읍들을 멸하실 것이다. 바벨론은 이스라엘이 엎드러짐과 같이 엎드러질 것이다. 바벨론을 떠난 자들은 발걸음을 멈추지 말고 예루살렘을 마음에 두어야 한다. 외국인이 여호와의 거룩한 성전에 들어가게 된 것은 우리의 죄악으로 인한 수치이다.

셋째 단락(54-64 절)은 바벨론의 멸망과 포로들을 향한 메시지를 다룬다. 교만으로 모든 것을 집어 삼킨 바벨론의 멸망 소리가 들려온다. 멸망시키는 자가 바벨론에 이르러 용사들이 사로잡히고 그들의 활이 꺾인다. 이는 하나님의 보복이다. 심판의 대상은 바벨론의 고관들, 지혜 있는 자들, 도백들, 태수들, 그리고 용사들이다. 바벨론의 성벽이 훼파되고 높은 문들이 불타고 백성들의 수고가 헛될 것이다. 마지막으로 포로들을 향하여 메시지를 전한다. 시드기야 4년에 예레미야가 스라야에게 전한 말씀이다. 바벨론에 관한 모든 재난을 기록하였는데 그 내용은 "여호와여 주께서 이 곳에 대하여 말씀하시기를 이 땅을 멸하여 사람이나 짐승이 거기에 살지 못하게 하고 영원한 폐허가 되리라 하셨나이다." 이다(62절). 스마야는 이 책을 다 읽은 후에 책에 돌을 메어 유브라데 강 속에 던지며 바벨론이 이 재난 때문에 다시는 일어나지 못할 것이라고 선언한다.

능동적 묵상의 단계

침묵 가운데 51장 34-64절 말씀을 읽으면서 마음에 와닿은 34-35절, '바벨론의 느부갓네살 왕이 나를 먹으며 나를 멸하며 나를 빈 그릇이 되게 하며 큰 뱀 같이 나를 삼키며 나의 좋은 음식으로 그 배를 채우고 나를 쫓아내었으니 내가 받은 폭행과 내 육체에 대한 학대가 바벨론에 돌아가기를 원한다고 시온 주민이 말할 것이요 내 피 흘린 죄가 갈대아 주민에게로 돌아가기를 원한다고 예루살렘이 말하리라'는 말씀과 60-64절, '예레미야가 바벨론에 닥칠 모든 재난 곧 바벨론에 대하여 기록한 이 모든 말씀을 한 책에 기록하고 스라야에게 말하기를 너는 바벨론에 이르거든 삼가 이 모든 말씀을 읽고 말하기를 여호와여 주께서 이곳에 대하여 말씀하시기를 이 땅을 멸하여 사람이나 짐승이 거기에 살지 못하게 하고 영원한 폐허가 되리라 하셨나이다 하라 하니라 너는 이 책 읽기를 다한 후에 책에 돌을 매어 유브라데 강 속에 던지며 말하기를 바벨론이 나의 재난 때문에 이같이 몰락하여 다시 일어서지 못하리니 그들이 피폐하리라 하라 하니라 예레미야의 말이 이에 끝나니라.'는 말씀을 붙잡고 읊조리면서 그 말씀의 의미를 본문배경과 본문의 주요내용을 읽으면서 이해한다.

만군의 여호와 이스라엘의 하나님께서 이스라엘을 위하여 바벨론을 보복하시는 말씀 네 가지가 선포된다. 첫째는 바벨론이 발로 짓밟히는 타작마당과 같이 될 것이라는 예언인데, 이는 바벨론의 파멸을 뜻한다. 둘째는 시온의 주민이 바벨론의 느부갓네살 왕에 대하여 여호와께 고발하는 말을 들으셨다는 말씀이다. 구체적으로 그들은 그 왕에 의하여 먹히고, 멸하고, 빈 그릇이 되며, 큰 뱀 같이 삼켰다고 여호와께 고발하는데, 여호와께서는 이를 들었다 말씀하신다. 셋째는 시온 주민의 좋은 음식으로 그 왕이 배를 채우고 그들을 쫓아내었으니 그들이 받은 폭행과 그들의 육체에 대한 학대와 피를 흘리게 한 것 또한 바벨론에 돌아가기를 원한다 하는데, 이는 여호와께서 이를 들으셨다는 말씀이다. 이로 인하여 그 피가 갈대아 주민에게로 돌아가기를 원한다고 예루살렘이 말할 것인데, 이 또한 여호와께서 들으셨다 말씀하신다. 넷째는 여호와께서 이같은 이스라엘의 송사를 듣고 그들을 위하여 보복하여 바벨론의 바다와 샘을 말리어 돌무더기가 되어 승냥이의 거처와 혐오의 대상과 탄식거리가 되고 주민이 없게 할 것이라 말씀하신다.

거듭하여 바벨론의 멸망에 관한 예언 두 가지가 이어지는데, 하나는 바벨론이 한 때 열방들을 침략하여 젊은 사자 같이 소리지르며 새끼 사자 같이 으르렁거리며 그 힘을 과시하여 연회를 베풀고 취하고 기뻐하다가 여호와의 심판으로 인하여 영원히 잠들어 깨지 못하게 하신다는 말씀이다. 둘째는 여호와께서 바벨론을 끌어내려서 어린 양과 숫양과 숫염소가 도살장으로 가는 것 같게 하신다는 말씀이다. 이는 여호와의 심판으로 사자와 같았던 바벨론이 희생되는 어린 양과 숫염소가 되어 살육 당하게 될 것이라는 말씀이다.

바벨론의 파멸에 관한 여호와의 말씀 네 가지가 연이어지는데, 첫째는 세삭, 즉 바벨론이 함락되었고, 온 세상의 칭찬 받는 바벨론 성읍이 빼앗겼다는 말씀이다. 둘째는 바벨론이 나라들 가운데에 황폐하였는데, 바다가 바벨론에 넘치어 그 노도 소리가 그 땅을 뒤덮은 것 같이 황폐하였다는 말씀이다. 셋째는 바벨론 성읍들은 황폐하여 마른 땅과 사막과 사람이 살지 않는 땅이 되어 그리로 지나가는 사람이 없게 되었다는 말씀이다. 넷째는 여호와께서 바벨론이 공중과 땅을 다스린다고 믿는 벨을 바벨론에서 벌하여 그가 삼킨 것을 그의 입에서 끌어내어 다시는 민족들이 벨에게로 몰려가지 아니하게 할 것이라는 말씀이다. 이와 같이 하여 바벨론 성벽이 무너지게 되었다는 말씀이다.

여호와께서 자기 백성 이스라엘에게 임박한 바벨론의 파멸가운데서 나와 각기 여호와의 진노를 피하라고 하시면서 네 가지 말씀을 주신다. 첫째는 나의 백성 이스라엘은 마음을 나약하게 말며, 이 땅에서 들리는 소문으로 말미암아 두려워하지 말라는 말씀이다. 둘째는 소문은 이 해에도 있겠고 저 해에도 있을 것이며 그 땅에는 강포함이 있어 다스리는 자가 다스리는 자를 서로 칠 것이라는 말씀이다. 바벨론 제국 내에 반기를 들 기회를 노리는 엘람인, 메대인, 애굽인들이 있었으며, 궁정 내에서도 싸움과 반역이 있었으나 날이 이르면 여호와께서 바벨론의 우상들을 벌할 것이라 말씀하신다. 셋째는 바벨론 온 땅이 치욕을 당하겠고 그 죽임 당할 자가 모두 그 가운데에 엎드러질 것이므로 하늘과 땅과 그 안에 있는 모든 것이 파멸되는 바벨론으로 말미암아 기뻐 노래할 것이라 말씀하시는데, 이는 바벨론의 악이 이처럼 엄청나게 컸다는 것을 의미하는 말씀이다. 넷째는 여호와께서 바벨론을 파멸시키는 자를 북쪽에서 오게 하시어 바벨론이 이스라엘을 죽여 엎드러뜨림 같이 보복하실 것이라는 말씀이다.

여호와께서 바벨론의 파멸의 칼을 피한 자들, 즉 바벨론에 거주하는 포로들은 멈추지 말고 걸어가라 명령하시면서 세 가지 말씀을 주신다. 첫 번째 말씀은 여호와를 생각하며 예루살렘을 그들 마음에 두라 말씀하신다. 두 번째 말씀은 외국인이 여호와의 거룩한 성전에 들어가므로 우리가 책망을 들으며 수치를 당하여 모욕이 우리 얼굴을 덮었다 하는데, 이에 대하여 날이 이르리니 여호와께서 그 우상들을 벌할 것이므로 부상자들이 그 땅에서 한숨을 지을 것이라 말씀하신다. 세 번째 말씀은 바벨론이 하늘까지 솟아올라 높은 곳에 있는 피난처를 요새로 삼는다 하더라도 여호와께서 그들을 멸망시킬 자를 그들에게 임하게 하실 것이라는 말씀이다.

여호와로 말미암아 바벨론이 황폐하게 될 것이라는 말씀과 관련된 말씀 네 가지가 예언된다. 첫째는 바벨론으로부터 부르짖는 소리와 갈대아 사람의 땅에 큰 파멸의 소리가 들릴 것이 예언된다. 둘째는 원수는 많은 물 같이 그 파도가 사나우며 그 물결은 요란한 소리를 내는데, 이는 곧 멸망시키는 자가 바벨론에 이르러 그 용사들이 사로잡히고 그들의 활이 꺾인다는 예언이다. 셋째는 보복하시는 만군의 여호와라 일컫는 왕께서 바벨론의 고관들과 지혜 있는 자들과 도백들과 용사들을 취하게 하시어 그들이 영원히 잠들어 깨어나지 못하게 하신다는 예언이다. 넷째는 바벨론의 성벽은 훼파되겠고 그 높은 문들은 불에 탈 것이며 백성들의 수고는 헛될 것이요 민족들의 수고는 불탈 것이므로 그들이 쇠잔하리라는 예언이다.

유다의 시드기야 왕 제 사년은 주전 593년인데, 이때는 마세야의 손자 네리야의 아들 스라야가 그 왕과 함께 바벨론으로 갈 때이다. 이때에 선지자 예레미야가 병참감인 스라야에게 두 가지를 이른다. 하나는 그가 바벨론에 이르면 그 나라에 닥칠 모든 재난 곧 바벨론에 대하여 기록한 그 한 책의 모든 말씀을 삼가 읽고 말하기를 여호와 주께서 이곳에 대하여 말씀하시기를 이 땅을 멸하여 사람이나 짐승이 거기에 살지 못하게 하고 영원한 폐허가 되리라 하셨다 하라 이른다. 다른 하나는 그가 이 책 읽기를 다한 후에 책에 돌을 매어 유브라데 강 속에 던지며 말하기를 바벨론이 나의 재난 때문에 이같이 몰락하여 다시 일어서지 못하리니 그들이 피폐하리라 하라 이른다. 이와 같이 하여 예레미야의 말이 끝나는데, 바벨론에 대한 이스라엘의 송사를 여호와께서 들으시고 그들을 위하여 보복하여 바벨론의 바다와 샘을 말리어 돌무더기가 되어 승냥이의 거처와 혐오의 대상과 탄식거리가 되고 주민이 없게 할 것이라는 말씀이 감지되었다. 또한 유다의 시드기야 왕 제 사년에 마세야의 손자 네리야의 아들 스라야가 그 왕과 함께 바벨론으로 갈 때에 선지자 예레미야가 스라야에게 두 가지를 이르는 것이 감지되었다. 이와 같이 하여 여호와의 말씀을 핍박을 받으면서도 끝까지 다 여호와께서 주신 말씀을 기록하고 선포하는 예레미야의 말이 끝나는 것까지 깊이 감지되었다.

수동적 묵상의 단계

　마음에 와닿은 34-35절과 60-64절 말씀을 묵상하는 가운데 만군의 여호와 이스라엘의 하나님께서 이스라엘을 위하여 그들의 송사 및 간구를 들으시고 바벨론을 발로 짓밟히는 타작마당과 같이 파멸될 것이 예언과 유다의 시드기야 왕 제 사년은 주전 593년 마세야의 손자 네리야의 아들 스라야가 그 왕과 함께 바벨론으로 갈 때에 선지자 예레미야가 병참감인 스라야에게 그가 바벨론에 이르면 그 나라에 닥칠 모든 재난 말씀을 삼가 읽고 말하기를 여호와 주께서 이곳에 대하여 말씀하시기를 이 땅을 멸하여 사람이나 짐승이 거기에 살지 못하게 하고 영원한 폐허가 되리라 하셨나이다 하라 이르는 말씀과 그가 이 책 읽기를 다한 후에 책에 돌을 매어 유브라데 강 속에 던지며 말하기를 바벨론이 나의 재난 때문에 이같이 몰락하여 다시 일어서지 못하리니 그들이 피폐하리라 하라 이르는 것이 감지되었다. 이와 같이하여 여호와의 말씀을 핍박을 받으면서도 끝까지 다 여호와께서 주신 말씀을 기록하고 선포하는 예레미야의 말이 끝나는 것을 또한 감지하면서 동시에 여호와께서 바벨론의 파멸의 칼을 피한 자들, 즉 바벨론에 거주하는 포로들은 멈추지 말고 걸어가라 명령하시는 말씀이 떠오르면서 그들에게 주신 세 가지 말씀, 즉 여호와를 생각하며 예루살렘을 그들 마음에 두라는 말씀과 외국인이 여호와의 거룩한 성전에 들어가므로 우리가 책망을 들으며 수치를 당하여 모욕이 우리 얼굴을 덮었다 하는데, 이에 대하여 날이 이르리니 여호와께서 그 우상들을 벌할 것이므로 부상자들이 그 땅에서 한숨을 지을 것이라 말씀과 그리고 바벨론이 하늘까지 솟아올라 높은 곳에 있는 피난처를 요새로 삼는다 하더라도 여호와께서 그들을 멸망시킬 자를 그들에게 임하게 하실 것이라는 말씀이 감지되면서 하나님께서 이스라엘과 유다의 범죄로 그들을 바벨론 손에 넘겨주셨지만 여호와의 때에 여호와께서 바벨론을 패망하게 하실 뿐만 아니라 포로였던 하나님의 백성들로 하여금 예루살렘을 그들의 마음에 두라 하신다, 여호와께서 예루살렘성전을 짓밟았던 바벨론의 죄를 친히 갚으시어 패망하게 하시는 말씀을 감지하며 그 많은 핍박과 옥살이에도 불구하고 끝까지 여호와의 말씀을 주신 대로 선포하며 기록하는 예레미야가 그의 임무를 마치면서 끝까지 선포된 말씀이 기록된 두루마리를 돌에 묶어 강 밑에 넣어 바벨론이 멸망하리라는 말씀을 전하는 것을 감지하면서 주님과 말씀으로 교제한다. 이때 성령의 인도하심에 점차 순응해 들어가는 자신을 발견할 수 있다.

되돌아보기

예레미야를 통하여 여호와 하나님께서 바벨론의 멸망을 다 측면으로 말씀하시는 것을 끝까지 감당하는 선지자 예레미야를 보면서 그리고 또한 그 많은 핍박과 고난 속에서도 예레미야를 통하여 주시는 말씀이 끝나는 것을 보면서 하나님께서 저에게 주신 것을 감당하기가 쉽지 않았던 것에 비하니 저의 일은 아무 것도 아님을 감지하게 되었다. 동시에 제게 주실 하나님의 섭리와 계획을 담당하게 하실 하나님을 바라보게 하시는 믿음으로 발 돋음을 하기를 바라시는 것이 감지되었으며, 동시에 그 변화에 저 또한 하나님께서 인도하시는 대로 감사하고 즐거운 마음으로 응답할 수 있기를 간절히 원하는 나 자신의 내면이 살펴진다.

마음 쏟아 놓기

되돌아보기에서 이미 나타난 것처럼 여호와께서 제게 온전한 믿음으로 발돋움하기를 요구하시며, 이에 대하여 저 또한 이를 간절히 원하지만 하나님의 전폭적인 도움 없이는 하나님께서 원하시는 그 변화에 저 스스로 임할 수 없다는 것을 경험하면서 하나님께서 내게 원하시는 그 변화와 이에 대한 나의 하나님을 향한 마음을 있는 그대로 쏟아 놓으면서 내 안에서 역사하시는 성령 하나님의 인도하심에 따라 침묵으로 하나님과 깊은 교제에로 나아간다.

하나님 음성 듣기 / 하나님 안에 머물기

마음을 쏟아 낸 후 하나님의 사랑아래 고요히 머물면서 하나님께서 나에게 들려주시는 '온전한 믿음으로 새롭게 발돋움 하가를 원하시는 하나님의' 음성에 귀 기울인다.

계속 은혜 안에 머물면서 하나님의 충만하신 임재를 느끼면서 하나님의 치유하심과 구속하시는 은총을 덧입는다.

응답의 기도

하나님의 은총 안에 머물면서 '하나님이시여! 온전한 믿음으로 새로운 발돋움을 할 수 있게 하옵소서.'라는 응답 기도를 한다.

삶으로 나아가기

묵상하는 가운데 받은 '온전한 믿음으로 새로운 발돋움이 필요하다.'는 그 말씀에 붙잡힌 상태로 그 말씀과 동행하면서 내 삶이 영위될 수 있도록 도움을 구한다.

62. 예루살렘의 함락과 바벨론 포로
(52:1-34)

Lectio divina Jeremiah

기도에 임하기

하나님이시여! 순종의 영을 허락하소서.

말씀읽기

예레미야 52:1 - 34

마음의 문을 열고 하나님의 말씀을 집중해서 듣고 하나님의 말씀이 내 마음에 부딪혀 오든지 말씀으로 자신이 끌려들어 갈 수 있도록 하나님 현존 앞에서 말씀을 청종하는 자세로 두세 번 반복해서 읽으면서 마음에 와닿은 말씀이나 혹은 자신에게 다가오는 말씀을 살핀다.

1절 시드기야가 왕위에 오를 때에 나이가 이십일 세라 예루살렘에서 십일 년 동안 다스리니라 그의 어머니의 이름은 하무달이라 립나인 예레미야의 딸이더라

2절 그가 여호야김의 모든 행위를 본받아 여호와 보시기에 악을 행한지라

3절 여호와께서 예루살렘과 유다에게 진노하심이 그들을 자기 앞에서 쫓아내시기까지 이르렀더라
시드기야가 바벨론 왕을 배반하니라

4절 시드기야 제구년 열째 달 열째 날에 바벨론 왕 느부갓네살이 그의 모든 군대를 거느리고 예루살렘을 치러 올라와서 그 성에 대하여 진을 치고 주위에 토성을 쌓으매

5절 그 성이 시드기야 왕 제십일년까지 포위되었더라

6절 그 해 넷째 달 구일에 성중에 기근이 심하여 그 땅 백성의 양식이 떨어졌더라

7절 그 성벽이 파괴되매 모든 군사가 밤중에 그 성에서 나가 두 성벽 사이 왕의 동산 곁문 길로 도망하여 갈대아인들이 그 성읍을 에워쌌으므로 그들이 아라바 길로 가더니

8절 갈대아 군대가 그 왕을 뒤쫓아 가서 여리고 평지에서 시드기야를 따라 잡으매 왕의 모든 군대가 그를 떠나 흩어진지라

9절 그들이 왕을 사로잡아 그를 하맛 땅 리블라에 있는 바벨론 왕에게로 끌고 가매 그가 시드기야를 심문하니라

10절 바벨론 왕이 시드기야의 아들들을 그의 눈 앞에서 죽이고 또 리블라에서 유다의 모든 고관을 죽이며

11절 시드기야의 두 눈을 빼고 놋사슬로 그를 결박하여 바벨론 왕이 그를 바벨론으로 끌고 가서 그가 죽는 날까지 옥에 가두었더라

여호와의 성전이 헐리다(왕하 25:8-17)

12절 바벨론의 느부갓네살 왕의 열아홉째 해 다섯째 달 열째 날에 바벨론 왕의 어전 사령관 느부사라단이 예루살렘에 이르러

13절 여호와의 성전과 왕궁을 불사르고 예루살렘의 모든 집과 고관들의 집까지 불살랐으며

14절 사령관을 따르는 갈대아 사람의 모든 군대가 예루살렘 사면 성벽을 헐었더라

15절 사령관 느부사라단이 백성 중 가난한 자와 성중에 남아 있는 백성과 바벨론 왕에게 항복한 자와 무리의 남은 자를 사로잡아 갔고

16절 가난한 백성은 남겨 두어 포도원을 관리하는 자와 농부가 되게 하였더라

17절 갈대아 사람은 또 여호와의 성전의 두 놋기둥과 받침들과 여호와의 성전의 놋대야를 깨뜨려 그 놋을 바벨론으로 가져갔고

18절 가마들과 부삽들과 부집게들과 주발들과 숟가락들과 섬길 때에 쓰는 모든 놋그릇을 다 가져갔고

19절 사령관은 잔들과 화로들과 주발들과 솥들과 촛대들과 숟가락들과 바리들 곧 금으로 만든 물건의 금과 은으로 만든 물건의 은을 가져갔더라

20절 솔로몬 왕이 여호와의 성전을 위하여 만든 두 기둥과 한 바다와 그 받침 아래에 있는 열두

놋 소 곧 이 모든 기구의 놋 무게는 헤아릴 수 없었더라

21절 그 기둥은 한 기둥의 높이가 십팔 규빗이요 그 둘레는 십이 규빗이며 그 속이 비었고 그 두께는 네 손가락 두께이며

22절 기둥 위에 놋머리가 있어 그 높이가 다섯 규빗이요 머리 사면으로 돌아가며 꾸민 망사와 석류가 다 놋이며 또 다른 기둥에도 이런 모든 것과 석류가 있었더라

23절 그 사면에 있는 석류는 아흔여섯 개요 그 기둥에 둘린 그물 위에 있는 석류는 도합이 백 개이었더라

유다 백성이 바벨론으로 사로잡혀 가다(왕하 25:18-21, 27-30)

24절 사령관이 대제사장 스라야와 부제사장 스바냐와 성전 문지기 세 사람을 사로잡고

25절 또 성 안에서 사람을 사로잡았으니 곧 군사를 거느린 지휘관 한 사람과 또 성중에서 만난 왕의 내시 칠 명과 군인을 감독하는 군 지휘관의 서기관 하나와 성 안에서 만난 평민 육십 명이라

26절 사령관 느부사라단은 그들을 사로잡아 리블라에 있는 바벨론의 왕에게 나아가매

27절 바벨론의 왕이 하맛 땅 리블라에서 다 쳐 죽였더라 이와 같이 유다가 사로잡혀 본국에서 떠났더라

28절 느부갓네살이 사로잡아 간 백성은 이러하니라 제칠년에 유다인이 삼천이십삼 명이요

29절 느부갓네살의 열여덟째 해에 예루살렘에서 사로잡아 간 자가 팔백삼십이 명이요

30절 느부갓네살의 제이십삼년에 사령관 느부사라단이 사로잡아 간 유다 사람이 칠백사십오 명이니 그 총수가 사천육백 명이더라

31절 유다 왕 여호야긴이 사로잡혀 간 지 삼십칠 년 곧 바벨론의 에윌므로닥 왕의 즉위 원년 열두째 달 스물다섯째 날 그가 유다의 여호야긴 왕의 머리를 들어 주었고 감옥에서 풀어 주었더라

32절 그에게 친절하게 말하고 그의 자리를 그와 함께 바벨론에 있는 왕들의 자리보다 높이고

33절 그 죄수의 의복을 갈아 입혔고 그의 평생 동안 항상 왕의 앞에서 먹게 하였으며

34절 그가 날마다 쓸 것을 바벨론의 왕에게서 받는 정량이 있었고 죽는 날까지 곧 종신토록 받았더라

말씀으로 기도하기

본문배경 섭렵하기

배경설명

예레미야 서의 결론 분문에 해당되는 52장은 신명기 사가의 작품으로 알려진 열왕기하의 결론 (왕하 24:18-25:7)을 가져오면서 유다와 예루살렘의 멸망을 다시금 요약하고 있다. 이 본문의 내용은 예루살렘의 함락, 시드기야의 비극적인 죽음, 예루살렘 성전의 기구가 바벨론에 옮겨지는 이야기 등 포로 때의 이야기만이 아니라, 포로가 끝난 한참 후인 여호야긴 왕이 포로로 끌려간지 37년, 곧 주전 561/561년의 이야기(31-34절)까지 담고 있다. 예레미야서에서는 포로에 대하여 여호야김 4년에 포로가 결정되었고, 52장에서는 587년에 멸망과 함께 포로가 시작되고, 세 번에 걸친 포로를 요약한다. 성전 기구에 관한 이야기는 열왕기하 25:13-17보다 더 상세하다. 이 시대에 시드기야 왕과 여호야긴 왕이 대비된다. 시드기야는 성이 함락될 때 바벨론 군대의 공격이 북문에 집중되었기에 남쪽으로 난 문으로 도망하였다. 두 담은 아마도 히스기야가 앗수르의 위협에 맞서서 성위 수비를 강화할 때 증축한 석벽을 다루는 것 같다(대하 32:5). 시드기야의 도망경로로써 아라바는 요단 골짜기를 가리키는 말로, 시드기야는 요단강을 건너 모압이나 암몬으로 도주하여 피신처를 찾으려고 하다가 강에 도착하기 전 여리고 평지에서 바벨론 군사에게 잡힌 것 같다. 시드기야에게 내린 형벌은 눈을 빼는 것인데 이는 근동지방에서 반란에 대한 형벌이었다. 삼손도 눈을 잃었고(삿 16:21), 암몬 족속이 야베스 길르앗 모든 사람의 오른 눈을 빼겠다고 위협하였다(삼상 11:2). 시드기야 왕은 바벨론에게 대항하여(52:3) 두 눈을 뽑히고 사슬로 결박당하여 죽는 날까지 옥에 갇혔고, 여호야긴 왕은 저항하지 않은 왕으로 사로잡혀 간지 삼십칠 년 만에 옥에서 나와 왕의 앞에서 식사하도록 허락받는다. 예레미야서에서 회복에 관한 이야기는 이미 30-33장에서 서술하였고, 마지막 장에서는 신명기 사가의 견해를 좇아 나라의 종말을 서술하고 있지만, 여호야긴 왕의 회복을 통하여 심판 속에 숨겨진 나라의 희망적인 미래를 보여주고 있다.

본문내용 이해하기

주요 내용 설명

이 본문은 다음과 같이 세 단락으로 이루어졌다: A. 시드기야 왕에 대한 심판 (1-11절); B. 예루살렘의 함락과 포로들의 사로잡혀 감 (12-30 절); C. 여호야긴 왕의 사면 (31-34 절)

첫째 단락(1-11절)은 시드기야 왕에 대한 심판을 다룬다. 1-2절에서 시드기야의 즉위와 평가가 나타난다. 21세 때 즉위하고, 어머니의 이름은 하무달이다. 그에 대한 평가는 여호와 보시기에 악을 행한 자이며 바벨론 왕을 배반한 것이다(3절). 바벨론 왕 느부갓네살 왕에 의하여 예루살렘의 포위는 시드기야 9년 10월 10일에 시작되어 11년 4월 9일에 멸망되었다. 바벨론 군사가 성에 대하여 진을 치고 주위에 토성을 쌓고 포위하여 마침내 예루살렘을 함락하였다. 모든 군사가 흩어지고 왕은 도망가다가 여리고 평지에서 사로잡히고, 하맛 왕 리블라에 있는 바벨론 왕 앞에서 아들들과 고관들이 죽임을 당하였다. 시드기야는 두 눈을 잃고 바벨론으로 끌려가 죽는 날까지 감옥에 있었다.

둘째 단락(12-30 절)은 예루살렘의 함락과 포로들의 사로잡혀 감을 다룬다. 느부갓네살왕의 19년 5월 10일에 바벨론의 사령관 느부사라단이 예루살렘의 성전과 왕궁을 불사르고 모든 집과 고관들의 집을 불살랐다. 모든 군대가 예루살렘 사면 성벽을 헐었다. 사령관 느부사라단이 백성 중 가난한 자와 성중에 남아 있는 백성과 바벨론 왕에게 항복한 자와 무리의 남은 자를 사로잡아 갔고, 가난한 백성은 남겨 두어 포도원을 관리하는 자와 농부가 되게 하였더라 (렘 52:15-16). 갈대아 사람들이 성전의 기구들을 빼앗아 바벨론으로 가져갔다. 또한 제사장들과 군 지휘관, 서기관, 평민 등을 사로 잡아 하맛 땅 립나에서 다 쳐 죽였다. 느부갓네살 왕이 사로잡아간 백성은 전부 4600명이었다 (7년에 3023명, 18년에 832명, 23년에 745명이다).

셋째 단락(31-34 절)은 여호야긴 왕의 사면을 통하여 회복에 대한 포로들의 희망을 다룬다. 마지막 이야기는 시드기야의 이야기가 아니라 여호야긴 왕의 이야기이다. 즉, 마지막 왕의 정통성을 여호야긴에게 돌리고 그의 사면을 이야기한다. 사로잡혀 간지 37년에 바벨론의 에윌므로닥 즉위 12년에 12월 25일에 여호야긴 왕을 사면하여 감옥에서 풀어주고, 그에게 친절히 말하고, 바벨론에 있는 다른 왕들의 자리보다 높이고, 죄수의 옷을 갈아 입히고 평생동안 항상 왕의 앞에서 먹게 하고, 날마다 쓸 것을 바벨론 왕에게 받았다.

능동적 묵상의 단계

침묵 가운데 52장 1-34절 말씀을 읽으면서 마음에 와닿은 3절, '여호와께서 예루살렘과 유다에게 진노하심이 그들을 자기 앞에서 쫓아내시기까지 이르렀더라.'는 말씀과 12-14 '바벨론의 느부갓네살 왕의 열아홉째 해 다섯째 달 열째 날에 바벨론 왕의 어전 사령관 느부사라단이 예루살렘에 이르러 여호와의 성전과 왕궁을 불사르고 예루살렘의 모든 집과 고관들의 집까지 불살랐으며 사령관을 따르는 갈대아 사람의 모든 군대가 예루살렘 사면 성벽을 헐었더라.'는 말씀과, 30절 '느부갓네살의 제이십삼년에 사령관 느부사라단이 사로잡아 간 유다 사람이 칠백사십오 명이니 그 총수가 사천육백 명이더라.'는 말씀을 붙잡고 읊조리면서 그 말씀의 의미를 본문배경과 본문의 주석을 읽으면서 이해한다

. 유다의 왕 시드기야가 왕위에 오를 때가 그의 나이 이십일 세이다. 시드기야는 그의 조카인 여호야긴이 폐위된 후, 주전 597년에 바벨론의 느부갓네살에 의하여 유다의 통치자로 임명된다. 시드기야는 예루살렘에서 십 일 년 동안 다스리는데, 그 동안 그는 여호와 보시기에 악을 행한 왕이다. 여호야김의 모든 행위를 본받아 여호와 보시기에 악을 행하였던 시드기야는 예루살렘과 유다에 여호와의 진노가 임하게 한다. 그리하여 여호와께서 그들을 자기 앞에서 쫓아내시기에 이르렀는데, 이와 때를 같이 하여 시드기야가 바벨론 왕을 배반한다. 이를 통하여 역사를 주관하시는 분은 여호와이시며, 또한 유다가 멸망할 수 있도록 환경을 조성하신 분도 여호와이심이라는 것이 감지되었다.

주전 588년에 바벨론 왕 느부갓네살이 군대를 거느리고 예루살렘을 치러 올라와 그 성에 진을 치고 토성을 쌓아 주전 586년까지 포위한다. 그 성벽은 주전 586년에 함락되고, 이때 성중에 기근이 심하여 그 땅 백성의 양식이 떨어져서 모든 군사가 밤중에 그 성에서 나가 두 성벽 사이 왕의 동산 곁문 길로 도망한다. 그러나 그 성읍은 갈대아인들에 의하여 에워싸였으므로 그들이 사해 남쪽에서 아카바 만에 이르는 넓은 광야 지역인 아라바 길로 가는데 갈대아 군대가 그 왕을 뒤쫓아 가서 여리고 평지에서 시드기야를 따라 잡으므로 왕의 모든 군대가 그를 떠나 흩어진다. 이와 같이하여 시드기야는 느부갓네살 왕의 임시 본부 처인 하맛 당 리블라에 끌려가 심문을 받는다. 바벨론 왕은 시드기야의 아들들을 그 앞에서 죽이고 또 리블라에서 유다의 모든 고관을 죽이며, 시드기야의 두 눈을 빼고 놋 사슬로 결박하여 바벨론으로 끌고 갔는데, 이는 근동지방에서 반란에 대한 형벌이었다. 그리하여 바벨론에 투항하라는 예레미야의 권면을 듣지 않았던 시드기야가 참혹하게 죽는 날까지 바벨론의 옥에 있게 된다.

주전 586년 여호와의 성전이 헐리는 것과 관련된 말씀이 네 가지로 예언된다. 첫째는 바벨론의 느부갓네살 왕의 어전 사령관 느부사라단이 예루살렘에 이르러 여호와의 성전과 왕궁을 불사른다는 말씀이다. 둘째는 예루살렘의 모든 집과 고관들의 집까지 불살랐다는 말씀인데, 그 불길이 아마도 전 도시를 휩쌌을 것이다. 셋째는 바벨론 느부갓네살의 어전 사령관을 따르는 갈대아 사람의 모든 군대가 예루살렘 사면 성벽을 헐었다는 말씀이다. 넷째는 사령관 느부사라단이 백성 중 가난한 자, 성중에 남아 있는 백성, 그리고 바벨론 왕에게 항복한 자와 무리의 남은 자를 바벨론으로 사로잡아 갔고 가난한 백성은 그대로 유다에 남겨두어 포도원을 관리하는 자와 농부가 되게 하였다.

갈대아 사람은 여호와의 성전의 기물들을 훼손하여 놋과 금은을 바벨론으로 가져갔다. 이에 관한 말씀 두 가지가 예언된다. 첫째는 여호와의 성전의 두 놋 기둥과 받침들과 여호와의 성전의 놋대야를 깨뜨려 그 놋을 바벨론으로 가져갔다는 말씀이다. 솔로몬 왕이 여호와의 성전을 위하여 만든 두 기둥과 한 바다와 그 받침 아래에 있는 열두 놋소 곧 이 모든 기구의 놋 무게는 헤아릴 수 없다 한다. 그리고 그 기둥은 한 기둥의 높이가 십팔 규빗이요 그 둘레는 십이 규빗이며 그 속이 비었고 그 두께는 네 손가락 두께이며 기둥 위에 놋 머리가 있어 그 높이가 다섯 규빗이요 머리 사면으로 돌아가며 꾸민 망사와 석류가 다 놋이며 또 다른 기둥에도 이런 모든 것과 석류가 있었고 그 사면에 있는 석류는 아흔여섯 개요 그 기둥에 둘린 그물 위에 있는 석류는 도합이 백 개라 한다. 둘째는 여호와의 성전의 가마들과 부삽들과 부집게들과 주발들과 숟가락들과 섬길 때에 쓰는 모든 놋그릇을 다 가져갔으며, 사령관은 잔들과 화로들과 주발들과 솥들과 촛대들과 숟가락들과 바리들 곧 금으로 만든 물건의 금과 은으로 만든 물건의 은을 가져갔다.

유다 백성이 바벨론으로 잡혀가는 경로는 두 가지인데, 하나의 경로는 바벨론 사령관에 의하여 유다 백성이 사로잡혀 본국에서 떠난다. 그 사령관은 대제사장, 부제사장, 성전 문지기 세 사람, 또 성안의 군사를 거느린 지휘관 한 사람, 또 성중에서 만난 왕의 내시 칠 명, 군인을 감독하는 군 지휘관의 서기관, 성 안에서 만난 평민 육십 명이다. 사령관은 이들을 사로잡아 리블라에 있는 바벨론 왕에게 끌고 가 그곳에서 왕에 의하여 다 죽게 한다. 다른 하나의 경로는 바벨론 왕 느부갓네살에 의하여 유다백성이 사로잡혀 갔는데, 주전 597년에 삼천이십삼 명, 주전 586년에 팔백삼십이 명인데, 이때는 사령관 느부사라단이 사로잡아 간 것으로 나온다. 그리고 주전 581년에 칠백사십오 명이므로 총 사천육백 명이다. 이들 역시 사로잡혀 가다가 죽었을 수도 있지만, 이들 중에는 앞으로 이스라엘의 미래를 이어갈 사람들이 있었음이 감지된다. 또한 바벨론에 볼모로 잡혀 간 유다 왕 여호야긴은 감옥에서 풀려나 잘 대우를 받으며 바벨론 왕 앞에서 평생 동안 먹게 하였으며 죽는 날까지 종신토록 날마다 쓸 것을 받았다. 여호야긴 왕의 회복을 통하여 심판 속에 숨겨진 나라의 희망적인 미래가 보인다.

수동적 묵상의 단계

　마음에 와닿은 말씀, 3절, 12-14절, 그리고 30절 말씀을 묵상하는 가운데 597년에 바벨론의 느부갓네살에 의하여 유다의 통치자로 임명된 시드기야는 예루살렘에서 십 일 년 동안 다스리면서 여호와 보시기에 악을 행한 왕인데, 여호와께서 예루살렘과 유다에게 진노하심이 그들을 자기 앞에서 쫓아내시기까지 이르렀다는 말씀이 깊이 와닿으면서 그토록 오래 참으시면서 하나님의 사람들을 통하여 여호와께로 돌아서기를 촉구하셨지만 자기 백성을 자기 앞에서 쫓아내시기까지 유다와 예루살렘에게 전노하심이 쌓였다는 것이 감지되면서 죄로 줄 다름 칠 수 밖에 없는 우리 인간의 연약성과 완악함을 동시에 감지하게 되었다. 게다가 시드기야가 바벨론 왕을 배반하기까지 하니 이 모든 상황이 시드기야와 예루살렘을 점점 더 어려운 상황으로 몰아가는데, 이를 그대로 보고 계시는 여호와 하나님의 마음이 아프시다는 것이 감지되면서 예루살렘과 유다가 하나님의 심판으로 인하여 예루살렘 성이 파멸되어 유다백성의 바벨론 포로로 잡혀간 이가 사천 육 백 명인데, 이들 역시 사로잡혀 가다가 죽었을 수도 있지만, 이들 중에는 앞으로 이스라엘의 미래를 이어갈 사람들이 있었을 것이 감지되었다. 동시에 하나님의 백성의 이같은 처참한 상황 모두를 다 지켜보시는 하나님의 심판 속에 여호와 하나님의 의로우신 속성은 의롭지 못한 것을 새롭게 의로워지도록 하시는 새 언약의 하나님이심이 감지되었다. 이를 위하여 독생자 예수를 이 땅에 보내시어 의로우신 하나님의 심판으로 우리 모든 인간의 죄를 대속하시기 위하여 십자가에서 피 흘려 그 피를 믿는 자마다 의롭다 하심을 얻게 하시는 하나님의 놀라우신 섭리가 그 가운데 있다는 것이 감지되었다. 이 말씀을 통하여 주님과 말씀으로 교제한다. 이때 성령의 인도하심에 점차 순응해 들어가는 자신을 발견할 수 있다.

되돌아보기

　하나님께서 의롭지 못한 하나님의 백성을 심판하시면서 예루살렘 성전과 그들의 삶의 터전이 폐허가 될 뿐만 아니라 포로로 잡혀가면서 죽기도 하고 피나는 어려움을 견디어 내야하는 어려움에 처하게 되었다는 것이 감지된다. 그러나 동시에 우리가 믿는 여호와는 하나님의 긍휼히 여기심과 사랑으로 이들을 다시 회복하게 하시는 하나님이심을 감지하면서 하나님께서 예루살렘과 유다백성에게 그 진노하심으로 그들을 자기 앞에서 쫓아내시기까지 이르렀다는 말씀이 계속 마음에 감지되었다. 하나님께서 나 자신에게 의로우신 하나님의 말씀에 온전한 순종으로의 변화를 요구하고 계시며 그 변화에 내가 간절히 순종하기를 원하고 있는 것을 살피면서 침묵으로 나의 지난 불순종의 시간을 되돌아보고, 지금 온전한 순종을 간절히 원하는 나 자신의 내면을 살핀다.

마음 쏟아 놓기

되돌아보기에서 내 자신과 하나님에 대한 새로운 인식을 경험하면서 하나님께서 내게 원하시는 온전한 순종으로의 변화와 나의 하나님을 향한 나의 마음이 온전한 순응을 원하면서도 제가 이를 스스로 할 수 없는 존재임이 묵상되는 그 안타깝고 애통하는 마음을 있는 그대로 쏟아 놓는다. 동시에 그러나 그럼에도 불구하고 이러한 나를 위하여 십자가에서 피 흘려 죽으신 우리 구주 예수 그리스도로 말미암아 감사와 찬양을 주께 올려드리면서 내 안에서 역사하시는 성령 하나님의 인도하심에 따라 침묵으로 하나님과 깊은 교제에로 나아간다.

하나님 음성 듣기 / 하나님 안에 머물기

마음을 쏟아 낸 후 하나님의 사랑아래 고요히 머물면서 하나님께서 나에게 들려주시는 '순종이 제사보다 낫다.'는 그 음성에 귀 기울인다.
계속 은혜 안에 머물면서 하나님의 충만하신 임재를 느끼면서 하나님의 치유하심과 구속하시는 은총을 덧입는다.

응답의 기도

하나님의 은총 안에 머물면서 '하나님이시여! 순종의 영을 주옵소서.' 라는 응답 기도를 한다.

삶으로 나아가기

묵상하는 가운데 받은 '순종이 제사보다 낫다는.' 그 말씀에 붙잡힌 상태로 그 말씀과 동행하면서 내 삶이 영위될 수 있도록 도움을 구한다.

말씀으로 기도하기 11:
예레미야

초 판 인 쇄	2024년 10월 31일
지 은 이	사)한국기독교교육교역연구원 편
	배정훈, 오방식, 임창복
펴 낸 곳	사)한국기독교교육교역연구원
기획 및 편집	사)한국기독교교육교역연구원
주　　　소	12430 / 경기 가평군 가평읍 호반로 1373
전　　　화	(031) 584-8753 / 팩스 (031) 584-8753
총　　　판	(주)기독교출판유통
전　　　화	031-906-9191
등　　　록	No. 17 - 427(2005. 4. 7.)

ISBN 978-89-93377-68-2
값 30,000원

※ 이 출판물은 저작권법에 의해 보호를 받는 저작물이므로 무단전재와 무단복제를 할 수 없습니다.

한국기독교교육교역연구원의
셈연구시리즈

 영적웰빙을위한 **목회리더십** 임창복 지음

 중년기 부부를 위한 **하프타임클리닉** 임창복·유병호 이현숙·김화선 공저

 **기독영성교육** 하나님과 함께하는영적 길잡이 임창복·김문경 오방식·유해룡 공저

 몰트만 신학과 **기독교 교육** 임창복·김문경 엮음

 탈북교인의 **신앙분석** 한국기독교교육 교역연구원 편

 21세기 교회의 **선교교육** 임창복·김영동 김강덕 공저

 중·고등부 **절기자료** 한국기독교교육 교역연구원 편

 **교회노인교육** 한국기독교교육교역연구원 편 임창복·이언구 최명희 공저

 영유아기부터 아동기 어린이를 위한 **영성교육** 이규민·김경진 이진주·이원형 집필

 성공적인 목회를 위한 **예배교육 프로그램** 임창복·김경진 편저

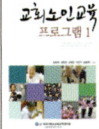 **교회노인교육 프로그램 1** 임창복·최명희 강채은·이언구 송병학 공저

 그림과 함께하는 **구약성경 이야기** 한국기독교교육 교역연구원 편

 화물이 **신앙여정** 임창복·현요한 오방식·이상억 집필

 개정판 **시편찬송가** 한국기독교교육 교역연구원 편

 당 정책사와 함께가는 **북한교육의변천사** 한국기독교교육 교역연구원 편 임창복 엮음

 **교회노인교육 프로그램 2** 임창복·최명희 최경순·조혜민 이진원·최기용 공저

 통일준비 **북한을 알자** 한국기독교교육 교역연구원 편 임창복 엮음

 성령과 함께하는 삶 한국기독교교육교역연구원 편 현요한·임창복 오방식·이상억 집필

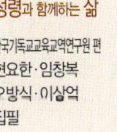  교역적 차원의 교사교육 1 **예배교육의 실제** 현요한·이진주 유병호·전효성 집필

 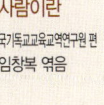 북한에서 **사람이란** 국기독교교육교역연구원 편 임창복 엮음

 사귐의 **기독교교육** 임창복·임영희 공저

 교역적 차원의 교사교육 2 **사귐교육의 실제** 임창복·임영희 공저

 교역적 차원의 교사교육 3 **성경교육의 실제** 임창복 지음

 최고과정 노인지도사 **양육프로그램 초급** 임창복·이언구 류재룡 공저

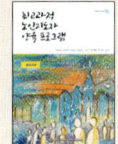 최고과정 노인지도사 **양육프로그램 중급** 임창복·최명희 임영희 외 4인 공저

 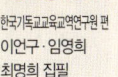 52주 노년세대 성경공부 **지금이 행복합니다** 한국기독교교육교역연구원 편 이언구·임영희 최명희 집필

말씀으로 기도하기

말씀으로 기도하기 1
시편 1-3
한국기독교교육교역연구원 편
조성욱 · 유해룡
오방식 · 임창복 공저

말씀으로 기도하기 2
누가복음
한국기독교교육교역연구원 편
김문경 · 유해룡
오방식 · 이원형 집필

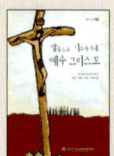
말씀으로 기도하기 4
예수그리스도
한국기독교교육교역연구원 편
김문경 · 유해룡
오방식 · 이원형 집필

말씀으로 기도하기 6
사도행전
한국기독교교육교역연구원 편
소기천 · 오방식
임창복 집필

말씀으로 기도하기 7
창세기
한국기독교교육교역연구원 편
배정훈 · 오방식
임창복 집필

말씀으로 기도하기 8
요한복음
한국기독교교육교역연구원 편
소기천 · 오방식
임창복 집필

말씀으로 기도하기 9
출애굽기
한국기독교교육교역연구원 편
배정훈 · 오방식
임창복 집필

교회음악

사도행전 뮤지컬
베드로 편
한국기독교교육
교역연구원 편

묵상노트

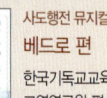
누가복음과 함께하는
묵상노트 1-4권
한국기독교교육교역연구원 편
임창복 집필

오라토리오
예수그리스도
한국기독교교육교역연구원 편
작곡 김신웅 /
대본 임창복

오라토리오
예수탄생
한국기독교교육교역연구원 편
작곡 김신웅 /
대본 임창복

오라토리오
예수그리스도의
재림
한국기독교교육교역연구원 편
작곡 김신웅 /
대본 임창복

요한과 함께하는
묵상노트 1-4권
한국기독교교육교역연구원 편
임창복 집필

창세기와 함께하는
묵상노트 1-4권
한국기독교교육교역연구원 편
임창복 집필

사도행전과 함께하는
묵상노트 1-4권
한국기독교교육교역연구원 편
임창복 집필

히브리서와 함께하는
묵상노트 1-2권
한국기독교교육교역연구원 편
임창복 집필

로마서와 함께하는
묵상노트 1-1권
한국기독교교육교역연구원 편
임창복 집필

이사야와 함께하는
묵상노트 1-3권
한국기독교교육교역연구원 편
임창복 집필

마태복음과 함께하는
묵상노트 1-2권
한국기독교교육교역연구원 편
임창복 집필

레위기와 함께하는
묵상노트 2
한국기독교교육교역연구원 편
임창복 집필

남북공통체를 위한 성경공부

삶이 묻어나는
성경공부 1
임창복 · 임영희
지음

삶이 묻어나는
성경공부 2
임창복 · 임영희
지음

삶이 묻어나는
성경공부 3
임창복 · 임영희
지음

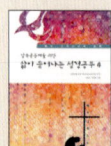
삶이 묻어나는
성경공부 4
한국기독교교육교역연구원 편
임창복 · 임영희
지음

삶이 묻어나는
성경공부 5
예수그리스도의
하나님의 나라
한국기독교교육교역연구원 편
임창복 · 김태훈 집필

삶이 묻어나는
성경공부 6
예수그리스도의
가르침
한국기독교교육교역연구원 편
임창복 · 김태훈 집필

삶이 묻어나는
성경공부 7
예수그리스도의
기사 및 치유사역
한국기독교교육교역연구원 편
임창복 · 김태훈 집필